武汉大学哲学学院"十四五"规划教材

中世纪哲学史

翟志宏　著

人民出版社

目　录

第一篇　时代与人物

第二篇　思想与理论

序

中世纪哲学的学术命运颇为独特。在经历了一段甚少被人关注或者说几乎被人遗忘的时期之后，这一几乎被尘封在历史中的思想慢慢崭露头角，显现出了它独有的活力与生机。哲学史家们因之也获得了更多的学术焦点，诸如浩如烟海的原始文献得以归类整理，视角独特的思想问题被不断探究，细致多样的理论学说被阐释解读，从而也导致了越来越多的中世纪哲学家为世人了解熟知。其结果是，不断增多的原著与译本的公开出版以及以"中世纪哲学"或"中世纪哲学史"为名的专著和教材得以面世，为当今世人认知这段历史的哲人及其思想提供了良好的平台与契机。

当然，如何书写这段历史的思想，编著者们也会面临一系列的问题需要斟酌考量。且不说1000年或1500年所孕育的众多哲学家如何界定与筛选，单就这个时期哲学家的著述主要以拉丁文写作，哲学阐释与神学问题过分密切，叙述方式又过于琐碎刻板，等等，都为"中世纪哲学史"的写作带来了不小的挑战。不过令人欣喜的是，中外学者在中世纪哲学研究方面所取得的学术成就，积淀下了众多可资借鉴的思想资源和学理规范。本教材在秉承现有学术思想的基础上，对内容结构和书写方式进行了较为全面的梳理和安排，形成了自身的特色。本教材采用一种广义的历史分期方法，把公元2世纪和公元15世纪作为其考察的上下时间节点，为理解中世纪哲学的思想演进提供了一种连续性和统一性的视角；而且这种连续性的视角也在对中世纪哲学基本学说理论的梳理中得到了充分体现。本教材选取理性与信仰、形而上学、认识论、存在论证明、逻辑与语言哲学、人学思想、共相理论、伦理学和政治哲学等学说理论作为中世纪哲学的基本内容，分别以历史为序考察不同时期哲学家的相关思想，这种阐释方式应该说有助于对这些理论学说形成循序渐进的理解和把握。此外，本教材的结构安排也颇富匠心。大多中世纪哲学的书写，要么是以人物为序分别阐释其哲学思想，要么是以问题为主探究理论学说的演进；本教材则把中世纪的社会文化状况和不同时期哲学家的主要著述与思想特征列为专门的章节首先予以介绍，然后集中阐述基本理论问题，把前者作为认识和理解后者的基础与铺垫。这样的结构安排有利于学生在了解时代背景、理论渊源和不同哲学家思想特征的基础上，能够有重点地认识和把握中世纪哲学的基本理论问题。

　　武汉大学哲学学院宗教学系在长期的教学和研究中，形成了自身的理论特色。"中世纪哲学"即是它最富有特色和成就的一个研究领域。我们不仅在译介中世纪著名哲学家托马斯·阿奎那《神学大全》和《反异教大全》等代表作的基础上，展开了对中世纪哲学的全面研究和探索，发表和公开出版了一系列的研究论文与专著；而且也把"中世纪哲学史"作为本专业本科生和研究生的核心主干课程之一，进行了多年的教学实践，从而形成了一批具有一定理论功底、研究实力和实际经验的教学团队。这些教学科研成果为本教材的顺利出版，打下了较为坚实的基础；而本教材得以以这种形式出版，同时也是一件可喜可贺的事情。我们希望这部教材在满足教学需要的同时，能够起到抛砖引玉的作用，激发更多中国学者参与到中世纪哲学的研究及其教材的编写之中。

　　"江山代有才人出，各领风骚数百年。"我国中世纪哲学教学和研究的明天势必更加辉煌灿烂！

2022 年 3 月 30 日
于武昌珞珈山南麓

前　言

中世纪哲学是西方哲学的一个基本构成部分，在整个西方哲学史的发展中具有十分重要的理论地位。最近几十年来，我国学者对它展开了广泛深入的研究，产生了丰富的学术成果。国内高校一些哲学和宗教学院系也把中世纪哲学作为一门主要课程，纳入本科生和研究生的教学实践活动中。武汉大学哲学学院宗教学专业自设立以来，一直把托马斯·阿奎那暨中世纪哲学研究作为主要方向，把"中世纪哲学史"作为主要课程，不间断地面向本专业的本科生和研究生开设。这些长期的理论研究和教学实践，为中世纪哲学史教材的编写提供了丰富的学理基础、思想基础和教材编写基础。"中世纪哲学史"自2018年被纳入武汉大学规划教材以来，编写组参考并借鉴国内外学者的相关研究专著和教材，对本教材的篇章结构、内容重点和写作方式等进行了重新思考与规划，确定了教材编写的基本架构。

本教材在编写过程中，得到了武汉大学教材中心和武汉大学哲学学院及本专业同仁的关心与大力支持；特别是段德智先生在中世纪哲学研究和教学方面所奠定的学理基础、学术成果与思维架构，以及在本教材的编写过程中所给予的指导和帮助，是本教材最终完成所不可或缺的主要因素。本教材的完成是团队合作的结果，其中第一章第三节和第二章第一节为德尼斯撰写，第二章第二节、第三节和第五章为崔鹏撰写，第三章为魏亚飞撰写，第四章第一节为魏亚飞和崔嚷月撰写，第四章第二节和第三节为崔嚷月撰写，第十章第二节为陈慧明撰写，第十一章为白虹撰写，第十三章和第十四章为王成军撰写。我撰写了本教材其余的内容，并对教材全文进行了审阅、修订和增删。崔嚷月对人名索引和主题词索引进行了梳理与整合，徐玉明对拉丁语和希腊语的人名与主题词的翻译作了补充和校订。

由于中世纪哲学包含了约 1500 年内众多哲学家的思想，本教材在编写过程中由于编写者的视角、文献资料掌握的限定以及理解和研究的偏差等因素，使得对哲学家思想的把握、主要问题的选取、基本理论的表述和具体观点的阐释等方面必定存在着诸多误解、不完备和不准确的地方，欢迎专家学者和读者不吝赐教并提出宝贵的批评意见！

2022 年 1 月 5 日于武汉珞珈山

导　论

通常而言，中世纪哲学史是中世纪时期哲学演进和发展的历史；它所涵盖的哲学思想，应该是或者说必然是发生在"中世纪"（the Middle Ages）这一特定历史时期之中的。然而关于中世纪哲学史开始和结束的时间，现当代中世纪哲学史的研究者们并没有达成完全一致的看法。就历史学的时间概念而言，中世纪通常包含了从公元5世纪中后期（455年西罗马帝国首都罗马城被攻陷和476年最后一位西罗马帝国皇帝被废黜）到15世纪这1000年左右的时期。一些教材和著述即以这样的历史分期为时间节点来撰写中世纪哲学史。但是从与其密切相关的思想基础和文化背景以及建构其上的理论问题来看，中世纪哲学并非是从西罗马帝国的灭亡之后才突然出现的，而是可以追溯到公元2世纪左右基督宗教①的产生和流行，以及希腊哲学与之相遇后的冲突与交融。如果从这样的意义上来考虑，中世纪哲学史的时间和内容就可以向前推进，把公元2世纪到5世纪间的哲学思想进程纳入中世纪哲学史之中。当代有越来越多的学者认同了这种看法，并以此作为中世纪哲学史教材和著述撰写开端的时间节点。长期的教学实践也使我们认识到了这样的表述，对于从整体性和连贯性上理解中世纪哲学史的思想进程所具有的重要意义。

至于中世纪结束的时间，历史学家们并不公认为有一个特定的日期可以作为其终结的标志，公元1500年前后是一个被使用较多的年代，一些学者

---

①　Christianity 以往通常译为基督教，但在一些汉语文本中，"基督教"一词有时也用来称呼（基督教）"新教"；为了区别，现在有学者使用"基督宗教"来表述 Christianity。本教材会同时使用这两个概念，它们的含义在本教材中是基本相同的。

认为是 15 世纪晚期，另一些则认为中世纪持续到了 16 世纪早期，或者更晚一些年代。哲学家的看法大致与历史学家的看法相应，一方面也不认为哲学思想的进程会有一个突然结束与开始的日期，但另一方面又认为预示并导致了新的哲学形态的思想并非是无迹可寻的。过去中世纪哲学史的教材和著述通常会把 14 世纪上半叶的奥康（去世于 1349 年）作为中世纪的最后一位哲学家予以介绍；现在的哲学家大多会把这样的思想节点向后推移，把生活在 15 世纪中期前后的库萨的尼古拉，乃至 16 世纪的一些哲学家的思想，作为中世纪哲学晚期的最后一抹夕阳来描述。本教材选取的最后时间节点是 15 世纪，不同内容的章节根据理论演进的需要，会把 15 世纪之前不同哲学家的思想作为相应的表述结点。

基于这样的原因以及其他因素的考虑，本教材采用广义的历史划分方法，以公元 2 世纪到 15 世纪之间的哲学思想进程作为其内容安排和问题取舍的基础。当然这种考虑主要是从古希腊哲学与基督宗教的交融所建构的哲学形态，来界定中世纪哲学史的内容及其思想意义的。然而，随着中世纪哲学研究的深入，越来越多的学者们认识到了隶属于中世纪历史中的哲学形态的丰富性，认识到了希腊哲学在与不同文化传统和信仰传统的思想交融过程中所孕育的哲学形态的多样性，并从中辨识出了各自具有自身历史传承的思想形态，诸如中世纪基督宗教哲学、中世纪阿拉伯哲学、中世纪犹太教哲学和中世纪拜占庭哲学等。这些哲学形态虽然因它们建基于不同的社会文化传统和信仰传统而在问题意识、思想旨趣和语言风格诸方面有着明显的差异，但由于它们与希腊哲学所普遍具有的密切关联以及不同信仰传统所共同拥有的一神论特征等因素，而使得这些哲学形态之间拥有了诸多的交集和思想的关联；[1] 而这些交集和关联"不仅是逻辑的，而且还是历史的"[2]

虽然近些年来，包含在中世纪历史中的这些在逻辑上和历史上相关联的多样化哲学形态引起了中外学者们的关注，并取得了不断扩大的学术成果；

---

[1] 参见［英］约翰·马仁邦：《中世纪哲学：历史与哲学导论》，吴天岳译，北京大学出版社 2015 年版，第 2—3 页。

[2] 段德智：《中世纪哲学研究》，人民出版社 2014 年版，第 7 页。

但在资料积累、文献整理、问题研究和内容阐释诸方面，以希腊和拉丁西方
为基础或对象的"中世纪哲学"研究，相对而言则时间更为长久，参与的学
者也更多，从而其关于"中世纪哲学史"的叙述也更为系统完整。本教材的
撰写即是基于这样的缘由，把其主体架构和篇章结构的内容聚焦于以希腊和
拉丁西方的思想文化为基础所展开的哲学活动之中。当然，在以希腊和拉丁
西方传统为主线阐释中世纪哲学史的思想进程中，本教材力争在相关章节以
适当的方式表述阿拉伯哲学、犹太教哲学和拜占庭哲学及其代表人物的主要
哲学思想，以期学生和读者能够对中世纪哲学形态的多样化有着或多或少的
理解与把握。只是在以某一种文化传统为主线的思想史的写作中，把来自其
他传统中的哲学家——如阿拉伯哲学家阿维森纳和阿维罗伊以及犹太教哲学
家迈蒙尼德——的思想内容融入其中，同时又力争展现出后者独立的哲学地
位与完整的历史意义，避免如剑桥大学马仁邦教授所说的"不能把他们的哲
学写作看作是有一天能够为阿奎那和司各脱所阅读"，虽然较为困难但却是
值得为之努力的。

　　本教材所涵盖的公元 2—15 世纪的时间概念，虽然在传统西方的历史学
分期中包含了罗马帝国晚期、中古时期和文艺复兴时期，但涵摄在这些历史
时期中的文化传统有其内在的一致性，这就是基督宗教的产生、发展和兴盛
所铸就的文化传统，从而使得建构其上的中世纪哲学也拥有了某种思想和问
题的一致性。赵敦华先生即用了《基督教哲学 1500 年》为书名来描述这段
哲学史，并且认为，"2 至 16 世纪基督教经历了传播发展、取得统治地位，
直至影响衰落的过程，与此过程相适应的哲学的诞生、发展、分化与衰落的
全过程就是中世纪哲学"[1]。如何处理这些历史悠久、人物众多的哲学思想，
不同的专著和教材采取了不同的方式。本教材采用历史文化概述、哲学家思
想介绍和基本理论梳理为基本篇章结构，将这些内容分为二篇十四章（第一
篇五章，第二篇九章），首先梳理罗马帝国晚期和西欧中世纪不同时期的社
会文化状况（第一篇第一章和第二章），然后介绍各个时期哲学家的思想经

---

　　[1]　赵敦华：《基督教哲学 1500 年》，人民出版社 2007 年版，"前言"第 11 页。

历、代表作以及相关的哲学特征（第一篇第三章至第五章），最后以不同的哲学问题为章节标题集中阐述相关的哲学思想（第二篇第六章至第十四章）。这样的结构安排有利于学生在基本了解时代背景、理论渊源和不同哲学家的思想特征的基础上，能够有重点地认识和把握中世纪哲学的基本问题。而就哲学史本身的理论意义而言，重点是第二篇，第一篇是基础和铺垫。第二篇的内容包括理性与信仰、形而上学、认识论、存在论证明、逻辑与语言哲学、人学思想、共相理论、伦理学和政治哲学等共九章，主要依据于哲学分支内容的传统分类和中世纪哲学家们的相关思想而选定，并依据历史的演进来梳理不同年代哲学家们同一主题下的相关思想，以期学生在历史演进中对相关哲学问题形成循序渐进的理解和把握。由于中世纪的文化基础是基督宗教，这个时期哲学家们的论著中因此也包含了众多的宗教神学问题。现当代西方学者们的"中世纪哲学史"专著和教材，对这些问题都作出了或多或少的关注。本教材依据中国学者的学术传统和教学需要而作出相应的取舍和安排，偏重于典型的哲学问题及其思想理论；在基本理论问题的选择上，并没有较多地采用其他教材和专著可能会涉及的神学主题与相关内容。

"中世纪哲学"或"中世纪哲学史"的书写方式，大多学者偏重于以时间为序，以某个哲学家的思想理论为重点展开论述。也有学者首先整体叙述中世纪哲学的历史演进，把哲学家的思想穿插其中；然后分别以主题的形式，如形而上学、认识论、逻辑与语言等，来阐述这个时期哲学家们的理论观点。本教材主要参照后一种书写方式，在具体内容的安排上作出适当的调整。第一章主要叙述中世纪哲学的思想理论基础及其早期形成的社会文化背景。在基本特征和总体倾向上，希腊哲学和基督宗教无疑是构成中世纪哲学的两个主要思想理论基础。不同的教材和专著都会以不同的方式对它们予以叙述。本教材首先以历史演进的方式叙述它们各自的思想特征和文化意义，然后介绍它们如何在罗马帝国的社会历史舞台中相遇并形成冲突、交流与融合，从而建构了中世纪哲学产生的早期形态。这是包含在第一章第一节和第二节中的内容。第一章第三节涉及罗马帝国后期的社会文化状况，主要包括罗马帝国晚期的宗教特征以及西罗马帝国灭亡的社会文化因素。第一章也可以说是对公元2—5世纪时期教父哲学形成的机缘、条件及其所处的罗马帝国晚期社会文化背景的梳理和介绍。第二章则主要偏重于历史的叙述，涉及西罗马帝国灭亡后拉丁西方的兴起、形成、鼎盛与衰亡，大致包括了公元6世纪至15世纪欧洲的社会文化状况。这个时期也是历史学上划分欧洲中世纪的时间阶段，同时也是传统意义或狭义上的中世纪哲学形成、发展和衰落的时期。本章内容的介绍，旨在更好理解这个时期哲学家及其思想的形成与发展，提供一个相应的历史文化背景。

第三章到第五章是对中世纪主要哲学家的集中考察，以生卒年代先后为序，分别介绍他们各自的生平、著述和基本思想特征。在公元2世纪至15世纪差不多1500年的时间里，在罗马帝国晚期和欧洲以及地中海周边中世纪的社会文化中，产生了大量难以胜数的哲学家和神学家。这些哲学家和神学家既有属于罗马帝国晚期的教父，也有属于拉丁西方、阿拉伯文明、犹太教传统和拜占庭帝国的思想家，他们构成了中世纪哲学的思想主体。第三章主要依据语言特征和思想风格的不同，用两节介绍公元2—5世纪时期分别属于希腊教父和拉丁教父的哲学家。第四章包括公元6—12世纪的哲学家，主要根据他们所隶属的社会文化传统的不同，分三节介绍拉丁西方、阿拉伯世界和犹太教传统中的哲学家。第五章所介绍的人物，主要包括公元13—15世纪生活在拉丁西方的哲学家，这个时期既是西方经院哲学的鼎盛时期，也是中世纪哲学史的另一个高峰以及随之衰落的时期。本章依据历史的演进和不同时期的思想特征，分四节以不同形式介绍这个时期哲学家们的生平、著述与思想理论。由于包含在这些章节内容中的哲学家，大多也是神学家，他们的哲学思想与神学思想有着不可分离的关系，因此在对他们的著述和哲学思想的介绍中，都或多或少涉及了不同的神学内容。

本教材第二篇中的九章内容，是以专题的形式对中世纪哲学家思想理论的介绍。在大约1500年的时间里，这些哲学家们对大量的哲学问题和神学问题都进行了广泛的思考与探究，提出了众多的思想观点与理论学说。现当代不同的中世纪哲学研究专著和教材，在一些基本问题和思想理论方面形成了较为一致的看法，只是在这些问题选取的多少、观点的孰轻孰重以及内容阐述的偏好等方面会有所不同。本教材所选取的这九个方面的理论问题，主要的依据包含了两个方面的考量，一是中世纪哲学家们留存下来的著作文献以及现当代学者对之研究所形成的理论成果，二是哲学学科思想内容的传统分类。而在对这些理论问题分章节的叙述中，本教材采取的是历史阐释的方式，即就某个理论问题而言，首先是介绍这一问题产生的思想机缘与较早哲学家的看法，随之是对不同阶段哲学家们相关观点之相互承接与推进的叙述。由于并不是每个哲学家对所有的问题都表现出了同样的兴趣，他们对其中有些问题的阐释会多一些，有些会少一些；因此本教材在对每个理论问题的历史叙述中，不同哲学家观点的取舍会有不同的偏重。

理论部分的开篇为第六章，是对中世纪哲学家有关"理性与信仰"关系之基本看法的历史叙述。这个问题即使不是仅限于中世纪时期的问题，起码也是对这个时期的哲学家而言特别重要的问题。因为如何看待"理性与信仰"所涵摄的"哲学与宗教"的关系问题，不仅决定了希腊哲学与基督宗教能否融合的问题，而且也随之引导了中世纪哲学怎样建构的问题。中世纪哲学家们对它们的关系基本持有的是较为积极的态度，从教父时期力图在思想根源、理论同构和特征定义等方面寻求两者的内在一致性（第一节），到公元6世纪之后的不同时期（第二节），分别以亚里士多德的逻辑学（所谓的"旧逻辑"）和整个哲学思想为基础，建构起辩证神学（阿伯拉尔）、理解信仰的理性方式（安瑟尔谟）和内容庞大的神圣学说体系（阿奎那）等，无不体现了中世纪哲学家们以理性阐释和建构神学问题的信心与努力。虽然在13世纪的中后期之后（第三节），理性与信仰的关系因"77禁令"的限制而在不同的哲学家那里出现了裂隙，但这个时期的哲学已具有了相对独立的地位，理性一方面能够在逻辑学的研究中大放异彩，另一方面也可以在传统的神学领域中保有与信仰共存的可能性。只是内在于哲学与宗教之间的理性与信仰的张力，在这个时期已经开始成为导致两者不再能够像13世纪之前那样密切联袂登场的因素了。

在中世纪的历史中，与形而上学相关联的问题可说是哲学家们讨论最多的问题之一。在亚里士多德的思想语境中，他称之为"第一哲学"的研究对象，既包含了"存在之为存在"，也涉及了永恒不动的实体。这些问题被后来的哲学家们称之为形而上学的基本内容。中世纪哲学家们所开启的与这些内容相关联的研究，主要的或者说核心的，是从"上帝"入手的。"上帝"既是他们的信仰对象，也被视之为宇宙的基本原则和唯一根源。哲学家们对它的讨论构成了所谓"哲学家的上帝"的思想进程，包含了上帝的存在、本质、属性及其与世界和人类的关系。当然，与这些问题相关联的，还包括了实体和存在等一般性的问题。第七章主要分两节讨论这些问题，第一节以"神圣实体学说"为核心，叙述不同时期的哲学家们是如何解读这一实体的本质和属性的，以及采取什么样的方式才能对这一实体形成较为可靠的认知。第二节专注于"存在"问题的梳理。"存在"（being）可说是在希腊哲学中提出并在中世纪时期得到最为充分解答的形而上学问题。本节涉及了"存在"问题的早期思想进程，不同时期哲学家对它的理解和看法，哲学家们关于存在与本质的不同及其优先性地位的观点，特别是托马斯·阿奎那在存在论问题上的突出贡献。

　　第八章讨论的是认识论问题。希腊哲学对人类认识的对象、能力、认识过程以及何谓真理等认识论问题都作出了深入的探究，并形成了以柏拉图和亚里士多德为代表的不同的认识论理论。中世纪哲学家在不同时期分别受到他们的影响而产生了不同的认识论主张。他们都会把希腊哲学家所追求的真理性知识作为他们的目标，但他们同时会把真理与他们的信仰对象合为一体，以此来阐释何谓最高的认识对象和最终的认识目的；这种阐释无论在教父时期还是在 6 世纪之后的拉丁西方，都有着相同的诉求。本章第一节在讨论了早期教父关于什么是真理性知识及其与信仰的关系之后，主要探讨奥古斯丁等人对怀疑主义的反驳、确定性知识的来源和范围及其广有影响的光照论学说；第二节涉及亚里士多德思想影响下的认识论走向，包括感觉能力和理性能力的各自特征及其认识论地位，被动理智和能动理智的区分与意义，以及阿奎那的真理观；第三节讨论中世纪晚期的认识论思想，以司各脱和奥康的理论为主要对象，考察直觉认知和抽象认知的特征和范围，自明知识和证据知识形成的机制与标准。

上帝的存在论证明，可谓是中世纪哲学家们特别在意的一个哲学问题和神学问题。在不同时期，哲学家们从自然理性或哲学的层面上，提出了众多不同的方式用以解释或证明上帝何以是存在的。而这些问题与证明也是与中世纪时期的形而上学、认识论和语言与逻辑等理论密切相关的。第九章作为一章，专门讨论这一理论产生的思想基础与动机、不同证明理论的内容与特征及其历史演进。第一节除了讨论少数几个早期证明理论之外，主要考察安瑟尔谟广为人知的本体论证明；第二节是对阿奎那五路证明的专门讨论，涉及这些证明的思路、结构与特征，并对其中包含的理论意义进行分析；第三节的内容较为广泛，除了讨论中世纪晚期的一些证明理论如形而上学证明之外，也涉及了后世哲学家对中世纪证明理论的批判，主要是休谟和康德的批判理论。

第十章的内容是逻辑与语言哲学。从它涉及的范围、关联的问题以著述数量来看，逻辑和语言问题可谓是中世纪哲学家们最为感兴趣的话题。无论是语言和逻辑被作为阐释和思考问题的工具，还是作为专门的研究对象与研究内容，中世纪哲学家们都为此付出了大量的心血。本章的第一节是对中世纪逻辑和语言研究的历史概述，从早期教父哲学家对语言问题的关注，到波爱修开启的亚里士多德"旧逻辑"的翻译和引进对拉丁西方逻辑和语言研究的影响与取得的成就，再到 12 世纪后期开始的亚里士多德"新逻辑"在拉丁西方的翻译所导致的逻辑学研究的新气象，从历史的进程上对中世纪逻辑与语言研究的特征与变化进行梳理。第二节则分别以意义理论、命题逻辑和推理理论为主题，考察中世纪哲学家的逻辑与语言研究的具体成就、思想内容与理论意义。

第十一章是对中世纪人学思想的考察。人的问题是希腊哲学以来一直被关注的基本哲学问题之一。中世纪哲学家把这一问题置放在了一个新的文化背景中，对人的起源、本质和目的与价值等作出了重新的思考与阐释，其中尤为关注人的生存目的、本质特征以及灵魂的意义。其中第一节介绍了希腊教父的人学思想，主要涉及了克莱门特、奥利金和尼萨的格列高利的"肖像"说和灵魂观等理论；第二节以奥古斯丁和安瑟尔谟为代表，介绍了拉丁教父和经院哲学早期的人学思想，包括灵魂的特性及其与身体的关系、身体的意义、意志的本性及其价值等理论；第三节以托马斯·阿奎那的人学思想为核心，考察了 13 世纪前后发生在拉丁西方的围绕着灵魂问题而展开的争论，主要包括阿维罗伊的灵魂独一论、波纳文图拉的灵魂质型说以及托马斯·阿奎那所提出的人的全整性、个体性和现实性的人学理论。

第十二章的内容是共相理论。共相（universals）通常是与一个事物或对象的本质及其属性密切相关的问题，它本身是否具有实在性可说是中世纪哲学家特别关注的问题，围绕着它在不同的哲学家和神学家之间展开了广泛持久的争论，进而促使他们从形而上学、认识论和语言与逻辑等方面对它的性质及其实在性意义进行了深入的研究。本章第一节考察了共相观念的哲学背景和问题缘起、早期实在论观点及其对唯名论的反驳，以及阿伯拉尔在逻辑学基础上建构的共相理论；第二节讨论了 13 世纪之后共相理论的多样化走向，主要有阿奎那以实体要素为基础对共相性质的说明，司各脱的三类共相理论，以及以奥康为代表的中世纪晚期的唯名论思潮。

在中世纪哲学的思想语境中，有关伦理学和政治哲学的问题与内容具有非常重要的时代意义和历史地位。哲学家们对它们的思考与探究，不仅从当时的思想文化处境，如道德神学和政治神学中来阐释其中的意义；而且也借鉴希腊哲学的相关思想传统与方式方法，提出了众多影响深远的理论学说。例如在伦理学方面，中世纪哲学家们就人的生命的终极目的及其实现方式，以及人应该为之负有责任的人性行为所具有的对错或善恶之性质等，进行了深入的理性反思，其中包含了与我们今天所说的规范伦理学、元伦理学乃至应用伦理学等学科中诸多相似的议题；而在政治哲学方面，中世纪哲学家往往把它看作是与伦理学密切相关的一门科学，把人的政治生活看作被给定的人性条件，探求政治共同体的"共善"或者说能支持人去实现其幸福的外在条件，同时也致力于界定世俗王权和宗教神权的关系。本教材的最后两章即讨论这些方面的问题。

第十三章主要涉及中世纪的伦理学思想，讨论中世纪伦理学的思想渊源、核心问题以及基本学说理论的历史演进。第一节考察哲学和宗教之为中世纪伦理思想源流的意义，何为至善以及人们如何才能获得至善进而过上幸福的"美好生活"的核心议题，以及作为中世纪伦理学基本预设的意志自由和灵魂不朽；第二节阐释了中世纪伦理学的首要原则，它的宗教伦理学属性和内涵，以及在后期向哲学伦理学转化的可能；第三节主要探究至善与幸福之目的与含义的中世纪表达，包括早期奥古斯丁和安瑟尔谟等人的以神学为中心的幸福论，以托马斯·阿奎那为代表的一些中世纪哲学家尝试恢复希腊自然主义传统的尝试，以及后期的实现至善与幸福的理智主义和意志主义之争；第四节讨论德性问题，涉及"德性"概念的承接与转化，德性的类型划分及其与人的道德实践和幸福的关系，以及围绕着一些重要的德性伦理问题在中世纪晚期所引发的争论。

第十四章是对中世纪政治哲学的讨论，涉及中世纪政治哲学的理论基础与思想起点，不同时期哲学家们的政治理论学说及其历史的承接与演变。第一节考量了希腊哲学与基督宗教对中世纪政治哲学影响所导致的现实思想语境，教权与王权的关系以及"公共之事"或"共善"等核心问题的聚焦与思考；第二节通过奥古斯丁的"双城记"，考察他关于"上帝之城"和"地上之城"的关系及其内涵其中的政治意义和历史影响；第三节以托马斯·阿奎那的观点为代表，考察中世纪哲学在新的思想运动的推动下，如何阐释人的社会、法律和共善等问题；第四节围绕着政治主权者的合法性问题，讨论了巴黎的约翰和司各脱等人关于政治权威合法性来源的主张与观点；第五节讨论的是城邦的政治问题，涉及了中世纪晚期帕多瓦的马西留和奥康等人关于自治、选举和自然权利的看法与争论。

第二篇理论部分各章节内容的叙述，主要是以历史演进的方式展开，包含了众多不同时期哲学家的思想理论和观点学说。就总体的层面而言，拉丁西方的中世纪哲学家们拥有基本相同的宗教渊源和哲学基础，他们对同一类哲学问题与理论的思考与表述展现出了"家族相似"的历史承接性；但就每个哲学家来说，由于其中的一些生活在不同的时代和不同的政治群体与社会文化群体中，而且希腊哲学在不同时期也以不同的方式对他们产生影响，从而使得他们对同一个理论学说乃至同一个概念的阐释，呈现出了不同程度的差异和张力。这些"家族相似"以及差异和张力，在为中世纪哲学家理论观点之历史叙述奠定可能的同时，也为我们历史地理解和认识它们带来了诸多的掣肘，但却不乏思想的趣味与视野的演进。应该说，中世纪哲学家在不同时期对众多哲学问题的多层面探究，既丰富了哲学思想的内容，也为后世哲学的发展提供了诸多的启迪与动力。

第一篇　时代与人物

公元 2 世纪到 15 世纪，不仅是基督宗教从形成、传播到取得主导地位的时期，也是西方社会从罗马帝国衰落、消亡到新的欧洲西方文化萌芽、成熟再到欧洲文化经历文艺复兴等思想社会变革的时期。在这种不断变革的历史文化基础上建构起来的中世纪哲学，也经历了从萌芽形成、发展鼎盛到衰落转折的过程，呈现出了一种从"古代哲学被教父哲学所取代、教父哲学向经院哲学演化以及经院哲学向近代哲学过渡的历史连续性和内在发展线索"（赵敦华语）。因此，以一定篇幅梳理和概述不同时代的社会状况、文化特征与历史演进，以及各个时期主要哲学家的生平著述和基本特征，对于学生理解和认识中世纪哲学的思想旨趣、问题指向与理论演变，有着非常重要的基础意义和启发意义。本教材的第一部分（第一篇共五章）的前两章（第一章和第二章），主要概述中世纪哲学的思想渊源与社会文化条件，其中第一章涉及构成中世纪哲学主要思想渊源的希腊哲学和基督宗教，它们各自的演进与基本特征，这两种不同思想体系相遇时的罗马帝国社会文化处境，以及教父哲学建构和发展时期罗马帝国的社会文化变迁；第二章包括西罗马帝国衰亡之后蛮族文化与基督宗教文化的融合与过渡，新的西方（欧洲）文化的形成与壮大，以及中世纪晚期欧洲的社会文化状况。第一部分的后三章（第三章、第四章和第五章）分别简要介绍各个时期哲学家的思想经历、代表作以及相关哲学特征，其中第三章包括 2—5 世纪的教父哲学家，第四章涉及 6—12 世纪的哲学家，第五章涉及 13—15 世纪的哲学家。本教材有关中世纪各个时期哲学家的选取，主要依据现当代学者的研究和相关文献资料而进行，虽然简要但力争全面。

在通常的历史学分期中，2—5 世纪中叶属于罗马帝国晚期，6 世纪后期—15 世纪属于中世纪时期（the Middle Ages）。在中世纪的历史分期中，5 世纪后期—10 世纪有时也被称为黑暗时期，而 11—15 世纪通常则被称为经院哲学时期。本教材之所以没有遵循惯常的分期方式介绍中世纪哲学家，而把 5 世纪后期—12 世纪的哲学家放在了第四章，把 13—15 世纪的哲学家归在了第五章，则主要是出于篇幅的需要，同时也考虑到了亚里士多德著作自 12 世纪中后期之后的全面传播对拉丁西方哲学家的影响。

第一章 思想基础与历史文化条件

如果把公元 2—15 世纪作为中世纪哲学思想演进的历史节点，那么公元 2 世纪到公元 5 世纪则是这场漫长思想运动的第一个阶段。这个时期不仅是罗马帝国的晚期，出现了东西罗马帝国的分裂和西罗马帝国的解体；同时也是基督宗教从弱小到强大、从非法到合法并最终成为主导罗马帝国社会文化的官方信仰形式的时期。也正是在这个时期，希腊哲学与基督宗教之间出现了真正意义上的碰撞、冲突与交流，开启了被后世学者称之为教父哲学的思想运动。

第一节 思想基础：理性与信仰

中世纪哲学的思想基础是希腊哲学和基督宗教，是这两种不同的思想文化体系相互碰撞与交融的产物。应该说，就它们各自的源流而言，希腊哲学与基督宗教分别植根于迥异的历史时期、地理区域和民族传统之中，并在各自的历史进程中形成了截然不同的问题框架与思想文化特征。这些殊途的根源以及互异的思想特征既为它们的相遇带来了巨大的张力，也为它们的融合造就了有别于其他时代的哲学旨趣。

一、希腊哲学与理性

希腊哲学建构其上的社会文化基础是希腊城邦社会，大约公元前 8 世纪之后在希腊半岛和爱琴海地区逐步形成。其前身是更为古老的文明类型——被统称为爱琴文明的米诺斯文明①和迈锡尼文明②。这两种文明的社会形式虽处在非常原始的阶段，但也形成了初具规模的经济文化类型，如商业贸易、手工制造业、建筑和雕刻等，而且存在于不同氏族间的交往与征战同时也促进了相互融合并推动了社会的发展。③其中米诺斯文明的考古遗迹中，宗教活动已经以多样化的形式展开，出现了多种表现宗教信仰的场所、陶器、符号以及供奉祭品的器物；迈锡尼文明中的宗教以某种方式延续了米诺斯文明中的信仰，并出现了为后人所知的诸多神灵，诸如宙斯（Zeus）、波塞冬（Poseidon）、狄奥尼索斯（Dionysus）和赫尔墨斯（Hermes）等，表现出了多神教信仰的特征。④在这个时期，宗教信仰与神话传说往往广泛地渗透在原始民族的生活、生产和战争活动中，成为主宰人们政治生活和社会生活的主导力量。可以说，在爱琴文明时期，原始宗教与原始文化是紧密交织在一起而密不可分的。而在黑暗时代（约公元前12—前9世纪）以及希腊文明的早期形成阶段或"古风时代"（公元前8—前5世纪），米诺斯和迈锡尼时期的这些原始信仰和神话传说都被继承了下来，并获得了更为明确的表现形式，成为希腊城邦社会占主导地位的信仰体系。⑤

迈锡尼时期主要是以农业为主、以相互隔离的村庄为基础建构而成的社会类型。为抵御入侵，这些村庄逐步扩展成为较为坚固且相对独立的"城

---

① 米诺斯文明大约是于公元前2200—前1200年出现在克里特岛（位于希腊本土的南部、地中海中一个岛屿，处在爱琴海南端的入口处）上的一种原始文明。参见［英］莱斯莉·阿德金斯、罗伊·阿德金斯：《古代希腊社会》，张强译，商务印书馆2016年版，第4页。

② 迈锡尼文明大约是在公元前15—前12世纪末在希腊本土（伯罗奔尼撒平原的东北部）兴起的另一种原始文明形式。参见［英］莱斯莉·阿德金斯、罗伊·阿德金斯：《古代希腊社会》，张强译，商务印书馆2016年版，第5—7页。

③ 参见［美］斯塔夫里阿诺斯：《全球通史》上卷，吴象婴、梁赤民、董书慧、王昶译，北京大学出版社2012年版，第67—68、77—79页。

④ 参见［英］莱斯莉·阿德金斯、罗伊·阿德金斯：《古代希腊社会》，张强译，商务印书馆2016年版，第357—358页。

⑤ 参见［英］莱斯莉·阿德金斯、罗伊·阿德金斯：《古代希腊社会》，张强译，商务印书馆2016年版，第358页。

邦"，大多围绕着可以提供避难场所的"卫城"。到了公元前 8 世纪前后，由于人口增长而带来的经济压力，促使这些建构在希腊本土的"城邦"向外扩张，逐步在环地中海沿岸建立起了众多与希腊城邦类似的殖民地——"海外城邦"。① 希腊城邦社会是以众多相对独立的城市为主干而构成的文明社会。这些城邦非常众多，较为著名的有希腊半岛的雅典和底比斯，伯罗奔尼撒的斯巴达和科林斯，小亚细亚的米利都，爱琴海的米太林和萨莫斯，等等。希腊城邦文明形成时期大约是在公元前 800—公元前 500 年，古典或鼎盛时期为公元前 500—公元前 336 年，然后是公元前 336—公元前 31 年对外扩张的希腊化时期；随后为在意大利半岛逐步崛起的罗马帝国所取代。② 虽然希腊城邦和罗马帝国在地理面积、社会构成形式和文明表现方式等方面都不同于早期的米诺斯文明和迈锡尼文明，但在宗教信仰和神话传说方面则深受后者的影响，只不过是更为精致和更为体系化。

希腊原始的宗教信仰形式多以原始的自然崇拜为主，如雷电神、大地神、光明神、日神、海洋神等等，并在与来自不同地域——如米诺斯文明中的崇尚生产的神灵和各种原始的神话传说，迈锡尼文明中尚武的战神和不同部族征战中形成的英雄传奇，以及西亚、埃及、小亚细亚及北方游牧地区——众多原始民族的神话和信仰的交织融合中，经过持续不断的加工、改造，逐步形成为主导希腊社会的体系（谱系）分明的信仰体系和神话体系。在这个信仰体系的历史性的系统化改造过程中，处在黑暗时代后期及古风时代早期的荷马（Homer，约公元前 8 世纪史诗诗人）与赫西俄德（Hesiod，也译赫希奥德，约前 8 世纪史诗诗人）的史诗为我们提供了非常重要的史料证据。在流传下来的被称为四大史诗的荷马的《伊利亚德》（也译《伊利亚特》）和《奥德修纪》（也译《奥德赛》）以及赫西俄德的《神谱》和《工作与时日》中，他们不仅记载了当时社会的战争与国王、贵族和平民等不同阶层的生活，而

① 参见 [美] 斯塔夫里阿诺斯：《全球通史》上卷，吴象婴、梁赤民、董书慧、王昶译，北京大学出版社 2012 年版，第 101—102 页。

② 参见 [美] 斯塔夫里阿诺斯：《全球通史》上卷，吴象婴、梁赤民、董书慧、王昶译，北京大学出版社 2012 年版，第 5 章 "希腊—罗马文明"。

且也较为详细地描述了他们的宗教信仰、神话传说以及众神的谱系。①

这些被记载下来的泾渭分明、体系明确的神话传说和神灵谱系，包括了不同的群体和谱系形式，其中主要的是以宙斯为首奥林匹斯神系（他们因居住在奥林匹斯山上而得名）；宙斯不仅是早期君主制时期国王和王族的保护神，而且也是后来希腊古典时期城邦和政治自由的保护神。围绕着这些神灵而建构的神话传说，既包含了神与神之间的关系，也涉及了神与人之间的关系，它们不仅构成了希腊人宗教信仰的基本传统，而且更为紧密地融入了希腊人的生活之中，构成了他们社会生活与文化活动的基础与主体。②

虽然构成希腊城邦社会精神文化基础的多神崇拜与神人谱系饱含着诸多原始的和想象的成分，但内在于其中的有关宇宙、世界和人类自身之本原的追索，则是激励希腊文明不断探究的一股不竭的形而上学冲动，并随着历史的演进而从中涌现出了一种迥异于原始神话思维的新的阐释方式和思想原则。开创这一新的阐释方式和思想原则的是生活在公元前 6 世纪前后小亚细亚伊奥尼亚地区（Ionia）的一批哲学家——泰勒斯（Thales，约前 624—前 546 年）、阿那克西曼德（Anaximander，约前 610—前 546 年）和阿那克西米尼（Anaximenes，约前 586—前 525 年），尝试以一种合乎自然的方式解释和探究宇宙与世界的本原和始基。在他们之后，更多来自希腊其他城邦和地区的哲学家们，包括毕达哥拉斯（Pythagoras，约前 570—前 490 年）、塞诺芬尼（Xenophanes，约前 570—前 470 年）、巴门尼德（Parmenides，约前 515—前 445 年）和德谟克利特（Democritus，约前 460—前 370 年）等，采取了与泰勒斯等人相同的探索方式，对自然或宇宙形成的原因和根源进行了更深入的解释与思考。

即使希腊哲学的这些早期开创者们在以自然的方式探究宇宙的根源时，更多的是把水、气、火、原子等物质元素看作是万物的始基或本原而显得较为简单和粗糙，但它却是以一种不同于传统神话的认知方式看待宇宙的本

① 参见［美］斯塔夫里阿诺斯：《全球通史》上卷，吴象婴、梁赤民、董书慧、王昶译，北京大学出版社 2012 年版，第 79 页。

② 参见［英］莱斯莉·阿德金斯、罗伊·阿德金斯：《古代希腊社会》，张强译，商务印书馆 2016 年版，第 358—359、430—431 页。

原，以一种自然的以及"论证的"方式解释世界的存在及其原因。① 更重要的是，在以自然方式对宇宙本原及其变化原因的探究中，早期希腊哲学家表现出了对人类自身认识能力的信任，相信通过人类自身的努力是可以揭示出宇宙的奥秘，可以把握宇宙的终极本质及其起源与变化的原则。这正如赫拉克利特所说，每个人都有一种"健全的思想"，它能够"说出真理并按真理行事，按照事物的本性（自然）认识它们"。②

可以说，早期希腊哲学家对人类认识能力的信任所表现出的"哲学乐观主义"，在一定程度上取代并消解了希腊诗歌中对人类认识能力怀疑的"悲观主义"；③ 而他们以自然的方式探究宇宙的本原及其演化的努力，也建构起了一种不同于传统神话式思维的理性阐释传统。虽然希腊文化中充满神圣性的"有神论架构"还会以这样那样的方式对哲学家们的语言和思想产生一定的影响，但他们在本原问题的探究中所引进的自然理性方式则形成了一种不同于传统神话世界观的问题意识和对象意识——这是一种全新的看待问题的立场和表达问题的方式，从而他们在探究宇宙本原意义时不会依循于过去的看法说由于它是神圣的因而是第一原则，而会说因为它是第一原则从而是神圣的。④

早期希腊哲学家对宇宙本原及其变化原因的探究，不同于神话思维模式的是他们更多地立足于人类自身的认识能力。在他们看来，隶属于人类自身的感觉器官能够感知外部事物并为我们提供可靠的知识来源，而内在于心灵中的思想（noein）则能够认识事物的本性（自然）并把握真正的存在（estin）。可以说，早期的希腊哲学家如赫拉克利特、巴门尼德、恩培多克勒（Emped-

---

① 参见［德］E. 策勒尔：《古希腊哲学史纲》，翁绍军译，山东人民出版社 2007 年版，第 3 页；［法］莱昂·罗斑：《希腊思想和科学的起源》，陈修斋译，段德智修订，广西师范大学出版社 2003 年版，第 34 页。

② 参见汪子嵩、范明生、陈村富、姚介厚：《希腊哲学史》第 1 卷，人民出版社 1997 年版，第 491 页。

③ *The Cambridge Companion to Early Greek Philosophy*, edited by A. A. Long, Cambridge: Cambridge University Press, 1999, pp. 225-227.

④ *The Cambridge Companion to Early Greek Philosophy*, edited by A. A. Long, Cambridge: Cambridge University Press, 1999, pp. 206-207.

ocles，约前492—前428年）、德谟克利特等，已在人类认识能力方面形成了相对明确的看法，区分出了感觉和思想两种不同的认识方式或途径。① 虽然这种认识和区分是简单的和初步的，但却是明确的，而且分别给予这两种能力以不同的认识地位。在总体倾向上，他们更为看重"思想"的认知意义，认为唯有"健全的思想"（赫拉克利特）或"完美的思想"（巴门尼德）才能把握世界真正的内在本质。在他们看来，宇宙及其万物所要服从的"内在秩序原则"——诸如凝聚和稀散的双重力量（阿那克西米尼）、正义与必然性（巴门尼德）、爱与斗争（恩培多克勒）、和谐力量（菲罗劳斯②）、有序的宇宙精神（阿那克萨戈拉）以及德谟克利特的必然性等等，是一些"躲藏起来"的"自然"，不可能为感性知觉所直接感受到，必须"心灵"以抽象的思想能力来探究和把握。③ 赫拉克利特用"逻各斯"（logos）一词来表达这种隐藏着的有序规则，那是需要智慧或"健全的思想"才能思考并把握到的万物自身"真正的本性"（physis）和"深刻的结构"。④

在区分两种认识能力并赋予思想以更重要的认识作用的过程中，早期希腊哲学家们逐步认识到了由此所形成的知识类型的不同——这是塞诺芬尼、赫拉克利特、德谟克里特等人以不同方式和语言所讲到的有关真实的和确定性的真理（aletheia）与猜测性的和不确定的意见（doxa）的不同。⑤ 巴门尼

---

① 参见汪子嵩、范明生、陈村富、姚介厚：《希腊哲学史》第1卷，人民出版社1997年版，第488—489页、491、629—631页、第1047—1050页；*The Cambridge Companion to Early Greek Philosophy*, edited by A. A. Long, Cambridge: Cambridge University Press, 1999, pp. 243-244.

② 菲罗劳斯（Philolaus），公元前5世纪后期至4世纪初期毕达哥拉斯学派的主要代表人物。

③ *The Cambridge Companion to Early Greek Philosophy*, edited by A. A. Long, Cambridge: Cambridge University Press, 1999, p. 228.

④ *The Cambridge Companion to Early Greek Philosophy*, edited by A. A. Long, Cambridge: Cambridge University Press, 1999, p. 232, p. 236；汪子嵩、范明生、陈村富、姚介厚：《希腊哲学史》第1卷，人民出版社1997年版，第465页。

⑤ 参见 *The Cambridge Companion to Early Greek Philosophy*, edited by A. A. Long, Cambridge: Cambridge University Press, 1999, p. 229；汪子嵩、范明生、陈村富、姚介厚：《希腊哲学史》第1卷，人民出版社1997年版，第643、1054页。

德对此作了更为明确的表述，提出了有关认识的两条道路的看法——"真理"之路和"意见"之路，认为前者是对世界唯一不变的本质——"存在"（estin）的认识和把握，是依赖思想、通过逻辑论证而获得的真正的知识，将真理视之为人类认识活动的基本功能或目的；而后者则是在对多样的和变化着的现象世界的认识过程中形成的，充满着不真实的和虚幻的内容。① 恩培多克勒从万物与人类本性存在结构的一致性方面，对人类真理性认识的获得提供了他相信是更为坚实的论证：我们正是"通过土看到了土"、"通过水看到了水"、"通过苍穹看到了苍穹"，人们的思想为其所面对或看到的事物所决定，并能够将它们以其本来的面貌呈现出来。②

赫拉克利特、巴门尼德和恩培多克勒等早期希腊哲学家对宇宙本原及其内在的理性结构（logos）与本性（physis）的探究，以及在这种探究过程中所提出的有关真理（aletheia）、意见（doxa）和知识（episteme）等概念，为后来的苏格拉底（Socrates，前 469—前 400 年）、柏拉图（Plato，前 427—前 347 年）和亚里士多德（Aristotle，前 384—前 322 年）等哲学家所继承。然而，当苏格拉底等人试图在秉承早期哲学家所开创的"真理"之路上继续前行的时候，他们首先或直接面对的却是一批被称为"智者"（sophistes）的职业教师以及他们对真理的客观必然性所表示出的怀疑与解构。

这是一个大约从公元前 5 世纪中期前后开始在雅典和其他希腊城邦中陆续出现的以"收费授徒"为业的松散的职业群体，其成员自诩为"智者"，号称拥有广博的知识和智慧，活跃于希腊诸城邦中的各种公共聚会场所，发表演说、讲授各种知识；其中最为典型的代表人物是普罗泰戈拉（Protagoras，约前 485—前 415 年）和高尔吉亚（Gorgias，约前 483—前 375 年）。这些所谓的"智者"不仅把自身的兴趣更多地集中在人类社会生活及其所创建的文化方面，从而在思想内容上形成了不同于早期哲学家偏重于自然的理论

---

① 参见汪子嵩、范明生、陈村富、姚介厚：《希腊哲学史》第 1 卷，人民出版社 1997 年版，第 644—645、647、657—658 页。

② *The Cambridge Companion to Early Greek Philosophy*, edited by A. A. Long, Cambridge: Cambridge University Press, 1999, p. 243.

倾向；而且还因其人生态度与思维方法上的怀疑主义、相对主义和个人主义所包含的诸多消极因素，而被认为"动摇了宗教、国家和家庭现存的权威"以及科学知识的"可能性"。① 虽然到公元前 4 世纪初的时候，这些智者们在广泛的社会活动和教学活动中所掀起的思想运动，在雅典等城邦开始趋于衰落；然而在这场运动中针对哲学认识论所提出的尖锐的理论问题，诸如普罗泰戈拉认为对事物的认识主要取决于人们的感知以及对真理的判断是相对的和因人而异的，高尔吉亚认为对实在存在的证明和认识是不可能的，等等，② 却是随后的希腊哲学家们必须面对和解决的。如果他们的看法是对的，那么早期希腊哲学家对宇宙本原及其本质探究中所形成的可靠性知识就是有问题的，他们关于人类有能力获得客观必然性真理的信心也将会受到颠覆和动摇。因此，如何去除智者消极的思想后果并重建哲学探究的意义和信心，就成为苏格拉底、柏拉图和亚里士多德等希腊哲学家需要认真面对并尝试解决的重大问题。

虽然有关人类的社会文化与生活实践、道德和伦理以及对辩证方法的关注、兴趣与使用上，在苏格拉底的身上表现出了诸多与智者相似的历史烙印，但与智者不同的是，怀疑主义和否定性结论不会也不可能成为苏格拉底最终的目的。他更多的是希望通过彻底的怀疑和质询，以助产士的方式为真正的知识带来新生。他认为他的使命或"神圣的职责"乃是唤醒其同胞，"引导他们去思索生活的意义"和"最高的善"。③ 因为只有认识到善的人才会行善，因此以确定无疑的方式建构并寻求可靠的客观知识与绝对的善，乃是苏格拉底的最终目标。为了实现这一目标，苏格拉底把古希腊特尔斐神庙（Delphi）

---

① [德] E. 策勒尔：《古希腊哲学史纲》，翁绍军译，山东人民出版社 2007 年版，第 99 页。

② 有关普罗泰戈拉和高尔吉亚观点的相关表述及其思想特征，可参见《西方哲学原著选读》上卷，北京大学哲学系外国哲学史教研室编译，商务印书馆 1982 年版，第 54、56—57 页；汪子嵩、范明生、陈村富、姚介厚：《希腊哲学史》第 2 卷，人民出版社 1993 年版，第 246—248、253—274 页。

③ 见 [德] E. 策勒尔：《古希腊哲学史纲》，翁绍军译，山东人民出版社 2007 年版，第 103 页。

的铭文"认识你自己"作为座右铭，使之成为人类了解自身本性以及使自身变得更好的基本途径。在他看来，灵魂是智慧所在地，具有理智和理性，是人之中最为近于神圣的部分，因此唯有灵魂才体现了人特有的品性、功能与本质(arete)。认识人自己就是认识人的灵魂，认识人之中最为神圣的部分。①而且更为重要的是，把握或认识理性灵魂，不仅在于它是人类存在中最神圣的部分，而且唯有通过它，人类才能获得稳定可靠的知识。苏格拉底认为真正的知识应该是稳定不变的，它应具有永恒绝对的本质；而与之相对应的真正的存在能够始终保持自身的同一，是永恒不变的，如绝对的美、善等，人们对它们的认识才会是确定可靠的，由此形成的知识才是真正的知识。②

可以说，在解决智者怀疑主义和相对主义的历史进程中，苏格拉底试图通过"能知的"理性与"被知的"美、善等绝对存在的结合，来建构一种具有确定不变本质的知识。而这种知识的建构则需要可靠的方法，苏格拉底主要是通过两个方面来实现的，一是辩证法，二是普遍性定义。辩证法主要是一种在谈话或质询中展开的方法，它是在对话中通过不断的询问来揭露对方或所谓专家的矛盾和虚假性，从中寻找某一领域或某种对象的普遍共同的本质，进而形成稳定不变的可靠知识。苏格拉底在揭露智者的诡辩、寻求真理性知识的过程中，对这一方法作出了充分的运用与发挥。③普遍性定义是一种运用逻辑手段在对某一类事物的共同本质的揭示过程中，所形成的关于这类事物的普遍性和确定性概念的理性知识。他在这里所使用的逻辑方法主要是一种从特殊到普遍、从而归纳出一类事物共同本质的归纳的方法，通过它揭示出一类事物之所以存在的必然性原因。苏格拉底认为导致一类事物存在

---

① 参见汪子嵩、范明生、陈村富、姚介厚：《希腊哲学史》第 2 卷，人民出版社 1993年版，第 410—414 页。

② 参见汪子嵩、范明生、陈村富、姚介厚：《希腊哲学史》第 2 卷，人民出版社 1993年版，第 414—420 页；也可参见《柏拉图全集》第 2 卷，王晓朝译，人民出版社 2003 年版，第 133 页。

③ 参见汪子嵩、范明生、陈村富、姚介厚：《希腊哲学史》第 2 卷，人民出版社 1993年版，第 424—428 页；Anthony Kenny, *Ancient Philosophy*, Oxford: Oxford University Press, 2004, pp. 150-151.

的因果必然性即是这类事物的普遍本质或本性，它们是客观存在的，是可以通过理性来把握和认识、并能够以普遍性概念来表达的。他尝试以"型"（eidos）或"相"（或理念，idea①）这样的范畴来表达一类事物的这种普遍本质。②

苏格拉底在反驳智者派的感觉主义和怀疑主义认识论的过程中所强调的理性可以把握和认识宇宙的普遍本质或本性的看法，首先是为柏拉图所继承，然后在更为普遍的层面上为亚里士多德所展开。黑格尔在《哲学史讲演录》中对这一思想传统作出了极高的评价，他说："哲学之发展成为科学，确切点说，是从苏格拉底的观点进展到科学的观点。哲学之作为科学是从柏拉图开始[而由亚里士多德完成的]。"③柏拉图在其一生所写的众多著作（对话录）中，不仅记载了大量的苏格拉底的哲学观点，而且也阐释了他自身对这些问题的思考与探究。

在有关真理性知识的问题上，柏拉图继续了苏格拉底对智者的批判，认为人类有能力获得真正存在的可靠知识。当然，他并不认为通过人类认识能力所获得的所有看法都是真正的知识。在这个问题上，他采纳了早期希腊哲学家们在真理和意见之间所作的划分，结合认识对象对人类的认识能力以及由此获得的认识类型进行了分析考察。在他看来，作为认识对象的整个世界是由两类"真实存在的东西"构成的，一是"统治着理智的秩序和区域"的世界，是一种"可知的"或"可理解的"世界；另一个是"统治着眼球的世界"，可称之为"可见的"世界。④这两类不同的世界构成了四类不同的对象，影像、具体事物、

① 汪子嵩等人在《希腊哲学史》第 2 卷中，对苏格拉底特别是柏拉图所使用的基本概念 eidos 和 idea 的含义作了细致的辨析，主张将中文传统译为"理念"的 idea 翻译为"相"。参见汪子嵩、范明生、陈村富、姚介厚：《希腊哲学史》第 2 卷，人民出版社 1993 年版，第 653—661 页。本文在使用柏拉图的 idea 概念时，除了注明"相"（理念）之外，大多沿用传统的惯例，用"理念"或"理念论"表述柏拉图的相关思想。

② 参见汪子嵩、范明生、陈村富、姚介厚：《希腊哲学史》第 2 卷，人民出版社 1993 年版，第 400—410 页。

③ [德]黑格尔：《哲学史讲演录》，贺麟、王太庆译，商务印书馆 1983 年版，第 151 页。

④ [古希腊]柏拉图：《国家篇》509E-510B，见《柏拉图全集》第 2 卷，王晓朝译，人民出版社 2003 年版。

数理对象和"类型"或"相"；灵魂把它们作为认识对象也会形成四类不同的认识状态：猜测或想象（eikasia）、信念（pistis）、理智（dianoia）和理性（noesis）。前两种认识状态属于意见，后两种属于知识，它们之间有着不同的"清晰程度和精确性"，依照不同的比例而拥有"真理和实在"的不同程度。①

在《泰阿泰德篇》（Theaetetus）中，柏拉图讨论了什么是真正的知识（episteme），并对当时流行的观点进行了批判，② 强调了知识必须是真实的、不变的和客观的立场。在《国家篇》中，柏拉图从对象方面考虑了知识问题，认为真正的知识是关于真实存在的和不变的世界的知识。这是一些有关数理对象和事物的型或"相"的世界，柏拉图认为它们相对于感觉世界来说更为实在，具有不变和永恒的特征，对于它们的认识才能形成普遍永恒的知识。特别是关于类型或"相"的世界，那是哲学家的认识对象，是"理性本身凭借着辩证法的力量可以把握的东西"。③

如果说真理知识是对实存世界的认识，仅仅与绝对的和真实的型或相相关，那么除了在辩证法中通过假设而上升到第一原理而对它们有所把握之外，是否还有另外更直接的途径获得关于相或型的世界——如善的相或善本身以及美的相或美本身等——的认识吗？柏拉图在《国家篇》中似乎并没有给出一个明确的答案。然而在《斐多篇》（Phaedo）和《美诺篇》（Meno）中，柏拉图提到了一种获得相的途径，即以灵魂不朽为基础的回忆说。他认为灵魂在生前即已拥有相的知识，当它在此生通过对周围世界的感觉而帮助或刺激它回忆到了这些天生的知识。对相的认识就是通过回忆的学习过程。④ 柏

---

① 参见［古希腊］柏拉图：《国家篇》510C-511E，见《柏拉图全集》第 2 卷，王晓朝译，人民出版社 2003 年版；汪子嵩、范明生、陈村富、姚介厚：《希腊哲学史》第 2 卷，人民出版社 1993 年版，第 792—798 页。

② 有关这些考察与批判的具体内容，可参见［古希腊］柏拉图：《泰阿泰德篇》151E，153E-164E，187B-201C，201D，206C-210A；见《柏拉图全集》第 2 卷，王晓朝译，人民出版社 2003 年版。

③ 参见［古希腊］柏拉图：《国家篇》508E-511E，见《柏拉图全集》第 2 卷，王晓朝译，人民出版社 2003 年版。

④ 参见［古希腊］柏拉图：《斐多篇》72E-73C 和《美诺篇》81B-81E；见《柏拉图全集》第 1 卷，王晓朝译，人民出版社 2002 年版。

拉图在这里提出的认识相的回忆说，与他的关于世界二元划分——认为"可知的"（即所谓理念的）世界是永恒真实的以及"可见的"（即所谓经验的）世界是虚假暂时的——的本体论思想可说是密切相关的。

在希腊哲学认识论以及真正知识的探究中，亚里士多德是继柏拉图之后、沿着苏格拉底的思想路线将早期希腊哲学的理性主义传统推向了新的高度另一位有着重要建树的哲学家。他把"求知"看作是"所有人的本性"，而哲学则是关于"真理知识"的学问，哲学的任务就是从事物最初的原因或本原上探究而获得普遍的知识。① 他认为所有的知识或思想都是以存在者为研究对象，探究作为存在着的事物的原因或本原。他把这些知识在总体上分为三类，实践的、创制的和思辨的，它们各自有着自身的研究对象和理论特征。思辨的知识或学科包括数学、物理学和神学（第一哲学）三种，它们比其他学科知识更应受到重视，其中最为崇高的知识是第一哲学（神学），以最为普遍和永恒不动的实体为研究对象，是关于"作为存在的存在、是什么以及存在的东西的属性"的知识或学问。②

在亚里士多德那里，对"存在的存在"本身进行研究，是思辨"理论"科学的最高阶段，必须用"最高的原因和原则"来解释它。各门具体科学只关注于"存在"的某一方面，而"存在的存在"的研究则涉及整个存在，或存在本身。为此，亚里士多德用"实体"概念来说明。他认为，柏拉图主义者所提出的"理念"，实际上是把共相上升为实体，用这种不能运动的东西来解释运动和变化，则使要解释的事物无谓地增加一倍。③ 因此，我们必须用真正的"实体"概念来说明"存在的存在"的意义。

那么，什么是实体呢？亚里士多德认为，实体是在基本的逻辑判断形式

---

① ［古希腊］亚里士多德：《形而上学》第 1 卷（A 卷）980a，第 2 卷（a 卷）993b20，（A 卷）982a-982b；苗力田译，中国人民大学出版社 2003 年版。

② ［古希腊］亚里士多德：《形而上学》第 6 卷（E 卷）1025b-1026a；苗力田译，中国人民大学出版社 2003 年版。

③ 参见［法］莱昂·罗斑：《希腊思想和科学精神的起源》，陈修斋译，段德智修订，广西师范大学出版社 2003 年版，第 313—314 页。

"S 是 P"中只能作为主词的那个东西，"正是由于它的出现，这样的判断才得以成立"。① 他把存在作为实体最基本的性质，认为"存在是什么"或"实体是什么"是一个根本的问题，"不论在古老的过去、现在、以至永远的将来，都是个不断追寻总得不到答案的问题"。② 亚里士多德在这方面的主要贡献是凸显了个体事物的重要性。他认为，真正的实体是一个个别的具体存在，是被称为"这匹马"、"那个人"的具体事物。这即是"第一实体"。这样的实体虽然我们不能用更多的话语去定义或描述，而只能直接指称它，说它是"这一个"；但它是真正的实体，是不依赖于其他别的东西而独立存在的，是在"S 是 P"这样的命题中作为主词的东西，从而是人类认识的真正对象。亚里士多德的"四因说"（质料因、形式因、动力因和目的因），就是为说明这种实体存在或产生的原因而提出的。虽然亚里士多德也承认事物的属和种的存在，承认作为事物"其所是"的本质和共相是第二实体，从而引起了后人的争论；但他在哲学上更重要的意义是对个体事物的强调。

虽然"这一个"指称的是个别存在，"其所是"定义的是普遍本质，但在根本的意义上，第一实体是事物所有其他属性的基础，"其他一切都由于实体而存在，在原始意义上存在不是某物，而是单纯的存在，只能是实体"。③ 在亚里士多德看来，最高实体是没有任何质料的纯形式，是整个宇宙系统的第一推动者和灵魂，是"一个永恒地思考着自己的思想"，这即是神。他没有质料，不具有广延性，既是不被推动的，也是永恒不动的；他虽然外在于这个世界，但作为这个世界的目的因，推动天体及地面上的一切自然物的运动变化。一切事物都依赖于他，唯他才是自足的。④ 亚里士多德以

---

① ［古希腊］亚里士多德：《形而上学》第 7 卷，苗力田译，中国人民大学出版社 2003 年版，第 127 页。

② ［古希腊］亚里士多德：《形而上学》第 7 卷，苗力田译，中国人民大学出版社 2003 年版，第 127 页。

③ ［古希腊］亚里士多德：《形而上学》第 7 卷，苗力田译，中国人民大学出版社 2003 年版，第 127 页。

④ 参见［法］莱昂·罗斑：《希腊思想和科学精神的起源》，陈修斋译，段德智修订，广西师范大学出版社 2003 年版，第 316 页。

"存在的存在"为研究对象的第一哲学，最后达到了一个永恒不动的推动者和最高的实体——神。因此，他的第一哲学或形而上学，也称为神学。

在所有被亚里士多德称之为知识的学科门类中，思辨的第一哲学之所以具有最为重要的地位，乃是由于它的研究对象不仅是最普遍的和最本原性的，而且它所运用的认识能力以及体现的认识阶段也是最高的和最为卓越的。他把人的认识能力依次从低到高分为感觉（aisthesis）、记忆（mneme）、经验（empeiria）、技艺（techne）和知识（episteme）与智慧（sophia），认为唯有智慧才具有把握更为普遍的知识以及事物其所以然的原因的认识能力。正是智慧这种"为知识自身而求取知识"的方式所展开的对最初原因和本原的研究，才使人们获得了"通晓一切"的"最高层次的普遍知识"，才使人们拥有了能够"确切地传授各种原因"的能力。①

通过对人的认识能力的考查，来区分不同的知识类型并为普遍必然性知识的获得建构更为坚实可靠的基础，亚里士多德在其他论著如《工具论》诸篇中也作出了详细的论述。虽然他在感觉与理性以及意见与真理的不同与区别方面保持了与巴门尼德和柏拉图等早期哲学家相对一致的立场，但与他们不同的是，他并不认为它们之间是绝对对立的。他相信感觉经验在把握和认识事物方面有其可靠性和合理的地方，在知识的形成过程中也有其积极的意义。② 应该说，他在不同论著中对感觉可靠性的肯定与论证，改变或修正了柏拉图等哲学家关于感觉具有不稳定和混乱本质的看法，把感觉经验作为客观必然性知识的基础和本原之一，在希腊哲学认识论的发展中具有非常重要的开创性意义。亚里士多德在对人的认识能力和认识对象的考察中，不仅关注到了感觉知识的可靠性以及普遍必然性知识的最终认识论地位，而且对获

---

① 参见 ［古希腊］亚里士多德：《形而上学》第 1 卷（A 卷）980a-982b ；对其相关内容的解释，可参见汪子嵩、范明生、陈村富、姚介厚：《希腊哲学史》第 3 卷下，人民出版社2003 年版，第 627—631 页。

② 亚里士多德除了在《形而上学》第 1 卷（A 卷）980a-982b 之外，在《形而上学》第 4 卷（Γ 卷）1009a-1011a 中分析普罗泰戈拉的问题以及在《论灵魂》中，都在一定程度上对感觉的确定性和可靠性作出了肯定。

得这些知识的方法也保持着极大的兴趣。在他看来，正确严格的认识论方法对于人们获得普遍必然性知识是不可或缺的。他在其整个学术生涯中，对这种方法非常重视，在总结和整合古希腊各种科学思想的认识方法、早期哲学的辩证法与逻辑学的诸多成果以及论辩术和修辞学等学科中积累起来的思维方法等的基础上，写下了大量的论著予以阐述和建构。① 现存于《工具论》中的六种亚里士多德逻辑学论著，即是其方法论思想的集中体现，它们以不同的逻辑主题为内容，分别从概念、命题、推理、证明和论辩等方面对其方法论思想作了全面的阐述，由此所建立起来的系统化的逻辑学体系，被誉为是"希腊古典时期哲学自觉反思人的理性思维而结出的硕果，标志希腊科学理性精神的升华，奠定了西方分析理性的传统"。②

在亚里士多德看来，普遍必然性知识应该是一种证明的知识，一种"通过证明所获得"的"科学知识"；③ 而一个被证明的科学知识的获得，必须是以非证明的、真实的初始原理为前提，遵循严格的逻辑程序和论证程序，并依赖于一定的思维形式和理性能力。只有满足了这些条件，一种知识才是被证明的知识，才具有普遍必然性。而相对于"知识是关于必定如此的命题"的断定，意见所涉及的则是"可真实可虚假、能够变成其他的东西"，也就是说，"意见就是对既非直接亦非必然的前提的断定"。④ 意见因而缺乏知识所具有的确定的和必然的特征与性质。为了说明普遍必然性知识作为一种证明的知识是如何通过严格的逻辑方法获得的，亚里士多德在"前、后分析篇"

---

① 参见汪子嵩、范明生、陈村富、姚介厚：《希腊哲学史》第 3 卷上，人民出版社 2003 年版，第 119—127 页。

② 汪子嵩、范明生、陈村富、姚介厚：《希腊哲学史》第 3 卷上，人民出版社 2003 年版，第 115 页。

③ ［古希腊］亚里士多德：《后分析篇》第 1 卷 71b17-19，见苗力田主编：《亚里士多德全集》第 1 卷，中国人民大学出版社 1990 年版。现代学者认为，亚里士多德在这里用来标明"知识"的希腊语"epistêmê"，是一种严格意义上的"知识"，指明的是一个包括了一系列证据或证明的体系，类似于现代的"science"（科学）一词。*The Cambridge Companion to Aristotle*, edited by Jonathan Barnes, Cambridge: Cambridge University Press, 1995, p. 47.

④ 见［古希腊］亚里士多德：《后分析篇》第 1 卷 88b30-89a，见苗力田主编：《亚里士多德全集》第 1 卷，中国人民大学出版社 1990 年版。

等论著中对这些方法作了全面的阐述，特别是他最为重视的三段论方法，更是进行了细致入微的论述与建构。①除此之外，有关其他的科学认识论方法，如定义和归纳等，亚里士多德也给予了关注和论述。②

希腊哲学在几百年的发展中，从早期哲学家们在摆脱神话世界观樊篱中以自然的方式对宇宙本原及其演化规律的探究开始，在形而上学、认识论、自然哲学、人学、历史观和伦理学等方面形成了极为丰富的思想理论，并在这些思想理论的建构中开创了一个源远流长的理性主义传统。这一传统经过希腊化时期的扩散与传播，经过斯多亚学派、伊壁鸠鲁主义、新毕达哥拉斯学派以及各种形态的柏拉图主义和亚里士多德主义等学派众多哲学家们的继承、综合与复兴，进而在罗马帝国的主流哲学思想中占据了重要的地位，成为罗马帝国各种思想文化体系中具有某种主导意义的思维原则和价值原则。因而，当基督宗教在渗透着浓厚希腊哲学精神的罗马帝国诞生的时候，前者作为宗教体系所具有的信仰特质势必会与后者所崇尚的理性主义形成明显的张力，它的思想与认知合理性问题不可避免地受到了后者的质疑和拷问。可以说，在社会文化的公共层面上，希腊哲学的遗产为基督宗教提供了一个它不得不置身其上的思想平台。而这一平台也为基督宗教的思想家们吸收希腊哲学提供了较为便利的条件。

正当基督宗教为借鉴和吸收何种希腊哲学流派的思想而锱铢必较的时候，希腊哲学也没有停止它发展的步伐，在罗马帝国的晚期产生了一系列新的思想和学说。其中对其同时代以及后来的基督宗教思想产生最为重要

---

① 如他在《前分析篇》（Prior Analytics）以数学的严格性所提出并详细论述的三段论推理理论，对后希腊化、伊斯兰中世纪以及欧洲中世纪等时期的哲学和思想产生了空前的影响，使得许多代的哲学家们都把逻辑等同于亚里士多德的逻辑；参见 The Cambridge Companion to Aristotle, edited by Jonathan Barnes, Cambridge: Cambridge University Press, 1995, p. 27。而他在《后分析篇》中对"科学的划界、基本要素、建构方法以至知识本原等重要问题"所作的阐述，也被誉为是"西方第一部系统的科学方法论著作"；见汪子嵩、范明生、陈村富、姚介厚：《希腊哲学史》第3卷上，人民出版社2003年版，第330页。

② ［古希腊］亚里士多德：《后分析篇》第2卷90b3-28，见苗力田主编：《亚里士多德全集》第1卷，中国人民大学出版社1990年版。

影响的，是由普罗提诺（Plotinus，也译柏罗丁，205—270 年）所建立的新柏拉图主义学派。普罗提诺出生于埃及，他是亚历山大阿摩尼乌斯·萨卡斯（Ammonius Saccas）的学生，这时的亚历山大城是古代各种思想交汇的地方，在这里普罗提诺精心研究了毕达哥拉斯、柏拉图、亚里士多德、伊壁鸠鲁以及斯多亚学派的古代哲学，在众多流派中，他选择了柏拉图主义。40岁时，他从亚历山大到了罗马，开办了自己的学校，吸引了一批社会精英，其中就包括了皇帝和他的妻子。他写了 54 篇论文，没有先后顺序，后由其弟子波菲利（Porphyry）收集在一起，编为九章，每章六节，后世称为《九章集》（*Enneads*）。

普罗提诺的思想深受柏拉图的影响，他力图在新的意义上阐发柏拉图的哲学。在他看来，哲学的目标是一种朝向无限的冲动，以满足灵魂的回归神，从而得救的愿望。灵魂的堕落与得救或者说世界的起源与回归，构成了普罗提诺哲学思考的核心。普罗提诺认为，最高的本原是"太一"，它是灵魂和世界的起源。正因为"太一"是"一"，是最高的本原，超出了一切可以描述的规定性，因而只能用否定的语言来描述它，说它不是一切事物，不是存在，"既不是一个东西，也不是性质，也不是数量，也不是心智，也不是灵魂，也不运动，也不静止，也不在空间中，也不在时间中，而是绝对只有一个形式的东西，或者无形式的东西，先于一切形式，先于运动，先于静止"。[①] 太一是绝对单纯的，在其自我同一性中没有任何变化。但同时太一又是绝对完满的和自足的，它既不追求任何东西，也不需要任何东西。这种绝对完满自足的太一必然是"充溢的"，而最完满的力量必然"流溢出来"，"流溢出来的东西便形成了别的实体"，产生出万物。因而太一是各种存在之父，万物都从太一中派生出来，常住不变的太一"流溢"出万物，就像"围绕太阳的太阳光永远不断地从太阳里产生出来，太阳的实体却毫无改变和运动一样"。[②]

---

① ［古罗马］柏罗丁：《九章集》，Ⅵ，9，1；见《西方哲学原著选读》上卷，北京大学哲学系外国哲学史教研室编译，商务印书馆 1982 年版，第 214 页。

② ［古罗马］柏罗丁：《九章集》，Ⅴ，1，4；见《西方哲学原著选读》上卷，北京大学哲学系外国哲学史教研室编译，商务印书馆 1982 年版，第 216 页。

从太一中最先流溢出来的是"奴斯",即理智。奴斯是纯粹的思想本体,只思想着自身,它是太一的反观自身,因而是与感觉世界相分离的。由于奴斯类同于太一,因而就仿效太一,"喷出巨大的力量",流溢出灵魂。"灵魂在观看它的存在的来源时,是充满着心智,但是当它向别的相反的运动前进时,它便产生出自身的形相,产生出感觉和植物的本性来"。① 因此,灵魂充当着奴斯和感性世界的中介,当它反观自身的来源时,它回归于高一级的理智;但当它趋向堕落或下降时,就与原初质料结合形成感性世界。

因此,灵魂中包含着善恶的双重性,具有向上回归善和向下趋于恶的两种可能性。在普罗提诺看来,由于原初质料是一种纯粹的黑暗混沌,因而缺乏善,灵魂进入肉体就是一种堕落,体现出了一种恶的倾向——对肉体、物质的留恋。然而灵魂也具有善的一面,具有向善的原始冲动。当它厌倦了身体的罪恶时,灵魂就会通过净化的手段,摆脱肉体的禁锢,而回归于理智,乃至太一,实现与神的结合。灵魂从一切有限制的事物中的解放,所最终达到的是一种"出神入化"的境界。

二、基督宗教与信仰

当希腊哲学在以希腊本土诸城邦为核心而建构其理性主义思想传统的时候,来自于两河流域(底格里斯河和幼发拉底河)的希伯来宗教则在地中海的东岸寻觅其赖以安家的港湾,并最终在公元 1 世纪前后的巴勒斯坦地区孕育出了一种新的宗教信仰形式——基督宗教,从而在罗马帝国这一社会舞台上与希腊哲学相遇,上演了理性与信仰激烈冲突的历史戏剧。

当然,就其思想特征和文化源流来说,基督宗教有着与希腊哲学完全不同的目标指向和历史轨迹。它们之所以能够在历史中相遇、冲突乃至交流与融合,主要是由于罗马帝国这一政治力量和社会力量的作用。从其宗教信仰传统来看,基督宗教的前身是犹太教,是在以色列人长期的民族迁徙过程中

---

① [古罗马] 柏罗丁:《九章集》,Ⅴ,1,1;见《西方哲学原著选读》上卷,北京大学哲学系外国哲学史教研室编译,商务印书馆 1982 年版,第 217 页。

所建构起来的一神论信仰的基础上发展而来的。以色列的先民是一些早期生活在两河流域的闪米特人，他们因后来的南迁并定居在巴勒斯坦地区而被当地的迦南人称之为"希伯来人"（亚兰文为 Ebrai），意为"来自大河彼岸的人"（《旧约圣经》称幼发拉底河为"大河"），或者说是因为他们被视之为传说中的伊伯尔人（Eber）的后裔而得名。① 他们的宗教传统因之被称为"希伯来宗教"。两河流域最早的文明类型被认为是产生于公元前 3500 年前后的"美索不达米亚文明"（地处现今的伊拉克），其中的第一个文明中心是位于其南部的苏美尔（《旧约圣经》称之为"希纳国"，Land of Shinar）；这是一种以诸多独立的城邦为主体联合而成的文明类型，具有一定的社会分工和较为稳定的农业、手工业、商业贸易与简单的楔形文字。②

　　虽然美索不达米亚在当时有着明显的文明特征，但其内部则存在着各城邦之间的不停征战，其外部也面临着来自北方的印欧人和来自南方的闪米特人的大规模入侵；同时在随后的一两千年的时间中，它自身也经历了由东向西的民族迁徙和部族战争。③"希伯来人"大约就是这个时期来到巴勒斯坦地区的。《圣经》记载了以色列的祖先亚伯拉罕族长受上帝呼召、带领其族人离开美索不达米亚到迦南（巴勒斯坦地区）与埃及之间迁徙的民族故事（《创世纪》12—13 章），这与历史研究所揭示的公元前 1700 至公元前 1100 年之间的前后第二次游牧民族对中东的入侵、希伯来人最终占据巴勒斯坦的史实有其一致的地方，④ 只是前者有着更多的宗教传说内容而已。

　　当以色列的先民来到迦南以及随后进入埃及的时候，这些地区即已存在

---

　　① 参见 [英] 塞西尔·罗斯：《简明犹太民族史》，黄福武、王丽丽等译，山东大学出版社 2004 年版，第 4 页；王美秀、段琦、文庸、乐峰等：《基督教史》，江苏人民出版社 2006 年版，第 1 页。

　　② 参见 [美] 斯塔夫里阿诺斯：《全球通史》上卷，吴象婴、梁赤民、董书慧、王昶译，北京大学出版社 2012 年版，第 49、59 页。

　　③ 参见 [美] 斯塔夫里阿诺斯：《全球通史》上卷，吴象婴、梁赤民、董书慧、王昶译，北京大学出版社 2012 年版，第 59、76—77 页。

　　④ 参见 [美] 斯塔夫里阿诺斯：《全球通史》上卷，吴象婴、梁赤民、董书慧、王昶译，北京大学出版社 2012 年版，第 76—77 页。

着较为发达的社会文明。如果说埃及是在公元前 3100 年前后建立起了不同于苏美尔城邦文明的帝国文明、并一直以稳定与保守的形式存留着的话，① 那么中东则在更早的公元前 7500 年之前即已发展出了以植物栽培为主的"原始农业"，并在公元前 3000 年前后开始使用青铜器具，养育了当地已存的原始人类以及在不同阶段从周边地区迁徙而来的其他族群，使之逐步拥有了稳定的生存基础和生活方式。② 因此可以说，早期以色列人就是在与这些已存的居民及其文明类型的融合、冲突和征战中明确其民族身份与宗教信仰的。

正是以色列的先民们在巴勒斯坦地区长期的颠沛流离中，最终形成了独特的一神教信仰，并在大卫王时期（约公元前 1009—公元前 973 年在位）建立了以耶路撒冷为首都的统一的希伯来王国，为犹太民族及其宗教信仰的进一步成熟发展奠定了稳定坚实的社会文化基础和政治基础。然而从公元前 930 年开始，统一的王国从内部分裂为南北两个不同的王国——北部的以撒玛利亚为首都的以色列国（从公元前 930—公元前 722 年）和南部的以耶路撒冷为首都的犹大国（从公元前 930—公元前 586 年）。在随后各自独立存在的二百到四百年间，南北两个犹太民族国家相继为当时更为强大的两个不同帝国所毁灭：首先是公元前 722 年北部以色列国为亚述帝国所攻陷，然后是一百多年后的公元前 586 年，南部的犹大国为亚述帝国衰落后崛起的巴比伦王国所征服。特别是后者为犹太民族带来了更为巨大的影响——不仅犹大王国被攻陷，而且圣城耶路撒冷被毁灭，作为犹太人信仰核心象征的圣殿也被抢劫焚烧。随后，大批的犹太人被迫离开家园、作为阶下囚而被掳往巴比伦，史称"巴比伦之囚"。③

从此以后，犹太民族长期生活在由其他民族为国家权力主宰的王国中，

---

① 参见［美］斯塔夫里阿诺斯：《全球通史》上卷，吴象婴、梁赤民、董书慧、王昶译，北京大学出版社 2012 年版，第 64 页。

② 参见［美］斯塔夫里阿诺斯：《全球通史》上卷，吴象婴、梁赤民、董书慧、王昶译，北京大学出版社 2012 年版，第 26，50 页；［美］米尔恰·伊利亚德：《宗教思想史》第 1 卷《从石器时代到厄琉西斯秘仪》，吴晓群译，上海社会科学院出版社 2011 年版，第 129—130 页。

③ 参见张倩红、艾仁贵：《犹太史研究入门》，北京大学出版社 2017 年版，第 13—14 页。

难以建立绝对自主的国家主权。虽然在被掳巴比伦之后大约五十年的公元前538 年，攻陷并占领巴比伦王国的波斯帝国国王居鲁士，允许犹太人回归故土并重建圣殿从而形成了犹太民族历史上所谓的"第二圣殿时期"；但在犹太民族长期生活并曾经建立了希伯来王国的巴勒斯坦地区，除了短暂的哈斯蒙尼王朝（公元前 142—公元前 63 年）之外，一直为异族所统治——从第二圣殿开始时期的波斯帝国（公元前 538—公元前 332 年），到希腊化时期的亚历山大帝国及其随后的托勒密王朝（公元前 332—公元前 63 年），最后是罗马帝国（公元前 63—公元 135 年），并在公元 135 年之后最终促使大批犹太人离开巴勒斯坦地区而流散到世界各地。[1]

包含在早期以色列人这些历史过程中的长期不断的冲突与征战，既有着征服与胜利的辉煌，也布满了失败与流离失所的屈辱；然而这些可歌可泣的故事则丰富了以色列民族信仰的史话，成为犹太教经典《圣经》中以色列民族信仰建构起来的极富传奇色彩的内容与基础。[2] 正是以"不同时代、不同取向的文献"和口述传统为基础辑录而成并表达了以色列人信仰历史的这部经典，被学者们认为"以色列人的宗教完全是《圣经》的宗教"。[3] 这

---

[1]　参见张倩红、艾仁贵：《犹太史研究入门》，北京大学出版社 2017 年版，第 15—22 页。

[2]　在这些被记载下来的重大历史事件、传说和盟约中，亚伯拉罕（Abraham）、摩西（Moses）和大卫（David）具有重要的历史地位和宗教地位，被称之为先知宗教的最早的领袖。其中的亚伯拉罕被认为是源于小亚细亚—闪米特地区包括犹太教在内的三大宗教（其他两个是基督宗教和伊斯兰教）的祖先，一神教最早的代表和"先知宗教的原型"；摩西则被看作是以色列民族最重要的象征人物，是带领以色列人民走出沙漠获得解放的领袖，"是继亚伯拉罕以后所有先知的原型和榜样"，而他受神的呼召在西奈山直接参与的"西奈盟约"——"你们要归我作祭祀的国度，为圣洁的国民"（《出埃及记》19∶6），以及它所体现和肇始的神与以色列之间的特殊关系，成为了"犹太教的核心和基础"；而作为先知宗教第三位领袖的大卫，则是将以色列部族转化为国家的君王，将以色列建立成为统一国家的领袖，正是通过他的努力，"耶和华才在耶路撒冷成为国家的神"，耶路撒冷也"才成为以色列和犹太的宗教敬拜中心"和"特殊的'圣城'"。参见 [德] 汉斯·昆：《世界宗教寻踪》，杨熙生、李雪涛等译，生活·读书·新知三联书店 2007 年版，第 235、239—240、242—243 页。

[3]　参见 [美] 米尔恰·伊利亚德：《宗教思想史》第 1 卷《从石器时代到厄琉西斯秘仪》，吴晓群译，上海社会科学院出版社 2011 年版，第 140 页。

部被称为《希伯来圣经》犹太教经典，主要包括三大部分共计 24 卷：《托拉》(Torah) 5 卷，又称为"律法书"或"摩西五经"(Pentateuch)；《先知书》(Nevi'im) 10 卷，分前先知书 6 卷和后先知书 4 卷，主要记述政治历史进程和代神言说等；《圣文集》(Ketuvim) 9 卷，包括宗教诗歌、爱情诗歌、处世格言、传道言论、预言启示等。这部经典也被犹太人称之为《塔纳赫》(Tanakh)，是由三大部分的首字母组合而得名。[①] 在犹太民族的早期历史中，《塔纳赫》从最早的口述到成文再到成为正典经历了一个漫长的过程，它大约开始于公元前 6 世纪的"巴比伦之囚"之后，随后三大部分在不同的历史时期被正典化，《托拉》大约是在公元前 5 世纪中叶，《先知书》是在公元前 3 世纪前后，而《圣文集》大约最迟是在公元 1 世纪到 2 世纪的某个时期被确定为正典。[②]

犹太民族在其长期的迁徙和苦难历程中所形成、坚守并丰富起来的上帝观念和一神教信仰、救世主（弥赛亚，Messiah）期待以及其他众多的信仰因素和社会文化因素，为公元 1 世纪基督宗教的孕育而生提供了深厚的宗教文化基础。从历史起点上看，基督宗教的诞生与耶稣基督的出现密不可分；而耶稣的世俗身份和早期活动则是植根于犹太民族和犹太教中的，不仅"耶稣的一生，直到他逝世，是一个生活在犹太人中的犹太人"，而且"他的思想和教训是在犹太人的世界观中形成的，他的门徒也是作为犹太人来接受这些思想"的。[③] 因此可以说，就其产生的信仰条件和文化条件而言，基督宗教与犹太教之间存在着极为密切的关系，这种关系不仅体现在耶稣与早期信

---

① 参见张倩红、艾仁贵：《犹太史研究入门》，北京大学出版社 2017 年版，第 44 页。

② 参见张倩红、艾仁贵：《犹太史研究入门》，北京大学出版社 2017 年版，第 46—47 页。在随后以色列民族的历史发展中，还有另一部堪称为经典的文献是《塔木德》(Talmud)，它是在公元 1 世纪后期至公元 7 世纪拉比犹太教时期所形成的拉比（教师）文献的合集。有学者认为，如果早期希伯来民族独有的特征是先知、独特的经典是《圣经》（即《希伯来圣经》）的话，那么随后的这个时期犹太民族的特征就是拉比，其不朽的经典乃是《塔木德》。参见［英］塞西尔·罗斯：《简明犹太民族史》，黄福武、王丽丽等译，山东大学出版社 2005 年版，第 145 页。

③ ［美］胡斯都·L.冈察雷斯：《基督教思想史》第 1 卷，陆泽民、孙汉书、司徒桐、莫如喜、陆俊杰译，译林出版社 2008 年版，第 20—21 页。

仰者的世俗身份及其在世界观中所形成的思想和所接受的教诲方面，而且也体现在信仰对象（上帝）的一致性、旧约和新约的连续性以及基本的宗教原则与观念的共同持守等方面。① 这种关联性是如此的密切，加之早期基督徒的活动时常在犹太会堂中进行，致使包括罗马政权组织在内的其他社会组织和社会人士往往会把这个新起的宗教运动视为犹太教的一个教派而非其他独特的宗教。②

这种难分彼此的混同应该说与当时犹太人的处境及其宗教活动有着相当大的关系。在公元前 63 年罗马军队入侵耶路撒冷并占领巴勒斯坦地区之后，为犹太民族长期生活的这片土地又被置于罗马帝国的统治之下。虽然罗马帝国当局在民族问题上采取较为宽容的政策，允许犹太人按照自身的民族习惯和宗教传统生活并从事信仰活动，但失去国家政治权利的犹太人无时无刻不为取得民族的解放和独立而进行着反抗与抗争。当时生活在这个地区的众多犹太教派和团体为此采取了大量不同的方式和策略，其中艾赛尼派（Essenes）的主张和观念在宗教信仰上产生了广泛深刻的历史影响。他们既严守传统的"清规戒律"，又具有"鲜明的末世论倾向"，自认为是"新约之民"，主张"新约"和"旧约"本无区别，但"'新约'是'旧约'的顶点和完成"；他们的信念中拥有强烈的救世主期盼，相信"'以色列的弥赛亚'即将来临"，"不久将出现一个新的耶路撒冷"。③ 在他们对弥赛亚的期盼中，时常也会把得救的希望"寄托在一位被称为'人子'的神人身上"。④

可以说，艾赛尼派所体现的这些观念、倾向和希望，以及当时所有犹太教派都"严格信奉的犹太教的两个最根本的信念，即伦理一神论和对弥赛亚

---

① 参见 [英] 麦格拉思：《基督教概论》，马树林、孙毅译，北京大学出版社 2003 年版，第 249 页。

② 参见 [英] 麦格拉思：《基督教概论》，马树林、孙毅译，北京大学出版社 2003 年版，第 249 页。

③ 参见 [美] 胡斯都·L.冈察雷斯：《基督教思想史》第 1 卷，陆泽民、孙汉书、司徒桐、莫如喜、陆俊杰译，译林出版社 2008 年版，第 27 页。

④ 参见 [美] 胡斯都·L.冈察雷斯：《基督教思想史》第 1 卷，陆泽民、孙汉书、司徒桐、莫如喜、陆俊杰译，译林出版社 2008 年版，第 30 页。

的末世论期盼",① 为耶稣基督（Jesus Christ）的到来和身份认同奠定了重要的思想基础和心理基础。Jesus 的希伯来原文是 Yeshua，包含着"上帝救赎"的意思。② 耶稣出生在犹太人中，受洗和早期传道活动主要在犹太地区和犹太人中进行，其在基督宗教经典《圣经》中的《新约》（The New Testament）里的身份，诸如"弥赛亚"、"主"、"上帝的儿子"、"人子"和"上帝"等，既有着新的意义，也包含着《旧约》和犹太教传统的内容。③ 特别是在基督宗教产生的早期所逐步构建起来的经典《圣经》中的两个主要部分——《旧约》和《新约》，在昭示了两者区别的同时，也保持了它们之间的连续性。现代学者认为它们的连续性有两个方面特别值得关注：首先，上帝的"行为、目的和身份"在新旧约中是连续的；其次，旧约中三种主要职分——"先知、祭司和君王"——在新约中的耶稣身上也得到了充分的体现。④ 可以说，犹太民族在当时罗马帝国的政治和社会文化处境及其宗教传统与信仰实践，为耶稣的到来和早期活动提供了可能性。

当然，与当时已存的犹太教不同的是，新兴的基督宗教是以耶稣为中心并围绕着他的一系列活动为基础而建构起来的。《新约》对此有着明确的记载，涉及耶稣的降生、传道、受难和复活等（公元 1 世纪 30 年代前后）；而正是这一系列的事件"促使人们作出回应，因而产生了基督教"。⑤ 这些事件包

---

① 参见 ［美］胡斯都·L.冈察雷斯：《基督教思想史》第 1 卷，陆泽民、孙汉书、司徒桐、莫如喜、陆俊杰译，译林出版社 2008 年版，第 29 页。在当时的巴勒斯坦地区生活的其他犹太人派别，除了艾赛尼人之外，还有撒玛利亚人、法利赛人、撒都该人和奋锐党人，也都从不同方面与耶稣的宗教活动存在着不同的关联。参见 ［英］麦格拉思：《基督教概论》，马树林、孙毅译，北京大学出版社 2003 年版，第 83—87 页。

② 参见 ［英］麦格拉思：《基督教概论》，马树林、孙毅译，北京大学出版社 2003 年版，第 77 页。

③ 参见 ［英］麦格拉思：《基督教概论》，马树林、孙毅译，北京大学出版社 2003 年版，第 111—117 页。

④ 参见 ［英］麦格拉思：《基督教概论》，马树林、孙毅译，北京大学出版社 2003 年版，第 12 页。

⑤ 参见 ［英］麦格拉思：《基督教概论》，马树林、孙毅译，北京大学出版社 2003 年版，第 119 页。

含了耶稣作为基督宗教创建者的基本信息和神学意义：诸如道成肉身——耶稣作为圣子对圣父上帝的显明而为人们所知所见；得救的根据——耶稣作为救世主通过十字架的受难与上帝和好进而使人类得救；生活特征——耶稣的榜样和典范铸造了基督徒生活的样式与特征。[①] 耶稣的这些事件、作为、信息和意义以及人们的回应与理解，最终促使基督宗教从犹太教中脱颖而出，演变成为一种新的宗教运动。

从现实的层面上看，基督宗教作为一种新的宗教运动的确立，不仅与耶稣的作为及其宣告的内容相关，也与耶稣之后使徒们持续不断的努力密不可分。如果说犹太教与基督宗教的连续性为后者的产生奠定了充分的信仰基础和思想基础的话，那么如何彰显两者的不同则是后者发展成为一种新的宗教的必要条件。当时跟随耶稣的门徒们在耶稣之后即面临了这样的问题，并在公元 1 世纪 40 至 50 年代的早期教会中展开了激烈的争论。其中的一个首要问题乃是"犹太律法在基督徒生活中占据何种地位的问题"，也就是说犹太教中的传统礼仪和习俗，特别是割礼，是否必须为基督徒们遵守并延续？由于它涉及基督徒的新的信仰身份问题，对非犹太人加入基督宗教尤为至关重要，从而引起了早期基督教会领导人的高度重视，并导致了持有不同看法的使徒们的分歧与争论。在这场争论中，被称为外邦人使徒的保罗（Paul）起到了至关重要的作用，他坚持得救的基础是对耶稣的信仰而不是严守摩西律法，割礼只是一种外在的记号，"称义"根据的关键在于"信"。保罗的立场最终获得了大多数人的赞同，他主张割礼不应成为基督徒的标志，外邦基督徒和犹太基督徒在教会中拥有同样的身份和地位。保罗的这种看法首先是在耶路撒冷和加拉太地区被认同，随后扩展到了马其顿、雅典和罗马等帝国的诸多城市和地区之中，为基督宗教从犹太教中脱离并演变成为一个普世的宗教奠定了基础。[②]

---

① 参见 [英] 麦格拉思：《基督教概论》，马树林、孙毅译，北京大学出版社 2003 年版，第 119—126 页。

② 参见 [英] 麦格拉思：《基督教概论》，马树林、孙毅译，北京大学出版社 2003 年版，第 250—252、256—260 页。

在基督宗教的初创时期，使徒及其早期教会创建者们对待犹太人经典《圣经》（后来被称为《旧约》）的态度，以及在此基础上逐步建构起来的《新约》圣经，对于基督宗教的产生和发展具有至关重要的意义。这些后来被统称为《新旧约全书》的《圣经》（Holy Bible），几千年来一直是基督宗教信仰的基础。由于在耶稣及使徒时代，并没有一部完全适合于基督宗教的圣经可以使用，耶稣和使徒们常常会借用犹太经典《圣经》来表达相关的宗教信息与信仰内容。例如耶稣强调了犹太教经典（《旧约》）的神圣性，时常引述《旧约》经文用于论战、辩护和确定自身的预言身份；使徒和基督宗教早期教会的信仰者们对这部犹太经典也保持了与耶稣相同的态度，在公开的讲道以及后来成为《新约》圣经主要内容的《使徒行传》和《哥林多前书》等相关章节中，经常引用《旧约》的话语来阐释和确证圣灵降临、基督复活与十字架的讯息和意义，"经上说"因而成为"新约作者常用的关键语句"。[①] 正是耶稣及其赋予并持存在使徒身上的宗教权威性，不仅使得他们对《旧约》的认可成为基督宗教《圣经》的一部分，而且也使得这些使徒所写或者为他们认同的早期经卷成为《新约》的基本内容，也就是说，这种权威性使得使徒们"有可能在当时的《圣经》中增添了《新约》经卷，而教会也由此发展起来"。[②]

虽然在基督宗教的早期创建中，耶稣本人并无任何的著述，但使徒们有关其言行的记载及相关书信等被认为是"对基督完成了的工作之宣讲与阐释"，在早期教会中具有神圣性，从而以此为基础发展并确定为《新约》圣经的基本内容。[③] 当然，在基督宗教的早期教会中，哪些作品能够成为或被确定为《新约》圣经的内容，经过了一个较为长期的过程，这个过程被称为

① 参见 ［美］J.格雷山姆·梅琴：《新约文献与历史导论》，杨华明译，上海人民出版社2008年版，第3—4页。

② 参见 ［美］J.格雷山姆·梅琴：《新约文献与历史导论》，杨华明译，上海人民出版社2008年版，第4页。

③ 参见 ［美］J.格雷山姆·梅琴：《新约文献与历史导论》，杨华明译，上海人民出版社2008年版，第5页。

"正典确立"的过程。"正典"（canon）一词源于希腊语 kanon，意为"'标准'或'一个固定的参考点'"，"圣经正典"（the canon of Scripture）因而被用来指"被基督教会奉为权威的一组确定的、数目有限的作品"。① 在基督宗教建立的早期阶段，除了《旧约》中的内容被称为"圣经"之外，还有一些记载耶稣言行以及使徒保罗和彼得的书信等作品，被称为"新约"，逐步获得并被认可为具有与《旧约》同等地位和权威性的"圣经"作品。虽然在早期阶段，还有一些作品如《克莱门特壹书》（First Epistle of Clement）和《十二使徒遗训》（the Didache）等，在教会的建构中也具有重要的意义和地位，但最终并没有被列入《新约》圣经"数目有限"的正典作品之中。大约在公元 4 世纪末到 5 世纪初前后，经过早期教会逐步筛选并共同认同和确定下来的《新约》圣经内容基本确定下来，它们所包括的经卷与当今所见的《新约》内容相同。② 正是《圣经》在早期教会建构中的意义以及随后一直被基督教会奉为神圣的经典而为每个基督徒所尊奉，基督宗教从而被许多人称之为是"基于一本圣书的宗教"。③

应该说，起码到公元 5 世纪初前后，基督宗教经典《圣经》的基本内容已被确定下来，包括了《旧约》④ 和《新约》两大部分。"约"在希腊文《圣经》的意思为"盟约"（covenant）或"圣约"（testament），表达的是上帝与人所缔结的"特有关系"；这种关系在"旧约"中是指"上帝以摩西为中介与希伯来民族立的约"，在"新约"中则是指上帝"通过耶稣基督得以和世界上各民族、各地域的人缔结"的"约"，表达了人类与上帝"重新和好的神圣盟约"。⑤

---

① ［英］麦格拉思：《基督教概论》，马树林、孙毅译，北京大学出版社 2003 年版，第 15 页。

② 参见 ［英］麦格拉思：《基督教概论》，马树林、孙毅译，北京大学出版社 2003 年版，第 15—16 页。

③ 参见 ［美］J. 格雷山姆·梅琴：《新约文献与历史导论》，杨华明译，上海人民出版社 2008 年版，第 8 页。

④ 《旧约》的基本内容主要取自于犹太教经典《希伯来圣经》（《塔纳赫》）。

⑤ 参见 ［美］J. 格雷山姆·梅琴：《新约文献与历史导论》，杨华明译，上海人民出版社 2008 年版，第 5 页。

整部《圣经》的内容共 66 卷，旧约 39 卷，新约 27 卷。①《旧约》（The Old Testament）分为四大类，包括律法书（5 卷，又称"摩西五经"）、历史书（12 卷）、智慧书（5 卷）和先知书（17 卷），记述了宇宙和人类的起源、以色列民族的特殊身份和一神论信仰、以色列人在不同时期的重大事件和历史传说以及在这些事件和传说中所表现出的人与上帝（创造者）的关系等内容；其中以以色列人为主体表达创造者和被创造者关系的盟约主要有亚当之约、诺亚之约、亚伯拉罕之约、摩西之约、圣地之约和大卫之约。

《新约》（The New Testament）27 卷由四部分组成，包括"福音书"（4 部）、"使徒行传"、"书信"（21 封）和"启示录"。四部"福音书"分别是《马太福音》、《马可福音》、《路加福音》和《约翰福音》，其内容基本相同，从不同方面记载了拿撒勒人耶稣的生平、受难与复活。"福音"（gospel）② 意味"好消息"，在基督教会传统中，以耶稣为中心所发生的一系列事件被视之为是带给这个世界的好消息；但同时，《新约》中"福音书"所讲述的耶稣的故事，也"包含着对耶稣是谁和为何他如此重要的解释"。③《使徒行传》记载了基督宗教从耶路撒冷向外传播并迅速扩展到整个罗马帝国的历史过程，其中大部分篇幅以保罗为核心，讲述了他如何从一个守律法的犹太人（原名扫罗）转变成为一个基督徒以及如何以"外邦人使徒"的身份在罗马帝国传播基督宗教的过程和故事。《新约》中收录的"书信"是由早期教会领袖所写，包括保罗书信（13 封）、彼得书信（2 封）、约翰书信（3 封）和其他书信（3 封），其写作对象是个人或教会，主要内容是对基督宗教的"教义和实践的要点进行澄清，对那些面对异教群体或世俗政权敌意的基督徒进行鼓励"④。《新约》

---

① 本书有关《圣经》的内容，主要参见中国基督教两会于 2008 年出版发行的《圣经》中英对照本。

② 最早表达 gospel 的英语词是 godspel，是对希腊词 evangelion 的翻译。参见［英］麦格拉思：《基督教概论》，马树林、孙毅译，北京大学出版社 2003 年版，第 56 页。

③ 参见［英］麦格拉思：《基督教概论》，马树林、孙毅译，北京大学出版社 2003 年版，第 56—57 页。

④ ［英］麦格拉思：《基督教概论》，马树林、孙毅译，北京大学出版社 2003 年版，第 68 页。

的最后一卷是《启示录》，以象征和形象化的语言呈现各种异象，表达了对未来的向往与期盼。

可以说基督宗教《圣经》正典的形成和最终确立的过程，也是其作为独立的宗教形态形成与发展壮大的过程。由于基督宗教是以耶稣基督为中心而建立起来的一种宗教信仰，因而记载耶稣基督言行并解释其身份和意义的《圣经》（特别是《新约》圣经），在基督宗教早期建立和随后发展中具有至关重要的地位；它也成为教会发展、教义凝练以及神学阐释与争论的基础、典范与标准。因而当基督宗教在罗马帝国的历史舞台上与希腊哲学相遇的时候，内在其中的一些基本问题和思想概念及其哲学的可能性，则被早期神学家们作出了新的解释与阐发，从而为中世纪哲学的产生与发展奠定了一种独特的思维框架和认知基础。

第二节　历史相遇：冲突与融合

如果说犹太教的信仰传统以及保罗等使徒和早期教会领导人的努力，为基督宗教成为一个新的具有普遍意义的宗教提供了内在条件的话，那么希腊罗马文化及其政治架构则在一定程度上为这种宗教的普世性建构了某种相应的外部文化背景。这一背景形成的早期基础乃是马其顿国王亚历山大大帝（Alexander the Great，公元前 336—前 323 年在位）的东征所建立起来的以地中海为中心的跨越欧亚非三大洲的亚历山大帝国。虽然这一帝国在前 323 年亚历山大大帝死后并没有维系多少时间而出现了分裂和战争，但它却为巴勒斯坦等地中海沿岸地区带来了希腊文化的因素，开启了持续约三百年左右的"希腊化时期"。因此，当随后的罗马帝国在上述地区称王称霸并在公元前 1 世纪征服地中海沿岸诸多地区结束希腊化时代的时候，大约从公元前 4 世纪开始的希腊化进程已将希腊文化与希腊精神扩展到了这些地区的各个角落，使得包括巴勒斯坦地区在内的罗马帝国，已然成为一个在社会文化的诸多层面上深受希腊语言和希腊文化影响的世界——不仅希腊哲学和传统多神教崇拜长期以来成为罗马公民流行的精神生活和信仰生活的基本核心，而且这种以希腊文化为基础的精神生活和信仰生活是受到强大的帝国权力为后盾并是它所竭力维护的。

一、罗马帝国的历史文化特征

作为一种不同于希腊城邦制的政治群体，罗马社会大致经历了君主制时期（约公元前 8 世纪前后—前 509 年）、共和国时期（公元前 509—前 31 年）和帝国时代（公元前 31—公元 476 年）。历史上，人们通常会把罗马作为一个城市最早被建构的时期，作为罗马最早的社会形态——君主制开始的标志。然而，罗马城何时建造并从而开启了罗马社会的王政时代，是一个有着诸多争议的历史谜题。虽然依据最早且流行较广的说法或传统，罗马城是由罗慕路斯（Romulus）[①] 于公元前 753 年前后建立，并经历了包括罗慕路斯在内的七任国王的统治时期，[②] 但就现代历史学和考古学的研究来说，大多历史学家们相信这些传说包括了太多虚构、想象乃至神话的因素，甚至是七位国王的名字、在位时间以及由他们所组成的罗马君主制时期的编年史，也被认为是为后来生活在罗马共和制或帝国时期的罗马人出于种种理由——诸如

---

① 有关罗慕路斯及其建造罗马城的故事有多种版本，其中一个较为流行的说法在公元 2 世纪的希腊作家阿庇安（Appian，约公元 95—165 年）所写的《罗马史》中被记载。书中描述罗慕路斯为当时一个城邦王国亚尔巴国王的后裔，在他的外祖父努米托以长子身份继承王位时，努米托的弟弟阿穆略却以武力将其废除，夺取了王位。随后，阿穆略又杀死了努米托的儿子，并强迫其女儿西尔维亚成为维斯塔神庙的女祭司，不可婚配生育。然而西尔维亚却因怀孕而违反了作为女祭司不可婚育的法律规定，引起阿穆略的盛怒，将其监禁并将其生育的双胞胎兄弟罗慕路斯和勒莫（Remus，又译勒摩斯）投入附近的台伯河（River Tiber）中。但幸运的是这两个双胞胎兄弟漂流到一个沙滩上，为一母狼哺育并为一牧羊人养育成人；虽然两位兄弟后来因故自相残杀，杀死弟弟的哥哥罗慕路斯则成为罗马城的创造者，并被看作是罗马王国的第一位国王。在随后的罗马社会生活和神话传说中，母狼一直是古代罗马人所崇拜的对象和图腾。参见 [古罗马] 阿庇安：《罗马史》上卷，谢德风译，商务印书馆 1995 年版，第 22—23 页及中译者注。也有一些传说认为罗慕路斯及其弟弟是由其叔父抛弃在山林中而为一只母狼所养育的；参见 [英] 格雷格·沃尔夫主编：《剑桥插图罗马史》，郭小凌、晏绍祥等译，山东画报出版社 2008 年版，第 28 页。

② 参见 [古罗马] 阿庇安：《罗马史》上卷，谢德风译，商务印书馆 1995 年版，第 23—24 页。

出于能够与和它比邻而居的文明古国希腊城邦比肩或攀附的虚荣心等等——所特意编造出来的。①

　　虽然有关罗马城准确的建造年代以及君主制的可靠编年史依然处在历史的迷雾之中，而且有关罗马人起源的早期传说也充满了浓郁的神话故事和英雄传奇色彩；②但可以确定的是，在公元前6世纪最后几年共和时代开始之前的几百年间，罗马城已经被建造起来并经历了一段繁荣的时期，形成了稳定的农业、工商业以及宗教文化特征，政治体制上也采取了权力高度集中的君主统治。在这个时期，罗马人与当时较为发达的希腊文明以及北部的伊特鲁里亚人（Etruscans，也译埃特鲁里亚人或伊达拉里亚人）等不同族群和王国，在经济、文化、军事和政治等方面有着较为广泛的交流、融合乃至冲突，特别是伊特鲁里亚人对罗马的占领及其所实施的君主统治，被认为是对"整个古罗马时期的政治体制奠定了基础"。③虽说罗马王政时代经历了七位国王统治的说法，包含着过多虚构的内容；但伊特鲁里亚人占领罗马并是在推翻最后一位伊特鲁里亚王的统治之后进入共和时代的，则被大多学者认为是符合历史事实的。以这样的事实为基础，形成了一种较为流行的看法，即在公元前最后几十年中，伊特鲁里亚人侵占罗马并登上王位，第一位称王的是塔克文·普利斯库斯（Tarquinius Priscus），即老塔克文，然后是塞尔维乌斯·图利乌斯（Servius Tullius）和塔克文·苏泊尔布斯（Tarquinius Superbus），后者被称为高傲者塔克文，是老塔克文的儿子。虽然伊特鲁里亚人何时登上罗马的王位并经历了几位国王的统治有着一些争论和疑惑——诸如是

---

　　① 参见［英］迈克尔·格兰特：《罗马史》，王乃新译，上海人民出版社2008年版，第11—12页；［英］西蒙·贝克：《帝国兴亡》，李俊、杨帆等译，新世纪出版社2012年版，"序"Ⅰ—Ⅱ、1页。

　　② 例如，在公元前350年前后，罗马人流传着一个罗马城被建造的传奇故事，他们相信罗马城是在上古时期由特洛伊故事中的英雄埃涅阿斯（英雄安喀塞斯和阿佛洛狄忒的儿子），在特洛伊城被毁后流亡途中受神谕的感召而建造的；而后来所谓王政时期的第一位国王罗慕路斯及其双胞胎兄弟，也被称为是战神马尔斯的儿子。参见［英］西蒙·贝克：《帝国兴亡》，李俊、杨帆等译，新世纪出版社2012年版，第1—2、4页。

　　③ ［英］西蒙·贝克：《帝国兴亡》，李俊、杨帆等译，新世纪出版社2012年版，第4页。

否存在着三位不同的国王以及图利乌斯王确切的统治年代和真正的族群身份等说法被认为包含了太多的传奇故事，但大多历史学家相信古代罗马君主制解体之前的君王是伊特鲁里亚人，并以这样的方式叙述罗马王政最后时期的历史进程。①

依据这种历史表述传统，罗马君主制的最后一位国王是高傲者塔克文。由于国王权力高度集中所导致的暴政以及其他的一些因素，高傲者塔克文在公元前 6 世纪最后十年的某个时期（公元前 509 年或前 507 年），为罗马贵族赶下王座并被逐出罗马，君主制随之在罗马失去了往日的辉煌与控制权，并蔓延至了整个意大利地区。② 这个时期也被认为是罗马共和制开始的起点与标志。高傲者塔克文的王权被推翻之后，罗马贵族为了限制君王的绝对权力，设立了由通过选举产生的两名执政官掌管"最高国家权力"的制度，即所谓的"共和制"。两位执政官的权力有主次之分，通常任期一年，每年由公民大会选举产生；为了限制或分担执政官的权力与责任，罗马共和制逐步设立了负责处理司法案件的司法官或裁判官，以及其他的官职，如财务官、市政官和检察官等。此外，由前官员组成的元老院，在罗马共和体制的权力运作中也不容小觑。虽然元老院只是议政和提供建议的场所，不具有立法权和其他的行政权力，但它对于罗马政府官员获得支持、认可与声誉并最终赢得选举，则有着举足轻重的地位。虽然在罗马共和制时期，国家最高权力受到了限制，为年任制和所谓的"群体制"所支配，这个时期的罗马也因此被称为"共和国"；但各种政府官员则是由出身于富裕或贵族家庭的成员担任，其政治体制实际上应该是一种"选举型的寡头政体"，而且来自拉丁语 res-publica 的"共和"也有误导之嫌，它实际表明的是一种"共同利益"或"国

---

① 参见［英］迈克尔·格兰特：《罗马史》，王乃新译，上海人民出版社 2008 年版，第 22—24 页；［英］西蒙·贝克：《帝国兴亡》，李俊、杨帆等译，新世纪出版社 2012 年版，第 4 页。

② 参见［英］迈克尔·格兰特：《罗马史》，王乃新译，上海人民出版社 2008 年版，第 32—34 页；［英］格雷格·沃尔夫主编：《剑桥插图罗马史》，郭小凌、晏绍祥等译，山东画报出版社 2008 年版，第 28 页；［英］西蒙·贝克：《帝国兴亡》，李俊、杨帆等译，新世纪出版社 2012 年版，第 4 页。

家利益"之谓。①

　　然而无论罗马共和时代的国家权力体制在内部是如何安排与调整的，但正是这个时期罗马人开启了统一意大利的进程并为其称霸地中海的帝国伟业奠定了基础。有历史学家由此把早期意大利民族的这段历史分为两个阶段或两个部分，一个是"意大利人在拉丁民族领导下归于统一的内部历史"，一个是"意大利人统治世界的历史"。② 就第一个阶段而言，意大利之被罗马人统一，既有主动的作为，也有被动的防御。君主制结束之后，进入共和制的罗马社会，不仅需要解决国家最高权力的制度安排与公民如何生存的问题，同时也面临着如何应对周边部族觊觎侵扰的困境。特别是后者，使得罗马人在共和制建立后两个世纪的大部分时间里，"不是与单个敌人进行艰苦的轮番较量，就是经常与他们同时战斗"。③ 罗马人应对外部问题所首先采取的策略，就是与之近邻并与其有着密切关系的拉丁城市④结盟，共同应对其他部族的入侵。虽然在随后的一段时间中，罗马人与拉丁同盟也有着一定的摩擦与不和，并与其中的一些城市发生了冲突和战争，但在早期它们之间还是建立并签署了较为平等的关系与条约，以共同抵抗其他部族的侵扰。这些抵抗首先是针对来自意大利中部（罗马城东部及东北部）的山地和高原部族沃尔斯奇人（Volsci）、埃魁人（Aequi）和萨宾人（Sabines）的侵扰，然

---

　　① 参见［英］西蒙·贝克：《帝国兴亡》，李俊、杨帆等译，新世纪出版社 2012 年版，第 6—9 页；［英］格雷格·沃尔夫主编：《剑桥插图罗马史》，郭小凌、晏绍祥等译，山东画报出版社 2008 年版，第 28—29 页。

　　② 参见［德］特奥多尔·蒙森：《罗马史》第 1 卷，李稼年译，商务印书馆 2017 年版，第 5 页。

　　③ ［英］迈克尔·格兰特：《罗马史》，王乃新译，上海人民出版社 2008 年版，第 35 页。

　　④ 拉丁人居住在拉丁姆（Latium，今拉齐奥）地区，位于罗马城南部、意大利西海岸的一片广阔的平原上，很早时期即建立了诸多的城市聚集区和共同体，并形成了所谓的"拉丁同盟"的松散的军事组织；罗马作为其中最北部一个共同体，长期以来与这些"拉丁同盟"就有着合作与掣肘的关联；在罗马共和制建立后，罗马人进一步加强了与拉丁同盟的合作、制约乃至控制的关系。参见［英］迈克尔·格兰特：《罗马史》，王乃新译，上海人民出版社 2008 年版，第 27—28 页；［英］格雷格·沃尔夫主编：《剑桥插图罗马史》，郭小凌、晏绍祥等译，山东画报出版社 2008 年版，第 31 页。

后是与罗马城北部近邻伊特鲁里亚城维伊（Veii）的战争。在持续了差不多一个世纪左右的抗争和战争之后，罗马人及拉丁同盟在公元前 5 世纪中叶征服了意大利山地和高原部族，并在公元前 4 世纪初摧毁并占领了维伊城，为其进一步统一意大利的进程建构了初步的和非常有利的基础。①

虽然这一进程曾为来自北方的凯尔特高卢人（Celtic Gauls）对罗马的侵占②而有了短暂的停止，但在高卢人洗劫罗马并回到北方之后，罗马人则重整旗鼓，继续了他们雄心勃勃的征服计划。在这个新的进程之初，罗马人一方面采取种种措施巩固已有的领土和权力模式，诸如将前期军事战争中抬高了的军事领袖权力重新恢复给执政官，并设立了一些新的官职；在罗马城的周围修建了（公元前 378 年）更加厚实的防御工事——城墙（其中的一些部分留存至今），将历史上著名的"罗马七丘"囊括其中。另一方面则以不同的形式，把那些已征服的以及其他虽未征服但却有着合作关系的城市，通过结盟的方式将它们纳入自己的势力范围之内。虽然在这个过程中，一些拉丁城市因获得了"罗马授予的特权"而从"拉丁公社变为罗马公社"，并"保留自己的城市组织和自治政府"；但由于拉丁城市不满于附属于罗马的地位并希望获得更平等、更独立的权力，逐步滋生出了离心离德的倾向和反叛的行为。最终，罗马与拉丁同盟之间在公元前 341 年爆发了全面的战争，并于公元前 338 年彻底击败拉丁同盟军，宣告了拉丁同盟的解散。③拉丁姆地区被征服后，居住在当地的拉丁人逐步放弃了自己的方言，改说罗马方言，后者则演变成为后来"拉丁语言的唯一形式"。④随后，罗马人又与居住在意

① 参见［英］迈克尔·格兰特：《罗马史》，王乃新译，上海人民出版社 2008 年版，第36—42 页；［英］格雷格·沃尔夫主编：《剑桥插图罗马史》，郭小凌、晏绍祥等译，山东画报出版社 2008 年版，第 32 页。

② 大约在公元前 387 年—前 386 年，凯尔特人在高卢王布伦努斯（Brennus）的带领下侵入意大利半岛，并很快攻占并焚毁了罗马，但不久他们即带着战利品离开了罗马和意大利。参见［英］迈克尔·格兰特：《罗马史》，王乃新译，上海人民出版社 2008 年版，第 42—43 页。

③ 参见［英］迈克尔·格兰特：《罗马史》，王乃新译，上海人民出版社 2008 年版，第44—48 页；

④ ［英］格雷格·沃尔夫主编：《剑桥插图罗马史》，郭小凌、晏绍祥等译，山东画报出版社 2008 年版，第 32 页。

大利中部和东南部的萨莫奈人（Samniters）爆发了多次的战争，并在第三次萨莫奈人战争（公元前298—前290年）中最终战胜后者，将整个意大利中部地区纳入自己的势力范围之中。[①]

意大利中部的统一以及向南部的扩展，使得罗马人有了同周边国家，特别是海外强国直接接触的可能与机会；而在早期共和制时期积蓄起来的各种力量，以及在与各个族群以及各种同盟征战中所激发与拥有的好战秉性，使得他们与海外强国的接触中采取了一种较为强势的立场，并最终走上了称霸地中海的道路。在萨莫奈人战争及更早的时期，意大利半岛的南部和西西里分布着众多被称为"大希腊"的希腊殖民地城市，它们与罗马并没有太多的交往和直接的关系；然而萨莫奈人战争结束后，罗马人与这些希腊城市之间在领地和归属权的问题上开始有了直接的摩擦和冲突，并最终引发了战争。大约在公元前3世纪80年代至70年代，罗马人与意大利南部最重要的希腊城市塔拉斯（Taras，罗马人称为他林敦，即今塔兰托 Taranto）以及后者所求援的伊庇鲁斯（Epirus，希腊北部）城邦国王皮洛士（Pyrrhus）所带领的援军，进行了多次激烈的战争。战争的最后结果是皮洛士王带领残兵退回希腊，他林敦战败同意议和，与罗马结盟。[②]

罗马人在意大利南部的胜利，为其进入地中海建立起了较为便捷的通道。而当他们试图在地中海扩张其势力的时候，则遭遇到了一个强大的对手——迦太基（Cathage，在今突尼斯境内）的抵抗。迦太基大约是在公元前9世纪初由原生活在黎巴嫩沿岸的腓尼基人（Phoenicians）所建立的殖民地，他们擅长航海贸易，在随后经过几百年的时间里，逐步成为控制地中海

---

① 参见［英］迈克尔·格兰特：《罗马史》，王乃新译，上海人民出版社2008年版，第51—53页；［英］格雷格·沃尔夫主编：《剑桥插图罗马史》，郭小凌、晏绍祥等译，山东画报出版社2008年版，第32页。

② 参见［英］迈克尔·格兰特：《罗马史》，王乃新译，上海人民出版社2008年版，第73—76页；［英］西蒙·贝克：《帝国兴亡》，李俊、杨帆等译，新世纪出版社2012年版，第13—14页。

西海岸海上贸易路线的一个强大的力量；到公元前 3 世纪的时候，迦太基已经发展成为西地中海中一个最为强大的独立城邦国家，其势力范围扩展到了西班牙、西西里和撒丁岛以及北非地中海沿岸。① 虽然在较早时期，罗马与迦太基据说也曾签订过保护各自利益的和平条约，但当公元前 3 世纪罗马人征服意大利南部而使得两大势力开始有了直接交集的时候，这类所谓的条约在各自的利益和强权面前则失去了约束力。

冲突的起因是先后受邀的罗马军队和迦太基军队出兵援助遭难的西西里城市麦山那（Messana，墨西拿）而引发的嫌隙和摩擦——虽然两支军队在不同程度上完成了各自的使命，但由于结盟以及与当地其他城邦的关系等问题，最终导致了两支军队间的对峙和冲突。罗马人和迦太基人的战争开始于公元前 264 年，断断续续延续了一百多年，其间共进行了三次大的战争，史称三次"布匿战争"（"布匿"是"腓尼基人"的拉丁语说法）。虽然在这些战争中，双方的军队和实力都遭受了巨大的损失，但最终获得胜利并受益的是罗马人。第一次布匿战争（公元前 264—前 241 年）和第二次布匿战争（公元前 218—前 201 年）后，迦太基人先后失去了西西里和撒丁尼亚与科西嘉；第三次布匿战争（公元前 150—前 146 年）之后，迦太基人则失去了包括西班牙和本土迦太基城在内的所有领土。② 罗马人从此之后，把西地中海沿岸几乎所有的领土都纳入自己的掌控之中。

在解决了西地中海的摩擦和冲突之后，罗马人所面临的另一个重大的外部问题，乃是如何处理他们与东地中海沿岸不同政治势力间的关系，其中主要是希腊城邦文明以及亚历山大大帝（Alexander the Great，公元前 323 年去世）死后所留下的政治遗产。希腊城邦社会大约是公元前 8 世纪

---

① 参见［英］迈克尔·格兰特：《罗马史》，王乃新译，上海人民出版社 2008 年版，第 76—78 页；［英］西蒙·贝克：《帝国兴亡》，李俊、杨帆等译，新世纪出版社 2012 年版，第 19—21 页。

② 参见［英］迈克尔·格兰特：《罗马史》，王乃新译，上海人民出版社 2008 年版，第 79—85、92—106、119—121 页；［英］西蒙·贝克：《帝国兴亡》，李俊、杨帆等译，新世纪出版社 2012 年版，第 21—26 页；［英］格雷格·沃尔夫主编：《剑桥插图罗马史》，郭小凌、晏绍祥等译，山东画报出版社 2008 年版，第 32—33 页。

之后在希腊半岛和爱琴海地区逐步形成起来的、以众多相对独立的城市为主干而构成的文明社会。经过几百年的发展，到公元前 4 世纪前后，希腊城邦社会已经建成为一个文化高度发达的古代文明类型，其殖民地遍及小亚细亚、北非、埃及和地中海沿岸，并先后兴起了若干个经济发达、政治强盛的城邦，如科林斯、雅典、斯巴达和马其顿等。其中马其顿城邦在腓力二世（Philip Ⅱ，公元前 359 年登基为王）及其儿子亚历山大大帝统治期间进入鼎盛时期，特别是亚历山大大帝在位期间（公元前 336—前 323 年），先后征服了希腊诸城邦、波斯、腓尼基、巴勒斯坦和埃及，其带领远征军甚至进入了俄罗斯大草原和印度等地，将大片的东地中海沿岸地区纳入其控制范围之中，并将希腊文化带入了这些地区。从这个时期（公元前 336 年）起到罗马最终打败希腊并接管这些地区（公元前 30 年）的三百年间，史称"希腊化时期"。①

亚历山大大帝十二年的征战所开创的庞大帝国在其死后分裂成为三个不同的王国：控制着希腊本土城邦的马其顿安提柯（Antigonids）王国、小亚细亚与近东的塞琉古（Seleucides）王国和统治埃及及其周边地区的托勒密（Ptolemies）王国。罗马人的向东扩展所遭遇到的最大阻力，即是这些被称为"后亚历山大王国"或"希腊化诸王国"的政治势力。然而，东扩的罗马人开始以军事化的方式直接面对这些希腊化诸王国，特别是马其顿王国，并非是在彻底解决西地中海霸权的第三次布匿战争之后，而是在第二次布匿战争期间就已经开始了。当时，在迦太基卓越的军事领袖汉尼拔（Hannibal）率领下重创罗马军队时，马其顿国王腓力五世（Philip Ⅴ）即与迦太基结盟，导致了和罗马人的战争（公元前 215—前 205 年）；随后，马其顿与罗马之间分别在公元前 200—前 197 年、公元前 171—前 168 年又爆发了两次比较重要的战争，结果均以马其顿失败而告终。特别是在最后一次战争之后，马其顿被罗马分化为四个共和国（公元前 167 年），随后于公元前 148 年被编制

① 参见［英］莱斯莉·阿德金斯、罗伊·阿德金斯：《古代希腊社会》，张强译，商务印书馆 2016 年版，第 13—14、60—62 页。

成为罗马的一个行省。①

在与马其顿王国的战争期间，罗马人还利用东部地中海各王国之间的矛盾冲突，特别是塞琉古王国与托勒密王国为争夺叙利亚谷地所爆发的持久多次战争的机会，在公元前2世纪的前一二十年间，侵占了塞琉古王朝在小亚细亚的领地。至此，从公元前6世纪末共和制建立起经过近4百年的发展，到公元前2世纪结束之前，罗马已拥有了包括东西地中海在内的广袤的国土，在这些土地上设立了若干个行省，除了本土之外，还有马其顿行省和非洲（迦太基）行省（公元前146年设立）、亚细亚行省（小亚细亚西部，公元前133年）、南高卢行省（现代法国，公元前2世纪20年代后期）和西里西亚行省（小亚细亚东南部，公元前2世纪末）。② 可以说，在某种程度上地中海已经成为罗马人的内海，有学者因此也把这个时期的罗马共和制社会称之为"帝国主义的共和国"。③

然而罗马在地中海的胜利，同时也孕育了导致共和制解体的内部危机。这些危机来自众多的方面，诸如在早期共和制时期设立并逐步实施起来的公民大会、执政官和元老院之间制衡的国家权力运作模式，随着权力的扩大和权力分配不公等日益尖锐，导致了权力争夺的日益白热化和乱象丛生，执政官、保民官④ 和元老院之间往往利用各自的支持者采取诸多不正当的手段，甚至谋杀也成为解决权力分配和权力更迭司空见惯的手段，政治纠纷中武力

---

① 参见 [英] 迈克尔·格兰特：《罗马史》，王乃新译，上海人民出版社2008年版，第109页；[英] 莱斯莉·阿德金斯、罗伊·阿德金斯：《古代希腊社会》，张强译，商务印书馆2016年版，第16页。

② 参见 [英] 迈克尔·格兰特：《罗马史》，王乃新译，上海人民出版社2008年版，第114页；[英] 莱斯莉·阿德金斯、罗伊·阿德金斯：《古代希腊社会》，张强译，商务印书馆2016年版，第16—18页；[英] 格雷格·沃尔夫主编：《剑桥插图罗马史》，郭小凌、晏绍祥等译，山东画报出版社2008年版，第35页。

③ 参见 [英] 迈克尔·格兰特：《罗马史》，王乃新译，上海人民出版社2008年版，第107页。

④ 保民官（tribuni plebis）大约是在公元前5世纪初罗马平民与贵族的矛盾冲突中衍生出来的一种官职，其职责是保护平民的生命和财产免遭国家官员的侵害。参见 [英] 迈克尔·格兰特：《罗马史》，王乃新译，上海人民出版社2008年版，第62页。

的使用也在一定程度上被合法化了；[1] 罗马的军事力量逐步从平民军队转变为职业军人，士兵效忠的不再是国家而是将军，并把追逐金钱作为其从军的主要目的；[2] 长期战争的破坏以及对士兵的需要导致意大利国内农业经济严重受损，土地收益日益减少，贫富差距加大，贫民大量涌现，加之罗马派驻各行省总督和官员肆无忌惮地剥削和敲诈勒索，加剧了罗马"帝国主义共和国"贫富差距和阶级对立的局势；[3] 而罗马的大肆扩张和财富的急剧增加则改变了罗马人传统的美德，"疯狂地争夺金钱，暴发户故意炫耀、挥霍浪费，以及对人类一切社会准则的冷漠无视"，则成为罗马"共和国末期的主要特征"。[4] 政治混乱、经济危机、阶级矛盾、道德失范以及由此导致的起义与内战频发等，加速了罗马共和制的解体。

有学者把罗马共和制垮台的主要原因归结为三个方面：缺乏有效监督行省总督权力的手段，军队的永久化和职业化导致士兵对传统选举制度的不够忠诚，被暴力左右的人民大会使得政治制度丧失了合法性。[5] 无论其最终的因素是什么，从公元前 2 世纪中叶到公元前 1 世纪末期这些逐步加深的危机和因素，把罗马共和制推向了覆灭的边缘，而将罗马转变成为一个帝国的最后一步，则是由凯撒（Gaius Julius Caesar）大帝实施并最终由其养子和继承者屋大维（Octavian）所完成的。

在凯撒登上罗马最高政治舞台的时候，正是罗马内战频发、军事独裁者和元老院之间风波不断的时候。当时曾以军事力量抗衡元老院的军事领袖苏拉（Lucius Cornelius Sulla，曾被罗马政府授予最高统帅并于公元前 88 年当

---

① 参见［英］格雷格·沃尔夫主编：《剑桥插图罗马史》，郭小凌、晏绍祥等译，山东画报出版社 2008 年版，第 36 页。

② 参见［美］斯塔夫里阿诺斯：《全球通史》上卷，吴象婴、梁赤民、董书慧、王昶译，北京大学出版社 2012 年版，第 125 页。

③ 参见［美］斯塔夫里阿诺斯：《全球通史》上卷，吴象婴、梁赤民、董书慧、王昶译，北京大学出版社 2012 年版，第 124—125 页。

④ ［美］斯塔夫里阿诺斯：《全球通史》上卷，吴象婴、梁赤民、董书慧、王昶译，北京大学出版社 2012 年版，第 125 页。

⑤ 参见［英］格雷格·沃尔夫主编：《剑桥插图罗马史》，郭小凌、晏绍祥等译，山东画报出版社 2008 年版，第 39 页。

上了执政官，但其权利很快被剥夺），当罗马面临债务危机、士兵哗变等经济军事困境的关头，趁机带领其在希腊取得巨大军事成就并忠诚于他的军队回师意大利，于公元前 82 年打败政府军并占领了罗马。取得罗马控制权的苏拉，在大肆屠杀政敌的同时，恢复了被废弃已久的在共和国初期为应对紧急情况而设立的独裁官职。在顺利当上罗马独裁官之后，苏拉却通过人民大会颁布了诸多的法律，并制定规则以削弱保民官的权力以及把陪审法庭的专属权赋予元老院等，开启了其重塑人民大会制度和元老院权威的进程与愿望。①

然而苏拉尝试限制独裁者权力的措施很快便遭到了一些权势者们的反对和武力对抗，元老院因此进行了一系列的军事讨伐和限制执政官选拔的安排与措施，试图保证政府权力不再落入独裁者手中。这些制度安排虽然有利于权力的制约和平衡，但却得罪了一批野心勃勃的人，其中就包括当时具有强大实力背景的庞培（Gnaeus Pompeius）、克拉苏（Crassus）和凯撒。虽然前两者一个（庞培）曾被元老院任命为将军去征讨反苏拉措施的反叛者（公元前 77 年），一个被授予了镇压斯巴达克（Spartacus）起义的指挥官（公元前 71 年），两人也随后被同时选举为执政官（公元前 70 年）；但在随后的十年间，元老院逐步冷落了他们，推迟并封杀了他们的一些要求和提议。凯撒在此期间的一些政治理想也因元老院的一些条件规定或措施安排而未能如愿。结果是这三位具有野心的政治家摒弃前嫌，结成了非正式的但却影响深远的同盟，史称"前三巨头同盟"，极大地削弱了元老院的权力，深刻地影响了罗马共和制的走向。②

因此，从实际的政治进程上看，元老院的冷落和限制并未能阻挡住三巨头的政治野心。凯撒在公元前 59 年当选为执政官后，通过其地位扩大了他本人及其他两巨头的利益与权力，并利用凭借其军事才能在远征北部高

①　参见［英］迈克尔·格兰特：《罗马史》，王乃新译，上海人民出版社 2008 年版，第 153—157 页。

②　参见［英］迈克尔·格兰特：《罗马史》，王乃新译，上海人民出版社 2008 年版，第 157—159、168—170 页。

卢、日耳曼地区和不列颠等地的行动中所取得的巨大战绩，进一步提升了他在罗马社会的影响力。然而元老院并不甘心于俯首帖耳的地位，于公元前44年在罗马庞培剧院的元老院会议中以群殴的方式刺杀了凯撒。① 只是这种暴力的手段并不能阻止历史的步伐，凯撒之死充其量是元老院为自己谱写的一曲血腥的挽歌，其政治生命很快即走到了尽头。凯撒死后，罗马的政治权利和军事权力进行了重新的分配和聚集，涌现出了一批新的权贵，其中最为重要的人物是凯撒的继子屋大维、凯撒的助手和公元前44年的执政官安东尼（Antony）以及接替凯撒担任国家大祭司的雷比达（Marcus Aemilius Lepidus），他们在与元老院的联合、相互利用以及随后的矛盾冲突中，于公元前43年结为同盟，史称"后三巨头同盟"。由于三人同时被授予了独裁官职，其结盟所构成的权力结构，具有了某种合法的地位。②

结盟后的三巨头，不仅采取残暴的手段屠杀了众多元老院的政敌，而且通过远征等军事战争为自己赢得了巨大的声誉和权势。虽然在结盟之后三人之间也有过很好的合作与权力分配，但随着各自的军事成功和政治声誉的提升而招致了相互间的猜疑和冲突，最终导致了同盟的解体。先是雷比达试图以武力与屋大维争夺西部的领导权，结果是被解除武装（公元前36年前后），从此退出了罗马的权力中心。随之是屋大维与安东尼的冲突升级，特别是为争夺罗马的实际控制权以及埃及和地中海东部的领地，加之安东尼与埃及女王克里奥帕特拉（Cleopatra）的暧昧关系破坏了安东尼与屋大维的联姻（屋大维的姐姐嫁与安东尼为妻）所引发的屋大维的愤怒，导致两人公开诉诸武力。屋大维通过与埃及女王克里奥帕特拉公开宣战的方式表达他的愤怒，并于公元前31年在希腊海岸的亚克兴（Actium）战役中，打败了由克里奥帕特拉和安东尼联合组建的舰队，失败后的克里奥帕特拉和安东尼带领残兵逃回了埃及，并于次年屋大维攻占埃及后双双自杀身亡。从此，作为亚历山大

---

① 参见［英］迈克尔·格兰特：《罗马史》，王乃新译，上海人民出版社2008年版，第171—194页。

② 参见［英］迈克尔·格兰特：《罗马史》，王乃新译，上海人民出版社2008年版，第194—195页。

大帝遗产的三大希腊化王朝的最后一个，埃及在作为特殊行省隶属于屋大维私人领地的同时，成为了罗马庞大疆域和帝国版图中的一部分。①

在战胜安东尼之后，屋大维成为罗马最高权力的唯一拥有者。虽然他对罗马的权力体系作了一系列的修改，并宣称"将国家交给元老院和人民自由处理"，但他同时设立了具有绝对权力的"元首制"（principate），并把罗马"第一公民"（princeps）和元老院首席元老的身份赋予自己；正是在宣称把国家交给元老院和人民处理的同一年（公元前 27 年），他把"奥古斯都"（Augustus）这一新的名称加在了自己的名字"凯撒"（Caesar）之后。"Augustus"是一个具有神圣性的语词，其动词词根"augere"包含了"auctoritas"（权威）和"augurium"（占卜）的双重词根含义。奥古斯都以这种方式增加了自己在宗教传统和政权体系中的合法性。在奥古斯都作为罗马最高权力拥有者的长达 40 余年的在位期间（死于公元 14 年），他开启并实现了一个皇帝所能够真正拥有的大权独揽的独裁统治，奥古斯都大帝因此被视为是罗马帝国的开创者和第一位皇帝。② 从此以后，罗马进入了帝国的时代。

在奥古斯都之后的公元 1 世纪，相继有众多的皇帝统治着罗马帝国。这个时期的罗马帝国所统治的国土，包括了以地中海为中心向周边辐射的广袤地区，北部除了意大利和希腊之外，一直延伸到了莱茵河和多瑙河的周边区域；南部包括了撒哈拉沙漠以北的埃及和地中海沿岸；西部包括了西班牙等大西洋以东的沿海地区；东部则有小亚细亚、叙利亚和巴勒斯坦等大片领地。③ 因此可以说，"从大西洋延伸至里海，从英国一直至撒哈拉沙漠的整个地域"，都属于罗马帝国的势力范围。④ 罗马在占领这些地区之后，大多

---

① 参见 [英] 迈克尔·格兰特：《罗马史》，王乃新译，上海人民出版社 2008 年版，第 196—198 页。

② 参见 [英] 迈克尔·格兰特：《罗马史》，王乃新译，上海人民出版社 2008 年版，第 199—202 页。

③ 参见 [美] 斯塔夫里阿诺斯：《全球通史》上卷，吴象婴、梁赤民、董书慧、王昶译，北京大学出版社 2012 年版，第 127 页。

④ [英] 西蒙·贝克：《帝国兴亡》，李俊、杨帆等译，新世纪出版社 2012 年版，第 187 页。

采取的是行省的方式管理这些地区，保留了这些地区的民族传统、文化习俗和相对的自治权。因此在幅员辽阔的版图内，众多民族和宗教习俗既各自独立，又被整合在了一个统一的政治框架内。

基督宗教以及作为其信仰渊源的以色列民族和犹太教传统，即是在这种统一的政治框架中展开其宗教信仰活动的。这一框架既为基督宗教寻求信仰的表达和自由提供了抗争的精神动力，也为其突破犹太教的民族限制赋予了某种有利的条件。

二、历史遭遇的内外条件与不同选择

依据于犹太民族的生存处境和信仰处境以及罗马帝国普世主义的推动下，围绕着耶稣的作为和宣告内容并在耶稣后使徒们的不懈努力下，作为一种新的宗教形态的基督宗教逐步突显出来，到"公元1世纪结束前"，它以耶路撒冷为中心看来"已经在整个东地中海世界站稳了脚跟，甚至在罗马帝国的首都罗马取得了相当的发展"。[①] 然而，当基督宗教在这个时期以相对独立的信仰形式登上历史舞台的时候，并不意味着它已获得了可以顺利发展的契机。实际上，它依然面对着内外诸多重大的理论问题和现实问题需要解决。在其内部，诸如教会的信仰实践和教义的建构与解释等问题开始凸显；在其外部，诸如罗马帝国的政治压力和希腊哲学的质疑与批判亟待回应。特别是基督宗教与希腊哲学在罗马帝国的政治文化框架中遭遇所导致的信仰合理性问题，成为基督宗教神学家们在公共层面上需要长期应对的历史性难题。

当然，不可否认的是，在基督宗教孕育和形成的初期，希腊化进程在地中海沿岸所产生的社会文化影响，确实为它的建构开辟了较为积极的历史条件。这些历史条件除了上文提到的大一统帝国推行的普世主义原则之外，还包括在罗马帝国广泛流行开来的希腊哲学及其思想观念。例如柏拉图主义的两个世界论、灵魂不朽观、回忆说和善的理念等学说，斯多亚学派（或斯多

---

① ［英］麦格拉思：《基督教概论》，马树林、孙毅译，北京大学出版社2003年版，第260页。

葛主义）的逻各斯理论、道德至上主张和自然法学说等，都成为早期基督宗教理解和阐释其众多信仰内容与教义观念的思想资源；① 或者说，柏拉图传统对超验实在的推崇、斯多亚学派对逻各斯观念的解释，以及希腊哲学长期以来对希腊罗马传统多神教信仰的批判性消解等，给予早期基督宗教以非常重要的影响，其中的一些内容甚至"成为许多基督教思想的直接来源"。②

虽然犹太教传统、罗马帝国的政治文化理念和希腊哲学的思想观念等，构成了基督宗教众多信念孕育与诞生的较为有利的思想文化环境；但当基督宗教以一种新的宗教身份登上罗马帝国的历史舞台并开始传播的时候，它则在罗马社会的各个方面引发了广泛的震荡和冲击，形成了来自不同方面的压力。这些压力不仅体现在早期教会对其独特信仰身份的宣告与强调所由此引起的传统犹太教社团的排斥，如撒都该人和法利赛人等犹太主要派别的不满与嫉恨；③ 还表现在来自更为广泛的帝国政治、文化和宗教背景中的敌视。这种状况从公元 2 世纪初前后开始，逐步成为早期教会面临的一个突出的社会问题。

在公共的政治层面上，由于早期基督宗教团体和教会因其自身的信仰对象而不再或拒绝向有着国教地位的罗马神庙献祭，从而被罗马当局视为是对帝国的不敬；因其相对新颖和"封闭"的礼拜仪式与群体生活所表现出的与传统希腊罗马宗教文化观念的不同，而被怀疑具有反政府和不道德的倾向。这些看法和怀疑引起了罗马帝国当局和社会不同阶层人士的不满与敌视，最终导致了以罗马皇帝为首的各级官员对之实施了不同方式的政治压制与迫害。④ 在思想文化层面上，对早期基督宗教的批判和责难主要集中在饱受希腊文化浸染的知识分子身上，其中最为典型地体现在塞尔修斯（Celsus，约

---

① 参见［美］胡斯都·L.冈察雷斯：《基督教思想史》第 1 卷，陆泽民、孙汉书、司徒桐、莫如喜、陆俊杰译，译林出版社 2008 年版，第 42—45 页。

② ［美］保罗·蒂利希：《基督教思想史》，尹大贻译，东方出版社 2008 年版，第 11 页。

③ 参见［美］J.格雷山姆·梅琴：《新约文献与历史导论》，杨华明译，上海人民出版社 2008 年版，第 52—55 页。

④ 参见王秀美、段琦、文庸、乐峰等：《基督教史》，江苏人民出版社 2006 年版，第 44—45 页。

2 世纪中后期）的看法上，他把基督宗教看作是狂热迷信和哲学片断的混合物，对之进行了影响广泛的嘲讽与批判。① 因此，虽然希腊化时期的哲学为基督宗教提供了赖以理解的思想资源，然而当基督宗教以相对独立的信仰形式在罗马帝国疆域内传播的时候，它却遭遇到了"一种双重的控告"，政治上的控告把它视为是对帝国结构的破坏，哲学上的控告则把它看作是荒诞的——既自相矛盾又缺乏意义。② 也就是说，当基督宗教以相对独立的信仰形态登上历史舞台的时候，它也面临一系列的难题需要解决；这些难题既有宗教上的，也有政治上的和哲学上的。特别是哲学上的难题，具有更为长久的理论意义。如何应对这些责难、控告与迫害而为自身存在的合理性与合法性辩护，就成为摆在早期教会与众多神学家面前亟待解决的难题。

　　在公元 1 世纪的使徒时代之后，最先对这些问题作出回应的是一批被称为"使徒后教父"（Apostolic Fathers）神学家及其作品。③ 这些作品有书信、教规手册、圣经注释、神学论著和异象与预言记录及护教文等，主要是对教会内部的信仰实践、信徒的行为与道德生活、律法主义、教会的正统性等等有关基督徒正确信念和行为的问题，进行解释与说明。④ 而真正涉及在公共层面上为基督宗教合法性与合理性辩护的，与他们生存的时代几乎同时、但比他们的活动更为长久、意义也更为重大的是那些被称为"护教士"（Apologists）

---

　　① 参见［美］保罗·蒂利希：《基督教思想史》，尹大贻译，东方出版社 2008 年版，第 29 页。

　　② 参见［美］保罗·蒂利希：《基督教思想史》，尹大贻译，东方出版社 2008 年版，第 29—30 页。

　　③ 它们被认为是除了《新约》正典各卷之外现存基督宗教古籍中年代最早的作品；这些使徒后教父及其著作到底有多少，历史上有不同的看法，现在公认有八种左右：罗马的克莱门特（Clement of Rome）、《十二使徒遗训》（The Didache）、安提阿的伊格内修斯（Ignatius of Antioch）、士每拿的波利卡普（Polycarp of Smyrna）、希拉波立的帕皮亚（Papias of Hierapolis）、《巴拿巴书信》（Epistle of Barnabas）、《赫马牧人书》（Shepherd of Hermas）和《致丢格拿都书》（Epistle of Diognetus）。参见［美］胡斯都·L.冈察雷斯：《基督教思想史》第 1 卷，陆泽民、孙汉书、司徒桐、莫如喜、陆俊杰译，译林出版社 2008 年版，第 52—53 页。

　　④ 参见［美］胡斯都·L.冈察雷斯：《基督教思想史》第 1 卷，陆泽民、孙汉书、司徒桐、莫如喜、陆俊杰译，译林出版社 2008 年版，第 53 页；［美］奥尔森：《基督教神学思想史》，吴瑞诚、徐成德译，北京大学出版社 2003 年版，第 30—32 页、第 43 页。

的神学家。[①] 与"使徒后教父"相比，护教士神学家更为关注基督宗教所面临的政治与哲学上的敌对与歧视问题，关注其在公共话语层面上的合法性与合理性问题。尽管"使徒后教父"对有关问题解释与说明的神学性质和信仰地位在历史上引起了颇多的争议，而一些护教士则因过多地关注于基督宗教与罗马政治及其思想文化的关系而招致了其他神学家的不满，但他们却都是在使徒时代之后最早对信仰实践乃至神学问题作出思考与探究的，因此可以说他们在某种意义上开创了基督宗教神学思想的先河，为基督宗教神学思想如何应对和处理历史处境中的实践和理论问题，提供了极为宝贵的经验。[②]

护教士神学家主要是在应对外部的误解、批判和敌视中开始他们的神学思想历程的。"Apology"（辩护）一词来自希腊文 apologia，意思是面临控告时对法庭上的审判所作出的正式的答辩或陈述。[③] 在公元 2 世纪前后，基督宗教面临的控告与责难除了流传在街头巷尾的言论外，主要是来自其他的宗教信仰者（如犹太教徒和罗马传统多神教信仰者）、政治家（如罗马皇帝与地方官员）和哲学家（如塞尔修斯）等人的看法，他们谴责基督宗教信仰包含了诸多的荒诞性、不合理性以及对帝国安全与稳定的危害性。[④] 在相当大的程度上，来自政治和哲学的控告极易造成严重的后果。因为政治家的控告往往伴随着或演变为暴力式的镇压，而哲学家控告不仅涉及思想的合理性

---

① 奥尔森把紧接着使徒之后的第一代基督教作家和作品统称为"使徒后教父"，把公元 2 世纪的基督教作家称为"护教者"，对他们的思想特征和基本倾向作了区分。参见 [美] 奥尔森：《基督教神学思想史》，吴瑞诚、徐成德译，北京大学出版社 2003 年版，第 30—32、44—45 页。

② 奥尔森认为当使徒还活着时并无神学的需要，基督宗教的神学故事开始于 2 世纪早期教父"开始思考耶稣与使徒的教导之时"，参见 [美] 奥尔森《基督教神学思想史》，吴瑞诚、徐成德译，北京大学出版社 2003 年版，第 12 页、第 15 页；蒂利希也认为"护教运动"是"发达的基督教神学的诞生地"，见 [美] 保罗·蒂利希：《基督教思想史》，尹大贻译，东方出版社 2008 年版，第 29 页。

③ 参见 [美] 保罗·蒂利希：《基督教思想史》，尹大贻译，东方出版社 2008 年版，第 25 页；Etienne Gilson, *History of Christian Philosophy in the Middle Ages*, New York: Random House, 1955, p. 9.

④ 参见 [美] 保罗·蒂利希：《基督教思想史》，尹大贻译，东方出版社 2008 年版，第 25 页；赵敦华：《基督教哲学 1500 年》，人民出版社 2007 年版，第 58 页。

问题，而且也易于为"政治当权者接收过来"，从而产生"非常危险"的"政治后果"。①

为了消除这种"非常危险"的"政治后果"，早期教会不仅采取各种现实的和政治的手段来抗争被压制的命运，而且也运用众多书面的或其他说理的方式来为自身信仰的合理合法性辩护。从现实的效果上看，如果能够说服罗马当权者——特别是帝国皇帝，相信基督宗教信仰是合理的同时也不会对帝国的社会政治安全构成威胁，当是最为理想的。实际上，这也是大多护教者的辩护词所致力的目标，在他们写给罗马皇帝的书信中为其信仰的合理合法性辩护，试图最终从这些皇帝那里"为基督徒获得正式认可的公开从事其宗教信仰的权利"。② 不过也有认为，这些书信或著作名义上是写给皇帝的，"实际上却希望在受过教育的人中间得到广泛流传"。③ 然而无论它们的实际目的是什么，在帝国的公共权力层面上，"致皇帝"的书信无论是在名义上或是在现实上，应该是最有影响力也是最易达至目的的方式。

一旦辩护词的主要写作对象——罗马皇帝、政府官员和知识分子等——确定之后，以什么样的手段或方式进行辩护就显得重要起来。当然，这些手段或方式是与它们所面临的控告或责难——诸如街头巷尾的流言以及荒诞性、不合理性与危害性——相关联的。对于那些出于"离奇的想法"所产生的流言与责难，在他们看来是易于解决的；但就那些"较有思想内容的攻击"，则是必须认真对待和回应的。④ 在这些"较有思想内容的攻击"中，来自哲学的攻击占据着非常重要的分量；因为在当时罗马帝国思想文化的公共层面上，希腊文化和希腊哲学具有某种主导的地位，对于包括信仰在内的各种思想文化体系有着广泛的影响力。因此，面对哲学的怀疑和责难，采取

---

① ［美］保罗·蒂利希：《基督教思想史》，尹大贻译，东方出版社 2008 年版，第 25 页。

② Etienne Gilson, *History of Christian Philosophy in the Middle Ages*, New York: Random House, 1955, pp. 9-10.

③ 见 ［美］胡斯都·L.冈察雷斯：《基督教思想史》第 1 卷，陆泽民、孙汉书、司徒桐、莫如喜、陆俊杰译，译林出版社 2008 年版，第 89 页。

④ 参见 ［美］胡斯都·L.冈察雷斯：《基督教思想史》第 1 卷，陆泽民、孙汉书、司徒桐、莫如喜、陆俊杰译，译林出版社 2008 年版，第 91 页。

什么样的方式为自身的合理性辩护，则是基督宗教的早期神学家们需要认真对待的问题。

就大多早期神学家的应对立场来看，他们主要采取的是积极应对的态度，既把希腊哲学看作是不太友好的对手，也把它视之为可以获得某种教益的对话伙伴。虽然就哲学与宗教作为两种截然不同的思想文化体系以及前者对后者所表现出的态度来看，极易使人产生"道不同不相为谋"的对立意识；这确实也是当时某些基督徒和神学家所采取的立场。然而现实的实际状况是，还有更多的神学家并非是背离希腊哲学而远去，而是通过广泛借鉴和利用希腊哲学的思想资源来为自身的合理性辩护。应该说，这种立场的采纳并不完全是面对主导和强势的对手时的"委曲求全"的表现，其中还包含着他们对罗马帝国晚期希腊哲学所呈现出的状态和基督宗教所表现出的某些特质的看法，以及在这种看法中对两者间存在着某种一致性的认同。

公元 1 世纪前后，在罗马帝国流行的希腊哲学主要是斯多亚学派、逍遥学派、新柏拉图主义、伊壁鸠鲁学派和新毕达哥拉斯主义等流派。与古典时期相比，希腊化时期之后的哲学流派具有了许多新的特征，其中的一些特征既为基督宗教的到来开辟了一定的历史条件也使它在宗教性上感受到了某种"家族相似"。例如，从古典时期开始的对希腊多神论的哲学批判，在罗马帝国时期得到了更为充分的延续和发展，进而极大地"削弱了古代的神话与礼仪传统"，使得新的一神论宗教的出现有了可能性。[①] 再者，在希腊化时期众多哲学流派中弥漫的怀疑主义所表现出的对传统思想学说的不信任，使得它们试图通过一些新的不同途径来重建生活的信念与确定性；它们在延续传统哲学派别性质的同时，逐步演变成为具有崇拜倾向的群体，获得了"半礼仪半哲学"的特征；正是这些群体和流派的导师与创立者们因着为其追随者提供了生活的意义并把他们"从烦恼中解放出来"，而被称为有"灵感"的人或"救世主"。[②] 因此可以说，希腊化时期哲学流派所具有的怀疑主义批

---

① [美] 保罗·蒂利希：《基督教思想史》，尹大贻译，东方出版社 2008 年版，第 11 页。

② [美] 保罗·蒂利希：《基督教思想史》，尹大贻译，东方出版社 2008 年版，第 12—13 页。

判精神及其所发展出来的新的特征（如灵感观念和"救世主"称谓），在摧毁传统多神教信仰的同时，也为基督宗教进入"这个世界"提供了相应的"机会"。①

另外，作为一种新产生的宗教形态，早期神学家们在理解或解释其基本教义和信念观念时，除了依据于耶稣及其使徒们的教导和犹太教传统之外，也会自觉或不自觉地求助于他们生活其中的社会文化与希腊语概念。在这个经受长期希腊化浸染并以希腊语为主要官方语言的社会文化中，希腊哲学及其思想观念作为一种具有较高地位与价值的东西，起码是那些"有教养的"罗马人可以理解并乐于接受的。早期神学家们在这些希腊哲学中看到或发现了可资使用的观念，这些观念如上文所提到的诸如柏拉图哲学传统关于超越的观念、关于世界真正本质的"理念"世界的看法、关于"护佑"的观念，亚里士多德学派关于神是纯形式并自身完满的观念、关于每一事物因爱的推动而趋向高级形式的看法，斯多亚学派关于逻各斯的观念与学说，等等，在他们看来，对于基督宗教的上帝论和三位一体论、基督论与救赎论、基督徒的生活信念和人生理想诸方面，都提供了在希腊文化的处境中得以认识和理解的思想背景。② 因此，在相对宽泛的意义上说，罗马帝国后期在哲学折中主义倾向中所广泛流行的为了"最好的生活方式"所采纳的护佑观、上帝观、道德自由和责任观念、灵魂不朽等希腊思想与观念，都"以某种方式为基督教的传播做了准备"。③

因此，在选取什么样的思想资源为其信仰辩护的历史处境中，希腊哲学因其独特地位及其新的特征而进入了早期神学家们的视野之中。这种进入不仅在于希腊哲学作为公共语言而为争辩的双方所同时使用，如基督宗教教父亚历山大的克莱门特（Clement of Alexandria，约公元 150—215 年）和奥利

---

① 参见 [美] 保罗·蒂利希:《基督教思想史》，尹大贻译，东方出版社 2008 年版，第 11—13 页。

② 参见 [美] 保罗·蒂利希:《基督教思想史》，尹大贻译，东方出版社 2008 年版，第 13—16 页。

③ [美] 保罗·蒂利希:《基督教思想史》，尹大贻译，东方出版社 2008 年版，第 17 页。

金（Origen，约 185—254 年）以及稍晚的柏拉图哲学家普罗提诺（Plotinus，205—270 年）及其门徒波菲利（Porphyry，约 233—305 年），都在讲述"同样的哲学语言"——被认为是"取自于新柏拉图主义的单一概念水池"之中的哲学语言；而且"为斯多亚学派、柏拉图主义者和伊壁鸠鲁主义者"践行着的哲学所逐步体现出的"对上帝追寻"的倾向，也使得当时接受过希腊文化与哲学教育的基督徒，在它们两者之间看到了诸多的相似之处。① 虽然这些希腊哲学思想并不会被基督宗教的神学家们简单地接受过来，直接地用在对教义和神学的建构中；但它们所包含的神的观念及其宗教倾向与特征，却使早期的护教士（教父）们感受到了某种"家族相似"，某种可以在神学思想中借鉴、运用的文化资源以及可以用一种使"有教养的"罗马上层人士能够理解的方式向他们解释其信仰本质的意义。因此，一些早期接受了希腊哲学教育或对希腊哲学有着较为深入了解的教父，如查士丁（Justin Martyr，约公元 100—165 年）、克莱门特、奥利金和阿萨纳戈拉斯（Athenagoras，约 2 世纪中后期）等，在他们成人或转向基督宗教信仰之后，并没有完全弃绝这些所谓的"异教哲学"，而是把它们用在不同层面上为其信仰的合理性辩护。

当然，在早期基督宗教与希腊哲学相遇而形成的批判与辩护的思想处境中，并非是所有的神学家或护教士都会像克莱门特或奥利金那样，以哲学式的"理性辩护主义"方式来为信仰的合理性作论证。其中的一些人宁愿采取一些更为质朴或更为激进的方式，也不愿使用希腊哲学的概念和方法作为辩护的手段。他们并不认为希腊哲学能够为基督宗教带来完全是积极的建构因素，可能会导致其内部产生一些引发更多争议的问题甚至是无法解决的困难，甚至是异端思想的泛滥。诸如此类的问题或担心使得一些神学家对希腊哲学采取了极不信任的态度，并以激进的言辞表达了对它的不满和排斥，从而在他们那里滋生出了一种看待理性与信仰关系的虔信主义立场，其典型代

---

① *The Cambridge Companion to Medieval Philosophy*, edited by A.S. McGrade, Cambridge University Press, 2003, p. 12.

表当为塔堤安（Tatian，约 120—180 年）和德尔图良（Tertullian，约 145—220 年）。

　　虽然在基督宗教与希腊哲学相遇的早期，面对后者的质疑和批判，神学家或护教士们采取了众多不同的手段与方式为其合理性辩护，在是否能够使用希腊哲学上也出现了截然不同的两种对立的态度；但从总体上来看，把希腊哲学作为对话伙伴并选取其作为值得信赖的辩护资源，则是大多数神学家的选择。这种选择是有其非常重要的原因与考虑的。在当时的罗马帝国，到处充满着各种各样的神秘宗教、仪式、神话、巫术与哲学，因此当"2 世纪基督教护教家放眼扫视罗马帝国，寻找思想模式，以帮助他们与类似罗马皇帝奥勒留等有思想、会思考的异教徒沟通之际"，他们之所以最终选择了希腊哲学"作为辩护基督教的基础"，乃是因为这是一种更为合理的方式从而在向"受过教育并有思考力的罗马人"说明或解释其信仰观念时能够获得更有说服力的效果。[①] 虽然这种选择是在面对帝国政治迫害和希腊哲学批判的外部压力下产生的，是对其生存合法性危机的抗争；然而如果将这种在压力和抗争中形成的不满情绪以类似于塔堤安和德尔图良的极端方式表达出来，那么它不仅弃绝了哲学甚至有悖于人们的常识理性，包含在其中的立场既无益于公共层面上的对话与交流，而且极有可能导致"一种恐怕教会也不能认可的宗教蒙昧主义"。[②]

　　无论希腊哲学进入到基督宗教思想中的动因和方式是什么，这种融入本身对于教父时期以及西罗马帝国解体后中世纪时期的哲学体系的建构，有着不可或缺的意义。特别是自公元 3 世纪中期产生并延续到 6 世纪中期的新柏拉图主义，对这个时期的基督宗教神学以及后来的中世纪思想的影响，更是意义非凡，不仅教父时期的作家们在基督宗教成为合法宗教之后，"与其说想打击新柏拉图主义，倒不如说更想吸收新柏拉图主义，以作为它自己的神学的养料"；而且中世纪时期的思想家们也"通过西塞罗和其他拉丁作家，

---

　　① 参见 [美] 奥尔森：《基督教神学思想史》，吴瑞诚、徐成德译，北京大学出版社 2003 年版，第 45—47 页。

　　② 赵敦华：《基督教哲学 1500 年》，人民出版社 2007 年版，第 88 页。

通过那些神父，以及通过新柏拉图主义的延续，接受了希腊思想的遗产"。①
而这种影响并不仅限于拉丁西方，在伊斯兰传统和犹太教传统中，"新柏拉
图派都产生了难以估量的影响，在接下来的千年甚至更长的时间里主宰着欧
洲、北非、近东和中东"。②

第三节　帝国晚期的宗教与社会

罗马帝国初期的两百年间较少发生内战，史称"罗马和平"（Pax Ro-
mana，公元前 27—公元 180 年）时期。这一时期孕育了以图拉真（Traianus，
公元 98—117 年在位）、哈德良（Hadrianus，公元 117—138 年在位）、马
可·奥勒留（Marcus Aurelius，公元 161—180 年在位）等为代表的"五贤帝"
时代。经图拉真的军事扩张和"哈德良长城"（Hadrians Wall）的修建，罗
马帝国的版图基本确定。③长城以外是蛮夷之邦，长城以内是以希腊或拉丁
语为通用语言的罗马人。在这种背景下基督宗教产生并迅速扩展至整个罗马
帝国，后来取代罗马的多神教而一跃成为官方宗教。"罗马和平"之后帝国
经历了一系列动荡，在 4 世纪初短暂的稳定和统一之后，帝国分裂为东西两
个部分。5 世纪中叶西罗马最终灭亡并为蛮族政权所取代。

一、多神教传统与一神教信仰

在基督宗教的一神论信仰中，上帝是唯一的创始主以及至高无上的唯一
真神，与之相比其他异教神灵则不具有合法地位。而这种排他性并不存在于
罗马宗教传统中，共和时期和帝国时期的大部分阶段，罗马社会表现为一种

---

① ［法］莱昂·罗斑：《希腊思想和科学精神的起源》，陈修斋译，段德智修订，广西师
范大学出版社 2003 年版，第 390、393 页。

② ［英］约翰·马仁邦：《中世纪哲学：历史与哲学导论》，吴天岳译，北京大学出版社
2015 年版，第 2 页。

③ 参见［英］西蒙·贝克：《帝国兴亡》，李俊、杨帆等译，新世纪出版社 2012 年版，
第 226—236 页；［英］迈克尔·格兰特：《罗马史》，王乃新译，上海人民出版社 2008 年版，
第 233—235 页。

更为多元的多神教宗教形式，直至基督宗教取而代之。

多神教的兴盛和传播与罗马以农业为主的社会经济形态密切相关。众所周知，古代农业活动严重依赖于自然环境，作物的产量直接受气候和各类灾害影响。罗马所处的地中海气候天气变幻莫测，这一气候特征的表现之一是其并不稳定的季节性降雨模式，不同年份、不同甚至同一地区内，降雨差别都非常大。因此谷物的产出量时常是不确定的。[①] 为应对这样的生产风险，当时的人们只能诉诸某些超自然力量，以一定的方式祭祀代表这些力量的神灵以确保雨水的稳定和谷物的生长。加之牲畜繁衍等其他农业需求，对人们生活环境周围的那些"看不见的生命精灵"的崇拜逐渐流行起来。[②]

这些宗教特征被保留了下来。而随着帝国规模扩大和外来居民涌入并成为新的罗马公民，新的神灵崇拜形式也被加入罗马社会中，例如拉丁神祇朱诺·索斯皮特和埃特鲁里亚人的宗教仪式等。[③] 随后罗马的原始神灵和这些外来神被赋予性别，人格化为男神、女神。同时，罗马人也继承了古希腊荷马、赫西俄德[④]的神灵体系，并通过一一对应的方式尝试融合古希腊神系与这些神祇。[⑤] 这些过程奠定了罗马多神教传统的基础。

此后由于政治军事方面的考量以及社会危机的发生，罗马的神灵崇拜体系也发生着微妙的变化，某些神灵被其他神灵所取代，亦有新的神灵被加入

---

① 参见［英］格雷格·沃尔夫主编：《剑桥插图罗马史》，郭小凌、晏绍祥等译，山东画报出版社 2008 年版，第 216 页。

② 参见［英］格雷格·沃尔夫主编：《剑桥插图罗马史》，郭小凌、晏绍祥等译，山东画报出版社 2008 年版，第 194 页。

③ 参见［英］格雷格·沃尔夫主编：《剑桥插图罗马史》，郭小凌、晏绍祥等译，山东画报出版社 2008 年版，第 195 页。

④ 赫西俄德（Hesiod，约公元前 8 世纪，享年不明），著有《神谱》（Theogony），讲述希腊诸神诞生和转变的历史。

⑤ 如朱皮特相当于宙斯，朱诺相当于赫拉，密涅瓦相当于雅典娜，墨丘利相当于赫尔墨斯，马尔斯相当于阿瑞斯，赛瑞斯相当于德麦特尔。见［英］格雷格·沃尔夫主编：《剑桥插图罗马史》，郭小凌、晏绍祥等译，山东画报出版社 2008 年版，第 195 页。该融合的尝试被称为"希腊的解释"（interpretatio graeca）或"罗马的解释"（interpretatio romana）。见［英］格雷格·沃尔夫主编：《剑桥插图罗马史》，郭小凌、晏绍祥等译，山东画报出版社 2008 年版，第 200 页。

崇拜体系中。如为了宣扬其统治权威，有些城市会更换其守护神。神祇的选择也很容易受到战争的影响。罗马人在征战之前往往会向某个特殊神灵发誓以换取胜利，发誓的内容是用取胜得来的战利品建造祭祀该神灵的神庙。但如果征战失败，他们会将原因归结为敌方的神灵过于强大，在这种情况下罗马人会通过某种宗教仪式向敌方的神祇许诺建立神庙，以请求他们离开自己的故乡来到罗马。① 此外深刻的社会危机也会影响人们对新神的接纳，如医神阿斯克勒庇俄斯崇拜就与公元前 3 世纪初的大规模瘟疫有关。②

　　罗马进入帝国时期后，皇帝作为最高政治领袖，其宗教权威角色愈加显著。皇帝有时不仅是宗教传统的护卫者，也可以是宗教变革的代理人。不仅如此，就连皇帝本身也被神圣化而进入被崇拜者的行列。帝国的殖民地和行省城市为某一位皇帝建造庙宇已成为常见现象。在希腊化城邦中，皇帝的圣像被用于游行和宗教节日，并被安放在希腊神祇的古老圣所里；在西部新开拓的殖民地（如高卢、日耳曼和不列颠）中，皇帝崇拜的引入已成为这些地区罗马化的必要方式之一，建立皇帝崇拜的圣坛成为向罗马表示忠诚的主要手段。③ 但这种崇拜有时并非皇帝有意为之，对统治者的崇拜在共和时期仍属于新鲜事物，会被视为专制的标志。因此如罗马帝国的第一任皇帝奥古斯都，其名称虽暗示了自己在宗教体系中的合法性和权威性，也未敢贸然将

---

① 参见 ［英］格雷格·沃尔夫主编：《剑桥插图罗马史》，郭小凌、晏绍祥等译，山东画报出版社 2008 年版，第 195—196 页。

② 在医神阿斯克勒匹俄斯到来之前，罗马人往往诉诸阿波罗以祈求健康。公元前 293 年罗马爆发了大规模瘟疫，而对阿波罗的正常祭祀并未能挽救那些被瘟疫夺去的性命。于是人们向女巫西贝尔求助，得到的答复是寻求阿波罗之子阿斯克勒匹俄斯的庇佑。后来一支由罗马贵族组成的代表团东行至中希腊埃皮道鲁斯阿斯克勒匹俄斯的主神庙，据传说他们从神庙祭司那里获得一条圣蛇后返回罗马。根据圣蛇的指引罗马人建立了自己的阿斯克勒匹俄斯神庙。参见 ［英］格雷格·沃尔夫主编：《剑桥插图罗马史》，郭小凌、晏绍祥等译，山东画报出版社 2008 年版，第 196 页。这条圣蛇被形象化为盘附在阿斯克勒匹俄斯权杖上的蛇，代表着阿斯克勒匹俄斯的神格。值得注意的是，现今世界卫生组织（WHO）的标识图案就是阿斯克勒匹俄斯的蛇杖。

③ 参见 ［英］格雷格·沃尔夫主编：《剑桥插图罗马史》，郭小凌、晏绍祥等译，山东画报出版社 2008 年版，第 199—200 页。

自己完全等同于神，而是选择允许其家神和代表其生命力的神成为崇拜对象。① 皇帝的神化往往要等他们死后才能实现，如像帝国的第十一位皇帝图密善（Domitian）那样直接宣称自己是"主人与神"（dominus et deus）的做法则通常被认为是一种狂妄自大的表现。②

随着帝国时期罗马版图的扩张，罗马多神教体系实际上已远超出原本罗马的范围，呈现出更为多样化的特征。这首先与罗马帝国的多民族特征有关，每个民族都有自己所崇拜和祭祀的神祇。由于每个民族继续把宗教崇拜当作地方社会不可侵犯的权利，加之帝国并不强制于非罗马公民，这些民族仍可按照习惯传统崇拜自己的神灵。③ 此外对于同一个神，不同地域也会赋予其不同的地位和重要性。例如罗马城将朱庇特视为最高神，相比之下古老的意大利—罗马神祇萨特恩则显得微不足道；而北非则更看重对萨特恩的崇拜，相比之下朱庇特也黯然失色。④ 但是有些民族的神祇则被彻底罗马化了。如高卢代表森林、泉水、洞穴、山峰等事物的自然之神，通过与罗马神灵的对应关系被解释为罗马——希腊人所熟知的人格化的神，这种长期的转变过程也使得这些地域原本的信仰和习惯不复存在。⑤

---

① 参见［英］格雷格·沃尔夫主编：《剑桥插图罗马史》，郭小凌、晏绍祥等译，山东画报出版社 2008 年版，第 199 页。

② 参见［英］格雷格·沃尔夫主编：《剑桥插图罗马史》，郭小凌、晏绍祥等译，山东画报出版社 2008 年版，第 199 页。

③ 参见［英］格雷格·沃尔夫主编：《剑桥插图罗马史》，郭小凌、晏绍祥等译，山东画报出版社 2008 年版，第 201 页。比较典型的例子就是犹太人的宗教信仰。公元 6 年，犹太人所定居的朱迪亚地区成为罗马帝国的一个行省，直至公元 66 年被取消行省地位。罗马人对朱迪亚省的管理采取内部自治方式：对于一些城镇或村庄仍按照传统的长老群体管理方式运行；其他则按照希腊风格，由推选出的议会和地方行政官管理。见［英］西蒙·贝克：《帝国兴亡》，李俊、杨帆等译，新世纪出版社 2012 年版，第 188—190 页；［英］迈克尔·格兰特：《罗马史》，王乃新译，上海人民出版社 2008 年版，第 257 页。这种统治方式下罗马人对犹太人的宗教采取一种不干涉的态度。

④ 参见［英］格雷格·沃尔夫主编：《剑桥插图罗马史》，郭小凌、晏绍祥等译，山东画报出版社 2008 年版，第 201 页。

⑤ 参见［英］格雷格·沃尔夫主编：《剑桥插图罗马史》，郭小凌、晏绍祥等译，山东画报出版社 2008 年版，第 201 页。

在这种背景下罗马人开始寻求一种统一的帝国宗教。公元 212 年卡拉卡拉皇帝（Caracalla）授予罗马世界的所有自由居民以公民身份，这项意欲增加罗马财政税收的法令有效地将罗马人的宗教变为帝国每一个人的宗教。在其推动下甚至卡皮托林三神①都出现在了罗马化原本难以企及的地方，如埃及的乡村。当然地方神祇的崇拜依旧存在，但帝国皇帝们所力图建立的"众神的和平"（Pax deorum）局面确实统一了帝国的宗教以及政治利益。②

多神教在罗马社会中逐渐稳固的同时，一股新兴的宗教形式——基督宗教——悄然涌现并迅速传播。基督宗教起初源于犹太人社会，运动的历史中心在地中海东岸的巴勒斯坦地区，其精神领袖是犹太人拿撒勒的耶稣（Jesus of Nazareth），由使徒保罗（Paul）将其扩展至非犹太民族中而后发展为世界性的宗教。

公元前 1000 左右，巴勒斯坦是由大卫（David）王及其子所罗门（Solomon）王所统治的以色列联合王国。然后联合王国分裂为两个小王国，分别是北部的以色列（Israel）和南部的犹太（Judah）；后以色列跟犹太王国依次遭受亚述（Assyria）和新巴比伦（Babylonia）的统治。③ 紧接着波斯人占领了巴勒斯坦地区，又经托勒密和塞琉古王国的统治后，最终于公元前 2 世纪，在犹太祭司家族哈斯蒙尼（Hasmonaeans）的领导下以色列重新恢复了民族独立。公元前 1 世纪哈斯蒙尼家族政权成为罗马庞贝政权统治以色列的傀儡，后安东尼用该地南部的一位君主，即希律（Herod，为区别于后来的希律，人们亦称之为"大希律"）取代了哈斯蒙尼家族的地位。希律后来又成了奥古斯都的依附者，在希律的统治下犹太成为罗马属国中最繁荣的王国

---

① 指罗马众神之首的男神朱庇特、其配偶女神朱诺和他们的女儿女神密涅瓦，对应希腊神系的宙斯、赫拉和雅典娜。

② 参见格雷格·沃尔夫主编：《剑桥插图罗马史》，郭小凌、晏绍祥等译，山东画报出版社 2008 年版，第 201 页。

③ 公元前 722 年亚述王国攻陷以色列王国首都撒玛利亚（Samaria），以色列王国灭亡；为保住政权犹太王国成为亚述的附庸国。前 597 和 586 年，新巴比伦王国两度攻占犹太王国首都耶路撒冷，犹太王国覆灭。犹太贵族、祭祀、商贾等被俘虏至新巴比伦，这一事件就是犹太人历史上著名的"巴比伦之囚"事件。

之一。① 希律死前（公元 4 年）不久，耶稣在加利利（Galilee）北部的拿撒勒降生。② 耶稣降生后不久罗马人在犹太地区建立的新的行省——朱迪亚行省（公元 6 年），行省北部和东部与加利利和佩雷阿（Peraea）相邻，这些地区随即成为大希律王之子希律·安提帕斯（Herod Antipas）的公国，与其父相似，安提帕斯与罗马帝国也保持着附庸从属关系。③ 耶稣当时就在这样的一种政治和地域背景中活动的。

关于耶稣生平事迹的报道基本出自四部福音书（Gospels，现汇编于圣经新约部分），通常认为这些福音书的作者是耶稣的门徒马太（Matthew）、约翰（John）、马可（Mark）和路加（Luke）。耶稣的布道强调神的国度"已经开始降临"，"这种观念是耶稣全部生涯的基调，决定了他的全部思想和行动以及他的伦理和社会学的每一个信条"④。耶稣格外关注犹太社会的弱势群体，如穷人和罪人，因前者缺少财物而只能依靠神的帮助进入神之国；后者通过忏悔也能得到进入神之国的允许，甚至比那些自大骄傲的人更容易进入神之国。同时耶稣也欢迎周围的妇女，因为他认为神之国不应该只面向男性。⑤ 这点使得耶稣之后所形成的基督宗教得以在罗马社会的底层迅速传播。福音书中所描述的耶稣"神迹"（miracle），其"出现"不仅同神之国的来临联系起来而且往往同宽恕罪过有关，宽恕罪过又往往是这个国度即将来临的伴随物。⑥ 而宽恕罪过显然是神才能拥有的权利，加之耶稣的行迹过于突出

---

① 参见 [英] 迈克尔·格兰特：《罗马史》，王乃新译，上海人民出版社 2008 年版，第 253—255 页。

② 我们通常会说耶稣的降生是区分公元前后年代的标志，但有学者认为耶稣并非降生于公元元年，将其确定为公元元年是根据 6 世纪一位僧侣的误算。参见 [英] 迈克尔·格兰特：《罗马史》，王乃新译，上海人民出版社 2008 年版，第 255 页。

③ 参见 [英] 迈克尔·格兰特：《罗马史》，王乃新译，上海人民出版社 2008 年版，第 256 页。

④ [英] 迈克尔·格兰特：《罗马史》，王乃新译，上海人民出版社 2008 年版，第 258 页。

⑤ 参见 [英] 迈克尔·格兰特：《罗马史》，王乃新译，上海人民出版社 2008 年版，第 258 页。

⑥ 这里的神迹并非实实在在发生，而是一种"描写的手法"和"形象的比喻"。参见 [英] 迈克尔·格兰特：《罗马史》，王乃新译，上海人民出版社 2008 年版，第 258 页。

他与神之间的特殊关系，他本人也抨击律法的条分缕析与犹太律法家们的玄虚议论，这使得他与当时最为活跃的犹太宗教团体法利赛人（Pharisees）产生冲突，引起后者的仇恨。① 同时，神的统治即将变成现实的宣告也引起了安提帕斯的警惕，这种主张暗示他的君主地位会被取代，因而他将耶稣视为潜在的政权颠覆分子。在这些敌视中耶稣离开加利利辗转至犹太教的中心耶路撒冷（约公元 30 年或 33 年）。在那里耶稣与犹太人的最大族群撒都该人（Sadducees）发生冲突，随即遭到他们的逮捕并被押送至朱迪亚行省总督彼拉多（Pontius Pilatus）面前。在被判所谓"篡夺罗马帝国王位的罪行"后，彼拉多下令将耶稣钉死在十字架上。②

耶稣的活动并未将其主张扩展至犹太以外的民族，而做到这一点的是保罗。与出生于犹太人属地的耶稣不同，保罗生在位于西里西亚（Cilicia）希腊化城市塔尔苏斯（Tarsus）的犹太散居地，在那里犹太人享有半自治权利。保罗熟悉希腊文写作，且享有罗马公民权，因而他同时具备了犹太、希腊和罗马文明的三重特质。早年保罗强烈反对耶稣的救世主张，在犹太当局针对耶稣门徒的迫害中发挥了急先锋的作用。约公元 36 年，在前往叙利亚大马色（Damascus 大马士革）履行其惩治耶稣门徒使命的路上他成为了耶稣的信徒。③ 之后保罗在犹太人和非犹太人中展开一系列布道活动，这一过程中他遭到犹太教徒的反对并与犹太基督宗教母教会之间产生了巨大分歧，后者也使得基督宗教的教会社团分为犹太人和非犹太人两部分。④ 随后保罗将更多精力投入到对罗马非犹太人的传教活动中。约公元 58 年返回耶路撒冷后保罗遭到犹太人渎神指控，罗马当局出于保护其

---

① 参见赵敦华：《基督教哲学 1500 年》，人民出版社 2007 年版，第 32—35 页。

② 参见［英］迈克尔·格兰特：《罗马史》，王乃新译，上海人民出版社 2008 年版，第 260—262 页。

③ 参见［英］迈克尔·格兰特：《罗马史》，王乃新译，上海人民出版社 2008 年版，第 263 页。

④ 分歧的主要原因是割礼是否要在非犹太教徒中执行以及是否接受犹太人的饮食限制，保罗容忍了非犹太教徒不行割礼和饮食限制的做法，因此遭到犹太教徒的反对。参见［英］迈克尔·格兰特：《罗马史》，王乃新译，上海人民出版社 2008 年版，第 265 页。

生命的目的逮捕了他。行省当局迟迟未对保罗作出裁决，后保罗被移交给罗马的尼禄(Nero，罗马帝国第五任皇帝，公元54—68年在位) 法庭审理，最终被判死刑。① 保罗被处决两年后犹太人因宗教和经济上的原因发生了反对罗马当局的暴动(公元66—73年)②，暴动被镇压的结果是历时两千多年的犹太国家从此不复存在。该暴动也使得犹太人不再受到罗马当局的重视并牵连犹太基督教会也一蹶不振。而非犹太人的信徒则免于罗马人的羞辱并逐渐成为未来基督宗教的中坚力量，也正是他们代表着基督宗教与犹太教的脱离。③ 自此基督宗教得以成为一种打破民族边界的普世性宗教。

"罗马和平"时期的稳定政治局面以及罗马当局对多元宗教的包容为普世化了的基督宗教的迅速传播创造了有利条件。然而这并不能完全解释为何基督宗教的上帝能够在罗马帝国的众多神祇中脱颖而出。基督宗教能够从一个帝国边缘微不足道的弥赛亚运动发展成为影响帝国全境的宗教还有其他诸多方面的原因。

这首先与一类社会意识相关，这种社会意识诉诸来世和神秘，并追求某种统一的潜藏在一切事物之后的力量。公元2世纪，受希腊化影响的罗马文明丧失了创造性和活力，理性开始匮乏，希腊式古典人文的理性因素受到宗教、神秘仪式和体验等非理性因素的冲击。在这种背景下，"人们发现尘世间的事不再是有目的的、有意义的，他们寄希望于来世"④。此外精英的哲学思索已然接受了某种可统一罗马众多神灵的信念，即"在多神教的众多神祇背后隐藏着一种更根本、更单一的神力"⑤，这种单一的神力在多神教体系中往往代

---

① 参见 [英] 迈克尔·格兰特：《罗马史》，王乃新译，上海人民出版社2008年版，第265—266页。

② 关于这段历史可参见 [英] 西蒙·贝克：《帝国兴亡》，李俊、杨帆等译，新世纪出版社2012年版，第188—224页。

③ 参见 [英] 迈克尔·格兰特：《罗马史》，王乃新译，上海人民出版社2008年版，第267—268页。

④ 陈钦庄等：《基督教简史》(修订本)，人民出版社2008年版，第52页。

⑤ [英] 格雷格·沃尔夫主编：《剑桥插图罗马史》，郭小凌、晏绍祥等译，山东画报出版社2008年版，第207页。

表为帝国君王对太阳神的崇拜。[①] 而这一切都表明，诉诸来世和拯救并以唯一神耶和华为崇拜对象的基督宗教恰恰可以迎合当时罗马社会意识的需求。

其次，基督宗教的迅速扩张也与瘟疫这类灾祸性的契机相关，对此社会学家罗德尼·斯塔克曾作出过这样的评述："如果那个古代社会不被这些灾祸弄得秩序混乱、道德沦丧的话，基督教可能从来不会一跃而成为占主导地位的宗教"。[②] 公元165年，当皇帝奥勒留在位时，一场突如其来的瘟疫席卷了整个罗马。这场瘟疫可能是斑疹伤寒、鼠疫或天花，由帝国军队平复亚美尼亚暴乱并攻占美索不达米亚时从东方带来。[③] 这场可致人死亡的瘟疫不仅削弱了罗马军队的战斗力，而且在横行的十五年中几乎使罗马失去了近三分之一的人口，就连奥勒留也未能幸免。公元251年新的瘟疫再次席卷帝国，其规模和毁灭性并不亚于前一次。[④] 这两次瘟疫的一个结果是人们开始动摇对多神教的崇拜，转而在基督宗教中寻找到宽慰。这是因为，一方面多神教无法解释为何会发生这样的灾难而且人们在向各类神祇祷告和祭祀时发现众神对这些灾难几乎无能为力，死亡依旧发生并愈演愈烈以至于人们疲于奔命甚至放弃针对瘟疫的有效行动；另一方面基督徒则可根据教义将这些灾难视为人生中有意义和指向来世目的的"教导和试炼"，并以积极的心态应对瘟疫。[⑤] 于是在相对有效的解释力作用下，基督徒展开一系列行动，如维系内部教会社团成员之间的互助关系，

---

① 参见 [英] 格雷格·沃尔夫主编：《剑桥插图罗马史》，郭小凌、晏绍祥等译，山东画报出版社 2008 年版，第 208 页。

② [美] 罗德尼·斯塔克：《基督教的兴起：一个社会学家对历史的再思》，黄剑波等译，上海古籍出版社 2005 年版，第 90 页。

③ 参见 [英] 迈克尔·格兰特：《罗马史》，王乃新译，上海人民出版社 2008 年版，第 269—270 页。这场瘟疫史称"盖伦瘟疫"（Plague of Galen），因他是这场瘟疫的亲历者。盖伦（Claudius Galenus，公元 129—199 年）是古罗马的一位著名医学家，其医学理论传承了古希腊波克拉底（Hippocrates）学派"四体液说"，影响了整个中世纪。

④ 有学者认为这一次是麻疹，如果被传染人群在此前从未接触过这类传染病，那么麻疹会带来极高的致死率。参见 [美] 罗德尼·斯塔克：《基督教的兴起：一个社会学家对历史的再思》，黄剑波等译，上海古籍出版社 2005 年版，第 87 页。

⑤ 参见 [美] 罗德尼·斯塔克：《基督教的兴起：一个社会学家对历史的再思》，黄剑波等译，上海古籍出版社 2005 年版，第 94—100 页。

不顾自身安危地看护受感染的教友甚至异教徒。这导致基督徒本身人口数量的减损相对于多神教徒要少很多，并牵连出了一种"神迹"假象，即将较低的死亡率视为上帝的意志与恩典。这反过来又使得基督徒增强了对自身宗教的信心，使得异教徒更愿意放弃原本的多神教信仰而转向基督宗教。①

最后，相对于多神教徒，基督徒有更高的归信率和生育率。这与女性教徒在基督教会中的比率有关。希腊—罗马社会更重视男性，在这种氛围中，杀害女婴的行为时有发生；加之当时较为流行堕胎，不成熟的堕胎技术也极易导致孕期妇女死亡，这些都使得异教主导的社会中女性人口数量远低于男性。② 而与之相比，基督徒中女性比率则高于男性。这是因为女性更容易受到基督宗教的吸引。首先，基督宗教禁止堕胎与杀害女婴，这些保证了未成年和孕期女性的生命安全；其次，基督宗教谴责一夫多妻制，倡导配偶对彼此的忠贞，使得女性享有与男性同等婚姻地位；再次，女性在教会内部可享有宗教职权。③ 久之女性更愿意加入基督宗教而非异教，女性信徒的数量逐渐超过男性。而基督教教义并不反对信徒与异教徒通婚，基督教会女多男少与异教徒男多女少的强烈反差又促使双方通婚。在这种情况下基督教信仰的代际传播又往往受到基督徒母亲的影响，这样基督徒女性与异教徒男性的后代通常又会成为新的基督宗教"继发归信者"。于是基督宗教归信率远远超过了罗马多神教。此外基督宗教教义本身鼓励生育，谴责和禁止堕胎、杀婴行为，这与异教徒控制生育的行为截然相反，又使得基督徒的生育率明显高于多神教徒。④

于是在这样一系列因素的共同作用下，基督宗教信徒的数量不断增长。久而久之，基督宗教逐渐发展成为一个信徒众多且足以影响帝国全境的宗

---

① 参见［美］罗德尼·斯塔克：《基督教的兴起：一个社会学家对历史的再思》，黄剑波等译，上海古籍出版社 2005 年版，第 100—114 页。

② 参见［美］罗德尼·斯塔克：《基督教的兴起：一个社会学家对历史的再思》，黄剑波等译，上海古籍出版社 2005 年版，第 119—126，142—147 页。

③ 参见［美］罗德尼·斯塔克：《基督教的兴起：一个社会学家对历史的再思》，黄剑波等译，上海古籍出版社 2005 年版，第 122—134 页。

④ 参见［美］罗德尼·斯塔克：《基督教的兴起：一个社会学家对历史的再思》，黄剑波等译，上海古籍出版社 2005 年版，第 149—156 页。

教，大有取代多神教之势。

二、帝国的动荡与国教化

罗马和平之后的帝国开始走向一段动荡时期。奥勒留统治晚期的边疆危机已为这段动荡时期埋下伏笔。公元 166 年，当奥勒留刚解决完帕提亚人（Parthian）对亚美尼亚的入侵之后，帝国北部边界的多瑙河沿岸就传来了告急。被罗马人称为"蛮族"的日耳曼人和其他部族开始入侵罗马帝国。由于罗马境内肥沃土地的吸引，这些蛮族开始放弃原本林木丛生沼泽遍布的贫瘠土地并设法迁入罗马。这导致罗马人与入侵的蛮族发生冲突，战争持续了14 年（公元 166—180 年）。这场战争的一个结果是"允许大批蛮族作为定居者和潜在的辅助兵进入帝国"[①]。虽这一政策早在奥古斯都和尼禄时期就已实行，但在奥勒留这里更为系统。

奥勒留去世其子康茂德（Commodus）继位，但仅统治不到三年就遭到了刺杀。随后北非潘诺尼亚（Pannonia）总督塞维鲁（Severus，公元 193—211 年在位）在帝位竞争中获胜，开创了塞维鲁王朝（公元 193—235 年）。赛维鲁王朝覆灭后，罗马帝国进入一段水深火热的时期，史称"三世纪危机"（Crisis of the Third Century）。这场危机首先表现为帝国内部政局的动荡。军官马克西米努斯一世（Maximinus I）利用哗变成为罗马皇帝，但其残暴统治仅持续了不到三年。之后皇位更迭不断，军事僭位时有发生，如公元 218 年至 268 年就有约 50 名僭位者拥有皇帝头衔[②]，此外有些地方势力也建立了自己的独立政权[③]。

---

① [英]迈克尔·格兰特：《罗马史》，王乃新译，上海人民出版社 2008 年版，第 270 页。

② 参见 [英]迈克尔·格兰特：《罗马史》，王乃新译，上海人民出版社 2008 年版，第 276—277 页。

③ 如莱茵河军队的波斯图姆斯（Postumus，公元 259—268 年当权）在罗马帝国的北部边界称帝，并控制了高卢、西班牙和不列颠等地，他和他后继者建立了一个与罗马对峙了 14 年的政权；位于叙利亚和美索不达米亚的帕尔米拉在芝诺比娅（Zenobia）的带领下宣布独立，她宣称自己为罗马女皇"奥古斯塔"，其子则被誉为"奥古斯都"（约公元 270 年）。带上罗马当局，这三股势力几乎瓜分了帝国版图。见 [英]迈克尔·格兰特：《罗马史》，王乃新译，上海人民出版社 2008 年版，第 276—279 页。

由于政局的不稳定以及内战频发，帝国无暇应付边戍，这场危机又迅速演变为边疆危机。在帝国的东部边界，波斯人入侵帕提亚（公元223—226年）并建立了萨珊王朝（Sassanid Empire），后沙普尔一世（Shapur I，约公元234—270年）继承了其父"众王之王"（Shahenshah）的挑衅性头衔而成为萨珊的国王。在其统治的头20年他曾三次大规模入侵罗马。公元260年的一场战役中，罗马皇帝瓦列里安（Valerianus，公元253—260年在位）遭其俘虏，这成为了罗马帝国最不光彩的一段历史。[1] 与此同时，一支新兴的日耳曼民族——哥特（Goths）——已对帝国的北部边界构成威胁。3世纪30年代，哥特人开始越过多瑙河下游进入罗马统治区域。罗马人试图用金钱安抚他们，后资助停止，被激怒的哥特人再度入侵罗马甚至深入到巴尔干腹地。多瑙河军团的统帅戴奇乌斯（Decius，公元249—251年在位）成功挫败了这次入侵，随后他被军队拥立为罗马皇帝。但好景不长，251年哥特人在克尼瓦（Kniva）的带领下打败了罗马军队，戴奇乌斯被杀。此后哥特人与其他日耳曼民族联合起来大举入侵罗马，哥特人洗劫了巴尔干并深入小亚细亚，劫掠希腊沿海城市；其他日耳曼人，如法兰克则冲破莱茵河防线蹂躏了高卢、西班牙等地。[2]

好在帝国政局的内忧外患并没有一直持续下去，自伽利恩努斯（Gallienus，公元268—270年在位）[3] 重组军队以来局势有所好转。269年伽利恩努斯取得纳依苏斯（Naissus）战役的胜利，在哥特人试图穿越巴尔干返回北方之时成功歼灭了他们；后其继承者克劳狄二世（Claudius II，公元268—270年在位）粉碎了一支攻入意大利的西日耳曼人部族并击败了哥特人；最

---

[1] 参见［英］迈克尔·格兰特：《罗马史》，王乃新译，上海人民出版社2008年版，第280页。

[2] 参见［英］迈克尔·格兰特：《罗马史》，王乃新译，上海人民出版社2008年版，第281页。

[3] 瓦列里安之子，与瓦列里安共治帝国，均称"奥古斯都"（皇帝）。伽利恩努斯负责抵御西部蛮族，瓦列里安则在东部对抗萨珊波斯政权。有观点认为这种共治策略预示了后来东西帝国的分裂，参见［英］迈克尔·格兰特：《罗马史》，王乃新译，上海人民出版社2008年版，第281页。

终哥特人由皇帝奥勒里安（Aurelian，公元 270—275 年在位）驱逐。随后奥勒里安粉碎了东部之诺比娅和西部波斯图姆斯后继者的分离政权，并镇压了其他叛乱势力，帝国重归统一。①

在这一系列政治动荡中，帝国的经济几近瘫痪。为解决战时资金压力，银币制造掺假现象严重，其结果是货币不再保值，通货膨胀率陡增。于是货币作为度量衡和交换媒介的功能消失，罗马政府不得不通过直接的物品给养来解决军队消耗。此外，政府不断增加赋税，巧立税收名目并趁机没收私人财产，普通民众生活惨淡，叫苦不迭。②

戴克里先（Diocletianus，公元 284—305 年在位）皇帝的继位标志着三世纪危机的结束。为应对危机所暴露出的诸多问题他重组了军队并推行币制改革，以保证边戍和中央对军队领导权的控制以及经济活动的正常稳定。③ 随后他重新划分了行省，将行省数目从 50 增加到 100 并划归为 13 个大区，行省的行政职权与军队职权分离，这就减少了行省总督的反叛可能。④ 戴克里先对帝国影响最为深远的一项改革是创立"四帝共治制"（tetrarchy）。戴克里先先是任命其副手马克西米安（Maximian）为罗马西部的皇帝，自己则统治罗马东部，二人并称"奥古斯都"；每位奥古斯都可任命一位"凯撒"（副皇帝）协助其统治，戴克里先的凯撒是伽列里乌斯（Galerius），马克西米安的凯撒是君士坦提乌斯（Constantius）。虽四帝共治使王权分化，但在戴克里先统治时期，帝国仍然是一个整体，每名凯撒服从各自的奥古斯都，一位奥古斯都的法律同样适用于另一位奥古斯

---

① 参见 ［英］迈克尔·格兰特：《罗马史》，王乃新译，上海人民出版社 2008 年版，第 282—283 页。

② 详见 ［英］迈克尔·格兰特：《罗马史》，王乃新译，上海人民出版社 2008 年版，第 283—286 页。

③ 参见 ［英］迈克尔·格兰特：《罗马史》，王乃新译，上海人民出版社 2008 年版，第 299—300 页；［英］西蒙·贝克：《帝国兴亡》，李俊、杨帆等译，新世纪出版社 2012 年版，第 253 页。

④ 参见 ［英］迈克尔·格兰特：《罗马史》，王乃新译，上海人民出版社 2008 年版，第 299 页。

都。① 但四帝的和平处事并未持续多久。公元 305 年戴克里先与马克西米安宣布退位，伽列里乌斯与君士坦提乌斯接替他们的位置成为新的奥古斯都，但关于凯撒人选的确定皇帝们以及诸军官的意见并不统一，这引发了一系列明争暗斗。② 公元 311 年最后一位共治皇帝伽列里乌斯去世，留下马克西米安之子马克森提乌斯（Maxentius）与君士坦提乌斯之子君士坦丁（即后来为人所熟知的"君士坦丁大帝"，Emperor Constantine，公元 306—337 年在位）争夺西部霸权；达伊阿（Daia）与李锡尼（Licinius）争夺东部霸权。

312 年，君士坦丁于米尔维安大桥战役（Battle of the Milvian Bridge）中斩杀了马克森提乌斯并一统西部，在一些基督徒谋士的解释下他将这场战役的胜利归功于耶稣基督，这也直接促成了君士坦丁对基督宗教的认同。③ 随后君士坦丁进入罗马城，为阻止达伊阿在帝国东部针对基督徒的迫害，他通过联姻的方式与李锡尼结盟并联合发布了一项宗教政策，史称"米兰敕令"（Edict of Milan，公元 313 年颁布于意大利米兰）。这份敕令规定返还之前没收的基督教会财产，而更重要的是它强调一切宗教，包括基督宗教，其信仰是平等合法的。④ 这标志着罗马当局对基督宗教的态度从原本的迫害转变为

----

① 参见 ［英］迈克尔·格兰特：《罗马史》，王乃新译，上海人民出版社 2008 年版，第 298 页；［英］西蒙·贝克：《帝国兴亡》，李俊、杨帆等译，新世纪出版社 2012 年版，第 253—254 页。

② 参见 ［英］西蒙·贝克：《帝国兴亡》，李俊、杨帆等译，新世纪出版社 2012 年版，第 256—259 页。

③ 在古罗马史学家尤西比乌斯（Eusebius，公元 265—339 年）看来，君士坦丁能够取得一系列胜利并最终统治罗马完全是基督之神的意志使然，参见 ［古罗马］尤西比乌斯：《君士坦丁传》，林中泽译，商务印书馆 2015 年版，第 182—183 页。根据他的描述，米尔维安大桥战役之前君士坦丁已经开始放弃罗马多神教的太阳神崇拜而转向基督宗教的上帝。一次特殊的天象（也许是晕轮现象）使得君士坦丁将其视为"神迹"，于是他赶在大战之前命令士兵在旗帜上标上代表耶稣基督的拉布兰十字的图案，即希腊字母"XP"。后君士坦丁获胜，自然他也将获胜的原因归结为上帝的护佑。参见 ［古罗马］尤西比乌斯：《君士坦丁传》，林中泽译，商务印书馆 2015 年版，第 185—189 页。关于米尔维安大桥战役，详见 ［英］西蒙·贝克：《帝国兴亡》，李俊、杨帆等译，新世纪出版社 2012 年版，第 260—267 页。

④ 参见 ［英］西蒙·贝克：《帝国兴亡》，李俊、杨帆等译，新世纪出版社 2012 年版，第 271 页。

宽容利用。① 米兰敕令颁布的同一年，君士坦丁联合李锡尼战败达伊阿。但随着统一帝国野心的膨胀并出于推行基督宗教的目的，君士坦丁很快就与李锡尼决裂。公元 316 年双方在巴尔干地区第一次交锋，君士坦丁获胜，为保住王权李锡尼以割让巴尔干和希腊地区为筹码与君士坦丁达成短暂的和解。后战争重启，公元 324 年 7 月的一场发生于色雷斯（Thrace）亚德里亚堡（Adrianople）的对决中李锡尼军队遭受重创，同年 9 月因不敌君士坦丁李锡尼宣布投降。自此君士坦丁统一了整个帝国。

然而统一后的帝国仍面临一个问题，这个问题源于基督教会内部关于教义的争端。北非的阿里乌斯教派（Arianism）认为圣父（上帝）与圣子（耶稣）并不同一，圣父永恒不可分，而圣子只是圣父救世的工具。② 这一言论遭到亚历山大主教抗议，威胁到了教会的统一。这引起了君士坦丁的注意，此时他已寄希望于基督宗教，而这场争端的解决与否则直接影响基督宗教能否成为"帝国的中坚"③。公元 325 年在君士坦丁的主持下第一次基督宗教大公会议在比廷尼亚（Bythinia）的尼西亚（Nicea）召开，会议否决了阿里乌斯教派的主张并订立了"尼西亚信经"（The Nicene Creed），规定圣父、圣子同一同质，这为"三位一体"（Trinity）教义的确立奠定了基础。④

---

① 在敕令之前一直存在着帝国对基督宗教的迫害。如尼禄统治时期罗马城所发生的那场大火（公元 64 年）就被诬陷为基督徒所为；五贤帝时期如果基督徒执意不履行对非基督宗教之神的献祭，则有可能被投入斗兽场处死。赛维鲁采取过制裁基督教会的行动，禁止他们布道并严惩叛依者；戴克里先于公元 303 年发动了一次针对基督徒的最大规模的迫害，他责令摧毁教堂，焚烧基督教著作，将基督徒革职查办以及贬为奴隶。参见 [英] 西蒙·贝克：《帝国兴亡》，李俊、杨帆等译，新世纪出版社 2012 年版，第 249—250 页；[英] 迈克尔·格兰特：《罗马史》，王乃新译，上海人民出版社 2008 年版，第 304—305 页。

② 参见 [美] 胡斯都·L.冈察雷斯：《基督教思想史》第 1 卷，陆泽民、孙汉书、司徒桐、莫如喜、陆俊杰译，译林出版社 2008 年版，第 249—252 页。

③ [美] 胡斯都·L.冈察雷斯：《基督教思想史》第 1 卷，陆泽民、孙汉书、司徒桐、莫如喜、陆俊杰译，译林出版社 2008 年版，第 253 页。

④ 参见 [美] 胡斯都·L.冈察雷斯：《基督教思想史》第 1 卷，陆泽民、孙汉书、司徒桐、莫如喜、陆俊杰译，译林出版社 2008 年版，第 254—257 页。381 年第二次基督教大公会议在君士坦丁堡召开，三位一体中的圣灵也被加入到父子同质同一的神性中，见陈钦庄等：《基督教简史》，人民出版社 2008 年版，第 105 页。

公元 330 年君士坦丁迁都至拜占庭（Byzantine）地区的君士坦丁堡（Constantinople，今土耳其伊斯坦布尔），此后那里将成为东罗马乃至中世纪拜占庭帝国的政治中心。337 年君士坦丁去世，虽临终时才接受洗礼正式成为基督徒，但其皈依具有划时代的意义：此后除"叛教者尤利安"（Julian，公元 361—363 年在位，企图恢复罗马多神教的地位，但以失败告终）外基本上所有的罗马皇帝都归信了基督教。公元 392 年皇帝狄奥多西一世（Theodosius I，公元 364—375 年在位）下令全面禁止多神教异教信仰，这标志着基督宗教正式成为罗马国教。①

三、蛮族入侵与西罗马帝国的灭亡

君士坦丁对帝国的统一是短暂的，此后帝国将再次一分为二。但此时帝国的压力已不再是内部统治，蛮族已成为帝国最大的威胁。

公元 364 年瓦伦提尼安一世（Valentinian I，公元 364—375 年在位）被拥立为皇帝，为方便管理他设立自己兄弟瓦伦斯（Valens，公元 364—378 年在位）为东部皇帝。此时帝国边界已有两支日耳曼民族形成，盘踞在今天乌克兰境内的东哥特人（Ostrogoths）和罗马尼亚的西哥特人（Visigoths）。约 370 年匈奴人闯入这两支哥特人的领土，东哥特人被其征服，约 20 万西哥特人被驱赶至多瑙河并越境东罗马。东罗马当局允许他们在那里定居，但由于罗马人对西哥特难民不公正的待遇双方爆发冲突，东罗马驻军未能抵御西哥特人的攻势，这导致西哥特人长驱直入洗劫了巴尔干半岛。378 年瓦伦斯亲自率部攻打哥特，他的阵亡宣告了东罗马的失败。② 瓦伦斯死后，西部帝位的后继者格拉提安（Gratian，公元 375—383 年在位）指定狄奥多西一世为帝国东部的继承人，后狄奥多西一度统一了帝国东西两个王权。为缓和与西哥特人之间的矛盾，狄奥多西与他们确立了同盟关系，允许他们在罗马

---

① 参见陈钦庄、孔陈焱、陈飞雁：《基督教简史》，人民出版社 2008 年版，第 107 页。

② 参见 [英] 西蒙·贝克：《帝国兴亡》，李俊、杨帆等译，新世纪出版社 2012 年版，第 293—299 页；[英] 迈克尔·格兰特：《罗马史》，王乃新译，上海人民出版社 2008 年版，第 317—318 页。

境内定居和自治，但需要为罗马提供兵力和劳动力。①375 年狄奥多西去世，他的两个儿子，阿卡狄乌斯（Arcadius，公元 375—408 年在位）和霍诺里乌斯（Honorius，公元 395—423 年在位），分管东方和西方，自此帝国永久分裂。

狄奥多西去世后西哥特人立刻与罗马断绝了同盟关系，他们在阿拉里克（Alaricus，395—410 年统治西哥特）的领导下于 402 年入侵意大利。后经多次交战，在西罗马的实权者斯提里科（Stilicho）②的交涉下阿拉里克暂时同意与西罗马结盟以共同征讨东罗马。③然而这并没能缓和西罗马的危机，公元 406—407 年西罗马又发生了一系列足以颠覆其统治的事件。首先是东哥特人在拉达盖斯（Radagaisus）的领导下入侵意大利，虽斯提里科成功地击败了拉达盖斯并收编了他的东哥特部众，但这场战争也损伤了西罗马的元气；而后又有一波由日耳曼的汪达尔人（Vandals）、阿兰人（Alans）等组成蛮族军队入侵西罗马北部边境，他们肆意劫掠德国、高卢和西班牙的一些地区并侵占了那里；且此时驻扎在不列颠的一支军队叛变西罗马，他们宣布自封为大帝的君士坦丁三世为合法的西罗马皇帝。④公元 408 年斯提里科被处死，阿拉里克所领导的西哥特与西罗马再次发生冲突，其结果是帝国的古都罗马城第一次被蛮族攻陷（410 年 8 月 24 日）。⑤此后弗拉维乌斯·君士坦提乌斯（Flavius Constantius，或称君士坦提乌斯三世）接替了斯提里科的位置，他先是平定了不列颠君士坦丁三世的叛乱，而后与西哥特人达成协

---

① 参见 [英] 西蒙·贝克：《帝国兴亡》，李俊、杨帆等译，新世纪出版社 2012 年版，第 299—300 页；[英] 迈克尔·格兰特：《罗马史》，王乃新译，上海人民出版社 2008 年版，第 318—319 页。

② 狄奥多西去世前命其辅佐年幼的霍诺里乌斯，此后一直左右西罗马政局直至 408 年被霍诺里乌斯处死。

③ 参见 [英] 西蒙·贝克：《帝国兴亡》，李俊、杨帆等译，新世纪出版社 2012 年版，第 300—304 页。

④ 参见 [英] 西蒙·贝克：《帝国兴亡》，李俊、杨帆等译，新世纪出版社 2012 年版，第 304 页。

⑤ 参见 [英] 西蒙·贝克：《帝国兴亡》，李俊、杨帆等译，新世纪出版社 2012 年版，第 319 页。

议共同对抗汪达尔、阿兰等入侵蛮族，并允许他们定居于高卢西南的加龙河（Garonne River）谷地区。① 这些策略短暂地延续了西罗马的寿命，但此时蛮族的攻势已经愈发不可阻挡。

公元 429 年汪达尔人再次向东进犯并登陆非洲，他们逐渐控制了摩洛哥和阿尔及利亚地区。随后他们占领了帝国的第三大城市迦太基（公元 439 年），这无疑扼住了西罗马粮食和税收来源的咽喉。② 此后匈奴人（Huns）在阿拉提（Attila）的带领下发动了两场横扫巴尔干半岛的战争（公元 441 年和 447 年），而后他又针对西罗马展开一系列攻势直至公元 453 年去世。③ 这一系列战争和经济上的灾厄使得西罗马无法维持皇帝与领土内诸蛮族政治势力之间的平衡，于是西罗马的领土被蛮族一点点瓜分出去，最后只剩下意大利地区。公元 476 年，日耳曼佣兵领袖奥多维克（Odovacar，公元 476—493 年在位）罢黜皇帝罗慕卢斯（Romulus，公元 475—476 年在位）并取而代之。西罗马帝国宣告灭亡。

思考题

1. 希腊哲学的历史演进、代表人物与基本特征。

2. 基督宗教产生的思想渊源、历史处境与信仰特征。

3. 如何看待希腊哲学与基督宗教相遇的社会文化背景及其相互关系？

4. 晚期罗马帝国的社会文化特征。

5. 罗马帝国传统多神教的主要特征。

6. 基督宗教演变为罗马帝国国教的历史过程与主要原因。

---

① 参见 [英] 西蒙·贝克：《帝国兴亡》，李俊、杨帆等译，新世纪出版社 2012 年版，第 322—323 页。

② 参见 [英] 西蒙·贝克：《帝国兴亡》，李俊、杨帆等译，新世纪出版社 2012 年版，第 322—323 页。

③ 参见 [英] 西蒙·贝克：《帝国兴亡》，李俊、杨帆等译，新世纪出版社 2012 年版，第 325—326 页。

第二章 中世纪拉丁西方的历史演进

从公元4世纪开始，罗马帝国内外发生了一系列重大的历史事件，不仅改变了基督宗教的命运，而且也导致了罗马帝国的衰落，影响了西方文明的历史进程。这些事件首先是基督宗教从4世纪初开始，在几任罗马皇帝的支持下逐步合法化、并成为罗马帝国的国教。与此同时，罗马帝国也开始出现了分裂和解体的迹象。正是那位最先支持基督宗教的罗马皇帝君士坦丁大帝，在4世纪30年代把罗马的政治中心从西部的罗马迁往东部的君士坦丁堡（今土耳其的伊斯坦布尔），为罗马帝国一分为二埋下了政治隐患。而北方蛮族的崛起和南下，最终导致了西罗马帝国和东罗马帝国的分裂。公元5世纪前后，罗马帝国遭受到了北方日耳曼民族的大举入侵。公元476年，日耳曼领袖奥多维克罢黜西罗马最后一任皇帝罗慕卢斯，西罗马帝国灭亡。古代历史从此结束，西方社会进入了封建割据的中世纪时代。

第一节 中世纪早期的欧洲

随着公元5世纪末西罗马帝国的覆灭，欧洲进入"中世纪早期"（Early Middle Ages，约公元500—1000年）阶段。原罗马帝国的领土开始出现三种文明形态：西方蛮族列国所主导的西欧文明、东方延续了罗马帝国希腊传统的拜占庭文明以及据守西南和南方的新兴伊斯兰文明。① 西欧蛮族在代替

---

① 参见［美］朱迪斯·本内特、沃伦·霍利斯特：《欧洲中世纪史》，杨宁等译，上海社会科学院出版社2007年版，第5页。

西罗马帝国并建立其政权的同时还经历着基督教化的过程，他们与罗马教会一道，开创了整个中世纪拉丁西方的文化、宗教以及政治格局。

一、西罗马覆灭后的欧洲

西罗马帝国覆灭后，罗马帝国的控制范围仅剩下以君士坦丁堡为政治中心的东方。西方已不再是统一的帝国，原来的西罗马被诸多蛮族国王和地方自治势力分治。这种局面并非短时期内形成，早在西罗马帝国分崩离析之前，西罗马政府就开始渐渐分解并地方化了。在农村，一些有势力的罗马—高卢地方贵族家庭开始组建自己的管理机制，他们以领主（Lord）和夫人（Lady）的身份统治着自己居所周围的土地；在没有因战乱灾疫和经济崩溃而没落的城市，一些大基督教会的主教则干预进来，他们不仅为居民提供宗教上的指导，而且通过征收赋税等方式保护和管理这些居民。[①] 西罗马帝国灭亡后，这些地方自治势力掣肘着新兴的蛮族国王，国王们虽"声称"拥有管理地方的权利，但在行使这些权利之前必须先得到贵族和主教们的支持。[②] 在这种统治氛围中，蛮族在西欧建立了不稳定的政权，这些政权在精神上又逐渐归附于罗马正统基督教（即后来的天主教）。这里我们主要介绍对西欧早期（公元 6—7 世纪）局势影响较大的三个蛮族政权的发展——西哥特（Visigoth）、法兰克（Franks）和不列颠蛮族政权。

西罗马覆灭后西哥特人乘机控制了高卢西南部和伊比利亚半岛的大部分地区。这些西哥特人较多地保留了罗马旧制，但他们并未完全继承罗马基督教正统派。国王们普遍信仰阿里乌斯派异端，这源于他们皈依基督宗教时阿里乌斯派在罗马帝国仍有较强的影响力。这两种信仰宗派总体上相安无事，直到 580 年由于国王说服萨拉戈萨（Zaragoza）正统派主教改宗阿里乌斯派，双方的冲突才凸显出来。这一冲突随着新继位的卡雷多（Reccared，公

---

① ［美］朱迪斯·本内特、沃伦·霍利斯特：《欧洲中世纪史》，杨宁等译，上海社会科学院出版社 2007 年版，第 55 页。

② ［美］朱迪斯·本内特、沃伦·霍利斯特：《欧洲中世纪史》，杨宁等译，上海社会科学院出版社 2007 年版，第 56 页。

元 586—601 年在位）国王改宗正统派（570 年）而得以缓和，而他的改宗也直接影响了西哥特的贵族与一批阿里乌斯派主教一同改宗。589 年随着第三次主教会议在托莱多（Toledo）的召开，改宗得以正式化；590 年阿里乌斯派最后一次反叛遭到镇压，自此西哥特的宗教分裂结束。① 然而西哥特并不满足于这种统一，他们还尝试将基督教扩展至犹太人社群。国王西塞布托（Sisebut，公元 612—620 年）下令犹太人都接受基督教洗礼，此后约一个世纪里国王们不断使用武力尝试让犹太人改宗基督教直至西哥特人对伊比利亚的统治结束。②8 世纪初，阿拉伯人跨越直布罗陀海峡入侵伊比利亚，军队所向披靡，公元 714 年西哥特王国的最后一个据点陷落，至此伊斯兰政权开始控制伊比利亚。③

在西哥特人盘踞伊比利亚的同时一支日耳曼民族，即法兰克人，在高卢开疆扩土，他们建立了法兰西历史上的第一个王朝——墨洛温王朝（Merovingian Dynasty，公元481—751 年）。5 世纪中期，以墨洛温（Merovich）为首的法兰克部族与高卢——罗马人保持相对友好的关系，并以"同盟者"的身份与西罗马政权一同对抗匈奴人。④ 墨洛温之孙克洛维（Clovis，公元481—511 年在位）成为部族首领并结束了与西罗马的合作，开辟了墨洛温王朝，此后法兰克人在克洛维的带领下不断扩充着其领地范围。但与哥特人不同，滨海而居的法兰克人其基督教化程度较低，他们基本上信奉原始的自然神灵和罗马诸神，而这又使得他们与所占领区域内的高卢——罗马社会格格不入。⑤ 这一情形随着克罗维迎娶勃艮第（Burgundians）公主克洛蒂尔德

① 参见 [英] 雷蒙德·卡尔：《西班牙史》，潘诚译，东方出版社 2009 年版，第 44—45 页；[美] 朱迪斯·本内特、沃伦·霍利斯特：《欧洲中世纪史》，杨宁等译，上海社会科学院出版社 2007 年版，第 58 页。

② 参见 [美] 朱迪斯·本内特、沃伦·霍利斯特：《欧洲中世纪史》，杨宁等译，上海社会科学院出版社 2007 年版，第 58—59 页；[英] 雷蒙德·卡尔：《西班牙史》，潘诚译，东方出版社 2009 年版，第 51—52 页。

③ 参见 [英] 雷蒙德·卡尔：《西班牙史》，潘诚译，东方出版社 2009 年版，第 52—53 页。

④ 参见陈文海：《法国史》，人民出版社 2014 年版，第 37 页。

⑤ 参见陈文海：《法国史》，人民出版社 2014 年版，第 39 页。

（Clotilda）而改变。克洛蒂尔德是基督教正统派的归信者，在嫁给克洛维后不断劝其皈依基督教。496 年在赢得一场战争的胜利后克罗维转变对基督教的态度，这一年圣诞节在兰斯（Reims）主教圣雷米（Saint Remi）的主持下克洛维皈依基督教正统派。① 与当时信奉阿里乌斯异端的其他蛮族（如勃艮第、哥特）不同，克洛维的这一举动无疑捍卫了正统基督教，因此他被罗马教会视为英雄。② 随后在教会的支持下克洛维将支持异端的西哥特人赶出了高卢，到克洛维去世为止高卢已基本处于法兰克人统治之下。克洛维的后继者们继承了他开疆扩土的事业，534 年法兰克人吞并勃艮第，536 年占领了东南沿海的普罗旺斯（Provence）；同时他们积极东进，将今天德国的巴伐利亚（Bavaria）、图林根（Thuringen）等地纳入统治范围，并与北日耳曼的撒克逊人（Saxons）保持了友好关系。可以说这为后来加洛林王朝（Carolingian Dynasty）的疆域打下了基础。③ 然而墨洛温王朝的统治非常松散，它并非一个中央集权的王朝。首先国王们并没有国家的概念，他们将征战得来的土地当作家产，死后便分予子嗣，子嗣之间为争夺土地又不断发生着战争；其次王室长期奉行赏赐制度，他们将土地赏赐给亲兵、官员以及教会，以至于国王逐渐无法把持地方贵族、大领主和教会势力。④ 逐渐地墨洛温王室开始失去对局势的控制，达戈贝尔一世（Dagobert I，公元 629—639 年在位）去世后王朝进入"懒王"（Lazy Kings）时期（公元 639—751 年），国王们几乎毫无例外地成为权贵的玩物，直至王朝覆灭。⑤

与西哥特和法兰克人不同，不列颠人受罗马的影响相对较少。407 年君士坦丁三世在不列颠称帝后随即率军离开不列颠角逐罗马君权，两年后其残部被驱赶出岛屿，罗马人对不列颠的统治结束。罗马对不列颠的占领虽长达

---

① 参见陈文海：《法国史》，人民出版社 2014 年版，第 40 页。

② 参见 [美] 朱迪斯·本内特、沃伦·霍利斯特：《欧洲中世纪史》，杨宁等译，上海社会科学院出版社 2007 年版，第 45 页。

③ 参见陈文海：《法国史》，人民出版社 2014 年版，第 41 页。

④ 参见陈文海：《法国史》，人民出版社 2014 年版，第 50—51 页。

⑤ 参见陈文海：《法国史》，人民出版社 2014 年版，第 52 页。

300 多年，但除了为统治需要建立的城市、大道和长城遗址，他们几乎再没留下什么。[1] 不列颠民族构成中除了本土的凯尔特人（Celts）以外还包括后来从西欧大陆渡海而来的日耳曼民族盎格鲁——撒克逊人（Anglo-Saxons），他们起初以海盗佣兵和拓殖者身份进入不列颠，后不断向不列颠腹地推进。直到公元 650 年，盎格鲁——撒克逊人在不列颠建立了许多蛮族国家，其中最主要的有七个：北部的诺森布里亚（Northumbria），中部的麦西亚（Mercia），东南沿海地区的东昂格利亚（East Anglia）、肯特（Kent）、埃塞克斯（Essex），南部的威赛克斯（Wessex）和苏塞克斯（Sussex）。至此不列颠进入"七国时期"（The Heptarchy）。土著的凯尔特人或被推挤至斯特拉斯克莱德（Strathclyde）地区或成为盎格鲁—撒克逊人的奴隶。[2]

伴随着不列颠诸蛮族王国的建立，基督教在这一时期也迅速扩展开来，而主导其皈依的主要有两大势力：爱尔兰修士和罗马教会。自罗马的圣安东尼（St. Anthony the Great，约公元 250—355 年）在埃及沙漠组建隐士团体以来，越来越多的基督教徒成为僧侣投入隐修生活。这种隐修生活后来演变为一种修士相互为伴并由一系列规章约束其生活的修道院制度。公元 5 世纪，圣帕特里克（St. Patrick，约公元 389—461 年）将基督教传入爱尔兰，到 6 世纪时大部分爱尔兰人已皈依基督教。但与罗马依托城市教区建立的主教管理制教会不同，爱尔兰教会的构建依赖于自治的修道院，其主教不但没有辖区而且受修道院长的管理。[3] 修道院的修士们也热衷于劝说异教国王与民众归信基督，在这种使命感的驱使下他们将基督教带入苏格兰和英格兰，很快爱尔兰的修道院派在苏格兰和英格兰北部的诺森布里亚地区成为主导。公元 597 年，罗马教皇格里高利（Pope Gregory，公元 590—604 年在位）

---

[1] 参见钱秉旦、许洁明：《英国通史》，上海社会科学院出版社 2019 年版，第 17—18 页。

[2] 参见钱秉旦、许洁明：《英国通史》，上海社会科学院出版社 2019 年版，第 20 页。

[3] 参见钱秉旦、许洁明：《英国通史》，上海社会科学院出版社 2019 年版，第 21 页；[美] 朱迪斯·本内特、沃伦·霍利斯特：《欧洲中世纪史》，杨宁等译，上海社会科学院出版社 2007 年版，第 60 页。

派密友奥古斯丁（Augustine）[①] 带领 40 名罗马教士到肯特王国的坎特伯雷（Canterbury）传教。在他的影响下肯特王皈依基督教，导致昂格利亚等国国王的效仿。国王的皈依使得贵族与百姓也接受了基督教，罗马教会在精神上逐渐征服了英格兰东南部。[②]7 世纪中叶，英格兰的政治权利北移至诺森布里亚，南下的爱尔兰修道院派和北上的罗马教会派相遇。由于制度上的差异，两派在复活节推算上也存在差异，这引起了王室内部的麻烦：受爱尔兰修道院派影响的诺森布里亚国王奥斯维（Oswy，公元 641—671 年在位）在庆祝复活节时，其妻子，接受罗马教会洗礼的肯特公主伊弗雷德（Eanfled），却要遵守四月斋。为解决这个问题，664 年在奥斯维的推动下两派之间的协商会在惠特比（Whitby）召开，其结果是依照罗马教会传统复活节被定为 3月 21 日。这一裁决避免了南北两种基督教传统的分裂，随后坎特伯雷主教塔尔索的狄奥多（Theodore of Tarsus）颁布进行主教制管理的教规（672 年），至此英格兰的基督教在组织上达成统一。[③]

在这种背景下，7 世纪晚期起英格兰以诺森布里亚为中心迎来一次文化复兴。修道院是这次复兴的主导，修士们在这里研习并抄写古代经书遗本，很多拉丁文古卷因此得以保留。修道院也培养了很多学识渊博的修士，他们在诺森布里亚衰落的时候将盎格鲁——萨克逊修道院文化传入欧洲大陆，并在那里滋养了一次新的文化复兴。[④]

二、拜占庭帝国与伊斯兰文明

在蛮族政权与基督教会共同主导的西欧文明逐渐形成之时，另外的两大

[①]　后世称为"坎特伯雷的奥古斯丁"（Augustine of Canterbury），以免与古罗马著名神学家希波的奥古斯丁（Augustine of Hippo）相混淆。

[②]　参见钱秉旦、许洁明：《英国通史》，上海社会科学院出版社 2019 年版，第 21—22 页。

[③]　参见钱秉旦、许洁明：《英国通史》，上海社会科学院出版社 2019 年版，第 22—23 页；[美] 朱迪斯·本内特、沃伦·霍利斯特：《欧洲中世纪史》，杨宁等译，上海社会科学院出版社 2007 年版，第 64 页。

[④]　参见 [美] 朱迪斯·本内特、沃伦·霍利斯特：《欧洲中世纪史》，杨宁等译，上海社会科学院出版社 2007 年版，第 67—70 页。

文明——拜占庭文明和伊斯兰文明在古罗马原来的疆域内出现并影响着西欧格局。拜占庭帝国（Byzantine Empire）[①] 是罗马帝国的后继国，控制着小亚细亚、巴尔干半岛和中东的部分地区，并对南欧和东欧施加着影响。其统治延续了近一千年，直至 15 世纪中期被伊斯兰政权取代。

相比于西罗马的多灾多难，东罗马，或后来的拜占庭帝国，则要幸运许多。由于小亚细亚有黑海这重天然屏障以及坚不可摧的君士坦丁堡的保护，蛮族入侵者无法进入帝国腹地，加之有序的治理和军事、外交、经济等方面的改革，帝国很快从三世纪和罗马帝国分裂的危机中走了出来。[②] 随后拜占庭在查士丁尼（Justinian，公元 527—565 年在位）的统治下进入一段鼎盛期。他对帝国的贡献可总结如下。首先查士丁尼主持编纂了《民法大全》（Corpus Juris Civilis）。这部法典一经问世就顺理成章地成为了拜占庭的权威法典，同时它也是欧洲历史上第一部系统的法典，为后来欧洲各国提供了法律范本，其支持王权和专制的特点也起到了与蛮族法律传统中限制王权的观念相抗衡的作用。[③] 其次查士丁尼推行了一系列政治军事制度的改革和税收、商贸改革，这些改革促进了帝国的中央集权以及经济发展。[④] 最后查士丁尼继承了罗马帝国的尚武传统，在其统治期间不断收复着旧罗马的失地。6 世纪 30 年代其军队征服了北非汪达尔王国；后从东哥特人手里夺回了伊比利亚南部沿海的一块儿地区；公元 535 年查士丁尼发动"哥特战争"（Gothic War），经二十年奋战拜占庭收复了哥特控制的意大利，至此地中海变成了拜占庭帝

[①] 古代文献中并无"拜占庭帝国"一词，其居民一般称自己的国家为"罗马帝国"，称自己为"罗马人"，拜占庭帝国是近现代学者为将其区别于古典时期的希腊而使用的名称。见陈志强：《拜占庭文明》，北京师范大学出版社 2018 年版，第 1 页。

[②] 参见陈志强：《拜占庭文明》，北京师范大学出版社 2018 年版，第 15—16 页；[美] 朱迪斯·本内特、沃伦·霍利斯特：《欧洲中世纪史》，杨宁等译，上海社会科学院出版社 2007 年版，第 73 页。

[③] 参见陈志强：《拜占庭文明》，北京师范大学出版社 2018 年版，第 18—19 页；[美] 朱迪斯·本内特、沃伦·霍利斯特：《欧洲中世纪史》，杨宁等译，上海社会科学院出版社 2007 年版，第 81 页。

[④] 参见陈志强：《拜占庭文明》，北京师范大学出版社 2018 年版，第 19—22 页。

国的内海。①

　　然而由于常年战争导致的国库亏空以及突然而至的瘟疫②，拜占庭国力渐衰，随着查士丁尼的去世，帝国的版图开始遭到其他民族的蚕食。568 年日耳曼蛮族伦巴底人（Lombards）开始进攻意大利，在其北部建立了伦巴底王国（公元 568—774 年）；随后西哥特人重新夺回伊比利亚半岛南部的拜占庭领地；奴役斯拉夫人（Slavs）的阿瓦尔人（Avars）趁机占领了巴尔干的大部分地区；7 世纪初波斯军队占领了叙利亚、巴勒斯坦和埃及。③ 好在危急之时一位名叫希拉克略(Heraclius,610—641 年在位)的皇帝站了出来，在他的带领下拜占庭军队收复了巴尔干地区并成功夺回了波斯侵占的领土。而此时新的威胁出现了，7 世纪 30 年代，新兴的伊斯兰政权开始入侵拜占庭。在阿拉伯铁骑的打击下，拜占庭军队节节败退，并彻底丧失了埃及和北非的领土。此后拜占庭帝国以欧洲门户的身份艰苦抵御着伊斯兰政权。公元 678 年君士坦丁四世（Constantine IV，668—685 年在位）化解了阿拉伯海军的进攻并迫使对方签订和约，后利奥三世（Leo III，公元 717—741 年在位）成功抵御了阿拉伯人的第三次大进攻，使得拜占庭甚至中欧、东欧都免于被纳入伊斯兰政权的控制范围。④ 经过这一系列战争，九死一生的拜占庭帝国已无力承负恢复旧罗马疆域的野心，其势力范围只剩下君士坦丁堡、小亚细亚、巴尔干和意大利的部分地区。

　　在继承东罗马疆域的同时，拜占庭也承袭了东罗马的基督宗教，这一派别被称为"东方正统教会"（Eastern Orthodox Church）或希腊正教会，

　　① 参见陈志强：《拜占庭文明》，北京师范大学出版社 2018 年版，第 23—25 页。
　　② 这场瘟疫爆发于 541—543 年，史称"查士丁尼瘟疫"（Justinian Plague），是人类历史上最为严重的几次流行病灾难之一。
　　③ 参见［美］朱迪斯·本内特、沃伦·霍利斯特：《欧洲中世纪史》，杨宁等译，上海社会科学院出版社 2007 年版，第 83—84 页。
　　④ 参见陈志强：《拜占庭文明》，北京师范大学出版社 2018 年版，第 31—33 页；［美］朱迪斯·本内特、沃伦·霍利斯特：《欧洲中世纪史》，杨宁等译，上海社会科学院出版社 2007 年版，第 84 页。

简称"东正教"。与西欧中世纪一直以来教权王权相对独立的形势不同，基督宗教在拜占庭帝国被奉为国教，且教会基本上处于皇帝的控制之下。①在拜占庭人看来，皇帝不单是世俗国家的掌权者，更是"上帝的副手和摄政王"和教会的保护者，其军队不单是帝国的军队，更是为上帝而战的"宗教战士"。②然而在这种所谓政教统一和谐之下，教权和王权的斗争却愈演愈烈，直至8世纪初教会势力已足以抗衡拜占庭皇帝。③8世纪40年代拜占庭的外敌入侵的危机已基本解除，利奥三世发动了"毁坏圣像运动"（Byzantine Iconoclasm）。这场运动持续了近150年，表面上看是一场废止偶像崇拜的运动，实际上是王权为限制教权，皇帝为打压教会势力所采取的行动。运动期间，除许多宗教文化瑰宝被捣毁以外，大批的教士、修士和修女遭到迫害，修道院的土地和财产被掠夺，教会的免税特权也被收回。这场运动直接削弱了教会势力，也一并打压了西部的地方贵族，皇帝重申了其至高无上的权利。④

毁坏圣像运动为拜占庭马其顿王朝（Macedonian，公元867—1056年）的高度中央集权奠定了基础，此后皇位的血亲世袭体制趋于成熟。⑤在王朝开创者瓦西里一世（Basil I，公元867—886年在位）的引领下，拜占庭帝国进入一段"黄金时期"，疆域再次扩张，城市兴盛，文化艺术得到复兴。这段时期对世界历史影响较大的事件是，在拜占庭的影响下东欧蛮族开始皈依东正教会。斯拉夫人和保加利亚人（Bulgarians）在进入巴尔干地区后就已经受到拜占庭文化的影响，后出于政治原因同意接受基督宗教。862年教士圣希利尔（St. Cyril）和其兄美德多斯（Methodius）受拜占庭之命前往巴尔干地区传教，在使保加利亚人和斯拉夫人皈依东正教会的同时，

① 参见陈志强：《拜占庭文明》，北京师范大学出版社2018年版，第311，319页。

② 参见［美］朱迪斯·本内特、沃伦·霍利斯特：《欧洲中世纪史》，杨宁等译，上海社会科学院出版社2007年版，第76页。

③ 参见陈志强：《拜占庭文明》，北京师范大学出版社2018年版，第322页。

④ 关于毁坏圣像运动，详见陈志强：《拜占庭文明》，北京师范大学出版社2018年版，第33—38页。

⑤ 参见陈志强：《拜占庭文明》，北京师范大学出版社2018年版，第39—40页。

他们还创造了一种"希利尔文字",加速了其文明化进程。① 随后罗斯人也皈依了基督宗教。10 世纪晚期马其顿与基辅罗斯（Kievan Rus）公国建交,此时统治者弗拉基米尔一世（Vladimir I,公元 980—1015 年在位）正在寻找一种一神教以管理其统治下的各个民族,通过出访君士坦丁堡的罗斯使团对圣索菲亚大教堂的描述他决定采纳东正教。② 东正教的传入对这些民族的文化发展产生巨大影响,拜占庭灭亡后,这些民族的东正教会一直延续至今。

伊斯兰政权源起于由穆罕默德（Muhanmmad,约公元 571—632）开创的伊斯兰教。公元 6 世纪初,伊斯兰政权宣布对地中海以南地区的控制,并一度将其势力范围扩展到伊比利亚半岛。此后几个世纪里,统一的伊斯兰文明成为环地中海三大文明中最强盛的一个。③

青年时穆罕默德管理着富孀卡迪雅（Khadija）的商队,与卡迪雅结婚后在其支持下成为先知并开始在麦加（Mecca）传教。由于传教并不顺利穆罕默德与其支持者北上麦地那（Medina）,这段旅程被称为"希吉拉"（Hijra）,标志着伊斯兰纪元的开始。穆罕默德成功地让麦地那的民众皈依了伊斯兰教并成为那里的政治领袖,自此穆罕默德从一个先知转变为一个政治家,政教合一的伊斯兰传统由此诞生。④ 随后穆罕默德通过征战以及合约等方式统一了阿拉伯半岛。

穆罕默德去世后其继任的"哈里发"（Caliph,意为穆罕默德的"继承人"）们不断开疆扩土,攻占了拜占庭控制下的叙利亚、埃及等地并消

①　参见陈志强:《拜占庭文明》,北京师范大学出版社 2018 年版,第 42 页;[美] 朱迪斯·本内特、沃伦·霍利斯特:《欧洲中世纪史》,杨宁等译,上海社会科学院出版社 2007 年版,第 85 页。

②　参见 [美] 朱迪斯·本内特、沃伦·霍利斯特:《欧洲中世纪史》,杨宁等译,上海社会科学院出版社 2007 年版,第 85—86 页。

③　参见 [美] 朱迪斯·本内特、沃伦·霍利斯特:《欧洲中世纪史》,杨宁等译,上海社会科学院出版社 2007 年版,第 72 页。

④　参见 [美] 菲利普·希提:《阿拉伯简史》,马坚译,商务印书馆 2013 年版,第 22—25 页;[美] 朱迪斯·本内特、沃伦·霍利斯特:《欧洲中世纪史》,杨宁等译,上海社会科学院出版社 2007 年版,第 88—89 页。

灭了波斯萨珊帝国，迫使其皈依伊斯兰教。① 随着阿里（Ali，公元 656—661 年在位）政权的倒台，倭马亚（Umayyad）家族开始掌权，他们定都大马士革（Damascus）并在那里开创了倭马亚王朝（公元 661—750 年）。② 倭马亚的哈里发们继续着针对拜占庭帝国的侵略，公元 717—718 年在进攻君士坦丁堡失败后他们终止了攻占前罗马帝国腹地的脚步。而在北非，他们占领了拜占庭从汪达尔人手中获得的领土，随后穿过直布罗陀海峡进入伊比利亚（711 年），将那里变为伊斯兰政权的一个控制区——安达卢斯（Andalus，公元 711—1492 年），西哥特的基督教贵族则被赶到比利牛斯山脉一带。③ 君士坦丁堡成功阻止了伊斯兰文明向东欧南欧的渗透，而安达卢斯的建立则意味着伊斯兰文明已经进入欧洲的门户。公元 750 年，倭马亚王朝被推翻，代替其位置的是阿拔斯王朝（Abbasids Dynasty，公元 750—1258 年）。阿拔斯继任者们以原波斯境内的巴格达（Baghdad）为其政治中心，其政要多为波斯人，这使得他们更着眼于向东扩充其领土，君士坦丁和法兰克的边境压力因此骤减。④ 在几任哈里发的统治下巴格达逐渐成为连接欧、亚、非的陆上商业中心，并发展为世界上最大的城市之一。

但由于其松散的统治结构和政治中心的东移，阿拔斯王朝与西部地区的

---

① 参见 [美] 菲利普·希提：《阿拉伯简史》，马坚译，商务印书馆 2013 年版，第 45—49 页。

② 参见 [美] 菲利普·希提：《阿拉伯简史》，马坚译，商务印书馆 2013 年版，第 52—54 页；哈全安：《哈里发国家史》，天津人民出版社 2016 年版，第 55—59 页。阿里是穆罕默德的唯一后代法蒂玛（Fatima）的丈夫，阿里政权被推翻后，其支持者们仍然效忠于法蒂玛和阿里的后代。他们认为真正的哈里发，即穆罕默德的子孙后代，是没有原罪的，而且拥有伊斯兰教圣典《古兰经》里的隐秘知识。这一支穆斯林后来成为区别于逊尼派（Sunni）的什叶派（Shia），现为伊朗的主要派别，且影响着伊拉克、埃及等地。详见哈全安：《哈里发国家史》，天津人民出版社 2016 年版，第 296—309 页。

③ 参见 [美] 菲利普·希提：《阿拉伯简史》，马坚译，商务印书馆 2013 年版，第 56—65 页；哈全安：《哈里发国家史》，天津人民出版社 2016 年版，第 81—87 页；[美] 朱迪斯·本内特、沃伦·霍利斯特：《欧洲中世纪史》，杨宁等译，上海社会科学院出版社 2007 年版，第 94 页。

④ 参见 [美] 朱迪斯·本内特、沃伦·霍利斯特：《欧洲中世纪史》（第 10 版），杨宁等译，上海社会科学院出版社 2007 年版，第 95 页。

联系逐渐削弱，西部诸地区开始建立自己的独立政权。756 年倭马亚王朝后裔阿卜杜·拉赫曼一世（Abdul Rahman I，公元 756—788 年在位）在北非穆斯林柏柏尔人（Berbers）的支持下进入伊比利亚。在那里他受到叙利亚籍阿拉伯人的拥戴，建立独立于阿拔斯王朝的独立政权后倭马亚王朝（公元 756—1031 年）。拉赫曼一世及其后代起初以"埃米尔"（Amirs，哈里发属地的封建领主、总督等最高地方行政长官的统称）自居（公元 756—929 年），名义上承认巴格达的中央集权政府；后在巴格达哈里发穷途末日之时阿拔斯政权宣布独立，采用哈里发称号（公元 929—1031 年）。[①]

与被排挤到伊比利亚北部边缘的诸小公国以及西欧其他基督教蛮族国家相比，后倭马亚王朝所统治的安达卢斯异常繁荣。安达卢斯农业、手工业、商业发达，到 10 世纪，其首都科尔多瓦（Cordoba）已成为宫殿林立，高架引水渠和公共澡堂遍布的雄伟都市，现在我们仍能从保留至今的科尔多瓦大清真寺中一窥当时的繁华。[②] 此外在文化方面安达卢斯也远远领先于西欧其他国家。阿卜杜·拉赫曼三世（Abdul Rahman III，公元 912—961 年在位）及其后继者重视文教，兴建大学，这些大学不断吸引着其他地区的伊斯兰教学者甚至西欧基督教学者前来学习。[③] 法兰克修士奥里亚克的吉尔伯特（Gerbert of Aurillac，约公元 945—1003 年）是当时第一个前去学习的基督教学者，当他回到法兰克时其同侪皆惊异于他的渊博学识。[④] 之后前往安达卢斯学习已成为西欧基督教学者的一种风尚，而正是以这种方式伊斯兰文化影响着西欧基督教文化，为 12 世纪欧洲文化的复兴打下基

---

① 参见哈全安：《哈里发国家史》，天津人民出版社 2016 年版，第 145—146 页；[美] 菲利普·希提：《阿拉伯简史》，马坚译，商务印书馆 2013 年版，第 109—111 页；雷蒙德·卡尔：《西班牙史》，潘诚译，东方出版社 2009 年版，第 56 页。

② 参见 [美] 菲利普·希提：《阿拉伯简史》，马坚译，商务印书馆 2013 年版，第 111—116 页；[美] 朱迪斯·本内特、沃伦·霍利斯特：《欧洲中世纪史》，杨宁等译，上海社会科学院出版社 2007 年版，第 101 页。

③ 参见 [美] 菲利普·希提：《阿拉伯简史》，马坚译，商务印书馆 2013 年版，第 115—116 页。

④ 参见 [美] 朱迪斯·本内特、沃伦·霍利斯特：《欧洲中世纪史》，杨宁等译，上海社会科学院出版社 2007 年版，第 101 页。

础。① 此后我们将会看到，通过这一文化渠道古希腊的著作如何被带回基督教世界；穆斯林学者伊本·西拿（Ibn Sina，公元 980—1037 年），即阿维森纳（Avicenna），和伊本·鲁西德（Ibn Rushd，公元 1126—1198），即阿维罗伊（Averroes），又如何影响托马斯·阿奎那（Thomas Aquinas）时期的经院哲学。

11 世纪初安达卢斯的后倭马亚王朝开始分裂，1031 年哈里发政权被废黜，此后穆斯林的统治权逐渐被基督教政权取代。②

三、加洛林王朝的兴盛与西欧新格局

当拜占庭文明趋于稳固，伊斯兰文明向北非和西班牙扩展的时候，西欧的墨洛温王朝日渐式微。8 世纪初王室权力已被地方贵族蚕食殆尽，贵族之间相互争夺领地，于是三个主要的割据势力形成：西北的纽斯特里亚（Neustria），东北的奥斯特拉西亚（Austrasia）和东南的勃艮第（Burgundy）。此时奥斯特拉西亚的一支名为"加洛林"的氏族兴起，他们以奥斯特拉西亚皇室的世袭"宫相"（mayor of the palace）身份，实际控制着王国。公元 687 年宫相赫斯塔尔的丕平（Pepin of Heristal，公元 680—714 年在位）战败纽斯特里亚军队，进而收服该地区，随后勃艮第也被纳入其统治范围。后其子查理·马特（Charles Martel，公元 714—741 年在位）继承宫相之位，他平定了内部各小王国的叛乱，抵御了东北边境其他日耳曼人的进犯，并在 732 年的一场战役中遏制了阿拉伯军队对西欧的进犯，法兰克因此得以安定。③

马特掌权期间还大力推行了一种名为"采邑制"（manorialism）的封建土地制度。这种制度将法兰克境内的领土分割为大小地块，这些地块的主人

---

① 参见［美］朱迪斯·本内特、沃伦·霍利斯特：《欧洲中世纪史》，杨宁等译，上海社会科学院出版社 2007 年版，第 154 页。

② 参见［英］雷蒙德·卡尔：《西班牙史》，潘诚译，东方出版社 2009 年版，第 63—82 页。

③ 参见陈文海：《法国史》，人民出版社 2014 年版，第 53 页；［美］朱迪斯·本内特、沃伦·霍利斯特：《欧洲中世纪史》，杨宁等译，上海社会科学院出版社 2007 年版，第 107 页。

可以是男女领主、主教或修道院。接受采邑的农奴和自由农与地块的主人结成附庸者（vassal）与领主（lord）关系，附庸者为领主提供粮食、兵役以及其他服务，反过来领主也需尽其管理领地的义务，行使司法权并保护领地内的居民。9 世纪时采邑领主已可以世袭领地，但要以服骑兵役为条件，这奠定了中世纪骑士制度的基础。采邑制的推行也导致中世纪社会关系的变化，国王、大小封建主层层分封的模式从此确定下来。①

　　查理·马特去世后其领土和统治权被分给了两个儿子卡洛曼（Caloman）和矮子丕平（Pepin the Short，公元 741—768 年在位），6 年后矮子丕平接手了其兄弟职权并成为法兰克实际的统治者。然而在名义上丕平仍是墨洛温"懒王"的宫相，为成为真正的"国王"他决定与罗马教会联手。而此时教会也需要一个可靠的世俗政权给予其军事援助。一方面亚平宁半岛北部的伦巴底人虽皈依罗马教会但仍威胁着教皇对其南部领地的统治；另一方面因反对毁坏圣像运动，罗马教会已与曾给予其军事援助的拜占庭帝国不和。于是在 751 年罗马教会为丕平举行了涂油礼，同年丕平摇身一变成为法兰克的国王，加洛林王朝（公元 751—911 年）开启。几年后教皇斯蒂芬二世（Stephen II，公元 752—757 年在位）又亲自北上为其加冕，丕平的王权正式获得了宗教上的正名。753 年前后罗马教会伪造了一份名为《君士坦丁御赐文》（Donation of Constantine）的文件，称第一位基督宗教皇帝君士坦丁将西罗马的管理权授予罗马教皇，君士坦丁本人则迁居东罗马。以这份文件为舆论依据，斯蒂芬二世请求丕平攻打伦巴底。丕平应允，于 754 年和 756 年两次出兵意大利并将得来的部分领土送给教皇（史称"丕平献土"，Donation of Pepin），教皇国（Papal States，公元 754—1929 年，今宗教国家梵蒂冈的前身）由此形成。②

---

　　① 参见陈文海：《法国史》，人民出版社 2014 年版，第 53—54 页；[美]朱迪斯·本内特、沃伦·霍利斯特：《欧洲中世纪史》，杨宁等译，上海社会科学院出版社 2007 年版，第 111—112 页。

　　② 参见陈文海：《法国史》，人民出版社 2014 年版，第 55—57 页；[美]朱迪斯·本内特、沃伦·霍利斯特：《欧洲中世纪史》，杨宁等译，上海社会科学院出版社 2007 年版，第 108—109 页。

丕平逝世后其子查理，即遗响后世的"查理曼大帝"（Charlemagne，公元 768—814 年在位），接手法兰克，加洛林王朝进入最为辉煌的阶段。在查理曼的努力下法兰克的领土急剧扩张。公元 774 年他率军彻底征服伦巴底人，掌控了亚平宁半岛北部地区；公元 778 年进攻安达卢斯并将西南边界推至比利牛斯山脉以南；同年将巴伐利亚收入囊中，以此为抵挡斯拉夫人的东部边界；后又逐渐控制了东北部萨克逊异教徒领地，使基督教可以渗透到此地。① 除伊比利亚和亚平宁半岛南部，查理曼已然成为了整个西欧大陆的君主。公元 800 年的圣诞节，教皇利奥三世（Leo III，公元 795—816 年在位）送给他一份大礼，利奥三世将皇冠戴到了查理曼的头上并尊称他为"罗马人的皇帝"。这一事件表明罗马教会并不承认拜占庭艾琳女皇（Empress Irene，公元 797—802 年在位）的权威。此外它还有两个意义，首先该事件意味着加洛林王朝被认可为西罗马帝国的后继者；其次表明矮子丕平以来法兰克君王——教会同盟关系最终确立。② 丕平到查理曼时期国王与教廷的合作为后来的西欧政教格局奠定了基础，与拜占庭王权控制教权的情形不同，罗马教廷与西欧列国的关系相对独立，他们时而合作时而对立。

在加洛林王朝的统治下，西欧经历了一次文化复兴。在矮子丕平的支持下，不列颠修士圣卜尼法斯（St. Boniface）主导了法兰克教会的一次改革。卜尼法斯根据盎格鲁—萨克逊修道院和教会的建制传统改造了法兰克的宗教组织结构，并建立了修院学校（monastic school）以培养教职人员，这些举动使得他成为加洛林文化复兴的领袖人物。③ 此后另一名不列颠修士阿尔昆（Alcuin）也被查理曼邀请到法兰克，他引进了"七艺"（Seven Liberal

---

① 参见［美］朱迪斯·本内特、沃伦·霍利斯特：《欧洲中世纪史》，杨宁等译，上海社会科学院出版社 2007 年版，第 114—115 页。

② 参见［美］朱迪斯·本内特、沃伦·霍利斯特：《欧洲中世纪史》，杨宁等译，上海社会科学院出版社 2007 年版，第 116 页。

③ 参见［美］朱迪斯·本内特、沃伦·霍利斯特：《欧洲中世纪史》，杨宁等译，上海社会科学院出版社 2007 年版，第 109—111 页。

Arts)①，这成为后来中世纪文化教育的主要内容。此外他还延续了不列颠教会抄写古卷的传统，这使得希腊罗马的一些经典得以通过教会和修道院之手传承下来。公元789年查理曼颁布"法令集"（Capitulary），要求"必须建立学校，以便儿童学会阅读"，这样学校教育就在法兰克兴盛起来。而且这些以拉丁文授课的学校为不以宗教为职业的民众提供了接受教育的机会，教育不再由宗教垄断，开始朝向世俗。此外查理曼还下令改革拉丁文以方便阅读，于是加洛林王朝的学者们发明了一种"加洛林书写体"（Caroline Script）。这种书写体增设了大小写字母，增加了更多的标点，取消了字母之间的连笔并将单词与单词用空位隔开，这样拉丁文就变得更容易掌握。此后加洛林书写体迅速传播，为西欧蛮族文字的形成提供了借鉴。②

查理曼之后，文化复兴仍在如茶如荼地进行着，而加洛林王朝却日渐衰落并最终分裂。公元814年虔笃路易（Louis the Pious，公元814—840年在位）继承王位，遵循墨洛温以来的法兰克传统，他准备将帝国作为家产分给四个儿子。这直接引发了内战，路易被俘后退位，其中一子也在争夺中死去。路易死后剩下的三个儿子继续为地盘厮杀，后经过漫长的协商，三方于公元843年签订了分割法兰克领土的合约，即《凡尔登条约》（Treaty of Verdun），至此法兰克被分为三个政权。③ 长子洛泰尔（Lothar，公元823—

---

① "七艺"又可分为"三学"（Trivium）和"四艺"（Quadrivium），前者包括文法（Grammar）、逻辑（Logic，或辩证法，Dialectic）和修辞（Rhetoric），主要教授如何交际；后者包括算数（Arithmetic）、几何（Geometry）、天文（Astronomy）和音乐（Music），研究客观世界和日常技艺。见［美］朱迪斯·本内特、沃伦·霍利斯特：《欧洲中世纪史》，杨宁等译，上海社会科学院出版社2007年版，第121页；陈钦庄、孔陈焱、陈飞雁：《基督教简史》，人民出版社2008年版，第178页。

② 参见［美］朱迪斯·本内特、沃伦·霍利斯特：《欧洲中世纪史》，杨宁等译，上海社会科学院出版社2007年版，第121—122页。

③ 有观点认为《凡尔登条约》签订标志着今德国、法国和意大利雏形的出现，因而加洛林王朝由此退出历史舞台。但实际上查理曼以来的加洛林"皇帝"头衔一直在这三个王国领地之间流转，不管多名不副实，这些分裂的政权表面上还属于加洛林王朝。直到962年德意志的一支非加洛林势力从罗马教皇处获得皇帝称号，加洛林势力的帝国梦才算结束。见陈文海：《法国史》，人民出版社2014年版，第61—63页。

855 年在位）继承了路易的皇帝称号，但实际上只控制了由北而南从亚琛（Aachen）延伸到亚平宁半岛中南部的一片狭长土地，这片土地被称为中法兰克王国（Middle Francia，公元 843—855 年）；日耳曼人路易（Louis the German，公元 840—875 年在位）得到了莱茵河以东的领土，这里后来被称为东法兰克王国（East Francia，公元 843—911 年）；秃头查理（Charles the Bald，公元 840—877 年在位）获得罗讷河、索恩河以及默兹河以西的土地，即西法兰克王国（West Francia，公元 843—987 年）。[1] 至此，今意大利、德国和法国的雏形出现。

正当加洛林王朝分崩离析之时，维京人（Vikings）来了。欧洲北方的斯堪的纳维亚（Scandinavia）地区是维京人的故乡，公元 8 至 9 世纪初由于严酷的生存环境以及人口增长等原因他们开始向外扩张，他们或是以海盗的身份洗劫重要城市和修道院，或是直接殖民到欧洲其他地区。[2] 维京人的入侵首先波及欧洲大陆之外的不列颠。他们早在 8 世纪左右进入英格兰和爱尔兰，9 世纪时对不列颠发动大规模袭击，征服了"七国"中较为强大的诺森布里亚和麦西亚。威塞克斯趁机使其余诸国臣服其下。后在威塞克斯国王艾尔弗雷德，即后世所称"艾尔弗雷德大帝"（Alfred the Great，871—899 年在位），及其后代们的努力下维京人被驱赶至不列颠的东部和北部；威塞克斯国王也成为了全英格兰的国王，君主制和统一王权得以建立。[3]

维京人还不断骚扰和洗劫着西法兰克的领土，由于交通不便和自身的软弱，加洛林的国王军队毫无招架之力。10 世纪初，维京人在塞纳河下游组建据点，为缓和与维京人的关系傻子查理（Charles the Simple，公元 898—

---

[1] 参见 [美] 朱迪斯·本内特、沃伦·霍利斯特：《欧洲中世纪史》，杨宁等译，上海社会科学院出版社 2007 年版，第 130 页；陈文海：《法国史》，人民出版社 2014 年版，第 64 页。

[2] 参见 [美] 朱迪斯·本内特、沃伦·霍利斯特：《欧洲中世纪史》，杨宁等译，上海社会科学院出版社 2007 年版，第 132—136 页。

[3] 参见钱秉旦、许洁明：《英国通史》，上海社会科学院出版社 2019 年版，第 25—27 页；[美] 朱迪斯·本内特、沃伦·霍利斯特：《欧洲中世纪史》，杨宁等译，上海社会科学院出版社 2007 年版，第 138—140 页。

922 年在位）与他们签订合约将塞纳河口周围地区作为封地送给维京人（911
年），自此对西欧局势产生极大影响的"诺曼底公国"（Dukedom of Nor-
mandy）形成。① 而为了保卫自己的领地，地方贵族势力纷纷站了出来，成为
自己拥有实权的地方君主。先前国王控制的土地现在也变成了他们的世袭领
土，西法兰克"已演变成一幅由数百个独立的功过拼贴而成的马赛克"②，现
在我们所说的"封建主义"（feudalism）③ 可以说就来自于此。987 年西法兰
克的加洛林末代国王去世，教俗贵族推举公爵于格（Hugh）为名义上的西
法兰克国王，其所开创的王朝被后世称为卡佩王朝（Capetian Dynasty，公
元 987—1328 年），接近现代疆域概念的法国历史由此开始。④

　　东法兰克也深受维京人的侵害，但同时他们还面临另外一个强大的入侵
者——东南方的马扎尔人（Magyars，今匈牙利主体民族）。与西法兰克类似，
在应对入侵的过程中早期的东法兰克也形成了地方自治的局面并于 10 世纪早
期形成五个主要公国。⑤911 年随着康拉德一世（Konrad I，公元 911—918 年在
位）登上王位，加洛林王朝在东法兰克的统治宣布结束。此后王位又落入萨克
逊公爵捕鸟人亨利（Henry the Fowler，公元 919—936 年在位）手中，萨克逊王
朝（Saxon Dynasty，公元 919—1024 年）的统治开启。亨利将东法兰克更名为
德意志王国（Germany Empire），这标志着德意志历史的开端。⑥ 在萨克逊王朝
的统治下德意志形成了相对集中的王权。亨利在位时重创了马扎尔人和维京人
并夺取了易北河以东斯拉夫人的土地，由此稳定了自身的统治。其子奥拓一世
（Otto I，公元 936—973 年在位）收回了各公爵手上的领地和权利并将其统治延

---

①　参见陈文海：《法国史》，人民出版社 2014 年版，第 63—64 页。

②　[美] 朱迪斯·本内特、沃伦·霍利斯特：《欧洲中世纪史》，杨宁等译，上海社会科
学院出版社 2007 年版，第 142 页。

③　关于西法兰克的封建主义，详见 [美] 朱迪斯·本内特、沃伦·霍利斯特：《欧洲中
世纪史》，杨宁等译，上海社会科学院出版社 2007 年版，第 144—147 页。

④　参见陈文海：《法国史》，人民出版社 2014 年版，第 64 页。

⑤　包括萨克逊、施瓦本（Swabia）、巴伐利亚（Bavaria）、法兰克尼亚（Franconia）和
洛林（Lorraine）。见 [美] 朱迪斯·本内特、沃伦·霍利斯特：《欧洲中世纪史》，杨宁等译，
上海社会科学院出版社 2007 年版，第 149 页。

⑥　参见丁建宏：《德国通史》，上海社会科学院出版社 2012 年版，第 24—25 页。

伸至亚平宁半岛。962 年罗马教廷为奥拓一世加冕，封其为"罗马皇帝"，"神圣罗马帝国"（Holy Roman Empire，公元 962—1806 年）登上历史舞台。①

洛泰尔去世后，法兰克中间王国逐渐消失，其领土成为教皇、本土封建主、东西法兰克和拜占庭势力的角逐场。9 世纪时地中海南部的穆斯林和马扎尔人开始进扰亚平宁地区，通过对城市的有效管理，主教们对抗着这些外来势力。这使得主教们控制了城市的税收甚至司法权，到 10 世纪时意大利形成了主教控制城市，地方贵族掌控乡村的局面。10 世纪中叶在伦巴底主教的请求下奥拓一世结束了伦巴底地区贵族之间的战争并摧毁了很多穆斯林海盗据点，亚平宁半岛北部被纳入其统治范围。② 在这种背景下意大利的局势趋于稳定，加之地处地中海沿岸以及奥拓的支持，威尼斯、米兰、佛罗伦萨等城市迅速发展为繁荣的商业中心。③

第二节　拉丁西方的形成与鼎盛

公元 11—13 世纪的欧洲是一个富有意义且饱受争议的时期。好的一面是，欧洲从 11 世纪开始进入了所谓"中世纪中期"或"中世纪盛期"。政治上，外族侵略逐渐减少，大部分贵族和封建领主实行稳健有效的封建统治，社会逐步走向稳定，人口发展迅猛，在经过教权改革与授职之争后，教权相对于皇权逐渐强势；经济上，伴随着克吕尼修道院改革，修道院经济迅速发展，拓荒运动持续开展，土地大面积被开垦，各地间商贸往来也愈加频繁；文化上，自 9 世纪修道院学校和宫廷学校开始创办，拉丁西方哲学正式在学校酝酿产生，进入 11 世纪以后，经院哲学逐步产生，并在不同时期出现了围绕

---

① "神圣"一词直到 11 世纪中期才被赋予，此前一直名为"罗马帝国"。参见丁建宏：《德国通史》，上海社会科学院出版社 2012 年版，第 27—28 页。

② 参见［意］路易吉·萨尔瓦托雷利：《意大利简史：从史前到当代》，沈珩、祝本雄译，商务印书馆 2013 年版，第 90—105 页。

③ 参见［美］朱迪斯·本内特、沃伦·霍利斯特：《欧洲中世纪史》，杨宁等译，上海社会科学院出版社 2007 年版，第 155—156 页。

辩证法与反辩证法、唯名论与实在论的争论，至 12 世纪出现了一场在神学、哲学、科学、法律、建筑等领域的"文艺复兴"，极大地推动了欧洲文明向前发展。13 世纪初期，巴黎大学和牛津大学等著名大学逐步形成，涌现了像大阿尔伯特、托马斯·阿奎那、波纳文图拉等一大批著名的经院哲学家，把经院哲学推向了高峰，中世纪哲学在这个阶段也进入了鼎盛时期。

一、11 世纪初期欧洲的稳定发展与教会分裂

随着 10 世纪末期外族侵略逐渐减少，进入 11 世纪后欧洲各地都进入快速发展阶段。从政局上看，拜占庭帝国在进入 1000 年时确定无疑可以称之为强国①，在巴西尔二世（Basil Ⅱ，公元976—1025在位）的带领下，帝国通过军事与联姻等方式合并巴尔干、基辅罗斯等地区，帝国实力强劲、疆域稳固、文化多元、与周边国家关系良好。② 虽然在公元 1056 年后帝国受到西部帕臣涅格人和东部塞尔柱突厥人的侵扰，但在第一次十字军东征的帮助下和皇帝阿莱克修斯一世·科穆宁及其后代的统治下，拜占庭帝国直至 11 世纪末期仍保持住了强国的地位。③ 东方伊斯兰世界则在塞尔柱人的治理下迅速发展，公元 1055 年，塞尔柱人占领巴格达，成为阿巴斯王朝真正的主人。之后相继在公元 1065 年攻占拜占庭的亚美尼亚（Armenia），公元 1071 年将拜占庭军队全歼于曼济科特战役，巩固了塞尔柱人的统治地位，塞尔柱人也接受了伊斯兰信仰并传播至更广的疆域。④

---

① 参见［英］西里尔·曼戈：《牛津拜占庭史》，陈志强、武鹏译，北京师范大学出版社 2015 年版，第 246 页。

② 参见［美］朱迪斯·本内特、沃伦·霍利斯特：《欧洲中世纪史》，杨宁等译，上海社会科学院出版社 2007 年版，第 161 页；［英］西里尔·曼戈：《牛津拜占庭史》，陈志强、武鹏译，北京师范大学出版社 2015 年版，247 页。

③ 参见［英］西里尔·曼戈：《牛津拜占庭史》，陈志强、武鹏译，北京师范大学出版社 2015 年版，252—257 页。

④ 参见［美］苏珊·鲍尔：《中世纪世界史》，李盼、杨莎译，北京大学出版社 2013 年版，第 451—454 页；［美］朱迪斯·本内特、沃伦·霍利斯特：《欧洲中世纪史》，杨宁等译，上海社会科学院出版社 2007 年版，第 163 页；［英］西里尔·曼戈：《牛津拜占庭史》，陈志强、武鹏译，北京师范大学出版社 2015 年版，260—262 页。

当然，其中发展最快的还属拉丁西方世界。进入 11 世纪，拉丁西方中央集权进程开始加快，无论是以英、法为代表的世俗政权还是以教皇统治的教皇区权力都得到加强，教堂、大学的兴起也为教会和政权提供了人才支撑①，虽然贵族之间时有摩擦但是整体社会相对稳定，运行良好，这一情况一直延续到第一次十字军东征。

从经济上看，继公元 8—9 世纪西欧第一次拓荒运动之后，农业生产得到恢复，新的土地制度开始实行，西欧社会逐渐从日耳曼人武装入侵导致的经济衰退中渐渐复苏，在这次经济复苏的浪潮中，修道院②的大量兴建起到了非常重要的作用。修道院制度在 6 世纪初经本尼迪克（Benedikt）管理完善③，逐渐成为宗教生活和社会经济的重要组成部分。自法兰克王国时期起，修道院逐渐沦为贵族私有财产，用来居住和享乐，经济功能衰退。直至 10 世纪初期，位于法国中东部勃艮第地区的克吕尼教堂改建为修道院，并改革修道院模式④。其他修道院见此便积极效仿改革，克吕尼修道院管理模式迅速传播。经过两个世纪的修道院改革运动，克吕尼修道院联盟几乎拓展到整个西欧，王权和贵胄借此加强了自己的政治渗透力，并借助修道院开垦拓荒拥有更多田产、劳动赋税、矿业等财富，罗马教会也借助修道院改革扩大了自己的宗教权威性。修道院经济逐渐成为社会经济的重要组成部分，以英国为例，在诺曼征服后英国的《末日审判书》中统计，主教和修道院院长所占有的耕地面积占全国的 1/4，修道院财产年收入占全国总收入的 1/7。⑤ 甚至在德意志的希

———————

① 参见［美］朱迪斯·本内特、沃伦·霍利斯特：《欧洲中世纪史》，杨宁等译，上海社会科学院出版社 2007 年版，第 163—164 页。

② 修道院制度源自于古埃及，经基督教教父引入西欧，奥古斯丁和哲罗姆等教父学者们以基督教教义的神学观念对东方的这种隐修生活方式给予新的诠释，使其与西欧基督教的宗教原则相符合。

③ 本尼迪克（Benedikt）对修道院改革重要性在于他把农业和手工劳动作为宗教生活的组成部分，农业和手工劳动是当时西欧社会经济的主要来源，因此修道院逐渐成为社会经济生产的重要基础单位。

④ 克吕尼修道院初始作为公爵财产，公爵要求修道士每天必须完成三项任务，即：祈祷、诵读经文、体力劳动，以此来加强经济产出。

⑤ 参见 W. J. Sheils, *The Church and Wealth*, Oxford: Blackwell, 1978, p.56.

尔绍修道院还创立了新的"世俗弟兄"制度①，来进一步加强修道院经济作用。②

修道院财富的快速增长使得部分修道士生活陷入奢靡，这引起虔诚修道士的不满。到 11 世纪中期，法国朗格勒的圣米歇尔·德·托纳修道院院长罗伯特认为克吕尼修道院违背了本尼迪克院的原则，应该追求一种与世隔绝的严格的宗教生活，他孤身进入科朗丛林独自隐修，与跟随者建立了莫莱斯姆修道院。罗伯特要求来此地的修道士要依靠自己的双手获得生活所需的食物和衣物，建立的这种模式被称为"西多派"，"西多"在古法语中意为"向沼泽进军"。12 世纪西多派修道院在西欧各地涌现，修道院通过开垦荒地获得大量土地，并开展农业、畜牧业、手工业的发展，并且开展土地整理，包括排干沼泽地里的水、清除森林、修路搭桥等工作，形成了大量的经济产区。修道院不断发展推动了西欧中世纪中期社会经济的快速增长，加速了西欧社会的土地开发进程，同时，修道院的发展也推动了西欧宗教的传播，在某些方面有利于文化的发展和交流。③

政局的稳定，经济的复苏，贸易的不断发展，再加上气候改善促使的粮食增收、人口增长，使得 11 世纪的欧洲进入一派欣欣向荣的局面。

公元 962 年，罗马教皇封德意志国王奥托一世为"罗马皇帝"标志着神圣罗马帝国④的建立。西方罗马教会的影响力也随着神圣罗马帝国领土的扩张水涨船高。经过近半个世纪的和平发展，东西方罗马教会在经济、政治、文化等方面的差异开始不断加深，形成以拉丁语为主的西方教派和以希腊语为主的东方教派，基督教也随着两地的差异在对教义的理解上和教权的管理

---

① 即接收下层社会的人进入修道院，他们不能成为修道士，不用发三项誓愿，但必须遵守院规，他们可以不参与任何宗教事务，主要职责就是进行农业和手工业劳作，也会从事修道院的商业活动。

② 参见王亚平：《西欧中世纪社会中的基督教教会》，中央编译出版社 2011 年版，第12—20 页。

③ 参见王亚平：《西欧中世纪社会中的基督教教会》，中央编译出版社 2011 年版，第21—24 页。

④ 962—1157 年称之为"罗马帝国"，1157 年才正式改称为"神圣罗马帝国"，但为了读者能更好地理解并与早期"罗马帝国"区分开，本书中世纪中期建立的"罗马帝国"统一用"神圣罗马帝国"称呼。

上产生了分歧，终于在公元1054年相互开除教籍，正式分裂为天主教和东正教。导致基督东西教会分裂的主要原因主要可以从教权和教义两个方面的争端来理解。①

首先，在教权方面。据《圣经》记载和教会圣传，罗马很早就有基督徒，并且伯多禄也作为罗马的首任主教，公元325年的尼西亚大公会议也确立了罗马教会位于各地方教会之首。但随着公元330年罗马皇帝君士坦丁一世迁都拜占庭（又名新罗马、君士坦丁堡），公元381年召开君士坦丁堡大公会议，将君士坦丁堡教区提升为牧首，排名仅次于罗马教宗，公元451年召开卡尔西顿大公会议，将君士坦丁堡牧首提升至与罗马教宗并列的首席地位。这一系列的举动受到了罗马教宗的强烈抗议，罗马认为教宗是使徒彼得的继承人，不承认君士坦丁堡教区的首席权。自此，东西方罗马教会在许多问题的处理上都各执己见，为日后分裂埋下伏笔。之后，公元857年，君士坦丁堡牧首伊纳爵一世（Ignatius）被拜占庭皇帝米海尔三世废黜，改以重臣佛提乌斯（Photius）继任牧首。公元863年，罗马教宗尼克朗一世声明伊纳爵的废黜非法并开除佛提乌斯的教籍。佛提乌斯随即在君士坦丁堡召开会议，开除教宗教籍，双方的关系更加紧张。

其次，在教义方面。一方面，在神人关系方面，在奥古斯丁之后，半佩拉纠主义的"神人合作说"②对基督教产生了一定冲击，虽然半佩拉纠主义被定为异端，但关于上帝与人的关系问题在基督教仍存在不同意见。直到教宗格列高利一世（Gregory I，公元590—604年在任）提出救恩论和极端苦修主义，东方教会开始反对这种僵硬的主张，也反对格列高利对于基督徒教导和实践的创新举措，虽然格列高利可能无意加大东西方教会的隔阂，但自从格

---

① 参见[德]毕尔麦尔等编著：《中世纪教会史》，雷立柏译，宗教文化出版社2010年版，第74—92页；[英] 爱德华·吉本：《罗马帝国衰亡史》下册，黄宜思、黄雨石译，商务印书馆2009年版，第497—501页。

② 半佩拉纠主义者认为，为使人类都能得救，真正的恩典有其必要性，他们甚至承认，在产生基督徒善行的意志行动之前，这个恩典必须以某种方式"事先存在"，但他们部分人认为（这里构成半佩拉纠主义的错误），人性在没有帮助之下就可以迈出复原的第一步，借着想要通过相信基督而得到医治。

列高利担任教宗以后，西方教会就我行我素，不受东方教会与拜占庭帝国的影响，两边也很少阅读对方的著作，彼此之间的关系随着时间的流逝，越来越冷漠与疏远。① 另一方面，两者在公元 726—843 年就圣像运动展开了激烈的争论，简要来说，西方教会认为圣灵是由圣父"和子"而出，认为圣像应当被尊敬，而东方教会认为圣灵是由圣父"透过子"而出，认为圣像是一种迷信，应当破坏，并于公元 754 年在君士坦丁堡召开了"第七届大公会议"，根据皇帝的愿望，主教们支持破坏圣像运动，认为圣像是魔鬼，是新的偶像崇拜。这一会议也被西方教会在公元 769 年召开的拉特兰主教会议上被认为是"可恶的会议"（synodus execrabilis），将参与的主教开除教籍，但东方的反圣像运动仍在进行。② 这一问题在 870 年召开的君士坦丁堡主教会议③ 进一步引起激烈争论。之后随着宗主教佛提乌斯（Photius）的离世，这场动荡渐渐平息，但随着多年的积累东西方教会在语言、民族性格、教会组织制度和教会纪律等方面都有很深的差异，再无法形成一个有机体。终于在公元 1054 年初，君士坦丁九世皇帝（公元 1042—1054 年）协同宗主教卡卢拉乌斯（Cerularius）与西方教会的三位使者发生冲突，最终东方教会宣布开除西方教会的教籍，教宗也几乎同时开除了东方教会的教籍，东西方教会彻底分裂。

东西基督教会的分裂使得东西方在政治、经济、文化等领域的差异越来越大，也加深了东西方人民之间的仇恨，也是导致第四次十字军东征西方军队劫掠君士坦丁堡的原因之一。

二、十字军东征

所谓"十字军东征"，是一场主要发生在基督徒和穆斯林之间的近两百

---

① 参见 [美] 罗杰·奥尔森：《基督教神学思想史》，吴瑞诚、徐成德译，北京大学出版社 2003 年版，第 295—306 页。

② 参见[德]毕尔麦尔等编著：《中世纪教会史》，雷立柏译，宗教文化出版社 2010 年版，第 85 页。

③ 公元 870 召开的君士坦丁堡会议被称为第八届大公会议，佛提乌斯（Photius）当选宗主教，但本次会议被教宗宣布为无效。但东方教会仍认为 870 年召开的就是第八届大公会议。

年（公元 1096—1291 年）的宗教战争，因为发动东征的基督徒一方通常会在衣服上缝一个十字或佩戴十字架作为誓言的标志，因而被称为"十字军"。"十字军东征"的发生有其特殊的社会历史原因，归纳来看主要有以下四个方面①：一是宗教信仰方面。基督教的创教者耶稣是在耶路撒冷被钉死在十字架上的，因此在基督徒的心目中耶路撒冷一直被视为圣城，有着去耶路撒冷朝圣的精神需求。但在公元 7 世纪初期，穆罕默德在麦加创立伊斯兰教，在传教过程中把耶路撒冷作为重要的传教地点，穆斯林还相信穆罕默德曾在夜间奇迹般地从麦加到耶路撒冷圣殿山，升至天堂会见先知们，因而耶路撒冷也被穆斯林奉为第三圣地，之后耶路撒冷被伊斯兰教长期控制。基督教和伊斯兰教都想把耶路撒冷据为己有，这为后来多方面的冲突埋下了隐患。直到信奉伊斯兰教的塞尔柱突厥人在公元 1071 年占领耶路撒冷之后宣布不允许基督徒和平地前往朝圣更是直接点燃了基督徒信仰方面的怒火，成为东征的导火索之一。二是宗教利益方面。从教会方面来看，在东西罗马帝国分裂之后，基督教仍然保持精神领域的控制权，欧洲大陆的北欧、东欧和英格兰岛等地都相继皈依基督教，基督教的教权在此时也逐渐加强。与此同时，伊斯兰教的军队也在西亚和北非建立起了庞大的伊斯兰帝国，一些原为基督教的领地也相继被伊斯兰教占领。基督教和伊斯兰教在宗教领土利益方面的冲突也是导致第一次"十字军东征"的直接原因。从个人方面来看，"十字军东征"为宗教人士和非宗教人士提供了赢得上帝恩惠的方式。教皇英诺森三世宣称人们可以通过参加十字军来获取赎罪，减轻自己从前犯下的罪过，因此很多非正规军队包括妇女儿童都有加入十字军的队伍，试图来获取赎罪。教会后来更是通过发放"免罪券"来代替参加十字军，也可以获得上帝恩典，当然这也是当时出于教会利益的产物。第三是社会发展方面。随着公元 11 世纪欧洲修道院的发展兴盛，人口不断增加，大片荒地被开发，沼泽被排干，社会发展空间逐步趋向饱和，不论封建主、农民甚至骑士阶层都渴

---

① 参见［美］朱迪斯·本内特、沃伦·霍利斯特：《欧洲中世纪史》，杨宁等译，上海社会科学院出版社 2007 年版，第 242—244 页；［美］菲利普·范·内斯·迈尔斯：《中世纪史》，王小忠译，天地出版社 2019 年版，第 151—156 页。

望占领新的土地，获得更多财富。于是，他们把目光锁定在"流着奶和蜜"的富庶的阿拉伯帝国，但阿拉伯帝国是典型的政教合一政权，其军队较有战斗力，基督教区国家虽然都觊觎阿拉伯帝国的财富，但并没有开展大规模的侵略行为。不过贪婪的种子总会发芽生长，在"十字军东征"开始之后，如果说第一次"十字军东征"是为了保卫基督教的领土，是罗马天主教为了支援君士坦丁堡的求救而发动的"正义战争"，那么之后一次又一次的战争更像是贪婪欲望的驱动行为，结局也都以失败告终。第四是阿拉伯帝国内部方面。公元 10—11 世纪，阿拉伯帝国内部出现分裂，伊斯兰教什叶派崛起，在军事上给予逊尼派沉重打击，同时，皈依了伊斯兰教的塞尔柱突厥人，也从东向西突进，向阿拉伯帝国发动战争。阿拉伯帝国面对东西双面夹击，军事实力遭到削减，这也给了基督教发动战争的机会。①

　　基于以上四方面的因素，终于在公元 1094 年，拜占庭皇帝阿历克塞一世写信向天主教教宗乌尔班二世求援，希望出兵来解决塞尔柱突厥人从小亚细亚地区发动的入侵。教宗就在法国克雷蒙特（Clermont）举行的主教会议（1095 年 11 月）发表讲演鼓励人们参加十字军运动，接着派人去各地开展讲演，逐步汇聚了一批战士，其主力是 1096 年由贵族领导的约 3 万人的十字军②，开始向君士坦丁堡进军。1097 年 4 月，各路十字军到达君士坦丁堡，后渡海东进，先后攻克尼西亚（Nicaea）、多里莱乌姆（Dorylaeum）、埃德萨（Edessa）、安条克（Antioch），最后于 1099 年 7 月 18 日攻下了围攻 40 多天的耶路撒冷。这场看似以十字军的胜利为结束的战争就是"第一次十字军东征"的主要经过，也是九次十字军东征中唯一一次可以称得上胜利的战争。③

---

　　①　参见 ［法］古斯塔夫·多雷：《十字军东征》，吉林出版集团 2016 年版，第 2 页。

　　②　第一次十字军东征在贵族领导的正规军之前还有一批由修道士和农民组成的约 2 万人的十字军，被称为"农民十字军"，但这支十字军因为组织涣散、缺乏训练、后勤装备不足等问题，到达小亚细亚很快被塞尔柱人屠杀。

　　③　参见 ［美］菲利普·范·内斯·迈尔斯：《中世纪史》，王小忠译，天地出版社 2019 年版，第 158—163 页；［美］朱迪斯·本内特、沃伦·霍利斯特：《欧洲中世纪史》，杨宁等译，上海社会科学院出版社 2007 年版，第 244—246 页。

除了第一次十字军东征之外，第四次十字军东征的影响也是巨大的①，这场战争直接导致了君士坦丁堡的陷落，直到公元 1261 年才重回拜占庭统治。第四次十字军是由教皇英诺森三世在 1198 年号召成立，目标是解救被穆斯林控制的耶路撒冷，但基于历史恩怨和利益驱使，十字军统帅孟菲拉特侯爵和威尼斯总督丹多洛率领十字军在 1203 年 7 月和 1204 年 4 月先后两次攻陷了号称"坚不可摧"的君士坦丁堡。两次城破，使得十字军和威尼斯军队将君士坦丁堡的财富几乎瓜分殆尽，使得拜占庭帝国陷入了长期虚弱和分裂的状态。这场战争同时加剧了东西方教会和神圣罗马帝国与拜占庭帝国之间的隔阂，也为后续的文化复兴、奥斯曼土耳其帝国的西侵等诸多历史事件埋下伏笔。这场战争的最大的获利者——威尼斯共和国则借机建立了海上商业帝国并且发展出了早期的金融体系，促进了早期的资本主义萌芽。②

"十字军东征"的历史评价多褒贬不一，征战的双方也都认为自身是正义的战争，撇开战争正义的问题，我们可以发现"十字军东征"在历史上有其积极意义和消极意义。积极意义就是战争某种程度会促进文化交流，东西方文化碰撞在东征期间异常激烈，东欧的阿拉伯哲学、建筑艺术、医学、文学等都让西欧人赞叹不已，许多东欧的典籍都被当作战利品带回西方加以研究，这些阿拉伯思想也直接促进了西欧文化发展的进程，影响了后来的许多经院哲学家，并形成了欧洲近代文艺复兴的知识基础。消极意义则是战争造成生灵涂炭，许多文化成果、建筑艺术都被摧毁，其中引发的宗教矛盾和民族矛盾至今仍会引发许多地区冲突和流血事件。③

---

① 其他七次战争本书不作详细描述。

② 参见 [英] 爱德华·吉本：《罗马帝国衰亡史》下册，黄宜思、黄雨石译，商务印书馆 2009 年版，第 508—541 页；[美] 朱迪斯·本内特、沃伦·霍利斯特：《欧洲中世纪史》，杨宁等译，上海社会科学院出版社 2007 年版，第 248—252 页；

③ 参见 [法] 古斯塔夫·多雷：《十字军东征》，吉林出版集团 2016 年版，第 5 页；[美] 菲利普·范·内斯·迈尔斯：《中世纪史》，王小忠译，天地出版社 2019 年版，第 175—179 页。

三、12—13 世纪早期的教会、商贸与社会文化

随着西欧 11 世纪社会经济、文化、战争的发展，教权与皇权的矛盾逐步凸显和尖锐，最终由 12 世纪的世俗受职权利之争引发开来。本节对整个中世纪的教权与皇权的关系作一个简要梳理。从历史来看，教权与皇权之争由来已久，自公元 4 世纪基督教通过"米兰敕令"顺利合法化并逐渐成为罗马帝国国教，教权与皇权的二元对立关系就开始逐渐产生。教权与皇权的对立主要体现在"叙任权斗争"中，即对教会圣职的任命和授予权。依据《圣经》中"凯撒的归凯撒，上帝的归上帝"这一说法，在世俗皇权看来，教会是负责具体管理世俗事务的，包括修道院的土地、经济、人口等多方面，因此应该由皇帝来管理和任命。但罗马基督教会认为，具体的教会是连接"世俗之城"与"上帝之城"的重要通道，负责人们的精神信仰，这一职责应该属于罗马天主教会所有。当然，随着时间的发展，教权与皇权之争不仅限于叙任权的斗争，还包括政治、经济、文化等其他方面的原因。总的来看，中世纪的教权与皇权之争大体可以分为三个阶段[1]。

第一个阶段是公元 5 世纪至 10 世纪，表现为教权努力摆脱皇权的制约。主要经历了克洛维一世到矮子丕平再到查理曼大帝，其间教权主要依附于皇权，甚至教皇的产生也一度被罗马贵族邱斐拉克家予以操纵（904—964 年）。到 964 年教皇约翰十二世当选时，由于教皇及其政敌的纠纷，迫使教皇求救于德国皇帝奥托一世，并依赖于奥托一世打败了与教皇为敌的罗马贵族，同时又为奥托一世举行加冕典礼，尊称为"罗马帝国皇帝"，后来又尊称为"神圣罗马帝国皇帝"。基于教会内部对世俗皇权对教会过度干预的不满，1075

---

① 参见李筠：《论西方中世纪王权观——现代国家权力观念的中世纪起源》，社会科学文献出版社 2013 年版，第 69—79 页；何炳松：《欧洲全史——从 5 世纪到 20 世纪》，台海出版社 2019 年版，第 79—93 页；[美] 朱迪斯·本内特、沃伦·霍利斯特：《欧洲中世纪史》，杨宁等译，上海社会科学院出版社 2007 年版，第 260—265 页；[美] 菲利普·范·内斯·迈尔斯：《中世纪史》，王小忠译，天地出版社 2019 年版，第 142—149 页；杨春华：《中世纪王权与教权之争》，载《六盘水师范高等专科学校学报》2004 年第 1 期。

年，教皇格列高利七世发布"教皇通谕"，共 27 条，充分肯定了教皇的权力，总的意思是：罗马教会是上帝独自建立的，教皇是万能的、不会犯错的，只有教皇才有权任命或废黜主教，也有权废黜皇帝。教皇拥有"全部权力"（plenitudo potestatis）。虽然此次改革遭到皇权的极力反对，但最后教皇掌握了主教的任命权。在此时期，教权与皇权的关系逐渐趋于紧张，并且教权逐渐开始涉及对世俗的掌控。

第二个阶段是公元 11 世纪至 13 世纪，表现为教权逐渐摆脱皇权的制约，凌驾于皇权之上。1122 年，教皇加里斯都二世和神圣罗马帝国皇帝亨利五世签订了《沃姆斯协定》，协定进一步明确了教权和皇权的职责范围，即教皇同意让皇帝在一定限度内参加主教和其他教职人员的任命，同时皇帝也同意将教会法规作为教会选举的标准法规，不再单独授予新任主教权力和器物。《沃姆斯协定》在一定程度上缓和了皇权与教权的紧张关系，但自此之后，"皇权至上"的立场被彻底扭转，皇权开始逐步被削弱。直至 1198 年英诺森三世当选教皇，教权势力达到顶峰，他通过煽动宗教狂热、使用"开除教籍"之权，利用封建分裂时期各国之间和各国内部的矛盾，拉拢打压各国皇权势力，坐收渔利，曾迫使英国、丹麦、葡萄牙、瑞士等国王称臣，还于 1215 年召开"第四次拉特兰宗教会议"①、发动第四次和第五次十字军东征、向西欧教会征税等。他还曾发表《宇宙的创造者》从上帝赋权的角度说明教权理应高于皇权。这一系列的做法都使得教权在 13 世纪达到了顶峰，但与此同时，他对异教徒的迫害政策也直接影响了下任教皇格列高利九世创办宗教裁判所，酿成了无数的悲剧。

第三个阶段是公元 14 世纪至 15 世纪，表现为教权由盛转衰，开始依附于皇权。13 世纪末期至 14 世纪初期，教皇博尼法奇乌斯八世（Bonifatius Ⅷ）在与法国国王腓力四世斗争中失败，被绑架游街，尽失尊严，最终身亡。此次斗争失败成为了教权与皇权斗争的转折点，教权从此开始弱于皇权，逐渐成为了皇权的附庸。而随着 14 至 16 世纪的欧洲文艺复兴运动开始，新兴资

---

① 本次宗教会议是继君士坦丁时代尼西亚会议以来最重要的宗教会议之一，其中最重要的是规定了七项基督教圣事（或称"圣礼"），包括洗礼圣事、坚振圣事、圣体圣事、忏悔圣事、病人傅油圣事、圣秩圣事和婚姻圣事。该七项圣事至今仍为天主教和东正教所遵从。

产阶级逐步登上历史舞台，社会生产力与生产关系逐步产生变化，教权对世俗的控制越来越弱。

在西欧中世纪时期，社会体系相对闭塞，道路和交通工具都不发达，朝圣和商贸是两个社会流通的主要因素。伴随着 11 世纪修道院改革运动，人们的宗教意识不断加强，越来越多的人们为了满足自身精神需求或为了某种原因，会选择去宗教圣地朝圣，朝圣一般根据被朝圣者的宗教影响或者朝圣地的知名度被分为小朝圣和大朝圣。① 小朝圣是指分布在欧洲境内的朝圣地，主要是供奉某个圣徒遗迹或遗物的教堂或修道院，大朝圣是指少数不受地理位置限制的具有绝对宗教权威的教堂或修道院。② 罗马自然就是基督徒朝圣的中心，古语"条条大路通罗马"也描绘了当时西欧各地连通罗马道路的盛况，而麦加是穆斯林的朝圣中心，耶路撒冷是基督徒、犹太教和穆斯林的共同祈祷之地。人们在朝圣路上自然会携带一些生活用品来维持生计并带回圣物用来供奉，虽然数量有限，但仍促进了西欧商品流通，在向麦加朝圣的途中更是形成了"贸易商团"，到了 12 世纪中期，教会还会给商人颁发通行特许证，给商人提供政治上的庇护，以保证他们能够提供教会所需要的物品，此举加速了商品经济的流通，也促进了教会经济的发展。东西方贸易带来的新鲜货品激发了西方封闭地区人们的好奇和遐想，这也是促成西欧十字军东征的一个重要的社会因素。③

在这个时期，大学也得到了长足的发展。"大学"一词最初是指一般性的社团或者行会，后来发展为教师和学生们的社团（universitas societas magistrorum discipulorumque），这些社团成为社会知识的聚集中心。④ 自 9 世纪

---

① H.W. Swatos, L.T. Tomasi, *From Medieval Pilgrimage to Religious Tourism*, Westport, Conn: Praeger, 2002, p.6.

② Coleman,S.&Elsnner,J., Pilgrimage: Past and Present,Sacred Travel and Sacred Space in the World Religious, London: British Museum, 1995, p.93.

③ 参见王亚平：《西欧中世纪社会中的基督教教会》，中央编译出版社 2011 年版，第31—49 页。

④ ［美］查尔斯·霍默·哈斯金斯：《十二世纪文艺复兴》，张澜、刘疆译，上海三联书店 2008 年版，第 260 页。

加洛林王朝文艺复兴之后，查理曼大帝在修道院和大教堂建立学校，这些学校成为了知识传承发展的中心，这一状况一直延续至 12 世纪。随着神学和哲学理论不断发展，各地涌现出的著名神学家、哲学家也吸引一批批学者聚集在当地，形成一个个研究中心，如拉昂的安瑟尔谟（Anselm of Laon）使得当地成为神学发展的中心。巴黎更像是一个磁场吸引着著名的教师们，有辩证法和神学家阿伯拉尔（Abelard），以及圣维克托的休格（Huge）、理查德（Richard）和安德鲁（Andrew）等，后者在《圣经》的研究方面为其在巴黎的修道院赢得了值得尊敬的名声，并让人对其神秘主义的格调持一种敬畏。① 这些知识中心逐渐在某个地方固定下来，将从前"学校以老师为中心"逐渐演变为"老师以学校为中心"，而这些知识中心所具有的行业专业能力也让不同学校拥有行业话语权，成为行业标准的参与者和制定者，并获得国家和教会的认可，拥有个人安全、自治权、自由的法院、免税权利、颁发学位权利等许多特权。尽管如此，这些学校的规模依然很小，大多不对外开放，而巴黎在这些学校之中是唯一可以算得上中心的学校，它可以依靠自身的魅力吸引学者。到 12 世纪末至 13 世纪初，在教皇英诺森三世（Innocent Ⅲ）和格里高利九世（Gregory Ⅸ）的支持下，巴黎大学成为基督教世界的神学核心。巴黎圣母院的主教学校、圣维克托修道院学校（School of St Victor）以及新近进来的多明我修会和方济各修会共同组成了一个知识行业公会，他们起了个共同的名字"巴黎大学"，这个就是最早的大学之一。在海峡对岸，牛津大学也超过了其他学校，成为了知识的中心。② 在当时，巴黎被誉为"哲学家和神学家之城"，主要的学习内容是"七艺"，还有一所在法学方面享誉很高的大学是博洛尼亚（Bolonia）的法学学校——博洛尼亚大学也是当时与巴黎大学并肩的知识中心。到 13 世纪，巴黎已经成为大学之母和科学之母，在此地催生了一批著名大学，包括大不列颠、德意志和法国

---

① ［英］约翰·马仁邦主编：《中世纪哲学》，孙毅等译，中国人民大学出版社 2009 年版，第 208 页。

② ［英］约翰·马仁邦主编：《中世纪哲学》，孙毅等译，中国人民大学出版社 2009 年版，第 209 页。

北部等地所有中世纪大学。①

　　在 12 世纪末到 13 世纪初的早期大学中，学习的科目主要是受圣奥古斯丁的《论基督教教义》（On Christian Doctrine）一书的启发。奥古斯丁认为慎重对待异教学说并学习"七艺"（甚至包括地理、植物等学科）都有助于把握《圣经》中的神圣信息。理查德·费夏克里（Richard Fishacre）在牛津大学的演讲中还明确指出在大学里所有研究的最终目的就是为了更深入地认识上帝的实在观，《圣经》是达到此目的的基本途径，因为它启示了神圣的智慧。所有人类的科目都被看作是服务于《圣经》智慧这个主人的婢女。②

　　在大学的教学科目中，"七艺"都不同程度地得到阿拉伯新知识的补充，极大地丰富了学科的内容，而"七艺"中首先就是辩证法（逻辑）受到亚里士多德"新逻辑"③的影响，逐渐亚里士多德的其他哲学著作如《论灵魂》、《物理学》、《形而上学》、《尼各马可伦理学》等开始被翻译和研究，相对于柏拉图的著作，亚里士多德的著作更富有理性思辨色彩。随着人们对亚里士多德的研究不断深入，他的逻辑学和自然哲学影响越来越广泛，教会原本希望借用理性思辨来加固信仰，但理性是一把"双刃剑"，既可以用来加固信仰又可以削弱信仰，大学里逐渐开始产生一些异端哲学家，理性和信仰的关系开始变得越发紧张，教会遂逐渐开始抵制亚里士多德哲学。第一次抵制在 1210年，森斯（Sens）省主教会议禁止在巴黎讲授或阅读亚里士多德的"自然哲学"。五年后，教皇特使罗伯特（Robert de Courzon）同样禁止人们阅读亚里士多德的"自然哲学"。但到 1231 年由教皇格里高利九世指派成立委员会，纠正这些被禁的著作，这一举动被人们认为亚里士多德的理论并没有本质上

---

①　参见［美］查尔斯·霍默·哈斯金斯：《十二世纪文艺复兴》，张澜、刘疆译，上海三联书店 2008 年版，第 267—269 页。

②　参见［美］查尔斯·霍默·哈斯金斯：《十二世纪文艺复兴》，张澜、刘疆译，上海三联书店 2008 年版，第 210—211 页；［德］毕尔麦尔等编著：《中世纪教会史》，雷立柏译，宗教文化出版社 2010 年版，第 280—282 页。

③　"新逻辑"包括亚里士多德的《前分析篇》（Prior Analytics）、《后分析篇》（Posterior Analytics）、《论题篇》（Topics）和《辩谬篇》（Sophistical Refutations），这些文章在 12 世纪初被威尼斯的詹姆士（James of Venice）翻译为拉丁文。

的错误，只不过有一些论点有误而已，这种禁止逐渐被忽略，之后到 1255 年亚里士多德的所有已知著作，在介绍性了解的水平上均被巴黎大学人文学院所接受，理性再次流行起来，对继续进修的法学院、医学院和神学院的学生都产生了不同程度的影响，更是为之后人文主义的萌芽埋下了种子。①

在欧洲中世纪发展的三次文艺复兴浪潮中，第二次文艺复兴发生在 12 世纪，在这个时期罗马式建筑步入顶峰，哥特式建筑开始兴起，方言文学开始出现，拉丁古典著作、诗歌和罗马法走向复兴，吸收了阿拉伯人成就的希腊科学和大量的希腊哲学得到了恢复，并且诞生了第一批欧洲大学的前身。② 可以说 12 世纪文艺复兴在神学、哲学、文学、建筑艺术、医学等方面都得到了发展。我们也可以把 12 世纪的文艺复兴称为"12 世纪拉丁西方的文艺复兴"，这是因为 12 世纪的文艺复兴基本是在拉丁西方文化基础之上发展而来，因为本次复兴运动早于十字军东征、西班牙新学术的兴起和西西里的希腊翻译家，这场复兴最重要的是来源于波爱修（Anicius Manlius Severinus Boethius）和拉丁教父哲学与神学的复兴。③

每次文艺复兴都有其社会物质基础，12 世纪的文艺复兴也不例外。11 世纪西欧农业科技发展、耕地面积和产出不断增加、人口大幅增长、城市和乡镇逐渐增多、商业和手工业逐步发达、社会经济稳步发展繁荣，这些都为 12 世纪出现文艺复兴提供了坚实的物质基础。而文艺复兴的思想基础则是在于形成了以巴黎等为聚集地的知识中心，这些知识中心大多以学校和修道院为载体，其中最为著名的沙特尔主教堂学校和圣维克多隐修院，这里聚集和培养了大批经院学者，基本上主宰了 12 世纪拉丁西方的哲学舞台。从文艺复兴的思想来源来看，主要得益于柏拉图的《蒂迈欧篇》、亚里士多德的"新逻辑"、

---

① 参见［英］约翰·马仁邦主编：《中世纪哲学》，孙毅等译，中国人民大学出版社 2009 年版，第 211—212 页。

② 参见［美］查尔斯·霍默·哈斯金斯：《十二世纪文艺复兴》，张澜、刘疆译，上海三联书店 2008 年版，第 2 页。

③ 参见［美］查尔斯·霍默·哈斯金斯：《十二世纪文艺复兴》，张澜、刘疆译，上海三联书店 2008 年版，第 17 页。

斯多葛主义的自然观和从阿拉伯文翻译过来的阿维森纳的新柏拉图主义。①

文艺复兴的具体成就展现在多个方面，首先，神学与哲学思想的发展是文艺复兴最为重要的部分。中世纪早期有很多理论对古典哲学理解较为片面，许多理论之间并不能自洽甚至自相矛盾，但 12 世纪成为一个转折点，这个世纪和紧随其后的百年间见证了亚里士多德的科学和哲学的全面复兴，见证了柏拉图学说在中世纪的重要复兴，见证了逻辑取代文学的地位，以及许多如圣维克多的休格（公元 1096—1141 年）、阿伯拉尔（公元 1079—1142 年）等对经院哲学作出详尽论述，这也为 13 世纪托马斯·阿奎那对哲学和神学理论的整合奠定了基础。其次，体现在拉丁语的丰富严谨和拉丁古典著作的复兴。12 世纪西欧的通用语言是拉丁语，教会和世俗宗教生活都需要用拉丁语来完成，但中世纪是封建制度，封建王国众多，拉丁语在不同国家之间通常会在发音和语法方面有所差别，又由于这些细微的差别产生了新的用法。在 12 世纪对拉丁语的词法、句法甚至在文学鉴赏方面的研究都达到了顶峰，如加图（Cato）的《两行诗》（Distichs）、阿维亚努斯（Avianus）的《寓言集》（Fables）等都是人们用来学习拉丁语的入门读物。还有词典学家对拉丁语进行深入的罗列分析，如意大利帕皮亚斯的《字母表》（Alphabetum）等。语言的艺术在文艺复兴期间得到了较为充分的彰显。拉丁古典著作的复兴具体表现在对拉丁作家尤其是对拉丁诗人作品的广泛阅读和评价上，对语言修辞的积极研究和运用上和对拉丁散文和韵文的创作上保留古典的品格和意境。② 例如对维吉尔的推崇，维吉尔被认为是最杰出的诗人、风格的典范、学校教育的核心、与法学家用之不竭的现成例句的源泉，但丁还认为他是"曼图亚的谦恭的灵魂，他的名声将与世长存"。③

---

① 参见佘碧平：《中世纪文艺复兴时期哲学》，人民出版社 2011 年版，第 115—116 页。

② 参见［美］查尔斯·霍默·哈斯金斯：《十二世纪文艺复兴》，张澜、刘疆译，上海三联书店 2008 年版，第 62—66 页。

③ 参见［美］查尔斯·霍默·哈斯金斯：《十二世纪文艺复兴》，张澜、刘疆译，上海三联书店 2008 年版，第 70 页。

另外，法学和科学的复兴在 12 世纪文艺复兴中也占据了重要地位。德国法学家耶林（Ihering）曾在《罗马法的精神》中陈述道："罗马曾三次征服世界，第一次是以武力，第二次是以宗教，第三次则以法律，而第三次的征服也许是其中最为平和，最为持久的征服。"罗马法是罗马文化和罗马人精神的集中体现，自罗马帝国灭亡后，罗马法为罗马人所沿用，也被北欧小范围使用，但随着西欧的法律状况同经济发展及社会生活不相适应，罗马法作为 12 世纪之前最完备的法律，满足了当时的社会需要。一般而言，罗马法的复兴与 11 世纪后期和 12 世纪学者们对《民法大全》的充分发掘有关，特别是在查士丁尼编纂的《学说汇纂》中可以找到法学方法的各种模式，被用来作为各个地区的法律制作标准。这场法学复兴不仅仅是罗马法律规则的复兴，更是对罗马制度和思想方法的复兴和扩展。① 在这场文艺复兴中，科学领域的复兴也表现得尤为突出。在 12 世纪，欧几里得和托勒密的著述，阿拉伯的数学和天文学著作，盖伦、希波克拉底和阿维森纳的医学书籍以及承载亚里士多德智慧的丰富的百科全书纷纷被引入到西欧地区，西方世界再次获得了希腊的科学著作，大量的书面文献资料和高度的专业化导致了一定程度的专业化，使得 12 世纪科学的复兴是全面且深刻的。比如在几何数学方面，12 世纪初欧几里得《几何原本》、《已知数》、《光学》被翻译为拉丁文，阿尔—花拉子密的三角学图表和《代数》一书被翻译为拉丁文，阿尔—花拉子密的名字逐渐演变成 Algorismus（十进制）。阿拉伯数字也在 12 世纪传入拉丁西方，1202 年比萨学者利奥纳德（Leonardo of Pisa，公元 1170 —约 1245 年）《算术》（Liber abaci）面世，阐述了二次方程和三次方程的解法。代数的发展直到 16 世纪都未曾打破。在天文学方面，全面总结古代天文学成就的托勒密名著《天文学大成》于 12 世纪 60—70 年代分别由希腊文和阿拉伯文翻译为拉丁文，亚里士多德的《气象学》也在 12 世纪被翻译为拉丁文等，天文学对宇宙本质及其构成、潮汐、地震、火山爆发等著述都显著增

---

① 参见［美］查尔斯·霍默·哈斯金斯：《十二世纪文艺复兴》，张澜、刘疆译，上海三联书店 2008 年版，第 136—137 页。

多。被称为"第二哲学"①的医学，也有很大进展，出现了萨勒诺（Salerno）医学院，医生职业也逐步兴起，许多阿拉伯医学著作被翻译为拉丁文，尤其是对阿维森纳的《医典》（Canon）翻译，完善了拉丁西方医学方面的不足，很多医疗的方法至今仍被使用。在建筑方面，12 世纪也是罗马式建筑艺术的鼎盛时期和哥特式建筑风格的初兴阶段，建筑的艺术表现力和建筑技巧都取得了长足的进步。文森特（Vincent of Beauvais，1184—1264 年）的《巨镜》（Speculum maius）中也记载了当时许多科学领域的发展状况，它最终成书于 13 世纪中叶，内容庞大，资料丰富，主要分为"自然史鉴"（Speculum Naturale）、"学说宝鉴"（Speculum doctrinale）和"历史通鉴"（Speculum historiale）三个部分，这部著作也是在 18 世纪《百科全书》（Encyclopedie）问世前最为全面的著作。②

　　经过 11—12 世纪签订《沃姆斯协定》、十字军东征、修道院改革等事件，整个教会拥有的土地财富快速增加，加上经院哲学的不断发展，教会对人们的思想控制也逐步加强，在拉丁西方教会权力已远大于世俗权力，至 1200 年，教皇英诺森三世已成为当时拉丁西方最强大的统治者。随着教会影响力的不断扩大，民间对教会也出现了不同见解，有些人认为宣讲布道要比在修道院修行更有价值，对修道院的集体财富等现状也颇为不满，因此他们向耶稣基督学习，用行乞的方式修行生活，在民间布道，他们宣誓安贫守贞，顺从上帝，他们被称为"行乞修道士"（friar），也叫"托钵僧"（mendicant）。③

――――――――――

　　① 中世纪教会学校通常以"七艺"为课程，分别是：文法、修辞、辩证法（逻辑学）、算数、几何、天文、音乐。医学不在"七艺"课程之中，有人认为"七艺"都是独立学科，但是医学涵盖了所有这些学科的内容，如医生需要掌握语法和修辞才能准确理解表达观察结果，掌握逻辑学以推理病因，懂得算术计算发病周期，知晓几何了解地域特征和仔细观察，懂得音乐才能用美妙的音乐把扫罗从肮脏的灵魂拯救出来，懂得天文学知识才能观测天象了解身体对应的变化周期。因此，医学又被称为"第二哲学"，伊西多尔的《语源学》中称"哲学和医学一个用来拯救灵魂，一个用来救治身体"。

　　② 参见［美］查尔斯·霍默·哈斯金斯：《十二世纪文艺复兴》，张澜、刘疆译，上海三联书店 2008 年版，第 215—234 页。

　　③ 参见［美］朱迪斯·本内特、沃伦·霍利斯特：《欧洲中世纪史》，杨宁等译，上海社会科学院出版社 2007 年版，第 222—223 页。

在 12 世纪末 13 世纪初出现了多米尼克和弗朗西斯科两位著名的托钵僧人，分别创立的多明我会和方济各会。

多米尼克（St.Dominic，1170—1221 年）是一位富有才学的西班牙人，他通过创立自己的修会制度，只招收男性，将他们训练为神学家和布道士，在民间通过论辩和演说来战胜基督教异端邪说，获取民众支持。他的这一特点同样被教皇英诺森三世发现利用，支持他宣传布道并让他向法国南部移动来打击清洁派。在多米尼克自身影响力的感召下和教会的支持下，逐渐有一部分志愿者加入他的行列，他们成立了新的修会，称为"宣道士弟兄修会"（Order of Friars Preachers），修会于 1216 年正式成立，他们秉持多米尼克式的生活方式，严格遵守戒律清规，志愿为改善社会道德努力工作。在 13 世纪多明我会迅速扩张，他们的活动范围逐步扩张至欧洲各地。多明我会在传教过程中基于教会的支持，他们通常把自己比喻为"上帝的猎犬"（Domini canes），他们把自己看作天主教信仰的守护者，遇到传教过程中不听劝导的异教徒就将之清理出原有生活范围。多明我会的影响力同样蔓延到了学校之中，很多学者也是修会的成员，如著名的神哲学家大阿尔伯特和托马斯·阿奎那都是多明我会的一员。[1]

同时期另一个影响很大的修会是方济各会。弗朗西斯科（San Francesco di Assisi，1182—1226 年）可能是中世纪最受景仰的人之一。他出生于阿西西（Assisi）城市的商人家庭，但他在青年时期就表现出乐善好施、精力充沛，经常影响和鼓舞到身边的人，成为当地青年的领袖。他在二十岁发生了一次信仰的转变[2]之后便离开家庭，救济穷人和病人，过着贫穷的生活，在救治过程中他开始向穷人讲道，传播基督教教义，人们逐渐被他的个人事迹感召，聚集在他的身边。由于当时非教会人士是不允许宣传布道的，弗朗西

---

[1] 参见 [美] 朱迪斯·本内特、沃伦·霍利斯特：《欧洲中世纪史》，杨宁等译，上海社会科学院出版社 2007 年版，第 223—224 页；[德] 毕尔麦尔等编著：《中世纪教会史》，雷立柏译，宗教文化出版社 2010 年版，第 260—261 页；何炳松：《欧洲全史——从 5 世纪到 20 世纪》，台海出版社 2019 年版，第 108—109 页。

[2] "信仰的转变"指弗朗西斯科在一次宴会上与朋友举着火把唱着歌，后来他突然消失了，后来发现他时已陷入迷狂的状态。之后他便开始独自一人研诵诗词，扶贫济弱，前往罗马朝圣。

斯科于 1210 年到罗马拜见教皇英诺森三世，教皇看出了他的安贫与朴实，以及对耶稣基督的坚定信仰，因此也准许他成立修会，希望能与当时的异端修会进行抗衡。弗朗西斯科之后就给他的追随者起名为"小弟兄"（Friars Minor），因此方济各会又称"小弟兄会"。方济各会主要秉持两条原则，一是安贫谦卑，二是坦然接受现实世界，对生活抱有希望，这与当时的一些新柏拉图主义者和清洁派拒绝物质世界形成鲜明对比。修会在弗朗西斯科的领导下规模逐渐庞大，但他却在此时（公元 1220 年）辞去修会所有职务，说道："上主啊，我将让我领导的这个家族归还给你。我主基督啊，现在我已经没有力量与能力继续照管他们了。"公元 1226 年，弗朗西斯科去世，那时他创建的修会已经成为当时最大、最有吸引力的修会，甚至还一度随蒙古军队来到中国，在元代被称为"也里可温"。[①]

随着 12、13 世纪修会运动的大规模发展，基督教教义被带入到更底层的社会农村中，教权被进一步强化，宗教势力在 13 世纪逐步走向顶峰。

除十字军东征外，中世纪中期的欧洲还面临一个影响意义重大的战争，即蒙古西征。阿拉伯史学家伊本·阿西尔（Ibn al-Athir，公元 1160—1233 年）在关于伊斯兰教纪元 617 年（公元 1220 年）的编年史中记载道，"他们（蒙古）的侵入近东，是他所知道的人类所遭受的最大灾难"[②]。蒙古西征共分为三次，第一次在公元 1219—1231 年，主要是蒙古军与花剌子模王国、高加索诸国、钦察人和东欧平原上的罗斯诸国的战争。原因是花剌子模杀死了蒙古商队，后又杀死了成吉思汗派出的使者，直接引发交战。第二次在公元 1235—1242 年，主要是蒙古军征服伏尔加河以西诸国的战争。第三次在公元 1253—1260 年，主要是蒙古军攻灭木剌夷国、阿拔斯王朝、叙利亚阿尤布王朝的战争。后两次战争则是纯粹为了疆域的扩张，这也是与十字军东征

---

① 参见 ［美］朱迪斯·本内特、沃伦·霍利斯特：《欧洲中世纪史》，杨宁等译，上海社会科学院出版社 2007 年版，第 224—227 页；［德］毕尔麦尔等编著：《中世纪教会史》，雷立柏译，宗教文化出版社 2010 年版，第 256—260 页。

② 参见 ［德］卡尔·布罗克尔：《伊斯兰教各民族与国家史》，孙硕人、诸长福、贾鼎治、吴厚恭译，商务印书馆 1985 年版，第 262、267、272 页。

有所不同之处，并非出于宗教的因素。①

　　这场战争也有其积极和消极的意义。从积极意义来看，蒙古通过三次西征，一方面加速了东西方文明的交流，蒙古在占领欧洲领土之后建立蒙古属国，打通了中西方交流的通道，中国四大发明之三的火药、印刷术、指南针就是这个时期传入欧洲的，这三样也被马克思称为"预兆资产阶级到来的三大发明"。另一方面，西征严重打击了欧洲中世纪的教会统治，在蒙古西征较为暴虐的征服方式下，欧洲人对信守的神学所宣扬的观念产生了怀疑，加之14到15世纪教权与皇权的斗争中教权开始式微，逐渐产生"那种非官方的，局外的，独立的人，他在为自己思考"②，这些人就是文艺复兴运动的先驱者，成为了导致人文主义复兴原因之一。同时，在冲击了欧洲封建传统统治之后，欧洲人也开始对欧洲之外的世界更加感兴趣，当时更是出现了《马可·波罗行记》，将东方丰富物产、先进科技、宗教信仰等展示在西方人面前，更是刺激了欧洲人探索的欲望，开始了对地理世界的探索。战争的代价同样是惨重的：蒙古西征对欧洲城市的破坏、屠杀人口以消除反抗的可能性等方面都是极为残忍的，如蒙古军在攻克花剌子模故都玉龙赤杰时，以火攻城，将整个城市烧成一片火海，之后又放水淹城，将昔日文明繁华的都城变为废墟，一片狼藉。③

第三节　中世纪的衰落

　　欧洲在经过了三个世纪的盛期之后，一进入14世纪便"由盛转衰"。欧洲接连遭遇了大饥荒、大瘟疫、英法百年战争、西方教会大分裂等事件，从

---

　　①　参见［美］菲利普·范·内斯·迈尔斯：《中世纪史》，王小忠译，天地出版社2019年版，第188—193页；叶健锋：《蒙古西征下的伊斯兰世界——试论13世纪伊斯兰教的发展》，载《怀化学院学报》2008年第5期。

　　②　［英］赫·乔·韦尔斯：《世界史纲：生物和人类的简明史》，曼叶平、李敏译，燕山出版社2004年版，第547页。

　　③　参见宋鑫秀：《蒙古西征对当时世界的统治及影响分析》，载《黑龙江史志》2014年第9期。

物质生活层面和精神需求层面对欧洲人民产生了极大的打击。在恢复社会生产的过程中，出现了一批以早期资产阶级和贵族为代表的新兴统治阶级，宗教提供的精神文化开始不适应新兴统治阶级的需要，他们开始寻找新的方式来抒发自己的情感和精神诉求，意大利人文主义文艺复兴则正好满足了社会需要，逐步影响整个欧洲。文艺复兴带来的"人的解放"更是在神学、哲学、文学、科学和艺术等领域起到了变革性的作用，直接导致了个人和民族意识的觉醒和宗教统治的衰落，更是开启了近代的大门，而中世纪这一近千年的历史时期也随之告一段落。

一、灾害、困境与战争

经过中世纪中期的拓荒运动之后，欧洲人口大量增加，到 14 世纪初期欧洲人口已经到达了一个峰值，以英格兰为例，在公元 1300 年定居人口已经达到 600 万左右，这一数字是 1066 年人口数量的三倍，实际可能会更多，人口数量远超城镇承受水平，直到 18 世纪工业革命之后英格兰才具备承受如此数量的人口能力。而且就当时的农业发展水平来看，欧洲大部分都还处在农业文明时期，以重犁、风磨为代表的生产技术已经发展到创新能力的极限，这些生产技术远远无法开垦那些大片贫瘠的土地，因此，人口与土地发展的不适应性导致了土地承载能力达到极限。再加上领主和国王对财富的过度贪婪以及连年战争导致税收不断提高，欧洲农民的生活水平急剧下降，食物供给越发紧缺，终于在 1314 年由于恶劣的天气因素导致土地收成极大减少，大规模的饥荒就这样产生了。这场饥荒同时导致了在欧洲北部地区动物的大面积死亡，加剧了饥荒造成的影响。这场欧洲历史上最严重的饥荒一直持续到 1322 年，至少造成了十分之一欧洲人的死亡，在 14 世纪瘟疫到来之前欧洲多地已经出现人口骤减、国库空虚、土地开始贫瘠的情况。[①] 但这并不只是唯一一次饥荒，在欧洲 14—15 世纪两百年间，发生了不少于 11 次长

---

① 参见 [美] 朱迪斯·本内特、沃伦·霍利斯特：《欧洲中世纪史》，杨宁等译，上海社会科学院出版社 2007 年版，第 356—358 页。

期的谷物短缺，其中 7 次危机发生在 14 世纪，4 次发生在 15 世纪，这一现象直到人口减少、城市开始兴建粮仓和匹配的粮食管理制度以及航海的进步才逐渐缓解。长期的饥荒也破坏了公众的身体健康，为大瘟疫的流行埋下了铺垫。①

到 14 世纪，欧洲爆发了人类历史上危害最大的流行瘟疫之一，中世纪人们称之为"大瘟疫"，如今称之为"黑死病"（Black Death）。黑死病是一种淋巴腺和肺炎鼠疫的综合病，早期主要在老鼠和跳蚤身上发现传播，传播到人类后可以通过咳嗽和喷嚏传播开来。黑死病最早于 1347 年由克里米亚（Crimea）的去往西西里和撒丁岛的商船携带病毒鼠类，意大利是第一个遭受瘟疫的国家。贫弱的市民、来往的商队和快速的传播方式使得瘟疫迅速在欧洲蔓延开来，人口密集的城镇、修道院成为疫情的重灾区，到 1400 年，欧洲人口从大约七千万下降到四千五百万，减少了约三分之一的人口。② 由于 14 世纪的医学还无法解释疫病的成因，有人开始归因于星象、地震，甚至有人认为是犹太人投的毒，但最后还是达成了一个共识：大瘟疫是上帝有意为之，是上帝愤怒的象征。因此，瘟疫带来的恐惧造成了基督徒以宗教游行和迫害犹太人的方式来取悦上帝并导致人与人之间关系的疏远。这场瘟疫的第一波攻势在 1349 年后逐渐降低，但之后仍在 14 世纪中后叶和 15 世纪的每个时期都反复出现，最后达到某种平衡与人类共同生存。这场瘟疫的影响是巨大的，除了直接导致的人口减少外，还直接或间接导致了 15 世纪的文艺复兴、16 世纪宗教改革、议会制的发展等，甚至影响了欧洲整个社会和经济的走向。③

欧洲的经济由于遭遇到饥荒和瘟疫的打击开始急剧下降，欧洲的羊绒市

---

① 参见 ［英］M.M. 波斯坦主编：《剑桥欧洲经济史》第 1 卷，郎立华、黄云涛等译，经济科学出版社 2002 年版，第 576 页。

② 参见 ［美］R.R. 帕尔默、乔·科尔顿、劳埃德·克雷默：《近现代世界史》上册，北京大学出版社 2009 年版，第 50 页。

③ 参见 ［美］朱迪斯·本内特、沃伦·霍利斯特：《欧洲中世纪史》，杨宁等译，上海社会科学院出版社 2007 年版，第 358—362 页。

场和粮食市场开始衰退，劳动力严重缺乏，大量的荒地和农村被废弃。但与之同时，当瘟疫和饥荒状况稍微缓解之后，欧洲的人均耕地面积增多，土地逐渐贬值，租赁条件放宽，某些富有胆识的农民开始大量购买田产，并将多余的土地出租，造成了农民之间贫富差距的扩大，形成了早期的自由民阶层（yeomanry）。人均土地的增多和劳动力的减少也导致了以廉价谷物为代表的简单农业的衰退和以经济作物为代表的轮作方式和畜牧业的兴起，这间接地改变了欧洲经济的发展方式。而其他并不富有的农民主要通过劳力来获取工资收益，随着劳动力短缺带来的工资水平的提高，雇主开始与劳工商谈，通过行业协会或者法律的方式逐渐达到一种双方都可以接受的状态。这些变化带来的一个结果就是农奴制的衰亡，一个原因是，面对着外面的高薪或良田，农民不愿意继续为旧领主提供廉价的服务，纷纷选择离开庄园或者通过起义来获取自由，例如在 1358 年法国的"扎克雷农民起义"（Jacquerie），1381 年英国的农民起义等。虽然大部分的起义都被国王贵族和封建领主所镇压，但起义的精神却让贵族和地主们明白再以原来残酷剥削的方式来管理领地是行不通的。另一个原因是工资水平上涨和粮食价格下跌，庄园制的农奴模式经济效益大大降低，这导致了两种结果，一种是西欧地区把庄园改为大型农场，佃户的土地被地主圈了起来，也就是"圈地运动"，另一种是东欧地区实行高压统治，通过国王与地主的联合更加严酷地剥削农民。到1500 年，农奴制在欧洲西北部地区已经彻底退出历史舞台。①

经过瘟疫的洗劫，相对于农村而言，城市的复原较为迅速，并且这种发展方式以新的形式展开：第一，部分商品的供求关系被彻底改变，如谷物在1348 年以前是高额利润产品，可是当人口大量减少之后，这个市场全面崩溃。在瘟疫期间许多商业合同被终止，产业间的合作关系也发生了改变。第二，城市的政府、行会抱团更加紧密，加强对周边市民和行业的控制力，以此来巩固他们的地位，保证产品的供给。第三，新的产业开始兴起，如纺织

---

① 参见［美］朱迪斯·本内特、沃伦·霍利斯特：《欧洲中世纪史》，杨宁等译，上海社会科学院出版社 2007 年版，第 362—365 页。

业在英格兰城镇中发展起来，到 1500 年英格兰已经由羊毛出口国变为成衣出口国，在日耳曼则依靠新的开采技术从铜矿和铁矿中赚取利润。①

除此之外，欧洲还通过 14 世纪初的海洋探索逐步认识到世界是相连的，更有 1492 年哥伦布航行进一步海上探索。乡村工业此时也开始兴起，部分企业家将工业生产放到城镇周围的乡村，以此获取更廉价的成本，这一模式至今仍在部分地区起到重要作用。在 14 世纪末，意大利发明了复式记账法，按照韦尔纳·松伯特（Werner Sombart）的观点，这直接标志了"资本主义企业"的开始和利润驱动力作为经济行为的指导原则的胜利。② 还有中国传入的火药和活字印刷术分别于 14 世纪 20 年代用于军事用途、15 世纪 40 年代用于印刷《圣经》，推动了欧洲军事革命的进程和思想解放运动。

对欧洲社会产生重大影响的还包括英法百年战争。这场战争始于公元 1337 年，结束于公元 1453 年，共经历了 116 个年头。这场战争的导火索是围绕法国王位的继承权展开的，当法王查理四世无嗣而终后，英格兰国王爱德华三世因其母与法国王室联姻，认为自己是继承法王的第一人选，而法国的贵族推选了瓦卢瓦的腓力（即腓力六世）登上王位，到 1337 年，爱德华三世以这一借口向法国宣战。当然这一战争更根本的原因是经济方面的原因，双方争夺的焦点是加斯科尼的葡萄酒（英国人非常痴迷）贸易和依赖英国羊毛原料的佛兰德毛织业，对于这两个富庶的地区，英法两国都试图加以控制，一场大战在所难免。战争主要发生在法国领土之上，自 1337 年开始，英国接连攻下了法国北部和西南小部分区域，直到 1429 年，法国圣女贞德出现，英国陷入贵族斗争之中，战争形势开始扭转，直至 1453 年英国除仅存加来（Calais）一个港口外，其余全部撤出法国领土。③

---

① 参见 [美] 朱迪斯·本内特、沃伦·霍利斯特：《欧洲中世纪史》，杨宁等译，上海社会科学院出版社 2007 年版，第 363—366 页。

② 参见 [英] M.M. 波斯坦主编：《剑桥欧洲经济史》第 3 卷，郎立华、黄云涛等译，经济科学出版社 2002 年版，第 79 页。

③ 参见 [美] 朱迪斯·本内特、沃伦·霍利斯特：《欧洲中世纪史》，杨宁等译，上海社会科学院出版社 2007 年版，第 382—385 页；何炳松：《欧洲全史——从 5 世纪到 20 世纪》，台海出版社 2019 年版，第 132—139 页。

这场战争的意义是非常重大的。首先，这场战争激发了以英、法为代表的欧洲民众的民族意识，比较有代表性的就是圣女贞德的出现；其次，这场战争加速了英国资本主义的产生，由于战争扩大了军备需要以及英国在早期战争中的大量掠夺，刺激了劳动集中式的手工工场的形成，加之远程贸易的增加和关税的不平等政策，英国民族经济快速发展，促进了商人阶级的形成和发展，为英国资产阶级的形成奠定了基础。同时，英国随着议会制的发展完善，贵族大臣渐渐由对国王的效忠转变为对国家的效忠。在 14 世纪，英国国会由临时机构发展为常设机构，甚至在 14 世纪一度罢免了英国国王爱德华二世与查理二世两位国王。随着贵族的不断强大，英国两大贵族还爆发了玫瑰战争（公元 1455—1485 年），到 15 世纪末期英王亨利七世完成了集权专制，使得英格兰成为最早的民主专制国家。①

在 1324 年，帕多瓦的马西留（Marsilius of Padua，公元 1275—1342 年）作《和平护卫者》论及教会和国家的关系。他在书中坚定地站在国家一边，认为政治应当从教会中剥离开来，教会应当服从各自的统治者而非教皇。直至 1500 年，这一主张虽然仅在英格兰、法国、西班牙等少数国家部分实现，但这一思想却越发根深蒂固，人们对国家民族的认同观念也越发强烈。②

二、教权的衰落与君士坦丁堡的沦陷

教权在中世纪中叶逐步达到顶峰后，进入 14 世纪便逐渐开始衰落，这一现象最早体现在教皇博尼法奇乌斯八世（Bonifatius Ⅷ）任期内（公元 1294—1303 年）。法国国王腓力四世要求教会纳税，触及了教会的利益并与之展开争斗，教皇革除了法王的教籍，之后法王又软禁了教皇博尼法奇乌斯八世，并召集一些学者和主教批判博尼法奇乌斯八世为异端，逼迫他退位，之后不久教皇博尼法奇乌斯八世便于 1303 年去世。英王爱德华一世在位期

① 参见［美］朱迪斯·本内特、沃伦·霍利斯特：《欧洲中世纪史》，杨宁等译，上海社会科学院出版社 2007 年版，第 385—387 页；何炳松：《欧洲全史——从 5 世纪到 20 世纪》，台海出版社 2019 年版，第 139—140 页。

② 参见佘碧平：《中世纪文艺复兴时期哲学》，人民出版社 2011 年版，第 208—212 页。

间（公元 1272—1307 年）更是对教皇的命令置之不理，加强国家对世俗事物（包括教会）的把控。随着国家观念和民族观念在民众意识中的觉醒，地方教会的主教也从以教会利益为首逐渐转为以国家民族利益为首，当某个高级教士的任免问题被摆上议席时，教皇的意思已经不再像原来那样重要。自 1309 年，教皇克莱门特五世（Clement V）屈从法王，固定居住在法国南部的阿维尼翁（Avignon），历经六任教皇都在此地进行了良好的行政统治，教会财富逐步增多，却没有加强对人们精神世界的关照。①

历任教皇都想迁回罗马，但在法王和贵族的阻挠下一直未能如愿，直到 1376 年教皇格列高利十一世（Gregory XI）实现愿望返回罗马圣城，但不久后离世。留下的教会枢机团各怀心思，他们不愿意再让法国人当教皇（之前共产生过 16 任教皇），他们很快地选了一位那不勒斯人（Neapolis）充当教皇，即乌尔班六世（Urban VI），但这次选举遭到了罗马民众的冲击。当枢机团的红衣主教们退回阿维尼翁的时候，又不得不在法王和当地贵族的保护下选举了一位日内瓦的枢机主教罗伯特，他也是法王的表哥，取名克莱门特七世（Clement VII）。自此，西方基督教会就形成了两个教皇和两个教廷的时代，一个在罗马，一个在阿维尼翁。这种情况被称为"西方基督教会的大分裂"（the Great Occidental Schism）②。这种情况维持了近 40 年之久（公元 1378—1417 年），引发了无数的悲剧，在两个教廷互相攻击的过程中更是削弱了人们对于教会的权威信仰，教权无论是在与皇权的争夺中还是在人们精神世界的掌控中都极大地被削弱了。

这一现象延续到公元 1414—1418 年，基督教会在康斯坦茨（Constantia）召开了第 16 次大公会议，这也是整个教会历史上最杰出的会议之一，参会的人包括教会的领导和世俗的领导。这个会议主要是为了解决教会的分裂现象，

---

① 参见［美］菲利普·范·内斯·迈尔斯：《中世纪史》，王小忠译，天地出版社 2019 年版，第 180—185 页；［德］毕尔麦尔等编著：《中世纪教会史》，雷立柏译，宗教文化出版社 2010 年版，第 298—307 页。

② 参见［德］毕尔麦尔等编著：《中世纪教会史》，雷立柏译，宗教文化出版社 2010 年版，第 321—322 页。

要求三位教皇（还有一位是巴黎大学看到教会分裂试图进行整合而设立）都退位并产生新的教皇统一领导。这个问题虽然经过坎坷但最终得到实现，推选出马丁五世（Martin V）当选新的教皇，结束了西方教会的分裂情况。但这一现象同样表明，大公会议的权威性已经凌驾于教皇之上。之后又经过了公元 1438—1442 年的费拉拉—佛罗伦萨合一主教会议，教皇成功地消除了会议主义（conciliarismus）带来的危险，权力得到巩固。① 但在英国、法国和西班牙等地区，"国办教会"的倾向已经越来越大，罗马教廷在某些时候为了推行政策，已经需要与各国君主谈判来获得支持。并且随着人文主义文艺复兴的兴起，人的欲望得到解放，这一现象也在教会中间蔓延开来，买卖圣职、卖赎罪券等腐败敛财行为也开始越演越烈，教会在人们心中的权威每况愈下，至 15 世纪末期，教会的权威相较 13 世纪而言已经不可同日而语了。

与此同时，土耳其奥斯曼帝国的扩张也为欧洲教会权力的衰落带来了巨大的影响。土耳其人居住在阿姆河流域，属于突厥人卡伊部落，由于 13 世纪蒙古向西扩张，他们也向东迁移至塞尔柱附属的罗姆苏丹国。公元 1299年，土耳其首领奥斯曼一世趁罗姆苏丹国分裂宣布独立，1326 年其子奥尔汗（Orhan）继位，吞并了罗姆苏丹国大部分地区，逐步取代了塞尔柱王朝成为小亚细亚地区的统治者，1354 年，奥尔汗率军渡过达达尼尔海峡，开始向拜占庭帝国进军。经过 1389 年的科索沃战役和 1396 年的尼科堡战役，土耳其军队相继打败塞尔维亚、保加利亚、匈牙利联军和匈牙利、法国、德国等国的联军，占领巴尔干半岛大部分土地，极大地挫伤了西欧军队的士气。直至 1453 年，不到 21 岁的土耳其君主穆罕默德二世率军进攻君士坦丁堡，鏖战 53 天，于 5 月 29 日攻克，后并迁都于此，改名为"伊斯坦布尔"。自此，东罗马帝国灭亡，持续了近 1500 年的罗马帝国从此彻底消失在历史的长河之中。接下来，奥斯曼帝国进入了漫长的征服扩张期，将疆域扩至欧

---

① 参见 [德] 毕尔麦尔等编著：《中世纪教会史》，雷立柏译，宗教文化出版社 2010 年版，第 328—342 页；何炳松：《欧洲全史——从 5 世纪到 20 世纪》，台海出版社 2019 年版，第 147—151 页；[美] 朱迪斯·本内特、沃伦·霍利斯特：《欧洲中世纪史》，杨宁等译，上海社会科学院出版社 2007 年版，第 371—372 页。

洲及北非，最终成为横跨欧、亚、非三大洲的奥斯曼土耳其帝国。①

奥斯曼土耳其帝国的兴起和东罗马帝国的灭亡代表了伊斯兰文明的再次崛起，这极大地冲击了基督教在欧洲的统治地位，并且压缩了东正教的生存空间，从此东正教的规模再也无法与西方天主教的规模相抗衡。另一方面，随着东罗马帝国的衰败，大量教徒逃亡到西欧，带去了许多希腊著作和伊斯兰著作，促进了15世纪文艺复兴的兴起和发展。奥斯曼土耳其帝国对于中国与西欧丝绸之路的阻挠，也推动了西欧通过航海来探索世界方式的发展，间接促使了大航海时代的到来。

三、思想、文化与科学的兴起

14—15世纪的欧洲虽然遭受了饥荒、瘟疫、战争等重大灾难，但在思想方面仍出现了以意大利为发源地的人文主义文艺复兴运动，恩格斯认为"这是一次人类从来没有经历过的最伟大的、进步的变革。"意大利文艺复兴的发生有其多方面的原因。第一，在政治方面，14世纪以后西班牙、英格兰、法国等国家的王权逐步成为主要统治力量，但意大利却由于教皇和封建贵族都想获得统治的权力，加之法国和西班牙暗中作梗，意大利的教权或王权任何一方都没有获得统治性地位。第二，从经济和新兴阶层的角度来看，马克思认为："在14和15世纪，在地中海沿岸的某些城市已经稀疏地出现了资本主义生产的最初萌芽。"②这是因为在意大利的许多城市出现工厂手工业，佛罗伦萨工商业活动欣欣向荣（尤其是毛纺和染色业），促进了资本积累及金融活动的发展，逐步形成以城邦富裕商人、手工业工厂主和银行家等构成的新兴资产阶级。经过长期斗争，新资产阶层逐步获得城市的控制权，他们需要丰富自身的精神生活、表达自身的政治理想、促进科学的发展来更快地积累财富，这就构成了文艺复兴运动的现实需要，也同样反映出资产阶

---

① 参见［美］菲利普·范·内斯·迈尔斯：《中世纪史》，王小忠译，天地出版社2019年版，第193—197页；［美］朱迪斯·本内特、沃伦·霍利斯特：《欧洲中世纪史》，杨宁等译，上海社会科学院出版社2007年版，第396—397页。

② 《马克思恩格斯文集》第5卷，人民出版社2009年版，第823页。

级和封建地主阶级在意识形态领域的斗争。①第三，从当时的社会发展来看，根据儒格（Walter Rüegg）的说法，人文主义的起因是当时人们对"新的安全符号"（new symbols of security）的诉求。从这个角度来说，欧洲自进入14世纪以后遭遇饥荒、黑死病、百年战争、教会大分裂和东罗马帝国灭亡等一系列社会危机，给西方人民造成强烈的"心理震撼"，按照教会和传统经院哲学的解释逐渐不能满足人们对于现实的巨大落差，因此，寻找"新的安全符号"也就满足了西方人的心理需求，转而挖掘早期的文本。彼特拉克首先通过阅读古希腊罗马文献，发现了古典"人"的概念，是一个敢于向命运女神抗争并获得胜利的"人"的概念，进而人文主义者们提出了新的世界观，即宇宙的主宰不是神而是人；人生的目的不是死后的"永生"，而是现世的享受。他们对天主教会的腐败和虚伪进行了批判，主张解放人的思想，提倡人的主体性。②第四，从外部知识交流的角度来看，自13世纪文艺复兴之后，东西方文化融合日益加深，但拉丁西方世界通过阿拉伯文献了解希腊知识的方式遵循的是"逐字翻译"的方式，意大利的部分学者认为这种翻译方式不能掌握希腊原文的真正含义。在奥斯曼土耳其向东罗马帝国发起进攻时，君士坦丁堡就开始有学者陆续前往意大利，并带去了希腊知识和语言技术，意大利人文主义者通过他们来重新获取关于古希腊原文的手段和方法，通过"意译"的方式重新翻译希腊文献，从古希腊文献中汲取新的养料。除此之外，意大利人的创造力也是文艺复兴产生的重要原因，这体现在文学、美术、建筑、音乐、哲学等诸多领域，正如伏尔泰在《论各族的风尚与精神》中所言："文艺复兴的重大意义不在于复古，而在于创造。文艺复兴的辉煌成就就是意大利人的天才创造，而不是由于君士坦丁堡逃亡者的来临，这般人只是将希腊文教给意大利人而已。"③

---

① 参见［瑞士］雅各布·布克哈特：《意大利文艺复兴时期的文化》，何新译，商务印书馆2009年版，第13页。

② 参见佘碧平：《中世纪文艺复兴时期哲学》，人民出版社2011年版，第218、230—233页。

③ ［瑞士］雅各布·布克哈特：《意大利文艺复兴时期的文化》，何新译，商务印书馆2009年版，第2页。

意大利人文主义文艺复兴首先强调对"人的研究"（Studia humanitatis），包括了语法、诗歌、道德、修辞和历史等研究，通常来讲，最早的人文主义运动者是 14 世纪的文艺复兴"文坛三杰"：但丁（Dante Alighieri，1265—1321 年）、彼特拉克（Francesco Petrarca，约公元 1304—1374 年）和薄伽丘（Giovanni Boccaccio，公元 1313—1375 年），他们否定经院哲学的传统，肯定人的欲望和理性质疑的精神，留下了大量的经典著作。① 如但丁在《神曲》中不仅大胆地揭露和批判了封建教会的腐败和虚伪，还流露出对世俗爱情的同情和对现实生活的向往，在气势恢宏的诗句中可以找到古典文化、反对蒙昧主义、歌颂知识和才华的内容，发现主张国家统一的思想，成为人文主义文学的先声。这些思想在但丁的《新的生活》、《宴会》、《论世界帝国》等作品中也可见一斑。但丁之后主要是彼特拉克和薄伽丘，彼特拉克代表作有《论我自己的无知和许多其他人的无知》、《歌集》、《咒骂集》等，彼特拉克在肯定现实、肯定人生、反对禁欲主义方面比但丁更坚决、更彻底。薄伽丘代表有《十日谈》、《论名女人》等，他更具体地、多方面地描写了世俗的爱情生活，并由此抒发了"幸福在人间"的人文主义思想。② 自但丁、彼特拉克和薄伽丘之后，意大利的文学开始呈现一番春意盎然的繁荣景象，人文主义者在希腊罗马作品中寻找古典文化的精髓，他们秉持着批判的态度，有所取舍，尽情地表达了新兴阶级对于自由、爱情的倾诉，创造了许多人类文化的结晶，也奏响了欧洲文艺复兴的序曲。

意大利人文主义运动绵延三百年之久，其间，从 14 世纪下半叶到 15 世纪上半叶可谓最繁荣的时期，我们把这个时期的意大利人文主义运动主要划分为三个阶段：一是以科鲁乔·萨吕达提（Coluccio Salutati，公元 1331—1406 年）、莱昂纳多·布鲁尼（Leonardo Bruni，公元 1370—1444 年）、波焦·布拉乔利尼（Poggio Bracciolini，公元 1380—1459 年）、洛伦佐·瓦

---

① 参见佘碧平：《中世纪文艺复兴时期哲学》，人民出版社 2011 年版，第 234 页。
② 参见张世华：《意大利文艺复兴研究》，上海外语教育出版社 2003 年版，第 43 页。

拉（Lorenzo Valla，约公元 1407—1457 年）为代表的人文主义；二是由马塞尔·费奇诺（Marsilio Ficino，公元 1433—1499 年）和乔万尼·皮科·德拉·米兰多拉（Giovanni Pico Della Mirandola，公元 1463—1494 年）发展出的柏拉图主义；三是彼得罗·彭波纳齐（Pietro Pomponazzi，公元 1462—1525 年）的亚里士多德主义。①

　　第一阶段的意大利人文主义运动发生在人文主义初兴、西方基督教会大分裂、神圣罗马帝国人心渐落的时期，意大利处于各国和宗教势力团体的斗争旋涡之中，此时的人文主义者多为商人、贵族等新兴资产阶级，他们并无明确的政治立场，更在乎的是谁的主张能够被当政者采纳，以此实现自己的利益。如萨吕达提曾师从彼特拉克，任佛罗伦萨市市长，主张维护共和制度，曾发表《论暴君》抨击君主专制，他还致力于收集古代文献手稿，帮助后学研究古代知识，一度形成以他为中心的人文主义圈子，布鲁尼、波焦等都是重要成员。萨吕达提生逢瘟疫流行时期，他开始重新思考人与神的关系，提出人的意志在本性上是自由的。他提倡的共和制度也是基于自由概念建立的，共和制复兴了罗马公民概念，公民有权参与、分享和监督政治权利，其核心就是公民的自由（这里的"自由"限定范围是法律的统治下生活）。在当时佛罗伦萨共和国和米兰公国之间冲突不断，这一制度也是和米兰公国"独夫制度"针锋相对的。② 布鲁尼则更进一步，融合了佛罗伦萨的共和制度和彼特拉克的人文主义，提出"公民人文主义"，强调公民参与公共事务权利，个人为了公共利益可以牺牲自身利益，主要著作有《佛罗伦萨人史》、《论骑士》、《论佛罗伦萨的宪政》等。波焦则作为一个悲观主义者，尤其是在 1453 年任佛罗伦萨市长的时候听闻君士坦丁堡陷落而感到异常悲观，曾撰写《论人类生活的悲惨性》，认为人类的不幸无处不在，人的命运不受上帝约束，究其原因是因为人自身的情绪。他向往威尼斯那样的宪政体制，可以使人们获得更大的自由，还撰写《赞颂威尼斯共和国》一文来表达

---

① 参见佘碧平：《中世纪文艺复兴时期哲学》，人民出版社 2011 年版，第 236 页。

② 参见佘碧平：《中世纪文艺复兴时期哲学》，人民出版社 2011 年版，第 237—239 页；张世华：《意大利文艺复兴研究》，上海外语教育出版社 2003 年版，第 48—49 页。

自己的向往之情。① 瓦拉则一反对亚里士多德主义和一般的人文主义者对古代哲学的态度，更加认同早期拉丁教父的观点。瓦拉通过区分上帝的预知和上帝的意志，上帝的预知仅能知晓人类的命运，但决定人类命运的确是上帝的意志，进而认为人的命运取决于神的意志而非神的预知。因此，人的意志也是自由的，人类可以通过努力来获得神的恩典，而且上帝的心智是可以预知到的。② 他关于自由意志的说法对后来马丁·路德和加尔文产生了巨大的影响，推动了由个人获取神恩（而非教会）的理论发展。

第二阶段人文主义伴随着 1434 年美第奇家族夺取政权开始，美第奇家族利用柏拉图主义为其政权作正当性辩护，建立柏拉图学园，费奇诺就是代表人物之一。费奇诺在美第奇的科西莫支持下，把全部柏拉图的著作从希腊文翻译为拉丁文，还翻译了许多新柏拉图主义者的作品，其主要代表作有《柏拉图的神学或灵魂不朽》、《生命之书》等。在《有关思想的五个问题》中，费奇诺阐述了柏拉图主义的宇宙观和灵魂观。他认为宇宙中存在"自然欲望"，即每类事物本质上都有朝向自身完善的欲望或运动。③ 在每类事物中都有一个最高成员，它是该类事物的本质，其他成员以它为原因和来源。宇宙中的完善等级分为五个，上帝是最完善的等级，人的灵魂等级居中，人通过理性可以理解部分的真理，但无法完全理解上帝。15 世纪末期的皮科曾通过费奇诺来进一步学习柏拉图主义，但他相较费奇诺而言则更加带有折中主义的色彩。他曾作《论人的尊严》，认为人可以并且有能力选择自己生活的形式和价值，人生活在永恒世界和世俗世界之间，可以通过自己的思想超越到永恒世界之中。他还认为真理具有统一性，如果把每个哲学学派中的真理剥离出来，就可以融合得到一个相对统一完善的真理。④

---

① 参见佘碧平：《中世纪文艺复兴时期哲学》，人民出版社 2011 年版，第 239—241 页；张世华：《意大利文艺复兴研究》，上海外语教育出版社 2003 年版，第 50—51 页。

② 参见佘碧平：《中世纪文艺复兴时期哲学》，人民出版社 2011 年版，第 241—245 页；张世华：《意大利文艺复兴研究》，上海外语教育出版社 2003 年版，第 53—55 页。

③ Ernst Cassirer, Paul Oskar Kristeller, John Herman Randall Jr., *The Renaissance Philosophy of Man, Selections in Translation*, The University of Chicago Press, 1948, p.187.

④ 参见佘碧平：《中世纪文艺复兴时期哲学》，人民出版社 2011 年版，第 246—249 页。

当以巴黎大学、牛津大学为首的传统经院哲学衰落之后，15、16世纪以帕多瓦大学、博洛尼亚大学为首的知识中心成为了晚期经院哲学的中心，这些围绕帕多瓦大学形成的经院哲学群体被称为"帕多瓦学派"，并且仍然坚持阿维罗伊主义。彭波纳齐年轻时就曾在帕多瓦大学学习，后到博洛尼亚大学教书，主要著作有《论灵魂不朽》、《论自然结束的原因》、《论命运、自由意志和预定》等。他认为人的灵魂心智既具有永恒心智的抽象性，又具有物质心智的生灭，因此，人的灵魂可以超越物质身体，认识到永恒和不朽的存在。在此意义上，彭波纳齐为晚期经院哲学通向近代自然科学打开了一条重要的通道。[①]

欧洲中世纪三次文艺复兴运动除了在思想层面产生巨大推动和解放作用以外，对社会教育、文学、自然科学、艺术等多个方面都有巨大影响。

在社会教育方面，有一点我们必须要承认，古代文明对于意大利文化的影响是以新的学术已经占领了大学园地为前提的[②]，但还没有到非常激进的程度。随着经济繁荣和文化发展，教育竞争开始活跃起来，大学对聘请的教授给出更高工资，工资水平与学术知名度直接挂钩，再加上当时社会交通和学校食宿非常方便，教师在不同的学校之间教学也成为一种常态，使教师具有更高的自由度。创办学校依靠市政当局就可以，可以不再依存于教会，还有些由私人创办。由市政和私人创办的学校大多是人文主义者管理的学校，这种学校组织效率非常高效，形成了近代意义的教育方式，甚至有些学校直接负责君主家族的教育，这些人文主义者也借着与君主贵族的关系得以在社会阶层中更上一步，取代了以前属于神学家的职责。[③]

在文学方面，随着人文主义的发展，作为官方语言的拉丁语虽然在学校里是必修科目，但是这种语言较为繁琐，不能满足普通民众和没有熟练掌握

---

① 参见余碧平：《中世纪文艺复兴时期哲学》，人民出版社2011年版，第250—251页。

② 参见［瑞士］雅各布·布克哈特：《意大利文艺复兴时期的文化》，何新译，商务印书馆2009年版，第218页。

③ 参见［瑞士］雅各布·布克哈特：《意大利文艺复兴时期的文化》，何新译，商务印书馆2009年版，第228—231页。

拉丁语的新兴统治阶级，然而新兴统治阶级迫切需要通过文学艺术作品来抒发自己的感情，因此通俗语重返意大利，与拉丁语并行不悖，交相辉映，一些文学素养精深的作家和诗人也开始采用通俗语和拉丁语同时作为创作语言。从 15 世纪末到 16 世纪初，这一现象十分明显，例如，波利齐亚诺是当时一名蜚声文坛的通俗语作家，创作了诗剧《奥尔甫斯》，但他同时又擅长运用拉丁语和希腊语赋诗，曾把荷马史诗《伊利昂纪》第 2—5 卷译为拉丁文。但意大利人文主义通俗语文学具有明显的贵族化特征和梦幻主义色彩，这是基于其特殊的历史背景决定的。一方面，佛罗伦萨僭主洛伦佐·德·美第奇（Lorenzo de Medici）在 1492 年去世，导致半岛上出现封建领主割据的局面，1494 年法国国王查理八世进犯意大利，与西班牙争夺意大利的统治权，内部和外部的战争使得意大利陷入苦难之中。另一方面，哥伦布在 15 世纪末发现了美洲大陆，加上奥斯曼土耳其的扩张切断了东西方贸易的道路，商运开始经由地中海转为大西洋，意大利失去了昔日地理上的绝对优势。[①] 加之 16 世纪马丁·路德宗教改革运动震撼了整个欧洲，作为天主教中心城市罗马的声誉更是每况愈下，人们的精神世界遭到动摇。正是在此背景下，意大利的文学显示出了当时人们一种避世态度，在与世无争的文学世界中获得精神上的满足，因而多了几分梦幻主义的色彩。

意大利文艺复兴除了对"人的发现"，还强调对"自然的发现"，在佛罗伦萨，"回归自然"是当时一句颇为流行的话，事实上，意大利文艺复兴对自然科学的贡献是巨大的，尤其是开启了近代科学的大门，而这些创新创造正是基于古罗马的自然科学知识和前两次文艺复兴期间的继承发展。例如在数学方面，15 世纪末期佛罗伦萨的数学家卢卡·帕乔里路加·帕乔里（Luca Pacioli，公元 1447—1517 年）撰写了《算术、几何、比例和比例关系大全》一书，并提出数学是"可以运用于一切事物的普遍规律"的科学论断，另外在 16 世纪上半叶，有帕维亚的数学家吉罗拉莫·卡尔达诺（Gerolamo Cardano，公元

---

① 参见张世华:《意大利文艺复兴研究》，上海外语教育出版社 2003 年版，第 62—63 页。

1501—1576 年）和布雷西亚的数学家尼科洛·丰坦纳（Niccolò Fontana，公元 1499/1500—1557 年）分别著《伟大的艺术或论代数定理》和《关于数和度量的总论文》，第一次论述了解答三次方程式的代数方法。① 基础数学的发展也推动了物理学、天文学、建筑学、美术、雕塑等诸多方面的重大进步。正如恩格斯所说："文艺复兴的'伟大时代'，超过了古希腊人和中世纪阿拉伯人的成就，并且产生了现代自然科学……可以说得上是唯一的科学。"②

在天文学方面，古希腊天文学家托勒密创造的"地心说"获得了基督教会的肯定，统治欧洲思想长达 1300 余年之久。直到 16 世纪波兰天文学家尼古拉·哥白尼（Nicolaus Copernicus，公元 1473 年—1543 年）的"日心说"问世，推翻了托勒密的"地心说"，其著作《天体运行论》具有划时代的意义，但在当时冲击了天主教会的权威，曾一度被教皇列为禁书。之后更有思想家、天文学家乔尔达诺·布鲁诺作为反对宗教蒙昧主义的战士，他因主张人们有充分怀疑宗教的自由和支持哥白尼的日心说，还进一步提出宇宙的每一个部分到处都存在着不停顿的运动，属于天文学的重大突破。但这些思想都触及了天主教会的底线，最后被宗教裁判所逮捕并烧死在罗马的鲜花广场上，他在临死之际还大声说："黑暗即将过去，黎明就要到来，真理终将战胜邪恶！"③ 后人于 1889 年在鲜花广场为他竖立了一座铜像以纪念这位坚持真理的勇士。④

作为他们的后继者，著名的物理学家和天文学家伽利略·伽利雷（Galileo Galile，1564—1642 年）也是人文主义复兴的代表。他自幼接受人文主义教育，在大学时代，伽利略就发现了钟摆的运动规律，而后根据流体静力学发明了天平。1589 年他在比萨大学教书，并同时进行自由落体的科学实验，

---

① 参见张世华：《意大利文艺复兴研究》，上海外语教育出版社 2003 年版，第 187 页。

② ［苏］索柯洛夫：《文艺复兴时期哲学概论》，汤侠生译，北京大学出版社 1983 年版，第 13 页。

③ 刘儒庭：《永恒之城——罗马》，长春出版社 1997 年版，第 59 页。

④ 参见张世华：《意大利文艺复兴研究》，上海外语教育出版社 2003 年版，第 188—189 页。

最终以有力的事实推翻了亚里士多德的错误理论，他研究了速度、加速度、重力、惯性等，发明了温度计和军事罗盘，在物理学方面被称为"现代物理学之父"。他的另一主要贡献还体现在对天文学的观测上，他用自己发明的双筒望远镜发现了木星的卫星和金星的位相，从此揭开了天文学新的一页。他还首次观测到月球的表面是凹凸不平的，改变了亚里士多德"天体是完美无缺的"错误论断，沉重地打击了天主教会的谎言。他的这一系列发现引起教会不适，尤其在他公开支持哥白尼的日心说后，遭到天主教会的围攻，虽然他为了保全科学手稿曾违心地表示放弃哥白尼的学说，但是他最后仍然被宗教裁判所判处终身监禁。出于对科学真理的执着追求，伽利略晚年在痛失妻女、孑然一身的情况下还坚持著书，最终完成了《关于力学和局部运动两种新科学的对话和数学证据》（Discorsi e Dimostrazioni Matematiche, intorno a due nuove scienze）一书，这一部系统表述力学、声学、分子物理学和材料力学原理的科学著作，给予了以亚里士多德物理学为基础的经院哲学最为沉重的打击。1642 年，伽利略与世长辞。人们为了纪念他在科学上的卓越贡献，将他的遗骨安葬在专门安置名人灵柩的佛罗伦萨圣十字教堂内。[①]

在文艺复兴倡导的人与自然的关系问题上，除了科学之路还有一条艺术之路，对自然之美的领略和总结也是意大利人在文艺复兴运动中首先展开的。在美术方面，继但丁、彼特拉克、薄伽丘"文坛三杰"之后，在 14—16 世纪意大利文艺复兴时期绘画艺术臻于成熟，出现了"美术三杰"，分别是：列奥纳多·达·芬奇（Leonardo da Vinci，约公元 1452—1519 年）、米开朗基罗·博那罗蒂（Michelangelo Buonarroti，1475—1564 年）和拉斐尔·桑西（Raffaello Sanzio da Urbino，公元 1483—1520 年）。达·芬奇是文艺复兴中期著名的美术家、科学家，其代表作有《最后的晚餐》、《蒙娜丽莎》等。达·芬奇依据"我们的一切知识都来源于感觉经验"这一基本观点来处理艺术和现实的联系，指出自然是艺术的源泉，艺术是自然的模仿者，主张艺术回归自然，体现了人文主义的价值诉求。米开朗基罗是意大利文艺复兴时期伟大的绘画家、

雕塑家、建筑师和诗人，是文艺复兴时期雕塑艺术最高峰的代表，其代表作品有《大卫》、《摩西》、《奴隶》、《创世纪》、《最后的审判》等。米开朗琪罗的艺术创作受到人文主义思想和宗教改革运动的影响，常以现实主义的手法和浪漫主义的幻想来表达市民阶层爱国主义精神和为自由而斗争的精神面貌。他在晚年遇到信仰危机之时，在《最后的审判》中表达自己遭遇的精神痛苦，倾注了满腔悲剧性的激情。① 拉斐尔是意大利著名画家，代表作有《西斯廷圣母》、《雅典学派》等，他的作品优雅、秀美，他善于把"神"画成具有"人"的形象，其代表作《西斯廷圣母》中的圣母就是一个神态优美、心地善良的普通母亲的形象，他的作品体现了他独特的画风和当时的人文主义思想。②

在音乐方面，基督教会一早便重视音乐对于传播信仰的重要性，音乐成为宗教礼拜仪式的一个重要组成部分，基督教基本把控了西欧音乐的发展模式和路径，在西罗马帝国灭亡之后，罗马和米兰成为基督教音乐的两大中心。音乐第一次出现较为重大的变化在中世纪盛期，西方音乐进入一个新的发展阶段，一方面，基督教音乐继续发展，形成了复调音乐的哥特式风格，它与让人产生向上升华、天国神秘幻觉的哥特式建筑交相辉映；另一方面，以吟游诗人为主体的世俗骑士音乐也开始兴盛起来。到 14 世纪初，新兴统治阶级需要摆脱教会的束缚，抒发自己的心声，在音乐上出现了西方音乐史上的"新艺术"时期，以意大利和法国为发源地，代表人物有天主教神职人员弗朗切斯·兰迪诺（Francesco Landini，约公元 1325—1397 年），他擅长演奏小型管风琴，填词歌曲达 150 首以上，全都是世俗歌曲，抒发了渴望意大利统一的爱国主义情怀。随着 14 世纪人文主义文艺复兴的开始，世俗音乐业已逐渐形成，到了 15 世纪，复调音乐开始在欧洲各国兴起，其中以尼德兰乐派（Netherlandish Music School）最为突出，尼德兰乐派利用模仿手法使复调音乐的各个声部取得平衡，创造出与哥特式音乐迥然不同的音乐风格，更是影响了后来奥兰多·德·拉索等著名音乐家。在音乐、诗歌、舞蹈

① 参见张世华：《意大利文艺复兴研究》，上海外语教育出版社 2003 年版，第 58—59 页。

② 参见朱龙华：《意大利文艺复兴的起源与模式》，人民出版社 2004 年版，第 58 页。

等艺术的发展基础上，文艺复兴时期还诞生了新的艺术形式——歌剧。人文主义音乐家搜集翻译古希腊的戏剧作品，加以改革和创新，赋予现实精神，直到 1600 年在罗马上演的《灵魂与躯体的体现》开始具有近代歌剧的雏形。到 17 世纪，威尼斯创建了第一个固定的歌剧院，优美的旋律代替了昔日的朗诵，受到了人们普遍欢迎。①

意大利人文主义文艺复兴的诸多成果我们不一一列举，可以肯定的是，文艺复兴深刻地解放了人们思想的禁锢，更是直接促进了 16 世纪宗教改革和 16 世纪末 17 世纪初期近代哲学的兴起，打开了新时代的大门，而中世纪这一历史阶段也随着地理大发现、16 世纪宗教改革、自然哲学兴起和经院哲学的衰落等重大历史事件进程而走向终结，改革分裂后的天主教会更是直接失去了与世俗政权对抗的力量，拉丁西方世界从神权统治逐渐走向君主制和共和制，拉丁语也逐渐被欧洲各国语言所取代，民族意识逐步占据主导地位，西方社会的物质和精神都进行重新建构。②

综上来看，如果简单地把整个中世纪时期称之为"黑暗时代"显然是不合理的。作为新时代的学者，我们对待中世纪应该用辩证的眼光来看，既要看到中世纪时期宗教统治僵化、严酷的一面，又要看到人类在追求理性和发明创造过程中的不懈努力和辉煌成就。

思考题

1. 如何认识西罗马帝国解体后早期中世纪社会文化的建构？

2. 如何看待"黑暗时代"（公元 6—10 世纪）的社会特征与文化复兴？

3. 拉丁西方形成的历史过程与基本因素。

4. 如何认识中世纪的衰落与文艺复兴的意义？

---

① 参见张世华：《意大利文艺复兴研究》，上海外语教育出版社 2003 年版，第 208—212 页。

② 参见朱龙华：《意大利文艺复兴的起源与模式》，人民出版社 2004 年版，第 320—324 页；[瑞士] 雅各布·布克哈特：《意大利文艺复兴时期的文化》，何新译，商务印书馆 2009 年版，第 592—603 页。

第三章　公元 2—5 世纪的哲学家

　　从公元 2 世纪起，在基督宗教内部兴起了一批神学家，他们在直接继承公元 1 世纪使徒教义学说的基础上，对基督宗教教义进行了系统的阐述、解释和辩护。这些神学家在基督宗教的历史上通常被称为"教父"（patristic）[1]。"教父"一般具有四个基本特征，它们是：持有正统学说、过着圣洁生活、为教会所认可以及活动于基督宗教产生的早期。[2] 教父较为成体系的思想学说及其在基督宗教中的正统地位，是他们在与各种（异端的或者异教的）思想体系的斗争和论战中形成并获得的。一方面，一些具有较高理论素养的教父，对早期教会中一些分散和不连贯的信仰教义和启示材料，进行了理论上的加工和系统性的整理，使之成为前后一致、具有内在逻辑联系统一的信仰体系和神学体系；另一方面，一些教父面对其他思想体系（特别是希腊哲学）在学理层面的质疑和批判的时候，有必要对基督宗教教义及其概念作理论上的澄清和论证，使之更为明晰并具有逻辑上的连贯性。在对信仰材料进行系统化整理和学理层面的澄清与论证中，早期教父不仅运用了大量的哲学方法和哲学概念，而且也提出并思考了若干的哲学问题。教父哲学就是在这样的背景下产生的，它是基督宗教信仰同希腊哲学、罗马社会文化冲突和融合的结果。

　　本章依照篇幅的需要将其分为两节，第一节为希腊教父，第二节为拉丁教父，主要是以哲学家使用语言的不同而划分。罗马帝国是以地中海为中心建立起来的庞大帝国，在其版图内包含了众多的不同民族和社会文化传统。

---

　　① 这里使用形容词代替了名词，与 Fathers of Church（教父）有所区别。教父时代有自己的特色，特别是基督教早期时代，基督教教父具有强烈的护教士色彩。

　　② 参见赵敦华：《基督教哲学 1500 年》，人民出版社 2007 年版，第 55 页。

不过从通行的语言上，罗马大致可以分为东部地区和西部地区，东部以希腊语为主，西部则流行拉丁语。基督宗教首先是在希腊语地区流传开来，然后传播到了拉丁语地区。在总体上，他们的神学基础和哲学基础是一致的，只是在面对相应的神学问题和哲学问题时，重点有所不同和偏重；不过不同语言的使用往往会对生活在不同地区的神学家和哲学家产生一定的影响，会导致他们思想风格的差异。这也是他们在历史上被称为希腊教父和拉丁教父的主要原因。教父的分类也有其他不同方式，如教父著作选的现代编者们也会根据 325 年的尼西亚（Nicea）大公会议为界限，将他们分为前尼西亚教父和后尼西亚教父。不论划分的根据是什么，都是对 2—5 世纪为数众多神学家和思想家的梳理与阐释，本章人物的取舍虽然主要依据哲学的意义来进行，但主导他们思想的是神学，因此在梳理和表述他们的著述与思想时，也会包含一定的神学内容。

第一节　希腊教父

本节所涉及的希腊教父，主要包括公元 2 世纪到公元 5 世纪罗马东部地区的神学家和思想家。这些地区涉及地中海东岸以及地中海北岸和南岸的东部，主要有原希腊城邦地区、小亚细亚、巴勒斯坦和埃及等地；早期的思想中心是安条克地区（Antioch，也译安提阿）和亚历山大城（Alexandria）。在哲学上的主要代表人物有查士丁、克莱门特和奥利金等。

亚里士泰德（Marcianus Aristides，约生活于 1 世纪末和 2 世纪初）和**夸德拉图**（Quadratus，约生活于 1 世纪末和 2 世纪初）[①]

基督宗教从使徒时期到获得罗马帝国认可的这段时间，面临最严肃的问

---

① 主要参考：（1）Etienne Gilson, *History of Christian Philosophy in the Middle Ages*, New York: Random House, 1955, New York: Random House, 1955, pp. 9-11；（2）Frederick C. Copleston, A history of philosophy, Volume II, Medieval Philosophy, New York: Image Books, 1985, pp. 16-17；（3）[美] 胡斯都·L. 冈察雷斯：《基督教思想史》第 1 卷，陆泽民、孙汉书、司徒桐、莫如喜、陆俊杰译，译林出版社 2008 年版，第 92—93 页。

题就是它同罗马社会关系的问题，换句话说，就是它如何为罗马政权和罗马公民所认可的问题。这就注定了早期教父们的首要任务不是阐发基督宗教信仰，而是护教，即早期教父们的著作基本不是基督宗教义理探析，而是申辩，回应它所面临的信仰和文化方面的挑战，主要是来自罗马政权和公民的诘难。这个过程中，教父们为了阐述之便，借用了希腊—罗马的哲学术语和语言（希腊语），同时也开启了希腊哲学同基督教信仰的融合，无论最初希腊教父们使用哲学术语表达基督信仰的动机是什么，这一行为不可避免地促进了二者的交流。基督宗教最早的两篇申辩都是希腊语写成的，分别为亚里士泰德和夸德拉图所写。

第一位以"基督教哲学家"自居的希腊教父是亚里士泰德，他的申辩约成于公元 138 年之前或公元 140 年，写给哈德良（Hadrian）皇帝或安东尼大帝（Emperor Antonius Pius）。他认为信仰使对上帝和人类法则的理解上升到了一个新境界，因此，基督教信仰是高于希腊哲学的。这篇申辩的主要目的是反对希腊和埃及异教攻击，同时宣扬基督宗教。文中，他从世界的秩序和运动的角度出发，认为宇宙"不动的推动者"正是上帝，他设计了宇宙及其秩序，他是永恒的、完美的、不可理解的、智慧的、善的，等等。另外一篇最早申辩来自夸德拉图，其文已佚，推测在公元 117 年至 138 年期间完成。

查士丁（Justin Martyr，约 100—165 年）①

查士丁生于巴勒斯坦纳布卢斯地区的一个异教家庭，后来皈依基督宗教，并殉道。查士丁著有两篇申辩（The First Apology 和 The Second Apol-

---

① 主要参考（1）Etienne Gilson, *History of Christian Philosophy in the Middle Ages*, New York: Random House, 1955, New York: Random House, 1955, pp. 11-14；（2）Frederick C. Copleston, *A History of Philosophy, Volume II*, New York: Image Books, 1985, pp. 16-18；（3）*Ante-Nicene Fathers, Volume I*, edited by Alexander Roberts, D.D. and James Donaldson, LL. D., Hendrickson Publishers, Inc., 1994（Fourth printing 2004），pp.244-246；（4）赵敦华：《基督教哲学1500 年》，人民出版社 2007 年版，第 59—60 页；（5）翟志宏：《托马斯难题：信念、知识与合理性》，中国社会科学出版社 2014 年版，第 69—73 页；（6）赵敦华、傅乐安主编：《中世纪哲学》上卷，商务印书馆 2013 年版，第 5—15 页；（7）邓晓芒、赵林：《西方哲学史》，高等教育出版社 2005 年版，第 87 页。

ogy）和一篇《与蒂尔夫的对话》（Dialogue with Trypho），文中大量使用了希腊哲学术语。查士丁自称他是在经过了一生的追寻之后终于发现了基督宗教的，并为其殉道，后世称其为"殉道者查士丁"（Justin Martyr），他是最早将希腊哲学同基督宗教结合起来的护教士，因此一般认为他是"基督宗教哲学真正的开端"。

年轻时代的查士丁认为哲学应该是一种生活方式，它的目标是要探索关于神的知识，当时的哲学家也是这样认为的，吉尔松描述道，当时的哲学家和今天的僧侣一样，走在大街上你可以一眼就认出来，他们各个方面同普通人都不一样，他们的使命就是探索神。因此查士丁希望哲学可以指引他到上帝那里去。首先他找到的是斯多亚派学者，但是该派哲学对上帝的问题不感兴趣，对此一无所知；其次他找到了逍遥学派学者，过几天这名学者和他谈学费的问题，查士丁认为这不是真正的哲学家；继而他找到毕达哥拉斯学派学者，但是毕派认为他不懂几何、天文和音乐，是没有办法学习到上帝的知识，而他本人既不愿意浪费时间、也不愿意浪费金钱在这些知识上面，查士丁放弃了；再后来他遇到一位享誉盛名的柏拉图主义学者，在这里查士丁看到了"理念"的世界，这种脱离质料的学说使他十分满意，他自认为找到了一直寻找的答案，甚至认为柏拉图哲学的目的就是为了窥视上帝。在晚年时期，他遇到了一位年长的基督徒，这位基督徒和他探讨了上帝、灵魂和灵魂转世，对于他而言基督宗教的这些理论比柏拉图哲学更具有说服力，他毫不犹豫地皈依了基督宗教。

这位长者和查士丁的讨论体现了 2 世纪时期非基督徒皈依基督教的一般过程，具有代表性。他们（在用别的学说）讨论上帝时，长者告诉查士丁，如果人的灵魂见过了上帝又忘了，这就说明这个人是不值得窥见上帝的，上帝是美。灵魂转世是站不住脚的，如果灵魂不结合肉体再转世，那么审判的时候就不能惩罚了，因为灵魂不应该单独为罪负责。以上两点是非常具有基督宗教特点的，同时对柏拉图的回忆说造成了巨大的冲击，独立灵魂，它不是生命，它具有生命是因为上帝赋予了其生命，灵魂本身并不是不朽的。柏拉图的回忆说和灵魂不朽经历过长时间发展本身就具有了漏洞，而基督宗教在这些理论方面更具有说服力，因此查士丁认为宗教在这些问题上面做得比哲学更好，它是高于哲学的，哲学的目标是要获得上帝的启示。

查士丁并没有因此将哲学和基督宗教对立起来，反而认为希腊哲学是基督宗教的准备阶段，它们都思考同样的问题，但是真正的答案只能在《圣经》中找到。在第一篇申辩中，查士丁对"道成肉身"非常认同，他认为哲学家的逻各斯（Logos）是道（Word）的一部分，道成肉身变成了基督，是上帝的长子。哲学与基督宗教揭示的是同一个真理。在第二篇中他摆脱了当时盛行的斯多亚主义，他认为逻各斯就像种子理性，人类在不同程度上面拥有它，这种子不是道本身，是对道的分有或者模仿，而这一切都是来自上帝的恩典。这些观点对后世基督宗教产生了很大的影响。我们可以看见查士丁将哲学和基督教结合起来的努力，这一努力也揭开了哲学与宗教、理性与信仰融合的序幕。

塔堤安（Tatian，约公元 120—180 年）①

塔堤安生于亚述利亚的非基督教家庭，受过良好的希腊教育，擅长修辞学和论辩，其文风也充满了论辩色彩，奉行苦行主义。他师从查士丁，并因其受洗皈依，但是他并没有秉持查士丁对哲学的宽容态度，而是对希腊哲学进行了强烈的批评和排斥。毫不夸张地讲，就是从塔堤安开始，哲学能不能与神学融洽相处，成为了人们不得不思考的问题。在查士丁殉道之后，塔堤安叛教离开了罗马，向东回到了自己的出生地亚述地区，此后就销声匿迹了。他的著作有《致希腊人书》（Oratio ad Graecos）、《四福音书合参》（Diatessaron）、《论灵魂》（De Anima）、《论问题》（On Problems）、《论

---

① 主要参考：（1）Etienne Gilson, *History of Christian philosophy in the Middle Ages*, New York: Random House, 1955, pp. 14-16；（2）Frederick C. Copleston, *A History of Philosophy, Volume II*, New York: Image Books, 1985, pp. 18-19；（3）Emily J. Hunt, *Christianity in the Second Century: the case of Tatian*, Landon and New York: Routledge, 2003, pp.1-19；（4）*Tatian: Oratio ad Graecos and Fragments*, Molly Whittaker（ed. & trans.）, Oxford: Clarendon Press, 1982, Introduction IV-XXII；（5）William L. Peterson, *Tatian's Diatessaron: its creation, dissemination, significance,and history in scholarship*, Leiden: Brill, 1994, pp.1-83；（6）*Ante-Nicene Fathers, Volume II*, D.D. and James Donaldson, LL. D.,Hendrickson Publishers, Inc., 1994（Fourth printing 2004）, pp.96-132；（7）赵敦华：《基督教哲学 1500 年》，人民出版社 2007 年版，第 61—62 页；（8）赵敦华、傅乐安主编：《中世纪哲学》上卷，商务印书馆 2013 年版，第 26—35 页。

来自救世主的完美》(On Perfection according to the Saviour)，以及一部据说是在他计划之中的《至宣扬上帝之人》(To Those who have propounded Ideas about God)，但不清楚完成没有。

塔堤安的生平事迹比较神秘，人们对他的了解主要来自伊里奈乌(Irenaeus)和尤西比乌斯(Eusebius)的相关记载，特别是查士丁殉道后他离开罗马，东行回到自己出生地之后的历史。我们只知道他在美索不达米亚建立起了自己的学派，他的学说在叙利亚、安提阿、西里西亚和皮西迪亚地区具有影响力。塔堤安是一位备受争议的人，尤其是其哲学观点、神学思想、论辩文风，这些无不打上了2世纪的时代烙印，但是也处处透露着他的个性，随着教会史研究的深入，我们发现传统主流教会史对他的描述是值得商榷的。他是护教士，却也是叛教者；是圣徒，也被定为了异端。

塔堤安的人生际遇同他所处的时代背景息息相关。公元2世纪在基督宗教发展史上十分重要，这个时期基督宗教要处理同罗马社会、犹太教之间的关系，在其内部的正统和异端之争并非是否坚持了正统教义，争论的实质其实是教会内部各方势力的角逐，因为《圣经》的篇目直到2世纪末才完全确定下来。公元2世纪的真实状况是大公信仰没有确立，基督宗教存在着多股力量，塔堤安所在的和后来他创建的教会只是其中的一股，因此，这个时期所说的异端同大公信仰确立了之后被判定的异端是不可相提并论的，塔堤安是在前一种意义上面被定为异端。塔堤安被定为异端同他激烈的论辩风格也有关系，吉尔松描述道，经常到最后只让人记住了他激烈的言辞，忘记了辩论的内容。保罗及其信徒成功在大公教会中确立了自己的地位之后，东部亚述地区教会试图通过塔堤安使自己同大公教会产生联系，因此封其为了圣徒。简言之，从信仰的角度来看，塔堤安是忠诚于基督宗教的，他不赞同的是当时的罗马教会，在他的老师查士丁殉道后，他离开了罗马，在叙利亚地区建立起了自己的教派，对当地的影响很大，后来东部教会要确立自己的正统地位，大公教会才承认了塔堤安在基督宗教发展中的作用，将其视为希腊护教士。

塔堤安的哲学和宗教思想是十分丰富的。他发现希腊有思想的人已经开始对旧神学体系失去了兴趣，希腊众神在伦理道德方面并不检点，并且这种神学体系内部存在着自相矛盾，更重要的是他们为宿命论所压抑，希腊哲学和神学有突破自身体系的要求，哲人们转而是对新移民的宗教更感兴趣。在《至希腊人》中，他明确表示了基督宗教神学是高于希腊哲学的，面对希腊—罗马对基督宗教的抵制，他说："不要敌视外来者①，希腊人，也不要排斥他们的信仰，因你们的文化哪一样不是外来的呢？"希腊继承了巴比伦的天文学、埃及的几何学和历史、腓基尼的拼写文字、托斯卡纳的造型艺术，希腊是文化的集大成者，但并不意味着它比别的文化高级。希腊哲学家们的生活并不高尚，哲学观点充满了谬误，甚至还相互矛盾。伦理学上提倡精英文化，使得大众得不到幸福。即使是他们最值得骄傲的哲学，塔堤安说那也是从外来文化中学习到的，这点深为犹太教所认同并引用：希腊哲学信条是从《圣经》中借鉴来的，哲学晚于《旧约》，其洞见都是来自《圣经》，自己加上去的都是谬误。《四福音书合参》是塔堤安为了宣教所著，具有重要的历史地位，在后世福音书引证研究上占据着一席之地，是不可以绕过的。②《四福音书合参》也为早期基督教会研究提供了不可或缺的材料。

阿萨纳戈拉斯（Athenagoras，约公元 133—190 年）③

阿萨纳戈拉斯在教会早期没有受到关注，除了他的两部作品外，对于他基本上没有什么记录了。阿纳萨戈拉斯是位出色的希腊护教士，巴纳德教

---

① 一些学者将原文的外来者按照希腊文的字面意思翻译为野蛮人，塔堤安用希腊人形容受过主流教育的人，用外来人形容未开化的人，并不一定指的是野蛮人。也有学者提出"野蛮人"是不是特定指基督教徒的问题。

② 阿瑟·沃比斯（Arthur Vööbus）在《新约早期版本》的开头就写道，《新约》文本早期在成为完整体系的过程中，没有人比塔堤安更重要。

③ 主要参考：（1）Etienne Gilson, *History of Christian Philosophy in the Middle Ages*, New York: Random House, 1955, pp. 16-19；（2）Frederick C. Copleston, *A History of Philosophy, Volume II*, New York: Image Books, 1985, p. 19；（3）*Ante-Nicene Fathers, Volume II*, D.D. and James Donaldson, LL. D., Hendrickson Publishers, Inc., 1994（Fourth printing 2004），pp. 197-259；（4）Leslie W. Barnard, *Athenagoras: A Study in Second Century Christian Apologetic*, Paris: Beauchesne, 1972, pp. 9-18.（5）Athenagoras, *Athenagoras: Legatio and De Resurrectione*, William R. Schoedel（ed. & trans.），Clarendon Press, Oxford: Oxford University Press, 1972, Introduction IV-XXXVI.（6）赵敦华：《基督教哲学 1500 年》，人民出版社 2007 年版，第 62—64 页；（7）赵敦华、傅乐安主编：《中世纪哲学》上卷，商务印书馆 2013 年版，第 16—25 页。

授（Leslie W. Barnard）在《阿纳萨戈拉斯：2 世纪基督护教学研究》一书中称其为"最有才干的希腊护教士"。对于阿萨纳戈拉斯的褒贬是不一的，特别是对于他的文风和论证方式，有的学者认为他吸收了希腊哲学之长捍卫了基督宗教信仰，有的学者认为他逻辑混乱，使用的论证并未能达到其最终目的，这些评价各有道理。现存的哲学史没有给阿萨纳戈拉斯很多笔墨。他利用了希腊哲学与文化来阐述基督教信仰，整个护教士时期，这方面阿萨纳戈拉斯做得是最好的。他是罗马公民，对希腊—罗马文化有非常好的了解，阿萨纳戈拉斯是为了反对基督宗教才研究它的，最终却皈依了基督宗教。在他的作品中不仅仅运用了希腊文化与哲学，他还使用了非常丰富的神话题材，而这些都是旗帜鲜明地服务于他护教和宣教的目的。

阿萨纳戈拉斯保留下来的两部著作，第一部是《为基督徒辩护》(Legatio Pro Christianis)，第二本书是《论死后复活》(De Resurrectione)。在《为基督徒辩护》一书中，阿萨纳戈拉斯主要针对当时对基督徒的三项指控提出辩解：吃人肉（cannibalism）、乱伦（incest）和不敬神（atheism）。前两项阿萨纳戈拉斯并没有花费太多精力辩解，因为这些基本上是来自于对基督宗教圣餐和家庭教会的误解，澄清就好了，不敬神的指控和这两种情况存在性质上的区别。罗马公民，有义务参与到国家举行的宗教盛典之中，但是基督宗教信仰是排他的，不可拜偶像，不可拜别神，因此就被攻击为不敬神。不敬神使得基督徒在宗教上和政治上被判定为反叛的，针对这点阿萨纳戈拉斯展开了他认为充分的辩护，阿萨纳戈拉斯偷换了不敬神和无神论的概念，他着重论述的是基督徒并非无神论。在《死后复活》中，阿萨纳戈拉斯着重分析了死后复活有无必要的问题，以及其他一系列相关的理论问题。阿萨纳戈拉斯认为上帝创造了人类，当然有能力在人类失去了肉身之后再为人类创造肉身，他坚持人是灵肉合一的，这二者是相互依存的关系。

阿萨纳戈拉斯的理论融合了希腊哲学和基督宗教哲学的观点，提出来了很多后世才发扬光大的想法。他提出信仰和理性是一致的，要区别真理的论证（the arguments for truth）和真理论证（the arguments about truth），前者并不是必要条件，永远也不是充分条件，后者对于救赎来说永远是必要的，而且是充分的，这在后来的自然神学中得到进一步阐述。他提出来善是上帝存在的属性，不是最高形式的灵魂，借此规避了新柏拉图主义流溢方法的弊端，保持了善的超越性。他还提出来只有通过"奴斯"上帝才能被认识，上帝本身是不可知的，在灵魂论和天使论上面也都留下了诸多的发展空间。当然，他因为时代的局限，理论中也存在问题，比如他强调上帝创造物质，是超越物质的，同时他又强调了上帝的空间全在性。总之，阿萨纳戈拉斯的神学观点丰富且得到系统阐述，具有很高的研究价值，吉尔松在《中世纪基督教哲学史》(History of Christian philosophy in the Middle Ages) 中称赞其为"晚到的思想高峰"。

提奥菲勒（Theophilus of Antioch，约公元 115—181 年）①

安提阿的提奥菲勒详细生卒年月不能确定，但是他的著作提到了马可·奥勒留之死（公元 180 年 3 月 17 日），我们只能据此推论其大致生平时间。他生活在两河流域，讲希腊语，并且熟悉希腊文化，年轻时代的提奥菲勒学习并不用功，没有很强烈的学习欲望，他不想将所有的时间都花在图书馆里，有可能结婚了，其作品现存的有三卷本《致奥托莱克》(To Autolycus)。

提奥菲勒和前人一样，都是从一神论信仰开始，讨论上帝的创造、宇宙的秩序、律法、公义和虔诚等问题，这些问题之前的希腊教父都有涉及，而提奥菲勒对"无中生有"创造（creation out of nothing, creatio ex nihilo）教义的贡献最大。他认为希腊哲学家和基督信徒一样，都是受到过圣灵的感召，区别是程度不一样，希腊哲学中也存在对这个世界和上帝的正确认知。《圣经》在《创世纪》中告诉了人们世界是如何形成的、事物是如何起源的，因此，他认为注经是了解事物起源的唯一合适的方法。就此，他开启了基督

---

① 主要参考：(1) Etienne Gilson, *History of Christian Philosophy in the Middle Ages*, New York: Random House, 1955, pp. 19-21；(2) Frederick C. Copleston, *A History of Philosophy, Volume II*, New York: Image Books, 1985, p. 20；(3) *Ante-Nicene Fathers, Volume II*, D.D. and James Donaldson, LL. D., Hendrickson Publishers, Inc., 1994（Fourth printing 2004），pp. 133-196；(4) 赵敦华：《基督教哲学 1500 年》，人民出版社 2007 年版，第 64—67 页；(5) 赵敦华、傅乐安主编：《中世纪哲学》上卷，商务印书馆 2013 年版，第 36—45 页。

宗教长达千年的《创世纪》注经传统。

在《致奥托莱克》中，提奥菲勒反对异教崇拜的神，这些神都是有形象的，严格来讲就是偶像崇拜，而基督宗教的上帝是看不见的，他只对人的灵魂可见，但在有罪恶的黑暗之中看不见上帝。他认为上帝是没法命名、不可描述的。上帝名称都是我们从他的特性和作品中借来的，比如"God"本身指的是创造者和推动者，"Lord"指的是宇宙主宰，关于上帝的命名，后世神学家们也展开了深入而广泛的探讨。他认为上帝是可知的，就像通过桌子可以知道有个木匠一样，通过上帝的作品可以知道有一个万事万物的主。这里提奥菲勒为后来自然神学的研究方法奠定了基础。除此之外，提奥菲勒还对上帝的不可理解、力量、智慧、永恒、不动等性质进行了讨论，虽然这些探索没有太多原创性，但是他促进了哲学和神学的融合。他对古希腊哲学的解释不尽然是对的，有些甚至还是误读，但是他非常尊重柏拉图，尊重希腊哲学。

伊里奈乌（Irenaeus，约公元 130—202 年）①

伊里奈乌（又译爱仁纽）在 2 世纪的基督教会史中占有重要的地位，他出生于士买那（Smyrna）的基督教家庭，主要任务和贡献是反对当时流行的诺斯替主义，并旗帜鲜明提出，同一个人不可能同时是诺斯替信徒又是基督教徒。留存有五卷本的《驳异端》（Adversus Haereses），希腊文名称的意思是探索并反驳自成一派的"诺斯替主义"（Gnosticism），当然这本书也是这么做的。

信奉诺斯替派的人其实不都是基督徒，这个名称（诺斯替）涵盖了当时一系列同基督宗教正统观点不一致的观点或者思想。这些观点有个共同

---

① 主要参考：(1) Etienne Gilson, *History of Christian philosophy in the Middle Ages*, New York: Random House, 1955, pp.21-24；(2) Frederick C. Copleston, *A History of Philosophy, Volume II*, New York: Image Books, 1985, p. 22；；(3) *Ante-Nicene Fathers, Volume I*, D.D. and James Donaldson, LL. D., Hendrickson Publishers, Inc., 1994 (Fourth printing 2004), pp.508-；(4) 叶秀山：《西方哲学史：学术版》第 3 卷，江苏人民出版社 2005 年版，第 45—50 页；(5) 赵敦华：《基督教哲学 1500 年》，人民出版社 2007 年版，第 67—70 页；(6) 赵敦华、傅乐安主编：《中世纪哲学》上卷，商务印书馆 2013 年版，第 46 页—56 页。

的特点，那就是企图将信仰（pistis）融合进人类理智（gnosis）之中，因此得名诺斯替主义。很多神学家一直以来都坚持反对将信仰完全融合进人类理智中，因为人类理智是有限的，伊里奈乌在这方便成就卓著。伊里奈乌说真正的知识（Gnosis）是十二使徒的教导，其含义同查士丁说真正的哲学是基督宗教信仰一样，都是强调了信仰的绝对地位。伊里奈乌使用了自然神学的基本方法探讨基督教信仰，虽然在当时教父们并没有将其发展为自然神学体系，他说我们生活在一个充满了奥秘的世界，我们不清楚为什么日升月落，不清楚尼罗河的潮涨潮落，不清楚候鸟的春来秋去，也不清楚四时的浓雾薄雨，人类连自然界都没能探索清楚，更何况上帝的一切。同样，对于世界和生命的起源，我们也一无所知。诺斯替派装作自己知道，其实是对理智的边界有所误解。诺斯替派使用理智使得信仰理性化，而使用理智能理解的来类比神圣存在，这是不对的，上帝只能使用神圣的知识来理解。比如道成肉身，他们无法理解，诺斯替派就在上帝和人类之间设立了中介，这是人类理智自身的缺陷，还有圣父、圣子、圣灵之间的关系等等，这些都是人类理智可洞见之外的。

在神正论问题上，伊里奈乌反对诺斯替派为了解释自然和道德的恶而设定了两位上帝的做法。他认为，只有一位上帝，这位上帝既是《旧约》的上帝，也是《新约》的上帝，他从自由而不是从必然中创造世界。这个世界在伊里奈乌看来，并不是上帝意志的扭曲，它从无中被创造，是上帝神圣意志的自由行为，除了上帝的善，没有别的原因，不是上帝错误的结果。人也是一样的，上帝创造人的时候人本性是善的，并不像诺斯替派认为的那样，上帝创造了善恶两种人，且两种类型不可转化。关于人类本质，伊里奈乌反对将人的灵魂区分为"灵的"、"动物的"和"质料的"，他认为人的灵魂就是一个整体，和身体一起构成了完整的人，人的灵魂不可以区分部分，但是可以区分功能：观察、认知、理性等等，其中最重要的是理性和自由，也正是这两种属性使得审判是可能的，人的灵魂和身体一起接受审判，二者不可分割，但是伊里奈乌为了反对灵魂转世强调了灵魂的物质性，这同后来基督宗教正统教义有所出入。

伊里奈乌通过波利卡普（Polycarp）同早期使徒产生着联系，他也像使徒们一样，秉持着基督教的末世观，认为信仰就是引导人类走向可见却不可完全见到的末世。

希波利特（Hippolytus，公元 170—236 年）①

希波利特是伊里奈乌的学生，于罗马皇帝马克西姆统治时期（公元235—239 年）殉道。相传他是使徒波利卡普的门徒，波利卡普是约翰的门徒，这样希波利特就同正统教会产生了联系。希波利特是罗马的第一位教父，和他的老师伊里奈乌一样，他的最大任务就是反对诺斯替主义，希波利特比伊里奈乌做得更为系统，他全面总结了当时 32 个异端团体的观点，同时也反对了产生异端思想的各种伪"科学"，他认为这些伪科学是异端思想产生的温床，批判伪科学能够达到彻底批判异端思想的目的。希波利特的作品基本上遗失了，其中有一篇《论宇宙》（On the Universe）反对希腊哲学，特别针对柏拉图，留存了一部十卷本的《驳所有异端》（Refutations of All Heresies，也被称为 Philosophumena）。

《驳所有异端》开卷希波利特就总结了当时的哲学观点，他将哲学流派划分为 3 个类别，即"自然哲学"、"道德哲学"和"辩证法哲学"。自然哲学主要指前苏格拉底时期的哲学，从泰勒斯开始；道德哲学主要指苏格拉底和柏拉图的哲学，苏格拉底将哲学从天上拉回了人间，他的巨大贡献之一就是将辩证法（他自己称之为精神助产术）引入了哲学，开启了理性哲学的大门。希波利特还单列了几位哲学家，比如伊壁鸠鲁（Epicurus）的观点是与上述观点都不一样的，皮浪（Pyrrho）陷入了不可知论，世界其他宗教和哲学他也涉及了一些，印度的婆罗门教、凯尔特人的德鲁伊教、赫西俄德（Hesiod）等。他之所以分析了这么多宗教和哲学观点，是

---

① 主要参考：(1) Etienne Gilson, *History of Christian Philosophy in the Middle Ages*, New York: Random House, 1955, pp.24-26; ；(2) Frederick C. Copleston, *A History of Philosophy, Volume II*, New York: Image Books, 1985, p. 22 ；(3) *Ante-Nicene Fathers, Volume V*, D.D. and James Donaldson, LL. D., Hendrickson Publishers, Inc., 1994（Fourth printing 2004），pp. 6-；(4) 赵敦华：《基督教哲学 1500 年》，人民出版社 2007 年版，第 70—73 页。

因为他认为异端思想肇始于它们，希波利特打算从源头上清理基督教异端思想。

在驳斥了诸多希腊哲学的观点之后，希波利特继续反驳了当时流行的伪科学，他认为这些观点是诺斯替主义思想的重要来源。比如他驳斥占星术，占星术认为这个世界起源的时间是不可知的，即使通过一些方法观察和推理到这个世界有起源，但是依然无法知道起源的具体时间，这同《创世纪》中的观点无疑是相冲突的。他继续攻击了各种占卜、魔术和相术，它们或者计算姓名含有的数字，或者利用面相来预测命运，有的是制造假奇迹迷惑众人，希波利特一方面驳斥这些知识的虚假，它们容易引导人们产生错误的知识，另外一方面利用这些知识反驳当时对基督宗教无知的控诉。希波利特对基督教义的发展没有什么新贡献，他最大的贡献是第一次准确使用了哲学术语，正确使用哲学术语是基督教同希腊哲学深层次融合的开始。

克莱门特（Clement of Alexandria，约公元 150—215 年）①

克莱门特是亚历山大城的希腊教父。亚历山大在希腊化时期就已经成为了著名的文化中心，这里各民族思想交融，政治和学术气氛比较宽容，柏拉图哲学在这里得到了传播，犹太哲学家斐洛在这里首次将《旧约》引入了哲学。公元 2 世纪末亚历山大成立了教理学校，皈依基督教的斯多亚派哲学家潘泰恩（Pantaenus，也译潘托纽斯）任首任校长。克莱门特大概出生于雅典，早期四处游历求学，师从潘泰恩，189 年前后接任教理学校校长职位，基督宗教被罗马迫害期间出走，公元 202 年或者 203 年重新回到亚历山大。克莱门特的作品主要有《规劝异教徒》（The Exhortation to the Heathen）、《引

---

① 主要参考：（1）Etienne Gilson, *History of Christian Philosophy in the Middle Ages*, New York: Random House, 1955, pp.29-35；（2）Frederick C. Copleston, *A History of Philosophy, Volume II*, New York: Image Books, 1985, pp. 22-27；（3）*Ante-Nicene Fathers, Volume II*, D.D. and James Donaldson, LL. D., Hendrickson Publishers, Inc., 1994（Fourth printing 2004），pp.260-；（4）翟志宏：《托马斯难题：信念、知识与合理性》，中国社会科学出版社 2014 年版，第 74—75 页；（5）赵敦华：《基督教哲学 1500 年》，人民出版社 2007 年版，第 73—78 页。

导者》（The Instructor / Paedagogus，也译《训导者》）、《杂文集》（The Miscellanies / Stromata），另外还有《哪些富人可得救》（Who is the rich man that shall be saved）和 8 卷本的《福音书同观》（The Hypotyposes）。

克莱门特认为基督教和哲学之间不应该是一种非此即彼的关系，理性是信仰的预备，这点和查士丁很像，区别是克莱门特的这种态度更明显。对克莱门特的褒贬不一，有些人认为克莱门特的作品中理性（来自哲学）和信仰（来自启示）并驾齐驱，有些人认为这只是将哲学和信仰进行了无用的叠加，还有些人认为他是明显的折中主义，但无论如何，大家都承认了克莱门特的思想中理性和信仰都占据了很重要的位置。

对于克莱门特来说，捍卫基督宗教还不如说服不信的人信仰基督宗教，因此克莱门特花了大量的时间劝诫异教徒放弃他们原有的宗教，来信仰基督宗教的真神。在《规劝异教徒》中，克莱门特通过不同信仰的比较，阐释了什么是正确的认识和正确的行为。除此之外，克莱门特还提出"合适"这一观点，认为人们应该在合适的时间地点做合适的事情，这点对亚历山大城是非常有作用的，因为这个时候的亚历山大城是人口众多的聚集地，面对不同的信仰、生活习惯等等，亚历山大城需要变成一个宽容的地方。通过"合适"这一主张，克莱门特提出了追求生活的简单和节制，这为基督教的传播也产生了积极作用。

在处理理性和信仰之间的关系的时候，克莱门特认为理性和信仰都很重要，真正的知识只有信仰才能认识到，但是理性会将人类送到信仰的大门口，很明显，在克莱门特看来理性对信仰产生的是积极作用，信仰处于主导位置。相应地，克莱门特在处理希腊哲学、希伯来犹太教同基督宗教之间的关系时，他认为希腊哲学是基督宗教福音的预备，犹太教信仰的奥秘是由基督宗教揭示的。自然理性也是神圣之光，上帝通过这道光将哲学家带领至信仰面前。在哲学问题上，克莱门特通过对希腊哲学思想观念和方法的运用，建立了包括上帝、人和世界等问题在内的思想体系，为一种新的哲学思考方式奠定了基础。

奥利金（Origen，公元 185—254 年）①

奥利金是一位典型的基督宗教哲学家，他的学说在公元 4 世纪产生了很大的影响，无论是生前还是死后他都非常受人尊敬。但是对其神学思想的评价则存在着分歧，他的神学思想一方面成为后来正统思想的根源，另一方面又成了异端思想的来源。尼西亚大公会议之前，无疑奥利金是基督宗教最为博学的信徒，但是公元 543 年君士坦丁堡地方教会定其为异端并开除教籍，10 年后的第五次大公会议支持了这一决定并销毁他的著作，而奥利金对基督宗教的影响并没有因此消失，他的很多主张在基督宗教主流思想中保留下来了。奥利金出生于一个基督教家庭，其父亲是基督徒，他的很多义理都是来自他的父亲，他父亲后来殉道，17 岁的奥利金认为父亲的道路是他将来的道路，并渴望这种结局，他的母亲为了不让他自寻短见，把他的衣服都藏起来了，阻止他出门。传说奥利金最终为了基督宗教信仰而阉割了自己，然而没有得到证实。后来的奥利金接任了亚历山大城教理学校，成为继克莱门特之后的下一任校长，并在教理学校开展了广泛的教学活动，他因材施教的理念对当时的基督徒和异教徒都产生了广泛而深远的影响。

奥利金师从于安摩尼（Ammonius），有些人认为这位安摩尼就是普罗提诺（Plotinus）的老师安摩尼·萨卡斯（Ammonius Saccas），但是并没有证据。奥利金跟随安摩尼学习希腊哲学，后来他还学习了希伯来语，在父亲死后，他就全身心关注于学术。奥利金奉行的是基督宗教禁欲主义，严格限制自己的物质需求，赤足、少眠、持斋等，早期的他对哲学秉持排斥态度，随着学习的深入，他的态度发生了改变，奥利金结合了哲学和基督

---

① 主要参考：(1) Etienne Gilson, *History of Christian Philosophy in the Middle Ages*, New York: Random House, 1955, pp.35-43；(2) Frederick C. Copleston, *A History of Philosophy, Volume II*, New York: Image Books, 1985, pp. 27-28；(3) *Ante-Nicene Fathers, Volume II*,D.D. and James Donaldson, LL. D., Hendrickson Publishers, Inc., 1994（Fourth printing 2004），pp.403-；(4) 叶秀山：《西方哲学史：学术版》第 3 卷，江苏人民出版社 2005 年版，第 59—67 页；(5) 赵敦华：《基督教哲学 1500 年》，人民出版社 2007 年版，第 78—84 页；(6) 赵敦华、傅乐安主编：《中世纪哲学》上卷，商务印书馆 2013 年版，第 57—75 页；(7) 翟志宏：《托马斯难题：信念、知识与合理性》，中国社会科学出版社 2014 年版，第 81—82 页。

宗教信仰，在诠释《圣经》的时候，他浓墨重彩地使用了寓意解经法，这也成了他的特色之一。奥利金是位多产的哲学家，他著作丰富，很可惜的是其中一些遭到了焚毁。他基本上对《圣经》的每一卷都有注释，因此他有丰富的《圣经》注解，这和他在教理学校的课程分不开。他的护教作品主要是《驳塞尔修斯》（Against Celsus），比较有意思的是，塞尔修斯的作品没有能够保存下来，今天我们正是通过奥利金的引文才能学习到塞尔修斯的思想。奥利金集大成作品是《第一原则》（First Principles），这本书中，他对基督宗教信仰、教条教义作了系统的阐述，这也是他留存下来的主要作品。除此之外，他还有集中论述"三位一体"的《与赫拉克利特的对话》（Dialogue with Heraclides），还有关于灵修的《论祈祷》（On Prayer）和《主祷文注释》（To the Martyrs）。

《第一原则》中，奥利金企图消除希腊哲学和基督宗教信仰之间的矛盾，首要任务就是解决希腊哲学中宇宙论和《圣经》中创世观的不一致。希腊哲学并不强调宇宙有开端，反而从逻辑上面来推论，希腊人相信世界是永恒的，但是《圣经》开篇就表明了基督宗教信仰世界是上帝创造的，永恒的受造世界如何可能？这是奥利金要处理的难题。此外，奥利金还处理了"三位一体"和拯救论上的难题，并作出了有自己贡献。《第一原则》被认为是最早的系统神学著作，其中包含了对四个领域问题的论述——超越的世界、历史的世界、人类的世界和圣经的世界。超越的世界涉及三位一体、天使和灵魂等，历史的世界涉及世界和人类的创造与产生、《旧约》的结构以及道成肉身、救赎等，人类的世界包括自由意志、智慧与"神的形象"等，圣经的世界论及圣经的解释、象征主义等，其中提出了他广有影响的寓意解经法。《驳塞尔修斯》则集中表达了他对希腊哲学性质和意义的看法。

阿塔纳修斯（Athanasius，约 296—373 年）[1]

阿塔纳修斯出生于亚历山大城，319 年成为亚历山大城教会执事。他于

---

[1]　主要参考：（1）赵敦华：《基督教哲学 1500 年》，人民出版社 2007 年版，第 104—106 页；（2）赵敦华、傅乐安主编：《中世纪哲学》上卷，商务印书馆 2013 年版，第 132—148 页。

325 年作为主教亚历山大的助手参加尼西亚会议。阿塔纳修斯时期，在米兰敕令颁布之后，基督宗教面临最大的挑战就是亚流主义（或者称为阿里乌斯主义），该流派认为两个个体不可能为同一本体，因此圣子是圣父创造出来的。亚历山大是"三位一体"教义的首创者之一，于 321 年革除了亚流的教籍，阿塔纳修斯是"三位一体"教义的忠实守护者，328 年继任亚历山大的主教教职之后，拒不接受罗马皇帝的调停，多次被罢黜和流放，阿塔纳修斯不屈不挠的精神使得他成为"三位一体"正统派的象征，基督宗教传统的教会都将其视为典范，包含东正教、天主教和新教，他的一生致力于反对亚流主义，同时也反对强迫他接受与他信仰相反的观念的皇帝和大公会议。他的著作主要有《反异教》（Against the Heathen）、《论道成肉身》（On the Incarnation of the Word）、《反亚流谈话录》（Discourses Against the Arians）、《圣安东尼生平》（Life of St. Anthony）。

《圣安东尼生平》把安东尼的苦修生活树立为了真正基督徒生活的榜样，激发了基督徒们隐修的兴趣，同时，阿塔纳修斯借助安东尼的威望来维护了尼西亚信经。尼西亚信经重申了"三位一体"教义，虽然《圣经》中没有这一术语，但是"三位一体"教义从拉丁教父开始就得到不断发展，到了 4 世纪早已确定下来，并成为了正统教义。在《论道成肉身》中，阿塔纳修斯反对了异教徒，并告诉人们想要领悟超然于有形世界之外的无形真神，必须从道成肉身的逻各斯那里寻找。对于理性和信仰的关系，阿塔纳修斯的态度是宽容的，认为二者都很重要。他坚持按照文本的字义来理解基督宗教信仰，必须以教会认可的权威为准绳。他认为信仰不来自理性，但是可以毁于无理性，不过他相信信仰是需要理性来维护的。

希拉里（Hilary of Poitiers，约公元 310—367 年）①

希拉里生于高卢地区的普瓦捷，345 年受洗皈依基督宗教，353 年左右成为该地区主教。希拉里与亚流主义进行了不妥协的斗争，被罗马皇帝放逐。希拉里现存主要著作有《〈诗篇〉布道》（Homilies on the Psalms）和《论

---

① 主要参考：赵敦华：《基督教哲学 1500 年》，人民出版社 2007 年版，第 106 页。

三位一体》(De Trinitate)。其中《〈诗篇〉布道》使用了寓意解经法来理解《圣经》，而《三位一体》主要是针对亚流主义。

在阐述"三位一体"教义的时候，希拉里第一次对《圣经》中"我是我所是"("I am who I am"，《出埃及记》3：14)作出了解释，这是《圣经》中唯一对上帝本质进行肯定表述的地方。希拉里说这也是他皈依基督宗教的理由，他在皈依之前一直在寻找真正的幸福，明白了能给人幸福的神不可能为了终止人的生命而给予人生命，[①] 这样的神必须是唯一、全能、永恒与不动的，当他读到了"我是我所是"的时候，恍然大悟，这就是他一直在寻找的真理，这句话表明了上帝是永恒、无限和完满的存在。后来又被译为"我是自有者，是永有者"，通过这种方式希拉里奠定了后世哲学家对上帝本质形而上学解释的基础。

大巴兹尔（Basil the Great，约公元 329—379 年）[②]

大巴兹尔是卡帕多奇亚（Kappadocia）的三大教父之一，另两位是尼萨的格列高利（Gregory of Nyssa）和纳西盎的格列高利（Gregory of Nazian-zus），前者是其弟弟，后者是其好友。尼西亚会议以后，位于小亚细亚的卡帕多奇亚继亚历山大城成为了基督教的神学中心，这里 4 世纪的凯撒城号称"学术大都会"。大巴兹尔生于凯撒城的一户富裕基督教人家，父亲是律师，大巴兹尔兄弟从小就受到很好的教育，18 岁之后先后来到君士坦丁堡和雅典学习，在雅典结识了未来的教父纳西盎的格列高利和罗马皇帝朱利安。虽然出生在基督宗教家庭，大巴兹尔 25 岁的时候才受洗，曾经的他迷恋禁欲主义的宗教理想生活，和纳西盎的格列高利等人创立了"贵族"基督教社，过着半修道院式的生活，祈祷和阅读，360 年成为诵经士，364 年成

---

① 参见赵敦华：《基督教哲学 1500 年》，人民出版社 2007 年版，第 106 页。

② 主要参考：(1) Etienne Gilson, *History of Christian Philosophy in the Middle Ages*, New York: Random House, 1955, pp.53-55；(2) Frederick C. Copleston, *A History of Philosophy, Volume II*, New York: Image Books, 1985, p.29；(3) 叶秀山：《西方哲学史：学术版》第 3 卷，江苏人民出版社 2005 年版，第 67—74 页；(4) 赵敦华：《基督教哲学 1500 年》，人民出版社 2007 年版，第 111—113 页；(5) 赵敦华、傅乐安主编：《中世纪哲学》上卷，商务印书馆 2013 年版，第 204—217 页。

为执事，370 年被选为凯撒城的主教。大巴兹尔一生做了大量的基督教会工作，积极反对亚流主义并撰写了大量著作。大巴兹尔的主要著作有《驳优诺米》（Against Eunomius）、《论圣灵》（The Holy Spirit）、《修道院规范》（Two Monastic Rules），还有大量的讲话、布道稿，以及写给很多人的信件，《六天创世》（On Hexaemeric）就是讲道稿，是对《创世纪》的注解。

大巴兹尔在基督教神学上面临的挑战主要也是来自亚流派，他作品《驳优诺米》中的优诺米就是这个时期亚流派的典型代表人物。大巴兹尔的神学兴趣主要集中在创世论和"三位一体"教义。大巴兹尔的创世论集中在《六天创世》，这是对《创世纪》的注解，于其中可以看见希腊哲学与基督宗教信仰的再次融合。"三位一体"教义涉及上帝本质，这个问题集中体现了坚持基督宗教正统教义的大巴兹尔同深受希腊哲学影响的亚流派优诺米之间的张力。

纳西盎的格列高利（Gregory of Nazianzus，公元 329—389 年）[①]

相对于之前的使徒时代和教父时代，格列高利时代最大的不同就是尼西亚会议之后基督教获得了合法地位，为其后来的发展和繁荣奠定了政治基础，教父的首要任务不再是护教和申辩了，而是维护和发展基督教正统信仰（侧重于教义的发展）。格列高利正是在这种背景下重新思考理性与信仰的关系，他第一次明确提出要区分神学和哲学，并且自觉以神学家身份思考信仰问题。格列高利生于卡帕多奇亚西南部纳西盎区的基督宗教家庭，在凯撒城与雅典城求学期间和大巴兹尔结为了好友，与其一同与亚流派展开争论。381 年他出席君士坦丁堡会议，曾被提名为君士坦丁堡主教。在教会"三位一体"教义受到亚流派挑战的时候，他不惜冒生命危险挺身而出维护尼西亚大公会议确定的正统信仰，其主要著作是 45 篇布道演说，其中第 27 篇—31篇最为重要，被他称为《神学讲演》。

---

① 主要参考：（1）Etienne Gilson, *History of Christian Philosophy in the Middle Ages*, New York: Random House, 1955, pp.52-53；（2）赵敦华：《基督教哲学 1500 年》，人民出版社 2007 年版，第 113—116 页；（3）赵敦华、傅乐安主编：《中世纪哲学》上卷，商务印书馆 2013 年版，第 149—186 页。

　　纳西盎的格列高利被称为"神学家格列高利"，用以区别其他著名的格列高利。在信仰和理性问题上，他认为应该区分理性和信仰、哲学与神学，神学家的任务是追求智慧（wisdom），对于基督教信仰而言，就是借由耶稣回到上帝的怀抱。但是他并不反对对上帝进行哲学思考，他关注的重点是哪些人可以成为神学家。神学家要求心灵纯净，在辩论中不会迷失方向的人才可以对上帝进行哲学思考，并且这种哲学思考并不是可以向任何人传播的，换句话说，对上帝进行哲学思考的人和接受这种哲学思考的人都是有要求的，即理性不会妨碍信仰的人。在基督教教义问题上面，他认为"三位一体"作为最终奥秘不能讨论，其余的都可以探讨，在他看来那些无关紧要的教义被人们说中与否问题不大。

　　格列高利的神学是围绕"三位一体"展开和发展的，他认为上帝是无限的，因此无法给上帝下一个定义，只能用"存在"和"存有"来描述上帝。上帝的无限性表现在两个方面，即无边无际和不可定义。在《神学讲演》中，他从"是者"（on）和"言语"的关系将存在分为了 4 类，其中只有历史真实事件才是在理性之中，这是理性的局限，人类理性可理解的需要依靠信仰才能理解。《神学讲演》对理性和信仰问题采取的态度，及其探讨的主题，都为后世稳固基督宗教神学基础奠定了基础。

　　尼萨的格列高利（Gregory of Nyssa，约公元 335—约 395 年）[①]

　　尼萨的格列高利（也译尼撒的格里高利），在其大时代背景之下他所面临的问题和其他卡帕多奇亚教父是一样，即如何坚持尼西亚信经，并同亚流主义和撒伯流主义作斗争。尼萨的格列高利虽然没有像其他两大卡帕多奇亚教父一样成为希腊教父"四大博士"，但是他也在基督教哲学史上面也留下了浓

---

　　① 主要参考：（1）Etienne Gilson, *History of Christian Philosophy in the Middle Ages*, New York: Random House, 1955, pp.55-60；（2）Frederick C. Copleston, *A History of Philosophy, Volume II*, Medieval Philosophy, New York: Image Books, 1985, pp.31-37；（3）叶秀山：《西方哲学史：学术版》第 3 卷，江苏人民出版社 2005 年版，第 74—82 页；（4）赵敦华：《基督教哲学 1500 年》，人民出版社 2007 年版，第 116—119 页；（5）罗跃军：《尼撒的格列高利基督教哲学思想研究》，人民出版社 2013 年版。

墨重彩的一笔，有学者评价其是"三位教父中最成功的一位思想著作家"。①

尼萨的格列高利出生于信仰背景较深的基督教家庭，他的外祖父因为信仰基督教而失去了生命和财产，在其父亲去世之后，其祖母和母亲负责照顾他及其他众多兄弟姐妹，这两位女性因为坚持信奉基督教教义而闻名。尼萨的格列高利小时候体质较弱，其早年的教育有可能是其父亲亲授，后由其哥哥大巴兹尔负责。根据相关考据他的个性可能比较柔弱，在面临敌对势力时并没有表现得很刚烈。他皈依基督教的年龄较晚，据说是因为他母亲力促他去参加为四十位基督教殉道者举办的庆典，因为时间太久他偷偷回去睡觉，梦里那些殉道者们责备他对庆典的冷漠态度，并用树枝抽打他之后才皈信。但他后来还俗并结婚，最后在其姐姐的劝说之下重新皈依了基督教，并彻底断绝了世俗生活。

他的主要著作分为五类：教义著作、《圣经》注释、隐修著作、演讲文以及书信。教义著作有大部头《驳优诺米》（Contra Eunomium）、《伟大的教义》（Oratio Catechetica Magna）、《驳阿波利纳里》（Antirrheticus adversus Apollinaristas）、《论圣灵》（Sermo de Spiritu adversus Pneumatomachos Macedonianos）、《论"不是三位神"》（Ad Ablabium quod nonsint tres dii）、《论灵魂与复活》（De Anima et Resurrecione），格列高利教义著作中最重要的当属《伟大的教义》一书，约于 385 年成书，该书被认为是继奥利金《第一原则》之后的又一部系统神学尝试性著作；《圣经》注释类的有《旧约》的《论人的构成》、《创世六天注》、《〈传道书〉注释》以及《新约》的《论主的祷告》、《〈哥林多前书〉注释》等多篇；隐修方面的著作有《论圣洁》、《论基督徒之称谓》、《论完美》、《论基督徒的生活模式》以及《论玛克瑞娜的生活》；演讲文有 3 篇，主要是追悼演讲，还有一些布道词和书信。

在对待理性的问题上，尼萨的格列高利比另两位卡帕多奇亚教父要更信赖人类理性一些。尼萨的格列高利在坚持信仰核心要义的情况之下，运用理

---

① 参见罗跃军：《尼撒的格列高利基督教哲学思想研究》，人民出版社 2013 年版，第 34 页。

性来探讨信仰问题，是信仰寻求理解的优秀典范。尼萨的格列高利的理论亮点体现在他的人论和对灵魂方面的思考，给予了现实的人高贵的地位。他认为人性的完美状态就是人的理想，这种理想既存在亚当和夏娃堕落之前，也存在于堕落之后。尼萨的格列高利强调了灵魂的简单性，他认为灵魂具有非复合的本质，真正的灵魂就是精神理智。尼萨的格列高利还给予了人自由意志很高的地位，他认为虽然人的自由意志会使人倾向于堕落，但是处在堕落之中的人仍然拥有上帝的福祉。与其哥哥不一样，他坚持的是寓意解经法，他晚年时期的隐修生活对中世纪神秘主义产生了重要影响。

第二节　拉丁教父

在罗马帝国西部产生的拉丁教父，时间上稍晚于希腊教父。基督宗教首先是在东部的希腊语地区获得了一定的表达形式和组织形式之后，才逐步在西部使用拉丁语传播开来，最早使用拉丁语写作的教父出现在公元 2 世纪后期的北非，然后才逐步在帝国的首都罗马地区产生了一批拉丁教父，并随之在西部地区蔓延开来。拉丁教父最早的思想特征与早期的希腊教父相同，都有着浓烈的护教色彩。在整体上，拉丁教父的神学思想别具特色，且影响深远。而在哲学上最有贡献的集大成者，当属奥古斯丁。

德尔图良（Tertullian，约公元 145—220 年）①

德尔图良生于北非，是最早的拉丁教父，如果说之前的基督宗教是借用

---

① 主要参考：（1）Etienne Gilson, *History of Christian Philosophy in the Middle Ages*, New York: Random House, 1955, pp.44-45；（2）Frederick C. Copleston, *A History of Philosophy, Volume II*, New York: Image Books, 1985, pp. 23-25；（3）*Ante-Nicene Fathers*, D.D. and James Donaldson, LL. D.,Hendrickson Publishers, Inc., 1994（Fourth printing 2004），Volume III, pp.1142-1246, Volume IV, pp.2-320；（4）叶秀山：《西方哲学史：学术版》第 3 卷，江苏人民出版社 2005 年版，第 50—59 页；（5）邓晓芒、赵林：《西方哲学史》，高等教育出版社 2005 年版，第 87—89 页；（6）赵敦华：《基督教哲学 1500 年》，人民出版社 2007 年版，第 85—90 页；（7）赵敦华、傅乐安主编：《中世纪哲学》上卷，商务印书馆 2013 年版，第 111—118 页；（8）翟志宏：《托马斯难题：信念、知识与合理性》，中国社会科学出版社 2014 年版，第 89—91 页。

希腊的外衣生存和发展，那么从拉丁教父开始，基督宗教开始获得了一种新的表达形式，使用拉丁语传教、写作，拉丁语逐渐成为了基督宗教的另一种传播语言。早期拉丁教父基本上也是护教士，与希腊教父不一样，他们主要强调的是哲学和宗教之间的张力，强调宗教不需要哲学，在这方面，德尔图良做得可谓是首屈一指，他不仅仅态度上反对哲学，在用词方面更是激烈和极端，这种激烈的态度和遣词使得德尔图良在教会史上地位特殊。德尔图良文风刚烈，又著述颇丰，有 40 多部，其中 31 部留存下来，也有人认为流传下来的有 38 部，主要作品有《论灵魂见证》（De testimonio animae）、《论偶像崇拜》（De idololatria）、《论演说》（De oratione）、《论洗礼》（De baptismo）、《论肉身复活》（De carnis resurrecione）、《论基督肉身》（De carne Christi）、《反普拉克西》（Adversus Praxean）、《论灵魂》（De anima）、《反一切异端》（Adversus omne haereses）、《申辩篇》（Apologeticum）等。

德尔图良是坚定的信仰主义者，他认为希腊哲学对信仰没有任何帮助，甚至妨碍信仰，同时，理性对信仰也是一样，因此，德尔图良有两句名言，至今回荡在教会史上，一句是"雅典与耶路撒冷有什么共同之处？"另一句经后人概括起来就是"因荒谬而可信"。德尔图良认为，希腊哲学并不能够走向真理，哲学对上帝本质进行了歪曲的理解，考虑到当时的异端和异教思想，包括影响深远的诺斯替主义，德尔图良反对的是使用哲学来理解基督宗教信仰，在他看来这样只会导致对信仰的歪曲。另外，哲学主要依靠辩证法，辩证法没有办法走向唯一真理，辩证法带来的是理性之间的互相对立，这种方法运用到信仰上面，只会产生对信仰的分歧，对唯一真理没有帮助。最后，在德尔图良看来，事实也是如此，当时的哲学家都沦为了空谈者，对伦理和道德只是进行了理论探讨，在实践领域并没有什么贡献，而基督宗教则不一样，它强调的是道德实践，这是高于哲学的。这些原因导致了德尔图良将哲学同信仰对立起来了。

基督宗教神学最重要的三部分，即上帝论、基督论和人性论，德尔图良都有卓越的贡献。德尔图良在反对异端思想的斗争中，昭示并强调基督宗教与希腊哲学之间的对立与区别，认为哲学的概念和方法不仅不能认识《圣经》

真理，反而还会导致异端，它们是各种异端的始作俑者。他为此告诫基督徒要远离哲学，远离这种"人和魔鬼的学说"。他对希腊哲学持有的是一种极端反对的态度，认为基督徒和哲学家之间毫无共同之处，雅典和耶路撒冷没有任何关系，基督宗教信仰根本无需哲学的论证和思考。这种看法最终导致德尔图良在信仰问题上坚持了"唯其不可能，我才相信"的极端立场。这可说是德尔图良针对希腊哲学过分强调理性的一种富有激进性和挑战性的表白。这种极端的立场使他与塔堤安之间有了更为密切的思想关联。虽然他们对待希腊哲学的思想倾向都是在面临着严峻的外部压力下产生的，是对生存合法性危机的抗争；然而如果将这种在压力和抗争中形成的不满情绪以极端的方式表达出来，使之不仅弃绝了哲学理性甚至有悖于人们的常识理性，则无论如何都是在公共对话的层面上缺乏建设性意义的。然而德尔图良并不是完全否定理性，他一方面否定了哲学对信仰具有积极作用，另一方面也表示了自然理性并不与上帝信仰相违背，这种矛盾的态度让我们反思到，德尔图良反对理性是反对理性对信仰的错误理解，并不是完全反对自然理性，是他极端的表述让我们产生了误解。但是他的原教旨思想也给他带来了很大的副作用，后来使他走向了迷狂的孟他努派（Montanists）。

菲力斯（Minucius Felix，生卒年月不详，2 世纪晚期）①

菲力斯和德尔图良是同时代的人，两个人存在互相影响的关系，史学家们没有办法确定菲力斯的《屋大维》和德尔图良的《申辩篇》哪一部先完成，但是先完成的一部对另一部肯定是有影响的。菲力斯的生平历史也无从可考，现在知道他的著作只有《屋大维》（Octavius），在这本著作中，展现出了菲力斯对哲学的宽容态度，这与德尔图良的排斥态度完全不一样。

菲力斯的《屋大维》使用的是非常古典的拉丁文风，十分典雅，有人认

---

① 主要参考：（1）Etienne Gilson, *History of Christian Philosophy in the Middle Ages*, New York: Random House, 1955, pp.46-47；（2）Frederick C. Copleston, *A History of Philosophy, Volume II*, New York: Image Books, 1985, p.23；（3）*Ante-Nicene Fathers*, Volume IV, D.D. and James Donaldson, LL. D., Hendrickson Publishers, Inc., 1994（Fourth printing 2004），pp.321-368；（4）赵敦华：《基督教哲学 1500 年》，人民出版社 2007 年版，第 91—94 页。

为他的观点可能受西塞罗的影响比较深，但是吉尔松说西塞罗观点在菲力斯作品中出现很少，反而在德尔图良的作品中大量出现。虽然菲力斯和德尔图良之间的相互影响很重要，谁影响谁也没搞清楚，但是两个人都保持了自身鲜明的特点，菲力斯对哲学态度宽容，德尔图良是排斥，吉尔松描述到，德尔图良强烈认为基督徒应该到异教的土地上面传播信仰，然而他却很不喜欢异教信仰在基督宗教的地盘上面活动。但菲力斯不是这样的，菲力斯是2—3 世纪所有护教士中唯一看到了这个问题的两面的人。

在《屋大维》这部作品中，菲力斯模拟了异教徒和基督徒之间的对话，即使不是模拟也是像柏拉图一样，将对话进行了精心的设计。菲力斯借屋大维的口解决了当时异教徒皈依基督宗教时要面临的难题，诸如观念的差异和民族性的背离等。菲力斯的神学思想非常丰富，他认为上帝存在可以从世界的秩序和机理获得证明，特别是人体结构的完美；宇宙秩序的统一性说明了上帝的整体性等。在菲力斯看来，希腊哲学家们也了解到了这些，所以亚里士多德发现了唯一神性，斯多亚学派探索到了上帝的眷顾，柏拉图在《蒂迈篇》中使用最多的是宇宙创造者和父亲，而这些都是基督宗教的词汇。因此我们可以看见菲力斯对哲学的态度是温和的。

阿诺比乌斯（Arnobius，公元 260—327 年）①

阿诺比乌斯曾是北非的辩师，于 296 年皈依基督教，著有七卷本的《反异教徒》（Adversus Gentes），前两卷主要是为基督宗教辩护，后五卷则是批判罗马宗教。从阿诺比乌斯的作品中可以看出，这个时期对于基督宗教的诘难在理论上已经发展了很多。以前主要是控诉基督教乱伦、吃人肉和不拜神；经过了将近 3 个世纪的发展，基督宗教理论受到的挑战越来越有针对性，比如《反异教徒》中记载，上帝要送基督来拯救人类，为什么不早点遣送他来？再比如，既然福音对人类来说是有益的，为什么上帝不直接让全人类接

---

① 主要参考：（1）Etienne Gilson, *History of Christian Philosophy in the Middle Ages*, New York: Random House, 1955, pp.47-49；（2）Frederick C. Copleston, *A History of Philosophy, Volume II*, New York: Image Books, 1985, p.25；（3）赵敦华：《基督教哲学 1500 年》，人民出版社 2007 年版，第 94—96 页。

受福音？这些不再是从外部对基督宗教的攻击，它们涉及了神正论的问题，是对基督宗教教义的正面挑战。

阿诺比乌斯讨论了希腊哲学与基督宗教的关系，阐释了理智的谦逊（intellectual modesty）、灵魂不朽、知识获得的方式与途径等哲学和神学问题。此外，在其他的神学问题上，诸如基督的神圣性、上帝的超越性、赎罪与救赎、灵魂的最终归宿等等，阿诺比乌斯也提出了"很有吸引力"的看法。

拉克坦修（Lactantius，约公元 250—330 年）①

拉克坦修可能出生在北非，尼西亚会议之前的最后一位护教士，是阿诺比乌斯的学生，与其老师相比，拉克坦修显得比较温和谦逊。和他的老师一样，他也是一位辩师，罗马皇帝戴克里先（Diocletian）邀请他去讲授雄辩术，后来戴克里先迫害基督宗教的时候，他失去了工作，过着贫困的生活。同时，他也是非常有幸的，见证了 313 年君士坦丁大帝颁布了米兰敕令，从此基督宗教的春天开始了，在政治上取得了合法地位，教父的身份开始转变，他们的主要工作由护教转变为了教义理论发展。米兰敕令颁布之后，拉克坦修被召到高卢并成为皇子克里斯普的老师。拉克坦修的主要著作有《神圣原理》(Divine Institutes) 或者《真正宗教导论》(Introduction to True Religion)、《上帝的愤怒》(The Anger of God)、《论崇拜上帝》(The Workmanship of God，或者 The Formation of Man)、《论迫害者之死》(Deaths of Persecutors)。

拉克坦修的最大贡献在于他反驳希腊哲学和其他宗教信仰的时候，认为基督宗教将真正的智慧和宗教结合起来了。在他看来，希腊哲学拥有智慧，哲学家们追求智慧，也思考神的问题，但是他们最终没有将其同宗教结合起来，不能够认识到人的智慧没有办法获得上帝知识；其他宗教在信仰的同时，并没有追求智慧，他们没有能够达到一神信仰，智慧和宗教分离，是他

---

① 主要参考：(1) Etienne Gilson, *History of Christian Philosophy in the Middle Ages*, New York: Random House, 1955, pp.50-51；(2) Frederick C. Copleston, *A History of Philosophy, Volume II*, New York: Image Books, 1985, p.25；(3) 赵敦华：《基督教哲学 1500 年》，人民出版社 2007 年版，第 96—99 页；(4) 赵敦华、傅乐安主编：《中世纪哲学》上卷，商务印书馆 2013 年版，第 119—132 页。

们最大的问题。只有基督宗教，将真正的智慧同宗教结合起来，既认识到多神崇拜和偶像崇拜的荒谬，也认识到了世界上只有唯一的上帝。

有人认为《神圣原理》是罗马皇帝戴克里先迫害基督徒之后、君士坦丁大帝皈依基督宗教之前写出来的，因而具有护教的目的和特点。这部著作主要描述了基督宗教高于希腊哲学的理论优势，他认为有学问的人受真正的智慧所指引，未学者受真正的宗教所指引，二者是同一的。根据《基督教哲学1500 年》的描述，这部书第一、二卷说明希腊、罗马宗教脱离智慧的错误，第三卷说明希腊哲学追求智慧但是脱离宗教的错误，第四卷说明基督教将智慧与宗教相结合的优越性，后三卷继续说明基督教是幸福生活的指南。

维克多里（Marius Victorinus，公元 300—363 年）①

维克多里生于北非，在家乡完成学业之后来到罗马开设辩论术学校。他是一位对希腊哲学有着浓厚兴趣的辩师，翻译过普罗提诺的部分作品和波菲利的《导论》，撰写过逻辑学的评注和教科书。他大半生是个异教徒，于355 年皈依基督宗教，361 年朱利安命令其在基督宗教和学校之间作出选择，他放弃了学校以证实自己坚定的信仰。他的主要著作有《论圣道的产生》(On the Creation of the Word)、《驳斥亚流》（Adversus Arius）、《论本质的交互性》(The Necessity of Accepting the Homoousion) 以及对圣保罗的《加以太书》、《以弗所书》和《腓立比书》的注释。

维克多里终其一生都在用希腊哲学理解基督宗教信仰，以至于维克多里给人的印象就是理性信仰。维克多里将理性运用到信仰，导致了他独树一帜的"三位一体"存在神学和灵魂结构。在《论圣道的产生》一文中，维克多里在解释圣父与圣子的关系并反驳他人的观点时，指出上帝是不可言喻的"一"，他高于存在，先于存在。维克多里认为人们要用"存在"来理解上帝的话，上帝既是存在又是非存在。说上帝存在，是因为上帝是所有受造物存在的原因，非存在不可能是存在的原因，因此上帝是存在；但是上帝又是最

---

① 主要参考：(1) Etienne Gilson, *History of Christian Philosophy in the Middle Ages*, New York: Random House, 1955, pp.67-69；(2) 赵敦华：《基督教哲学 1500 年》，人民出版社 2007 年版，第 106—110 页。

高的存在，别的存在依靠他的存在而存在，和这些特殊的存在相比，上帝的存在是普遍的存在，应当与它们相区分，因此也可以被称为非存在。维克多里区分了上帝的前在（pro-on）和受造物的存在（aliquid）。

在《驳斥亚流》一书中，维克多里用拉丁文的 esse（意思为"是"，希腊文 to einai）表示上帝的存在，用 esse 的动名词形式（希腊文 on）表示受造物的存在，这两者的区别在维克多里看来非常明显。维克多里利用这种区分，继续分析了"存在"与"非存在"。"存在"就是"真正是"和"似乎是"的东西，"非存在"是"真正不是"和"似乎不是"的东西，"真正是"指的是自在实体，"似乎是"指的是把握自在的"内理智"（intellectualia），"真正不是"是自相矛盾、不可能的东西，"似乎不是"指的是潜在的质料。上帝不在这些范畴之中，因此不能说上帝是存在或者非存在。那么上帝既是存在又是非存在是在什么意义上面来说的？上帝产生圣子就是产生他自身的存在，这是上帝的自我显露，因此"存在"在上帝这里表示的是显隐关系。圣父是无规定的活动，圣子是这种活动的结果，圣父生圣子，就是前存在生成存在。维克多里借用理性来反驳亚流主义，证明了圣父圣子是同一本质。

"三位一体"的神学观被维克多里运用到了灵魂观，产生了"三位一体"的灵魂观，圣道是上帝的显现，人的灵魂是圣道的显现，那么人的灵魂也具有"三位一体"的特征，人的灵魂相应的就分为神圣灵魂、物质性精神和物质性灵魂。神圣灵魂寓于物质性精神之中，物质性精神寓于物质性灵魂之中，物质性灵魂存在于肉身之中，前三者得到净化，肉身才能接受永恒的光。

奥古斯丁（Aurelius Augustine，公元 354—430 年）①

奥古斯丁同亚里士多德、波爱修一起对中世纪哲学在拉丁世界的发展产

---

① 主要参考：（1）赵敦华：《基督教哲学 1500 年》，人民出版社 2007 年版，第 120—164 页；（2）奥古斯丁：《上帝之城》第 8 卷第九章、第 8 卷第十章、第十一卷第二十六章，王晓朝译，人民出版社 2006 年版；（3）Augustine: A Treatise On the Predestination of the Saints, Chap.5; *A Select Library of the Nicene and Post-Nicene Fathers of the Christian Church, Volume V*, edited by Philip Schaff, D. D., LL. D., New York: Christian Literature Publishing Co., 1886；（4）

生了重要影响。奥古斯丁于 354 年出生于北非努米底亚省（Numidia）的一个具有部分基督宗教背景的家庭。他的父亲虽是一位异教徒，而他的母亲则是位基督徒，他在成年后正式受洗并加入基督宗教（387 年），与他母亲的信仰背景及其长期的影响是分不开的。奥古斯丁虽然早年生活繁杂、精神困顿，但在成为基督徒后却是一位非常勤奋和多产的作家，一生写下了难以计数的文字作品，内容广泛涉及基督宗教神学与哲学的各个方面，其著作被誉为神学百科全书。他的代表作主要有《忏悔录》（Confessiones，397 年）、《上帝之城》（De Civitate Dei，公元 413—426 年）和《论三位一体》（De Trinitate，公元 406—416 年）等。

奥古斯丁生活的时代，一方面是基督宗教已成为占统治地位的宗教（罗马教会在西罗马皇帝狄奥多修一世 379—395 年在位期间取得了国教的地位），但尚未在整个罗马帝国达到精神上的统一，取得绝对的支配地位；另一方面罗马皇帝在政治上仍然拥有统治权，但帝国却分裂为东罗马帝国和西罗马帝国两个部分，并且西罗马帝国面临着北方蛮族的入侵，面临着即将被毁灭的命运。而作为基督宗教早期重要的神学家和哲学家、古代教父思想的集大成者，奥古斯丁除了在同各种异端思想作斗争中建构全面正统的教义体系和神学体系之外，在客观上就面临着如何在信仰的基础上整合不同的思想资源、如何在古代和随后到来的时代之间进行沟通的问题。在这样的背景下对基督宗教和希腊哲学关系的重新梳理与阐释，无疑属于这些问题中的一个突出的方面。

当然，在积极的意义上阐释基督宗教与希腊哲学的关系，并非是奥古斯丁面临的全新任务。早期基督宗教的神学家们已经做了大量铺垫的工作，在

Armand A. Maurer, *Medieval Philosophy*, Random House, INC., 1962, p.7；（5）*The Cambridge Companion to Augustine*, edited by Eleonore Stump and Norman Kretzmann, Cambridge: Cambridge University Press, 2001；（6）周伟驰：《奥古斯丁的基督教思想》，中国社会科学出版社 2005 年版，第一章；（7）[英] 约翰·马仁邦：《中世纪哲学：历史与哲学导论》，吴天岳译，北京大学出版社 2015 年版，第 32—36 页；（8）[美] 罗杰·奥尔森：《基督教神学思想史》，吴瑞诚、徐成德译，上海人民出版社 2014 年版，第 268—275 页。

合理性辩护的意义上引进了哲学的阐释方式，并尝试根据自己的理解把基督宗教界定为一种"真正的哲学"。在他看来，一方面，希腊哲学，特别是柏拉图学派的哲学，并不是某个民族或某些人类的发明，而是上帝赐给整个人类的精神财富。另一方面，奥古斯丁认为，包括柏拉图学派、伊奥尼亚学派和意大利学派在内的诸多希腊哲学学派以及其他地区和民族哲学派别中的一些哲学家，他们关于至上的和真正的上帝的看法，与他所持有的基督宗教立场最为接近。虽然奥古斯丁在看待希腊哲学的意义方面，会遵从新约《圣经》中的使徒教导而与其保持一定的距离；但也正是从这些使徒的教导中，使他认识到希腊哲学家对"神的事情"有着与其自身立场一致或接近的了解。应该说，这些看法构成了奥古斯丁认可希腊哲学的基础，特别是柏拉图派哲学家把宇宙的原因、人类之原则和善的根基、真理与幸福的源泉之类的东西与某一位神或上帝关联在一起的主张，使他在建构基督宗教神学体系的过程中，愿意使用来自希腊哲学家们——更多的是柏拉图主义者——的思想资源，并与他们探讨有关上帝的事情。

奥古斯丁生活的时代，公共意义上的"哲学"已演变成为幸福生活的"指南"，众多的哲学家们已就幸福生活的含义、达到幸福生活的途径诸方面，提出了难以胜数的定义和看法。[①] 奥古斯丁据此认为，由于真正的哲学是通向幸福生活的道路，而基督宗教乃是达到幸福生活的唯一途径，因此基督宗教是真正的哲学，是一种关于真正哲学的学说。在他看来，基督宗教作为真正的哲学，它是一种要比通常意义上的哲学——如希腊哲学——更为高级的哲学形态；而希腊哲学，不论就其性质或是就其最终目的的实现来说，都要远远逊色于作为真正哲学的基督宗教的。可以说，他试图通过这种方式把"哲学"从希腊的意义上剥离出来，而赋予它以更为一般的特性。因此，在实现真正的幸福方面基督宗教和希腊哲学有着相同的目的，它们之间已不具有本质的差别，如果它们有区别的话，这种"区别不是宗教和哲学的区别，

---

① 如当时有一人写了一部哲学手册，涉及了 288 种哲学，全部是对"如何取得幸福生活"这一问题的回答。参见赵敦华：《基督教哲学 1500 年》，人民出版社 2007 年版，第 123 页。

而是'真正的哲学'与'现世的哲学'之间的区别"。基督宗教已不是外在于哲学的某种东西，而是哲学的最高表现形式。

当他把"真正的"、"唯一正确的"这些具有明显特定内涵和排斥性的语词概念赋予基督宗教的时候，实际上就是对希腊哲学这种他所谓的"现世的哲学"作了相对性的或具有某种否定性的价值评价。可以说，"哲学"在罗马帝国后期向"幸福生活指南"的转向，不仅为奥古斯丁思考基督宗教的哲学可能性建构了一种思想平台，而且也为他评估宗教与哲学的意义提供了有利于自身的现实基础。如果说基督宗教是哲学的话，那么宗教信仰在性质上就不是一种外在于哲学或与其相对立的东西；信仰就应该是处在哲学理性的思考之中，属于思想的范畴。只不过这种思想与哲学或其他思想不同的是，在它之中包含的是赞同和认可。所以奥古斯丁把信仰确定为"以赞同的态度思想"（To Believe Is to Think with Assent）。

奥古斯丁把信仰定义为是思想，对它们之间的复杂关系作了解释，他并不认为"一切思想都是信仰"，但相信所有"信仰都是思想"。他这样做的目的其实是想在哲学和宗教、理性与信仰之间建立起一种平衡的关系。奥古斯丁以这种方式对理性和信仰关系的阐述，在其认识论和真理观中也有着突出的表现。在知识的可能性上，奥古斯丁表现出了一种乐观主义的立场，他相信我们不仅可以获得关于外部世界的可靠性知识，而且同样能够拥有关于上帝的确定性真理。他主要是通过对学园派怀疑主义的反驳来建立知识确定性的基础的。他的名言是，如果"我被欺骗，则我存在"，因为"不存在则不会被欺骗；我被欺骗这件事本身表明我存在"。"怀疑者存在"或"被骗者存在"（si fallor sum）是一个不能怀疑的确定事实。奥古斯丁以此为基础，界定了一系列确定的知识范围，诸如"我"的存在，"我们"的精神状态和心理活动，数学和逻辑原则，感觉知识和理性知识等。

在所有的知识中，奥古斯丁认为最重要的是"理念真理"或神圣真理，它们是预先存在于人们的心中，是上帝在创造我们的时候就已镌刻留存下来的，但只有在上帝之光的照耀下才能显明，才能形成清晰完整的观念和认识。这即是奥古斯丁关于真理知识的"光照论"学说。奥古斯丁可说是一位在诸多方面有着重要建树的神学家和哲学家，他在建构其具有深远影响的神学体系和哲学体系的过程中，尝试用希腊哲学的概念和方法对这些思想和原则予以阐释。除了上述方面的内容之外，他在本体论、人论、语言哲学和历史观等方面也贯彻了这样的阐释方式。如他通过普遍质型论、多型论和种质说对物质世界存在原因和起源的解释，通过"有学问的无知"对神圣本体的说明，对语言问题从自然和宗教层面的阐释，等等，都对后世哲学的发展产生了深远的影响。

思考题

1. 教父哲学产生的思想背景、一般问题和基本特征。

2. 如何看待查士丁的哲学贡献与历史意义？

3. 克莱门特和奥利金的思想特征与主要贡献。

4. 奥古斯丁哲学的基本特征及其历史影响。

第四章　公元6—12世纪的哲学家

从公元6世纪开始，西方社会进入了一个新的阶段，一个被称为中世纪的历史时期。与之相应的是，哲学的发展也面临了新的机遇和挑战，从而推动了哲学的演进和发展。但在这个时代刚刚开始的时候，哲学的演进和发展却面临着作为其理论基础的思想资源匮乏的困境。当然这种匮乏困境不是宗教神学，而主要是希腊哲学。一般而言，当教父们在2—5世纪展开其哲学思想建构运动时，罗马帝国内广泛存在着可资使用的各种希腊哲学流派与理论体系；然而，罗马帝国的解体却使得希腊文化分崩离析，希腊哲学几乎成为新时期希望在哲学上有所作为的人们难以企及的资源与手段。这种因哲学真空所导致的学理上的不便，在那个由北方蛮族主导的新时代的开始阶段，即为罗马贵族后裔波爱修所意识到，他因此发下宏愿，力图将柏拉图和亚里士多德的所有著作翻译成为拉丁文，以填补这一真空。这一庞大的翻译计划最终未能全部实现，但他对亚里士多德逻辑学著作的翻译、注释对随后拉丁西方的中世纪哲学产生了重要的影响，是后者得以建立起来最为重要的基本方法与手段之一。[①]

正当希腊文化遗产随着罗马帝国的解体而在西方遗失的同时，它却以另一种方式逐步进入到了叙利亚、伊朗和其他阿拉伯地区，在这些地区得以保存。而希腊文化随后的大规模保存和传播，主要得益于在7、8世纪伊斯兰教兴起后对原罗马人控制的地区，如西亚、北非等地的征服以及他

---

① ［英］约翰·马仁邦：《中世纪哲学：历史与哲学导论》，吴天岳译，北京大学出版社2015年版，第38—39页。

们对古希腊文化所采取的宽容和支持态度。特别是巴格达地区阿拔斯王朝（公元 750—1258 年）的哈里发们所推行的开明政策，为希腊文化的保存和传播提供了制度性支持。如 786—809 年在位的哈里发阿尔—拉西德（al-Rashid），制定了一个将众多的希腊哲学和科学著作译为阿拉伯文的庞大翻译规划。这种文化的推进工作，标志了希腊文化在阿拉伯世界的全面复兴，并一直持续到了 11 世纪。① 希腊哲学在这些地区的翻译和研究，促成了阿拉伯哲学的繁荣，产生了一批影响深远的中世纪阿拉伯哲学家。而大约在公元 9 世纪直到中世纪结束，在阿拉伯世界和拉丁西方，也分别生活着为数众多的犹太人，其中的一些犹太学者和拉比，依据自身的信仰传统与宗教经典，并结合新柏拉图主义和亚里士多德主义的哲学，提出并建构了他们对神学和哲学的独特见解与思想理论。② 这些犹太哲学家与阿拉伯地区的伊斯兰哲学家和拉丁西方的基督宗教哲学家一道，构成了中世纪哲学丰富多样的思想形态。本章依据这些不同的思想群体，分三节介绍它们各自代表人物的生平与主要著作。

第一节　拉丁西方哲学家

在西罗马帝国毁灭以及希腊文化极为缺失的背景下，波爱修将逻辑学与哲学运用于神学问题分析的尝试，使其在古代社会向中世纪转折的过程中起到了非常重要的承前启后作用。这种作用不仅在中世纪早期古代文明遭遇大规模蒙难的"黑暗时期"（公元 6 世纪至公元 10 世纪），为西方拉丁世界提供了基本的希腊哲学信息与不可多得的理性思考方式与表达形式；而且在随后的中世纪时期，也始终作为知识或真理探究的工具被普遍使用，既是 11 世纪期间"被更充分吸收成为经院哲学方法兴起的一个因素"，同时也

---

① 参见赵敦华：《基督教哲学 1500 年》，人民出版社 2007 年版，第 290 页。

② ［英］约翰·马仁邦主编：《中世纪哲学》，孙毅等译，中国人民大学出版社 2009 年版，第 72—73 页。

为"12 世纪期间整个亚里士多德的工具论被完全地理解与运用"① 提供了一条重要的途径。这个时期哲学家们在逻辑学研究中所取得的思想成就,在 11 世纪之后,演变成为了一场被称为"经院哲学"(Scholasticism)的思想运动。这场可谓是波澜壮阔的思想运动,是在长期的历史过程中由众多的因素促成的。除了从教父时代以来哲学家和神学家们所建构起来的理性主义阐释(辩护)传统之外,辩证法在教学中的广泛采用也起到了推动作用。从"scholastic"的本意来看,它所指的就是"学校的"或"学者的"意思。长期以来,包括辩证法在内的推理逻辑和论辩逻辑,一直是中世纪早期教会学校众多教师和神学家们广泛采纳的主要教学方法和解答、探究神学问题的主要手段。这些方法与手段所蕴含的哲学理性,正是在这种教学以及问题的解答、探究中获得了普遍认可,形成了一种似乎不可遏制的思想倾向,孕育并产生了众多具有深厚逻辑功底的哲学家。

波爱修(Anicius Manlius Severinus Boethius,公元 480—525 年)②

波爱修在中世纪哲学专家、剑桥三一神学院马仁邦(John Marenbon)看来,是非常难定义的哲学家,从历史发展来看,他属于古代后期社会,但是如果把他单纯定位在古代后期,又不能够完全体现出他的重要性。波爱修出生于公元 480 年,此时的意大利正处于东哥特人(Ostrogoths)的统

① *The Cambridge History of Later Greek and Early Medieval Philosophy*, edited by A. H. Armstrong, Cambridge: Cambridge University Press, 2008, p.543.

② 主要参考:(1)叶秀山:《西方哲学史:学术版》第 3 卷,江苏人民出版社 2004 年版,第 204—223 页;(2)唐逸:《理性与信仰:西方中世纪哲学思想》,广西师范大学出版社 2005 年版,第 40—51 页;(3)[英]约翰·马仁邦主编:《中世纪哲学》,孙毅等译,中国人民大学出版社 2009 年版,第 12—27 页;(4)赵敦华、傅乐安主编:《中世纪哲学》上卷,商务印书馆 2013 年版,第 617—675 页;(5)[英]约翰·马仁邦:《中世纪哲学:历史与哲学导论》,吴天岳译,北京大学出版社 2015 年版,第 38—50 页;(6)[美] S.E. 斯通普夫、J. 菲泽:《西方哲学史:从苏格拉底到萨特及其后》,匡宏、邓晓芒等译,世界图书出版公司 2009 年版,第 128—131 页;(7)Etienne Gilson, *History of Christian Philosophy in the Middle Ages*, New York: Random House, 1955, pp.97-106;(8)Frederick C.Copleston, *A History of Philosophy, Volume II*, New York: Image Books, 1985, pp.101-104;(9)John Marenbon, *The Cambridge Companion to Boethius*, New York: Cambridge University Press, 2009, pp.1-104;(10)*The Oxford Handbook of Medieval Philosophy*, edited by John Marenbon, Oxford: Oxford University Press, 2012, pp.23-26。

治之下，他被最有名望的罗马贵族夫妇收养，受过良好教育，精通希腊文化、哲学和拉丁文化。他是不是在亚历山大城或者雅典学习过，没有办法下定论，但是波爱修对新柏拉图主义的作品十分熟悉，比如普罗克鲁斯、波菲利的作品，也许还有阿摩尼乌斯的。波爱修使用拉丁文写作，因此尽管他是位基督徒，他的写作传统可以通过普罗提诺追溯至亚里士多德和柏拉图。波爱修的多数观点和论证具有很深的希腊渊源，与其发展新的哲学观点和哲学体系，他选择的是整理和表达前人已有的观点，但是从对中世纪哲学的影响和重要性来讲，可能只有亚里士多德和奥古斯丁超越了他。公元 395 年以来，罗马帝国分裂为以君士坦丁堡为首都的东罗马帝国和以拉文纳为首都的西罗马帝国，罗马不再是重要的政治中心，但是它保留着古代的机构和仪式，这要归功于波爱修，波爱修四十四五岁的时候被王狄奥多里克（Theoderic）任命为政事总管（Mater of Offices）并搬到拉文纳，从此波爱修走上了他人生的不归路，狄奥多里克宫廷诡计、猜疑相互交织，最终波爱修因叛国罪被处死。

波爱修十分热衷于古代文献，曾计划将柏拉图和亚里士多德的作品全部翻译为拉丁文，实际上只翻译了亚里士多德的《工具篇》，以及波菲利的《导论》，波爱修自己的作品有《波菲利〈导论〉注释》两篇（Commentaria de Isagoge I，II），这些译著和作品在中世纪早期被用作逻辑学教材，称为"旧逻辑"。他翻译的《前后分析篇》、《论题篇》、《辨缪篇》、《正位篇》被埋没到 12 世纪才广为流传，被称为"新逻辑"。他撰写了《解释篇》注释两篇、《范畴篇》注释一篇，除此之外，还著有算数、几何、音乐等学科的教科书，在中世纪被广泛使用。他的另一类著作主要是神学论文，主要有《神学短论》（Opuscula sacra）五篇和在狱中写出来的后来广为流传的《哲学的慰藉》（De consolatione philosophiae）。其中《神学短论》主要是讨论"三位一体"问题，为后来一些重要的神学家所重视并注释，包括拉波里的吉伯特和托马斯·阿奎那，《哲学的慰藉》以对话和诗的形式写成，大量介绍了古代哲学观点。

按照马仁邦等人的看法，波爱修主要在三个方面对中世纪哲学的影响巨大。首先，他在柏拉图课程体系中发展了古代逻辑学，并推动其在拉丁世界广泛传播。亚里士多德的整部逻辑工具论成为新柏拉图主义课程体系的基本元素，学员们从波菲利的《导论》出发，进一步学习《范畴篇》、《解释篇》等亚里士多德逻辑学著作。波爱修对波菲利的《导论》以及《范畴篇》、《解释篇》都进行了评注，他的评注尊重古希腊传统，成为研究亚里士多德作品的重要材料，而同时期的希腊评注家则是将新柏拉图主义的教条强加给了亚里士多德。其次，他的神学作品《神学短论》尝试将逻辑运用于"三位一体"关系的分析，这种尝试从奥古斯丁就开始了，波爱修则是在奥古斯丁的基础上，将新柏拉图主义和亚里士多德的主题结合起来，提出了一套本体论学说，将上帝发展成了单义的、超验的柏拉图理念，具体事物中的内在形式则是理念的影像。按照重要性来讲，五篇短论中最重要的是第一、第五和第三篇。最后是《哲学的慰藉》，这部作品后来为哲学家、文学家广为传诵，这部作品是波爱修在监狱中等待处决时写成的，作品中波爱修哀叹时运的急剧转变，恶人当道而贤者罹难，哲学以人格化的形式出现并和他交谈，哲学女神告诉波爱修，不需要哀叹，因为正义最终会出现的，真正的幸福不会因为这样就有折损，贤者的愿望最终会实现，邪恶一定会遭到惩罚的。

伪狄奥尼修斯（Pseudo-Dionysius）[①]

在公元 500 年左右，有一部新柏拉图主义的作品集流传于西欧，这部著作被认为是 1 世纪使徒保罗的弟子狄奥尼修斯（Dionysius Areopagite）的著作。亚略巴古的狄奥尼修斯是雅典法官，《使徒行传》17：34 记载了他是使徒保罗的弟子。这部流行于公元 6 世纪的作品假托狄奥尼修斯的名，其作者

---

① 　主要参考：（1）Etienne Gilson, *History of Christian Philosophy in the Middle Ages*, New York: Random House, 1955, pp.81-85；（2）Frederick C. Copleston, *A History of Philosophy, Volume II*, New York: Image Books, 1985, pp.91-100；（3）唐逸:《理性与信仰：西方中世纪哲学思想》，广西师范大学出版社 2005 年版，第 56—58 页；（4）［美］S.E. 斯通普夫、J. 菲泽:《西方哲学史：从苏格拉底到萨特及其后》，匡宏、邓晓芒等译，世界图书出版公司 2009 年版，第 131—133 页；（5）赵敦华:《基督教哲学 1500 年》，人民出版社 2007 年版，第 180—184 页。

无可考证，因此历史上称为伪狄奥尼修斯。伪狄奥尼修斯作品的影响非常大，对天主教哲学影响深远，甚至对托马斯·阿奎那有着重要影响，据唐逸的《信仰与理性》（广西师范大学出版社）一书，阿奎那引用伪狄奥尼修斯1700余例。伪狄奥尼修斯的作品集共有5部著作，分别是《论天界等级》（De Divina Hierarchia）、《论教会等级》（De Ecclesiastica Hierarchia）、《论神之名》（De Dvinis Nominibus）、《论神秘神学》（De Mystica Theologica）、《书信》（Epistulae），收入《希腊教父全集》第3、4卷。这些著作频频被翻译为拉丁文，还有人为其写评注，影响非常，关注不同问题的神学家和哲学家大量使用这部作品集为他们提供理论素材，神秘主义对他的等级划分理论也是给予了青睐。

伪狄奥尼修斯作品的主题涉及世界的本源、上帝的知识、恶的本质，等等，这些理论中，他企图将新柏拉图主义的流溢说同基督宗教的创世论结合起来。新柏拉图主义的流溢说很容易造成泛神论，伪狄奥尼修斯尝试建立一种新的创造说，这种创造说既坚持了这个世界是被上帝创造出来的，同时又希望坚持创造物都是由上帝创造的神学思想。人类认识上帝，伪狄奥尼修斯认为是可能的，并且有两种途径：肯定和否定的。所谓肯定的方式就是受造物体现出来的属性提升至完满然后归之于上帝，比如善、美、全能、智慧等等，这些属性的完满状态是属于上帝的，对人类来讲，在不同程度上分有（participate）这些属性。对上帝的肯定认知获得了关于上帝肯定的知识。但是在基督教神学领域，对上帝的否定认知更为重要。否定的认知就是用排除的方法来获得不可能是上帝属性的知识，这个方法获得的是"上帝不是什么"，上帝是超越的，因此人类认知范畴内的属性都不能用来描述上帝，如此只能将人类认知范畴内的属性全部排除在上帝的完满之外。也有人认为否定的方法并不能获得对上帝的清晰认知，反而带来了谜团，但是否定方法可以清晰知道上帝不是什么。伪狄奥尼修斯在讨论恶的本质的时候，采用的是缺乏说，他否认恶像善一样具有本体。

马克西姆（Maximus of Chrisopolis，约公元 580—662 年）①

克里斯普利士的马克西姆是君士坦丁堡的神学家，同时讲授柏拉图哲学和亚里士多德哲学，因公开反对罗马皇帝关于基督一性论的敕令被割舌砍手，因此他还有一个称号"忏悔者马克西姆"（Maximus the Confessor）。近20 年来，人们对于马克西姆作品的关注度突然增加，不仅仅是将其作为历史人物看待，更多的是对他作为神学家和灵修作家所企及的高度感到惊讶，他的著作主要有信件五十封，很多没有办法确定具体时间，《致惑塔拉修》（Questions Addressed to Thalassius）、《问题与疑惑》（Questions and Doubts）、《答疑解难》（Ambigua）等等，还有很多灵修类的著作，比如《爱的 400 年史》（Four Centuries on Love），小部头的著作有《神学与道成肉身的 200 年史》（Two Centuries on the Theology and the Incarnation）。马克西姆的注释与伪迪奥尼修斯的著作在中世纪并列为经典，现代学者普遍认为，流传至今的《忏悔者马克西姆注释》中很大一部分为拜占庭学者斯克赛普里士的约翰（John of Scythopolis）在 530 年左右撰写的，现在已经很难分辨哪些是他们哪个人的，但是这些作品在历史中已经产生了影响。

马克西姆的神学观点很大程度上继承了新柏拉图主义的观点，他也认为上帝的本质（ousia）就是存在，同时他也说上帝高于存在本身，这一点的解释在维克多里那里得到了解释，马克西姆说存在的肯定与否定两种说法同时适合于上帝，形式逻辑中的矛盾律不适用上帝的本质，用他的话来讲，肯定与否定对立，但于上帝之中调和。上帝是一种无限的存在，因为他是一切

---

① 主要参考：（1）Etienne Gilson, *History of Christian Philosophy in the Middle Ages*, New York: Random House,1955, pp.85-89；（2）*Maximus of Chrisopolis, Maximus the Confessor*, edited and translated by Andrew Louth, New York: Routledge, 1996, pp.1-74；（3）St. Maximus the Confessor, *On the Cosmic Mystery of Jesus Christ*, translated by Paul M. Blowers and Robert Louis Wilken, New York: St. Vladimir`s Seminary Press, 2003,pp.13-43；（4）Demetrios Bathrellos, *Person, Nature and Will in the Christology of Saint Maximus the Confessor*, New York: Oxford University Press Inc, 2004, pp.3-9；（5）Pauline Allen, *The Oxford Handbook of Maximus the Confessor*, edited by Pauline Allen and Bronwen Neil, Oxford: Oxford University Press, 2015, pp.1-13；（6）赵敦华：《基督教哲学 1500 年》，人民出版社 2007 年版，第 184—188 页。

存在物的原因，因此称之为存在，但是上帝是"非受生"的，因此他称之为非存在。上帝是一，是整体，是单子，单子产生最初运动，正是上帝的这种神圣运动，使得上帝及其本质能够为人类所知。神圣运动的第一步就是"道成肉身"，由此基督产生，他是完全的显现；紧接着神圣运动继续产生了圣灵，这三者是同一本质。上帝借神圣运动的第一步于他之外的存在中显示自己，这些存在都不是神，圣道是神圣运动的完美知识，于他之内拥有所有存在的存在，他是存在的整体（ousia）。马克西姆的这些观点有着很明显的新柏拉图主义的神秘主义色彩。

至于受造物，它们的最终目的是根据自身本质模仿上帝，有一部分一直都是现存状态的样子，其余的在一定程度上可以成为他们即将要变成的，这些受造物只能根据自己在存在等级中的地位找到自己的位置。当然受造物可以根据自己拥有的知识和自由意志决定自己模仿上帝的程度，因此他们才会受到审判，获得救赎或者惩罚。人类是这些存在中的一种，人是由肉体和灵魂构成的，其中肉体是可分和可朽的，灵魂是不可分和不朽的，肉体没有灵魂不可以存在，灵魂没有肉体也不可以存在，不存在灵魂或者肉体的预先存在（pre-existence）。上帝的永恒意志是不会因受造物所改变的，通过至善，他创造了肉体和灵魂，因此，最合理的解释就是肉体和灵魂同时被造，人类是介于纯粹的肉体和纯粹的精神之间的，是二者的结合之处。人类通过身体认知世界的多样产生知识，通过灵魂与上帝联结，因此人类的最终归宿是实现同上帝的重新联结，人类应该通过将人类本性和神圣本性联结起来获得救赎。但是，马克西姆说人类做的正好相反，人类却追求的是知识。

约翰·菲洛普诺（Johannes Philoponus，约公元 480—565 年）①

约翰·菲洛普诺是亚历山大学派重要学员，著有《论创世》、《反普罗克鲁斯论世界永恒性》、《亚里士多德〈论灵魂〉第三卷注》等。其中《反普罗克鲁斯》是为了配合查士丁尼大帝关闭柏拉图学园所写的，在这本书中他驳

① 主要参考：（1）Etienne Gilson, *History of Christian Philosophy in the Middle Ages*, New York: Random House, 1955, pp.89-91；（2）赵敦华：《基督教哲学 1500 年》，人民出版社 2007 年版，第 189—190 页。

斥了柏拉图关于可感世界和理念世界的二分，除了上帝是永恒的，并不存在永恒世界，同时亚里士多德的永恒物质和运动在约翰看来也是错的。虽然希腊神话和哲学体系早在公元 1 世纪就已经开始有人怀疑其真理性了，其中查士丁是最典型的代表，但是借着基督教的政治地位"上帝创世"观念同希腊"世界永恒"观念之间的这次交锋，带来了深远的影响，持续了近千年的柏拉图学园最终走进了历史。约翰借着反对除上帝之外存在永恒的理论，取消了天界与地界之分，后世科学家对此举非常赞赏，认为他统一了科学宇宙论与一神论。约翰还有一个非常重要的贡献，那就是在《论灵魂》的评注中提出了"主动理智"和"被动理智"之间的区分，这一区分在中世纪受到了广泛的关注和讨论。在《基督教哲学 1500 年》中，赵敦华教授总结道：（1）主动理智是上帝的普遍理智，被动理智是人的特殊理智；（2）主动理智介于上帝和人之间，类似柏拉图的"造物神"；（3）这两种理智并存于人类灵魂之中，并且主动理智推动被动理智；（4）都是人类理智的同一理智，理智一刻在活动、另一刻是潜在。约翰认为主动理智和被动理智之间正确关系体现在最后一种解释中，是符合基督教教义的。

爱留根纳（John Scotus Erigena，又译伊利吉纳，公元 810—877 年）[①]

爱留根纳无疑是卡罗林文化复兴时期最著名的哲学家。爱留根纳在一场关于预定论中与戈特沙尔克（Gottschalk）展开了论战，这使得这位 9 世纪杰出的拉丁哲学家初次青史留名。爱留根纳并不是隐修士，他于 840 年左右

[①] 主要参考：（1）叶秀山：《西方哲学史：学术版》第 3 卷，江苏人民出版社 2004 年版，第 223—252 页；（2）唐逸：《理性与信仰：西方中世纪哲学思想》，广西师范大学出版社 2005 年版，第 58—66 页；（3）邓晓芒、赵林：《西方哲学史》，高等教育出版社 2005 年版，第 95 页；（4）赵敦华、傅乐安主编：《中世纪哲学》上卷，商务印书馆 2013 年版，第 676—697 页；（5）[英] 约翰·马仁邦主编：《中世纪哲学》，孙毅等译，中国人民大学出版社 2009 年版，第 132—134、137—145 页；（6）[英] 约翰·马仁邦：《中世纪哲学：历史与哲学导论》，吴天岳译，北京大学出版社 2015 年版，第 79—87 页；（7）[美] S.E. 斯通普夫、J. 菲泽：《西方哲学史：从苏格拉底到萨特及其后》，匡宏、邓晓芒等译，世界图书出版公司 2009 年版，第 133—135 页；（8）Etienne Gilson, *History of Christian Philosophy in the Middle Ages*, New York: Random House, 1955, pp.113-128；（9）Frederick C. Copleston, *A History of Philosophy, Volume II*, New York: Image Books, 1985, pp.112-135。

在钟爱希腊文化的秃头查理那里担任导师，"Scottus"在当时的意思就是"爱尔兰人"，"Eriugena"是他发明的，以另外一种方式重复了"Scottus"，当时，有一群在学问方面傲视大陆学者的爱尔兰移民，其中爱留根纳是最突出的那一位。在查理曼的宫廷里面，爱留根纳可能教授过一套围绕"自由七艺"展开的课程，使用马提阿努斯·卡佩拉的《论斐萝萝嘉和墨丘利的婚姻》作为教科书，他为其所作的评注留存下来了，在9世纪广为人们研读，但是今天分不清哪些是原文、哪些是爱留根纳所作的评注了。9世纪中期，爱留根纳受查理委托，重译伪狄奥尼修斯的希腊文著作，相对于其他译本的生僻翻译，爱留根纳的翻译更为出色，也更通俗易懂，为后3个世纪所沿用，更重要的是他吸纳了伪狄奥尼修斯作品中的观念。后来他陆续翻译了其他基督教的希腊文本，包含了尼萨的格列高利和忏悔者马克西姆，他还广泛阅读拉丁教父的作品，尤其是安布罗斯（Ambrose）和奥古斯丁的作品，还有，他对逻辑学非常有热情，这些都对他有着深刻的影响，这种影响体现在了伊利吉纳的杰作《论自然》（Periphyseon）中，又称为《论自然之区分》（De divisione naturae），这本书的希腊名称是爱留根纳自己取的，可能更有说服力。

《论自然》描述的是师生间的对话，学生通过提出反驳和追求更深层次的理解来引导出老师的思想。爱留根纳将自然划分为四类：非受造但创造（上帝）、受造且创造（始因）、受造且不创造（自然界）、非受造且不创造（万物归向的上帝）。在第一类的讨论中，爱留根纳按照阿尔昆和他学生们的传统，考察了亚里士多德的十范畴是否适用于谓述上帝，在奥古斯丁和波爱修那里也看到过这种努力。

与波爱修等人试图使用亚里士多德范畴来谓述上帝的方法不一样，爱留根纳在《论自然》中表示上帝是超越，他的杰出贡献就是探索了上帝的否定表达。爱留根纳表示，我们在使用范畴来探索上帝属性的时候，有一个根本的问题要先解决，那就是上帝的存在。肯定神学探索上帝的属性，当然这种属性不能从字面义来理解，要从因果性联系来理解，否定神学得到的是上帝不是什么，也不能从字面义来理解，要以隐喻的方式，也就说上帝的否定属性并不是对这些属性的否定，而是对这些属性的超越，因此在这个意义上来说，存在都不可以用来谓述上帝。爱留根纳的表述并不是单纯重复前人的观点，爱留根纳一语惊人，"上帝也不知道他是什么"，但是按照基督教教义，上帝在虚无中创造，上帝就是虚无，而这个世界就是上帝在虚无中创造的。因此，这个世界存在，但是上帝不存在，这个世界是上帝的神显（theophany），人类只能从神显中认识上帝，对上帝不可能产生直接的认识。爱留根纳并没有以亚里士多德的方式解读亚里士多德，而是融合了柏拉图和亚里士多德的理论，在研究可感世界的九范畴之前加入了"存在"，爱留根纳认为存在、质和量都不是实体性的。《论自然》的第二卷到第五卷爱留根纳集中探讨了《创世纪》，其中他探讨了"始因"和人类灵魂的能力。爱留根纳同奥古斯丁不一样，他将奥古斯丁和安布罗斯的解经方法结合起来了，既强调了"始因"，又强调了寓意解经，难能可贵的是他非常尊重《圣经》文本，并没有使用他的方法任意解读。对于人类灵魂功能的探讨，爱留根纳有着非常广阔的视域，他严格按照马克西姆的方式，将人类灵魂的运动分为了理智的、理性的和感觉的运动，同时也对其进行了发展，有着自己独到的、体系化的解读。

吉伯特（Gerbert of Aurillac，公元 945—1003 年）①

在公元 1000 年前后，拉丁西方的逻辑学研究取得了长足的进展，对"旧逻辑"的把握以更全面更深入的方式展开，吉伯特和弗勒里的阿博（Abbo of Fleury，约 10 世纪末）可谓是其中的翘楚。吉伯特是最早本着亚里士多德关于辩证法"是探求一切根本原理的路径"这一精神对待辩证法的神学家。他出生于法国西南部的阿克泰尼，是奥拉里克的僧侣。他曾经去过西班牙北部，接触到了阿拉伯人的科学知识，972 年被任命为兰斯主教坐堂学校的校长，991 年成为兰斯大主教。同时他也是神圣罗马皇帝奥托三世的老师，在其支持下，吉伯特于 999 年成为第一位担任教皇的法国人。吉伯特是那个时代最有学问的人，除了逻辑学外，他在数学和天文学等方面都有着很高的造诣，著有《几何学》、《天文学》课本，写过《范畴篇》、《正位篇》的注释，

---

① 主要参考：（1）赵敦华：《基督教哲学 1500 年》，人民出版社 2007 年版，第 212—213 页；（2）[英] 约翰·马仁邦：《中世纪哲学：历史与哲学导论》，吴天岳译，北京大学出版社 2015 年版，第 121—122 页。

以及论文《论理性与使用理性》(De rationali et ratione uti)。他讲授内容除《导论》、《范畴篇》和《解释篇》之外，还包括了波爱修的逻辑学专著。《论理性与使用理性》是他现存唯一一部逻辑学著作。

在《论理性与使用理性》中，他对"理性的事物运用理性"这句话中涉及的述谓问题进行了分析，阐明了在一个命题中，一个外延较窄的术语（如"运用理性"）述谓一个外延较宽的东西（如"理性的事物"）是如何可能的。吉伯特进而考察了谓述的类型以及"现实"、"潜能"的使用方式，并对当时人们通过断章取义的方式对逻辑知识的滥用提出了批评。吉伯特还是一位试图把各科的知识联系成为一门关于世界的知识——即哲学——的教师；他尝试用"七艺"等世俗知识、而不是用神学来建立哲学的企图遭到一些神学家的反对，并为此在奥托二世宫廷里与其他神学教师展开了一场激烈的辩论。他的基本立场是认为，哲学不仅仅是世俗学问，它还包括了神学、数学和物理学三门理论，是一切世俗与神圣学问的总汇，而且可以通过语言和逻辑将它们统一在一起。

11 世纪的逻辑学家及其反对者 ①

随着教学和研究的持续展开，逻辑学在吉伯特等人之后的 11 世纪又取得了一系列的成果，涌现出了贝伦加尔（Berengar de Tours，公元 1010—1088 年）和安瑟尔谟（Anselm，公元 1033—1109 年）等倡导辩证法的逻辑学家，以及对辩证法的效用持极端怀疑态度的兰弗朗克（Lanfranc，约公元 1010—1089 年）和达米安（Petrus Damiani，公元 1007—1072 年）等神学家。贝伦加尔长期执教于法国图尔（Tours）圣马丁教堂学校，曾作为学生师从于福尔伯特（Fulbert）——法国当时著名的夏特尔学校的创始人——学习。在思想倾向上，贝伦加尔是一位对辩证法和理性有着高度赞誉的学者，公开

---

① 主要参考(1) 赵敦华：《基督教哲学 1500 年》，人民出版社 2007 年版，第 213—219 页；(2) [英] 约翰·马仁邦：《中世纪哲学：历史与哲学导论》，吴天岳译，北京大学出版社 2015 年版，第 122—124 页；(3) [美] 胡斯都·L. 冈察雷斯：《基督教思想史》第 2 卷，陆泽民、孙汉书、司徒桐、莫如喜、陆俊杰译，译林出版社 2008 年版，第 147—153 页；(4) 唐逸：《理性与信仰：西方中世纪哲学思想》，广西师范大学出版社 2005 年版，第 75 —77 页。

声称辩证法是理性的杰作，可以运用于包括神学事物在内的所有问题上。他的《论圣餐》（On the Sacred Supper）一书，即是当时把辩证法运用在对圣餐这类神学问题讨论中的主要体现。而与贝伦加尔观点相左的兰弗朗克，对辩证法的使用表示出了相当的犹豫和担心。兰弗朗克先是作为律师，然后进入修道院并最终成为坎特伯雷大主教。他的基本倾向是认为辩证法虽有它的意义，但神学必须凌驾于辩证法之上；辩证法可以在神学中使用，但不能与宗教教义相矛盾。他与贝伦加尔在 11 世纪 60 年代和 70 年代围绕着"圣餐"问题的争论，成为当时影响范围甚广的神学问题和哲学问题。

而在这个时期围绕着辩证法的意义展开争论的人们中，达米安可谓是持反对观点的一个典型人物。他在其代表作《论上帝的全能》（De divina omnipotentia）中，除了叙述相关的神学理论之外，同时也阐述了逻辑或辩证法如何不能作为可行的手段或方式用在神学的讨论中。他的基本观点是，上帝是完全超越于矛盾律等逻辑规则之上而不受这些规则制约的，因此把世俗的逻辑用在对神圣事物的讨论中，是完全不合适的和不恰当的。

安瑟尔谟（Anselm，公元 1033—1109 年）①

安瑟尔谟，或译为安瑟伦，出生于意大利北部奥斯塔（Aosta）的一个贵族家庭中，其家族为撒瓦伯爵的封臣，后人多称呼他为坎特伯雷的安瑟

---

① 主要参考：(1) 赵敦华：《基督教哲学 1500 年》，人民出版社 2007 年版，第 219—238 页；(2) 叶秀山：《西方哲学史：学术版》第 3 卷，江苏人民出版社 2004 年版，第 260—285 页；(3) 唐逸：《理性与信仰：西方中世纪哲学思想》，广西师范大学出版社 2005 年版，第 81—103 页；(4) 邓晓芒、赵林：《西方哲学史》，高等教育出版社 2005 年版，第 96—98 页；(5) [英] 约翰·马仁邦主编：《中世纪哲学》，孙毅等译，中国人民大学出版社 2009 年版，第 145—149 页；(6) 佘碧平：《中世纪文艺复兴时期哲学》，人民出版社 2011 年版，第 92—99 页；(7) 赵敦华、傅乐安主编：《中世纪哲学》上卷，商务印书馆 2013 年版，第 701—784 页；(8) [英] 约翰·马仁邦：《中世纪哲学：历史与哲学导论》，吴天岳译，北京大学出版社 2015 年版，第 125—135 页；(9) [美] S.E.斯通普夫、J.菲泽：《西方哲学史：从苏格拉底到萨特及其后》，匡宏、邓晓芒等译，世界图书出版公司 2009 年版，第 138—141 页；(10) Etienne Gilson, *History of Christian Philosophy in the Middle Ages*, New York: Random House, 1955, pp.128-139；(11) Frederick C. Copleston, *A History of Philosophy, Volume II*, New York: Image Books, 1985, pp.156-165；(12) Anslem of Canterbury, *The Major Works*, edited with an introduction by Brian Davies and G.R.Evans, New York: Oxford University Press, 1988, pp.151-174.

尔谟（Anselm of Canterbury）。大约在他 20 岁时，他母亲离世，这对他打击很大。1056 年左右，安瑟尔谟离开家乡，先后在勃艮第和法兰西待了三年。1059 年出于对贝克修道院副院长兰弗朗克（Lanfranc）的仰慕，安瑟尔谟前往贝刻（Bec）跟随兰弗朗克学习，并于 1060 年成为贝克修道院的一名隐修士，希望能更进一步地对上帝进行沉思。1063 年，兰弗朗克到纪尧姆在卡恩（Caen）新建的修道院任职，安瑟尔谟接任了兰弗朗克原有的职务，成为贝克修道院的副院长，并担任这一职务长达 15 年，1089 年院长赫尔卢因（Herluin）去世后，安瑟尔谟担任该修道院院长。在 1093 年 9 月安瑟尔谟接替兰弗朗克成为坎特伯雷大主教（Archbishop of Canterbury），直至 1109 年去世。1494 年，安瑟尔谟被教皇追封为圣徒，1720 年被宣布为教会的博士。

安瑟尔谟的主要著作有《独白》（Monologion）、《宣言》（Proslogion），《论真理》（De veritate）、《论自由意志》（De libero arbitrio）、《论撒旦的堕落》（De casa diaboli），此外还有《论语法学家》（De grammatico）、《论三一信仰》（De fide Trinitate）、《上帝何以成人》（Cur Deus homo）、《论和谐》（De Concordia）等。

针对理性和信仰的关系，安瑟尔谟提出"信仰寻求理解"[1]，他继承并发展了奥古斯丁"光照论"真理观，并在《论真理》中区分了真理的三个层次，分别是上帝之中的永恒真理、与神圣真理一致的事物真理和与事物一致的思想或陈述真理。"事物存在的真理既是最高真理产生的效果，同时是这一真理进入认识和陈述的基础。"[2]由于真理的可理解性，他认为信仰所坚持的与被必然理性所证明的是同等的，如此安瑟尔谟便将信仰置于理性的出发点，"安瑟尔谟的'真理'概念不仅是关于思想和语言的认识论概念，而且是关于意志和行为的伦理学概念，更是关于世界秩序和上帝的形而上学与神学的

---

[1] 《论说篇》中原句是 "Neque enim quaero intelligere, ut credam; sed credo, ut intelligam. Nam et hoc credo quia nisi credidero, non intelligam." 意为 "并非我的理解使我信仰，而是我的信仰使我理解。因为我相信，唯有信仰，方能理解"。

[2] Anslem of Canterbury, *The Major Works*, edited with an introduction by Brian Davies and G.R.Evans, New York: Oxford University Press, 1988, pp. 164-165.

概念"①。

　　《独白》与《宣讲》大致成书于公元 1077 年至 1088 之间，兰弗朗克与贝伦加尔关于圣体问题的争辩震撼了当时的法国，当时也已经有了以亚里士多德逻辑解释神学的风气。安瑟尔谟试图不依靠《圣经》的权威，运用理性证明上帝存在。在《独白》中，安瑟尔谟从后天经验事实推论出上帝必然存在，认为事物按照完满性原则被排列成不同的等级，上帝通过自身存在，其他事物通过上帝而存在，上帝是必然的完美原则，所以事物必然导致关于上帝存在的信仰。在《宣讲》中安瑟尔谟提出了哲学史上著名的"上帝存在"本体论证明。安瑟尔谟在《宣讲》中的证明可以表述为一个三段式的推理论证——大前提：被设想为无与伦比的不仅思维上存在，实际中也存在；小前提：上帝是一个被设想为无与伦比的；结论：上帝实际存在。安瑟尔谟首先对上帝的概念作了逻辑性的分析，以上帝作为知识的本原和至善至美者，接着以"上帝"概念作为推理的出发点，以逻辑的必然性推导出存在的必然性，上帝既然存在于人们的心智之中，那么必然现实地存在。对于安瑟尔谟从"上帝"概念意义分析出实际存在的证明方式，僧侣高尼罗（Gaunilo）在文章《就安瑟尔谟〈宣讲〉的论辩为愚人辩》提出反对意见，安瑟尔谟所代表的观点认为从低至高的原则必然能够实现存在与观念的同一，而高尼罗所代表的思想家则认为无法实现从观念到存在的直接跳跃，实则反映了对"观念与存在"关系的不同立场。其次，他认为该证明对于异教徒没有意义。安瑟尔谟关于上帝的论证在之后很长时间没有受到人关注，直到 13 世纪引起了一些思想家的注意，托马斯·阿奎那在《反异教大全》和《神学大全》中否定了安瑟尔谟对上帝的论证，波纳文图拉在《论三一奥秘》中反驳了高尼罗所提出的"完美岛屿"，并重建安瑟尔谟关于上帝的论证。这之后根特的亨利、司各脱等人均对该证明作出了进一步的讨论。17 世纪，笛卡尔在《沉思录》中提出了"至高完美的存在"，以"原因的真实性不能小于结果的真实性"论证得出上帝的观念是由同等完满的存在压入有限的自我之中的，笛

① 赵敦华：《基督教哲学 1500 年》，人民出版社 2007 年版，第 233 页。

卡尔保留了本体论的论证精神，从上帝是完满的原因推出上帝的存在。关于安瑟尔谟对上帝证明，在近代仍有诸多思想家从不同的层面和角度展开论述讨论，具体可参照本教材第九章的讨论。

安瑟尔谟还曾在《论信仰》中反对罗色林的唯名论，认为越是一般的越具有实在性，因此上帝最具实在性，他据此理论认为教权高于王权，为基督教的统治作出辩护。安瑟尔谟建立的哲学神学体系对罗马教会而言具有积极意义，在 1054 年"东西方教会大分裂"之后，他首先利用奥古斯丁主义和拉丁西方的"辩证法"传统，建立了不同于东方希腊教会的理论体系，加固了西方罗马教会合法性的基础。[①]

彼得·阿伯拉尔（Peter Abelard，公元 1079—1142 年）[②]

阿伯拉尔于 1079 年出生于法国南特（Nantes）附近布里塔尼（Britany）的勒比莱（Le Pallet）骑士家庭中，他早年曾跟随罗色林学习逻辑和神学，但对"三位一体"神学和极端唯名论不感兴趣，之后便来到巴黎跟随实在论者威廉（William of Champeaux）学习辩证法，后与威廉公开辩论并获得胜利，一时声名大噪，跟随者众多。1113 年，他转而跟随拉昂的安瑟尔谟（Anselm of Laon）学习神学，但是安瑟尔谟仍未能使他心悦诚服。随后，阿伯拉尔开始在神学院授课，1115 年在圣母学院的主教学校担任神学教师，颇受学生爱戴。这个时期，他与其同事福尔贝尔（Fulbert）的外甥女爱罗伊丝（Heloise）相爱并秘密结婚，后来遭到同事反对，他们指使人对阿伯拉尔施行了阉割私刑，这使他承受了巨大的打击和屈辱，1118 年，爱罗伊丝

---

① 余碧平：《中世纪文艺复兴时期哲学》，人民出版社 2011 年版，第 92 页。

② 主要参考：（1）赵敦华：《基督教哲学 1500 年》，人民出版社 2007 年版，第 238—251 页，253—258 页；（2）唐逸：《理性与信仰：西方中世纪哲学思想》，广西师范大学出版社 2005 年版，第 156—167 页；（3）[英] 约翰·马仁邦主编：《中世纪哲学》，孙毅等译，中国人民大学出版社 2009 年版，第 171—182 页；（4）[英] 约翰·马仁邦：《中世纪哲学：历史与哲学导论》，吴天岳译，北京大学出版社 2015 年版，第 142—156 页；（5）Jeffrey E. Brower, Kevin Guilfoy, *The Cambridge Companion to Abelard*, New York: Cambridge University Press, 2006, pp.13-38；（6）D. E. Luscombe, *The School of Peter Abelard: The Influence of Abelard's Thought in the Early Scholastic Period*, New York: Cambridge University Press, 2008, pp.103-142.

(Heloise）被送入修道院，大致在 1119 年阿伯拉尔也成为巴黎郊区圣丹尼斯（St.Denis）修道院的修士。该打击并没有使他中断教学与写作，在此期间他出版了一些逻辑学著作，如《逻辑的要素》（Logicar Ingredientibus），1121 年，他讨论"三一论"的第一部神学著作《至善之神学》在苏瓦松（Soissons）主教会议上被谴责为异端，该会议认为阿伯拉尔在该书中否认了上帝的独立人格，并要求他焚毁书稿。随后阿伯拉尔考证圣丹尼斯传说中的不实之处，引起了众僧侣的不满，阿伯拉尔被迫离开到乡下隐居。在他隐居期间，众多学生慕名前去拜访他，他便在法国西北部的一所修道院开办了一所学校，在这期间他写了《是与否》、《神学导论》等著作，但是他的教学活动招致了贝纳尔注意，阿伯拉尔走向更加偏远的布列塔尼。在 1126—1132 年间，他担任了圣吉尔达（St. Gildas）修道院的院长，希望能改变该修道院的落后习俗，但他所做的改革遭到了该修道院其他修士的抵抗。大约在 1132 年，阿伯拉尔重回巴黎主教堂并任教授课，在这期间他写了《经院神学》，及对保罗《罗马书》和《六日创造》的评注，以及伦理学著作《对照篇》和《自知》。在 1140 年桑斯（Sens）主教会议上，贝纳尔（Bernard of Clairvaux）针对性地写了"阿伯拉尔的错误"，列举他的 16 条罪状并将他的学说定为异端，英诺森二世批准了贝纳尔的报告。后来阿伯拉尔被吕克尼修道院的院长彼得（Peter the venerable）收留，大约在 1144 年，阿伯拉尔去世。

阿伯拉尔的主要逻辑学著作有《辩证法》（Dialectic/Dialectica）、《逻辑的要素》，主要伦理学著作有《自知》（Know Yourself/Ethica seu Scito teipsum）、《哲学家、犹太人、基督徒三人对话录》（The Dialogue of a Philosopher with a Jew and a Christian/Diailogus inter philosophum, Iudaeum et Christianum），主要神学和哲学作品为《至善之神学》（Theologia Summi Boni）、《基督教神学》（Christian Theology/Theologia christiana）、《经院神学》（Theologia scholarium）、《是与否》（For and Against/Sic et Non）等。

在理性与信仰的关系上，阿伯拉尔主张只相信被理解的、经得起理性批判的真理。阿伯拉尔认为辩证法使得相互矛盾的意见或论辩保持一致，最终确定权威意见的确定性与可靠性。阿伯拉尔受亚里士多德关于辩证推理和证明推理区分的影响，认为辩证法的主要任务是探索论据并讨论论据是否确切，因此在探寻真理之前需要对未辨真伪的权威著作作出充分判断。他在《是与否》以提问辩难（quaestio）的形式对 158 个问题的展开论述，其中他所运用的正反论题的写作方式后来发展成为题集、箴言集、大全等形式，成为诸多神学家效仿的楷模。阿伯拉尔认为在理解教父著作的时候将怀疑通过论辩的形式提出来，是运用辩证法的首要体现，并且在论证过程中能进一步确定并且维护教父的权威。

阿伯拉尔在逻辑方面讨论了"条件句的处理和模态陈述分析"①，在处理条件句时，他将论证的有效性同条件句的真值相区分，在真值方面他严格要求关联（relevance）标准，即在条件句"如果 p，那么 q"中，q 的意义要必然包含在 p 中，该句子才是真的。在模态陈述中，"阿伯拉尔是第一个明确区分词义（dedicto）解读和本义（de re）解读的中世纪逻辑学家"②，在讨论本义解读时，他还吸收前人的讨论，尽量避免共时性可能时态。共相与殊相问题是 12 世纪拉丁哲学讨论的主要论题之一，阿伯拉尔的共相理论主要体现在《逻辑导论》一书中。他重新考察了波菲利所提出的共相问题，并增加了关于共相指称的事物是否真实存在的问题。阿伯拉尔持有唯名论立场，认为事物是个别的，共相既非"词语"也不是实际存在的"事物"而是人认识到的概念，共相只出现在"词语"中，他还对词语的"声音"（vox）和"意义"（sermo）进行了区分。阿伯拉尔试图从唯名论对事物的基本结构作出解释说明。

在《哲学家、犹太人、基督徒三人对话录》以及《自知》中，阿伯拉尔集中论述了他的伦理学思想。他讨论了恶的性质，恶与意志、行为之间

---

① ［英］约翰·马仁邦主编：《中世纪哲学》，孙毅等译，中国人民大学出版社 2009 年版，第 173 页。

② ［英］约翰·马仁邦主编：《中世纪哲学》，孙毅等译，中国人民大学出版社 2009 年版，174 页。"一个人既站着又坐着"，如果从词义解读该句子，明显得出语意矛盾；"一个人可能既坐着又站着"，如果从本义解读，则是真实的陈述，一个人可能实际正坐着且有可能站起来。

的关系、善恶与上帝的关系等一般性的问题。阿伯拉尔认为恶（vice）是对不正确事情的认同，自然倾向于罪（sin），因此恶不是实质性的，同意作恶便是藐视上帝，而藐视上帝的意图才是真正的恶。善是遵从上帝的神圣意志。阿伯拉尔认为动机是评估道德价值的关键因素，因此有必要区分动机的善（goodness of the intention）和行为的善（goodness of the deed），只有当善和动机一致时，行为才具有善恶的伦理意义，在协调善恶与上帝关系的基础上，他讨论了道德标准与个人伦理动机之间的张力。那么，如何判定主观意图有罪和无罪呢？阿伯拉尔从信仰的角度出发，认为对上帝的不敬和蔑视即是罪，这具体体现为不肯为上帝去做我们应当做的事，以及不肯为上帝不做我们深信不应当做的事情。

阿伯拉尔所创建的概念论以及对于极端实在论的批判与反驳，具有深刻的历史意义。共相问题作为认识论中的重要问题，不仅关涉基督神学教义的阐释，而且是西方哲学发展进程中的重要讨论论题，为近代西方哲学的发展作了思想理论上的准备。在信仰的背景之下，阿伯拉尔认为恶是非存在，协调了恶与上帝全善关系，在主观动机与伦理意义相一致的情况下，论述了行为主体的主观动机伦理思想，凸显了主体的道德责任感。

第二节　阿拉伯哲学家

公元 8—9 世纪阿拔斯王朝对古希腊和东方科学文化开展了大规模有组织的"百年翻译运动"（Harakah al—Tarjamah），在百年翻译运动中古希腊、罗马、波斯、印度等国的学术典籍被译为阿拉伯语，在神学、哲学、天文学、医学等诸多领域均留下了许多珍贵的著作，这开拓了阿拉伯学者研究的视域。阿拉伯文明在中东文化圈中成长起来，[①] 与此同时，东方思想和古希腊文明的传播也为促进阿拉伯哲学的发展起到了举足轻重的作用，"一部分神学家潜心研究希腊逻辑学和哲学，他们把希腊哲学作为系统表述自己思想

---

① 陈中耀：《阿拉伯哲学》，商务印书馆 2019 年版，第 21 页。

的工具，并从希腊哲学中汲取营养，使得自己的思想理论化和哲理化"①。随着中世纪中期阿拉伯哲学的繁荣发展，出现了三个最主要的派别：阿拉伯自然主义、阿拉伯新柏拉图主义和阿拉伯亚里士多德主义。

铿迪（Al-Kindī，约公元801—870年）②

艾布·尤素福·叶厄古卜·本·伊斯哈格·铿迪③出生于库法（Kufah）的一个阿拉伯世家，他的父亲是库法长官。铿迪曾在库法或者巴士拉接受教育，后来迁至巴格达并在巴格达求学。他参与了当时兴盛的翻译运动，"这次运动中翻译的一些作品在决定阿拉伯语对希腊哲学思想的接受方面具有重要意义……他监督了译者的工作，并在自己的作品中借鉴了研究成果"④，他厘清了许多亚里士多德的概念问题，因此被称为"伊斯兰四大翻译家之一"。铿迪涉猎广泛，著作颇丰，他的论文主题涉及形而上学、伦理学、医学、天文学和光学，伊本·纳迪姆（Ibn-Nadīm，公元10世纪）将铿迪的著作目录

①　陈中耀：《阿拉伯哲学》，商务印书馆2019年版，第26页。

②　主要参考：（1）[美]马吉德·法赫里：《伊斯兰哲学史》，陈中耀译，上海外语教育出版社1992年版，第81—110页；（2）李振中、王家瑛主编：《阿拉伯哲学史》，北京语言学院出版社1995年版，第209—217页；（3）张秉民主编，《简明伊斯兰哲学史》，宁夏人民出版社2007年版，第128—131页；（4）丁士仁：《阿拉伯哲学名著译介》，中国社会科学出版社2014年版，第16—63页；（5）陈中耀：《阿拉伯哲学》，商务印书馆2019年版，第223—237页；（6）赵敦华：《基督教哲学1500年》，人民出版社2007年版，第281页；（7）唐逸：《理性与信仰：西方中世纪哲学思想》，广西师范大学出版社2005年版，第180页；（8）[英]约翰·马仁邦主编：《中世纪哲学》，孙毅等译，中国人民大学出版社2009年版，第34—38页；（9）Anthony Kenny, *A New History of Western Philosophy: Medieval Philosophy（VolumeII）*, New York: Clarendon Press, 2005, p.35, p.223, p.288；（10）Al-Kindī, *Al-Kindī's Metaphysics: A Translation of YA'Qub Ibn Ishaq Al-Kindī's Treatise "On First Philosophy"*, translated with an introduction by Alfred L. Ivry, New York: State University of New York Press, 1974, pp.3-35；（11）Peter Adamson, *Al-Kindī（Great Medieval Thinkers）*, New York: Oxford University Press, 2007, pp.45-73；（12）*The Cambridge Companion to Arabic Philosophy*, edited by Peter Adamson, Richard C. Taylor, New York: Cambridge University Press, 2005, pp.32-51；（13）*Classic Arabic Philosophy: An Anthology of Source*, translated with an introduction by Jon McGinnis, David C. Reisman, Indianapolis Cambridge: Hackett Publishing Company Inc, 2007, pp.1-35.

③　也译为铿迭、肯迪、金第或阿尔金底。

④　*The Cambridge Companion to Arabic Philosophy*, edited by Peter Adamson, Richard C. Taylor, New York: Cambridge University Press, 2004, p.33.

编撰汇总为《书目大全》(Catalogue raisonne)，该书收录了铿迪大约 240 篇论文或者著作，目前留存下来的论文只有大约十分之一。① 在留存下来的著作中，最重要的论著为《第一哲学》(The book of First Philosophy)，此外重要的拉丁译本还有《论理解力》(On the Intellect / De Intellectu)、《论五元素》(De Quinque Essentiis)、《论亚里士多德的物体的数量的信》(On the Quantity of Aristotle's Bodies)、《派遣悲伤》(On Dispelling Sadness) 以及《睡眠和梦境》(On Sleep and Dream / De somno et visione) 等。

铿迪最重要的贡献在于他对希腊科学和哲学的吸收和发展，他试图整合不同的希腊哲学流派，尤其是亚里士多德主义和新柏拉图主义②。在献给哈里发穆阿台绥姆的《第一哲学》中，铿迪首要介绍了该书的主题，称赞哲学是人类最伟大和最崇高的艺术，因为它旨在了解事物的真实本质，对事物的知识被认为依赖于对事物原因的知识，所有事物的最终原因都是真正的一，而对真正第一的知识是第一哲学③，他主张利用亚里士多德的四因说来探讨世界的第一因④。铿迪认为哲学与先知的启示在内容上并无本质的差别，因此有必要将哲学与阿拉伯传统相结合，并使哲学与本土语言相适应。对于与《古兰经》经文相矛盾的哲学观点，铿迪认为阿拉伯语含有真正意义和隐喻意义，《古兰经》中的经文有许多是含有隐喻的，因此需要认真分析和思考，这回应了一些阿拉伯学者对哲学的反对看法，在一定程度上调和了伊斯兰神学和希腊哲学的矛盾。

铿迪认为世界是有限的，存在一个开端，万物必然存在一个本原，而该

① 根据傅有德《阿拉伯哲学》第 224 页，德国东方学家西尔默斯·利塔在阿斯塔纳市阿雅·索菲娅图书馆发现阿拉伯文手稿包括 29 篇铿迪的论文，由穆罕默德·阿卜杜·哈迪·艾布·里达整理成《铿迪哲学论文集》发表。

② *Classic Arabic Philosophy: An Anthology of Source*, translated with an introduction by Jon McGinnis, David C. Reisman, Indianapolis Cambridge: Hackett Publishing Company Inc, 2007, p.1.

③ Al-Kindī, *Al-Kindī's Metaphysics: A Translation of YA'Qub Ibn Ishaq Al-Kindī's Treatise "On First Philosophy"*, translated with an introduction by Alfred L. Ivry, New York: State University of New York Press, 1974, p.8.

④ [英] 约翰·马仁邦:《中世纪哲学: 历史与哲学导论》，吴天岳译，北京大学出版社 2015 年版，第 74 页。

本原具有独一性，在解释本原的性质和存在问题上，他更倾向于新柏拉图主义的流溢说，流溢说是对"单一的原则"和"存在者的多"的讨论，他认为这可以用来说明伊斯兰教的真理。万物既表现为多，但同时也是一，万物的存在与统一依赖于"真正的一"，铿迪认为"真正的一"是绝对的、先验的，高于一切属和范畴，是一切偶然存在者的统一原则，"流溢"一词可以帮助我们理解偶然的存在者皆是来自"真正的一"。

铿迪认为我们主要通过理性、感觉、想象和灵感启示这四个途径获得认识，他将通过灵感启示获得的认识叫作神学，认为神学与通过前两种途径获得的认识并不冲突，在灵感启示与对于亚里士多德主义和柏拉图主义的理解上他更多采取的是一种折中主义的态度。在《第一哲学》中还暗含着关于灵魂以及理智的论题，但这两个论题没有被深入讨论。铿迪是第一位系统的阿拉伯哲学著述家，他最早倡导希腊哲学，"运用新翻译的希腊哲学作品创作的阿拉伯哲学成为伊斯兰世界哲学的权威"[1]，在研究和运用希腊哲学的过程中，他规范了一些阿拉伯哲学概念，例如对"第一因"、"理性"、"自然"等术语的规定。他的许多理念直接影响了后来的阿拉伯自然主义者、阿拉伯新柏拉图主义者和阿拉伯亚里士多德主义者。铿迪在自然哲学方面受到欧几里得和托勒密等希腊学者的影响，但他在光学和医学方面所做的工作具有一定的独创性，他的光学著作曾被广泛传播，影响了中世纪拉丁西方的罗吉尔·培根等人。

拉齐（Al-Rāzi，公元 865—925 年）[2]

艾布·伯克尔·穆罕默德·伊本·扎克利亚·拉齐是波斯著名的哲

---

① Peter Adamson, *Al-Kindī (Great Medieval Thinkers)*, New York: Oxford University Press, 2007, p.20.

② 主要参考:（1）［美］马吉德·法赫里:《伊斯兰哲学史》，陈中耀译，上海外语教育出版社 1992 年版，第 113—122 页;（2）李振中、王家瑛主编:《阿拉伯哲学史》，北京语言学院出版社 1995 年版，第 218—220 页;（3）张秉民主编,《简明伊斯兰哲学史》，宁夏人民出版社 2007 年版，第 131—132 页;（4）陈中耀:《阿拉伯哲学》，商务印书馆 2019 年版，第 237—249 页;（5）［英］约翰·马仁邦主编:《中世纪哲学》，孙毅等译，中国人民大学出版社 2009 年版，第 38—39 页;（6）*Classic Arabic Philosophy: An Anthology of Source*, translated with an introduction byJon McGinnis, David C. Reisman, Indianapolis Cambridge: Hackett Publishing Company Inc, 2007, pp.36-53.

学家、医学家、物理学家，其主要哲学著作有《哲学的途径》（The Philo-sophical Approach/Al Syrat al Falsafiah）、《形而上学》（The Metaphysics）等，主要医学代表著作有《连续》（Continens/al-Hāwī）、《关于盖伦的怀疑》（Doubts About Galen）等，其中《连续》在公元 13 世纪末和 16 世纪两度被翻译为拉丁语，此外，拉齐在天文学、炼金术以及逻辑学领域都曾写有著作。

　　拉齐是自铿迪之后的另一位阿拉伯自然主义者，受铿迪的影响，拉齐也较为推崇希腊哲学，他结合自己在医学领域方面的认识，形成了独特的哲学思想。拉齐受柏拉图哲学的影响，认为造物主、灵魂、原质（第一物质）、绝对的时间、绝对的空间是世界的五种本原，它们同时并存，是世界存在的基础。造物主是万物之本，由他"流出"万有，造物主首先"流出"精神之光，随后"流出"理性和"荫"。"荫"又构成冷、热、燥、湿四性，天下万物均由这四性组合而成。造物主、灵魂、时间以及空间都是永恒的。他强调感觉是认识的基础，人是通过感觉形成对物质的认识，并由此证明物质的存在。造物主赋予人理智是为了让人可以学习哲学，以便灵魂可以从物质世界上升到更高的智慧世界，并从躯体中解脱出来，所以他提倡理性的作用，认为理性可以引导人类发现真理，实现道德上的完善，拉齐对灵魂的认识在一定程度上反映了他对于人类现状的理解。拉齐认为哲学并不是一成不变的，哲学在不同哲学家探究的差异中实现进步，他否认了启示和预言的必要性，认为它们是脆弱的[①]。拉齐明确地推崇柏拉图和苏格拉底，据说他评注了柏拉图的《蒂迈欧篇》，他的哲学观点带有折中主义色彩。拉齐是一个不墨守成规的人，拒绝仅仅基于权威而接受事情或观点，他部分哲学思想带有争议的性质，不被伊斯兰教主流的忠诚观点所接受。

---

　　① Classic Arabic Philosophy: An Anthology of Source, translated with an introduction byJon McGinnis, David C. Reisman, Indianapolis Cambridge: Hackett Publishing Company Inc, 2007, p.36.

法拉比（Al-Farabi，约公元 870—950 年）①

法拉比出生于土耳其法布拉（Farab）地区的一个贵族家庭。在年轻时他前往巴格达学习，曾跟随巴格达的基督教学者约翰·伊本·海兰（Yuhanna Ibu Haylan）学习过逻辑学，同时也学习了哲学、数学、音乐等诸门科学，在巴格达生活了较长时间，直到 942 年离开。后来他进入大马士革的宫廷，大约在 950 年去世。

法拉比精通阿拉伯语、波斯语、突厥语和库尔德语等多种语言，他的哲学代表性著作有《形而上学的研究》（Treatise on Metaphysics）、《柏拉图和亚里士多德这两大哲贤观点的调和》（Harmony of the Opinions of Plato and Aristotle）、《哲学及其起源》（Philosophy and It's Genesis）、《科学细目》（Enumeration of the Sciences）等；语言及逻辑学著作有《字母／小词之书》（Book of Letters／Kitāb al-hurūf）、《逻辑学中使用的术语》（Book of Terms Used in Logic）、《根据神学家和律师的方法推理的小书》（Little Book of Reasoning according to the methods of the mutakallimūn and the fuqahā）等，政治学和伦理学的代表性著作有《理想城邦公民观点之原则》（Opinions of

---

① 主要参考：(1)[美] 马吉德·法赫里：《伊斯兰哲学史》，陈中耀译，上海外语教育出版社 1992 年版，第 123—145 页；(2) 李振中、王家瑛主编：《阿拉伯哲学史》，北京语言学院出版社 1995 年版，第 221—235 页；(3) 张秉民主编，《简明伊斯兰哲学史》，宁夏人民出版社 2007 年版，第 132—139 页；(4) 丁士仁：《阿拉伯哲学名著译介》，中国社会科学出版社 2014 年版，第 64—106 页；(5) 陈中耀：《阿拉伯哲学》，商务印书馆 2019 年版，第 38—39 页，267—289 页；(6) 赵敦华：《基督教哲学 1500 年》，人民出版社 2007 年版，第 281—283 页；(7) 唐逸：《理性与信仰：西方中世纪哲学思想》，广西师范大学出版社 2005 年版，第 180—181 页；(8)[英] 约翰·马仁邦主编：《中世纪哲学》，孙毅等译，中国人民大学出版社 2009 年版，第 39—42 页；(9)[英] 约翰·马仁邦：《中世纪哲学：历史与哲学导论》，吴天岳译，北京大学出版社 2015 年版，第 96—105 页；(10) Anthony Kenny, A New History of Western Philosophy: Medieval Philosophy (VolumeII), New York: Clarendon Press, 2005, pp.35-36, pp.223-225；(11) Majid Fakhry, Al-Farabi, Founder of Islamic Neoplatonism: His Life, Works and Influence, Oxford: One world, 2002, pp.10-39；(12) The Cambridge Companion to Arabic Philosophy, edited by Peter Adamson, Richard C. Taylor, New York: Cambridge University Press, 2005, pp.52-69；(13) Classic Arabic Philosophy: An Anthology of Source, translated with an introduction byJon McGinnis, David C. Reisman, Indianapolis Cambridge: Hackett Publishing Company Inc, 2007, pp.54-120.

the Citizens of the Virtuous City)、《柏拉图〈律法篇〉》（Epitome of Plato's Laws)、《论幸福的获得》（The Attainment of Happiness）等，音乐代表性著作为《音乐篇》（Large Music)，此外还有关于物理和气象学方面的著作。法拉比还对亚里士多德的部分著作进行了评论，如对《解释篇》、《前分析篇》（已经不存在），《尼各马可伦理学》等的评注。

10世纪初，阿拉伯新柏拉图主义逐步形成，法拉比是其主要代表人物，"他创建了完整的阿拉伯新柏拉图主义哲学体系"[1]。法拉比认为哲学的本质具有一致性，他综合了亚里士多德的形而上学和新柏拉图主义，并结合托勒密的行星系统[2]，建立了一套系统的本体论和认识论。首先，他从万物是"有"，即"存在"这一观点来认识世界万物，他把存在分为"必然存在"和"可能存在"。"必然存在"是由自身决定自身的存在性，是第一存在，万物的存在之源，"必然存在"超越一切，因为没有种和属的差别，进而他认为伊斯兰真主安拉就是这个"必然存在"。"可能存在"则是凭借其他存在而存在的存在，它的第一因就是"必然存在"。然后他依据亚里士多德的演绎法和柏拉图的流溢说，发展出从必然存在到恒星天体再到世界万物的"十个层次"[3]，在这"十个层次"中糅合托勒密的天文学思想，也为日后基督教经院学者树立地心说为正统理下了伏笔。[4] 在认识论方面，法拉比区分了对事物的感性认识和理性认识，认为感性认识是通过感官获得的知识，而理性认识是通过理性思考形成的知识，只有理性认识才能认识较为一般、抽象的认识。他否定了亚里士多德的"消极理性"和柏拉图的"理念论"，认为人的认识起源于感觉经验，人具有认识世界的"积极理性"，可以主动认识世界，

---

① 陈中耀：《阿拉伯哲学》，商务印书馆2019年版，第38页。

② *Classic Arabic Philosophy: An Anthology of Source*, translated with an introduction byJon–McGinnis, David C. Reisman, Indianapolis Cambridge: Hackett Publishing Company Inc, 2007, p.54.

③ "十个层次"是由第一因（真主安拉）、第二至九因（恒星、土星、木星、火星、太阳、金星、水星和月亮）、第十因（原始灵魂），第十因之后产生水、火、风（气）、土元素进而产生世界万物。

④ *The Cambridge Companion to Arabic Philosophy*, edited by Peter Adamson, Richard C. Taylor, New York: Cambridge University Press, 2005, pp.56-57.

他把建立在思辨基础之上的科学知识作为认识的重要方法，提倡用逻辑学来检验知识的真实性。

法拉比区分了哲学和神学，进而将哲学分为三个分支：物理学、形而上学、伦理学，他还区分了语法和逻辑，认为逻辑是哲学的"预备工具"。他向伊斯兰世界系统地介绍了亚里士多德的逻辑学思想，并从阿伯拉语言传统审视了逻辑的运用与规则，将逻辑学纳入整个知识框架中进行深度的思考，试图将希腊哲学与阿拉伯哲学结合成一个统一的整体，这表现了希腊哲学与阿拉伯语言传统之间的内在张力。"法拉比的工作可以被看作是将阿拉伯语的某些特殊性质引入逻辑的历史发展的一种尝试"[①]，为当时哲学的发展提供了新的思考路径。法拉比较为客观、全面、系统地阐述了古希腊哲学，形成独到的见解，并由此创立了他完整的阿拉伯伊斯兰哲学体系，也为后来的阿拉伯哲学家阿维森纳等人思想的形成奠定了基础，人们把法拉比尊称为仅次于亚里士多德的"哲学亚师"[②]。

阿维森纳（Avicenna，约公元 980—1037 年）[③]

阿布·阿里·侯赛因·伊本·西拿，其拉丁译名为阿维森纳，是阿

---

① ［英］约翰·马仁邦主编：《中世纪哲学》，孙毅等译，中国人民大学出版社 2009 年版，第 40 页。

② 张秉民主编：《简明伊斯兰哲学史》，宁夏人民出版社 2007 年版，第 132—133 页。

③ 主要参考：(1)［美］马吉德·法赫里：《伊斯兰哲学史》，陈中耀译，上海外语教育出版社 1992 年版，第 145—181 页；(2) 李振中、王家瑛主编：《阿拉伯哲学史》，北京语言学院出版社 1995 年版，第 242—258 页；(3) 丁士仁：《阿拉伯哲学名著译介》，中国社会科学出版社 2014 年版，第 107—162 页；(4) 陈中耀：《阿拉伯哲学》，商务印书馆 2019 年版，第 39—42页，289—322 页；(5) 赵敦华：《基督教哲学 1500 年》，人民出版社 2007 年版，第 283—285 页；(6) 唐逸：《理性与信仰：西方中世纪哲学思想》，广西师范大学出版社 2005 年版，第 181—184页；(7)［英］约翰·马仁邦主编：《中世纪哲学》，孙毅等译，中国人民大学出版社 2009 年版，第 44—49 页；(8)［英］约翰·马仁邦：《中世纪哲学：历史与哲学导论》，吴天岳译，北京大学出版社 2015 年版，第 108—119 页；(9) Anthony Kenny, *A New History of Western Philosophy: Medieval Philosophy（VolumeⅡ）*, New York: Clarendon Press, 2005, pp.37-39, pp.189-195；(10) *The Cambridge Companion to Arabic Philosophy*, edited by Peter Adamson, Richard C. Taylor, New York: Cambridge University Press, 2005, pp.92-133；(11) *The Oxford Handbook of Medieval Philosophy*, edited by John Marenbon, Oxford: Oxford University Press, 2012, pp.84-96.

拉伯传统哲学的重要代表人物之一。他出生在伊斯兰世界最东端布哈拉（Bukhara）（今乌兹别克斯坦）附近，在阿拉伯语环境下接受了《古兰经》、阿拉伯文学、地理、法律、逻辑学等系统性的教育，自学了哲学、物理学、医学等学科。阿维森纳受法拉比的影响较大，觉得自己是阅读法拉比对亚里士多德的注释才明白了亚里士多德《形而上学》的要点。阿维森纳因精湛的医术受召为布哈拉的苏丹（sultan）医治，这使得他有契机充分地利用苏丹的图书馆资源。1015 年至 1022 年间，阿维森纳不仅担任了宫廷的医师职务还出任了哈姆丹王朝（Hamadan）的大臣（vizier），在伊斯法罕（Isfahan）也曾身居要职，57 岁因患病医治不愈去世。

阿维森纳涉猎甚广，在哲学、物理学、天文学等学科均有所发展和创新，其著作有 200 多部。他的著作"主要包括全面的哲学总结，涵盖了科学和逻辑的所有分支，而且也包括一些选定主题的小文章"[1]。阿维森纳百科全书式的以阿拉伯语完成的主要作品有《医疗之书》（The Healing / Kitab al-Shifā）、《科学通书》（Danishnsma-yi' ala' I）、《指导与诠明之书》（al-Isharat wa-l-Tanbihat），以及以波斯语完成的《知识论》（Book of Knowledge），这些百科全书式的著作沿用了亚里士多德划分知识框架的传统，重点介绍了逻辑学、物理学、数学、形而上学等内容。此外，他的主要著作还有《哲学全书：致阿鲁迪》（al-Hikma al-Arudiya）、《哲学全书：致阿拉·达乌拉》（Dāneshnāme-ye 'Alā' i）、《拯救》（The Book of Salvation / Kitab al-Najāt）、《灵魂精要》（Compendium on the Soul）、《论理性灵魂》（On the Rational Soul）等。阿维森纳不仅是一位哲学家，也是一名著名的医生，他的医学代表作《医典》（al Qanun fial-Tibb）被视为"医学圣经"，是一部医学百科全书。由于当时混乱的政治局势，阿维森纳的部分著作不幸遗失，包括《公正判断》（Kitab al-Insaf）和《东方人》（Al-Mashriqiyyun）等，根据遗留下来的《公正判断》残篇可以约略看出，该书是对亚里士多德著作的评注。

---

[1]　*The Oxford Handbook of Medieval Philosophy*, edited by John Marenbon, Oxford: Oxford University Press, 2012, p.84.

对于中世纪哲学家而言，现实的基本要素是在本体论层面上的类别，诸如实体、事物、存在等。[1] 阿维森纳提出了著名的"空中人"论证，指出"存在"作为形而上学的科学对象先于其他一切科学对象。存在自身就其本质而言是必然的，先于其他的具体事物概念，其存在和本质是同一的，而我们能感知到的具体存在事物的本质是偶然的，"偶然的存在本身趋向于不存在"[2]，偶然的存在必须奠基在必然的基础之上才有存在的可能。阿维森纳认为真主即是存在本身，与法拉比不同的是，阿维森纳在研究一般意义上的存在时阐释了真主对万物的统一性以及万物存在依赖于真主的存在。

穆尔太齐赖派和逊尼派关于事物（thing）和存在（existent）的争论体现了他们对于"事物"和"存在"概念的不同理解。[3] 阿维森纳认为事物和存在含义不同，因为每个术语都有不同的用途。在此基础上，阿维森纳进一步延伸出对存在（esse）和本质（essence）的区分。即当我们谈到一个物体的存在性时，我们指的是不同的本质，本质使得一个事物与另一个事物区别开来，当我们把一个事物称为存在时，我们并不是指这个事物是什么，而是指这个事物，即存在，事物的本质中不包含存在。亚里士多德认为灵魂与身体的关系犹如形式与质料的关系，这为灵魂不朽说提供了一种可能性的解释，受该观点的影响，阿维森纳认为人的灵魂是非物质的、不朽的，灵魂中的理智也是不朽的，灵魂只有与主动理智相结合，并通过主动理智获得可理

---

[1]　*The Cambridge Companion to Arabic Philosophy*, edited by Peter Adamson, Richard C. Taylor, New York: Cambridge University Press, 2005, p.105.

[2]　[英]约翰·马仁邦主编：《中世纪哲学》，孙毅等译，中国人民大学出版社 2009 年版，第 47 页。

[3]　穆尔太齐赖派认为事物（thing）是现实中适用最广泛的类别，而"事物"反过来又可分为"存在"（existent）和"不存在"（nonexistent）的子类别。逊尼派在十世纪末开始超越穆尔太齐赖派，他们持有相反的观点，不仅认为事物的领域与存在的领域同样存在，也认为"事物"（thing）的意义和"存在"（existent）的意义是一样的。法拉比受穆尔太齐赖派的影响，认为"事物"（thing）是最高的属，可以分为"存在"的种和"不存在"的种。阿维森纳一方面接受穆尔太齐赖派的观点将事物（thing）提升为最高的属，也对逊尼派所持有的观点即对事物和存在强烈认同作出一系列妥协，同时也考虑到法拉比的观点，即事物（thing）和存在（existent）不能有相同的含义，因为每个术语都有不同的用途。

解形式才能进行理智思考。

伊斯兰教启示先知论和希腊哲学之间存在着固有的张力，即信仰和理性、宗教和哲学之间的矛盾，两者在发展的不同阶段中又表现出了传统和进步之间的对立，阿维森纳提出了系统的形而上学本体论，试图弥合理性和信仰之间的差异，相较于前人，阿维森纳走得更远，他将哲学对神学的机械解释同沉思思辨结合起来。在阿维森纳之后，凯拉姆成为一种真正的伊斯兰哲学，即阿维森纳形而上学和穆斯林教义的综合。[①] 阿维森纳对西方拉丁世界影响深远，他对于存在和本质的区分影响了托马斯·阿奎那对存在和本质的认识。

伽扎里（al-Ghazali，公元 1058—1111 年）[②]

阿布·哈密得·伽扎里（Abū Hāmidal- Ghazalī），也译安萨里，出生于波斯呼罗珊地区的图斯城。他在少时接受一位苏菲派的教长的教导，大约在 20 岁时在内沙布尔拜朱韦尼为师，在此期间他接受了教律学、辩证法、逻辑学和哲学。1091 年伽扎里奉命到巴格达尼扎姆大学任教职，他在

[①] *The Cambridge Companion to Arabic Philosophy*, edited by Peter Adamson, Richard C. Taylor, New York: Cambridge University Press, 2004, p.92.

[②] 主要参考：(1) [美] 马吉德·法赫里：《伊斯兰哲学史》，陈中耀译，上海外语教育出版社 1992 年版，第 238—254 页；(2) 李振中、王家瑛主编：《阿拉伯哲学史》，北京语言学院出版社 1995 年版，第 259—271 页；(3) 佘碧平：《中世纪文艺复兴时期哲学》，人民出版社 2011 年版，第 103—104 页；(4) 丁士仁：《阿拉伯哲学名著译介》，中国社会科学出版社 2014 年版，第 163—206 页；(5) 陈中耀：《阿拉伯哲学》，商务印书馆 2019 年版，第 192—222 页；(6) 赵敦华：《基督教哲学 1500 年》，人民出版社 2007 年版，第 285—286 页；(7) 唐逸：《理性与信仰：西方中世纪哲学思想》，广西师范大学出版社 2005年版，第 184—185 页；(8) [英] 约翰·马仁邦主编：《中世纪哲学》，孙毅等译，中国人民大学出版社 2009 年版，第 50—51 页；(9) [英] 约翰·马仁邦：《中世纪哲学：历史与哲学导论》，吴天岳译，北京大学出版社 2015 年版，第 183—186 页；(10) Anthony Kenny, *A New History of Western Philosophy: Medieval Philosophy（Volume II）*, New York: Clarendon Press, 2005, p.40, p.49, p.54；(11) *The Cambridge Companion to Arabic Philosophy*, edited by Peter Adamson, Richard C. Taylor, New York: Cambridge University Press, 2005, pp.137-153；(12) *Classic Arabic Philosophy: An Anthology of Source*, translated with an introduction byJon McGinnis, David C. Reisman, Indianapolis Cambridge: Hackett Publishing Company Inc, 2007, pp.238-265.

执教的同时也潜心研究各个哲学学派以及律法学派。大约在 1095 年，伽扎里辞去职务，孤身流浪前往各地，试图将传统与理性以及神秘主义结合起来。伽扎里在哲学和神学方面的主要著作有《哲学家的宗旨》（Aims of the philosophers/Maqāsid al-falāsifa）（后被翻译为拉丁语）、《哲学家的矛盾》（The Incoherence of the Philosophers/Tahāfut al-falāsifa）、《脱出谬误》（al-Munqidh）、《温和的信仰》（Moderation in Belief/al-Iqtisād fi-I-i'tiqād）、《圣学复苏》（The Revival of Religious Sciences/Ihya' Ulum al-Din）等以及自传《迷途知返》（Deliverance From Error/al-Munqidh min al-Dalāl）。

伽扎里在《哲学家的宗旨》和《哲学家的矛盾》中试图驳斥哲学与伊斯兰教教义相悖的思想观点，"认为主张理性主义和思想自由的学者对哲学的推崇，客观上会导致对伊斯兰教信仰的否定"[1]。伽扎里反驳的观点包括世界是永恒的，上帝知识只涉及共相，与个别无关，否认身体死后复活等。阿拉伯学者对因果关系是否有必然性的讨论由来已久，伽扎里是第一个系统地反驳自然界的因果关系必然性的伊斯兰哲学家。他在批判和否定性的著作《哲学家的矛盾》中，从矛盾律和经验论的角度否定因果之间存在必然性，认为只有真主是唯一的原因，事物的发生仅仅具有可能性并不是必然的，自然界中事情的重复发生源自"在我们头脑中牢固建立起关于它们按照过去习以为常的过程而发生"[2]的自然习惯性方式，例如有赖于习惯，我们相信将棉花靠近火，那么棉花便会燃烧。至于《古兰经》中所记载的种种奇迹，乃是真主在较短时间内实现的事情。他的这一思想主张后来受到阿维罗伊的批判，马仁邦认为伽扎里似乎也并不是完全否认事物之间普通的因果性联系，而是想要为解释和容许奇迹留下空间。在自传《迷途知返》中，伽扎里描述了他生平的故事并展现了对真理的追求，"我的目的首先是认识事物的本质"[3]，在该层面上，他首先否认感性认识的确定性和肯定性，同时也对数学和逻辑的真理确定性持有怀疑论态度，认为在理性之

---

[1] 陈中耀：《阿拉伯哲学》，商务印书馆 2019 年版，第 210 页。

[2] 转引自陈中耀：《阿拉伯哲学》，商务印书馆 2019 年版，第 217 页。

[3] 丁士仁：《阿拉伯哲学名著译介》，中国社会科学出版社 2014 年版，第 174 页。

上仍然具有更高的裁决，因此，他认为通过感性知识和理性知识均不能获得确定的真理。伽扎里以怀疑和批判的眼光探索和研究，最终认为唯有依赖于"上帝的光"，才可以深入地探求知识的本质。伽扎里还喜欢用先前的阿拉伯新柏拉图主义者思想来驳斥当时新柏拉图主义思想家，让他们难以自圆其说。① 伽扎里的思想观点在当时影响很大，这在一定程度上抑制了伊斯兰哲学在东方的发展与传播。

阿维罗伊（Averroes，公元 1126—1198 年）②

阿布·瓦利德·穆罕默德·伊本·阿迈德·伊本·鲁西德，拉丁译名为阿维罗伊，也被译为阿威洛伊，他出生于西班牙科尔多瓦（Cordova）的一个法官（qadi，具有世俗和宗教双重职责）家庭中。科尔多瓦是当时欧洲的文化艺术中心，阿维罗伊自幼接受法律、神学、哲学和科学教育，精通医学、天文学和数学。他曾在马拉喀什（Marrakesh）的苏丹王朝中担任官职，1168 年，阿维罗伊回到西班牙，哈里发阿布·尤素福（Abu Ya'qub Yusuf）希望他能够提供一份亚里士多德著作的总概括，并授予他高级官职。1182

---

① 余碧平：《中世纪文艺复兴时期哲学》，人民出版社 2011 年版，第 104 页。

② 主要参考：（1）[美] 马吉德·法赫里：《伊斯兰哲学史》，陈中耀译，上海外语教育出版社 1992 年版，第 296—320 页；（2）李振中、王家瑛主编：《阿拉伯哲学史》，北京语言学院出版社 1995 年版，第 331—346 页；（3）余碧平：《中世纪文艺复兴时期哲学》，人民出版社 2011 年版，第 106—114 页；（4）丁士仁：《阿拉伯哲学名著译介》，中国社会科学出版社 2014 年版，第 207—238 页；（5）陈中耀：《阿拉伯哲学》，商务印书馆 2019 年版，第 343—370 页；（6）赵敦华：《基督教哲学 1500 年》，人民出版社 2007 年版，第 286—288 页；（7）唐逸：《理性与信仰：西方中世纪哲学思想》，广西师范大学出版社 2005 年版，第 185—187 页；（8）[英] 约翰·马仁邦主编：《中世纪哲学》，孙毅等译，中国人民大学出版社 2009 年版，第 55—67 页；（9）[英] 约翰·马仁邦：《中世纪哲学：历史与哲学导论》，吴天岳译，北京大学出版社 2015 年版，第 192—202 页；（10）Anthony Kenny, *A New History of Western Philosophy: Medieval Philosophy (VolumeII)*, New York: Clarendon Press, 2005, pp.48-50, p.182；（11）*The Cambridge Companion to Arabic Philosophy*, edited by Peter Adamson, Richard C. Taylor, New York: Cambridge University Press, 2005, pp.180-197；（12）*Classic Arabic Philosophy: An Anthology of Source*, translated with an introduction byJon McGinnis, David C. Reisman, Indianapolis Cambridge: Hackett Publishing Company Inc, 2007, pp.294-366；（13）*Interpreting Averroes: Critical Essays*, edited by Peter Adamson, Matteo Di Giovanni, New York: Cambridge University Press, 2019, pp.27-44.

年，阿维罗伊担任了法官（qadi），同时还兼任宫廷医师。1195 年，哈里发尤素福为了讨好朝廷中人数占多数的保守派，开始禁止研究哲学，出于一些历史原因（主要是政治的），阿维罗伊受到多项指控并被短暂拘禁，在这期间他的一部分著作也被焚毁，后来哈里发变得相对宽容，于 1198 年 12 月阿维罗伊去世之前恢复了其自由和声誉。

阿维罗伊是中世纪阿拉伯—伊斯兰哲学的集大成者，仅流传后世的哲学、宗教著作就多达 118 部，代表作有《哲学家的矛盾之矛盾》（The Incoherence of the Incoherence/Tahāfut al-Tahāfut）①《医学全集》（Colliget/al-Kulliyāt）、《神学》（Theologia）、《决定性论文》（The Decisive Treatise/Fasl al-Maqal）、《宗教信仰论证方法揭示》（通常简称为《揭示》Kashf）、《论哲学和宗教之联系》等。除一些不太重要的作品，阿维罗伊几乎评注了亚里士多德的全部著作，被时人称为"评注者"（The Commentator）②，他对亚里士多德著作的评注可以划分为三种主要类别：短篇评注（Short Commentaries），中篇评注（Middle Commentaries），长篇评注（Long Commentaries）。其中短篇评注是概括性介绍亚里士多德著作中的主要思想观点，有些是基于希腊传统评论家论述中的讨论；中篇评注一般被认为是应当时的统治者宣召写就，对亚里士多德文本作了澄清和简化性的解释以帮助人们了解亚里士多德思想；成书于晚期的长篇评注，是阿维罗伊对亚里士多德重要的五部著作所作的完整和精细的评注，这五部著作分别是《后分析篇》、《论天》、《物理学》、《形而上学》、《论灵魂》，长篇评注中蕴含了阿维罗伊较为成熟的思想，阿维罗伊十分推崇亚里士多德，他拒绝阿维森纳对亚里士多德思想的创新解释，力图恢复亚里士多德的思想原貌。此外他也为柏拉图的《理想国》、波菲利的《导论》作过注释。

阿维罗伊深受推崇和尊敬，但其在神学和哲学层面，常因持有双重真理论（double-truth theory）遭受诟病，当不从宗教真理去考虑问题的时候，

---

① 《哲学家的矛盾之矛盾》一书主要是针对伽扎里《哲学家的矛盾》而作出的反驳。

② 一般而言，中世纪时期文献中出现的"The Philosopher"代指亚里士多德，"The Commentator"代指阿维罗伊。

我们就会发现阿维罗伊在理性与信仰、哲学与神学的关系问题上，至少是个折中主义者，强调理性为信仰服务。阿维罗伊在《决定性论文》、《宗教信仰中例证方法揭示》和《矛盾的矛盾》中探讨了哲学与宗教之间的关系。在《决定性论文》中，阿维罗伊认为哲学研究是义务，因为《古兰经》需要通过哲学这一最好的方式加以研究，当哲学论证与《古兰经》的教义不同时，要采取隐喻的方式理解。阿维罗伊根据人的智力将人分为三个等级，认为哲学属于能够合理运用理性证明的智力较高的精英。《宗教信仰中例证方法揭示》中阐述了不能进行证明的神学，同时也批判了艾什尔里派。《矛盾的矛盾》是一部主要针对伽扎里的辩证著作，阿维罗伊试图消解伽扎里的辩证推理。

在形而上学层面，阿维罗伊反对阿维森纳区分存在与本质的观点，试图恢复亚里士多德思想中实体论的观点，他认为存在与本质统一于实体之中，两者只可以作概念上的区分，而不能在现实意义上加以区分。阿维罗伊在《论灵魂》评注中，对人的灵魂和理智的关系作了深入解读。他从亚里士多德主义立场出发，认为灵魂是附属于身体的形式，灵魂是可朽的，随着身体的死亡而消亡。与阿维森纳持有的理智观点不同，阿维罗伊认为理智不是灵魂中固有的，外在的主动理智作用于灵魂造成被动理智，被动理智不受身体和灵魂的限制和约束，与主动理智一样是不朽的，阿维罗伊尝试用个人所具有的联想（cogitation）能力解决知识普遍性与个体人知识特殊性之间的张力。

继伽扎里之后，亚里士多德主义开始复兴，阿维罗伊将伊斯兰文化与希腊哲学结合起来，尤其是将其与亚里士多德主义融合并形成了自己的哲学体系。在当时日渐保守的穆斯林宗教氛围中，阿维罗伊的思想观点并没有引起很大的影响。然而，犹太哲学家和基督教经院哲学家对其的思想有着浓厚兴趣，在阿拉伯世界中，阿维罗伊的著作先后翻译为阿拉伯语和希伯来语，在拉丁西方，阿维罗伊的著作被翻译为拉丁语，在欧洲迅速形成了"拉丁阿维罗伊运动"，直接影响了中世纪唯名论的发展，促进了文艺复兴的兴起，在哲学史上具有重要的地位。

第三节　犹太哲学家

相较于阿拉伯哲学，犹太哲学的产生时代可以追溯到罗马帝国时期，被称为犹太教哲学第一人的是生于亚历山大的斐洛·尤迪厄斯（Philo Judeaus，公元前 25 年—公元 50 年）。中世纪中期，犹太人主要生活在伊斯兰世界和基督教世界之中，使用的语言主要是阿拉伯语和希伯来语。这时期的阿拉伯世界开启了一场"翻译运动"，对柏拉图和亚里士多德作品进行了翻译，经过萨迪阿、伊斯拉里、迈蒙尼德等一批犹太哲学家的发展之后，犹太世界也逐渐出现了一批翻译者，诸如犹大·本·索勒·伊本·提波恩（Judah ben Saul ibn Tibbon）等。中世纪犹太哲学可以以迈蒙尼德去世的那一年（1204 年）为节点分为两个阶段，早期阶段从公元 9 世纪至 13 世纪初，哲学家们主要生活在伊斯兰世界；第二阶段从 13 世纪初至中世纪结束，犹太哲学家主要生活在拉丁西方。中世纪犹太哲学就是在与基督宗教哲学、阿拉伯哲学的发展互动中逐渐形成并发展起来的，出现了辩护神学、新柏拉图主义和亚里士多德主义等不同的思想派别。[1] 犹太哲学家与阿拉伯哲学家一样都面对着基本相同的哲学问题并提出了不同的系统性理论，他们的著作在翻译为拉丁文之后，对拉丁西方的哲学家都产生了或多或少的影响和作用。

萨阿迪亚·高昂（Saadiah ben Joseph Gaon，公元 882—942 年）[2]

萨阿迪亚出生于埃及，后迁到巴比伦，他接受了良好的教育，研读过

---

① [英]约翰·马仁邦主编：《中世纪哲学》，孙毅等译，中国人民大学出版社 2009 年版，第 72—74、92—95 页。

② 主要参考：(1) 傅有德：《犹太哲学史》，中国人民大学出版社 2008 年版，第 159—188 页；(2) 唐逸：《理性与信仰：西方中世纪哲学思想》，广西师范大学出版社 2005 年版，第 188 页；(3) [英] 约翰·马仁邦主编：《中世纪哲学》，孙毅等译，中国人民大学出版社 2009 年版，第 74—78 页；(4) [英] 约翰·马仁邦：《中世纪哲学：历史与哲学导论》，吴天岳译，北京大学出版社 2015 年版，第 91—93 页；(5) Anthony Kenny, *A New History of Western Philosophy: Medieval Philosophy（VolumeII）*, New York: Clarendon Press, 2005, p.36；(6) *The Cambridge Companion to Medieval Jewish Philosophy*, edited by Daniel H. Frank and Oliver Leaman, New York: Cambridge University Press, 2003, pp.71-89。

犹太教的《圣经》和《塔木德》，并且系统地学习了数学、物理学、音乐、医学等学科。他于公元 928 年担任巴比伦古代塔木德学院院长或"高昂"（Gaon），高昂即塔木德学术界的领袖。萨阿迪亚是著名的犹太哲学家以及语言学家，他编撰了第一部犹太词典，将《圣经》翻译为阿拉伯语，该译本成为权威的阿拉伯语译本。萨阿迪亚在哲学和神学方面的主要代表作品为《对〈创世纪〉的注释》（Commentary on the Book of Creation / Tafsīr Kitāb al-mābdī Peroush Sefer Yetzira）、《论教义和信仰》（Book of Doctrines and Beliefs / Emunoth ve-Deoth / Kitāb al-amānāt wa-al-iʿatiqādāt）、《杰出之书》（Book of Distinction / Kitab al-Tamyiz / Sefer ha-Hakkarah）等。

　　萨阿迪亚所著的《论教义和信仰》是中世纪犹太哲学的第一部著作，至今仍为犹太哲学的基本著作。在该书中，他继承了从凯拉姆（Kalam）派那里得到的结论，运用哲学的方法先后论述了"万物的创造，上帝的统一性问题，上帝的戒律和禁令等十个方面的重要命题"，[①]"每章通过开篇介绍主要问题、对《圣经》文本考察、对问题理性分析和对不同意见反驳几个部分建构了一个较为完整的辩护体系"[②]。在《论教义和信仰》中，萨阿迪亚认为怀疑主义阻碍了人们正确的认识，不利于犹太人履行律法，他驳斥当时怀疑论者的观点，认为知识的确定性来自知觉、理性、逻辑和传统，"基础性的知识有三种，第一种是由直接的感性观察构成，第二种是理智的直觉，第三种从逻辑的必然性推论而来的知识"[③]，这三种知识都是真实的，此外还有第四种知识，即通过前三种知识获得的传统，即知识的确定性来自知觉、理性、逻辑以及"真理的传统"。"真理的传统"奠基于犹太民族的历史经验之上，

---

① Saadia Gaon, *The Book of Doctrines and Beliefs*, translated by Samuel Rosenblatt, New Havenue, Yale University Press, 1948, pp. XIV-XX, 转引自傅有德：《犹太哲学史》，中国人民大学出版社 2008 年版，第 161 页。

② [英]约翰·马仁邦主编：《中世纪哲学》，孙毅等译，中国人民大学出版社 2009 年版，第 76 页。

③ Saadia Gaon, *The Book of Doctrines and Beliefs*, translated by Samuel Rosenblatt, New Havenue, Yale University Press, 1948, p.16, 转引自傅有德：《犹太哲学史》，中国人民大学出版社 2008 年版，第 162 页。

特指《托拉》的传统，包括口传的《托拉》以及《塔木德》，萨阿迪亚认为《托拉》是经由历史传统传播在理智中固定下的知识，该传统知识不仅能够回应质疑律法的人，而且和理性知识是统一的。

他认为在探讨世界创造问题上，应该尝试用理性的逻辑去推论研究。萨阿迪亚从有限性论证宇宙是有起始的，事物不能从无中被创造出来，那么必然存在一个至高的上帝；从经验可知世界是有限的且处于不断变化之中，唯有通过无限运动的上帝才能对恒常变化作出解释说明；客观世界的不完美证明了完美和无限的上帝存在；时间是有限的。不同于传统犹太拉比以"形体观念"说明上帝，萨阿迪亚认为上帝是超验的、纯粹的、无形体的，是绝对的统一体，上帝的属性和本质是同一的，上帝所具有的智慧、独一等至高的属性在与受造物的关系中显现为多，而在上帝那里是统一的。萨阿迪亚认为上帝创造世界是为了人，人因被赋予智慧而尊贵，因此给予人律法，使人得到相应的赏罚，他认为恶是对于人而言的，在上帝那里没有好与恶之分。此外，他还就灵魂不朽问题进行了讨论。萨阿迪亚是10—13世纪犹太哲学中辩护神学的重要代表人物，全面且系统地提出了犹太哲学中的重要问题，回应了来自犹太教内部与外部的挑战，试图为不同的信仰奠立一个共同的理性基础，他对于上帝本质的认识是迈蒙尼德"单型论"理论观点的先声。

伊萨克·伊斯拉里（Isaac Israeli，约公元855—955年）①

伊萨克·伊斯拉里出身于埃及，是一位著名的医生，与萨阿迪亚是同时代的人，他将从希腊得到的观念运用到犹太哲学中，他的著作均用阿拉伯语写就，后被翻译为希伯来语和拉丁语，其流传下来的哲学著作有《定义之书》（The Bookof Definition）和《论实体》（The Bookof Substances），《论精

① 主要参考：（1）傅有德：《犹太哲学史》，中国人民大学出版社2008年版，第189—199页；（2）［英］约翰·马仁邦主编：《中世纪哲学》，孙毅等译，中国人民大学出版社2009年版，第79—81页；（3）Isaac Israeli, *Isaac Israeli: A Neoplatonic Philosopher of the Early Tenth Century*, translated with comments by Alexander Altmann, Samuel M. Stern, Chicago and London: University of Chicago Press, 2009, pp.151-164；（4）Eliezer Schweid, *The Classic Jewish Philosophers: From Saadia Through the Renaissance (Volume 3)*, translated by Leonard Levin, Leiden-Boston: Brill Academic Publishers, 2008, pp.39-45.

神和灵魂》（The Book of Spiritof Soul），《论元素》（The Bookof Elements）等。伊斯拉里是犹太哲学新柏拉图主义代表人物。他的新柏拉图主义思想基于"流溢说"，上帝从无到有创造出第一质料和第一形式，再接着流溢出理智、灵魂世界[①]、天体世界、水火土气四种元素和由这四种元素创造的世界万物，"流溢"也作为一种运动方式联结创造物与被造物。上帝通过意志和力量创造出第一物质和第一形式，第一物质是概念性的没有形体，第一形式中包含有其他形式。理智由第一物质和第一形式的结合创造而成，在存在物中占有较高的位置，由于灵魂是从较高理智中流溢出的，所以灵魂能够回到原来的世界中，"这种返回开始于对更高世界的知识和对真理的确定性……灵魂和理智有不同的方式运动，从运动中建立了天上的世界和地上的世界"[②]。在天体世界之下，从水、火、土、气四种元素中产生出世界万物。伊斯拉里在历史上被认为是第一个宣传新柏拉图主义的犹太哲学家，他运用并发展了新柏拉图主义的"流溢说"，强调上帝的创造作用，"伊斯拉里坚持从无创造—正统拉比犹太教的一个基本概念—（也）可能归功于早期的伊斯兰新柏拉图主义者"[③]。他所著的《定义之书》被翻译为拉丁文，这有助于西方经院哲学家了解古代哲学中的"原因"、"理智"等概念。

加比罗尔（Solomon ibn Gabirol，约公元 1021/1022—约 1058 年）[④]

所罗门·伊本·加比罗尔出生于西班牙的马拉加（Malaga），在西方拉

---

① 受亚里士多德观点的影响，他将灵魂分为理性灵魂、动物灵魂和植物灵魂。

② [英]约翰·马仁邦主编：《中世纪哲学》，孙毅等译，中国人民大学出版社 2009 年版，第 79 页。

③ Isaac Israeli, Isaac Israeli: *A Neoplatonic Philosopher of the Early Tenth Century*, translated with comments by Alexander Altmann, Samuel M. Stern, Chicago and London: University of Chicago Press, 2009, p.152.

④ 主要参考：（1）傅有德：《犹太哲学史》，中国人民大学出版社 2008 年版，第 199—208 页；（2）赵敦华：《基督教哲学 1500 年》，人民出版社 2007 年版，第 289—290 页；（3）唐逸：《理性与信仰：西方中世纪哲学思想》，广西师范大学出版社 2005 年版，第 189 页；（4）[英] 约翰·马仁邦主编：《中世纪哲学》，孙毅等译，中国人民大学出版社 2009 年版，第 82—83 页；（5）[英] 约翰·马仁邦：《中世纪哲学：历史与哲学导论》，吴天岳译，北京大学出版社 2015 年版，第 188—189 页；（6）Anthony Kenny, *A New History of Western Philosophy:*

丁世界被称为阿维斯布朗（Avicebron）。加比罗尔是著名的诗人，其代表性哲学论著为《生命的源泉》（Source of life / Fons Vitae）（仅有部分阿拉伯语原文残篇留存）、伦理学论著为《改善道德品质》（On the Improvement of the Moral Qualities / Islāh al-'akhlāq）、长篇宗教诗歌《皇冠》（Keter Malkhut）（该书的阿拉伯原文已经佚失，只有拉丁语译文）等。

加比罗尔受铿迪及其追随者中新柏拉图派影响较大，在《生命的源泉》中，加比罗尔试图单凭理性构建本体论。他将存在物分为三类：原初实体（Primary substance）、原初质料和形式、上帝及其意志。他认为原初质料和形式距离上帝的意志最近，所以最先流溢出；接着在质料和形式的结合中流溢出理智，进而流溢出灵魂，从灵魂中流溢出自然，从自然中产生出有形的物质实体。他认为上帝是单纯的，上帝之外的事物均由普遍质料和普遍形式构成，其中质料可以分为精神质料和形体质料，精神实体由精神质料和精神形式构成，有形的实体由形体质料和形体形式构成，事物的多样性由质料所决定，"所有精神性形式都是一个，它们之间并无差别……事物之间的差别仅仅产生于支撑它们的物质基础"①，质料与形式相互依存。加比罗尔认为上帝的意志是无限的、永恒的、统一的，可以等同于上帝的神圣本质，但另一方面考虑到意志将神圣本质以及质料和形式结合起来，那么意志又和神圣本质相区别，意志本身是不运动的，意志的力量使得世界得以凝聚和形成，是事物运动的动力因。加比罗尔认为人可以通过认识自己的灵魂来认识自然，进而从自然解脱出来回到原初世界，"人的认识过程实际上是人的灵魂由低到高的净化和提升过程"②。针对原初实体、原初质料和形式、上帝及其意志

Medieval Philosophy（Volume II）, New York: Clarendon Press, 2005, pp.39-40;（7）Sarah Pessin, Ibn Gabirol's Theology of Desire: Matter and Method in Jewish Medieval Neoplatonism, New York: Cambridge University Press, 2013, pp.9-27;（8）Eliezer Schweid, *The Classic Jewish Philosophers: From Saadia Through the Renaissance（Volume 3）*, translated by Leonard Levin, Leiden-Boston: Brill Academic Publishers, 2008, pp.68-85.

① 加比罗尔：《生命之泉》，转引自傅有德：《犹太哲学史》，中国人民大学出版社 2008 年版，第 203 页。

② 傅有德：《犹太哲学史》，中国人民大学出版社 2008 年版，第 206 页。

三类存在物，"人本身所具有的理解力对应于原初实体，灵魂对应于意志，质料和形式对应原初质料和形式"①，和其他犹太新柏拉图主义哲学家相同，加比罗尔也认为人只有通过理性的知识才能接近上帝，身体的行为和运动就其本身而言没有价值。

加比罗尔是犹太哲学新柏拉图主义另一代表人物，他发展了新柏拉图主义的流溢说，认为世界由不同的层级存在构成，与新柏拉图流溢说不同的是，他在形式和质料层面提出了自己独创性的观点，有经院哲学家认为加比罗尔所持有的"普遍质型论"（universal hylomorphism）观点是对亚里士多德"单型论"观点的反驳，此外加比罗尔所持有的关于意志的思想经过 13 世纪经院哲学的进一步发展对后来哲学中的意志论产生了深远的影响。

迈蒙尼德（Maimonides，约公元 1138—1204 年）②

摩西·迈蒙尼德出生于阿拉伯人所统治的科尔巴地区（Cordoba）的一个拉比世家，父亲是当地的法官，他从小便接受了良好的教育，据孔福特（David Conforte）说，迈蒙尼德曾师从两位著名的老师，一位是拉比米伽

---

① ［英］约翰·马仁邦主编：《中世纪哲学》，孙毅等译，中国人民大学出版社 2009 年版，第 83 页。

② 主要参考：（1）［西班牙］迈蒙尼德：《迷途指津》，傅有德等译，山东大学出版社 1998 年版，第 I—XX（序言）、3—21 页；（2）傅有德：《犹太哲学史》，中国人民大学出版社 2008 年版，第 283—339 页；（3）赵敦华：《基督教哲学 1500 年》，人民出版社 2007 年版，第 290—291 页；（4）唐逸：《理性与信仰：西方中世纪哲学思想》，广西师范大学出版社 2005 年版，第 189—197 页；（5）［英］约翰·马仁邦主编：《中世纪哲学》，孙毅等译，中国人民大学出版社 2009 年版，第 85—92 页；（6）［英］约翰·马仁邦：《中世纪哲学：历史与哲学导论》，吴天岳译，北京大学出版社 2015 年版，第 204—214 页；（7）Anthony Kenny, *A New History of Western Philosophy: Medieval Philosophy（volume II）*, New York: Clarendon Press, 2005, pp.50-53;（8）赵同生：《迈蒙尼德宗教哲学思想研究》，上海三联书店 2016 年版，第 18—36 页；（9）李国山、王建军编著：《欧美哲学通史·古代哲学卷》，南开大学出版社 2012 年版，第 290—294 页；（10）Eliezer Schweid, *The Classic Jewish Philosophers: From Saadia Through the Renaissance（Volume 3）*, translated by Leonard Levin, Leiden-Boston: Brill Academic Publishers, 2008, pp.149-163;（11）*The Cambridge Companion to Medieval Jewish Philosophy*, edited by Daniel H. Frank and Oliver Leaman, New York: Cambridge University Press, 2003, pp.136-174;（12）Moses Mainmonides, *The Guide for The Perplexed*, translatedby M.Friedlander, Secondedition, New York: Dover PublicationsInc, 1956, pp.XV-XXXI.

什，一位是阿维罗伊，前者教授他《塔木德》，后者教授他哲学知识。① 在12世纪中叶，地中海南岸的穆斯林阿尔摩哈德王朝由摩洛哥向北扩张，跨过地中海，占领全境，其王朝的建立者伊本·图迈尔特及其继承者是狂热的伊斯兰教徒，对不皈依伊斯兰教的异教徒采取了或者处死或者流放的裁决，因此，自1148年科尔多瓦被阿尔摩哈德军队占领之后，迈蒙尼德全家就开始了近二十年的流亡之旅，最终于1166年定居开罗旧城。他在流浪途中依靠行医和教授医术为生，在途经埃及境内时，于1180年完成了法律巨著《密西拿·托拉》（Mishnah Torah），这是一部希伯来文撰写的犹太教律法系统概述，这使得他在埃及境内乃至这个地中海地区赢得了巨大声誉，还曾在70年代初和90年代先后两次担任埃及境内的犹太人领袖，他成为了犹太教法律权威。他的名声在1185年到达巅峰，他被选为苏丹萨拉丁（Saladin）太子阿夫达尔（al-Malik al-Afdal）的医生及家庭教师。于1190年他用阿拉伯文完成了哲学巨著《迷途指津》（Guide of the Perplexed/Dalalat al-Ha'rin），在犹太教哲学史上增添了浓墨重彩的一笔。②

迈蒙尼德的主要逻辑学著作有《逻辑词汇》（A logic Vocabulary/Milot-Higayon）、神学著作有《评密西拿》（Commentary on the Mishna）、神学—律法著作有《密西拿·托拉》(Mishnah Torah) 以及哲学—神学著作《迷途指津》(Guide of the Perplexed/Dalalat al-Ha'rin) 等，他的著作中除《密西拿·托拉》是用希伯来语写作，其余均是用阿拉伯语完成的，《密西拿·托拉》为迈蒙尼德博得伟大律法家的称号。

迈蒙尼德是犹太哲学亚里士多德主义者③，与此同时也受到伊斯兰哲学理性传统的影响，因此他需要处理犹太信仰和亚里士多德哲学思想之间的张

---

① Moses Mainmonides, *The Guide for The Perplexed*, translated by M.Friedlander, Second edition, New York: Dover Publications Inc, 1956, p.XVI.

② 赵同生：《迈蒙尼德宗教哲学思想研究》，上海三联书店2016年版，第19—21页。

③ 主流学界认为迈蒙尼德是亚里士多德主义者，但也有部分学者认为迈蒙尼德是柏拉图主义者，如高山奎从解经学的角度认为迈蒙尼德更接近柏拉图主义。《迈蒙尼德是一个亚里士多德主义者吗？——种施特劳斯主义的视角》，载《哲学动态》2017年第11期。

力。他十分推崇法拉比和阿维森纳等伊斯兰哲学家。迈蒙尼德在哲学上的造诣和贡献具体体现在了《迷途指津》（1190 年）中，这部用阿拉伯语撰写的作品一直被认为是犹太哲学的经典之作，[①] 该书又被译为《困惑者指南》，旨在证明律法的观点如何与亚里士多德的哲学观点相协调。《迷途指津》包括三篇，共计 178 章，也许是由于《迷途指津》讨论的主题不可理解，该书行文较为晦涩，迈蒙尼德倡议应该从问题研究的角度切入，以问题的方式研究，不提倡按照章节读。《迷途指津》第一部分前半节论述了《圣经》、《塔木德》不能从字面理解的表述，后半节描述了上帝的属性，攻击了哲学家，包括萨迪阿，第二部分讨论了哲学学说和预言，第三部分开始于对"四轮马车的描述"（Account of the Chariot）的寓意解释，讨论了神佑和世界不是永恒的。[②] 文中内容包含了上帝的存在和属性、上帝与人、先知与预言、人的意志自由、理智的范围和界限以及人生的目的与态度等重要宗教哲学问题。[③] 迈蒙尼德还在世时该书便已经被翻译为希伯来文（Moreh-neuchim），后来在 13 世纪被翻译为拉丁文，《迷途指津》对托马斯·阿奎那以及其他中世纪经院哲学家产生了很大的影响。

对于迈蒙尼德关于创造、神的语言、预言、神的天意等观点，一些人尊重他的权威，认可他的观点；也有人认为他的思想会给信仰带来负面的影响。也许对这一点最好的解释是，一种深刻的宗教情感和对他那个时代的普遍哲学和科学文化的坚定忠诚的独特结合。[④] 迈蒙尼德在犹太哲学史上享有盛誉，从时下犹太人中流传的一句话可以看出："从摩西到摩西，无人像摩西。"这句话第一个摩西是指那位曾带领犹太人出埃及的犹太民族领袖、创始人摩西，后面一个摩西则是指迈蒙尼德，这足可看出迈蒙尼德在当时犹太

---

① 傅有德:《犹太哲学史》，中国人民大学出版社 2008 年版，第 286 页。

② [英]约翰·马仁邦主编:《中世纪哲学》，孙毅等译，中国人民大学出版社 2009 年版，第 89 页。

③ [西班牙] 迈蒙尼德:《迷途指津》，傅有德等译，山东大学出版社 1998 年版，第 X 页（序言）。

④ *The Cambridge Companion to Medieval Jewish Philosophy*, edited by Daniel H. Frank and Oliver Leaman, New York: Cambridge University Press, 2003, p.154.

人心中的崇高地位。①

思考题

1.波爱修和爱留根纳的思想特征与历史贡献。

2.经院哲学兴起的思想文化条件及其基本特征。

3.安瑟尔谟和阿伯拉尔的思想特征与主要哲学观点。

4.中世纪阿拉伯哲学与犹太哲学的基本特征。

5.阿维森纳和阿维罗伊的基本哲学观点及其主要思想特征。

6.迈蒙尼德的主要著述与哲学特征。

---

① 李国山、王建军编著:《欧美哲学通史·古代哲学卷》,南开大学出版社 2012 年版,第 291 页。

第五章　公元13—15世纪的哲学家

自12世纪中后期开始，拉丁西方的思想文化发生了一些新的变化，这些变化与其他因素一道，共同促成了中世纪经院哲学的鼎盛。在这些变化中，与哲学关系最为密切的当属亚里士多德著作的全面翻译和传播。在此之前，亚里士多德著作中只有少量的逻辑学著作被译为拉丁文在西方传播；而大约从12世纪中叶前后开始，直到整个的13世纪，包括逻辑学在内的所有亚里士多德著作，都陆续地被译为了拉丁文。这些译本除了部分是依照希腊文译出之外，大多是根据阿拉伯译本翻译的。[①] 而且后者对拉丁西方哲学家的意义更重要，因为阿拉伯哲学家对亚里士多德的认识和解释，随着亚里士多德著作拉丁文的翻译而同时进入到了西方社会，对于拉丁哲学家如何理解和认识亚里士多德的思想，产生了较为积极的辅助或推动作用。与这种思想变化一道的，还有一个现实条件的演变，那就是传统教会或神学学校向世俗性大学的转化。在中世纪，拉丁西方的教育体制从学校归属、教学内容和学生来源等一直在发生着变化，到1200年前后，包含了广泛的神学和世俗学科内容的大学已基本成熟，并拥有了相对的独立性和稳定的管理机构，诸如博洛尼亚大学、巴黎大学和牛津大学等。虽说这些大学是从教堂和修道院学校中演变而来，但它们在有了自身的管理方式和开课自由之后，世俗学科就

---

① 参见 [英] 约翰·马仁邦:《中世纪哲学:历史与哲学导论》，吴天岳译，北京大学出版社2015年版，第179、220—221页；赵敦华:《基督教哲学1500年》，人民出版社2007年版，第293—294页。

获得了自主的领域和内容。[①] 亚里士多德的学说在进入拉丁西方之后，就是在这样的大学中获取了快速发展的基础。

正是亚里士多德著作的翻译和大学的兴起，为亚里士多德思想在西方的复兴和传播创造了有利的条件。亚里士多德使当时的人们认识到了自然和理性的意义，而新兴的大学则为这种意义提供了充分展示和阐发的舞台。当时众多的神学家和哲学家都直接参与到了这场思想变革的运动之中。而作为当时新兴大学和学术中心的巴黎、牛津和科隆等地，则成为亚里士多德思想研究和传播的重镇。在这些众多因素的促成下，13 世纪从而被人们称之为是一个哲学变革的时代，一个自然理性的价值被发现和认可的时代。[②] 在这场变革中，包括托马斯·阿奎那在内的一批哲学家应运而生。然而，包含在亚里士多德哲学思想中的一些与基督宗教神学不相一致的内容，随着这场运动如火如荼地展开而被进一步彰显出来，导致了在严格忠实亚里士多德思想的"拉丁阿维罗伊主义者"和传统的神学家之间矛盾冲突的公开化，并进一步促成了教会以发布禁令的形式——如 1277 年发布的被称为"77 禁令"的公开信——来谴责并限制以亚里士多德思想为基础的哲学观点和哲学研究。这些禁令虽然并没有彻底中断中世纪经院哲学研究的进程，但却决定性地改变了哲学研究的方式；从此以后，以哲学方式"建构学术性神学的雄心在 1277 年之后不再存在，起码不再以相同的程度和相同的精神存在"。[③] 直到 15 世纪，哲学与神学之间出现了巨大的裂隙与不同的走向，产生了司各脱、奥康、布里丹和库萨的尼古拉等一批不同于 13 世纪时期哲学风格与思想倾向的哲学家。

---

① 参见 [英] 约翰·马仁邦：《中世纪哲学：历史与哲学导论》，吴天岳译，北京大学出版社 2015 年版，第 216—217 页；赵敦华：《基督教哲学 1500 年》，人民出版社 2007 年版，第 298—301 页。

② 现代英国历史学家戴维·诺尔斯（David Knowles）用"哲学革命"来称呼这一时期。*The Cambridge Companion to Aquinas*, edited by N. Kretzmann and E. Stump, Cambridge University Press, 1993, p. 20.

③ Etienne Gilson, *History of Christian Philosophy in the Middle Ages*, New York: Random House, 1955, p. 408.

第一节 亚里士多德思想的传播：接纳与抗拒

亚里士多德著作的翻译和传播，在 13 世纪的拉丁西方带来了哲学研究的全面复兴。与亚里士多德不同著作内容相关联的主题，诸如形而上学、人学与灵魂观、自然哲学、伦理学和政治哲学，当然也包括语言与逻辑等，获得了前所未有的研究热情。[①] 而在当时的学术中心，诸如巴黎和牛津等地，更是涌现出了一批具有很深学术造诣的哲学家，推进了亚里士多德思想的翻译和传播。但与此同时，亚里士多德思想的大规模传播，也引起了一些学者和神学家的担忧，出现了波纳文图拉等人对传统神学研究方式的回归与持守。

11 世纪开始倡导的理性精神的驱使，亚里士多德的著作一经传入便在拉丁西方世界引起巨大波澜，而作为西欧学术中心的巴黎大学自然是受亚里士多德著作影响最早的大学之一。

一、13 世纪早期的巴黎经院哲学家

13 世纪早期巴黎经院哲学以巴黎大学为阵地，主要研究神学与逻辑，其立场主要还是以奥古斯丁主义为主，但对亚里士多德的思想持有较为客观中立的态度，亚里士多德的"科学体系化"也在影响着经院哲学的发展走向，即在学术活动中不但要建立必然的知识，而且还要将这些知识系统化和理论化，其中以奥歇里的威廉、巴黎教区总执事菲利浦和奥维涅的威廉为代表人物。

奥歇里的威廉（William of Auxerre，公元 1140/1150—1231 年）[②]

奥歇里的威廉曾受教皇格列高利九世诏命担任审查亚里士多德著作委员

---

① 参见 [英] 约翰·马仁邦：《中世纪哲学：历史与哲学导论》，吴天岳译，北京大学出版社 2015 年版，第 211 页。

② 主要参考：(1) 赵敦华：《基督教哲学 1500 年》，人民出版社 2007 年版，第 307—308 页；(2) [英] 约翰·马仁邦：《中世纪哲学：历史与哲学导论》，吴天岳译，北京大学出版社 2015 年版，第 235 页；(3) Etienne Gilson, *History of Christian philosophy in the Middle Ages*, New York: Random House, 1955, pp.251-257；(4) Boyd Taylor Coolman, *Knowing God by Experience: The Spiritual Senses and the Knowledge of God in the Theology of William of Auxerre*, Washington: The Catholic University of America Press, 2004, pp.2-18.

会成员。他著有《黄金大全》(Summa Aurea)，该书将伦巴第的彼得的《箴言集》与亚里士多德的《物理学》、《论生灭》、《形而上学》、《伦理学》以及阿维森纳部分著作加以结合，运用哲学观点系统地阐述了上帝存在证明等神学论题。如他通过区分"存在"概念来解释上帝与万物的依存关系，把"存在"在普遍意义上理解为专指上帝，在特殊意义上理解为"是这个"指具体存在者，因此万物对上帝在存在论方面有绝对依赖关系。他把神学看作是一种产生于智慧的科学和理解方法，提出"基本科学知识(scientia)——理解(intellectus)——智慧(sapientia)"的基督教神学基本框架，人对上帝的认识过程即是人对神性事物的逐步感知中获得对上帝经验形成共识的过程。

巴黎教区总执事菲利浦（Philip the Chancellor，公元 1165—1236 年）[1]

菲利浦的代表性著作为《论善的大全》(Summa de Bono)。该书同样运用亚里士多德部分著作的观点，从上帝的至善观念出发，在超越的层面全面地论述了"善"在神学、形而上学本体论以及伦理学领域的全部意义和价值，发展出"超越者"(transcendentals)理论。菲利浦认为事物具有存在、善、统一性和真理四个属性，这些属性只在概念上存在区别，在实际中是同一的，它们均来自超越它们的上帝。他还创造性地提出灵魂是统一营养、感性、理性三个功能的单一的无形实体，理性是其最高功能。菲利浦对于善的超越性认识以及对灵魂单一性论证影响了 13 世纪经院哲学家关于形而上学的讨论。

奥维涅的威廉（William of Auvergne，约公元 1180—1249 年）[2]

奥维涅的威廉出生于法兰西的奥维涅，1223 年在巴黎大学担任教授，

---

① 主要参考：(1) 赵敦华：《基督教哲学 1500 年》，人民出版社 2007 年版，第 308—310 页；(2) [英] 约翰·马仁邦：《中世纪哲学：历史与哲学导论》，吴天岳译，北京大学出版社 2015 年版，第 236—237 页；(3) Etienne Gilson, *History of Christian philosophy in the Middle Ages*, New York: Random House,1955, p.251,260,417.

② 主要参考：(1) 唐逸：《理性与信仰：西方中世纪哲学思想》，广西师范大学出版社 2005 年版，第 202—206、227 页；(2) 赵敦华：《基督教哲学 1500 年》，人民出版社 2007 年版，第 310—313 页；(3) [英] 约翰·马仁邦主编：《中世纪哲学》，孙毅等译，中国人民大学出版社 2009 年版，第 226—241 页；(4) [英] 约翰·马仁邦：《中世纪哲学：历史与哲学导论》，吴天岳译，北京大学出版社 2015 年版，第 237—238 页。

1228 年被教皇格列高利九世（Pope Gregory IX）任命为巴黎主教。1231 年，他也奉诏参与修订亚里士多德的著作，借此机会接触到亚里士多德和阿拉伯哲学家的著作。威廉认为要肯定与运用亚里士多德思想（更多是阿维森纳的思想）中与真理相符合的观点，摒弃相悖的观点，代表作有《神圣与智慧的教诲》[①]（Magisterium Divinale ac Sapientale）、《论共相》（On the Universe）、《论善恶》（De Bono et Malo）等。奥维涅的威廉对阿维森纳的观点既有继承又有批判。一方面，他将阿维森纳关于存在与本质区分的观点[②]系统地引入到神学论证中，以此来论证上帝存在与本质的同一性和受造物在本体上对上帝的依存性。另一方面，奥维涅的威廉反对阿维森纳关于上帝创造万物需要理智作为中介的观点，他肯定上帝可以自由且无需中介地创造万物，这一观点形成了他独特的思想特征。他认为人的理智通过一套内在记号（signs）来认识世界，认识对象在人的感官中留下印象，然后感官激活理智去形成适当的记号，记号由人们从上帝那里获得。威廉关于存在与本质相区分的观点对于阿奎那动态的存在论和司各脱持有的存在单义论观点具有启示意义，他以上帝取代主动理智，认为理智中有来自上帝的自明原则和道德律也有可感知的事物的形式，他所发展的认识论既影响了中世纪逻辑的发展，同时也体现了理性与信仰内在的张力。

二、13 世纪英国经院哲学的发展

进入 13 世纪，牛津大学逐渐成为英国经院哲学发展的中心，逐步形成与巴黎大学不同的学术风格。一方面，亚里士多德新材料被带入英国，刺激了新思想的产生；另一方面，1230 年，方济各会和多明我会在牛津大学各自组建学院，持有柏拉图—奥古斯丁传统的方济各会在牛津大学占据主要地

---

① 本书主要分为七个部分，分别为《三一论》（De Trinitate）、《论受造世界》（De universo Creaturarum）、《论灵魂》（De Anima）、《上帝为何化人》（Cur Deus Homo）、《信仰与律法》（De Fide et Legibus）、《圣事》（Sacrametis）、《德性与道德》（De Virtutibus et Moribus）。

② 奥维涅的威廉认为 esse 有两方面的含义，一方面 esse 指本质，即事物之所是，另一方面，esse 指系动词所称的"存在，有"。

位，修会特色同样组成了牛津的学术风格。诚然，英国与西欧大陆的地理因素也使得英国有一定政治和思想的独立性。在诸多因素的共同影响下，英国经院哲学将亚里士多德思想整合进传统奥古斯丁主义基督教神学解释中，发展出以奥古斯丁主义宇宙论、本体论为基础，重视数学和自然科学的思想架构。其中，罗伯特·格罗斯特和罗吉尔·培根是该时期英国经院哲学的主要代表人物，他们试图调和奥古斯丁主义和亚里士多德主义，以信仰为根基，注重经验证实，强调数学科学对自然解释的重要性，期望凭借理性达到现实世界的认识，形成了该时期英国经院哲学独特的注重数学和自然哲学的传统，这一传统后来影响了英国近代哲学的发展。

罗伯特·格罗斯特（Robert Grosseteste，约公元 1168—1253 年）[①]

罗伯特·格罗斯特受教于牛津教会学校和巴黎大学艺学院，毕业后任教于牛津大学艺学院，并于 1214 年担任牛津大学校长。1230 年他应邀在方济各会神学院教授神学，1235 年当选为林肯郡主教（bishop of Lincoln），他担任这一主教职位直至 1253 年 10 月去世。格罗斯特通晓希腊文和拉丁文，略通希伯来文，是亚里士多德著作著名的翻译者和评注者，对促进亚里士多德思想传播起到了关键作用。他于 1250 年将《尼各马可伦理学》翻译为拉丁文，该译本后来成为大学中的标准教材；他还评注了亚里士多德的《谬辩篇》以及《物理学》的一部分，此外他还是最早对《后分析篇》进行评注的拉丁

---

① 主要参考：（1）黄裕生主编：《西方哲学史：中世纪哲学史》第 3 卷，凤凰出版社、江苏人民出版社 2004 年版，第 345—350 页；（2）唐逸：《理性与信仰：西方中世纪哲学思想》，广西师范大学出版社 2005 年版，第 206—209 页，228 页；（3）［英］约翰·马仁邦：《中世纪哲学：历史与哲学导论》，吴天岳译，北京大学出版社 2015 年版，第 238—239 页；（4）赵敦华：《基督教哲学 1500 年》，人民出版社 2007 年版，第 319—325 页；（5）［英］约翰·马仁邦主编：《中世纪哲学》，孙毅等译，中国人民大学出版社 2009 年版，第 225—241 页；（6）赵敦华、傅乐安主编：《中世纪哲学》下卷，商务印书馆 2013 年版，第 1171—1180 页；（7）Robert Grosseteste, *On Light (De Luce) Volume 1*, translation from the Latin with an introduction by Clare C. Riedl, M.A., Milwaukee: Marquette University Press, 1942, pp.10-17;（8）James McEvoy, *Robert Grosseteste (Great Medieval Thinkers)*, New York: Oxford University Press, 2000, pp.76-96.（9）Etienne Gilson, *History of Christian philosophy in the Middle Ages*, New York: Random House,1955, pp.260-265, 662-665.

学者之一。格罗斯特的著述涉及神学、哲学、自然科学等，他的神学著作有《论六日创造》(Hexaemeron)、《神学问题集》等，主要哲学著作有《论光》(On Light/De Luce)、哲学—神学著作有《论自由决断》(De libero arbitrio)、《论真理》(On Truth/De Veritate) 等；他的自然科学著作涉及光学、虹、宇宙的范围等类似的主题，如《论线段、角度和数字》(De lines angulis et figuris)、《论身体运动和光》(De Motu Corporalietet Luce) 等。

格罗斯特综合柏拉图主义的"创世说"、奥古斯丁的神学以及亚里士多德的自然哲学，将"光"作为事物的生成原则及运动原理，建构出"光的形而上学"体系。他认为光是上帝创造事物的物质性形式 (form of bodiliness)，"光"通过自身的广延性和能动性以球的形式向四周延展出三维的宇宙以及一切实体性存在，说明了光在逻辑性创造宇宙及万物的中心地位。格罗斯特认为人们丧失了理智的纯粹性，需要依靠上帝的"神圣之光"来获得关于真理的认识。

受亚里士多德"证明科学"的影响，格罗斯特在自然科学领域发展出具有创新意义的科学方法。他将数学作为解释世界的必要工具，在《后分析篇》评注中提到了如何达到建立在经验之上的普遍原则 (pricipium universal experimentale)，格罗斯特将亚里士多德的自然哲学以及特有的逻辑分析语言融会到神学框架中，重视经验及自然哲学，认为实验和理性同等重要，试图通过经验和理性达到对事物规律及其一般性质的认识。格罗斯特所建构的形而上学思想为 13 世纪 50 年代常被称为波纳文图拉及其追随者的新奥古斯丁主义奠定了基础，他所提出的重视数学与经验的科学方法影响了近代科学方法的基本原则。

罗吉尔·培根（Roger Bacon，约公元 1212—1293 年）①

罗吉尔·培根生于英国，是一名方济各会修士，曾在巴黎大学和牛津大学学习，据说他还听过罗伯特·格罗斯特的课，他比格罗斯特更重视数学作为自然科学的重要性。1236 年，他在巴黎大学讲授亚里士多德的《形而上学》、《物理学》、《论灵魂》等著作，在读到伪亚里士多德的《秘密之秘密》一书时，他的兴趣从经院学术转向秘传学问和工艺制造，主张探讨"占星术、医学、炼金术、矿物学和其他神秘力量资源价值"。大约在 1247 年，培根返回牛津大学，自费置办炼金术实验器具，致力于新学科的发展。1257 年，培根加入方济各会，后因与修会的矛盾被囚禁在巴黎的一个修道院中长达十年，其间禁止其公开出版著作。幸而 1266 年他的朋友吉·德·福尔克斯（Guy de Foulques）成为教皇克莱门特四世（Clement Ⅳ），教皇应其请求，不顾教长的禁令和教团的章程，希望培根将研究成果写出来。1267 年，培根高效写出三部作品送给教皇，分别是：《大著作》、《小著作》和《第三著作》。1277 年培根在大迫害环境中以"标新立异"、"研究危险的新鲜事物"罪名再遭囚禁，直到 1292 年尼古拉斯四世（Nicholas Ⅳ）去世后方才获释。1294 年，培根在牛津大学离世。罗吉尔·培根的著作涉及多个领域，他的神学和哲学著作有《大著作》（OpusMaius）、《小著作》（Opus Minus）、《第三著作》（Opus Tertium）、《哲学研究纲要》（Compendium studii Philosophiae）以及未完成的《神学研究纲要》（Compendium studii Philosophiae Theologiae）；逻辑学著作有《语法大全》（Summa Grammatica）、《诡辩和辨别大全》（Summa de Sophismatibus et Distinctionibus）、《小辩证法》（Summulae dialectices），这些著作反映了 13 世纪逻辑学的最新进展；自然科学著作如《论种的增殖》（On the Multiplication of Species / De multiplictione specierum）、《论取火镜》（De speculis comburentibus）等，反映了他的学术思想以及改革

孙毅等译，中国人民大学出版社 2009 年版，第 241—244 页；(5) [英] 约翰·马仁邦：《中世纪哲学：历史与哲学导论》，吴天岳译，北京大学出版社 2015 年版，第 239—240 页；(6) 赵敦华、傅乐安主编：《中世纪哲学》下卷，商务印书馆 2013 年版，第 1181—1194 页；(7) Etienne Gilson, History of Christian philosophy in the Middle Ages, New York: Random House, 1955, pp.294-311, 673-677；(8) Amanda Pnwer, Roger Bacon and the Defence of Christendom, New York: Cambridge University Press, 2013, p.74.

教育的愿望。

培根将奥古斯丁的种子说、新柏拉图主义的存在等级说同亚里士多德的形式—质料说相结合，提出了独特的形式（form）—质料（matter）学说。他认为形式（form）和质料（matter）的统一是共相的真正源泉，共相存在于具体事物中；他肯定个别事物的真实性，认为事物既具有个别的本性也具有普遍的共性，人的认识从对个别事物的感知出发，经过判断、推理等理性能力认识事物的本性和定义。培根反对只注重通过理性推理来获取对事物的认识，他认为经验才是获得真理的确切方式，经验可分为外部感官获得的外在经验和通过上帝启示获得的内在经验，他认为内在经验是"更好的方法"，凭借内在的经验，我们"不仅在精神的事物方面，而且在有形的事物和哲学科学方面"都能获得知识。

培根还是哲学史上第一个提出"实验科学"（Scientia Experimentalis）概念的哲学家，他认为实验科学具有实证性、工具性和实用性三方面的优越性，他的科学实验理论被一般性地认为是弗朗西斯·培根（Francis Bacon）的先声。在《大著作》、《论记号》以及《神学研究纲要》中，培根还讨论了语义学、记号以及逻辑学相关问题，被认为是在记号的全面性以及口头语言的研究方面都有所创新的哲学家。

三、波纳文图拉（Bonaventure，约公元 1217—1274 年）[①]

当亚里士多德主义在大学艺学院中逐渐兴盛之时，一些神学家们因不满

① 主要参考：（1）［英］约翰·马仁邦：《中世纪哲学：历史与哲学导论》，吴天岳译，北京大学出版社 2015 年版，第 240—242 页；（2）赵敦华：《基督教哲学 1500 年》，人民出版社 2007 年版，第 404—420 页；（3）唐逸：《理性与信仰：西方中世纪哲学思想》，广西师范大学出版社 2005 年版，第 213—222 页；（4）［英］约翰·马仁邦主编：《中世纪哲学》，孙毅等译，中国人民大学出版社 2009 年版，第 251—253 页；（5）赵敦华、傅乐安主编：《中世纪哲学》（下），商务印书馆 2013 年版，第 1195—1250 页；（6）黄裕生主编：《西方哲学史：中世纪哲学史》第 3 卷，凤凰出版社、江苏人民出版社 2004 年版，第 458—462 页；（7）Etienne Gilson, *History of Christian Philosophy in the Middle Ages*, New York: Random House, 1955, pp.331-338.（8）Bonaventure, Ewert Cousins, Ignatius Brady, *Bonaventure: The Soul's Journey into God, the Tree of Life, the Life of St. Francis (Classics of Western Spirituality)*, Paulist Press, 1988, pp.51-117.

亚里士多德理性论证信仰的方式，而转向从奥古斯丁的著作中寻找灵感，企图能够与亚里士多德思想（以及拉丁阿维罗伊主义传统）进行抗衡。奥古斯丁主义便在 13 世纪中后期开始复苏，其代表人物是波纳文图拉。在以波纳文图拉为首的奥古斯丁主义者与亚里士多德主义者们的抗衡中，波纳文图拉的理论结合教会政令共同导致了限制亚里士多德主义的"77 禁令"。这一禁令也标志着经院哲学鼎盛时期的结束和亚里士多德主义的衰落，经院哲学从此进入分裂时期，托马斯·阿奎那也在这一风波中遭受牵连。

波纳文图拉，原名费登扎的约翰（John of Fidanza），出生于意大利的一个医生家庭。他儿时患上重病，传说被弗朗西斯科医好，并称他为"Bonaventura"（未来之宝），之后更名为"Bonaventura"（波纳文图拉），并于 1240 年（一说为 1243 年）加入方济各会。他 1236 至 1242 年于巴黎大学艺学院学习，1243 年跟随哈勒斯的亚历山大（Alexander of Hales）学习神学，亚历山大是巴黎神学院的教授，对波纳文图拉影响很深。1253 至 1257 年，波纳文图拉担任巴黎方济各会会长，在此期间撰写了《神学概要》（Breviloquium）。1257 年，他与托马斯·阿奎那一起获得神学硕士学位，并担任方济各总会会长，致力于维护方济各会各方势力的团结与稳定，被看作是方济各会的第二创始人。由于其出色的管理才能，1273 年受教皇邀请出任阿尔巴诺（Albano）的红衣主教，并于当年写出《六日创世宣讲篇》（Collations in Hexameron）。一年后前往里昂公会宣讲，促成了东西基督教会短暂的和解，随后不久逝世。1248 年被教皇封为圣徒，1587 年获得"六翼天使博士"称号。

除上述提及的作品，波纳文图拉的主要著作还有《〈箴言集〉评注》（Commentaria in sententiam）、《论艺学向神学的回归》（De reductione atrium ad theologiam）、《心向上帝的旅程》（Itinerarium mentis in Deum）、《论十戒》（De decem praeceptis）、《问题答辩》（Quaestiones disputatae）、《论基督知识》（De scientia Christi）、《论三一奥秘》（De mysterio Trinitatis）、《论慈善与临终圣事》（De caritate et de novissimus）等，都被收录在《圣波纳文图拉全集》中。从他的著作名就可以看出，他明显是传承了奥古斯丁主义，而这一传承也同样奠定了方济各会的学术脉络。弗朗西斯科在创建托钵修会时主要注重修行实践，对修会的理论发展并没有要求，至波纳文图拉时，修会内部还出现了一股反对智力、崇尚灵修的势力。波纳文图拉通过在方济各会内确立学术传统，一方面整合了修会内部的各方势力，一方面也与大阿尔伯特和阿奎那所在的多明我会形成势力抗衡。

亚里士多德主义把对知识的性质、人的认识过程从自然的角度来解释，波纳文图拉则不认同这一观点，他借用奥古斯丁学说中的光照论，通过诉诸上帝的恩典来解释这些问题。波纳文图拉承认知识来源于感觉经验，通过外感觉进入内感觉将之抽象（外感觉和内知觉属于被动理智），得到普遍概念，接着由主动理智来作出对本质的分析和美或丑的价值判断。他认为万物的感觉印象是通过感官得到，但是对万物本质的理念判断则来自上帝的理念。在《问题答辩》中，波纳文图拉进一步提出以光照论为核心的认识论体系。他把人类知识的来源与动力归结为光照，光照可以分为四类，第一类是外部之光，体现事物的技艺；第二类是感觉之光，体现人的感觉能力；第三类是哲学之光，体现人的理智能力；第四类是恩典之光，体现上帝的精神力量。由第一、第二类光照获得的对事物的认识还不能称之为知识，只有经过灵魂的理智活动与自然真理的契合才能够获得真正的知识，而自然真理的获得依赖于上帝的恩典。因而，前三类光照以第四类恩典之光为来源和动力，上帝的恩典是自然赖以存在的基础。

波纳文图拉认为，人的灵魂是由上帝单独创造的个体灵魂，含有上帝的形象，是身体的形式，而且每一个灵魂都是由"精神质料"和形式构成的精神实体，灵魂作为实体可以脱离肉体存在，因此"个人的灵魂不朽"。个体的灵魂具有主动理智和被动理智，人的认识便是这些理智作用的结果。灵魂作为高级实体，通过"流溢"的方式提高了肉体的完满性，灵魂在与肉体的结合中，使肉体的潜在生命变为现实，并统摄着肉体的生命活动。灵魂给与个体以生命，但最终运动始终朝向上帝，追求最高级的完满性。波纳文图拉认为，由于灵魂的不完满性，人不可能获得确切的知识，更不可能通过哲学的方式来获得知识。如要获得最高真理，即智慧，只能通过神学的方式。神学主要依靠信仰，而信仰主要取决于上帝的恩典和人对上帝的爱，因此，神学不能称之为科学，而属于一种智慧。波纳文图拉的认识论将奥古斯丁的光照说在 13 世纪重新诠释，使奥古斯丁传统在方济各会流传下去，如波隆纳的巴托洛缪（Bartolomeo ab Bologna）和瓦尔的威廉（William of Ware）等。

第二节　托马斯主义与拉丁阿维罗伊主义的兴起

亚里士多德著作的传入给经院哲学提供了一种新的思想工具和认知方式，除了波纳文图拉等人的奥古斯丁主义方式之外，在 13 世纪乃至后世影响更大的是亚里士多德主义。13 世纪有两位重要的思想家改造重整了亚里士多德的思想，形成了百科全书式的哲学家，这就是大阿尔伯特和托马斯·阿奎那。而在如何解读和阐释亚里士多德思想方面，出现了一些主张要更加忠实于亚里士多德本人原著的解释者。由于这种解读方式在阿拉伯哲学家中最先是由阿维罗伊所倡导的，因而当他的评注随着亚里士多德的著作被翻译为拉丁文之后，在这些人中得到了积极的回应，阿维罗伊因之被称为"大评注家"（the Commentator），按照这种方式解读亚里士多德著作的人们也被称为"拉丁阿维罗伊主义者"。

一、大阿尔伯特（Albert the Great，约公元 1200—1280 年）[①]

大阿尔伯特 13 世纪初期前后出生于德国南部的斯瓦比亚（Swabia）小镇，他年轻时在博洛尼亚和帕多瓦大学学习法律，随后加入多明我会。1245—1248 年间，他在巴黎大学获得学位并在此教授神学，托马斯·阿奎那此时便是他的学生和助教。之后，他受多明我会指派带领托马斯·阿奎那前往科隆

---

① 主要参考：（1）赵敦华：《基督教哲学 1500 年》，人民出版社 2007 年版，第 335—344 页；（2）[英] 约翰·马仁邦：《中世纪哲学：历史与哲学导论》，吴天岳译，北京大学出版社 2015 年版，第 242—246 页；（3）[英] 约翰·马仁邦主编：《中世纪哲学》，孙毅等译，中国人民大学出版社 2009 年版，第 253—255 页；（4）唐逸：《理性与信仰：西方中世纪哲学思想》，广西师范大学出版社 2005 年版，第 233—237 页；（5）黄裕生主编：《西方哲学史：中世纪哲学史》第 3 卷，凤凰出版社、江苏人民出版社 2004 年版，第 356—362 页；（6）Etienne Gilson, *History of Christian Philosophy in the Middle Ages*, New York: Random House, 1955, pp.277-293.

建立学校并创立一般科学研究（studium generale），专门从事各类学术研究。1260 年擢升为雷根斯堡（Regensburg）主教，随后官方任职不断。在 "77 禁令" 风波中，他还亲自前往巴黎为托马斯·阿奎那辩护，直至 1280 年在科隆逝世。大阿尔伯特生活年代知识开始不断增长并趋于复杂化，但他仍吸收了当时最广泛的知识并以博学著称，被称为 "全能博士"。罗吉尔·培根曾写道："他在学校里就像亚里士多德、阿维森纳和阿维罗伊一样被人引述，而且在活着的时候就被奉为权威，而任何其他人都不是。" 在经院哲学素不以活人为权威的背景下，足可见大阿尔伯特在当时的影响力之大。

大阿尔伯特著述颇丰，主要著作有《自然大全》（Summa de Creaturis，因在巴黎完成，也被称为《巴黎大全》），《论灵魂》（De anima）、《论知能统一反阿维罗伊》（Deunitate intellectus contra Averroem）、未完成的《神学大全》（Summa Theologica），在《论原因》（Liber de causis）基础上完成的《论宇宙的原因和进程》，评注亚里士多德的著作包括《论灵魂》、《物理学》、《论天》、《伦理学》、《政治学》、《后分析篇》、《形而上学》、《论生成和消灭》等。大阿尔伯特广博的知识主要有两个来源，一个是对自然的和经验的观察，他撰写了蔬菜、植物、动物方面的论著，还撰写了地理学著作《论地区的自然状态》（On the Nature of Places），另一个则是对古典知识和文献的研究，其中一个主要来源就是亚里士多德的著作。他摒弃对亚氏文本逐字逐句的翻译方式，不拘泥于原著，采取再创造式的、系统的、有逻辑的方式重新注释亚里士多德的著作，是第一个系统全面地介绍亚里士多德著作的拉丁著者。大阿尔伯特的知识虽然广博但不够精深，并且还吸收了伪亚里士多德与伪狄奥尼修斯的部分思想，如《论原因》，使之思想中带有新柏拉图主义成分和神秘主义的倾向，导致大阿尔伯特学派出现不同的走向。

大阿尔伯特以 "光照论" 来区分哲学与神学，认为哲学和神学的认识途径不同，哲学是依靠自然之光，从事物本身出发认识事物，而神学是依靠超自然之光，从信仰出发认识事物，两种光都来源于上帝，两条道路殊途同归。他可说是第一位把神学知识与科学知识明确区分开来的中世纪思想家。在形而上学问题上，大阿尔伯特把 "存在" 区分为原初存在（esse）和受造存在（ens）。原初的存在即是使一物成为该物的本质（esse quo est）——上帝，其形式和整体是统一的，它既包含本质之义，又包含存在之义。与本质存在相比，一切其他存在作为偶性存在，其整体与形式是可分的，是可生灭变化的。上帝是纯粹的存在，具有永恒、不变的性质，是存在的本原。受造存在是第一受造物，是受造物中最初的组成部分，所以受造存在为纯粹不可分的概念，是抽象理念的极限。大阿尔伯特对于存在的理解相比阿奎那而言虽然还处于静态的阶段，但仍为阿奎那的理论作了铺垫准备。关于宇宙的创造发生过程，大阿尔伯特从认识和自然两个方面进行了解释。从认识层面，受造存在（ens）是最初的受造物，存在是一切将要发生的存在物形式的主词，人类对存在物的认识可归结为存在（有）。从自然层面来看，大阿尔伯特采用"创世说"的方法，在《自然大全》中把宇宙生成的过程描绘为"质料—时间—太空—天使"的创造过程。

在《自然大全》中，大阿尔伯特讨论了灵魂性质的问题。大阿尔伯特调和了把灵魂作为独立精神实体的柏拉图主义观点与把灵魂看作身体形式的亚里士多德主义观点，认为灵魂与天使一样是精神实体，它不包含任何质料，但灵魂与天使不同之处在于灵魂可以与身体相结合，灵魂是身体质料的形式，是身体运动的原因，灵魂离开身体后仍可以独立存在，因此他坚持个人的灵魂不朽。

大阿尔伯特还是《尼各马可伦理学》最早的拉丁注释者，他坚信亚里士多德的伦理观可以与基督教的伦理相协调。他认为自然或世俗的德行可以不因信仰而获得美德，虽然上帝是一切幸福的终极原因，但人的行为是获得幸福的直接原因。在对意志的看法上，大阿尔伯特认为意志是灵魂朝着理智所理解的善的一种运动倾向。自由选择遵从理性的判断，但是欲望常常会违背理性。自由选择既是理性的选择判断，又是自由意志的决定，因此，自由可由理性或意志或两者共同作出选择。在区分自由与自由意志上，大阿尔伯特认为自由选择是一个人遵从意愿进行选择，而自由是确保意志正确执行的能力。自由有向善的倾向，因为人的灵魂有"良知"（Synderesis）这种属性，良知是人知善恶的先天本性，是自然法的必然要求。

大阿尔伯特通过对亚里士多德主义、新柏拉图主义和阿拉伯哲学材料的重新理解，建构出独特的理论体系，尤其对于 13 世纪下半叶至 14 世纪初的思想发展影响巨大。由于大阿尔伯特思想的复杂性，后续主要有三种发展脉络：第一种主要继承发展大阿尔伯特关于亚里士多德的思想脉络，其代表人物便是其学生托马斯·阿奎那。第二种主要继承大阿尔伯特思想中的新柏拉图主义，如莫尔伯克的威廉等。第三种发展便是新柏拉图主义与神秘主义的结合，其代表人物是约翰·艾克哈特（Johannes Eckhart），艾克哈特对大阿尔伯特的理智和灵魂理论予以继承发展，成为中世纪晚期神秘主义的代表人物之一。

二、托马斯·阿奎那（Thomas Aquinas，公元 1224/1225—1274 年）[①]

托马斯·阿奎那出生于意大利南部洛卡塞卡（Roccasecca）的一个贵族天主教家庭中。5 岁时，阿奎那被送往本尼狄克修道院（Benedictine monastery of Monte Cassino）中接受初级教育，学习"七艺"。1239 年，因教皇与

---

① 主要参考：（1）赵敦华：《基督教哲学 1500 年》，人民出版社 2007 年版，第 350—403 页；（2）唐逸：《理性与信仰：西方中世纪哲学思想》，广西师范大学出版社 2005 年版，第 238—276 页；（3）[英] 约翰·马仁邦：《中世纪哲学：历史与哲学导论》，吴天岳译，北京大学出版社 2015 年版，第 246—265、270—277 页；（4）[英] 约翰·马仁邦主编：《中世纪哲学》，孙毅等译，中国人民大学出版社 2009 年版，第 267—292 页；（5）黄裕生主编：《西方哲学史：中世纪哲学史》第 3 卷，凤凰出版社、江苏人民出版社 2004 年版，第 363—456 页；（6）[意] 托马斯·阿奎那：《反异教大全》，段德智译，商务印书馆 2017 年版；（7）[意] 托马斯·阿奎那：《论存在者与本质》，段德智译，商务印书馆 2018 年版；（8）[意] 托马斯·阿奎那：《论独一理智》，段德智译，商务印书馆 2017 年版；（9）[意] 托马斯·阿奎那：《神学大全》，段德智译，商务印书馆 2013 年版；（9）Thomas Aquinas, *Commentary on the Metaphysics of Aristotle*, translanted by John P. Rowan, Chicago: Henry Regnery Company, 1961, Book 1.5.6；（10）Etienne Gilson, *History of Christian Philosophy in the Middle Ages*, New York: Random House, 1955, pp.361-383；（11）Brian Davies, *The Thought of Thomas Aquinas*, New York: Clarendon Press, 1992, pp.31-33；（12）Thomas Aquinas, *Commentary on Aristotle's Physics*, translated by Richard J. Blackwell, Richard J. Spath, and W. Edmund Thirlkel, Indiana: Dumb Ox Books, 1995, Book 1；（13）*The Cambridge Companion to Aquinas*, edited by Norman Kretzmann and Eleonore Stump, New York: Cambridge University Press, 1993, pp. 8-9, p. 22, pp.85-128；（14）*The Oxford Handbook of Aquinas*, edited by Brian Davies and Eleonore Stump, New York: Oxford University Press, 2014, pp.15-33.

腓特烈二世（Friedrich II）发生矛盾，该修道院被军队占领，阿奎那不得不终止在修道院的学习。之后他到那不勒斯大学接受人文科学教育，该大学学风相对自由，已经开设亚里士多德课程，学生们也已经能接触到亚里士多德的逻辑学和物理学著作。1242 年（或 1243 年），阿奎那不顾家族的强烈反对加入多明我修会，1245 至 1252 年间他跟随大阿尔伯特在巴黎和科隆研究神学。学生时期，阿奎那因沉默寡言的性格和富态的体格被人称为"西西里哑牛"，大阿尔伯特肯定阿奎那的天赋，认为如果他吼叫，他的声音会响彻世界，大阿尔伯特对其悉心培养，让阿奎那参加到亚里士多德著作的汇编和注释工作中。1252 年，托马斯·阿奎那在大阿尔伯特引荐下以学士的身份登上巴黎大学的讲坛，从此他开始了授课、公开讲演以及为基督教神学和哲学辩护的历程。在课堂上阿奎那大胆运用亚里士多德主义思想，为基督教经院哲学引入新的哲学论证。1256 年阿奎那获得巴黎大学神学博士学位，之后受聘为巴黎大学教授，1259 年阿奎那放弃了巴黎的教职。在 13 世纪 60年代早期，阿奎那前往奥维多（Orvieto）、罗马和维泰博（Viterto）等地讲学，在这期间他遇到了莫埃贝克的威廉（William of Moerbeke），威廉是当时亚里士多德准确的翻译者，阿奎那在这一时期写了诸多关于亚里士多德著作的评注。1265 年，阿奎那在奥维多完成了《反异教大全》的写作，并同时着手准备《神学大全》的写作。1268 年，阿奎那被召回巴黎，面对拉丁阿维罗伊主义思潮，他自觉予以反驳并捍卫基督教信仰，在这一时期著有《独一理智论》、《论世界永恒》。大约在 1274 年，阿奎那被要求参加第二次里昂主教会议，他在去里昂的途中病倒，于 1274 年 3 月 7 日在弗森诺瓦的西斯特森修道院（Cistercian Abbey of Fossanova）中去世。

阿奎那的思想与著作几经浮沉，在去世之后的几年中，他的一些观点受到巴黎大学和牛津大学的谴责，大约在五十年之后，其著作才被基督教会接受。1316 年教皇约翰二十二世（Pope John XXII）启动封圣程序，1323 年阿奎那被追谥为圣徒。在随后的历史中，阿奎那即以"天使博士"（Doctor Angelicus）而闻名。1879 年教皇利奥十三世（Pope Leo XIII）发布通谕信件《先驱的一生》（Aeterni Patris），称"阿奎那是一切经院博士中的领袖和大师",阿奎那成为罗马天主教官方的神学家。

托马斯·阿奎那著作等身,其一般神学著作有《彼得·伦巴德〈箴言书〉注释》(Scriptum in IV Libros sententiarum magistri Petri Lombardi)、《论存在者与本质》(On Being and Essence/De ente et essentia)、《论自然原则》(The Principle of Nature/De principiis Naturae)(1253—1255)、《为修会辩护》(Apology for the Religious Orders)(1256)、《波爱修三一论评注》(Division and Methods of the Sciencesof Commentary on the De Trinitate of Boethius/In librum Boethi de Trinitate exposition (1258—1259)、《狄奥尼修〈论神之名〉评注》(In Librum Diosysii de Divhinis Nominibus)(1265—1267)、《反异教大全》(Summa contra gentiles)(1259—1564)、《论王权致塞浦路斯国王》(On Kingship to the King of Cyprus/De regimine principum ad regem Cypri)(1265—1266)、《神学纲要》(Compendium of Theology/Compendiumtheologiae)、《神学大全》(Summa Theologica)(1267—1273)、《论独一理智——驳阿维罗伊主义者》(De unitate intellectus contra Averroistas)(1270)、《论实体可分》(Treatise on Separate Substances/De substantiis separatis)(1271)、《论世界永恒》(0n the Eternity of the World/De aeternitate mundi)(1271)、《斥希腊人的谬误》(Contra errores Graecorum)(1263)、《论君主体制》(1265—1266)、《论犹太体制》(1265—1267)、《论上帝的能力》(1265—1268)、《自由辩论集》(1266—1272)、《论万物的精神体》(1267—1268)、《论恶》(1269—1272)、《德行总论》(1269—1272)、《论友好的规劝》(1270—1272)、《论希望》(1270—1272)、《论谬误》(1272—1273)、《论基督降生》(1272—1273)等。学院答辩类的著作有:《真理答辩》(Truth/Quaestiones disputatae de veritate)(1256—1259),《即席答辩》(Quaestiones Quodlibetales)(1256—1272)、《神的大能》(On the Power of God/Quaestiones disputatae de potentia Dei)(1265—1266)、《论恶》(Quaestiones disputatae de Malo)(1266—1267)、《论灵魂》(The Soul/Quaestiones disputatae de anima)(1269)、《一般美德》(The Virtues in General/Quaestiones disputatae de virtutibus)(1269—1272)。此外,他对亚里士多德多部著作进行了评注:包括《物理学》、《政治学》、《后分析篇》、《论灵魂》、《论

诠释》、《论流行学》、《论伦理学十部》、《论生成与消灭》、《论天》、《论感觉
与知觉》、《论记忆》、《形而上学》等，其中对《形而上学》的评注最为著名。

在阿奎那的思想体系的建构中，希腊哲学特别是亚里士多德的哲学对他
的影响尤为巨大。他不仅评注了亚里士多德的大量著作，而且在其众多著作
中把亚里士多德尊称为"大哲学家"（"the Philosopher"），在引用和借鉴亚
里士多德观点的基础上，提出了自己对诸多哲学问题的理解和看法，建构起
了中世纪哲学中特色鲜明且内容庞大的一个思想体系。在其最重要的著作
《神学大全》中，阿奎那以"神圣学问"（"Sacra doctrina"）为名，对这一体
系的性质、范围和学科意义等问题进行了全面的阐述，并就其中包含或涉及
的上帝、世界、人类等诸多内容，从哲学上进行了深入的探究。在他看来，
这门学问既是一种思辨的理论学科又是一种必要的知识类型，它是以"上帝"
为基本研究对象，并涵盖了一系列众多的哲学和神学问题，而其他所有问题
都是以这一对象为核心而展开的。阿奎那认为，虽然这一对象的存在在神学
上是一个清晰明确的命题，但它却需要在哲学上给予解释和论证。为此，阿
奎那在《神学大全》的开头部分（第1集第1卷问题2），即从五个方面提
出了后来称之为上帝存在的五路证明，分别为不动的推动者的证明、动力因
证明、可能性与必然性关系的证明、事物不同完善性等级的证明和目的论证
明。《反异教大全》（第1卷第13章）中也以不同形式表述了这些论证。阿
奎那认为他的这些论证是不同于安瑟尔谟本体论证明之先天论证的后天论
证，是一种建立在经验基础上的由果溯因的后天演绎论证。阿奎那相信，这
种论证不仅是经验的（后天的），而且是必然的（演绎的）。

阿奎那在建构五路证明以及运用亚里士多德思想传统探究其他重要的哲
学和神学问题时，逐步认识到了"存在"本身的重要性，从而对其形而上学
意义展开了深入的思考与阐释。这些思考与阐释在阿奎那许多重要的著作中
都有所体现，包括《神学大全》、《反异教大全》、《论存在者与本质》、《亚里
士多德〈形而上学〉评注》（Commentary on Aristotle's Metaphysics）、《波爱
修〈七公理论〉评注》（Commentary On Boethius's De hebdomadibus）及《论
自然原则》等。阿奎那在这些著作中，秉承希腊哲学、阿拉伯哲学和犹太哲

学等传统中的丰富思想资源，对"存在"（esse）概念及其含义作出了新的界定，凸显了"存在"之不同于"本质"的现实性和完满性，把存在与本质（essentia）在实在的意义上进行了区分，并在存在和本质两个不同构成因素的基础上对存在者（ens）的类型作了划分，提出了"存在优先于本质"的看法。阿奎那的这些观点和看法，使得形而上学存在论成为其整个思想体系中影响最广、也最富于创建性的内容之一。

在依据哲学方式和思路对"神圣学问"体系的建构中，除了研究对象的存在论问题之外，这一对象的本质和属性，即"如何存在"和"怎样存在"的问题，也是阿奎那认为需要认真对待和解决的问题。阿奎那为此采取的是否定方法和类比方法，这也是中世纪哲学家和神学家在考察上帝本质时常用的方法，特别是否定方法，从奥古斯丁、爱留根纳、迈蒙尼德直到中世纪晚期的库萨的尼古拉等，都特别偏爱这种方法。阿奎那认为虽然否定方法是一种考察神圣本质不是什么的方法，但它并不仅仅是完全消极的，通过不是什么的考察，消除的是所有对它认识的不完善和不准确的方面，因而否定方法同时也是一种排除方法（method of remotion）或"去障之路"，在对其否定特征的越来越多的考察中，我们会逐步形成他"不是什么"的某种确定的认识，最终这种否定性的确定认识会转化成某种积极的结论。而类比方法则是在对指称神圣对象的名称（或概念）之含义的分析与类比中，来认识其本质与属性的方法。阿奎那把这种方法称之为"卓越之路"（by way of excellence），即通过对从受造物那里获得的、同时可以用来指称上帝的名称或概念——诸如理智、智慧、真理、生命、意志、爱、正义等——的分析，从而对其本质属性形成真正的认识。

阿奎那在其"神圣学问"的建构中，除了上帝的存在和本质与属性之外，还对世界和人类的产生与本质等问题进行了广泛的讨论，其中包含了一系列形而上学、认识论、人学、语言哲学、伦理学和政治哲学等内容。当然，这些问题和理论除了《神学大全》和《反异教大全》之外，在阿奎那的其他著作中都或多或少以不同方式存在着，它们共同建构了阿奎那极为丰富的思想体系，为其赢得了中世纪经院哲学集大成者的声誉。

三、拉丁阿维罗伊主义者

13 世纪 60 年代，随着亚里士多德哲学著作和阿拉伯学者的评注（尤其是阿维罗伊对亚里士多德著作的评注）陆续被翻译成拉丁文，巴黎大学艺学院（Arts Faculty of Paris）出现一批拥护阿维罗伊主义的学者，他们期望按照阿维罗伊主义的方式如实阐释亚里士多德思想，这种思潮被称为"拉丁阿维罗伊主义"（Latin Averroism），这批学者被称为"拉丁阿维罗伊主义者"。布拉邦的西格尔和达西亚的波埃修是拉丁阿维罗伊主义的代表人物。拉丁阿维罗伊主义者主张将哲学与神学相区分，理性与信仰相区分，反对以柏拉图主义解释亚里士多德著作以及出于维护教义的缘由割裂亚里士多德学说，有时他们会不顾神学的权威从阿维罗伊注释中推导出与神学相反的观点，但他们并没有公开反对信仰，也不愿用其中的观点挑战基督教教义已经确定的结论。拉丁阿维罗伊主义者试图通过理性对传统信仰作出的阐释论证，招致传统基督教经院哲学家的反对，如波纳文图拉曾多次批判他们有违教义，教会也曾多次对他们作出谴责，以"77 禁令"大谴责最为著名。拉丁阿维罗伊主义关于理性与信仰的争论并没有因为"77 禁令"而消失，最终走向了一种更为温和的方式来阐释自己的观点。

布拉邦的西格尔（Siger of Brabant，约公元 1240—约 1284 年）①

布拉邦的西格尔大约自 1255 年至 1257 年在巴黎大学艺学院学习，随后在艺学院教授逻辑学。他的主要作品为《论理智灵魂》（On the Intellective Soul）、《论世界永恒性》（De aeternitate mundi）、《论原因的必然性与偶然性》

① 主要参考：（1）唐逸：《理性与信仰：西方中世纪哲学思想》，广西师范大学出版社 2005 年版，第 278—281、288—289 页；（2）赵敦华：《基督教哲学 1500 年》，人民出版社 2007 年版，第 421—427 页；（3）[英] 约翰·马仁邦主编：《中世纪哲学》，孙毅等译，中国人民大学出版社 2009 年版，第 303—319 页；（4）[英] 约翰·马仁邦：《中世纪哲学：历史与哲学导论》，吴天岳译，北京大学出版社 2015 年版，第 266—281 页；（5）黄裕生主编：《西方哲学史：中世纪哲学史》第 3 卷，凤凰出版社、江苏人民出版社 2004 年版，第 464—469 页；（6）赵敦华、傅乐安主编：《中世纪哲学》下卷，商务印书馆 2013 年版，第 1251—1268 页；（7）Etienne Gilson, *History of Christian philosophy in the Middle Ages*, New York: Random House, 1955, pp.389-399.

（On the Necessity and Contingency of Causes）、《问题答辩》（Quaestio respondere）等，他还评注了亚里士多德的《论灵魂》、《物理学》、《形而上学》、《论原因》等作品。由于西格尔持有阿维罗伊主义立场，1276 年他还被传唤去应对异端的指控，但最终并没有确切资料证明其有罪。但丁对西格尔十分赞赏，将他同托马斯·阿奎那和波纳文图拉一同安置在天堂中。

关于神学与哲学的态度，西格尔认为坚持哲学是一种自主的理性活动，具有自主性和独立性，又认为信仰至高无上，当理性与信仰冲突时，应采取信仰优先原则。西格尔发展了亚里士多德关于第一推动者的学说，认为第一因即是第一推动者，但第一因作为推动者只能推动已经存在的世界，这与基督教神学中的创世教义相违背。因此，西格尔承认在哲学范围内以理性方式证明上帝是第一推动者这一真理是可信的，但从神学角度出发，他又认为唯有诉诸信仰才能获得关于上帝的真理。

在参与当时关于理智是一或是多的争论中，西格尔写下了《论理智灵魂》（1273 年左右），尽可能采取教会能够接受的方式阐释自己的思想，提出单一灵魂论（monopsychism），认为人类的肉体和灵魂在结合之前是独立的精神实体，需要一个理智作为共同的规定性，从而去解决"共同知识如何可能"的问题。在该书的前言章节中，他声称"旨在如实解释亚里士多德的思想，没有观点是他本人的思想"，但他的这种声称在当时受到教会"双重真理说"的谴责。西格尔的理智观点虽有阶段性的转变，但贯穿始终的主题是他试图找寻一条更为紧密的路径以解决人的灵魂和肉体相结合的问题。他以必然性代替原因的分析提供了解决自由意志和决定论内在矛盾的新思路。

达西亚的波埃修（Boethius of Dacia，公元 1240—1284 年）[①]

达西亚的波埃修是拉丁阿维罗伊主义又一代表人物，他于 1270—1277

---

① 主要参考：（1）唐逸：《理性与信仰：西方中世纪哲学思想》，广西师范大学出版社 2005 年版，第 282—284、289 页；（2）赵敦华：《基督教哲学 1500 年》，人民出版社 2007 年版，第 427—429 页；（3）[英] 约翰·马仁邦主编：《中世纪哲学》，孙毅等译，中国人民大学出版社 2009 年版，第 303—319 页；（4）[英] 约翰·马仁邦：《中世纪哲学：历史与哲学导论》，吴天岳译，北京大学出版社 2015 年版，第 266—281 页。

年间在巴黎艺学院授课，后来由于"77禁令"而被中止。波埃修已知作品大多完成于1277年之后，其代表为《论世界的永恒性》（De aeternitate mundi）、《论至善》（De summo bono）等，他是第一个给亚里士多德的《修辞学》作注的拉丁学者，但该作品后来失传。直到20世纪，他作为一个重要的哲学史中的人物才重新被发现。

在《论世界的永恒性》一书中，波埃修认为数学或形而上学不能提供世界有一个开端的证明，自然科学出于"实验"、"证明"的原则，也不能证明世界的永恒性。波埃修认为每门科学学科的真理仅在其学科领域内为真，科学真理具有相对性，绝对真理（上帝）不能通过科学的途径获得，只能通过基督教信仰来获得。波埃修关于世界永恒的看法体现了他既肯定通过理性探究真理的可能性，又将理性难以抵达之处用信仰加以补足，同时保留哲学和基督教信仰的合理性。

在《论至善》中，波埃修承袭亚里士多德在《尼各马可伦理学》中对善的思考，认为哲学思辨是比实践更幸福的活动，人类应该依从自然本性投入到这种思辨之中，来获得对关于第一因的善的思考。在这一点上，波埃修同样肯定了人可以通过自身理智来实现善的目标，达到同信仰一样的对善的追求。

第三节　神学复兴与唯名论兴起

13世纪可谓是充满挑战的一个时代，当新的亚里士多德评注文献、阿拉伯世界新思想、犹太哲学共同进入经院哲学各类思想前沿与各类学校时，如何处理这些新材料、如何界定哲学与神学的关系、如何以基督徒的身份进行哲学研究，成就了各个思想家的不同特色，前面介绍的大阿尔伯特、阿奎那、波纳文图拉、西格尔等都给出了各自的答案。然而进入13世纪末期，在经历"77禁令"风波之后，对新材料的处理开始出现了一些新的变化。一方面出现了趋于保守的思想倾向，在抵制亚里士多德哲学的过程中开始转向传统神学寻求支持，其代表人物有根特的亨利、阿库斯帕达的马修和彼得·约翰·奥利维；另一方面则认同哲学与神学的区别，在哲学上专注于更为精细化和专门化的问题，特别是语言哲学和逻辑学问题的研究，产生了司各脱和奥康这样的代表人物。他们的理论学说支持并推进了唯名论的兴起，导致了所谓"现代路线"的思想运动。

一、传统神学的复兴

在如何看待和处理亚里士多德主义影响的神学家中，13 世纪中后期的根特的亨利与阿库斯帕达的马修和彼得·约翰·奥利维采取了与西格尔乃至阿奎那等人不同的方式，他们尝试借用或复兴奥古斯丁的思想与之抗衡或融合，从他们的思想中可以看出奥古斯丁主义和亚里士多德主义在这个时代的冲突与融合。

根特的亨利（Henry of Ghent，约公元 1217—1293 年）①

根特的亨利出生于比利时的根特。1276 至 1292 年在巴黎大学教授神学，主要著作有《常规问题大全》（Summa of ordinary Questions）、《自由论辩集》（Quodlibetales Quaestiones）、《弥撒论题大全》、《形而上学论题集》、《论原因注》、《论非范畴时间》等，其著作基本都收录在《即席问答集》（Quodlibets）和未完成的《普通问答集》（Quaestiones ordinarie）之中。他在世期间未参加任何修会，但在 14 世纪，圣母会为了确立理论权威便追认他为圣母会成员，并授予"庄严博士"称号。

亨利学说中较为著名的是其形而上学和认识论。亨利的形而上学理论很大程度受到阿维森纳学说启发，他认为存在与本质不能从实在的意义上进行区分，存在与本质都是不可分割的实在。他认为我们可以想象一个事物"虽然不属于任何类别但仍可以被想象"（如合体怪兽），这与现实中

---

① 主要参考：(1) [英] 约翰·马仁邦：《中世纪哲学：历史与哲学导论》，吴天岳译，北京大学出版社 2015 年版，第 286—289 页；(2) 赵敦华：《基督教哲学 1500 年》，人民出版社 2007 年版，第 447—449 页；(3) 唐逸：《理性与信仰：西方中世纪哲学思想》，广西师范大学出版社 2005 年版，第 285—287 页；(4) [英] 约翰·马仁邦主编：《中世纪哲学》，孙毅等译，中国人民大学出版社 2009 年版，第 323—325 页；(5) Etienne Gilson, *History of Christian Philosophy in the Middle Ages*, New York: Random House, 1955, pp.447-454.

来自某种类别基础的存在不同，因此，他认为有必要有某种存在来解释有根基事物的存在与纯粹想象事物的存在，他将这种存在称为"本质存在"（esse essentiae）。现实存在的事物不仅有本质存在，还有存在之在（esse existentiae）。亨利利用一种新型的区分，即所谓"意向区分"（intentional distinction）来区别上述两种不同存在的关系。亨利还认为关于上帝及其造物的述谓只能是类比意义上的，他用类比学说，认为上帝的存在和造物的存在是不同的两个概念，两者不能等同，只能从类比的意义上加以关联比较。

亨利的认识论则是继承了光照论传统。亨利早年受到亚里士多德主义影响，但在职业生涯的影响下，他逐渐褪去了亚里士多德理论的相关要素。亨利认为在感觉之中没有任何纯粹真理，并且人仅凭自然的方式无法认识任何纯粹真理，只有凭借上帝的光照才能够获得关于纯粹真理的认识，但能否得到光照并不取决于人，而取决于上帝的意志，获得光照是人得救的标志。无论是亨利的形而上学还是认识理论都对后代思想家，尤其是司各脱（虽然他的很多理论为司各脱所批判），产生了很大的影响。

阿库斯帕达的马修（Matthew of Aquasparta，约公元 1237/1240—1302 年）①

阿库斯帕达的马修师从波纳文图拉，1287 年至 1289 年担任方济各会总会长，后担任红衣主教。主要著作有《自由论辩集》（Quaestiones Quodlibetales）、《论题集》（Collectio conclusio）、《箴言书注》等。马修的理论特色体现在以光照论为代表的知识论和认识论上。他认为知识的形成来自于理智灵魂而不是感官，感官只能获得对外界的认识，但无法获得对本质的认识。本质与永恒原型相联系，只有在光照的作用下，理智才能形成对事物客观认识，而上帝的永恒理念作为理智的原则，也主动推动理智来获得对本质的认识，这是一个双向运动的过程，人类正是以此方式才能真正认识事物，获得知识。

---

① 主要参考：（1）赵敦华：《基督教哲学 1500 年》，人民出版社 2007 年版，第 444—447 页；（2）唐逸：《理性与信仰：西方中世纪哲学思想》，广西师范大学出版社 2005 年版，第 222—223 页。

彼得·约翰·奥利维（Peter John Olivi，公元 1248—1298 年）[①]

奥利维是方济各会修士，曾为方济各会极端清贫作辩护，被教会谴责，在阿库斯帕达的马修帮助下才恢复名誉，主要作品有《〈箴言集〉评注》（Commentaria in sententiam）等。奥利维对于哲学的态度更加保守，他认为哲学学者受到世界和人性的影响太深，不能期待这种哲学有太多成就。但在学术实践中，他仍充分使用亚里士多德式的技术工具，用以来驳斥同时期或更早的亚里士多德主义学说。他在《〈箴言集〉评注》中对意志作出有关论述，他认为人类与非人类生物的关键区别在于人类拥有自由意志，并且他所谓的自由是不能够被决定的自由。奥利维认为，如果一个人仅具有时间选择上的自由，而没有在任意时间选择去做某事的自由，仍不是自由的。针对种相问题，他还认为无论是物理性还是非物理性的种相都不能产生认知，进一步将阿奎那之后的"意向性"推向神秘化。

二、约翰·邓斯·司各脱（John Duns Scotus，公元 1265/1266[②]—1308 年）[③]

当托马斯—亚里士多德主义逐渐成为多明我会的官方学说之时，奥古

[①]　主要参考：（1）［英］约翰·马仁邦：《中世纪哲学：历史与哲学导论》，吴天岳译，北京大学出版社 2015 年版，第 290—291 页；（2）［美］罗伯特·帕斯诺：《中世纪晚期的认识理论》，于宏波译，吴天岳校，北京大学出版社 2018 年版，第 84—86 页。

[②]　学界现今仍无法确定司各脱生于何年，普遍接受的日期是倒推而得来的。据教会文献记载，司各脱于 1291 年 3 月 17 日在北安普敦的圣安德鲁小修院（Saint Andrew's Priory in Northampton）接受按立，成为方济各修会的神父。按照当时的教会条例，神职人员至少要年满 25 岁，因此推断司各脱应生于 1266 年 3 月 17 日之前。

[③]　主要参考：（1）赵敦华：《基督教哲学 1500 年》，人民出版社 2007 年版，第 450—479 页；（2）［英］约翰·马仁邦：《中世纪哲学：历史与哲学导论》，吴天岳译，北京大学出版社 2015 年版，第 291—301 页；（3）唐逸：《理性与信仰：西方中世纪哲学思想》，广西师范大学出版社 2005 年版，第 292—310 页；（4）［英］约翰·马仁邦主编：《中世纪哲学》，孙毅等译，中国人民大学出版社 2009 年版，第 325—331 页；（5）赵敦华、傅乐安主编：《中世纪哲学》下卷，商务印书馆 2013 年版，第 1564—1657 页；（6）黄裕生主编：《西方哲学史：中世纪哲学史》第 3 卷，凤凰出版社、江苏人民出版社 2004 年版，第 472—533 页；（7）Etienne Gilson, *History of Christian Philosophy in the Middle Ages*, New York: Random House, 1955, pp.454-471.

斯丁主义—柏拉图主义也逐步在方济各会生根发芽，两者渐成敌对之势。相对多明我会而言，方济各会在修行和思想上会更强调实践的、情感的、神秘的、个人的和虔诚的方面，他们认为意志要优于理智，基督教的伦理要比理论结构更为重要。因此，13 世纪末期的教会也以奥古斯丁主义为基本准则，教皇格里高利十世（Gregorius Ⅹ，公元 1271—1276 年在位）和洪诺留四世（Honorius Ⅳ，1285—1287 年在位）在思想上都更接近奥古斯丁主义，对 13 世纪新经院哲学的批判也大多来自教会和方济各修会。约翰·邓斯·司各脱无疑是 13 世纪末至 14 世纪初方济各会中最瞩目的"反托马斯主义"者。

司各脱出生于苏格兰的邓斯镇（Duns，也就是其姓氏来源①），约在 15 岁时加入了方济各会，并按照修会的培养计划在牛津大学学习。他在牛津大学经历 8 年左右完成了艺学院的学习，并于 1288 年左右进入牛津大学神学院。1298—1299 年间司各脱在牛津大学讲授《箴言四书》，而司各脱准备这一课程的笔记流传了下来，被称为《讲稿》或《讲授本》（Lectura）（但最终并未完成）。1302 年，经由时任方济各会英格兰省会长的推荐与方济各会总会长的提名，司各脱被任命至巴黎大学讲授《箴言四书》，他的课程部分内容被教学秘书与同学们记录整理出来，称为《记录本》或《听录本》（Reportatio），其中得到司各脱本人检阅并修改的《记录本》则被称作《查定记录本》（Reportatio examinata）。然而，在 1303 年 5 月，司各脱由于在法国国王腓力四世与时任教宗波尼法爵八世（Boniface VIII）的修会征税之争中选择支持教宗，因此于 1303 年 6 月 25 至 28 日遭到法国当局的驱逐，随即返回牛津，继续讲授几年前未能完成的课程。1304 年，当法王腓力四世与新任教宗的关系暂时缓和之后他重返巴黎大学。经方济各会总会长贡萨尔乌斯（Gonsalvus Hispanus）的推荐，1305 年，司各脱获神学学位，并在 1306 至 1307 年间在巴黎大学担任神学科目的"驻校教师"（magister

---

① 但根据查理斯·巴利齐（Charles Balić）的梳理，还认为姓名"Duns"来源还有两种可能：一是司各脱的本人的姓氏为邓斯；二是司各脱的家人曾从邓斯迁徙至某地生活从而被当地人称为"来自邓斯的人（de Duns）"。

regens）。作为一名"驻校教师"，司各脱获得了一名秘书与多位助手的协助，也有义务在巴黎大学讲授神学课程并组织讨论课程。因此，司各脱在 1306 或 1307 年圣诞节前组织了一场"自由论辩"（disputatio quodlibetalis）。这场论辩的内容由秘书记录下来并经过司各脱的审定，称为《自由论辩集》（Quaestiones Quodlibetales）。在此期间，司各脱也开始写作《论第一原理》（De primo principio）。也许是由于教宗对圣殿骑士团的谴责遭到司各脱的反对，抑或是司各脱曾在辩论中主张的"圣母无染原罪"（Immaculata Conceptio Beatae Virginis Mariae）一说引来的争议，1308 年 2 月，司各脱仓促离开巴黎大学去往科隆，并在科隆度过了他人生的最后一年，于 1308 年 11 月 8 日去世。

　　除了讲授《箴言四书》产生的《讲稿》和《记录本》外，司各脱的其他著作还可以分为以下三类：第一类—关于亚里士多德著作的作品，有《波菲利的〈范畴篇导论〉问题集》（Quaestiones super Librum Prophyrii Isagoge）、《亚里士多德〈范畴篇〉论题集》（Quaestiones super Praedicamenta Aristotelis）、《亚里士多德〈解释篇〉论题集》（Quaestiones in Libros Perihermenias Aristotelis）、《亚里士多德〈辨谬篇〉论题集》（Quaestiones Super Librum Elenchorum Aristotelis）、《〈论灵魂〉第二卷与第三卷论题集》（Quaestiones super Secundum et Tertium De Anima）、《亚里士多德〈形而上学〉论题集》（Quaestiones super Libros Metaphysicorum Aristotelis），以上作品被收编在一起，以《哲学大全》（Opera Philosophica）的名义在 1997 年至 2006 年得以出版；第二类—论辩作品，主要有《论辩集》（Collationes）、《自由论辩集》（Quaestiones Quodlibetales）；第三类—单元作品，主要有《论第一原理》（De primo principio）。司各脱在这部作品中提供了一个非常复杂的关于上帝存在的证明。历史上曾经出现过两个版本的司各脱作品全集，分别是 1639 年由卢克·瓦丁编辑的 12 卷本《司各脱作品全集》（Opera omnia Ioannis Duns Scoti）与维韦斯（Ludvicus Vivès）编辑的 26 卷本《司各脱作品全集新编》（Opera Omnia. Editio nova juxta editionem Waddingi）。

　　若想全面了解司各脱的思想并非易事，他的语言晦涩难懂、专业性强，论证结构也较为复杂。但是，他确是对哲学问题非常敏锐的思想家，对当时许多神学和哲学的焦点问题都作了大量详细的论证，因此获得"精细博士"（Subtle Doctor）的称号。并且司各脱的思想成分较为复杂，他并不是一个传统的奥古斯丁主义者，他曾在学习神学期间对亚里士多德主义产生浓厚的兴趣，并且在其著作中也遵从 13 世纪的传统，以"大哲学家"（The Philosopher）来称呼亚里士多德，引用了许多亚氏的观点和术语。但司各脱作为经院哲学中典型的神学家，对亚里士多德主义中"偶性"、"意志与自由"等观点仍作出了严厉的批判。所以说，我们很难直接给司各脱下一个准确的定义，他既批评了托马斯主义的观点，又批评了根特的亨利奥古斯丁主义的观点，他的形而上学既受到阿维森纳影响，又用意志主义反对阿维森纳的决定论，他被新唯名论者视为实在论的代表人物，但他对世界偶然性和事物本质个别性的强调与奥康的新唯名论极其相似。

司各脱在形而上学、认识论和自由与意志等方面都提出了一些具有影响力的理论，本教材理论部分都有着相关的介绍。除此之外，司各脱的逻辑思想、伦理思想、政治思想等许多内容都非常具有近现代精神，他的思想无疑是极具创新性的。然而，后代对他的评价却褒贬不一。司各脱的思想一经提出便被方济各会确立为官方学说，他开创了司各脱主义，影响了新唯名论的发展，可以说是承前启后的关键人物。另一方面，司各脱的思想也曾一度受到误解和指责。如他的思想被天主教徒指责为有异端倾向，有些经院哲学家也认为他过于批判的语言和太多精细的区分导致了经院哲学的衰退。他还因在教权与皇权斗争中拥护教权而被人文主义者所贬低，他的名字 Duns 还被改为 Dunce（意为"笨蛋"）加入英语词汇中，但他对教会的忠诚和贡献也使得他在 1710 年被教皇乌尔班八世（Urban Ⅷ）封为"圣徒"。

当司各脱的思想被确立为方济各会官方思想之后，司各脱便与多明我会的托马斯·阿奎那共同成为 13 世纪最为著名的思想家。司各脱主义除了在方济各会中获得支持，在英国、爱尔兰和西班牙等地区的世俗教授和其他修会中也获得赞赏。方济各会中也并非都是支持司各脱的思想家，还有支持波纳文图拉一派的，还有采取司各脱、波纳文图拉、阿奎那三者形成的折中主义立场。司各脱的学生大多也都各走各的路，较为著名的是奥康（William of Ockham），他几乎成为了司各脱的反对者。延续司各脱主义的后续代表主要有安东尼·安德里、弗朗西斯·梅朗和阿尼克的威廉。

安东尼·安德里（Antonius Andreas，约1280—1320年）可以说是司各脱较为忠实的弟子和追随者，据说他曾为司各脱撰写论文，所以两人的作品相混杂，司各脱的《论灵魂论题集》可能由他整理。弗朗西斯·梅朗（Francis of Mayron，约1288—1328年），曾在1304—1307年师从司各脱，他的著述颇丰，主要有《自由论辩集》（Quaestiones Quodlibetales）、《〈箴言书〉注》、《论超越性》、《论单义性》等。他极力捍卫司各脱的大部分观点，对司各脱思想的传播起到较大的贡献作用。他曾在1320—1321年在巴黎讲授《〈箴言书〉注》，他将司各脱的"存在内在样式"理解为本质，带有柏拉图主义倾向。15世纪的威廉曾称托马斯·阿奎那、波纳文图拉、司各脱为"博士三巨头"，把根特的亨利、罗马的吉尔斯和他并称为次一级的"博士三巨头"。阿尼克的威廉（William of Alnwick，约1275—1333年），曾在1314年在巴黎讲授《箴言集》，可能担任过司各脱的秘书。他对司各脱的观点并不完全遵从，但在14世纪初对司各脱批评浪潮中为司各脱挺身而出。司各脱关于无限存在与有限存在的区分一度引起"无限性是否有现实性"的争论，威廉以数学的方式维护了司各脱关于无限是存在的一个样式的观点，他的这一观点也被认为是数学中无限主义的先声。①

---

① 主要参考：（1）赵敦华：《基督教哲学1500年》，人民出版社2007年版，第480—482页；（2）[英] 约翰·马仁邦：《中世纪哲学：历史与哲学导论》，吴天岳译，北京大学出版社2015年版，第305—307页；（3）黄裕生主编：《西方哲学史：中世纪哲学史》第3卷，凤凰出版社、江苏人民出版社2004年版，第472—533页。

三、奥康的威廉（William of Ockham，约公元 1285—1347 年）[①]

奥康的威廉出生于英国萨里郡的奥康。早年加入方济各会，在 1309 至 1310 年间进入牛津大学神学院学习，取得学士学位后于 1315—1317 年在牛津教授《圣经》，1317—1319 年讲授《箴言》（Sentence），1320 年完成神学博士学业。在将要获取神学学位之际，校长赴阿维尼翁（Avignon）向教皇控告他持有异端观点，终未获得博士学位，但被后人尊称为"可敬的初讲者"（Venerabilis inceptor）。1320—1324 年奥康在等候学位时在伦敦方济各会教学著书，1324 年，奥康奉教皇诏命赴阿维尼翁说明其神学观点，由专门的神学委员会对其著作进行审查，找出 51 个可疑的命题，但并未就此作出谴责。在接受审查期间，奥康卷入使徒贫困的争论之中。当时教廷奢靡成风，认为传统的使徒守贫理论不符合现实，但方济各会教长塞西那的米歇尔（Michael of Cesena）坚持守贫之说。奥康查阅教廷文献，从教皇尼古拉三世（Nicholas III）的言论中找到支持使徒贫困的依据，与教廷进行辩论。事态愈演愈烈，教皇约翰二十二世（John XXII）谴责奥康等人，奥康等人遂逃至意大利，请求神圣罗马帝国皇帝路易四世（德语为路德维希四世）庇护。当时正值民族意识的崛起和王权的复兴，神圣罗马帝国皇帝和奥康有共同的

[①] 主要参考：(1) [英] 约翰·马仁邦：《中世纪哲学：历史与哲学导论》，吴天岳译，北京大学出版社 2015 年版，第 308—317 页；(2) 赵敦华：《基督教哲学 1500 年》，人民出版社 2007 年版，第 490—499 页；(3) 唐逸：《理性与信仰：西方中世纪哲学思想》，广西师范大学出版社 2005 年版，第 316—334 页；(4) [英] 约翰·马仁邦主编：《中世纪哲学》，孙毅等译，中国人民大学出版社 2009 年版，第 366—399 页；(5) 赵敦华、傅乐安主编：《中世纪哲学》下卷，商务印书馆 2013 年版，第 1658—1705 页；(6) 黄裕生主编：《西方哲学史：中世纪哲学史》第 3 卷，凤凰出版社、江苏人民出版社 2004 年版，第 617—682 页；(7)[美]罗伯特·帕斯诺：《中世纪晚期的认识理论》，于宏波译，吴天岳校，北京大学出版社 2018 年版，第 75—77 页；(8) Etienne Gilson, *History of Christian Philosophy in the Middle Ages*, New York: Random House, 1955, pp.489-497. (9) William of Ockham, *Ockham's Theory of Terms, Part I of the Summa Logicae*, translated and introduced by Michael J. Loux, Notre Dame: University of Notre Dame Press, 1975, pp.77-79. (10) *The Cambridge Companion to Ockham*, edited by Paul Vincent Spade, Cambridge University Press, 1999, pp.53-75.

敌人，两者形成利益共同体，故有奥康对路易四世的传言："你用剑保护我，我用笔保护你。"1347 年，路易四世去世，奥康尝试与教廷修好，但未及双方互相谅解，1349 年，奥康便患上欧洲流行的大瘟疫，不幸离去。

奥康最有代表性的作品是《逻辑大全》（Summa Logicae），还有他根据 1317—1319 年讲述内容亲自修订的《伦巴德〈箴言录〉第一部分评注》（Scriptum in Liberum Primum Sententiarum），在这部书稿中奥康在批判实在论的基础上系统阐述了他的唯名论思想，其余未经他本人修订的记录稿为《关于〈箴言录〉第二、三和四部的问题集》（Quaestiones in Libros Sententiarum Ⅱ—Ⅳ）。其他还有逻辑学著作《论命题与真值》（Expositio super duos libros Perihermenias）、《金玉义疏》（Golden Exposition/Expositio aurea）、《散论集》（The Quodlibets）、《亚里士多德〈范畴篇〉评注》等，物理学著作《物理学纲要》（Summa in libros Physicorum）、《亚里士多德〈物理学〉注疏》（Exposition of Aristotle's Physics/Expositio in Libros Physicorum Aristotelis）等和一些神学、政治学著作，如神学著作《论上帝预定及预知》（Tractatus de Praedestinatione et de Praescientia divina）、政治学著作《九十天著作》（Work of Ninety Days/Opus Nonaginta Dierum）等。

奥康在哲学史上是一位极具革新精神的哲学家、逻辑学家。奥康发展了司各脱存在的单义性和阿伯拉尔的"概念论"，他认为所有事物都是具体的、个别的，他把"存在"（being）作为单义术语，同样运用于上帝和被造物。他认为具体事物之间的区分属于实在的区分，概念之间或概念与事物的区分属于理性的区分。他反对实在论者所持有的"形式的区分"这一说法，他认为如果 A 与 B 两个事物在形式上可以区分，那么必有某一对非同一的（non-identical）性质，使得 A 与 B 能够得以区分，那么 A 与 B 就不是同一事物，它们也许是两个事物、两个概念或一个事物一个概念。

在方法论上，奥康提出了著名"奥康的剃刀"，即"如无必要，勿设定多样性"（又译"如无必要，勿增实体"）。思维经济原则的提出并没有引起实在论者的反感，但如何将"共相"进一步用其他语词来代替成为奥康的下一步任务。奥康坚信存在个别的实体（substance）和性质（qualities），这是组成具体事物的要素，对于亚里士多德十个范畴中的其他八个都认为不必增设。奥康是共相唯名论的坚定捍卫者，对认识论和词项主义逻辑学有着精深的研究，这些研究也为他的唯名论思想提供了理论基础。

奥康的唯名论在 14 世纪流传甚广，影响巨大，牛津大学的亚当·沃德哈姆（Adam of Woodeham，1298—1358 年）、罗伯特·霍尔科特（Robert Holcot，1290—1349 年），巴黎大学的米尔库赫的约翰（John of Mirecourt，主要活动于 1345 年）等都是代表人物。奥康只承认自然界的具体事物，属和种只不过是指称同类个体的概念，并非实体。他拿着词项逻辑这把利刃将经院哲学信奉几个世纪的"存在"、"共相"等形而上学概念加以解构，还原为语言现象，改变了中世纪经院哲学的发展方向。然而，奥康所做的一切并非反基督教的，奥康与阿奎那一样，都承认上帝的实在性与人类理性认识相距甚远，阿奎那将希腊哲学和科学的决定论与基督教信仰结合在一起，为一种接近上帝神秘的理性认识留下了余地，奥康却认为这种决定论限制了上帝的绝对自由，人类所获得的知识由感觉经验引起，理性只是对确实存在的具体事物的分析，人类理性并不具有神圣之光，在经验事物与神圣事物之间并不存在可以依靠人类理解力的连续性。所以，奥康提倡道德上清修戒律，这并不仅是出于现实政治的诉求，更是人类现实生存的道德要求。出人意料的是，奥康一方面为上帝保留了绝对的自由和绝对的神圣，另一方面却切断了理性连接信仰的桥梁，13 世纪的形而上学基础被奥康破开一道裂缝，经验主义、语法、逻辑开始逐步取代传统的形而上学，传统意义上的经院哲学从此走向衰落。

第四节　中世纪晚期的逻辑学与形而上学思想

中世纪的逻辑学与语言哲学研究具有长久的历史。以"旧逻辑"为基础的研究，随着 12 世纪中后期开始的包含在亚里士多德《工具论》中的更多逻辑学篇章被翻译为拉丁文，学者们对逻辑学工具性的分析与使用扩展出了更丰富的应用空间。"77 禁令"之后，中世纪逻辑学研究也发生了一些变化，逻辑学不仅作为理性的工具，更是转变成为研究的主要对象。这种现象的出现，既是理性与信仰张力发展的必然结果，又是在特定历史条件下对专门哲学理论的诉求。这种现象不仅在司各脱和奥康那里有所体现，而且在稍后约翰·布里丹的思想中表现得更为明显。当然，在中世纪晚期，逻辑学研究虽然独占鳌头，但并非是所有中世纪哲学家感兴趣的其他话题就销声匿迹，传统的形而上学、认识论、伦理学、人学以及理性与信仰的关系等，也是这个时期哲学家们时常关注的问题。库萨的尼古拉就是其中的主要代表。

一、约翰·布里丹(John Buridan，约公元1300—约1361年)[①]

约翰·布里丹生于法国阿尔特瓦（Artois），师从奥康，在巴黎大学学习并获得艺学硕士学位，后在巴黎大学任教，约在1328年及1340年任该校校长。1340年，他作为校长参与发布了反对奥康派条令，即反对教授奥康的一些著作或论文。布里丹的主要著作有《辩证法纲要》（Summulae de Dialectica）、《论推理》（Consequences）、《论辩题》（Sophismata）等，他在逻辑学、自然哲学、伦理学等方面均提出了有价值的学说。

布里丹持有温和的唯名论思想，他认为具体的个别的事物是实在的，共相是普遍的概念。布里丹的逻辑学研究可谓是中世纪晚期逻辑学的另一座高峰，他对词项、命题和推论等逻辑学问题都作出了独到的贡献。他将唯名论思想和词项逻辑贯彻到自然哲学问题中并展开科学研究，他认为科学的研究对象是具体事物，对一事物"存在"与"本质"区分的实质在于对该事物的不同指代方式。布里丹重视直观的观察和经验，认为一些普遍的原则奠立在感觉、记忆或者经验之上。他认为亚里士多德对物体持续移动的说明不足以

---

① 主要参考：(1) 唐逸：《理性与信仰：西方中世纪哲学思想》，广西师范大学出版社2005年版，第343—346、357—358页；(2)［英］约翰·马仁邦主编：《中世纪哲学》，孙毅等译，中国人民大学出版社2009年版，第460、465—466、468页；(3) 赵敦华：《基督教哲学1500年》，人民出版社2007年版，第534—537页；(4)［英］约翰·马仁邦：《中世纪哲学：历史与哲学导论》，吴天岳译，北京大学出版社2015年版，第334—336页；(5) Etienne Gilson, *History of Christian Philosophy in the Middle Ages*, New York: Random House, 1955, pp.511-516；(6) John Buridan, *Summulae de Dialectica*, London: Yale University Press, 2001.

令人信服①，在约翰·菲洛帕纳斯（John Philoponus，公元 490—570 年）和阿维森纳（Avicenna）相关思想的影响下，他以冲力（impetus）解释物体的持续移动，即冲力由主动推动者作用于被推动者，冲力的大小与速度和被推动者的质量正相关，当空气阻力和被推动者自身的重量作用力大于冲力时，物体便会处于相应的自然位置上。

"布里丹之驴"在伦理学中脍炙人口，讲述的是一只理性的驴在面对相同的两堆干草时将会饿死，因为它无法通过理性决定应该吃哪一堆干草，人们常以"布里丹之驴"寓指布里丹选择和自由意志的思想，布里丹认为当面临选择时，理性判断会根据选项权衡利弊，择优而取，但是当选项具有同等的吸引力时，理性便无法作出更合理的判断，那么此时意志也无法自由作出选择。

布里丹是 14 世纪法国著名的逻辑学家，在他之后法国中世纪晚期逻辑的发展多是派生的，缺少原创性。布里丹将指代理论同词项理论结合起来，进一步规范了语言的运用，他对词项的精细化辨析有利于培育科学的实证精神，他所发展的冲力理论类似于近代运动学理论，可以说是伽利略力学的先声。

二、库萨的尼古拉（Nicholas of Cusa，公元 1401—1464 年）②

15 世纪初期，虽然人文主义、国家政治主义等思潮不断涌现，基督教

---

① 亚里士多德认为空气波动是一个物体遭受外力（violent force）持续运动的原因，比如一个人朝空中投掷石头，石头离开手投掷的作用力之后，在空中仍然朝着与它自然倾向相反的方向移动，正是因为有空气波的作用。

② 主要参考：(1) 赵敦华：《基督教哲学 1500 年》，人民出版社 2007 年版，第 598—602 页；(2) 唐逸：《理性与信仰：西方中世纪哲学思想》，广西师范大学出版社 2005 年版，第 365—371 页；(3)〔德〕库萨的尼古拉：《论有学识的无知》，尹大贻、朱新民译，商务印书馆 2017 年版；(4) 李秋零：《上帝·宇宙·人》，中国人民大学出版社 1992 年版；(5) 李华：《库萨哲学及其历史意义研究》，北京大学出版社 2020 年版；(6) Nicholas of Cusa, *Nikolaus von Kues Philosophisch-theologische Werke Band 1-4*, edited and translated byErnst Hoffmann, Paul Wilpert and Karl Bormann, Hamburg:Felix Meiner Verlag GmbH Press, 2002；(7) Ernst Cassirer, *Individuum und Kosmos in der Philosophie der Renaissance*, Darmstadt: Wissenschaftliche Buchgesellschaft Press, 1962, S.10-11.(8) Etienne Gilson, *History of Christian philosophy in the Middle Ages*, New York: Random House, 1955, pp.534-540.

信仰危机愈演愈烈，但基督教仍在拉丁西方的精神世界占有及其重要的地位，宗教内部也有不少提倡改革（如约翰·威克里夫 John Wyclif，约公元1330—1384 年）和为信仰辩护的神学家和哲学家，以期能够挽回基督教信仰的统治地位。库萨的尼古拉就是一位为信仰辩护的中世纪晚期较为典型的经院哲学家。库萨的尼古拉以其神学信仰背景为基础，融入 15 世纪文艺复兴兴起的数学科学技术来为其信仰作辩护，面对政治上的教权与王权、教皇与教会权力纷争，他从教皇立场出发全力维护基督教的团结与稳定，因此，15 世纪理性与信仰、神圣与世俗的张力在他的思想中留下了明显的印记。

　　库萨的尼古拉出生于德国西部的库萨，他从小离开家庭，由一位伯爵抚养长大。1416 年进入海德堡大学学习，1417—1423 年在帕多瓦大学学习教会法，获法学博士，1425 年在科隆大学任教，1432 年他作为乌尔里希·冯·曼德沙伊德（Ulrich von Manderscheid）的律师参加巴塞尔会议，1433 至 1434 年会议期间，他发表著作《论神圣议会多数的权威高于教皇的权威》（De maioritate auctoritatis sacrorum conciliorum supra auctoritatem papae）支持宗教会议的权力高于教皇的权力，1434 年发表《论天主教的和谐》（De concordantia catholica），1437 年离开巴塞尔会议。在宗教公会与教皇权利斗争中，他逐渐由支持宗教公会转为支持教皇等。随后他为宗教和谐四处游说，并相继被任命为布里克森（Brixen）主教和教皇助理，撰写出大量有价值的著作。库萨的神学哲学类代表作有《论有学问的无知》（De docta ignorantia）、《为有学问的无知辩护》（Apologia doctae ignorantiae）、《论平等》（De aequalitate）、《论推想》（De coniecturis）、《论神观》（De visione Dei）、《论绿宝石》（De beryllo）、《论非他者》（De non aliud）、《论寻求智慧》（De venatione sapientiae）其神哲学主要著作均被收录于《库萨的尼古拉哲学与神学作品集》之中。他的代表作除神学与哲学方面，还有政治学类的代表作《论天主教的和谐》、《论信仰的和平》（De pace fidei）等，以及数学科学类著作《不变的实验》（On fixed experiments）、《几何变换》（De transmutationibus geometricis）、《论数学的补足》（De mathematicis complementis）、《论完美的数学》（De mathematica perfectione）等。

库萨的尼古拉在哲学史上最著名的观点便是"有学识的无知"。他以无知作为人的本性，认为人类理性有其局限性，人们可以通过运用数学、类比等理性方式来从已知事物推导出未知事物，但无法将这种方法运用于对上帝的认识和证明上，上帝作为绝对真理是理性无法到达的，"有学识的无知的基础就在于绝对真理是我们所无从掌握的这一事实"，这一结论的得出是库萨的尼古拉基于数学论证，运用极限思想得出的本体论、宇宙论体系架构而来。

库萨的尼古拉认为，极大（无限大）与极小（无限小）从本质上讲都是"无限"，因而极大某种程度等同于极小，这就可以推论出其本体论、宇宙论和方法论。一方面，极小意味着最小尺度的"一"，极大意味着超越有限存在的普遍统一，绝对的极大就是上帝，一切有限的存在物都是以无限的极大（上帝）为基础来产生，无限存在是有限存在的基础，他还通过论证线—三角形—圆、球三者的关系来论证这一本体论观点。库萨的尼古拉据此本体论，从存在的完满性角度出发进一步推论出"上帝（绝对的极大）—宇宙（限定的极大）—万物"宇宙论体系。另一方面，库萨的尼古拉通过对极大与极小的关系论述，进一步得到"对立面相合"的方法论观点，在《为有学识的无知辩护》中，库萨的尼古拉提出了与传统经院哲学所遵循的亚里士多德逻辑基础（矛盾律、排中律、同一律）不同的方法论视角，库萨的尼古拉认为即使波纳文图拉倡导信仰，但仍是使用亚里士多德的逻辑进行论证。库萨的尼古拉认为只有以一种神秘的直观方式，即"理性"（intellectus）的方式，而非"知性"（ratio）的方式，才能超脱有限存在物与无限存在物的矛盾对立，消解概念的差别，从而真正把握上帝的绝对无限。在《论神观》中，库萨的尼古拉进一步将这种"对立面相合的方式"称之为"墙"，受造物在墙的一边，上帝在墙的另一边，人们即使以理性的方式仍然无法完全跨越这个屏障。库萨的尼古拉这种方法论的产生继承自神秘主义埃克哈特和伪狄奥尼修斯的思想，运用否定神学的论证方式，通过重新解读"无限"（infinite）等概念来完成新方法论的构建，虽然仍难免逃脱亚氏逻辑的窠臼，但这种提法仍有其积极意义。

在库萨的尼古拉的理论中，人们运用有限的知识和理性能力都只能无限趋近绝对真理，终究无法认识无限本身，如同无法达到的绝对的圆一样。因此，我们只能通过一种"推想"（coniecrura）的方式来达到对上帝的认识。由于上帝是人类认识的原始动力和终极目的，但上帝因其无限性无法达到，所以"推想"在人的认识中无法消除，这一认识方式是人最基本的认识方式。在理性活动的终极边缘只能通过"推想"来达到对上帝的终极认识，而人们通过知识的积累和比较所不断逼近上帝的过程都只能是一种"有学问的无知"。库萨的尼古拉的哲学思想受到人文主义的启发，他的认识论对后代认识论发展转变有着重要的奠基作用，甚至卡西勒（Ernst Cassirer）从认识论的角度称其为"第一个现代思想家"。

当基督教在中世纪经过发展、兴盛，直至 14 世纪开始衰落，库萨的尼古拉面对新的时代任务，运用当时人文主义者确信的数学科学工具，糅合新柏拉图主义、伪狄奥尼修斯否定神学和神秘主义思想，以一种新的视角给出时代的回应。虽然他的思想极具创新，对后来观念论、近代自然神论的发展都有重要的影响，但他的著作和概念仍遵循中世纪术语范例，他对信仰的立场和态度也毫无疑问，可以说他是一位继往开来的、虔诚的经院哲学家，霍夫曼称他为"西方中世纪最后一位伟大的基督教思想家"和"近代哲学的奠基人"。

思考题

1. 亚里士多德主义复兴的过程、意义与影响。
2. 阿奎那的思想特征、基本观点与历史地位。
3. 司各脱的思想特征与基本观点。
4. 奥康的哲学观点与基本特征。
5. 晚期中世纪哲学家的基本思想倾向。

第二篇　思想与理论

本教材第二篇（共九章）的内容是对中世纪哲学家思想理论的专门阐释。由于中世纪是一个漫长的历史时期，产生了众多不可胜数的哲学家和神学家。这些哲学家和神学家依据思想传统、时代处境和个人爱好等，对大量的哲学问题和神学问题从不同方面进行了广泛深入的探究，留下了丰厚广袤的思想遗产和卷帙浩繁的论著文献。如果对这些文献论著中与哲学相关的思想全部进行梳理和归纳，仅仅一两部篇幅的著述是根本不可能完全容纳的。大多中世纪哲学史的专著和教材在主题内容的选择方面都有自身的视角和偏好，相互之间并不一致。本教材主要依据哲学分支内容的传统分类和中世纪哲学家们的相关思想，选取"理性与信仰"、"形而上学"、"认识论"、"存在论证明"、"逻辑与语言哲学"、"人学思想"、"共相理论"、"伦理学"和"政治哲学"为主题，分别作为本部分第六章到第十四章的标题和内容予以阐释。虽然中世纪为生活于其中的哲学家们提供了新的思想基础和问题导向，但希腊哲学所铸就的理论传统则深刻地影响了中世纪时期的哲学走向，规范了中世纪不同时期哲学家们思考哲学问题的方式。例如，形而上学、认识论、逻辑与语言、人的问题和伦理与政治等希腊哲学逐步明确并区分开来的哲学主题，也同样成为中世纪哲学家们始终关注与思考的主要问题，虽然包含在其中的内容和具体论述形式会有非常大的区别。与此同时，中世纪哲学也形成了自身特别关注的主题，这些主题涉及的范围非常广泛，它们的提出既与中世纪的宗教和社会文化背景相关，也与不同时期哲学家看待问题的不同方式有关。其中本教材所选择的"理性与信仰"、"存在论证明"和"共相理论"等，乃是在中世纪时期具有特别重要意义的哲学问题，贯穿了整个中世纪的始终；当然这些内容在其他历史时期也会以不同形式存在着，只不过并不像在中世纪时期那样被热捧。中世纪哲学所探究的这些主题与思想内容，其中的一些会随着历史的发展而不再为后世哲学家所关注，但大多依然是现当代哲学家偏爱的主题，只是思考方式和关注重点有了很大的不同。

本部分各个章节关于不同主题的论述，主要是依据历史的演进，对不同年代哲学家们同一主题下相关思想的梳理。由于并非是每一个中世纪哲学家都会对所有的主题有所思考，或者说即使有所思考也并非都会产生重要的历史影响，因此包含在每一章节中的哲学家的思想，都存在着有无和多少的不同。此外，本教材第三章至第五章所罗列的哲学家和神学家，由于种种原因，特别是编著者的视角与局限，其中一些并没有能够进入第二篇的章节之中。希望在以后的研究中，能够有所补充和更改。

第六章　理性与信仰

　　罗马帝国的社会文化处境，为基督宗教与希腊哲学的相遇提供了一个广阔的历史舞台。两种不同思想体系在这一舞台上的碰撞、冲突、交流与融合，衍生出了一种新的哲学思想运动，开启了后来被称为中世纪哲学的（广义上的）历史进程。而在这一思想运动的开始阶段，如何界定和看待两者各自的思想特征及其相互关系，则成为它们能否和怎样从矛盾冲突走向交流融合的基础。虽说在基本倾向上，理性与哲学相关，而信仰与宗教一致，可说是那个时期人们普遍持有的看法；但理性与信仰之间的差异是否构成了哲学与宗教间不可调和的冲突并成为它们之间交流的巨大鸿沟，却引起了不同阵营思想家们的广泛争论。在这场争论中，一些基督宗教的神学家们对理性与信仰的关系作出了积极的评价和解读，并以此为基础开启了一种新的哲学运动的建构，并一直延续到了整个中世纪时期。本章即以此为主要内容，对中世纪不同时期神学家和哲学家们关于理性与信仰关系的观点和看法进行历史性的考察与梳理，以期对中世纪哲学的思想基础和基本特征形成一个总体的把握。

第一节　同源智慧与认同式思想

　　以理性和信仰的方式看待哲学与宗教的关系，应该说在相当大的程度上是秉承了古希腊哲学家们的思想遗产，即为摆脱原始神话思维模式而建构起来的哲学认知方式及其理性阐释传统。这种方式和传统所昭示的哲学(理性)与宗教（信仰）的不同，在基督宗教产生之后罗马帝国公共的思想文化层面上，也获得了哲学家和神学家们的基本认同，即都会在整体上从理性和信仰的层面上看待哲学与宗教的关系。然而内在于这两种思想方式之中的各自的特征则使它们之间呈现出了巨大的张力，如理性通常是指一种有根据的和合理的推理过程或思维能力，是在合理的基础——如经验证据——上建构，并以可靠有效的方式——如逻辑程序——进行推理论证；信仰则表现为对某个（或某些）神圣对象及其观念命题的认可或认同的态度与倾向，来自启示以及对启示之源的某个神圣对象的绝对信任，呈现出了对经验证据的不相关性。① 正是依据于这样的看法，罗马时期的哲学家们对基督宗教的信仰体系展开了批判，认为它是非理性的、不合理的和自相矛盾的。虽然早期基督宗教的神学家们也倾向于认为理性与信仰表现出了（希腊）哲学与（基督）宗教的区别和不同，但他们大多并不认为这种区别和不同是绝对的和必然的；相反，他们以不同视角并从不同层面上解读和阐释这两种思想体系之间交互关系的可能性及其内在关联。在他们之后，更多的神学家和哲学家们秉持了与此相同的立场与态度，对理性和信仰间的关系作出了更为深入广泛的阐释，从而在相当大的程度上为中世纪哲学的建构奠定了思想基础。

一、思想起点与野蛮人哲学

如果说中世纪哲学开始于基督宗教与希腊哲学的联合并因此开启了一种新的哲学运动的话，那么最早以明确的方式进行这种整合工作的当属公元 2 世纪的查士丁，以及随后的克莱门特和奥利金等教父神学家。虽说促使他们对两种思想体系进行整合并在解释和说明基督宗教的信仰体系中主动运用希腊哲学的思想观念和方法手段方面存在着众多的原因，但最主要的动机则是基于对当时

---

① 如柏拉图把人的认识状态或认识能力分为两大类，想象（eikasia）与信念（pistis）以及理智（dianoia）与理性（noesis）。前者属于意见，后者属于知识，它们在"清晰程度和精确性"方面存在着巨大的差异。参见 [古希腊] 柏拉图：《国家篇》510C—511E，见《柏拉图全集》第 2 卷，王晓朝译，人民出版社 2003 年版；汪子嵩、范明生、陈村富、姚介厚：《希腊哲学史》第 2 卷，人民出版社 1993 年版，第 792—798 页。柏拉图的这种区分是在沿袭早期希腊哲学家关于真理与意见的看法的基础上形成的，同时也在更为明确的意义上为亚里士多德所继承。后者关于必然性知识与意见的区分，可参见其《后分析篇》第 1 卷 88b30—89a。

流行的谴责和批判的回应与辩护。在基督宗教产生的初期，它即面临了较为严峻的内外压力和冲击，特别是来自罗马帝国各级官员和哲学家们的不信任和批判，诸如认为它包含了诸多的荒诞性、不合理性以及对帝国安全与稳定的危害性，为其生存带来了十分严重的危机。[①] 为消除因这些谴责、控告和批判所导致的生存困境，早期基督宗教的神学家们采取了不同的方式为其存在的合理合法性辩护。其中较为重要的方式是"致皇帝书"，即采取公开致信于罗马皇帝的形式，使其辩护能够在罗马帝国的上层社会以及包括哲学家在内的罗马知识分子之间流传开来，以期获得他们的理解、包容乃至认可。[②]

而在这些"有教养的"罗马上流社会和知识分子中，哲学家们的看法被公认为具有较为重要的"思想分量"，因而也极易在罗马社会中产生广泛的影响。[③] 早期神学家们使用了不同的手段来应对哲学家们的批判和责难，其中一些是反其道而用之，广泛借鉴和使用希腊哲学的观念与方法为其信仰的合理性进行解释和辩护。当然这些借鉴和使用在一些神学家看来是极具危险也是极力反对的，但也有一些神学家并不把它视为是完全的被动和盲目。毕竟在当时罗马帝国所流行的斯多亚学派、逍遥学派、新柏拉图主义、伊壁鸠鲁学派和新毕达哥拉斯主义等哲学流派，呈现出了类宗教的生活态度以及包含着对至上神的追求而使他们感到了某种"家族相似"；在这些流派中所广泛流行的为了"最好的生活方式"所采纳的护佑观、上帝观、道德自由和责任观念、灵魂不朽等希腊思想与观念，也使他们看到了可以整合的内容。[④] 特别是他们其中的一些人在成为基督徒之前或在其成长过程中，如查士丁、克

---

① 参见 [美] 保罗·蒂利希：《基督教思想史》，尹大贻译，东方出版社 2008 年版，第 25 页；赵敦华：《基督教哲学 1500 年》，人民出版社 2007 年版，第 58 页。

② 参见 Etienne Gilson, *History of Christian Philosophy in the Middle Ages*, New York: Random House, 1955, pp. 9-10；[美] 胡斯都·L. 冈察雷斯：《基督教思想史》第 1 卷，陆泽民、孙汉书、司徒桐、莫如喜、陆俊杰译，译林出版社 2008 年版，第 89 页。

③ 参见 [美] 胡斯都·L. 冈察雷斯：《基督教思想史》第 1 卷，陆泽民、孙汉书、司徒桐、莫如喜、陆俊杰译，译林出版社 2008 年版，第 91 页。

④ 参见 [美] 保罗·蒂利希：《基督教思想史》，尹大贻译，东方出版社 2008 年版，第 11—13、17 页。

莱门特和奥利金等，大多都接受了广泛的希腊哲学和希腊文化的教育，对当时流行的希腊哲学流派的思想有着较为深入的了解和把握，从而在使用希腊哲学观念和方法时较为便捷和有利，避免了"临时抱佛脚"的局促和生涩。因此可以说，公元 2—3 世纪前后哲学家和神学家，诸如克莱门特、奥利金和柏拉图哲学家普罗提诺（Plotinus，205—270 年）及其门徒波菲利（Porphyry，约 233—305 年）等，当他们在思考哲学问题或类哲学问题时，所使用的大多都是"取自于新柏拉图主义的单一概念水池"之中的"共同的哲学语言"，从而为他们提供了某种相同的思想和智力背景；而正是在这一背景中两种不同思想体系间的争论、交流和整合，促成了中世纪哲学的诞生。[1]

而在这两种思想体系交锋的初期，各自的立场是截然不同的。哲学家们基本上秉持的是质疑和嘲讽的态度，以哲学的方式批判基督宗教信仰的不合理性和自相矛盾。虽然有一些神学家，诸如塔堤安和德尔图良等，也公开声称（哲学）理性和（宗教）信仰之间是势不两立的——当然他们是以不同于哲学家的态度看待两者间的这种不同和对立；然而还有另外的一些神学家则是以较为乐观的态度看待两者的关系，相信这些对立和冲突只是表面的，在它们之间还存在着一种可以融合的内在一致性。在持有这种观点的神学家中，查士丁的看法可说是最早也是最具有代表性的。他认为在基督宗教甚至希腊哲学产生之前，上帝的圣道或逻各斯已赋予了所有的民族，在他们之中存在并能启迪他们，因此无论是希腊人或犹太人，长久以来就已接受了圣道之光的启迪，具有内在的逻各斯（理性）；由于耶稣基督就是这一圣道或逻各斯，是它的具体化身，因此不仅每个有理性的人对于耶稣基督的身份都是能够理解的，而且在某种意义上，"每一个以理性方式生活的人都是基督徒"。[2] 查士丁的意思是，即使在基督宗教产生之前，希腊哲学由于受圣道

---

① *The Cambridge Companion to Medieval Philosophy*, edited by A.S. McGrade, Cambridge University Press, 2003, p. 12.

② 参见 Justin, *The First Apology*, Chap. ⅩLⅥ；见 *Ante-Nicene Fathers, Volume I*, edited by Alexander Roberts, D.D. and James Donaldson, LL. D., Hendrickson Publishers, Inc., 1994（Fourth printing 2004）.

之光的照耀也能够以不自觉的方式表达出一定的神圣真理，如斯多亚派哲学家所说的逻各斯（Logos），即是后来的基督，就是基督所表明的圣道（the Word），只不过是他们在用逻各斯的名称表达时对耶稣基督并没有明确的意识而已。

查士丁之所以对希腊哲学抱有积极的态度并相信它与基督宗教有着内在的关系，既与他自身的思想经历有关，也与他所生活的文化背景特别是公元 1 世纪时期犹太哲学家斐洛（Philo，约前 25 年—公元 50 年）的示范性影响有着千丝万缕的联系。作为一名生活在罗马帝国内犹太社团中的一员，斐洛不仅秉承了犹太人的民族传统并保持着对犹太教信仰的忠诚，而且同时与帝国内的其他社会文化群体保持着诸多开放性的联系。特别是他所生活于其中的亚历山大（Alexandria），是一个开放性的多民族聚居的港口城市，长期的希腊化进程的影响以及罗马帝国的文化整合措施与控制，使得希腊语言和文化在这个城市不同族群的生活中占据了主导的地位。斐洛即是在为犹太群体普遍认可的希腊学校的语言和文化教育中成长起来的，他自己不仅认为这样的教育是有意义的，因而鼓励他的同胞接受这样的教育；而且也相信旧约圣经的希腊语译本具有神圣的地位。[1]

正是基于对希腊文化在总体上的认可，使得斐洛在犹太教信仰的解释中对希腊哲学采取了一种开放的态度，相信两者之间不仅具有同源性和一致性，而且后者完全能够对前者作出合理的理解与解释。例如，在斐洛看来，由于人类源自上帝，其思想或理性是上帝按照神圣的逻各斯创造的，因而希腊哲学与摩西律法都秉承了相同的根源，具有内在的一致性；希腊哲学所表达的关于超越世界或超越实在的真理，与犹太教一神论信仰所涉及的真理有着相同的意义。正是基于这样的看法，斐洛依据希腊哲学，特别是柏拉图主义、斯多亚学派和毕达哥拉斯主义等学派的思想与概念，对摩西五经中关于

---

① *The Cambridge History of Later Greek and Early Medieval Philosophy*, edited by A. H. Armstrong, Cambridge University Press, 1967, p. 137; Everett Ferguson, *Backgrounds of Early Christianity*, William B. Eerdmans Publishing Company, Third Edition, 2003, pp. 478-479.

上帝的观念、宇宙的形成以及逻各斯在上帝与被造世界之间的地位与意义等，进行了相应的解释与说明。① 应该说，斐洛在犹太教信仰的解释中对希腊哲学的运用，不仅为两者间的融合关系建构了一种可能性，而且也为犹太教信仰的合理性提供了一种哲学意义。

斐洛在希腊哲学和犹太教之间的整合具有非常重要的历史意义，为生活在公元 2、3 世纪的早期基督宗教神学家产生了直接的示范作用；在某种意义上，他运用柏拉图主义和斯多亚学派的思想以及逻各斯观念对旧约圣经和上帝创世诸多问题所进行的理性化解释，激励了这些神学家们在希腊哲学和基督宗教之间进行整合的热情。② 查士丁可说是受到这种示范性影响的最早的神学家之一，他在整合两者的过程中，肯定了希腊哲学的意义，对两者的关系作出了符合自身立场的说明。查士丁大约出生在公元 100 年前后巴勒斯坦的撒玛利亚（Samaria）地区，早期接受过广泛的希腊哲学教育，先后师从于斯多亚学派、逍遥学派（亚里士多德主义）、毕达哥拉斯主义和柏拉图主义等哲学派别的老师，对这些派别的希腊哲学都作过或多或少的学习和探究。③ 这种学习经历在查士丁成为基督徒后对他运用希腊哲学为基督宗教进行阐释和辩护提供了极为便捷的手段，也是他始终保持对哲学好感的重要原因之一。④

查士丁虽然相信神圣的逻各斯早已被灌注在希腊人之中，他们可以因此对它形成不自觉地和部分的认识，而且也能够从更早的犹太先知如摩西那

---

① *The Cambridge History of Later Greek and Early Medieval Philosophy*, edited by A. H. Armstrong, Cambridge University Press, 1967, p.139, pp.141-143; Everett Ferguson, Backgrounds of Early Christianity, William B. Eerdmans Publishing Company, Third Edition, 2003, pp.481-482.

② Etienne Gilson, *History of Christian Philosophy in the Middle Ages*, New York: Random House, 1955, p. 29; 赵敦华:《基督教哲学 1500 年》，人民出版社 2007 年版，第 52—54。

③ Justin, *Dialogue with Trypho*, chap. Ⅱ-chap. Ⅵ; *Ante-Nicene Fathers, Volume I*, edited by Alexander Roberts, D.D. and James Donaldson, LL. D., Hendrickson Publishers, Inc., 1994（Fourth printing 2004）.

④ 查士丁的早期求学之路以及对希腊哲学意义的认识和运用，在他现存的《辩护辞》两篇（The First Apology 和 The Second Apology 以及《与蒂尔夫的对话》（Dialogue with Try-pho）等著作中都作出了不同程度的表述。

里，学到关于灵魂不朽、死后惩罚等神圣学说并能够理解它们；① 但他认为这些希腊哲学家们的"发现和思考"，只是圣道的某些部分而不是全部，苏格拉底也只能部分地认识到"基督"的意义，而且这种认识往往包含着"自相矛盾"。② 而只有耶稣基督的到来，才将圣道完全地启示出来，他就是神圣的逻各斯，基督徒通过他能够对圣道形成更自觉和更全面的把握。也就是说，在查士丁看来，希腊哲学虽然承载了一定的神圣真理，但这种哲学却没有最终的完成，只有在基督宗教的信仰中，关于圣道的哲学才最终得以实现和完成。它们之间的关系即是部分与全部、预演与完成的关系。

　　在有关希腊文化与摩西传统的关系上，塔堤安表达出了与据说是他的老师的查士丁基本相同的看法。在他看来，直接继承犹太文化传统的基督宗教，在思想源流方面比希腊的哲学体系更为久远。他把摩西和荷马分别作为犹太与希腊两种文化体系原初的思想边界，通过所谓年代的、文献的以及其他古代民族中的传说之类进行"考证"，说明摩西所引领的传统比希腊的"远古英雄、战争和诸神更早"，而希腊人的文化则是把前者作为源泉从中汲取了众多的因素。③ 正是鉴于对希腊每一项"文明创制"都源于这些所谓远古"野蛮人"的信念，塔堤安因此吁请希腊人"不要如此充满敌意地对待那些'野蛮人'"。④ 虽然这类"考证"具有诸多猜测和臆想的成分，但塔堤安从中所要表达的意图乃是要表明基督宗教比希腊哲学更为久远也更为优越。在思想经历上塔堤安与他的老师查士丁类似，对希腊哲学都有着一定的研究和把握，然而他们却有着不同的目的，查士丁以此作为辩护乃至建构基督宗教

---

　　①　Justin, *The First Apology*, Chap. ⅩLⅣ; *Ante-Nicene Fathers, Volume I*, edited by Alexander Roberts, D.D. and James Donaldson, LL. D., Hendrickson Publishers, Inc., 1994 (Fourth printing 2004).

　　②　Justin, *The Second Apology*, Chap. Ⅹ; *Ante-Nicene Fathers, Volume I*, edited by Alexander Roberts, D.D. and James Donaldson, LL. D., Hendrickson Publishers, Inc., 1994 (Fourth printing 2004).

　　③　参见 [古罗马] 塔堤安等著:《致希腊人书》，滕琪、魏红亮译，中国社会科学出版社 2009 年版。

　　④　[古罗马] 塔堤安等著:《致希腊人书》，滕琪、魏红亮译，中国社会科学出版社 2009 年版，第 134 页。

信仰的手段，塔堤安则把它演变成为批判和嘲讽希腊哲学的武器。

因而可以说，在这场以希腊哲学为手段的思想体系建构中，查士丁是一个真正的开创者。正是他在看待希腊哲学与基督宗教的关系时不仅认为前者承载了圣道的部分真理，而且把耶稣基督看作就是宇宙的"逻各斯"，基督宗教在本质上乃是一种真正的哲学，从而使他在成为基督徒后依然穿着哲学家的长袍，相信"只有这样的哲学才是可靠的和有益的"，并以此作为他"成为一个哲学家"的缘由。[①] 查士丁对哲学的肯定，使他能够积极地运用柏拉图主义和斯多亚学派等希腊哲学流派的概念方法，来尝试一种新的思想建构工作。当然，查士丁的工作仅仅是一种开始，在他那里并没有形成一个将希腊哲学纳入基督宗教神学之中的内容广泛的思想体系。他只是提出了一种基本的看法，认为整个地只有一种智慧，一种哲学——基督宗教哲学，而希腊哲学中最好的成分，尤其是柏拉图哲学，则是它的准备和部分的体现。查士丁的这一立场，对后来的教父神学家如何看待和运用希腊哲学产生了非常重要的影响。

二、同构关系与真逻各斯

就查士丁等人尝试从人类智慧产生的源头上寻找希腊哲学和基督宗教内在一致性的根据来看，虽然他们由此提出的看法具有大量个人偏好乃至一厢情愿的内容，但却引起了众多神学家们的兴趣和工作热情，成为他们将希腊哲学用来解释和阐发基督宗教信仰的初始条件，进而拉开了中世纪哲学的序幕。在查士丁之后，以相同的方式并在更大范围上阐释希腊哲学与基督宗教之间关系的教父神学家，是克莱门特和奥利金。他们与斐洛一样都来自亚历山大城，这是一个在当时的罗马帝国中具有重要地位的港口城市，在思想文化上也有着显著的意义，汇集了各种思想流派和宗教团体，充满着较为宽松活跃的政治气氛和学术活动。其中在刚刚皈依基督宗教的信徒群体中，

---

① Justin, *Dialogue with Trypho*, Chapter Ⅷ；*Ante-Nicene Fathers*, Volume Ⅰ, edited by Alexander Roberts, D.D. and James Donaldson, LL. D., Hendrickson Publishers, Inc., 1994（Fourth printing 2004）.

建立了一个以潘陀纽斯（Pantaenus）为核心的基督宗教教理问答学校（the catechetical school）。克莱门特和奥利金曾相继成为这个学校的学生和老师，并在不同时期担任过它的负责人。它们对希腊哲学的看法以及诸多的神学思想，主要是在这个时期形成起来的。① 克莱门特在成为基督徒以及来到亚历山大城之前，曾在罗马帝国的不同地区游历求学，接受过广泛的希腊文化的教育，对希腊文学和哲学有着较高的造诣。这种与查士丁相似的早期教育经历，也为克莱门特日后思考希腊哲学与基督宗教的关系，提供了非常便捷的手段。

克莱门特对希腊哲学的广泛使用，在他所写的诸多著作中都或多或少地有所体现，其中主要的有《规劝异教徒》(The Exhortation to the Heathen)、《训导者》(The Instructor) 和《杂文集》(The Miscellanies)，特别是在以希腊文"克莱门特关于真正哲学思辨笔记"为标题的《杂文集》中，克莱门特对理性思辨以及希腊哲学与基督宗教的关系所作的解读和阐释最为细致深入。他关于两者关系的阐释，采取了与查士丁和塔堤安相似的看法，即从所谓智慧的更古老的源头出发进行论述。在他看来，在远古时代，生存着被称之为"野蛮人"的犹太人、巴比伦人、埃及人和印度人，他们比希腊人更为古老，也拥有着更为久远的哲学和知识；而这些所谓的"野蛮人哲学"乃是与摩西的经典一脉相承的、来自天启的东方智慧。② 他认为后来的希腊哲学只不过是对这些野蛮人哲学的继承，因为哲学首先是"在古代野蛮人中繁荣，发出它的光芒照耀众多民族"，然后到达了希腊人那里，柏拉图和毕达哥拉斯从中学到了他们学说中最卓越和最高贵的东西。③

在克莱门特看来，虽然在柏拉图等希腊哲学家那里表现为最卓越和最高贵的东西，只是对野蛮人哲学的继承或"窃取"而只具有"微弱的光芒"；

---

① 参见赵敦华：《基督教哲学 1500 年》，人民出版社 2007 年版，第 72—73、78 页。

② 参见赵敦华：《基督教哲学 1500 年》，人民出版社 2007 年版，第 74—75 页。

③ Clement, *The Miscellanies (The Stromata), Book I*, Chap. ⅩⅤ, Chap. ⅩⅤ; *Ante-Nicene Fathers, VolumeII*, edited by Alexander Roberts, D.D. and James Donaldson, LL. D., Hendrickson Publishers, Inc., 1994 (Fourth printing 2004).

然而由于"真理是唯一的"，整个宇宙中所有的真理片断或部分，都是在神圣之光照耀下产生的，因此无论是野蛮人还是希腊人，都是从这一神圣之光或"永恒的圣道神学"那里获得了永恒真理的片段，保持着与这一唯一的真理的内在关联。而再次将这些分散的片段聚合在一起、使之成为整体的是耶稣基督，他"熟知所有类型的智慧，是卓越的诺斯"，能够将永恒真理这一完美的圣道完全地展现出来。[①] 也就是说，神圣真理早已被赋予了所有的人类，不同的民族具有认识这一真理的不同方式——正如律法之于犹太人那样，哲学为希腊人预备了获得神圣真理的手段，虽然通过这种手段希腊人认识到的只是真理的片段，但它却为基督的到来作了准备。[②]

正是基于哲学与基督宗教的同源性立场，使得克莱门特相信哲学在本质上是善的，从而在两者之间建立起了承接性的关系。克莱门特通过把基督宗教界定为一种包含着"诺斯"（gnosis）的"真正的哲学"，而在它与希腊哲学之间建立起了一定的同构关系。这种同构关系不仅在于后者为前者所起到的准备和预演的作用，更在于前者在使用希腊哲学时为他所说的"神圣真理"提供了"正当的帮助"。[③] 也就是说，由于希腊哲学曾对"智慧"——即"关于神圣事物和人类及其原因的知识"——作出过研究，因而其本身在神圣智慧的获得中能够起到"协同"的作用，具有联结知识与信仰之间纽带的功能，可以充当世俗知识与神学这一"智慧女王"的中介。[④] 虽然在看待希腊哲学的

---

① Clement, *The Miscellanies (The Stromata)*, Book I, Chap. ⅩⅢ；*Ante-Nicene Fathers, VolumeII*, edited by Alexander Roberts, D.D. and James Donaldson, LL. D., Hendrickson Publishers, Inc., 1994（Fourth printing 2004）.

② Clement, *The Miscellanies (The Stromata)*, Book VI, Chap. ⅩⅦ；*Ante-Nicene Fathers, VolumeII*, edited by Alexander Roberts, D.D. and James Donaldson, LL. D., Hendrickson Publishers, Inc., 1994（Fourth printing 2004）.

③ Clement, *The Miscellanies (The Stromata)*, Book VI, Chap. Ⅹ, chap. ⅩⅠ；*Ante-Nicene Fathers, VolumeII*, edited by Alexander Roberts, D.D. and James Donaldson, LL. D., Hendrickson Publishers, Inc., 1994（Fourth printing 2004）.

④ Clement, *The Miscellanies (The Stromata)*, Book I, Chap. Ⅴ；*Ante-Nicene Fathers, VolumeII*, edited by Alexander Roberts, D.D. and James Donaldson, LL. D., Hendrickson Publishers, Inc., 1994（Fourth printing 2004）.

地位和意义方面，克莱门特始终保持着一定的戒备，认为这种哲学只停留在现存世界的表面而对神圣智慧的把握是不完整的和次要的。但他在神学本体论和宗教认识论的建构中对希腊哲学的借鉴和运用，极大地推进了教父哲学的发展；他关于逻辑论证在真理性知识中的地位以及有关证明知识和自明知识的看法，也在经院哲学鼎盛时期的托马斯·阿奎那那里得到了积极的回应。

紧随克莱门特在相同的路向上对基督宗教进行阐释和辩护的是他的学生奥利金。奥利金出生于埃及亚历山大城的一个基督徒家庭，青少年时期虽是亚历山大教理问答学校的学生，但也曾作为一些当地的希腊哲学家如新柏拉图主义者安摩尼（Ammonius，约 2 世纪末—3 世纪初）的学生而接受过一定的哲学教育。奥利金不仅是一位充满激情的信徒，而且也是一位才华横溢的神学家，一生写下了大量的著作，可说是尼西亚会议（325 年）之前最多产和最博学的基督教作家之一。其中主要的著作为《第一原则》（De Principiis）和《驳塞尔修斯》（Contra Celsum 或 Against Celsus），以及一些涉及了《圣经》注释及文字修订等方面内容的论著。

在如何看待希腊哲学的地位及其与基督宗教的关系方面，奥利金与查士丁和克莱门特等先辈们有着同样复杂的情感。他在面对哲学的批判和责难而进行辩护时，既强调了信仰优于哲学的立场，又表达了希腊哲学具有一定积极意义的态度。像他的前辈们那样，奥利金认为希腊哲学既为基督宗教的产生作了铺垫，也为对它的认识和理解提供了有效的手段。他相信希腊哲学与基督宗教具有内在的一致性，任何一个具有一定认识能力的人，无论是野蛮人还是希腊人，都能够最终获得同样的真理；因此，如果一个希腊人从他的研究中走向了"福音书"的话，都会"判定它的教导是真的"并"认可基督宗教的真理"。① 奥利金也对希腊哲学所推崇的自然理性有着深刻的印象，对之作出了高度的评价和认可，希望任何一个具有这种"优良自然品性"而"成为完美的罗马法官"或"至高声誉的希腊哲学家"的人们，能够把这些

---

① Origen, *Against Celsus (Contra Celsum), BookI*, chap. Ⅱ；*Ante-Nicene Fathers, Volume IV*, Chronologically Arranged with Brief Notes and Prefaces by A. Cleveland Coxe, D.D., Hendrickson Publishers, Inc., 1994（Fourth printing 2004）.

"优良自然品性的所有力量献给基督宗教"；为此，他恳请人们"从希腊哲学中吸取"有用的东西，以此"来推进基督宗教研究的进程"或为其作好准备，正如几何学、音乐、语法、修辞和天文学有助于哲学那样，哲学也能够以这种方式为基督宗教提供帮助。① 虽然奥利金用"优良自然品性"来赞赏希腊哲学的理性及其认知能力，但在有关基督宗教和希腊哲学的关系上，他的基本立场依然是认为前者优于后者。

当然，与其前辈一样，奥利金也有着自己独特的现实问题、历史处境与思想偏好，然而对塞尔修斯观点的反驳则使他更深入更全面地进入到与希腊哲学的对话之中。作为一位大约生活在公元 2 世纪中后期的罗马哲学家，塞尔修斯（Celsus）运用他所熟知的苏格拉底、柏拉图和伊壁鸠鲁等哲学家们的观点，在他所写的名为《真逻各斯》（或《真道》，A True Discourse）的书中，对当时新产生的基督宗教进行了内容详细的批判。在奥利金看来，这本著作对基督宗教造成了极大的误解与伤害，他将"运用合理的医药来治疗塞尔修斯所造成的创伤"。② 他的《驳塞尔修斯》就是为此目的而写成的。

在这本书中，虽然奥利金相信信仰或"上帝的作为"本身即可回答并消除这些责难，但他同时觉得如果能够"通过证明和论述"的方式来反驳这些责难，则更能"坚定人们的信仰"，使他们可以正确地区分什么是"真理之道"。③ 为此，奥利金在他八卷本《驳塞尔修斯》的几乎每一章（共 622 章）中，都是先引述塞尔修斯的看法，然后以他认为的合乎理性的"论证"方式对之进行反驳。他所采取的论证或反驳的方式主要包括两个方面，一是引用

① Origen, *A Letter From Origen To Gregory, 1*; *Ante-Nicene Fathers, Volume IV*; *Ante-Nicene Fathers, Volume IV*, Chronologically Arranged with Brief Notes and Prefaces by A. Cleveland Coxe, D.D., Hendrickson Publishers, Inc., 1994（Fourth printing 2004）.

② Origen, *Against Celsus (Contra Celsum), Book V*, Chap. Ⅰ; *Ante-Nicene Fathers, Volume IV*, Chronologically Arranged with Brief Notes and Prefaces by A. Cleveland Coxe, D.D., Hendrickson Publishers, Inc., 1994（Fourth printing 2004）.

③ Origen, *Against Celsus (Contra Celsum), Book V*, Chap. Ⅰ; *Ante-Nicene Fathers, Volume IV*, Chronologically Arranged with Brief Notes and Prefaces by A. Cleveland Coxe, D.D., Hendrickson Publishers, Inc., 1994（Fourth printing 2004）.

《福音书》和使徒们的观点来作为反驳的根据和论证的最终结论，另一个是针对相关的具体问题或看法，将它们在希腊哲学和基督宗教之间进行比较，从而说明后者的真诚、高贵或优越。他的最终看法是，塞尔修斯把"真逻各斯"视为希腊哲学的最高成就并以此为标准来指责基督宗教的做法是完全错误的，相反，真正的逻各斯就是上帝之道，它拥有着比希腊哲学更高更完善的智慧和真理，"比任何通过希腊辩证法建立的证明都更为神圣"。①

奥利金在《驳塞尔修斯》中对希腊哲学概念"逻各斯"的含义所作的符合自身立场的解读，可说是反映了查士丁和克莱门特等人共同的思想倾向，即把希腊哲学作为一个对话伙伴来寻求某种即使是有限的、但却是积极的阐释和建构意义。当然，《驳塞尔修斯》更多的是一个反驳性的护教文，而在奥利金的神学思想中，他的《第一原则》当更为系统也更重要。他在其中对上帝（圣父、圣子、圣灵等）、世界（世界的被造和人的产生、上帝与世界的关系等）、人（人的本性、自由意志、智慧等）和《圣经》（象征主义解释原则等）所作的全面阐述，被视为基督宗教神学思想史上第一个相对完整的神学体系。他的这一体系虽然主要是以《圣经》为基础和出发点并力图按照教会传统来建构的，但也有着他自身的理解与创造以及对希腊哲学的借鉴和使用，从而使它包含了诸多在历史上既产生深远影响也引发广泛争议的内容，如他的寓意解经法（allegorical interpretation），他的三位一体论等等。

奥利金在坚持教会传统的同时对希腊哲学所采取的开放立场和创造性转化，将早期以理性主义辩护方式整合希腊哲学与基督宗教的思想运动推进到了一个新的高度。他在反驳塞尔修斯中对后者观点的转化利用，被看作是早期教父改造柏拉图哲学的成功范例；② 他在神学体系建构中对希腊哲学思想资源的借鉴，为他带来声誉的同时也引发了争议；如因深受中期柏拉图主义或新柏拉图主义的影响而使他的三一神学思想既富有创建也内蕴张力，而他在

---

① Origen, *Against Celsus (Contra Celsum)*, *Book I*, Chap. Ⅱ; Ante-Nicene Fathers, Volume Ⅳ, Chronologically Arranged with Brief Notes and Prefaces by A. Cleveland Coxe, D.D., Hendrickson Publishers, Inc., 1994 (Fourth printing 2004).

② 参见赵敦华:《基督教哲学 1500 年》，人民出版社 2007 年版，第 83 页。

圣经解释中对希腊思想的运用所提出的寓意解经原则，则为后人留下了富有启发性的遗产，从而"成为中世纪阐释圣经的一个被认可的传统"。① 正是他在建构基督宗教神学中对希腊思想，特别是新柏拉图主义的广泛运用，而使得当代的一些学者把他和克莱门特（克雷芒）统称为"希腊哲学家"。②

虽然奥利金和克莱门特作为"希腊哲学家"的称号多少有些夸张，但它确实反映了他们对待希腊哲学的态度和立场，即希望同时也愿意把希腊哲学作为建构基督宗教神学体系的一个重要的思想资源。正是基于这样的立场，他们不仅借鉴希腊哲学关于本质、存在、超越神、逻各斯等观念，对上帝的唯一、不变、永恒、无形等神性以及当时引起广泛争议的三位一体论和耶稣的身份地位诸问题，进行了思辨性的阐释和说明；而且运用希腊哲学这种成熟的理性资源，对基督宗教的神学思想进行了系统化的思考与建构。

在总体特征上，奥利金对希腊哲学的认可，把它所推崇的自然理性看作是人类的一种优良的"自然品性"，能够对基督宗教产生辅助的和铺垫的作用，使他的思想具有了与查士丁和克莱门特等神学家相同的向希腊哲学开放的倾向。这种开放的倾向随着历史的演进而为更多的人所接受，逐步成为一股有着广泛影响力的哲学思潮。而正是查士丁、克莱门特和奥利金等人所开始的、以明确的意识来思考哲学的角色以及它与基督宗教的关系，把希腊哲学作为积极有效的认识论工具来使用，从而被一些现代学者称之为基督宗教哲学（中世纪哲学）三个重要的奠基者。③

三、幸福指南与真正的哲学

公元 4 世纪之后，随着基督宗教在罗马帝国的社会、文化和意识形态层面逐步合法化并占据主导地位，有关其信仰体系的生存合理性问题得到了根

---

① *The Cambridge History of Later Greek and Early Medieval Philosophy*, edited by A. H. Armstrong, Cambridge : Cambridge University Press, 1967,p. 192.

② 参见 [美] 保罗·蒂利希：《基督教思想史》，尹大贻译，东方出版社 2008 年版，第 56 页。

③ Battista Mondin, *A History of Mediaeval Philosophy*, Rome: Urbaniana University Press, 1991, p. 18.

本解决。但早期教父为解决合理合法性问题而在希腊哲学与基督宗教之间建立某种内在关系的尝试和努力，则并没有随之被放弃，反而逐步衍生出了内容更为广泛的思想运动。奥古斯丁可说是这一运动的佼佼者，他所提出的"基督教学说"以及以词为基础所建构的哲学体系，可说是教父哲学时期的结晶与顶点，对中世纪哲学的发展产生了深远的影响。奥古斯丁于 354 年出生于北非努米底亚省（Numidia）的一个具有部分基督宗教背景的家庭。他的父亲虽然并不相信基督宗教，而他的母亲则是位虔诚的基督徒，对他的信仰取向产生了深刻的影响。奥古斯丁的早年虽经历了一段生活繁杂、精神迷茫的时期，但在成年并加入基督宗教（387 年）后却成为一个非常勤奋和多产的作家，一生写下了难以计数的文字作品，内容广泛涉及基督宗教神学和哲学的各个方面，其著作被誉为神学百科全书。他的代表作主要有《忏悔录》、《上帝之城》和《论三位一体》等。

　　奥古斯丁生活的时代，一方面是基督宗教已成为占统治地位的宗教（罗马教会在西罗马皇帝狄奥多修一世于公元 379—395 年在位期间取得了国教的地位），但尚未在整个罗马帝国达到精神上的统一，取得绝对的支配地位；另一方面罗马皇帝在政治上仍然拥有统治权，但帝国却分裂为东罗马帝国和西罗马帝国两个部分，并且西罗马帝国面临着北方蛮族的入侵，面临着即将被毁灭的命运。因此相对于不断走向衰落的罗马帝国来说，新兴统一的基督宗教组织，似乎在承担并保存拉丁世界和希腊世界的文化遗产方面有着更为有利的地位。而作为基督宗教早期重要的神学家、古代教父思想的集大成者，奥古斯丁除了在同各种异端思想作斗争中建构全面正统的教义体系和神学体系之外，在客观上就面临着如何在信仰的基础上整合不同的思想资源、如何在古代和随后到来的时代之间进行沟通的问题。在这样的背景下对基督宗教和希腊哲学关系的重新梳理与阐释，无疑属于这些问题中的一个突出的方面。

　　当然，在基督宗教与希腊哲学关系的阐释方面，早期的神学家们已经提出了大量的看法，通过哲学阐释方式的引进而进行合理性的辩护，并依据自己关于一致性的理解而尝试把基督宗教界定为一种"真正的哲学"。奥古斯丁秉承这种思想传统，在新的时代背景下对之作了进一步的阐发。在他看来，希腊哲学并不是某个民族或某些人类的发明，而是上帝赐给整个人类的精神财富，只不过是在古希腊时期被人们错误使用，现在应该取回，使之归于正途，来作为与异端异教斗争以及建构神学体系的利器。① 更重要的是，他认为包括柏拉图学派、伊奥尼亚学派和意大利学派在内的诸多希腊哲学学派以及其他地区和民族哲学派别中的一些哲学家，他们关于至上的和真正的有关"神的事情"的看法，与他所持有的基督宗教立场最为接近。② 应该说，这些看法构成了奥古斯丁认可希腊哲学的基础，特别是柏拉图派哲学家把宇宙的原因、人类之原则和善的根基、真理与幸福的源泉之类的东西与某一位神或上帝关联在一起的主张，使他在建构基督宗教神学体系的过程中，愿意使用来自希腊哲学家们——更多的是柏拉图主义者——的思想资源，并与他们探讨有关上帝的事情。③

　　依据于这些观点或看法，使奥古斯丁相信他能够在基督宗教与希腊哲学之间建立起一种融洽的相似性关系；然而相似性关系并不是他试图达到的最终目的，他更希望把基督宗教确定为一种"真正的哲学"，从而在根本上超越或弥合两者之间的不同与对立。促使奥古斯丁在理性与信仰的关系上走得更远的另外一个原因，应该说是与他所生存的思想处境有关。奥古斯丁生活的时代，公共意义上的"哲学"已演变成为幸福生活的"指南"，众多的哲学家们已就幸福生活的含义、达到幸福生活的途径诸方面，提出了难以胜数的定义和看法；奥古斯丁据此认为，如果说真正的哲学是通向幸福生活的道路的话，那么基督宗教乃是达到幸福生活的唯一途径，因此基督宗教是真正的哲学，是一种关于真正哲学的学说，即"基督教学说"。④ 因此应当说，当奥古斯丁通过"基督教学说"建立起基督宗教和希腊哲学之间内在一致性

① 参见赵敦华：《基督教哲学1500年》，人民出版社2007年版，第124—125页。

② 参见［古罗马］奥古斯丁：《上帝之城》第8卷，王晓朝译，人民出版社2006年版，第319页。

③ 参见［古罗马］奥古斯丁：《上帝之城》第8卷，王晓朝译，人民出版社2006年版，第319—321页。

④ 如当时有一人写了一部哲学手册，涉及了288种哲学，全部是对"如何取得幸福生活"这一问题的回答。参见赵敦华：《基督教哲学1500年》，人民出版社2007年版，第123页。

的时候，其目的并不仅仅是要消解它们之间的不同和区别，更是要通过价值的比较在它们之间建立起高低不同的层次关系。

在他看来，基督宗教作为真正的哲学，它是一种要比通常意义上的哲学——如希腊哲学——更为高级的哲学形态；而希腊哲学，不论就其性质或是就其最终目的的实现来说，都要远远逊色于作为真正哲学的基督宗教的。尽管在当时，"哲学"已演变成为幸福生活的"指南"，一般的哲学已就幸福的含义、达到幸福的途径等方面提出了自己的看法，但它们最终得到的都不是"可靠的、真正的幸福"，而只有在基督宗教中才能获得。因为希腊哲学把人类智慧和理性思辨作为最高的幸福与获得真理的手段，而这种智慧和手段既充满了争论和痛苦，也仅仅是少数人才享有的特权；相反基督宗教提供的是一种神圣的智慧，是每个人都可以接受和践行的。而且希腊哲学只追求今生今世的幸福，基督宗教把永恒的幸福作为最终目的，体现出了"现世的哲学"和"真正的哲学"的不同。因此可以说，奥古斯丁不仅试图通过这种方式把"哲学"从希腊的意义上剥离出来，赋予它以更为一般的特性；而且也试图通过把实现真正的幸福作为两者共同的目的，使之不再具有本质的差别，如果它们有区别的话，这种区别也"不是宗教和哲学的区别"，而是两种哲学间的区别——即"'真正的哲学'与'现世的哲学'之间的区别"。①在奥古斯丁那里，基督宗教已不是外在于哲学并与之对立的某种东西，而是内在于哲学之中的最高表现形式。

奥古斯丁之所以能够在整合希腊哲学的过程站到历史的高点，除了其自身的学理背景和思想素养之外，还有一个重要的历史原因是不可忽视的，那就是基督宗教在成为罗马帝国的国教之后所给予神学家们的那种从容与平和，从而消除了因不满和对立所可能导致的掣肘与羁绊。可能正是基于这样的缘由，奥古斯丁才会自信地把希腊哲学家们关于宇宙的原因、人类的原则和善的根基、真理与幸福的源泉的东西与上帝关联在一起，才会在把"基督宗教学说"宣称为"真正的哲学"时认为它比所谓的希腊的"现世哲学"更

---

① 赵敦华：《基督教哲学 1500 年》，人民出版社 2007 年版，第 123—124 页。

优越。

这种立场使得奥古斯丁在处理基督宗教与希腊哲学的关系时比其前辈们走得更远，迈出的步子更大。因为如果说基督宗教是哲学的话，那么信仰在性质上就不可能是一种外在于哲学或与其相对立的东西；信仰就应该是哲学范围之内的事情，属于思想的范畴。奥古斯丁正是这样认为的，也是这样理解的。在他看来，由于一件事情之被相信，是在人们意识到或想到这件事情之后才会出现的，因而每一信仰都伴随着思想或是以思想为前提的；也就是说，"每一信仰着的人们却都是在思想中的——既是在信仰中思想也是在思想中信仰"。① 当然，他并不认为每一思想都会导致信仰，起码还有许多不信的或者否定信仰的思想；但他把思想看作是信仰的基本特征，认为在有关宗教之类的事情上，如果我们不能够"思考任何事情"，我们将肯定也不能"相信任何事情"；这种特征甚至具有根本的意义，因为"信仰如果不是一件思想的事情，那它将是毫无价值的"。② 在这个问题上，奥古斯丁比查士丁和克莱门特等人表现得更为理直气壮；他们虽然也提出了基督宗教是一种哲学的看法，但要在思想的意义上在理性和信仰之间建立起某种等同的关系，似乎还没有这么大的勇气。当然，奥古斯丁还不至于看不出两者的区别而把它们完全等同起来。在他看来，即使作为思想，信仰与哲学或其他思想仍然是不同的，那就是在它之中包含的是赞同和认可；所以奥古斯丁把信仰界定为是"以认同的态度思想"（To Believe Is to Think with Assent）。③

---

① *Augustine: A Treatise On the Predestination of the Saints*, Chap.5; *A Select Library of the Nicene and Post-Nicene Fathers of the Christian Church, Volume V*, edited by Philip Schaff, D. D., LL. D., New York: Christian Literature Publishing Co., 1886.

② *Augustine: A Treatise On the Predestination of the Saints*, Chap.5; *A Select Library of the Nicene and Post-Nicene Fathers of the Christian Church, Volume V*, edited by Philip Schaff, D. D., LL. D., New York: Christian Literature Publishing Co., 1886..

③ *Augustine: A Treatise On the Predestination of the Saints*, Chap.5; *A Select Library of the Nicene and Post-Nicene Fathers of the Christian Church, Volume V*, edited by Philip Schaff, D. D., LL. D., New York: Christian Literature Publishing Co., 1886..

　　为了说明这两种的区别，奥古斯丁对它们相应的思想状态进行了解释。在他看来，无论是哲学还是信仰，都必然包含着一定的心理或思想过程；但前者更注重于某种单纯的心理活动或思想过程，而后者则要求的是确定的思想结果或明确的认知立场。他并不需要仅仅注重过程的单纯的思想，因为那也可能导致不信。正是在这个意义上，奥古斯丁把信仰定义为思想，而不是把思想定义为信仰，即他所说的"信仰就是以认同的态度思想"。他并不觉得以这种方式思想是一种缺陷，反而认为那是值得和必须去做的，因为如果我们不首先去赞同地认可，我们就会可能失去对某些事情的理解或思考。特别在有关上帝的问题上，只有信仰然后才能理解，信仰有助于人们更好的理解，因为正是信仰使得人类的心灵走向了理解，并使其思想得以完满和充实。① 奥古斯丁以这种方式看待信仰，试图从合理性方面阐释它的思想意义。在他看来，虽然"并非一切思想都是信仰"，但所有"信仰都是思想"。因此，如果信仰就处在思想之中，属于思想范畴，那么，信仰就不是外在于思想（理性）而与思想（理性）相对立的。为了充分表达他的这种观点，奥古斯丁区分了信仰和理解的三种不同关系：一是只相信而不需要理解的历史事实；二是相信和理解同时起作用的数学公理和逻辑规则；三是先相信、然后才能够理解的宗教真理。② 奥古斯丁看重的是第三个方面，认为理性和信仰的关系不是彼此对立的，而是相互交叉和相互包含的，理性中有信仰的成分，信仰中包含有理性的因素，信仰先行有助于人们对宗教事务获得更好的理解。

　　奥古斯丁是一位在诸多方面有着重要建树的神学家和哲学家，他在建构其具有深远影响的神学体系和哲学体系的过程中，不仅遵循着"圣经"思想和信仰原则，而且也尝试用希腊哲学的概念和方法对这些思想和原则予以阐释。除了上述方面的内容之外，他在本体论、人论和历史观等方面也贯彻了

---

　　①　*Augustine: A Treatise On the Predestination of the Saints*, Chap.5; *A Select Library of the Nicene and Post-Nicene Fathers of the Christian Church, Volume V*, edited by Philip Schaff, D. D., LL. D., New York: Christian Literature Publishing Co., 1886..

　　②　参见赵敦华：《基督教哲学 1500 年》，人民出版社 2007 年版，第 125—126 页。

这样的阐释方式。如他通过普遍质型论、多型论和种质说对物质世界存在原因和起源的解释，大多都借用了希腊哲学家们的观点，把它们整合进整个基督宗教神学思想的框架之中，建立起了对后世产生广泛影响的本体论和世界观体系。

第二节　逻辑学进展与哲学家的职责

在基督宗教产生的初期，因内外压力所导致的现实困境和理论困境，为早期教父们的合理化辩护和神学思想建构提供了广泛的动力。其中由查士丁开始的运用希腊哲学作为辩护和建构手段的思想运动，经过克莱门特和奥利金的发展，在奥古斯丁那里达到了历史的高峰。然而在奥古斯丁之后，这一思想运动则因历史的巨变而出现了暂时的停歇，其主要原因是由于随着北方蛮族不断南下的入侵和征战所最终在公元 5 世纪中期导致的罗马帝国的解体和西罗马帝国的毁灭，以及随之出现的希腊文化的消散，所带来的外部社会生活的动荡和内部学理条件的缺失与思想趣味的变化。然而在这场影响深远的社会动荡平静下来之后，希腊文化首先在 6 世纪初的西哥特王朝、随后在8 世纪之后的法兰克帝国逐步得到了恢复，并与当时的社会历史条件结合而产生了新的文化运动与思想成果。这些运动与成果又经过几百年的沉淀与积蓄，最终在 10 世纪之后的拉丁西方形成了影响范围更广、持续时间更久的经院哲学运动。

一、哲学的慰藉与辩证方法

教父时期所得以展开的运用希腊哲学资源建构神学体系的思想运动，不仅与外部的压力以及一些神学家辩护手段的选择有关，也与当时帝国内广泛存在着的各种哲学流派与理论体系有着不可分割的关系。然而，罗马帝国的解体则使得希腊文化出现了分崩离析，希腊哲学在现实性上也不再能够成为可资使用的便利的手段。也就是说，虽然在这个历史转变阶段，基督宗教不仅没有受到"殃及池鱼"的危害反而逐步兴盛起来，哲学的缺失在根本意义上并不影响基督宗教作为信仰组织的发展，然而它却为那些希望继续使用希腊哲学资源的神学家们带来了相当大的不便。这种因哲学的真空所导致的学理上的不便，在这个由北方蛮族主导的新时代的开始阶段，即为生活在由东哥特人（Goths）在罗马所建王朝中的罗马贵族后裔波爱修所意识到。他因此发下宏愿，力图将柏拉图和亚里士多德的所有著作翻译成为拉丁文，以填补这一真空。虽说这一庞大的翻译计划最终未能全部实现，但他对亚里士多德逻辑学著作的翻译、注释，包括对其整个逻辑学著作《工具论》和波菲利（Porphyre）所写《导论》（也译《绪论》）的翻译，对《解释篇》、《范畴篇》和《后分析篇》以及波菲利对《导论》等的评注，[①] 则对中世纪哲学产生了重要的影响，是后者得以建立起来的最为重要的基本方法手段之一。

波爱修在逻辑学上贡献不仅在于他对亚里士多德逻辑的翻译和注释，还在于他本人也写出了诸多的逻辑学著作，涉及"范畴演绎和假设演绎、分类和论证推理，以及对西塞罗《论题篇》（Topics）的注释"[②] 等方面。这些著作和亚里士多德的逻辑学论著一道，成为当时以及随后的早期中世纪逻辑学课程教学的主要内容，对逻辑学的发展以及在神学思想体系中的运用，产生了深远的影响。除了逻辑学上的贡献之外，波爱修在神学和哲学上的造诣也为后世留下了宝贵的遗产。他的五篇神学短论使他获得了神学家的称号，[③] 而他在狱中所写的《哲学的慰藉》更是为他赢得了广泛的声誉。在这部著作中，波爱修通过与哲学女神——作为智慧女性化身的传统可以追溯到苏格拉底和柏拉图——的对话，哀叹命运对自身的不公，探究一系列神学和哲学问题；他虽然是一个基督徒，在其中讨论了最高的善、上帝以及人的自由意志等神学问题，但他"力求以一个哲学家的身份来写作"，"为至善的上帝对于宇宙

---

① 参见［英］约翰·马仁邦主编：《中世纪哲学》，孙毅等译，中国人民大学出版社2009年版，第13页。

② ［英］约翰·马仁邦主编：《中世纪哲学》，孙毅等译，中国人民大学出版社2009年版，第15页。

③ 参见［英］约翰·马仁邦主编：《中世纪哲学》，孙毅等译，中国人民大学出版社2009年版，第16页。

的天意安排上作一个哲学上的论证"。① 在西罗马帝国毁灭以及希腊文化极为缺失的背景下，波爱修尝试将逻辑学与哲学运用在对神学等问题的思考和探究中，使其在古代向中世纪的转折中起到了非常重要的承前启后的作用。

可以说，在中世纪早期古代文明遭遇大规模蒙难的"黑暗时期"（公元6世纪至公元10世纪），不仅波爱修的亚里士多德逻辑学译著和注释成为古代哲学进入中世纪的为数不多的通道之一，而且他对哲学即是"爱智慧"的肯定与彰显，对希腊哲学在神学中的运用，都为西方拉丁世界提供了基本的希腊哲学信息，使得基督宗教思想在那个哲学资源极为匮乏的时代获得了不可多得的理性思考方式与表达形式，获得了与哲学理性进行沟通的可能性。当然，这种思考方式或表达形式在中世纪早期更多的是通过逻辑表现出来的；但正是这种包含在其中的对方法论意义的认可与接纳，同时也为逻辑在中世纪获得了一种正当的理论意义，并最终为它的哲学地位奠定了思想基础。在整个中世纪，波爱修的逻辑学著作在图书馆中的保存以及在学校教育中的使用，使其作为知识或真理探究的工具始终在发挥着作用，它们不仅"在11世纪期间被更充分吸收成为经院哲学方法兴起的一个因素"，而且也为"12世纪期间整个亚里士多德的工具论被完全地理解与运用"提供了一条重要的途径。②

虽然从历史的实际进程来看，波爱修对亚里士多德逻辑著作的翻译注释以及对古代世俗学科（七艺）的推介，并不能彻底改变希腊哲学和希腊文化在当时面临的命运。但他毕竟为那个所谓的"黑暗时代"注入了一线理性的曙光。而且就古代哲学和文化的复兴来说，波爱修并不是始终在孤军奋战的。在与他同时以及随后的时代里，都有一些来自不同阶层的人们在这方面作出了一定的贡献。例如6世纪出现的伪狄奥尼修斯和7世纪的马克西姆等神学家，试图把新柏拉图主义的思想与基督宗教相结合；而公元8世纪至9

---

① 参见［英］约翰·马仁邦主编：《中世纪哲学》，孙毅等译，中国人民大学出版社2009年版，第19、25页。

② *The Cambridge History of Later Greek and Early Medieval Philosophy*, edited by A. H. Armstrong, Cambridge：Cambridge University Press, 1967,p. 543.

世纪由法兰克国王查理曼大帝（Charlemagne，768—814 年在位）所推动文化振兴计划，则为古希腊文化的复兴作出了较为突出的贡献。在这个被称为"加洛林文化复兴"运动的推动下，一批广有影响的学者应运而生。爱留根纳则是其中在哲学研究方面最有代表性的一个。

贯穿爱留根纳思想的一个基本原则是他对哲学理性的重视和对辩证法的运用。爱留根纳认为，辩证法既是自然运动的本性，也是人类认识的根本方法。可以说，在整个中世纪，他是一位较早自觉地运用辩证法探讨神学问题的基督宗教哲学家。他在为查士丁和克莱门特等人所推进的思想运动中的地位，不仅在于他从历史发展的角度探讨了理性与信仰的关系，而且还在于他以"自然"概念为核心建构起了一个涵盖"存在"和"非存在"领域的思想体系。在爱留根纳看来，理性和信仰的关系不是固定的和一成不变的，在上帝的"自我显示"以及人类对神圣真理的认识中，展示了它们之间辩证关系的演变。人们可以根据上帝创造的世界间接地认识上帝。这种认识表现为三个不同的历史时期，也是上帝"自我显示"的三个阶段：从原罪到基督诞生之间人们依据于理性通过对自然事物的认识来把握上帝存在的阶段、基督的诞生之后信仰先于理性和高于理性的阶段以及福观（beatific vision）时期理性和信仰达到完全一致的阶段。①

爱留根纳虽然以神圣真理的名义使理性从属于信仰，从而弥合它们的对立；然而在他的思想体系中，理性并不是完全消融在信仰中而不具有任何独立意义的。相反，哲学理性体现为一种辩证的方法，而辩证的方法在爱留根纳以"自然"为基础所构造的涵盖一切领域（包括存在和非存在）的实在体系中，不仅是一切"自然"运动（从上帝、原型理念到物质世界）的本质特征，也是支配人类认识"自然"的基本方式。② 可以说，把哲学理性归结为辩证法并在认识论和神学思想中凸显它的意义，在爱留根纳及其随后的时代

---

① 参见 Etienne Gilson, *History of Christian Philosophy in the Middle Ages*, New York: Random House, 1955, p. 113；赵敦华：《基督教哲学 1500 年》，人民出版社 2007 年版，第 206—207 页。

② 参见赵敦华：《基督教哲学 1500 年》，人民出版社 2007 年版，第 199—200 页。

里，是一个相当普遍的现象。由于学校（神学的和世俗的）教育的发展、逻辑学本身的演进以及神学家们的倡导等等原因，有关辩证法的研究和讨论成为黑暗时代晚期和经院哲学早期神学思想中的一个具有支配性的运动。当时几乎所有的神学家都认为，辩证法作为一种基本的理性方法，在智力训练、问题讨论和知识获得等方面具有十分重要的意义。[1] 其中一些神学家，如吉伯特和贝伦加尔等，把辩证法看作是探究问题的至高法则和思想权威，从而把它运用到对神学问题的解决之中。

然而，还有一些神学家，虽然也认可辩证法作为一种理性方法具有一定的意义，但绝不认同它能够在根本意义上解决神学或信仰问题。达米安认为，辩证法是一种理性方法，它依赖于逻辑规则认识事物。根据这种逻辑规则，只有那些合乎逻辑的、不自相矛盾的事物，才是可能存在的事物，才是真的。然而，在自然或逻辑上看是不可能的东西，在上帝看来却是可能的。所以，用辩证法来认识或说明上帝是不合适的，它甚至会产生误导。[2] 兰弗朗克、奥托罗（Otloh，1010—1070 年）和柴纳的吉拉德等，表达了与达米安相同的看法，认为理性和辩证法只能是辅助性的，它们从属于神学，如果说信仰教义与逻辑出现了不一致，那么错误只能是逻辑，而不是信仰。[3]

尽管在对辩证法的使用程度上出现了不同的争论，然而中世纪早期神学家们整合哲学理性与宗教信仰之间关系的尝试和努力以及在这个过程中对辩证法的热情，则在 11 世纪之后，演变为一场波澜壮阔的思想运动。这是一场被称之为"经院哲学"（Scholasticism）的思想运动，是在长期的历史过程中由众多的因素所促成的。除了从教父时代以来神学家们所建构起来的理性主义阐释（辩护）传统之外，神学教育方式的广泛采用也起到了重要的推动作用。从"scholastic"的本意来看，它所指的就是"学校的"或"学者的"意思。长期以来，包括辩证法在内的推理逻辑和论辩逻辑，一直是中世纪早期教会学校众多教师和神学家们广泛采纳的主要教学方法和解答与探究神学

---

① 参见赵敦华：《基督教哲学 1500 年》，人民出版社 2007 年版，第 210—212 页。

② 参见赵敦华：《基督教哲学 1500 年》，人民出版社 2007 年版，第 216—219 页。

③ 参见赵敦华：《基督教哲学 1500 年》，人民出版社 2007 年版，第 215—216 页。

问题的主要手段。这些方法与手段所蕴含的哲学理性，正是在这种教学以及问题的解答与探究中获得了普遍的认可，并形成了一种似乎不可遏制的思想倾向。虽然在10—11世纪期间，神学家们关于辩证法在认识信仰或神学问题中是否具有积极的意义方面产生了激烈的争论，但这些争论并不能改变哲学理性在学院派神学家那里所具有的思想建构地位。

二、辩证神学与信仰寻求理解

在经院哲学的早期，安瑟尔谟（也译为安瑟伦）和阿伯拉尔可说是把这种具有积极意义的理性在更为深广的维度上推展出来的具有代表性的两位经院神学家和哲学家。在他们的思想中，即使信仰的首要性是一种思维原则和基本前提，理性的理解和证明则是一种能够提供具有独特理论价值的认识手段，宗教信念完全可以作出合乎理性的认识与表达。如果说正是对这种手段的认可使得安瑟尔谟重申了"信仰寻求理解"的原则并提出一种本体论证明的话，那么阿伯拉尔则是通过对亚里士多德辩证逻辑的提倡和运用来表明他的这种态度的。在对待辩证法的问题上，他甚至比安瑟尔谟有着更为明确的意识，因为他相信，辩证法在探究神学问题以及表达这些问题的语词方面具有非常重要的意义，这乃是由于我们"只有通过理解语词才能接受信仰"，从而提出了"若不首先理解，没有任何东西能被相信"的"理解导致信仰"的立场。[1]

虽然阿伯拉尔并没有像安瑟尔谟那样提出有关上帝存在的某种理性证明，但他坚定地相信，理性在认识信仰的问题上具有非常积极的意义，哲学真理和宗教真理是和谐一致的。他的思想中有一种明显的倾向，相信"即使理性不能解决所有的神学问题"，但基督宗教的"基本真理隐藏在人类的理智里，因此借着理性思想的帮助，可以取得并认识"。[2] 在阿伯拉尔心目中，这种能够提供帮助的"理性思想"，主要是辩证法。他对理性的高度赞赏就充分体现在他对辩证法的推崇之中。从思想的历史进程上看，阿伯拉尔对辩

---

① 参见赵敦华：《基督教哲学1500年》，人民出版社2007年版，第220—222页。

② [美]奥尔森：《基督教神学思想史》，吴瑞诚、徐成德译，北京大学出版社2003年版，第350页。

证法的推崇，反映了中世纪早期辩证法作为一种工具和方法在解决神学问题中的地位以及关于这种地位在神学家之间所展开的争论。

在中世纪早期的神学问题探究中，辩证逻辑之所以能够作为理性认知工具或方法起到一定积极的作用，不仅与当时的基督宗教信仰背景相关，也与波爱修的立场相关。波爱修虽然表达了逻辑作为独立的哲学学科的看法，但他更多是把逻辑作为工具来解决一些基本的哲学和神学问题的。如共相的性质问题。这种工具性的立场与倾向在基督宗教占主导地位的中世纪获得了广泛的回应，成为众多神学家们思考神学问题和哲学问题的一个基本的理性工具。毕竟神学或信仰问题在中世纪具有核心的地位，对逻辑的工具性诉求要远远多于对它的独立意义的研究。因而，如果中世纪早期神学家们试图用哲学的方式探究神学问题，那么在现实可能性上，逻辑往往就是他们更为乐意使用的工具。例如在8—9世纪的卡罗林文化复兴时期，一些主要的代表人物不仅撰写了逻辑学教科书，[①] 而且也自觉地运用辩证逻辑讨论具体的神学问题。爱留根纳更是把辩证法视之为基本的思想方法和自然运动的本性，适合于包括神学在内的一切学问。

因此，逻辑在中世纪早期的充分发展及其在哲学和神学问题讨论中的广泛运用，不仅得益于众多学者对逻辑学本身的研究，也得益于他们在神学和哲学问题讨论中对逻辑的倡导和使用。波爱修的逻辑学译著和注释出版后，其中一部分成为中世纪早期被普遍使用的逻辑学教材。随后，不同时期的一些学者们也写下了众多的逻辑学教材和著作，推动了逻辑学的发展。另一方面，逻辑作为古代"七艺"之一，曾在一些时期——如卡罗林文化复兴时期——不同层次的学校教育中得到了传播。以这种教学和研究为基础，中世纪的神学家们把它用在了对神学与哲学问题的探究中。这种探究最引人瞩目、同时也是引发不同神学家之间激烈争论的，是以论辩为基础的"辩证方法"。波爱修虽然把逻辑区分为证明推理和论辩推理两部分，但引起试图把

---

① 如阿尔琴（Alcuin,730—804年）的《论辩证法》。参见赵敦华：《基督教哲学1500年》，人民出版社2007年版，第193页。

逻辑运用到神学问题讨论中的神学家们更多兴趣的是论辩逻辑。它体现的是一种辩证的风格，一种论辩的张力，为中世纪神学问题的讨论注入了一丝理性的活力。

正是这种教育和运用，推动了逻辑学在中世纪的深入研究和广泛发展。到了 11 世纪之后，在逻辑学成为学校教育的主要课程的同时，辩证风格也建构起了经院哲学的基本特征。这种状况的发生，在相当大程度上是与当时的神学教育（教学）的现状相关。为了满足教学的需要，教师和学生往往依据问题进行讨论并展开辩论，提出解决问题的途径和答案。在其中，逻辑起到了非常重要的作用，"神学教育和研究需要恰当地提出问题、严谨地辨析词义、正确地进行推理的能力。它越来越多地依赖逻辑手段。"在这个过程中，"神学与逻辑的结合不但强化、深化了神学的内容"，更重要的是，它在深化对教父哲学及其思维方式认识的同时，"产生出新的哲学风格和思想，使教父哲学过渡到经院哲学"。①

虽然在这个进程中，把逻辑运用到神学时曾遭遇到了一些神学家的坚决抵制，在支持和反对辩证法的人们之间产生了激烈的争论；②但到 12 世纪时，逻辑，尤其是论辩逻辑（辩证法）已得到大多神学家的认可，并被广泛地运用到神学的教学和研究之中。这在贝伦加尔、安瑟尔谟和阿伯拉尔等人的思想中得到了最为充分的体现。他们把辩证法视之为是理性的杰作，可以运用到包括神学在内的一切地方（贝伦加尔）；不仅认为信仰能够而且应该在理性中建构，提出了"信仰寻求理解"的原则（安瑟尔谟）；甚至相信辩证法完全可以走向信仰——"理解导致信仰"（阿伯拉尔）。在他们的共同努力和影响下，中世纪的神学研究出现了一种新的形式，一种以辩证法为主要操作原则的辩证神学形式。

---

① 赵敦华：《基督教哲学 1500 年》，人民出版社 2007 年版，第 209 页。

② 如在 10—11 世纪，在吉伯特（Gerbert，945—1003）、贝伦加尔（Berengar，1010—1088）等支持辩证法和兰弗朗克（Lanfranc，1010—1080）、达米安（Damiani，1007—1072）等反对辩证法的神学家之间，就形成了不同思想倾向上的对峙；参见赵敦华：《基督教哲学 1500 年》，人民出版社 2007 年版，第 210—212 页。

作为一名神学教师，阿伯拉尔更多的是活动于 12 世纪新兴的城市学校，而不是更为传统和保守的修道院学校。这些新兴的学校虽然也隶属于教堂或修会，但它与后者相比有着更为独立和自由的空气以及更多的好奇心。阿伯拉尔将这些精神充分地运用在了他对神学问题的探究之中。① 在教学以及写作过程中，阿伯拉尔对辩证法的特征、运用在神学中的必要性以及如何运用等诸多问题都作了具体的阐述。如果辩证法能够作为一种方法运用在神学问题的探究中，那么它是以一种什么方式进行呢？或者说，阿伯拉尔是如何看待这种运用在神学问题中的辩证法的特征或性质的？他对这个问题的认识与确定，是以亚里士多德的思想为出发点的。在他看来，亚里士多德的逻辑包含两个部分，"即发现论据的科学和判别论据，或认可与证明被发现的论据的科学"，也就是辩证推理和证明推理两部分。证明推理是以一个公认的观点为前提，然后推出一个必然的结论的过程。而辩证推理则与此相反，它是一个寻找或确定作为证明推理前提的论点的过程，是一个探究的过程，这就是辩证法。也就是说，辩证法是发现论据的科学，它的"首要任务不是证明、解释，而是探索、批判"。② 辩证法在整个思维过程中要先于证明推理，后者是以前者为基础的。如果说证明推理是一种确定性思维的话，那么辩证法则是获得这种确定性思维起点的基本手段。在阿伯拉尔的思想中，他更为看重的是后者，是那个能够起到探索和批判作用的辩证思想形式。

如果辩证法更多的不是一种证明的方法而是一种探究的方法，那么这种方法是如何能够运用在神学问题之中呢？既然神学是以启示和信仰为基础建立起来的，它似乎应该是作为确定性思维的起点或证明推理的前提，而不应作为结论尚不明确的探索科学的对象。但是如果神学思想能够作为辩证法的对象，那么就表明这种思想有它不确定的地方。阿伯拉尔就是这样认为的。他在其《是与否》（Sic et Non）一书中列举了 156 个神学论题，诸如"是否只有一个上帝"、"上帝能否做一切事情"、"亚当是否能够得救"等等，这些

---

① Armand A. Maurer, *Medieval Philosophy*, Random House, INC., 1962, p. 60.

② 转引自赵敦华：《基督教哲学 1500 年》，人民出版社 2007 年版，第 242 页。

问题在基督教的传统上往往有两种答案，一种是肯定的（是），一种是否定的（否）。[1] 这就表明我们还不能在众多的神学问题上获得一致的意见，神学真理在某种意义上还不是确定的。因而它还需要运用辩证法对之进行探究，发现真理，消除其不确定的因素。当然，他运用辩证法对神学问题的探索，并不是取消神学，而是要消除信仰中的不确定因素，最终达到对信仰权威性的维护。他说，亚里士多德就经常引导人们进行疑问性的探索工作，因为"通过怀疑，我们开始探讨，通过探讨，我们按照主自身的真理来知悉真理"。[2]

阿伯拉尔认为，传统神学中之所以会出现正反两方面不同的答案，其中一个主要的原因乃是人们理解的不同和所用语言上的歧义。由于处在不同的时代，人们会有不同的语言习惯和思维偏好，即使对于《圣经》这样的权威著作，人们也会有不同的解释，这些原因都会导致对同一个神学问题的不同看法。因此为了消除这些歧义，辩证方法是不可或缺的。诸如对著作真伪的考证、对语言概念的分析、对不同词义的比较、对对立观点的鉴别考证，等等，都是运用辩证法解决神学问题的手段。[3]

由于阿伯拉尔是基督教神学史上少有的天才，而且是一位很少掩饰其才华的人，悖逆传统又咄咄逼人，因此他的过分大胆以及多少有些激进的"辩证方法"与思想观点，在当时不仅引起了神学家的愤慨，也招致了教会的不满。针对人们指责他过分沉湎于逻辑而可能导致的对信仰的危害，他在写给海洛伊丝（Heloise）的信中为此辩解道，"我并不愿成为一个哲学家，如果那必须排斥保罗的话；我并不愿成为亚里士多德，如果那必须背离基督的话"。[4] 由此可见，阿伯拉尔虽然对理性，特别是辩证法有着极高的推崇，但他始终是把信仰放在第一位的。

---

① 参见赵敦华：《基督教哲学 1500 年》，人民出版社 2007 年版，第 242—243 页。

② 转引自赵敦华：《基督教哲学 1500 年》，人民出版社 2007 年版，第 244 页。

③ 参见赵敦华：《基督教哲学 1500 年》，人民出版社 2007 年版，第 244—245 页。

④ Peter Abelard, Epistola 17; 转引自 Armand A. *Maurer, Medieval Philosophy*, Random House, INC., 1962, pp. 59-60.

在中世纪早期神学家对逻辑和辩证法的推崇和广泛使用的背后，隐藏着一个重要的神学目的，就是如何把哲学理性作为表述其信仰体系与神学观念的基本手段。这一目的一直延续到了经院哲学时期，正如当代学者普莱斯（B. B. Price）所指出的，"经院哲学基本上是一种运动，想要用方法论和哲学，证明基督教神学固有的理性和一致性"。[①] 这可说是这个时期经院哲学家们对待哲学的基本立场与态度，不仅在阿伯拉尔的辩证神学中得到了体现，而且也成为安瑟尔谟"信仰寻求理解"和本体论证明的基本动机，甚至更重要的是托马斯·阿奎那凭借着 12 世纪亚里士多德思想在拉丁西方大规模传播的契机，把它作为全面建构理性神学及其经院哲学的思想基础。

中世纪经院哲学在隶属于教堂和修道院的中世纪各类学校中的神学家、教师和学生的不断推动下，于 11 世纪之后逐步登上欧洲的思想舞台，成为其中最为重要的哲学运动。作为这场运动的早期代表人物之一，安瑟尔谟的生活与经历为他阐释经院哲学的原则提供了非常有利的基础和条件。安瑟尔谟于 1033 年出生于意大利北部奥斯塔（Aosta）一个阿尔卑斯山小镇的贵族家庭，其一生与教会和修道院有着密切的关系，不仅青少年时期接受了来自修道士的有关宗教知识或神学知识方面的教育，而且在成人之后也长期地生活在不同的修道院中，担任过法国贝克（Bec）修道院的院长以及英国坎特伯雷大主教的职位。这些生活经历与身份角色既使他对宗教信仰和神学思想始终保持着浓厚的兴趣，也使他能够熟悉并把握当时为神学家与教师们所关注的神学问题及其探究和讨论这些问题的理性方法。因此当安瑟尔谟开始自己的思想历程时，他的生活经历和身份角色为他提供了较为有利的条件。

安瑟尔谟对理性和信仰的关系的阐释，集中体现在两个方面，即信仰寻求理解（credo ut intelligam）以及理性能够独立地证明上帝存在等信仰问题。

---

① B. B. Price, Medieval Thought；转引自 ［美］奥尔森：《基督教神学思想史》，吴瑞诚、徐成德译，北京大学出版社 2003 年版，第 333 页。

就第一方面来说，安瑟尔谟同时提出了信仰的必要性和理解的必要性。他的基本主张是，信仰是第一位的，信仰是理解和认知的出发点与前提——人们应该在信仰中寻求理解，而不是在理解中寻找信仰；但同时，理解对于信仰来说也有着十分必要的意义：虽然启示以无条件的方式使得人们接纳了信仰的奥秘；但理性则为人们提供了理解和证明这一奥秘的方法，从而避免持守信仰时的消极与盲目。也就是说，安瑟尔谟虽然在有关上帝的问题上坚持了信仰的首要性，但他同时也赋予了理性以相当大的自主性，认为理性在理解和认识上有其非常重要的独立意义，我们"理应捍卫"那些"单单通过独立的研究得出的结论"，因为它不仅是"理性的必然性简明地肯定了它"，而且"真理之光也充分地显明了它"。① 理性一旦被看作是一种不依赖权威的认识过程和认识途径，那么就会在安瑟尔谟的思想中获得一种重要的地位。他的关于上帝存在的本体论证明，就是基于这样的认识而提出的。

三、理性神学与神圣学问

包含在安瑟尔谟"信仰寻求理解"原则及其"单一"论证中的理性主义内容，随着亚里士多德思想在 12 世纪中后期逐步在拉丁西方的全面复兴，演变成为一场硕果累累的思想运动，最终促成了中世纪经院哲学最为全面的思想体系——托马斯主义的建立。如果说在此之前，亚里士多德主要是作为一个逻辑学家为西方所认识的话，那么从这个时期开始，在他几乎所有重要的著作都被译为拉丁文的过程中，他的思想的各个方面被拉丁西方的学者所认识并产生了广泛的影响。托马斯·阿奎那正是在这一背景下，借鉴并运用亚里士多德的哲学思想，对基督宗教信仰作出了全面的理性化阐释。

这场从 12 世纪开始一直持续到 13 世纪的亚里士多德思想复兴运动，阿拉伯地区的伊斯兰哲学家起到了极为关键的作用。大约从 5、6 世纪希腊文

---

① ［意］安瑟伦：《独白》"序"，见《信仰寻求理解——安瑟伦著作选集》，溥林译，中国人民大学出版社 2005 年版，第 4 页。

化遗产随着罗马帝国的解体而在西方遗失的同时，它们则逐步进入到了阿拉伯世界，在叙利亚、伊朗和其他阿拉伯地区得以保存和流传。希腊文化的大规模保存和传播主要得益于在7、8世纪伊斯兰教兴起后对原罗马人控制的地区，如西亚、北非等地的征服以及他们对古希腊文化所采取的宽容和支持态度。特别是巴格达地区阿拔斯王朝（750—1258）的哈里发们所推行的开明政策，为希腊文化的保存和传播提供了制度性支持。如786—809年在位的哈里发阿尔—拉西德（al-Rashid），制定了一个将众多的希腊哲学和科学著作译为阿拉伯文的庞大翻译规划。这种文化的推进工作，标志了希腊文化在阿拉伯世界的全面复兴，并一直持续到了11世纪。[1]

在这个长期的翻译过程中，亚里士多德的著作成为最大的受益者——首先是被译为叙利亚文，然后从8世纪开始，又被译为阿拉伯文，到11世纪中期，除了极个别的著作之外，亚里士多德几乎所有的作品都被翻译成为阿拉伯文。阿拉伯学者在翻译亚里士多德著作的过程中，对他的思想进行了广泛深入的注释和研究，从而使这一希腊思想最终成为伊斯兰传统的一部分。[2] 在对亚里士多德著作解释和传播的阿拉伯哲学家中，阿维森纳和阿维罗伊占据了十分突出的地位。作为阿拉伯世界"东部亚里士多德主义"主要代表人物的阿维森纳，不仅对亚里士多德的著作作了全面的注释，而且也提出了许多具有影响的哲学和神学观点，特别是他对"存在"概念的界定，对"存在自身"和"存在事物"之间所作的区分，对理智性质的探讨，等等，对阿奎那和其他经院哲学家们产生了相当大的影响。[3] 与阿维森纳相比，作为阿拉伯世界"西部亚里士多德主义"主要代表的阿维罗伊，在对亚里士多德的解释方面更为著名。他被在12世纪之后的拉丁西方直接称为"注释家"（the Commentator），表明了他在研究亚里士多德方面的权威地位和深远影响。与阿维森纳试图保留柏拉图主义的因素不同，阿维罗伊清除了以前对亚

---

[1] 参见赵敦华：《基督教哲学1500年》，人民出版社2007年版，第277—278页；

[2] 参见赵敦华：《基督教哲学1500年》，人民出版社2007年版，第278—280页。

[3] 参见赵敦华：《基督教哲学1500年》，人民出版社2007年版，第283—285页；[美]约翰·英格里斯：《阿奎那》，刘中民译，中华书局2002年版，第30—31页。

里士多德解释中的柏拉图主义，力图恢复亚里士多德思想的原貌。他虽然认识到了理性和哲学的重要性，但他试图通过"双重真理论"来对理性和信仰进行了区分，强调的是哲学与神学相分离的思想路线。①

由于到 13 世纪后期亚里士多德著作全部完成的拉丁译本，除了个别是依照希腊原文译出外，大多是根据阿拉伯译本翻译的，② 因而可以说，以阿维森纳和阿维罗伊为代表的阿拉伯哲学家对亚里士多德的认识和解释，随着亚里士多德著作拉丁文的翻译而同时进入了西方社会，对于亚里士多德思想在西方社会的复兴和传播，产生了非常积极的推动作用。当然，这些传播和作用之所以能够快速广泛地实施与产生，还有一个现实的条件，那就是传统神学学校向世俗性大学的演变。在中世纪，西方的教育体制从学校归属、教学内容和学生来源等一直在发生着变化，到 13 世纪，包含了广泛的神学和世俗学科内容的大学已基本成熟，并拥有了自身相对的独立性。虽说这些大学是从教堂和修道院学校中演变出来的，但它们在有了自身的管理方式和开课自由——如 1215 年巴黎大学较为独立的管理条例的制定——之后，世俗学科就有了自身的地盘。亚里士多德的学说在进入拉丁西方之后，就是在这样的大学中获取了快速发展的基础。③ 由于亚里士多德的思想并不是被当时的教会和神学界完全接纳的，一些神学家和教会对亚里士多德的思想采取了一系列抵制与发布禁令的手段与方式；因而，如果说没有这些相对自由的大学教育的话，亚里士多德思想的传播就会面临更多的压力和困境。

正是亚里士多德著作的翻译和大学的兴起，为亚里士多德思想在西方的复兴和传播创造了有利的条件。亚里士多德使当时的人们认识到了自然和理性的意义，而新兴的大学则为这种意义提供了充分展示和阐发的舞台。当时众多的神学家和哲学家都直接参与到了这场思想变革的运动之中。而作为当时新兴大学和学术中心的巴黎、牛津和科隆等地，则成为亚里士多德思想研

---

① 参见赵敦华：《基督教哲学 1500 年》，人民出版社 2007 年版，第 286—288 页。

② 参见赵敦华：《基督教哲学 1500 年》，人民出版社 2007 年版，第 293—297 页。

③ 参见赵敦华：《基督教哲学 1500 年》，人民出版社 2007 年版，第 298—300 页。

究和传播的重镇。在这些众多因素的促成下，13 世纪因而被人们称之为是一个哲学变革的时代，一个自然理性的价值被发现和认可的时代。①

在这个"哲学革命"的时期，托马斯·阿奎那因其自身的机缘、爱好、热情与努力而登上了历史的前台，成为推进这场学术"革命"深入展开的最为重要的代表。在他 1239 年刚刚进入那不勒斯大学学习期间，即对亚里士多德产生了浓厚的兴趣，广泛地阅读了这位古希腊哲学家的众多拉丁版著作。随后，他作为一名多明我会成员有机会离开意大利，来到了当时欧洲的文化中心——巴黎等地继续深造，并于 1248 年来到科隆，师从在当时的学术界享有盛誉、有着"全能博士"称号的大阿尔伯特研究哲学和神学。② 后者对亚里士多德哲学思想的全面了解和精通，对阿奎那产生了巨大的帮助和影响。正是在大阿尔伯特的指导和鼓舞下，阿奎那深入领会到了亚里士多德的意义，进入了他的思想殿堂之中。

因而，当阿奎那结束学习并在 13 世纪 50 年代开始其神学教学和研究生涯的时候，亚里士多德的哲学已经成为他的思想中一个不可分离的组成部分，成为他认识神学问题的基本方法之一。虽然在阿奎那的学术生涯中，柏拉图等其他希腊哲学家的哲学思想也曾引起了他的关注，例如，柏拉图的分有（participation）概念在其形而上学中被作为阐述上帝与受造物关系的一个基本原则，柏拉图主义者的观点在其《论原因》（The Book on Causes）一书的评论中也得到了广泛的运用；③ 然而在其一生中对之保持着经久不衰兴趣的依然是亚里士多德的思想：他不仅评注了亚里士多德的大量著作，提出并发展了自己对亚里士多德思想的理解和看法；而且在他自己的哲学和神学著作中，经常引用亚里士多德的看法，作为对其观点的阐

---

① 现代英国历史学家戴维·诺尔斯（David Knowles）用"哲学革命"来称呼这一时期。*The Cambridge Companion to Aquinas*, edited by N. Kretzmann and E. Stump, Cambridge University Press, 1993, p. 20.

② Eleonore Stump, *Aquinas*, Routledge, 2003, p. 3.

③ *The Cambridge Companion to Aquinas*, edited by N. Kretzmann and E. Stump, Cambridge University Press, 1993, p.22.

释与支持。特别是在他的著作中，"the Philosopher"（"大哲学家"）一词专指亚里士多德。在阿奎那看来，亚里士多德的许多观点都可以成为他进一步论述神学问题的资源。例如，亚里士多德的逻辑方法成为阿奎那阐述上帝问题的基本神学方法，亚里士多德关于"作为存在的存在"的形而上学被阿奎那转变成为形而上学有神论，他的"人类在本性上具有认知的愿望"的看法被阿奎那改造成为人类自然理性具有独立意义的合法性基础，他的四因说（质料因、形式因、动力因和目的因）也被阿奎那运用在上帝存在的五种证明中。为了更好地获得认知神学问题的哲学基础和理性方法，阿奎那倾注了大量的时间和精力对亚里士多德的思想进行了全面的研究，详细地注释了他的众多著作，对他的许多哲学观念和原则进行了卓有成效的改造和转化，在提出并发展自己对亚里士多德思想的理解和看法的基础上，对基督宗教神学思想作出了全面的阐释与整合，建构起了自身独具特色的神哲学体系。[①]

当然，作为一个神学家，阿奎那有着自身符合教会传统和神学传统的问题意识与阐释方式；也就是说，即使他对亚里士多德有着非常大的好感，他也不可能偏离正统的教会路线而赋予亚里士多德思想以完全独立的意义；他只是在可能的时候，在不会与教会传统产生伤害和过多冲击的前提下，力争以一种哲学的方式来思考和表述神学问题。但不可否认的是，正是在对亚里士多德思想的全面把握中，阿奎那实现了他对作为一个单纯的神学家的超越，而拥有了某种哲学家的身份意识。阿奎那自己对这种不同于神学家的身份有着非常明确的认识，他说他正是在亚里士多德关于哲学的基本原则和哲学家首要工作的界定中，来确定他自己的首要职责和基本任务的——思考并阐释"宇宙的最终目的"、世界的"最高原因"以及所有"真理的第一原则"。[②]虽然"宇宙最终目的"、"最高原因"和"第一原则"在亚里士多德和阿奎那那里有着不同的含义与指向，但阿奎那则从中看到了两者的一致性，从而在

---

① Eleonore Stump, *Aquinas*, Routledge, 2003, pp. 8-9.

② 参见［意］托马斯·阿奎那：《反异教大全》第 1 卷，段德智译，商务印书馆 2017 年版，第 57—60 页。

其自身中为两种身份的整合提供了思想基础。

在神学体系建构中所拥有的哲学家意识，为阿奎那提供了一种思考哲学与基督宗教关系的双向的方式，从而使他能够"破除传统的形式，把他的思想投入到一种新的模式，根据他认为是主题所要求的东西去建构一个系统化的"理论体系。① 这种依据"主题所要求的东西"所建构的系统化体系，在阿奎那的不同论著中以不同的方式所展开，而在他最重要的著作《神学大全》（Summa Theologica）中，他把这一体系称之为"神圣学问"（"Sacra doctrina"），对它的性质、范围和学科意义等问题进行了全面的阐述。阿奎那依据亚里士多德《形而上学》中关于知识类型与学科分类的看法，解释了"神圣学问"为什么既是一种思辨的理论学科又是一种必要的知识类型的含义。② 其目的除了试图运用哲学家的权威及其自然理性来为神学提供一种"外在的和概然的论据"之外，③ 更重要的是希望把它建构成为一个系统化的理论体系，使之在包括哲学在内的所有知识门类中既具有独立的意义，又拥有统摄其他一切的地位。

以哲学为基础对基督宗教神学所作的系统化建构，可说是阿奎那长期致力的目标。他不仅在亚里士多德的著作中获得了一种哲学式的认知手段和建构方式，同时也希望以哲学家的身份来从事这样的工作。然而，无论他对哲学家的身份有着什么样的期待，那首先是在他是一个具有虔诚信仰的神学家的基础上生发出来的。因此，建构在《圣经》基础上的信仰传统，既是他毫不犹豫致力维护的权威，同时也是他判定如何以及在多大程度上运用亚里士多德思想的准则。阿奎那作为神学家对信仰传统和神学传统的恪守，以及他希望以哲学家的方式对其认知责任的履行，使其思想体系中不可避免地出现

---

① John I. Jenkins, *Knowledge and Faith in Thomas Aquinas*, Cambridge University Press, 1997, p. 78.

② 参见［意］托马斯·阿奎那：《神学大全》第 1 集第 1 卷，段德智译，商务印书馆 2013 年版，第 2—14 页。

③ ［意］托马斯·阿奎那：《神学大全》第 1 集第 1 卷，段德智译，商务印书馆 2013 年版，第 18 页。

了两种不同的思维原则和认识路线。阿奎那本人对此也有着较为清楚的认识，他承认在他所阐发的认识活动中，有着两种知识——自然的知识和超自然的知识，以及两种认识上帝的方式——上升（理性）的方式和下降（启示）的方式。① 他相信这两种认识方式——分别构成了被后来的学者们称之为自然神学和启示神学的内容——既是相互区分的又是相互支持的，并希望能够以哲学家的身份来完成他的这种双重职责与任务。②

阿奎那虽然相信，人们仅仅通过自然理性，可以对上帝的存在、本质及其相关的信念作出论证，从而形成合乎理性的认识；但是他同时也承认，还有一些非常重要的基督宗教信念，诸如三位一体等等，仅仅诉诸人们的自然理性是不能够给予解释和说明的。他把它们视之为是超越人类有限理性的无限的奥秘，必须依赖超自然启示方可获得。③ 阿奎那认为，信仰和理性虽然在诸多方面是不同的，但它们在本质上是不可能相互矛盾和相互冲突的，他相信以自然方式进入到人类理性中的东西不可能与"基督宗教信仰的真理"相对立。④ 阿奎那的这种自信来自他的信仰立场：上帝不仅是启示的根源，而且也是理性的创造者。因而他依据神学传统的立场——恩典并不摧毁自然而是成全自然，认为信仰和理性是相互协调、相互补充的。

阿奎那在论述有关自然神学的具体问题中，虽然力争坚持从自然和理性的角度进行阐述，在可以不用教义信仰的地方尽可能地不去使用它作为论证的根据。这既是阿奎那在《神学大全》第 1 集和《反异教大全》前三卷中努力尝试去做的事情，即首先"从推证的证明开始"，通过举出既是"证明性"的又是"概然"的论证，从而以理性的方式"推导出第一类真理"（理性真

---

① ［意］托马斯·阿奎那：《反异教大全》第 1 卷，段德智译，商务印书馆 2017 年版，第 64—67 页。

② ［意］托马斯·阿奎那：《反异教大全》第 1 卷，段德智译，商务印书馆 2017 年版，第 57—60、62 页。

③ ［意］托马斯·阿奎那：《反异教大全》第 1 卷，段德智译，商务印书馆 2017 年版，第 64 页。

④ ［意］托马斯·阿奎那：《反异教大全》第 1 卷，段德智译，商务印书馆 2017 年版，第 80 页。

理）或证明理性真理并"说服反对者"。① 然而就阿奎那思想的基本特征来说，要想彻底避免启示神学的影响不仅是不可能的，而且甚至它在某种程度上起到的是一种决定性作用。阿奎那的基本倾向是，自然理性作为认识神圣对象的一种基本方式，可以并且能够获得相应的真理性知识；但是这种方式必须最终地受到启示方式的制约和引导。因为在阿奎那看来，如果"把神圣真理单独留给理性去探究"，会形成一些不利因素：不仅在这种理性的长期探究中很少人能够成功，从而获得关于上帝的完整的知识；而且这种理性探究往往会混杂有众多的谬误和诡辩，引起人们的疑惑。因此必须要做的是，"关于上帝事物的无可动摇的确定性和纯粹的真理"，应通过"信仰之途显示"给人们。② 因而可以说，启示神学是作为一种内在形而上学原则，限定并支配了自然神学的总体结构和研究进程，确立了自然神学的问题设定和目的意识。那是他的自然神学不可攻击或舍去的基本内核。

虽然在阿奎那觉得他可以很好地同时履行其双重身份的职责，而且也能够把启示的方式和理性的方式都看作是人们认识神学问题的合理的方式，从而使得阿奎那在坚持信仰立场的同时，能够以理性的方式建构神学；然而在他的体系中，始终有一些神学命题是不能够在理性层面上被理解和被论证的。因而如果从一种思想的圆融和逻辑一致性来看，这些理性难题在阿奎那的体系中却保持着某种内在的张力，某种其自身永远不可化解的二元对立。毕竟源自两种截然不同思想体系的认识方式，如果要能够在阿奎那的同一个理论学说中始终保持和谐的共存关系，必须要依赖于一定的内外条件，依赖于被坚持的某种认识论假定和思想传统，依赖于整体的社会氛围以及阿奎那本人的学术素养、教育背景特别是他的乐观自信。然而，一旦这些条件、假定和自信出现变化或者被打破，存在于它们之中的张力就会以矛盾冲突的方式被公开释放出来，启示和理性间的内在不一致就会以不同的方式被表达。

① ［意］托马斯·阿奎那：《反异教大全》第 1 卷，段德智译，商务印书馆 2017 年版，第 77—78 页。

② ［意］托马斯·阿奎那：《反异教大全》第 1 卷，段德智译，商务印书馆 2017 年版，第 70 页。

实际上，这种张力所导致的矛盾，在阿奎那自己所生活的时代，就已经以不同形式在社会层面上有了明显的表现。

第三节　思想转向与新的可能

从总体的和积极的意义上看，亚里士多德主义在西方社会的复兴与传播，在中世纪经院哲学的理性主义进程中确实起到了非常重大的推动作用，成为形塑经院哲学鼎盛时期理性化思想的主要因素。在这场关注亚里士多德哲学的思想运动中，既有全面阐释其纯粹哲学意义的哲学研究者，如来自巴黎大学艺学（arts）院系的教师；也有将其哲学与基督宗教神学整合起来的学者，如大阿尔伯特和托马斯·阿奎那；同时也包括了一些试图在有限的范围内认识其思想意义的神学家，如哈勒斯的亚历山大（Alexander Halensis，1185—1245 年）和波纳文图拉等。他们在当时的条件下为探究它具有什么样的认知意义尝试了各种可能性。然而，来自法国、英国等地大学艺学院系的教师，特别是以布拉邦的西格尔为代表的一批巴黎大学的年轻教师，在他们尝试利用大学所提供的条件对这种新兴的哲学作出广泛的阐释和解说的时候，则引起了一批保守的正统神学家们的忧虑和不满，并最终导致了教会的公开干预，促使了经院哲学晚期的思想转向。

一、"77 禁令"与有限的理性

以布拉邦的西格尔为代表的这批被大阿尔伯特称之为身处"哲学家之城"的年轻教师，试图在进行独立于神学的哲学研究中保持哲学和理性的自主性。① 他们因主张对亚里士多德的研究，应该像阿维罗伊那样忠实于原著，保持亚里士多德思想的完整性，而被称为"世俗的亚里士多德主义者"或"完整的亚里士多德主义者"；他们相信必然的哲学结论会与基督

---

① *The Cambridge Companion to Aquinas*, edited by N. Kretzmann and E. Stump, Cambridge University Press, 1993, p. 24.

的启示相冲突，从而倾向于在哲学与神学、理性与启示之间画出一条相对分明的界线。① 由于他们试图在神学之外为哲学理性寻得独立和合理的地位与权力的立场与态度所暗含的"双重真理论"，则使得来自教会的一批正统神学家们感到了极大的威胁，其中的波拿文图拉也由早期对亚里士多德哲学的有限接纳，转向了对这种阿维罗伊主义观点的直接谴责和公开批判。② 他的谴责和批判随后引发了罗马教会的干预，1270 年巴黎主教唐比埃（Tempier）发布了谴责拉丁阿维罗伊主义（Latin Averroism）③ 的禁令。在这个禁令中，这位主教列举了 13 条与亚里士多德哲学有关的观点，予以谴责。当时的宗教裁判所和巴黎大学当局也采取具体行动，参与了这场对拉丁阿维罗伊主义的干预和迫害活动。随后，在 1277 年，教皇约翰二十一世（Pope John ⅩⅩⅠ）写信指示巴黎主教调查巴黎大学所出现的这种哲学上的异端。唐比埃主教在这次调查之后，于同年发布了被称为"77 禁令"的公开信，对 219 条当时流行的哲学观点进行谴责。在"77 禁令"颁布之后不到半个月的时间，英国坎特伯雷大主教也来到牛津大学，发布了对 30 条哲学命题的谴责。④

"77 禁令"涉及的内容是多方面的，但其中表达出的最强烈的信息之一就是主张上帝的意志是绝对自由的，禁止理性对之作出随意的解释。虽然这个禁令并没有彻底中断经院哲学对亚里士多德哲学的研究以及在这种研究中所凸显出来的阿维罗伊主义方式，然而它却决定性地改变了经院哲学的进

---

① Etienne Gilson, *History of Christian Philosophy in the Middle Ages*, New York: Random House, 1955,p. 388.

② 具体的看法可参见赵敦华：《基督教哲学 1500 年》，人民出版社 2007 年版，第 404—410 页。

③ 拉丁阿维罗伊主义是指 13 世纪首先在巴黎大学一些教师中流行起来的一股思潮。他们坚持 12 世纪阿拉伯哲学家阿维罗伊的立场，主张忠实于亚里士多德的思想，对其著作作出纯粹哲学的理解和阐释。

④ 参见赵敦华：《基督教哲学 1500 年》，人民出版社 2007 年版，第九章第三节"大谴责"；Etienne Gilson, *History of Christian Philosophy in the Middle Ages*, New York: Random House, 1955, pp. 404-406.

程，成为标志中世纪哲学和神学史之"黄金时代"结束的"划时代事件"。① 从此以后，那种以乐观精神研究亚里士多德哲学之意义以及以此为基础整合希腊哲学与基督宗教神学的信心受到了沉重的打击，以哲学方式"建构学术性神学的雄心在 1277 年之后不再存在，起码不再以相同的程度和相同的精神存在"。② 这种变化在神学的认知方式和阐释方式上也有着明显的体现。13 世纪开始以来在神学家思想中占据一席之地的"对哲学友好的和充满信心的合作精神"，开始为"对哲学家们的怀疑所取代"；③ 在这个过程中，支配神学研究的方式和主题发生了巨大的变化，那些试图通过希腊哲学的理性必然性来展开的对上帝问题进行认知与论证的尝试，逐步让位于对其自由意志问题的讨论。此后一直到 14 世纪，哲学与神学之间出现了巨大的裂隙与不同的走向——神学在张扬意志主义的同时，哲学则表现出了对逻辑的浓厚的兴趣。

直接体现这种不同的理论走向与兴趣的最为典型的代表，是司各脱主义（Scotism）和奥康主义（Ockhamism）。司各脱虽然也因秉承了众多经院哲学传统而使他的思想打上了那个时代的烙印，如他的思维方式由于对经院哲学风格淋漓尽致的发挥而使得他本人被称为"精细博士"，④ 但他的思想是在紧接着"77 禁令"之后的时代背景中孕育形成的，从而在有关理性与信仰关系的看法上有着与他之前的经院哲学家们有着明显不同的理论旨趣。例如他在自然理性的维度上也提出了"上帝存在"的证明，但作为这种证明出发点的既不是安瑟尔谟式的概念，也不是阿奎那式的经验事实，而是一种关于存在的形而上学原则；⑤ 再如他从"存在"的单义概念（univocal concept）

① Etienne Gilson, *History of Christian Philosophy in the Middle Ages*, New York: Random House, 1955, p. 408.

② Etienne Gilson, *History of Christian Philosophy in the Middle Ages*, New York: Random House, 1955, p. 408.

③ Etienne Gilson, *History of Christian Philosophy in the Middle Ages*, New York: Random House, 1955, p. 408.

④ 参见赵敦华：《基督教哲学 1500 年》，人民出版社 2007 年版，第 451 页。

⑤ Armand A. Maurer, *Medieval Philosophy*, Random House, INC., 1962, p. 223.

理论出发，认可了我们能够从有限存在者的"存在"中获得对上帝的"存在"的某种肯定性的认识；[①] 但他认为我们不能从存在方面理解上帝的本质，把上帝的本质等同于存在，而应从无限性上、从意志方面看待上帝的本质，把上帝的意志看作"是他的真实的、完满的、自在的本质"，[②] 从而突显了上帝的意志在其本质中的首要地位。

从基本倾向上，司各脱之所以在有关无限存在者的认识中强调哲学理性的有限性以及意志的卓越品性与首要地位，不可否认"77 禁令"之后的思想氛围对他所可能产生的影响。"77 禁令"虽然并没有完全禁绝哲学的研究，但它所彰显的上帝的意志是绝对自由的、从而限制理性对之作出随意解释的禁令，却无疑改变了此前在经院哲学中流行的理性主义的主导地位，为意志主义解释方式在神学家中的倡行，提供了重要的历史条件。司各脱在明确强调哲学家和神学家在认识方式上区别的前提下，按照这种思想转变所引导的倾向，提倡意志高于理性的思想立场。因此，在有关上帝存在和本质的解释方面，司各脱更为青睐于"无限性"观念，认为哲学家能够知道有一个无限存在者存在，但就这个存在者真正的无限本质是什么，唯有启示才能够提供思考的出发点，从而也只有神学家才能对它说些什么。也就是说，没有任何依赖于无限的、绝对自由的上帝的自由意志（决定）是可以从哲学上推论出来的，哲学的理性也许能够表明那是可能的，但却不能证明那是一种必然的结论。[③]

二、唯名论与思想分殊

从司各脱整体的理论倾向来看，在神学问题上他所强调的是意志主义而不是理性主义，彰显的是理性和信仰之间的差异性。但在对自然世界的认识方面，司各脱看中的是自然理性与逻辑方法，对人类认识的类型及其形成条

---

① Armand A. Maurer, *Medieval Philosophy*, Random House, INC., 1962, pp. 227-228.

② 司各脱：《巴黎记录》第 1 卷 45 部 2 题 27 条；转引自赵敦华：《基督教哲学 1500 年》，人民出版社 2007 年版，第 475 页。

③ Etienne Gilson, *History of Christian Philosophy in the Middle Ages*, New York: Random House, 1955, p. 464.

件和过程进行了细致的分析，提出了具有现代意义的知识理论。① 在司各脱的思想中，已经体现出了这样一种倾向，即有关上帝等信仰问题，是受超理性的意志主义支配的；而有关人类对有限世界的认识，则服从于理性或逻辑的制约。他的这种思想所包含的哲学与信仰之间的分离，不仅在他的追随者安德里斯那里有着明确的体现，② 而且在奥康的思想中更是得到了充分的表达。奥康在对人类认识能力以及词项逻辑的分析与考察的基础上，建构起了与主导传统经院哲学之实在论分庭抗礼的唯名论思想。奥康认为，真实存在的只有个体，在此基础上我们可以形成具有实际指称意义的单独概念；共相则是在心灵和自然对象共同作用下形成的普遍概念，它不具有实际的指称功能，只具有逻辑的指代作用，在命题中具有意义。奥康在对概念分类和词义分析中考察了人类的认识能力，认为我们可以形成两类确定性的知识类型，一类是自明性知识，是由概念或语词之间的关系所提供的知识；另一类是证据性知识，由语词所对应的外部事物所确定的知识。神学既不是证据知识，也不是自明知识；包括"上帝"在内的大多神学概念只有名称的指代功能，而无实际的指称意义。奥康试图通过知识标准把信仰从哲学（知识）中分离出来：神学命题以信仰为依据，知识（哲学）命题以经验证据和自明证据为依据。③

奥康在理性和信仰之间画出一条明确的界限，并不意味着他试图消解它们相互间的思想意义。相反，他只是希望为两者找到他认为它们各自应该遵循的原则和道路。一方面，奥康认为，把神学建构成为亚里士多德式的科学，是没有多少意义的；他并不在意或担心"有什么样的自然理性能够证明或不能够证明"信仰问题。④ 他不关注信仰的理性意义，他相信信仰是自足

---

① 有关司各脱的认识论观点，可参见赵敦华：《基督教哲学 1500 年》，人民出版社 2007 年版，第 468—473 页。

② 参见赵敦华：《基督教哲学 1500 年》，人民出版社 2007 年版，第 480 页。

③ EtienneGilson, *History of Christian Philosophy in the Middle Ages*, New York: Random House, 1955, pp. 494-497；赵敦华：《基督教哲学 1500 年》，人民出版社 2007 年版，第 504—507 页。

④ EtienneGilson, *History of Christian Philosophy in the Middle Ages*, New York: Random House, 1955, p. 498.

的。另一方面，在分离理性与信仰关系的前提下，奥康也为哲学确立了一种独立的研究领域。这就是奥康所实施的以逻辑学为基础、以唯名论为标志的"现代路线"，即在对词项和概念的意义及其逻辑功能的充分考察与分析中所推展的一种新的哲学思想和哲学运动，一种不同于传统中世纪哲学研究内容和思想倾向的朝向逻辑学的理论转向。

虽然经院哲学后期逻辑学转向中的哲学研究并不刻意寻求神学（信仰）的理性阐释与建构，然而这一转向在某种意义上乃是中世纪哲学与神学长期探求信仰与理性关系的一个必然结果。因为从波爱修开始，在中世纪理性与信仰关系建构的长期过程中，逻辑一直被作为一种主要的手段，作为神学建构的重要工具被神学家们所推崇与认可。也就是说，波爱修对亚里士多德逻辑的翻译、注释及其在对存在、共相等问题研究中的示范作用，为逻辑学在神学研究中奠定了某种合理的认知意义。随后，逻辑作为基本的认知方式与手段，在爱留根纳等人关于哲学与神学的早期建构中发挥了重要的作用。到10—11世纪，这一神学—哲学建构方式又以辩证逻辑的方式呈现出来，并随着亚里士多德著作在12世纪的全面翻译而得到了进一步的深化，不仅形塑了经院哲学的论辩风格，而且也推进了逻辑学研究的深入，"由于亚氏逻辑著作之翻译，各学校重视逻辑学，以致传统逻辑在这个时代达到最高峰的发展"。①

可以说，中世纪早期神学—哲学建构中对逻辑的长期运用，逐步产生了一个相对重要的理论后果，这既是对逻辑认知合理性（起码是工具合理性）的认可，以及由此而展开的对逻辑学本身的研究和探求。因此，当77禁令导致理性和信仰相互分离的时候，逻辑学在中世纪早期所具有的认知合理性及其相对完善的发展，为其独立于神学的研究，提供了得

---

① ［法］吉尔松：《中世纪哲学精神》，沈清松译，上海人民出版社2008年版，"译序"第10页。例如西班牙的彼得（Petrus Hispanus，1210—1277年），在其当时广泛流行一部逻辑学教材《逻辑大全》中，不仅较为全面地概括了亚里士多德的逻辑体系，而且也对当时新形成起来的词项逻辑作了阐述。参见赵敦华：《基督教哲学1500年》，人民出版社2007年版，第316—317页。正是这一词项逻辑后来成为奥康建构其唯名论思想的基础。

以进一步展开的基础和内容。这也是为司各脱和奥康所坚守的方向。就奥康来说，这种独立于神学的研究为逻辑提供了一种解放的意义，一种没有神学目的或信仰约束的单纯的逻辑学研究。因此，即使奥康在神学中宣扬上帝意志的绝对超越性，他在哲学中仍然可以高举"奥康剃刀"来消除或减少共相的实在性。这种在相对独立意义上对逻辑的研究，使得奥康写下了《逻辑大全》、《逻辑要义》以及对传统逻辑的评注和其他一系列逻辑论文；其中有关词项逻辑的阐发，构成了他的广泛影响的唯名论思想的理论基础。奥康的这些逻辑学著作和思想，对逻辑学的发展产生了相当大的推动作用，致使他本人被 14 世纪的学者沃德哈姆（Adam Wodham，1298—1358 年）称之为是"继亚里士多德之后无与伦比的逻辑学家"。①

然而，14 世纪逻辑学转向的理论成果不仅仅是逻辑的。它所引发的既是一场逻辑学运动，也是一场哲学运动。实际上，在整个中世纪，逻辑与哲学始终是交织在一起的，它只是在 14 世纪才得到了更为明确的表现。哲学—逻辑学的这种内在相关性可以在波爱修关于逻辑性质的说明中找到其根源。当波爱修声称逻辑是服务于哲学和神学的工具的时候，他也明确表示逻辑是哲学的一部分从而具有独立研究的意义。波爱修关于逻辑性质的双重立场主要是受到了亚里士多德的影响，他按照亚里士多德的学科划分思想，认为逻辑既是作为工具服务于哲学，也是哲学的一部分而有着独立的意义，"逻辑学科也是哲学的一部分，因为哲学才是它的主人；然而，逻辑也是工具，因为它研究如何要求真理"。② 逻辑的双重性质被波爱修以调和的方式呈现了出来。因此，当波爱修按照波菲利（Porphyry）的思路考察种相和属相之类共相的性质时，他认为他和波菲利之所以会倾向于按照亚里士多德而不是柏拉图的看法来提供可能的答案，乃是因为他们解决这个问题的出发点正好是亚里士多德的逻辑，即是依据于亚里士多德的《范畴篇》来思考和阐

---

① 参见赵敦华：《基督教哲学 1500 年》，人民出版社 2007 年版，第 520 页。

② 波爱修：《波菲利〈导论〉注释之二》第 1 卷第 1 章；转引自赵敦华：《基督教哲学 1500 年》，人民出版社 2007 年版，第 168 页。

释共相性质的。① 这种从逻辑学进路考察共相性质的倾向在经院哲学时期也有着突出的表现。这个时期所发生的关于共相性质的旷日持久的争论，虽然有其内在的神学诉求，然而逻辑在其中始终扮演着一个重要的角色——它不仅是引发这场讨论的重要诱因之一，而且也是这种讨论中被不断使用的基本手段与方法。可以说，中世纪的逻辑问题，始终是与神学问题和哲学问题、与共相这样的形而上学问题密切相关的。

无论逻辑扮演着什么样的角色，但如果把逻辑作为基本的方式之一来讨论共相的性质，则必然会引导讨论走向词项本身的意义及如何进行对之认识之类的问题上，走向对词项和概念的不同逻辑功能的考察，最终的唯名论之类的结论就有可能是不可避免的。但是在12世纪和13世纪，有关共相问题的讨论在基本的倾向上受着神学（信仰）的支配与制约，逻辑只是作为认知工具而发挥作用。因此在这个时期逻辑自身的必然性尚不能被贯彻到底，共相实在论居于支配地位。只是到了奥康那里，随着神学与哲学的分离，逻辑才在自身的必然性上有了得以展示的可能，唯名论的结论也才被凸显出来。

在奥康那里，唯名论的基础是逻辑，它的被普遍认可的合理的认识论基础是在对词项和概念的意义及其逻辑功能充分考察与分析中获得的。这是在14世纪哲学研究全面转向逻辑学以后才得以真正实现的。但是唯名论真正涉及的内容是共相的性质，而共相的性质本身不是一个逻辑学问题，而是一个涉及存在本性的形而上学问题。而在中世纪的背景中把两者的意义结合起来思考的哲学家是波爱修，他在思考共相的性质问题时实际上是把逻辑和形而上学的问题交织在一起，并进而阐释了逻辑的哲学意义。

然而，波爱修所阐释的有关逻辑之哲学意义的看法在中世纪早期尚未被充分地揭示出来，还受着神学实在论的影响和制约；只有到了逻辑研究以纯粹的方式展开的中世纪后期，逻辑哲学论才会产生一种相对彻底的理论后果。也正是在这个时期，亚里士多德逻辑才能够为那些"在唯名论论证中渴

---

① Etienne Gilson, *History of Christian Philosophy in the Middle Ages*, New York: Random House, 1955, pp. 99-100.

求把逻辑转化成为形而上学的每一个人提供一个完备的工具"。① 奥康是充分运用这一工具、从而对逻辑的形而上学意义作了彻底阐释的典型代表。吉尔松认为，为了在哲学中证明唯名论的正当性，一个逻辑学家必须断定逻辑本身是哲学；然而，当他这样做时，他所产生的不是一种逻辑学运动，而是一种哲学运动。② 奥康在唯名论思想中所实现的正是这样一种理论意义，他的逻辑学转向所引发的是一种新的哲学思想和哲学运动，一种不同于传统中世纪经院哲学的思想变革。

但是这种哲学变革和哲学运动却因种种原因而未能充分地建构起来。奥康所倡导的以逻辑学转向为基础的唯名论思潮，虽然在 14 世纪形成了与传统的托马斯主义和司各脱主义分庭抗礼的"现代路线"；然而这种思潮在当时却受到了一些学术机构和政府当局的压制。直到 15 世纪中期以后，它才在众多的学术机构中流行起来。然而这种流行却因为一些宗教的原因而重新与神学有了关联，从而推动同时也限定了唯名论思想的发展。③ 与神学的关联，也许是唯名论思潮中可能具有的逻辑哲学论未能得以充分发展的原因之一。

虽说在奥康的思想倾向中，显明信仰与理性或神学与哲学的分野，并不必然昭示着它们之间的根本对立或冲突；然而由他所推展的这场思想运动，客观上却导致了中世纪经院哲学之神学与哲学关系史的转折，在相当大的程度上消解了传统经院哲学试图通过哲学解决信仰问题的努力。这种努力是一个长期的历史过程，而且起码从安瑟尔谟开始，大多经院哲学家把"信仰寻求理性的理解"作为他们基本的思想原则，开创了经院哲学繁荣的局面。但是奥康却打破了这种原则，并不把"理性的理解"作为认知信仰和神学问题的具有重要理论意义的方法和途径。奥康的立场在当时引起了众多神学家和

---

① Etienne Gilson, *History of Christian Philosophy in the Middle Ages*, New York: Random House, 1955, p. 487, Note 2.

② 参见 Etienne Gilson, *History of Christian Philosophy in the Middle Ages*, New York: Random House, 1955, p. 487.

③ 参见赵敦华：《基督教哲学 1500 年》，人民出版社 2007 年版，第 595—597 页。

哲学家们的响应，其结果是在他之后，"为波拿文图拉、大阿尔伯特、托马斯·阿奎那及其同时代人们所尝试的信仰的理性理解，如果有什么留下来的话，也是少之又少"，这也正是人们"之所以把奥康主义描述为标志了经院哲学黄金时代结束的原因之所在"。①

奥康主义在经院哲学后期所引发的理论转向，确实具有非常重要的历史意义。通过逻辑手段确定共相的性质和意义，在 14 世纪中期前后并不是一个单独的思想事件。除奥康之外，还有不少的神学家和大学教师，如沃德哈姆、荷尔考特（R. Holkot，1290—1349 年）、奥特里考的尼古拉（Nicholas of Autrecourt，1300—1350 年）等人，都持有与其相同的唯名论倾向。他们相信，唯有个体事物是真实存在的，共相（普遍概念）只具有命题意义；逻辑在建构知识命题中具有基础性地位，强调对逻辑的研究；以信仰为依据的神学命题超出了理性的范围，不能用逻辑标准来衡量。以奥康为代表的唯名论思潮，在当时形成了一场影响广泛的思想路线②，在中世纪哲学的后期促成了从理性神学研究向逻辑学研究的理论转向③。

然而把奥康关于理性与信仰关系的看法，视为从此以后所有人都认同的解决它们两者关系的唯一方案，则是不适当的。这不仅在于在奥康主义流行的时期，托马斯主义和司各脱主义仍以不同的方式存在着；而且更重要的是，寻求信仰的理性理解，在西方思想文化的背景中是不可能被舍弃的。因此，当我们以更广阔的眼光回顾奥康以前中世纪哲学家和神学家们关于理性与信仰关系的看法时，它们就会获得一种更为长久的历史意义。毕竟，中世纪哲学在其长期的历史过程中，经过众多神学家和哲学家的努力，在有关信仰与理性关系的阐释方面，产生了非常丰富的理论成果。一方面，古希腊哲

---

① Etienne Gilson, *History of Christian Philosophy in the Middle Ages*, New York: Random House, 1955, p. 498.

② 相对于阿奎那等人的传统路线（via antiqua），这种思潮被称为现代路线（via moderna）。

③ 有关以奥康为代表的唯名论思潮在 14 世纪的影响，参见赵敦华：《基督教哲学 1500 年》，人民出版社 2007 年版，第 519—520 页。

学在不同时期的引入、译介和传播，为中世纪哲学的演进提供了强有力的理性资源和方法论手段；另一方面，基督宗教神学体系的完善和不断发展，也为希腊哲学在中世纪的研究与运用提供了一种新的思想背景和问题指向。两者富有张力的结合，在中世纪一千多年的历史发展中，孕育出了大量富有创造性的神学和哲学思想，形成了克莱门特、奥利金、奥古斯丁、安瑟尔谟、阿奎那、司各脱和奥康等众多不同的基督宗教理论体系。这些在理性与信仰密切关联基础上建构起来的体系，不仅丰富了中世纪哲学的思想内容并成为它的基本构成部分，而且也为近现代西方哲学和神学在新的时代背景下探究理性与信仰或哲学与神学的关系，提供了最富启发性也是最有价值的一种理论资源。

思考题

1. 早期教父哲学家如何看待哲学与宗教的关系？它在教父哲学建构中的意义何在？

2. 如何看待"野蛮人哲学"及其思想意义？

3. 分析克莱门特和奥利金阐释哲学与宗教关系的观点。

4. 什么是奥古斯丁所说的"真正的哲学"？如何理解他所提出的"以认同的态度思想"？

5. 辩证法在爱留根纳和阿伯拉尔思想中的不同表现与运用。

6. 阐释和分析"信仰寻求理解"的含义。

7. 什么是阿奎那的"神圣学问"？

8. 分析理性与信仰的关系在中世纪晚期哲学家思想中的表现。

第七章　形而上学

在西方哲学的历史演进中，形而上学（metaphysics）通常是与认识论、伦理学和逻辑学等一道被作为哲学的主要部分而为哲学家们所探究。虽然在20世纪的分析哲学运动中，形而上学曾被作为无意义的问题而受到了批判与拒斥，但自古希腊哲学以来的大部分时期，包含在这一问题中的内容因其独特的意义而激发了无数哲学家们的研究热情。亚里士多德在其《形而上学》一书中，曾对他认为是最崇高和最重要的知识或学问——第一哲学——作出了说明和界定，认为第一哲学所专门研究的是普遍和永恒的对象，是关于"存在之为存在"（being qua being）的学问；但它也涉及永恒"不动的实体"，因而也可以被称为"神学"。① 虽然用"metaphysics"（形而上学）这一概念来标明亚里士多德在这里所说的"第一哲学"的基本内容，多少具有某种历史的偶然；② 但从此以后，哲学家们关于这些内容和问题的研究，逐步就以"metaphysics"为名来标记。在历史上，哲学家们也使用"ontology"（存在论，也译本体论）一词来指称有关存在问题（what-is，来自希腊语 ta onta）的研究，但大多时候他们是把这两个概念作为同义语而交替使用的。③ 中世

---

① 参见［古希腊］亚里士多德：《形而上学》第6卷（E卷）1025b—1026a，苗力田译，中国人民大学出版社2003年版。

② 它之得名主要是源于公元前1世纪时 Andronicusof Rhodes 在编辑亚里士多德著作时，基本是出于分类的需要，而用 metaphysics，即"物理学"（physics）"之后"（meta）这一名称来标记亚里士多德这一部分著述的内容。Anthony C. Thiselton, *A Concise Encyclopedia of the Philosophy of Religion*, Grand Rapids: Baker Academic, 2002, p. 185.

③ Anthony C. Thiselton, *A Concise Encyclopedia of the Philosophy of Religion, Grand Rapids*: Baker Academic, 2002, p. 218.

纪时期，特别是在早期阶段，具有宗教背景的哲学家和神学家们对存在和实体（特别是神圣实体——上帝）等问题的思考与探究，虽然更多的是出于自身的理论需要和现实需要，而并非是有意地或严格地按照亚里士多德关于形而上学的界定来展开的，但在他们的哲学思想中却包含了非常丰富的相关内容，而且这两个问题往往是非常密切地交织在一起的。本章的内容依照亚里士多德的界定，并根据这个时期哲学家和神学家们的思想偏好，主要从存在与实体（上帝）及其相互关系方面，来介绍中世纪哲学有关形而上学研究的历史演进与成就。虽然这些方面并不能涵盖中世纪时期形而上学思想的全貌，① 但却是这个时期哲学家们最感兴趣的两个问题，同时也充分体现了中世纪形而上学研究的思想特色和理论成就。

第一节　神圣实体学说

在中世纪的思想背景中，以"上帝"为对象的问题必定是哲学家和神学家关注与思考的首要问题。由于在罗马帝国的后期，基督宗教成为帝国的国教并逐步演变为西方社会主导的信仰形式，对"上帝"（God）的神学解读和说明不可避免地成为中世纪神学思想史的基本主题。而与此同时，随着希腊哲学作为一种认知方式和阐释方式进入到早期神学家的视野中，如何从哲学的层面上探究和论证"上帝"的存在与本质，也成为教父哲学及其之后中世纪哲学念兹在兹的问题，并因而开启了所谓"哲学家的上帝"探究的历史进程。

---

① 英国学者马仁邦（John Marenbon）认为，中世纪有关形而上学问题的讨论，其范围远远大于亚里士多德在"形而上学"的名称下所界定的内容，诸如共相问题（the problem of universals）、命题的语义学（the semantics of propositions）、部分整体论（mereology）、心灵与身体的关系和永恒问题等，都是在中世纪的背景下被作为形而上学问题来讨论的。*The Oxford Handbook of Medieval Philosophy*, edited by John Marenbon, Oxford: Oxford University Press, 2012, pp. 9-10.

一、承接与转换

在尝试以希腊哲学的思想框架或认识方法阐释上帝意义的早期教父哲学家中，克莱门特和奥利金占据着比较重要的地位。虽然在他们之前，查士丁为寻求上帝的意义曾不断地穿梭于斯多亚学派和柏拉图主义等不同的哲学流派之间——不过他最终因不满于这些流派哲学家们的看法而相继离他们而去，然而作出较多理论阐述并留下明确文字内容的则是克莱门特和奥利金。克莱门特对上帝的本质和属性等问题作了较为详尽的阐释和表述，他的这些阐释和表述就其基本立场而言无疑遵循着他所隶属的教会传统及其神学传统，但他也是在与希腊哲学的对话中展开的，例如在他所留存下来的比较重要的著作如《规劝异教徒》和他称之为"关于真正哲学思辨笔记"的《杂文集》中，希腊哲学诸流派以及希腊罗马传统宗教成为他与之对话乃至批判的主要对象，而正是在这样的对话与批判中，希腊哲学的思想框架及其表述方式对他产生了影响，从而为他在不同程度上借鉴并使用。

克莱门特关于上帝本质和属性的思考，主要是从宇宙的基本原则和唯一根源方面来进行的。他是在把上帝作为宇宙的唯一基本原则与创造者的基础上，通过整一性、无限性以及全知全能等方面对上帝的本质属性进行了归纳和阐释。而在作出这些归纳和阐释之前，克莱门特首先对希腊罗马的多神教信仰、希腊哲学关于宇宙基本原则的看法等问题进行了比较性的考量。在他看来，不仅希腊多神教中的神性观包含着诸多的错误，而且希腊哲学关于世界基本构成原则的看法上也是多变的和多元化的，缺乏单一原则所应具有的单纯性与超越性。例如，他认为希腊社会中虽然存在着众多的信仰现象，但他们并不真正地理解神与神性，反而或者是迷惑于自然物的美丽，或者是恐惧自然的力量，或者是得意于人类的情感与激情，或者是神化人的能力和人间英雄，最终导致了对"来自尘世之物"的崇拜。[①] 而出现在这种崇拜活动中的信仰对象，在克

---

① 见 Clement, *Exhortation to the Heathen*, Chapter Ⅱ, Chapter Ⅳ; *Ante-Nicene Fathers, Volume II*, Fathers of the Second Century, edited by Alexander Roberts, D.D. and James Donaldson, LL. D., Hendrickson Publishers, Inc., 1994 (Fourth printing 2004), p. 177, pp. 186-187.

莱门特看来根本不是真正的神，从而不仅出现了信仰对象的多样化（多神论），而且甚至出现了对那些只有名字而实际不存在的以及根本不是神的东西的信仰。他把后者称之为是一种不信神的或无神论的多神信仰。①

克莱门特将这种对希腊多神教中所谓的物质崇拜形式的批判，延伸到了对希腊哲学关于世界本源看法的考察之中。他认为一些希腊哲学家们在这类问题上也采取了无神论的形式，因为他们把水、气、火、土之类的四种元素看作是宇宙的至上原则——如泰勒斯选择的是水，阿那克西曼德是气，巴门尼德是火与土，使它们拥有了神圣性；恩培多可勒则在四种元素之外又添加了爱和恨，扩大了神圣者构成的名单——克莱门特把他们通称为是不信神的，因为他们"崇拜物质性"的东西，虽然"他们确实并不赋予无生命之物以宗教上的荣誉，但却把大地奉为神明，作为万物之母。他们并没有创造波塞冬（Poseidon）的形象，但却崇拜水本身"。② 在他看来，这些哲学家们虽然试图寻求宇宙万物的至高创造者以及"首要原则"，但却把目光局限在这个世界之中，崇拜那些"软弱与贫乏的元素"，因而并不能找到或认识到宇宙真正的起点或本源。

然而，在希腊哲学关于宇宙本源及其"首要原则"的探究中，并不是所有哲学家都对水、气、火、土之类的物质元素感兴趣。在其后期的思想演进中，一些哲学家提出了某种超越感性世界的东西，来解释这个世界的产生或基本的构成原则是什么。例如柏拉图把理念世界作为最真实的存在，并通过"造物神"来解释感性世界如何从理念世界中产生；斯多亚学派（Stoics）的哲学家们则把希腊哲学传统中逐步明确起来的"逻各斯"（logos），作为世界构成的理智原则来看待。克莱门特看到了这种变化，因此认为并不是所有的希腊哲学家都受制于感觉主义而崇信古老的多神论，相反那些专注于理性探究的人，

---

① Clement, *Exhortation to the Heathen*, Chapter Ⅱ; *Ante-Nicene Fathers, Volume II, Fathers of the Second Century*, edited by Alexander Roberts, D.D. and James Donaldson, LL. D., Hendrickson Publishers, Inc., 1994 (Fourth printing 2004), p. 177.

② Clement, *Exhortation to the Heathen*, Chapter Ⅴ; *Ante-Nicene Fathers, Volume II, Fathers of the Second Century*, edited by Alexander Roberts, D.D. and James Donaldson, LL. D., Hendrickson Publishers, Inc., 1994 (Fourth printing 2004), p. 190.

其心灵会被某种神圣的东西所灌注，从而承认"神是唯一的，不可毁灭与不被产生"，某种超越的处在天上的存在，拥有其自身独特的崇高性和真正与永恒的存在。[①] 是通过理性的引领而认识到了一个唯一神的存在，这一神"不是由质料构成"的"一个可感的对象"，而是"一个可理解的对象"，是用"唯一健全的理性或'逻各斯'"这一"灵魂之光"，才可为我们显明的对象。[②]

克莱门特对希腊神论的批判性考察，其主要目的是为他所倡导的基督宗教的上帝观作出引导性的铺垫。他认为真正的上帝是唯一的，是宇宙万物所有一切的唯一原则；世上所有的一切都来自他，为他所创造，包括质料。在这个问题上，他觉得他所提出的上帝观比希腊哲学的神论更完满也更单纯。他说，虽然希腊哲学家，如斯多亚学派、柏拉图、毕达哥拉斯主义者、亚里士多德及其逍遥学派，都尝试寻找世界万物的首要原则，而且其中一些也提出了"造物神"和理性逻各斯的观念，但他们仍把质料作为这样的原初原则之一，未能认识到有一个单一原则的存在。[③] 也就是说，相对于柏拉图把宇宙的至上原则归结为三个——造物神（the Demiurge）、理念和质料以及亚里士多德归结为两个——上帝与质料，克莱门特认为他所说的作为宇宙首要原则的"上帝"，不仅是唯一的，而且是万物的创造者，他创造了世界上所有的一切，是一切事物的最终原因，不仅包括所有的存在与活动，而且也包括所有的善与理智；他创造这一切无需依赖任何其他事物，仅凭其自身的能力和意志。[④]

① Clement, *Exhortation to the Heathen*, Chapter VI.; *Ante-Nicene Fathers, Volume II*, Fathers of the Second Century, edited by Alexander Roberts, D.D. and James Donaldson, LL. D., Hendrickson Publishers, Inc., 1994（Fourth printing 2004）, p. 191.

② Clement, *Protrepticus*, Chapter 4, Chapter 6; *Battista Mondin, A History of Mediaeval Philosophy*, Rome: Urbaniana University Press, 1991, p.43.

③ Clement, *The Stromata (Miscellanies) Book V*, Chapter XIV; *Ante-Nicene Fathers, Volume II, Fathers of the Second Century*, edited by Alexander Roberts, D.D. and James Donaldson, LL. D., Hendrickson Publishers, Inc., 1994（Fourth printing 2004）, p. 465.

④ Clement, *Exhortation to the Heathen*, Chapter IV; Clement, *The Instructor (Pedagogus) Book I*, Chapter VI; Clement, *The Stromata (Miscellanies) BookV*, Chapter XIV; *Ante-Nicene Fathers, Volume II, Fathers of the Second Century*, edited by Alexander Roberts, D.D. and James Donaldson, LL. D., Hendrickson Publishers, Inc., 1994（Fourth printing 2004）, pp. 189-190, p.216, p. 465.

在把上帝视为世界万物存在的唯一原因和创造者的观念中，蕴含着一种上帝具有绝对能力的看法，即上帝仅凭自身而不依据任何其他的质料和原则，从无中创造了这个世界。这也正是克莱门特认为他所推崇的上帝观优于柏拉图等希腊哲学家的地方，毕竟后者的造物神还要受制于其他的东西，如质料。世界是上帝从无中创造（creatio ex nihilo）的看法，可说是基督宗教神学一个最基本的学说或教义，中世纪哲学家们也以不同方式认可并阐释了这一看法。克莱门特可说是这一学说或教义的一个最早的倡导者，起码是最早尝试从哲学上解释它的意义的最早的教父哲学家之一。

在阐释上帝之为世界的至上原则与万物的创造者的同时，克莱门特对上帝的其他本质属性也作了说明，认为他具有完善性、自足性和无限性，是全能和无所不在的，对他所创造的世界充满关怀与照管。在他看来，上帝的神圣性拥有所有的一切，它是最完满的，并不欠缺也不需要任何其他的东西；它能够赋予每一事物以真实存在所应有的每一方面，而不会受到它们的任何影响。[①] 而上帝作为真正"整全的一"，是无限的，没有任何的向度与边界。[②] 他从无中创造世界体现了他的大能，他创造了天、地和人类，赋予它们以善和秩序，其能力没有界限也不受限定；由于世界万物为他所创造，他能够很好地认识它们，这是他神圣智慧的体现。[③] 对世界万物的关怀与照管所体现的天道观（Providence），被克莱门特看作是神圣属性的最重要特征，是上帝神圣智慧和能力的直接体现，也是基督宗教上帝观与希腊哲学神论的最大

---

① Clement, *The Stromata (Miscellanies) Book VII*, Chapter Ⅲ, Chapter Ⅴ; *Ante-Nicene Fathers, Volume II*, Fathers of the Second Century, edited by Alexander Roberts, D.D. and James Donaldson, LL. D., Hendrickson Publishers, Inc., 1994（Fourth printing 2004）, p. 527, p. 530.

② Clement, *Stromata (Miscellanies) Book V*, Chapter 12; *Ante-Nicene Fathers, VolumeII, Fathers of the Second Century*, edited by Alexander Roberts, D.D. and James Donaldson, LL. D., Hendrickson Publishers, Inc., 1994（Fourth printing 2004）, p. 464.

③ Clement, *The Instructor (Pedagogus) Book I*, Chapter 2; Clement, Stromata（Miscellanies）Book Ⅶ, Chapter Ⅶ; *Ante-Nicene Fathers, VolumeII, Fathers of the Second Century*, edited by Alexander Roberts, D.D. and James Donaldson, LL. D., Hendrickson Publishers, Inc., 1994（Fourth printing 2004）, p. 210, p. 533.

区别。①

那么，如何看待克莱门特在希腊哲学的神论及多神教传统与基督宗教的上帝论之间所进行的比较与区分呢？从宗教本身的历史演进上看，克莱门特从一神论出发对希腊多神教的比较性批判，确实揭示出了这两种宗教形态在有关神圣对象看法上的各自特征及其相互间的不同。然而如果就世界的本源及其基本原则的探究上看的话，希腊哲学则走的是不同于克莱门特所持守的道路。从思想起点上看，开始于公元前 6 世纪前后的希腊哲学，在探究世界本源与始基的过程中，力图摆脱此前占主导地位的神话思维模式，尝试以一种自然的方式，即以合乎自然的和理性的方式解释世界的存在及其原因。②虽然在这个过程中，有神论框架还会以某种方式为哲学家们所使用，但用以解释世界本源和首要原则的，诸如质料、形式以及"理性的逻各斯"等，更多的时候是被哲学家们看作是内在于这个世界中的。而被克莱门特等人看作是这个世界首要原则和终极原因的上帝，一开始即是超越这个世界的，虽然他被认为是从无中创造了这个世界，但世界万物的存在以及善、秩序等各种实在特征都是上帝赋予或"注入"的，它们之间是一种创造和被创造的关系。上帝作为神圣实体，超越世界万物之上并与它们是截然不同的。也就是说，世界的基本原因与存在，是依据于一个超越的和外在的原则得以解释的。这种解释方式可以说表现出了与希腊哲学截然不同的思想旨趣，它在克莱门特等人提出之后，就一直是中世纪哲学中的一种占主导地位的模式，直到在现代哲学的休谟和康德那里，情况才发生了明显的改变。

紧接着克莱门特之后，另一位把上帝作为世界万物存在的基本原因和原则而尝试以哲学的方式阐释其本质与属性的教父哲学家，是同样来自亚历山

---

① Clement, *Stromata (Miscellanies) Book I*, Chapter 11; *Book V*, Chapter Ⅰ; *Book Ⅶ*, Chapter Ⅱ, Chapter ⅩⅧ; *Ante-Nicene Fathers, VolumeⅡ, Fathers of the Second Century*, edited by Alexander Roberts, D.D. and James Donaldson, LL. D., Hendrickson Publishers, Inc., 1994（Fourth printing 2004）, pp. 311-312, p. 445, p.526, p.555.

② 参见 ［德］E. 策勒尔：《古希腊哲学史纲》，翁绍军译，山东人民出版社 2007 年版，第 3 页；［法］莱昂·罗斑：《希腊思想和科学的起源》，陈修斋译，段德智修订，广西师范大学出版社 2003 年版，第 34 页。

大城的奥利金。在其最重要的著作之一《第一原则》的第一卷中，奥利金对上帝、基督、圣灵等神学实在对象的本质和意义进行了阐释。就上帝的本质来说，他首先是对当时一些人的看法进行了分析，这些人从圣经的一些描述，如上帝是"火"或"灵"的比喻中，把上帝看作是拥有"身体"或是一个物质性的存在。① 奥利金依据同样的描述和比喻而作出了相反的解读。在他看来，作为世界万物起点和最初原则的上帝，不可能被视之为是一个复合的存在，否则的话，构成复合事物的要素就会先于万物的起点本身而存在，而这是荒诞的和不可能的。他认为上帝的本质不能从复合的或物质的方面来理解，不能把他"作为一个形体"或作为"存在于一个形体中的存在者"来看待，而应该看作为"一个非复合的理智本质"，其"整个地是不可分的一"（Mονάς 或 Ἑνάς），是那个"真正的理智（the mind）以及从中所有的理智本体或理智获得其起源的根源"。②

奥利金从单纯性上看待上帝的本质，把它视之为非复合的理智和神圣的一；而只有这种纯一的存在，而不是那种复合的和多样化的存在，才能够成为世界万物的原因和至上原则。然而，奥利金同时认为，那个作为单纯理智本体的上帝，是绝对超越于物质世界的，其本质是不可理解与不可测度的，无论我们通过感知或者通过沉思所能够获得的关于上帝的知识是什么，都不是其本质的真正知识，因为他在所有方面都远远超越于我们所知的他之所是。在他看来，正如只能看到或只能理解一朵火花或一盏油灯之光亮的人，如何能够去理解太阳之不可表述和不可估量的明亮和辉煌呢？同样的是，当我们的理智（understanding）被束缚在血肉之中并由于参与到这样的物质实体中而变得更加呆滞和迟钝时，虽然与我们的身体本性比较起来它被认为是

① *Origen, De Principiis Book I*, Chapter Ⅰ, 1; *Ante-Nicene Fathers, Volume IV, Fathers of the Third Century*, edited by Alexander Roberts, D.D. and James Donaldson, LL. D., Hendrickson Publishers, Inc., 1994（Fourth printing 2004），p.242.

② *Origen, De Principiis Book I*, Chapter Ⅰ, 6; *Ante-Nicene Fathers, Volume IV, Fathers of the Third Century*, edited by Alexander Roberts, D.D. and James Donaldson, LL. D., Hendrickson Publishers, Inc., 1994（Fourth printing 2004），p.243.

更加优越的，然而在其努力查验和把握非物质的事物方面，几乎并不比那一朵火花或那一盏油灯的地位强到那里；因此，奥利金诘问道，在所有人类的理智中，即使是最纯粹和最清晰的理解能力，怎么可能会有哪一个是如此优越——具有如此不可表达与不可估量的优越——致使其能够把握或明了上帝的本质呢？①

虽然奥利金在有关上帝的本质问题上，表现出了明确的不可认知的立场，认为"我们的理解就其自身而言，并不能够把握作为其所是的上帝自身"；但他相信上帝的存在依然是我们可以获知的，即"从他作品的美好以及他的创造物的壮丽，而认识到这位世界之父的"存在。②奥利金这种在上帝本质的不可知和其存在的可知之间所作的划分，被认为是在犹太哲学家斐洛及其前辈克莱门特之后对自然理性有限性在上帝问题上的又一次界定，而这样的划分和界定在随后中世纪的思想氛围中得到了较为广泛的回应，有不少哲学家持有着与此基本相同的立场与看法。

二、有学问的无知

秉持着与奥利金等人基本相同的思想路线，从哲学上对上帝的本质和存在作出思考与探究的另一位重要的中世纪哲学家，是生活于罗马帝国晚期的奥古斯丁。虽然奥古斯丁在关于上帝单纯和至善等本质的看法以及与这种看法一道所提出的"有学问的无知"诸方面产生了深远的影响，但这种看法和立场的最终形成在奥古斯丁那里则经历了一个较为长期的探索过程。奥古斯丁在其祷文式自传体回忆录《忏悔录》中，说他在19岁阅读西塞罗（M. T. Cicero，公元前106—前43年）的《荷尔顿西乌斯》（Hortensius）时，这部

---

① Origen, *De Principiis Book I*, Chapter Ⅰ, 5; *Ante-Nicene Fathers, Volume IV, Fathers of the Third Century*, edited by Alexander Roberts, D.D. and James Donaldson, LL. D., Hendrickson Publishers, Inc., 1994 (Fourth printing 2004), p.243.

② Origen, *De Principiis Book I*, Chapter Ⅰ, 6; *Ante-Nicene Fathers, Volume IV, Fathers of the Third Century*, edited by Alexander Roberts, D.D. and James Donaldson, LL. D., Hendrickson Publishers, Inc., 1994 (Fourth printing 2004), p.243.

哲学著作就已经促使他的情感和思想发生了变化，使其明了"爱智慧"与"哲学"间的关系，从而产生了新的希望与渴求，开始以极大的热情去追求他所向往的"不朽的智慧"；① 而这一追求的过程，依据奥古斯丁自己的说法，却是漫长的和"彷徨不定的"：期间既曾出现过对摩尼教（Manichaeism）善恶二元本体观的偏好，也曾有着对"学园派"（Academics）新柏拉图主义哲学家崇尚的精神性观念的信任，然后在自己不断努力以及他人的帮助下，最终在皈信基督宗教中认可了教会教义中的上帝信念。②

在经历了这一长期的思想转变过程之后，奥古斯丁认为他关于上帝本质的看法逐步清晰起来，认识到上帝是最高的和最卓越的，最强大的和无所不能的，最仁慈的和最正义的，不朽和永恒的，……不变同时又是每一变化的原因，是灵魂、身体和所有一切的创造者。③ 在他看来，作为三位一体的上帝是单纯的和不变的，因为存在着一个唯一单纯从而也是唯一不变的善，这即是上帝；他说这即是我们之所以称上帝的本性是单纯或纯一的原因，因为"它并不包含任何可以失去的东西"，它并不是那种其自身中拥有其他东西的事物，诸如一只杯子和液体，一个形体和颜色，一片天空和光与热，一个心灵与智慧——"这些事物没有一个是它所拥有的东西：杯子不是液体，形体不是颜色，天空不是光和热，心灵不是智慧。正是如此它们才可以失去它们所拥有的，才可以转化成或改变为另外其他的品性与状态，从而杯子可以被倒空其充盈的液体，形体失去颜色，天空可以变暗，

① St. Augustin, *The Confessions, Book III*, Chapter IV, 7, 8; *NICENE AND POST-NICENE FATHERS, VOLUME 1*, edited by Philip Schaff, D.D., LL.D., Hendrickson Publishers, Inc., 1994（Fourth printing 2004），pp. 61-62.

② ST. Augustin, *The Confessions, Book V*, Chapter III, 3; Chapter X, 19, 20; Chapter XIII, 23; Chapter XIV, 25; Book VI, Chapter V, 7. *NICENE AND POST-NICENE FATHERS, VOLUME 1*, edited by Philip Schaff, D.D., LL.D., Hendrickson Publishers, Inc., 1994（Fourth printing 2004），p. 80, p. 86, p. 88. p. 93.

③ ST. Augustin, *The Confessions, Book I*, Chapter IV, 4; *Book VII*, Chapter III, 4. *NICENE AND POST-NICENE FATHERS, VOLUME 1*, edited by Philip Schaff, D.D., LL.D., Hendrickson Publishers, Inc., 1994（Fourth printing 2004），p. 46, p. 103.

心灵变得愚钝"。① 然而上帝绝不是这种由不同部分构成并占据空间的有形实体，在其中有着可以获得同时也可以失去的部分；而是应该被称为"单纯的在本质上是真正神圣"的存在，其属性与其实体"是完全相同的"。②

可以说，奥古斯丁关于上帝本性是单纯的以及上帝本体与其属性一致的界定和说明，同时也蕴含着他在这一神圣存在与世界万物存在之间所作的区别。他引用《圣经·出埃及记》(3：14) 中上帝对摩西 (Moses) 所说的话"我是我所是"或"我是自有永有的"("I am that I am")，说明上帝作为至上的存在，是永恒不变的，与他所赋予的万物的存在是截然不同的，后者不可能具有至上的属性。在他看来，拉丁语 essentia（本质）是一个与希腊语 οὐσία（ousia）具有同等意义的词，正如 sapientia（智慧）来自动词 sapere 一样，essentia 来自是动词 esse（to be）。从而，由于上帝"是其所是"，其本质与其存在相同；而世界万物为上帝创造，其存在来自上帝，上帝赋予一些事物的存在更丰富，一些事物的存在则具有更多的限定，致使世界万物的本性呈现出或处在不同的等级之中。③ 奥古斯丁的意思是说，只有"我是我所是"的至上存在者上帝，其本质与其存在是一致的；而所有其他存在者的本质虽然与它们的存在相关联——即来自存在并最终来自上帝，从而其本质不可能与它们的存在相对立，但它们的本质与其存在是绝不可能像上帝那样完全相同的。

虽然奥古斯丁从至善、不朽、无限、不变等方面对上帝的本质属性进行了说明，特别是对其单纯性本质的解读更细致和也更具哲学的韵味，而且他也以不同方式论证了上帝的存在（具体论证参见本教材第九章相关内容）；

---

① ST. Augustin, *The City of God, Book XI*, Chapter 10. *NICENE AND POST-NICENE FATHERS, VOLUME 2*, edited by Philip Schaff, D. D., LL.D., Hendrickson Publishers, Inc., 1994(Fourth printing 2004), p. 211.

② ST. Augustin, *The City of God, Book XI*, Chapter 10. *NICENE AND POST-NICENE FATHERS, VOLUME 2*, edited by Philip Schaff, D. D., LL.D., Hendrickson Publishers, Inc., 1994(Fourth printing 2004), p. 211.

③ ST. Augustin, *The City of God, Book XII, Chapter 2*; *NICENE AND POST-NICENE FATHERS, VOLUME 2*, edited by Philip Schaff, D. D., LL.D., Hendrickson Publishers, Inc., 1994(Fourth printing 2004), p. 227.

但他认为上帝本质的问题一直是困扰他的最为困难的问题，并针对人类理性能否以明确清楚的方式理解并表达这个问题，他所持有的是与奥利金相同的怀疑立场。也就是说，奥古斯丁虽然尝试从哲学上对上帝的本体和属性、上帝的存在与其本质的关系作出了大量的解读和说明，但他始终认为三位一体上帝的奥秘对于人类理性来说基本上是不可理解的。在他看来，由于上帝整个是超越人类认识能力之上的，是人类的耳朵不能听到、眼睛不能看到从而是不能以明确的认知方式进入到人类心灵中的超越性存在，因而当人们希望通过他们所熟知的东西——诸如大地、海洋、人类、动物、太阳、月亮、星辰以及天空本身之类——来想象上帝时，与其说这些大地、海洋是上帝，倒不如说它们不是上帝，也就是"说他不是什么比说他是什么更容易"，因而结果只能够说"他不是什么"。①

如果说上帝的存在和本质是绝对超越的，那么在这个有限世界中形成并局限于这个有限世界中的人类认识能力，要想真正理解并表达这样的对象几乎是不可能的。奥古斯丁把存在于两者之间的这种吊诡与张力作了非常明确的表述。他说，"在你感知上帝之前，你认为你能够表达上帝；然而在你开始感知他的时候，你发现你并不能够表达你所感知到的东西"。② 因为在奥古斯丁看来，任何一个人想认识那个"自身是其所是"的存在，都"是不可能的"，也就是说，上帝是那种不可能被理解的对象，"你如果说理解了它，那么这则不是上帝；然而如果那是上帝，则你是不能够理解它的"，因而奥古斯丁说，"你如何能够谈论那种你所不可能理解的东西呢？"③ 奥古斯丁把

---

① St. Augustin, *Exposition on the Book of Psalms*, Psalm LXXXVI, 11; *NICENE AND POST-NICENE FATHERS, VOLUME 8*, edited by Philip Schaff, D. D., LL.D., Hendrickson Publishers, Inc., 1994（Fourth printing 2004）, p.414.

② St. Augustin, *Exposition on the Book of Psalms*, Psalm C, 6; *NICENE AND POST-NICENE FATHERS, VOLUME 8*, edited by Philip Schaff, D. D., LL.D., Hendrickson Publishers, Inc., 1994（Fourth printing 2004）, p.488.

③ St. Augustin, *Sermons on Selected Lessons of the New Testament*, Sermon II, 16; *NICENE AND POST-NICENE FATHERS, VOLUME 6*, edited by Philip Schaff, D. D., LL.D., Hendrickson Publishers, Inc., 1994（Fourth printing 2004）, p. 263.

一个人说他所理解了的就是他所希望是上帝的东西，看作只不过是某种"自我欺骗"。这就是我们在认识上帝时所必定要面临的困境或尴尬，奥古斯丁把它称之为是"有学问的无知"（learned ignorance）：虽然我们可以以某种方式表达所有其他的事物，但唯有上帝的是不可表达的；虽然我们能够依据已有的知识谈论上帝，而且在依据心灵而走向上帝的每一步都是一种极大的满足，但要真正"理解他则是绝对不可能的"。这种"有学问的无知"状态无疑包含着诸多的困惑与无奈，但奥古斯丁好像对此并不感到气馁，他把这种"无知"似乎看作是可以接受的事实，劝告人们不要对上帝"不能被理解"感到过多的诧异，甚至认为"这种无知要比傲慢的知识更虔诚"。① 他因此劝告人们宁可坦承无知，也不要去轻率表白知识。

在中世纪哲学史上，把上帝作为神圣实体或终极实在而从哲学的层面上来解读其意义的人们不在少数，但始终有一些哲学家对其自身的解释并不感到真正的满意；他们或多或少持有与奥古斯丁类似的立场，认为说上帝不是什么要比说他是什么更容易。这应该说是存在于中世纪哲学中的理性与信仰之间的张力，在上帝本质问题上的一种体现。奥古斯丁之后，如何在上帝本质与属性的可说与不可说之间寻找平衡，依然是众多中世纪哲学家们极力希望解决的问题。而其中的一些则把不可说的立场以不同方式进行了演绎，如生活在公元 5 世纪末至 6 世纪初一位不知名的隐修士，假托狄奥尼修斯（Diony-sius the Areopagite）② 之名写了一系列神学著作，运用新柏拉图主义的思想来解释上帝的本质，形成了所谓的肯定神学、否定神学和神秘神学的看法，其中否定神学通过"不是什么"的否定方法，在对上帝的认知中排除一切可知的肯定因素，并进而达到不可知、不可言的超越性本质，最终进入非理性的神

---

① St. Augustine, *Sermonson Selected Lessons of the New Testament*, Sermon LXVII, 5; *NICENE AND POST-NICENE FATHERS, VOLUME 6*, edited by Philip Schaff, D. D., LL.D., Hendrickson Publishers, Inc., 1994（Fourth printing 2004），p. 459.

② Dionysius the Areopagite 是新约时代雅典的法官之一，依据《新约·使徒行传》（17：34）的记载，他在使徒保罗的影响下而皈信基督宗教。公元 5—6 世纪假托其名的作者，被称为 the Pseudo-Dionysius（伪狄奥尼修斯或托名狄奥尼修斯）。

秘洞见与融合体验的阶段。① 公元 9 世纪的爱留根纳也把认识上帝的方法分为肯定的（cataphatic）和否定的（apophatic），认为以肯定方法建构的神学虽然可以通过隐喻从因果关系上把握上帝"是什么"（如善、光等等）的属性及其存在的意义，但由"不是什么"的否定方法才能真正可靠地理解上帝超越无限的本质，他因此宣称"无知"才是有关上帝的"真正知识"。②12 世纪的犹太哲学家迈蒙尼德把肯定方法所形成的看法，如上帝是善的、有力的等，只是具有行为的解释意义而不具有属性的认知意义，认为上帝的本质是不可知的，如果用某种肯定的属性来谈论上帝，不仅是不适宜的和不准确的，而且还会破坏上帝的完善性；因此，我们只能用否定的方法来述说上帝，否定他具有任何肯定的属性，即说他是"没有存在的存在"、"没有生命的生命"、"没有力量的力量"等诸如此类的否定论断，才能逐步获得对上帝的真正认识。③

　　12 世纪以后亚里士多德著作和思想在拉丁西方的广泛传播以及经院哲学时期所特别崇尚的"信仰寻求理解"传统，为这个时期的哲学家们提供了普遍的理性方法及其认知的可能性。虽然这些方法与认知可能性在上帝问题的探究和理解中发挥了极为重要的作用，但内在于否定神学中的关于上帝超越无限之本质的不可知"奥秘"，仍然会不时地触动这一时期哲学家们那一敏感的神经。即使是崇尚亚里士多德并对其哲学思想娴熟于心的托马斯·阿奎那，在以理性方法建构起有关上帝存在、本质和属性的自然神学体系的过程中，也会不时地感叹上帝之三位一体和道成肉身等奥秘是外在于人类理性的，只能依据于启示来获得。④ 然而，如果说否定神学所昭示的不可知因素

---

① 参见赵敦华：《基督教哲学 1500 年》，人民出版社 2007 年版，第 182—184 页。

② Anthony Kenny, *A New History of Western Philosophy Volume II: Medieval Philosophy*, Oxford: Oxford University Press, 2005, pp. 285-288；[英] 约翰·马仁邦：《中世纪哲学：历史与哲学导论》，吴天岳译，北京大学出版社 2015 年版，第 81—82 页。

③ 参见 [英] 约翰·马仁邦：《中世纪哲学：历史与哲学导论》，吴天岳译，北京大学出版社 2015 年版，第 208—209 页；[美] 约翰·英格利斯：《阿奎那》，刘中民译，中华书局 2002 年版，第 57—61 页。

④ 参见 [意] 托马斯·阿奎那：《反异教大全》第 1 卷，段德智译，商务印书馆 2017 年版，第 64 页。

在阿奎那整个神哲学中并不具有主导地位的话，那么在中世纪晚期（15 世纪）的库萨的尼古拉那里则是其专门探究的主题。他在其《论有学问的无知》和《为有学问的无知辩护》等著作中，对奥古斯丁曾提出的"有学问的无知"这类认识论窘境进行了重新的阐释和说明。在他看来，虽然像上帝这样的无限存在者是真实的，但我们以有限的认识方式——诸如比较和类比——尽管可以获得某种可靠的知识，然而永远是不可能完全准确地把握到他的；也就是说，我们可以在认知这类对象上不断取得进展，但始终存在着可以更为准确把握他的无限可能性。他把这种关系比喻为就像多边形和圆的关系那样，我们的理智就如同一个知识的多边形，上帝如同一个真理的圆，理智所拥有的角越多，就越接近一个圆，但即使它的角的数量达到无限，也永远不可能等同于一个圆。这就是所谓的"有学问的无知"。库萨的尼古拉对存在于这种关系中的吊诡作了进一步的解释，指出我们是通过已知的知识走向未知的上帝的，但我们发现我们获得的知识越多，我们留给未知的上帝的空间就越大——那是一个无限在人类那里所显现出来的困惑与迷茫，从而始终存在着一个无法逾越的知识鸿沟。到最后，他甚至认为连"不是什么"的否定方法也不能给我们一个相对可靠的结论，而是与肯定方法一样具有误导性。①

三、否定方法

应该说，有关认识上帝本质的否定神学方法，在中世纪哲学整个历史时期的不同阶段，都会不时地为一些神学家和哲学家所采纳，而这种方法也确实形成了一股源远流长且持续至今的思想潮流。然而相对于在这种方法中所彰显出来的极端的不可言说之立场，更多的中世纪哲学家还是希望就上帝的本质和属性说点什么。毕竟如果把上帝作为宇宙的本源和终极原则来看待的话，那么对上帝作出某种肯定性的阐述，不仅对于认识上帝这一神圣实体本身有价值，而且对于说明我们这个世界何以存在和如何存在也是有意义的。

---

① Anthony Kenny, *A New History of Western Philosophy Volume II: Medieval Philosophy*, Oxford: Oxford University Press, 2005, pp. 311-312; 赵敦华：《基督教哲学 1500 年》，人民出版社 2007 年版，第 599—602 页。

无论是出于什么原因，以不同方式进入这个时代的哲学认识方法本身，也推进了中世纪哲学家们对上帝认识的展开，从克莱门特、奥古斯丁、波爱修、爱留根纳，一直到阿维森纳、安瑟尔谟、阿伯拉尔、阿奎那、司各脱和奥康等人，依据他们对希腊哲学的某种偏爱或把握，建构起了一个所谓的"哲学家的上帝"的阐释传统。其中 13 世纪的托马斯·阿奎那，在整合这一传统的基础上，形成了一个内容庞大的阐释体系。他甚至在这一体系中对否定方法的运用，也得出了具有某种肯定意义的积极结论。

当然，阿奎那在对上帝本质和属性的阐释中，并不是没有意识到这一无限超越的存在与人类有限认识能力之间的不对称性，也并不是完全无视否定神学的意义；相反，作为否定神学基本立场的东西，也构成了阿奎那思考的起点。也就是说，阿奎那同样相信，上帝作为一种超验的对象，既超出人的感性经验范围，也不为人的理性所能直接把握。但这在他看来并意味着我们对上帝就完全无话可说，他所努力的乃是在其中寻找一种哲学传统和神学传统都可以接受的平衡点。为此他首先所要思考的问题是，在超验的上帝与有限的人类认识能力之间，是否存在着一种可能的认识论关系？他相信这种关系是存在的。因为，在他看来，一方面，上帝本身具有无限被认知的可能性，因为凡是现实的事物，都是可认知的。而上帝是不包含任何潜能的纯现实，因而具有绝对的可认知性；另一方面，就人而言，试图认识宇宙的第一原因及其存在的第一原则，既是他的自然愿望也体现了他的自然本性，同时也是人类完善性的最终达成和实现。[①] 因而，无限的可认知性与力图认知的愿望，使得它们之间某种认识论关系的发生存在着极大的可能。

然而再大的可能性并不意味着一定会成为现实。阿奎那也清楚地意识到了其中的问题，他甚至感受到了要把这种可能变为现实的困难。因为在他看来，虽然人类具有感性知觉能力和理性抽象能力这两种认识能力，它们在认识现实世界的对象上有其优势；然而当面对上帝——作为非物质的纯现实，

---

① 参见［意］托马斯·阿奎那:《神学大全》第 1 集第 1 卷，段德智译，商务印书馆 2013 年版，第 160 页。

其本质即是其存在，不可能以任何有限的形式呈现——这样的对象时，人类的这种自然能力则面临着其自身难以解决的问题。① 也就是说，上帝的存在状态超越了人类这样的认识者的存在状态，任何试图以肯定方式认识上帝本质的尝试都会对人类的自然认识能力构成一种困难，一种不可能性，因为"上帝的实体，由于其大而无外，便超出了我们的理智所及的任何一个形式。从而，我们就不可能藉认识其所是（quid est）来认识它"。② 由于"不能通过知道它是什么来理解"上帝的本质，即不能形成肯定判断来断定它是什么；因而只能通过否定判断来断定它不是什么。阿奎那认为，虽然我们不具有考察上帝"如何是"的手段，但我们可以通过"考察他如何不是"来认识"他不是什么"。③ 阿奎那的这种态度，可以说是对中世纪早期以来否定神学立场的一种积极的回应。

然而仅仅通过"他如何不是"的考察来形成"他不是什么"的认识，似乎并不是阿奎那特别满意的结论。他认为在不断否定之后应该有着某种"剩余"，会形成一种特定的思想指向。为此他对否定方法的意义作了进一步的分析。在他看来，否定方法作为否定上帝是什么的方法，乃是一种考察他不是什么的方法，这种方法的一个重要作用就是排除错误或消除遮蔽，即它作为一种排除方法或"去障之路"（the way of remotion），可以帮助我们去除自然理性所加诸在上帝"存在方式"之上的有限特征，进而消解因所有不完善和不准确所导致的对上帝认识的遮蔽，把所有不是上帝的东西从他那里剥离开来，最终在"否定性差异"（negative difference）中认识到上帝"区别于其他存在者的特征"。④ 20 世纪阿奎那研究专家吉尔松对阿奎那的这种看

① ［意］托马斯·阿奎那：《神学大全》第 1 集第 1 卷，段德智译，商务印书馆 2013 年版，第 162—170 页。

② ［意］托马斯·阿奎那：《反异教大全》第 1 卷，段德智译，商务印书馆 2017 年版，第 115 页。

③ ［意］托马斯·阿奎那：《神学大全》第 1 集第 1 卷，段德智译，商务印书馆 2013 年版，第 39 页。

④ ［意］托马斯·阿奎那：《反异教大全》第 1 卷，段德智译，商务印书馆 2017 年版，第 116 页。

法作了进一步的解释，认为"从上帝的观念中去除所有可设想的不完善性，就是把所有可设想的完善性归于他"；这有助于消除一切所谓的"积极的伪知识"，"用这种否定方法把上帝与所有不是上帝的东西区分开来，我们达到了他的实体的知识，不是肯定的，但是真实的，因为我们认识到他与一切其他事物的不同"。①

因而，"否定"也可以说是开启了一种新的认知途径。阿奎那正是在通过上帝不是一个"形体事物"、"不具有偶性"等一系列否定并把他与所有不同于他自身的东西区别开来之后，才会把他作为区别于所有事物的对象而认识，才会形成关于他的实体的"适当的考察"。② 这种思考使得阿奎那把所有与上帝观念不相符合的东西——诸如形式与质料的复合体、有限性、运动与变化等等给予了去除和消解，进而得出上帝是一个纯粹的现实存在，他的本质即是他的存在，他是单纯的、完善的、无限的、不变的和单一的看法。阿奎那把他通过否定方法所获得的神圣本质，从单纯性（simplicity）、完满性（perfection）、无限性（infinity）、不变性（immutability）和单一性（unity）等方面进行了集中的阐释。在阿奎那看来，当人们把上帝作为一个现实对象认识时，往往困惑于他是否具有形体、是否包含着质料和偶性，并尝试通过属加种差的方式来定义他。阿奎那对此进行了否定性的说明，指出上帝不惧形体因而没有量的合成，不是形式和质料的复合，他的本性即是他的实体（suppositum），他的本质乃是他的存在，在他那里，既没有属和种的组合，也没有主体和偶性的组合，他是完全单纯的。由于每个由不同部分复合而成的事物，都后于它的构成部分、并依赖于这些部分；由于每一个复合物都有一个原因，这个原因导致了这些部分连结成为一个整体；由于每个复合物中都必然存在着潜能和现实；由于每个复合物不能被断定是它的任何一个构成部分；由于在每一个复合物中都有着与它自身相区别的形式，……所有这一

---

① Etienne Gilson, *The Christian Philosophy of ST. Thomas Aquinas*, New York: Random House, 1955, pp. 96-97.

② ［意］托马斯·阿奎那：《反异教大全》第 1 卷，段德智译，商务印书馆 2017 年版，第 116 页。

切表明了复合物的基本特征。然而它们都不可能在上帝中存在，因为上帝是第一动力因，是绝对的形式和绝对的存在，因而他决不可能是一个复合体，而是完全单纯的。① 他作为第一动力因是不可能成为一个部分(如原初质料)而与其他事物一道构成一个复合物体，因而他既不是这种复合物的本质，也不是它们的形式，而是作为绝对单纯的存在，超越于所有的事物之上并成为它们的最终原因。

阿奎那随后从神圣存在的纯粹现实性出发，探讨了上帝的完善性本质及其与至善的关系。他认为，现实性必然意味着存在，而"存在本身是万物中最完满的。因为它是作为现实而相对于万物的。倘若没有它的存在，任何事物便都不可能具有现实性。因此，存在本身即是万物的现实，甚至是形式本身的现实"。② 由于上帝是纯存在，他作为宇宙万物的第一原则和第一动力因，必定是最现实的，因而是最完满的。③ 而根据存在的真正含义来说，如果有一个存在的整个可能性都属于它的事物，那么就没有任何属于任一事物的卓越性在它可能会是缺失的。④ 而唯有上帝才是纯粹的现实存在，是存在本身，是依据存在自身的整个可能性而具有存在，从而是"普遍完满的存在"。这种"普遍完满的存在"即意味着"至善"，因为在阿奎那看来，一个事物之所以被称为是"善的"，首先在于它是"完满的"。⑤ 也就是说，"完满"(perfection)和"善"(goodness)虽有所不同，但却是密切相关的，"完满"首先指明的是其存在状态的完美性，"善"则主要体现的是这种对象的道德属性，是其值得或渴望追求的目的。同时，它们都与事物的现实存在(actual

---

① ［意］托马斯·阿奎那：《神学大全》第 1 集第 1 卷，段德智译，商务印书馆 2013 年版，第 56—57 页。

② ［意］托马斯·阿奎那：《神学大全》第 1 集第 1 卷，段德智译，商务印书馆 2013 年版，第 64 页。

③ ［意］托马斯·阿奎那：《神学大全》第 1 集第 1 卷，段德智译，商务印书馆 2013 年版，第 65—66 页。

④ ［意］托马斯·阿奎那：《反异教大全》第 1 卷，段德智译，商务印书馆 2017 年版，第 176—177 页。

⑤ ［意］托马斯·阿奎那：《神学大全》第 1 集第 1 卷，段德智译，商务印书馆 2013 年版，第 62—67 页。

being）相关，"完满"和"善"都表现为事物的存在现实性。如果事物在存在上是完满的，那么它必然是善的。

因此，在阿奎那的思想处境中，事物的完满性必然表现出它的善性。他对善的本质和意义的探究，是与事物的存在及其完善性密切相关的。就阿奎那的论述顺序来看，他首先是从善的本质、善与存在的关系开始的，然后在此基础上，说明了上帝的至善以及神圣的善与存在于受造物之中的善的关系。在这个问题上，阿奎那更多的是从存在论的角度探讨善的本质和意义；因而"善"在阿奎那看来，就不仅具有道德的意义，而且更主要的是具有形而上学的意义。而善与存在的关系，之所以构成了阿奎那对善的问题阐释的首要性，乃是因为在阿奎那的思想体系中，存在论具有至关重要的意义。而作为纯现实存在的上帝，在阿奎那看来，则最充分地体现了存在的本真意义。因此，从存在论出发认识善的意义，并最终通过神圣存在来揭示善的最终本质，就成为阿奎那探究善的问题的基本思路。

在阿奎那看来，"善和存在"之所以"是相同的"，之所以具有内在相关性，乃是因为事物的存在体现了事物的善，善的本质就在于那种人们在某种程度上"值得意欲的"；他认为这即是亚里士多德所说的，"善是所有人都欲求的东西"（Aristotle, Ethic.I.）。而只有一个事物是完满的它才会是令人满意的，而事物的完满性则在于它是现实的，正是存在才使所有事物成为现实的。因而，善就在于存在，在于存在给予人们的现实感与满意度，存在从而构成了善的第一原则。阿奎那把奥古斯丁所说的"我们之为善是就我们存在而言的"这句话作了进一步的阐释，指出不仅善在于存在，而且每一个存在作为存在，都是善的。因为所有存在，作为存在，都具有现实性，并在某种程度上是善的；由于现实多少都意味着完满，而完满则意味着令人满意和善。因而可以说，每个这样的存在都是善的。① 他认为，由于存在本身就是完满的，具有令人满意的特征，因而善既不限制存在，也不改变存在。存

---

① 参见［意］托马斯·阿奎那：《神学大全》第 1 集第 1 卷，第 3 条，段德智译，商务印书馆 2013 年版，第 71—73、77—78 页。

在展现了它的充分的善的特征，因而恶并不是存在的本质，而是某种缺乏，"存在之被说成是恶，并不是就其为存在而言的，而只是就其缺乏存在而言的。因此，一个人之被说成是恶，乃是由于他缺乏高尚的存在。而一只眼睛之被说成是恶的，乃是因为它缺乏看清事物的能力"。① 因此可以说，在阿奎那那里，存在具有某种善的本体论意义。

由于善具有本体意义，从而使它获得了普遍性；而这种普遍性不仅在于它的现实属性，还在于它的价值属性——有道德的（virtuous）、有益的（useful）和合意的（pleasant）。在人类的日常生活中，善往往被区分为有道德的、有益的和合意的，包含了一定的主观价值倾向。但是如果从更高的和更普遍的观点上考察善的本性，那么就会发现这种区分完全与善本身有关。② 也就是说，善的这些价值倾向与善的本质有着内在的关联——它们直接导源于善的本性。善的内在本性使它体现出了普遍的价值特征，从而善在现实意义上成为一切事物所渴求的目的。善的存在特征和价值特征体现了善的普遍性，而普遍的善在阿奎那看来，则指向一个更深的原因——神圣的善。由于上帝是所有事物的第一动力因，因而他是所有为他所产生的结果所渴求得到的最终的善。它是善的本原和本质，所有事物因此得以存在。③

因而，上帝作为第一原因，不仅是善的，而且是绝对的至善。上帝之所以是善的，其原因不仅在于他作为第一推动者成为一切事物渴求的第一目的，而且还在于他自身就是善的，是善本身。因为作为自身必然性存在的事物，它所具有的善不是从外部添加到它的本质上的某种东西，也不是通过分有的方式获得的善，而是其本质所固有的善，它的本质既是它的善。而上帝不仅是现实存在，而且是其自身的存在。因此他是善本身而不仅仅是善的。

---

① ［意］托马斯·阿奎那：《神学大全》第 1 集第 1 卷，段德智译，商务印书馆 2013 年版，第 78 页。

② ［意］托马斯·阿奎那：《神学大全》第 1 集第 1 卷，段德智译，商务印书馆 2013 年版，第 85 页。

③ ［意］托马斯·阿奎那：《神学大全》第 1 集第 1 卷，段德智译，商务印书馆 2013 年版，第 88 页。

这种本质的善即是绝对的善，是所有善物的本原，所有渴求完满的事物从他那里流出，正如从第一原因中流出那样。① 固然世界万物作为第一原因的结果，也具有这样那样的善，但上帝中的善和这些事物中的善并不具有单义的关系，上帝中的善不仅是所有其他善的原因，而且这种善是以更卓越的方式存在着的。②

这种至上的善即是本质的善。因为所有其他的事物都是通过分有而成为善的，它们并不具有本质上的善。唯有上帝是自身的善，因而他才有着本质上的善。这种本质的善即是每一具体的"善之善"（the good of every good），是其自身包含了所有善的善。阿奎那通过存在和完善性来界定善的本质和意义，在这种界定中，他追溯到了作为纯存在的上帝，认为神圣存在具有绝对的完满性，从而具有绝对的善，是善的本原和终极原因。因此，他认为，由于"全体的善与完满性总是高于部分的善与完善性。但是，上帝的善之相对于所有别的善，一如普遍的善相对于之特殊的善一样，它是万善之善，所以，上帝乃至善"。③

阿奎那在通过存在的完满性阐释了上帝的至善本质之后，对否定方法又作了进一步的发挥，将它用作对无限、永恒（不变）和单一等上帝本质的考察中。在阿奎那看来，虽然"无限"（infinite）也曾为希腊哲学家们所探究，但在他们那里，"无限"要么是一个"不完满的"概念，要么是被作为一个物质体的属性来考虑；阿奎那认为这都是因为没有完全了解"无限"概念的真正含义而导致的误用。④ 他主要是从两个方面对一个存在对象是否是无限

---

① ［意］托马斯·阿奎那：《反异教大全》第 1 卷，段德智译，商务印书馆 2017 年版，第 203 页；［意］托马斯·阿奎那：《神学大全》第 1 集第 1 卷，段德智译，商务印书馆 2013 年版，第 89—90 页。

② ［意］托马斯·阿奎那：《神学大全》第 1 集第 1 卷，段德智译，商务印书馆 2013 年版，第 90 页。

③ ［意］托马斯·阿奎那：《反异教大全》第 1 卷，段德智译，商务印书馆 2017 年版，第 210 页。

④ ［意］托马斯·阿奎那：《神学大全》第 1 集第 1 卷，段德智译，商务印书馆 2013 年版，第 97—98 页。

的进行了澄清和说明。在他看来，一个事物如果是无限的，它或者是在本质上无限，或者是在量上无限。而任何一个自然事物都不可能满足这两个条件中的任何一个。因为从本质上看，任何自然事物的本质不仅会为它的形式所限定，而且还会被它的质料限定到某一个体中。这种受限定的事物不可能具有无限的特征；而如果从量上看的话，体现了自然事物量的特征的偶性或者数量关系之类的东西，都会为它有限的实体形式所限定而不可能成为无限的。也就是说，虽然无限并不违背量的普遍性，但它却有悖于承载量的事物的任一种类的本性，因此他说，不可能存在任何无限的量，因为没有任何量的种类是无限的。①

虽然自然事物是由质料和形式构成并相互限定，从而是有限的。但阿奎那认为，作为一种现实存在的自然事物，则会具有一定的完善性；而如果像某些古代哲学家那样，把无限归于质料，那么就会使无限丧失完善的本性。相反，形式虽然会被质料所限定，但它不会被质料变成为不完善的，因而无限在形式方面，有着某种完善的本性。而且如果某种形式不被接纳到质料中而可以独立存在——阿奎那以天使为例——的话，那么它就不会为质料所限定，因而具有相对的无限。只是这种形式的存在不是自因的，因而不具有绝对的无限。由于存在是所有事物中最高的形式，而上帝存在不是在任一事物中被接纳的存在（形式）而受到限定，那是其自身的存在，因而上帝是无限的和完满的。② 也就是说，任一自然事物都不可能具有无限的特征，而唯有自存的、具有最高形式的存在，才是无限的，才具有无限的本质。因此，阿奎那是通过对具体事物无限性的否定，而形成对上帝无限本质的认识，"在上帝身上，无限只是以一种否定的方式得到理解，因为他的完满性根本没有

① ［意］托马斯·阿奎那：《神学大全》第 1 集第 1 卷，段德智译，商务印书馆 2013 年版，第 102—104 页。阿奎那在本问题的第 1 条中，虽然否定了无限的复多在现实上存在的可能性——无论是绝对的或是偶然的，但他认为一个潜在的无限的复多则是可能的。因为多的增加跟随着量的区分，随着事物被区分得越多，事物的数目就会越大，从而无限将会潜在地在连续区分中被发现。但这种无限的连续区分决不可能成为现实。

② ［意］托马斯·阿奎那：《神学大全》第 1 集第 1 卷，段德智译，商务印书馆 2013 年版，第 97—99 页。

界限或局限"。① 只是这种认识无法以更多的肯定性语言来表述，只能以否定的方式来理解。

在阿奎那看来，无限性不仅意味着存在和本质的无限，也意味着无物不在和无处不在。他对这种存在方式作了解释，"上帝是藉他的能力存在于万物之中的，因为万物都隶属于他的能力。他是藉他的在场存在于万物的，因为万物是赤裸裸地向他的眼睛敞开的。上帝是藉他的本质存在于万物之中的，因为他是作为万物存在而对万物在场的"。② 上帝因其是自因的存在并具有至上的形式而有着无限性本质，呈现出无物不在和无处不在的特征。

在阿奎那接下来关于上帝本质的讨论中，不变性和永恒性是他所关注的一项重要内容。他的讨论是从自然事物的可变性出发的。在他看来，生灭变化以及暂时性是自然事物的基本特征，而造成这些事物生灭变化的基本因素有两种，或者是因它们自身所具有的变化能力（或本质）所引起的，或者由另一事物的能力所导致的。就后者而言，引起所有自然事物——被称为受造物——生灭变化（从无到有和从有到无）的能力来自上帝，它们自身存在之前是处在产生它们的创造者的能力中；而当它们自身存在时，它们则是处在导致它们归于无的创造者的能力中的。而就所有已存的受造物来说，它们因其自身所获得的能力（或本质）而以某种方式处在变化之中，或是处在变化的潜能中，如易朽坏的事物；或是在一定的空间位置上，如天体；或是在达到目的的次序以及其能力对不同对象的运用上，如天使。③

然而作为自存的和超越的上帝，所有可变的情形——诸如从潜能到现实的变化、因复合因素导致的变化以及因他物的推动而导致的变化——在他那里是不可能发生的。由于上帝是无限的，他具有所有存在的整个完善性，因

---

① ［意］托马斯·阿奎那：《反异教大全》第 1 卷，段德智译，商务印书馆 2017 年版，第 223 页。

② ［意］托马斯·阿奎那：《神学大全》第 1 集第 1 卷，段德智译，商务印书馆 2013 年版，第 116 页。

③ ［意］托马斯·阿奎那：《神学大全》第 1 集第 1 卷，段德智译，商务印书馆 2013 年版，第 125—127 页。

而他不可能在任何时候以任何方式获得任何新的东西，也不会扩展自身到他以前不能扩展到的任何事物上。他是绝对完满的，他不能也不需要任何新的东西。因而运动或变化决不属于上帝。从存在或非存在的根本意义上看，无论任何自然事物，都是通过运动或变化而开始存在或中止存在的。而这对于没有任何变化的上帝来说是完全不适宜的，因为他是永恒的，既无起点也无终结。① 在阿奎那的语境中，不变性与永恒性有着内在的关联，如果说不变性揭示的是上帝的存在方式，那么永恒性则体现的是他的本质。因而在否定上帝具有任何的运动与变化的可能性之后，永恒性的意义就会以某种方式呈现出来。当然，这尚需作出进一步的解释和说明。

阿奎那认为，对"永恒"的认识必须借助于日常的时间概念来理解。他把人们通常形成时间观念的方式归结为两个方面：首先，通过运动的前后相继，即通过对事物运动前后的计量获得了时间；其次，通过对事物变化或运动的起点和终点的衡量，形成了对时间的认识。除此之外，如果存在着没有运动的、始终相同的和整体上无变化的事物，它既没有前后之分，没有连续的变化，也没有开始和终结；那么，这就是"永恒"。阿奎那说，我们由此所形成的对永恒的认识有两个缘由，"首先，因为凡是永恒的东西都是无疆界的，也就是说，都是缺乏开端和终点的（即在无论什么方面都没有终点）。其次，由于永恒性是同时总全的，从而缺乏连续"。②

为了更好地认识"永恒性"问题，阿奎那把衡量事物时间长度的几个概念——eternity（永恒）、time（日常时间）和 aeviternity（永久）作了分析比较。由于"永恒"是在对"时间"否定的基础上形成的，它们之间的不同是明显的。"永恒"表明的是同时性整体，既没有开始也没有结束；而"时间"则是连续性的测度，具有过去和未来以及开始和结束。在阿奎那看来，"永

---

① ［意］托马斯·阿奎那：《神学大全》第 1 集第 1 卷，段德智译，商务印书馆 2013 年版，第 122—123 页；［意］托马斯·阿奎那：《反异教大全》第 1 卷第 15 章 ［2］，段德智译，商务印书馆 2017 年版，第 118 页。

② ［意］托马斯·阿奎那：《神学大全》第 1 集第 1 卷，段德智译，商务印书馆 2013 年版，第 130 页。

恒"和"时间"不仅具有量上的差异，而且在本质上也是不同的。因为"永恒"是恒久存在的标志，而"时间"则是事物运动的尺度。后者是有限的，前者则是无限的。有限可以计量，无限则是不可测度的。①"aeviternity"（永久）也是一个时间概念，阿奎那用它来表明某些精神实体——如天使等存在的时间性。在阿奎那看来，aeviternity（永久）既不同于日常"时间"也不同于"永恒"，它是介于它们两者之间的一个概念，"永恒性既没有开端也没有终点，永久性有开端而无终点，而时间则既有开端也有终点"。② 阿奎那说，虽然天体和天使的存在并无变化，它们也不是变化的主体，然而它们不是不变的真正的永恒性实体，在它们之中具有某种偶性或被添加上去的可变性，如在前者是空间上的可变性，在后者既有选择上的可变性，也有"理智上的、情感上的和空间上的"可变性。因而对它们，只能用介于这两者之间的"aevumy"（aeviternit）——长久但不是永恒的时间概念来表明。这些不同的时间概念因指向对象的不同而表现出绝然的差异。

依照阿奎那的分析，运动产生了"时间"概念，不变性则产生了"永恒"的观念。由于不变性是一个对象之所以被称为永恒的最终标志，而唯有上帝才有这种始终如一的不变性，任何其他事物都以某种方式在变化，因此真正地和绝对地拥有永恒性的唯有上帝。

阿奎那将否定方法用在对自然事物的解释中，形成了有关神圣本质是单纯的、完善的、无限的、不变的和永恒的看法。在他看来，如果这些本质共同属于某个对象的话，那么这个对象只能是唯一的。这不仅因为这些语词所揭示的含义是绝对排他性的，而且在神学的意蕴和指向上也是必然的。因此，阿奎那把单纯性、完善性和永恒性等归在了上帝这一对象中，阐释了他的唯一性及其独一本质。而他对上帝独一性的阐释，主要是从绝对完善性、存在的单纯性以及"一"和"多"的关系诸方面展开的。在他看来，"一"（one）

---

① ［意］托马斯·阿奎那：《神学大全》第 1 集第 1 卷，段德智译，商务印书馆 2013 年版，第 137—138 页。

② ［意］托马斯·阿奎那：《神学大全》第 1 集第 1 卷，段德智译，商务印书馆 2013 年版，第 140 页。

作为同一性整体，与"多"（many）构成了对立。"一"意味的是不可分的"存在"，表明了与"存在"的同一性，从而体现了上帝的本质。

　　阿奎那首先从存在者的"存在"出发讨论了"一"和"多"的关系，进而论述了上帝的独一性本质。他说，任何存在着的事物或是单纯的或是复合的。单纯事物由于它是单纯的，从而是不可分的，它的存在也相应地具有不可分的整一性。复合的事物一旦被构成以后，其存在也是不可分的，因为如果它的部分被拆分开来，那么作为这样的复合体就不再存在了。这乃涉及了存在的本质，每一事物守护其一体性就像守护其存在那样。因为任何事物的"存在"都是唯一完整的，在它之中不可能有部分的、可分的"存在"。事物要么"存在"，要么不"存在"。因而"存在"是一个本体概念，而不是一个数量概念。正是在这个意义上，阿奎那才说整全的"一"不会添加任何东西到"存在"上面，用"一"标志"存在"意味着的是对区分的否定。所以他说"一"等同于"存在"，它们是可以相互替换使用的。① 因此"一"作为实体原则用来标志"存在"，表明的是"存在"不可分的本质。当然，"一"可以作为"数的原则"来表明数量的意义。当它作为量词使用时，它可以在量上为它所表明的东西带来一定的变化。然而这种变化已不具有实体或存在的意义。而当它在作为与"存在"相互转换的意义使用时，它则不具有量上的变化。

　　同样，与"一"对立的"多"也可以在实在的意义上被理解。一般来说，构成事物整体的部分可以是同质的，也可以是异质的。同质的整体是指，构成其整体的部分具有与整体相同的形式或性质，如水的部分仍是水，以及由相同部分构成的连续性事物。异质的整体是指这样的事物，构成其整体的部分不具有或缺乏隶属于事物整体的形式或性质，如房屋的一部分不是房屋，人的一部分不具有人的形式。阿奎那说"多"指的就是后一类事物。由此可见，"多"的观念涉及了可分性。正如单纯的事物相应于"一"

① ［意］托马斯·阿奎那：《神学大全》第1集第1卷，段德智译，商务印书馆2013年版，第148—150页。

那样，复合的事物相应于"多"。但就后者来说，"多"的可分性并不涉及复合事物的"存在"，而只是涉及整体与部分的关系。虽然"一"与不可分相关，"多"与可分有关，但"一"和"多"并不是绝对对立的，它们之间有着一种辩证的关系。① 阿奎那从事物的存在方式和被认知方式上对这些相对关系进行了说明。

由于"多"表明了事物的可分性，"一"则标志着事物整体的不可分，因此上帝是"一"，而不可能是"多"。阿奎那主要从三个方面进行了说明。首先，从上帝的"独一性"来说他是"一"。任何单一的事物都有其独特性，这种独特性是不能为其他事物分有的。如苏格拉底作为"人"的东西是可以为所有的"人"所拥有的，但它作为"苏格拉底"的东西，只能为苏格拉底所独有。这即是阿奎那所说的，"个体化原则是不可能为几个事物所共有的"。②"God"一词所表明的性质即是为处在他之中的自我所个体化了的。因此，由于"上帝自身是其自己的存在"，因而在其存在的同一方式中，上帝是上帝，"他也就是这个上帝"；其次，上帝是"一"也可以从他的无限完善性上来说明。任何无限完善的存在在其自身中必包含所有的完善性，并通过其本质认识所有存在的完善性。因此，如果上帝不是"一"而是"多"，那么这些众多的上帝必然是相互不同的，从而就会出现存在于一个上帝中的某种东西，将在另一个上帝中不存在。而这种不存在就是一种欠缺，从而就意味着他不是绝对完善的。而这是与上帝是无限完善的结论相矛盾；再次，从世界的整体有序性上也可以说明上帝是"一"。世界万物的"多"之所以呈现出一种有序性和整体的和谐一致，表明它们为"一"这样的原则所支配。因为如果"多"被归结为一种整体和谐的秩序的话，通过"一"要比通过"多"更好、更完美。"一"体现出的是本质，而"多"表明的是偶性。是本质的"一"而不是偶性的"多"标志着最完善的东西。因此，把所有的存在归结

---

① ［意］托马斯·阿奎那：《神学大全》第 1 集第 1 卷，段德智译，商务印书馆 2013 年版，第 151—153 页。

② ［意］托马斯·阿奎那：《反异教大全》第 1 卷，段德智译，商务印书馆 2017 年版，第 218—219 页。

为一个和谐秩序的东西首先只能是"一"。而只有上帝才具有这样的本质。①
阿奎那通过这些比较性的、同时不乏想象性的说明，把独一性视为上帝的本
质，认为他是不可分的"一"，是纯粹的存在，是存在本身；而这种完全单
纯的存在表明了上帝是绝对的"一"，具有至高的整一性和自身的同一性。

从整体上看，阿奎那对上帝本质的描述和解释，并不是运用自然理性在
对这一超越对象的直接把握中获得的，而是用否定方法去除人类理性添加其
上的一系列有限特征之后形成的。从认知可能性上来说，它构成了有限特
征否定后的"本质剩余"，具有一定的方法论意义。除此之外，阿奎那在上
帝本质的阐释之后，又用了较大的篇幅对上帝的理智、真理、生命、意志、
爱、正义、能力等属性——他称之为"运作"（operations）②——的诸多方面
进行了广泛的探究。他把这些探究归结为以什么方式"能够考察万物与上帝
的类似是怎样的，以及又是怎样不可能的"；③主要使用类比（analogy）方法，
将从世间万物，特别是人类那里获得的相关认识用在对上帝的思考中。他相
信，由于上帝是包括人类在内的所有受造物的第一原则，因此在人类那里存
在着的诸多完善属性，必定是预先在上帝那里存在，并且是以更加卓越的方
式存在着。如果说否定方法是认识上帝的去障之路的话，那么类比方法就是
一种卓越之路（the way of excellence）。这即是阿奎那所说的，我们"可以
由受造物认识上帝，因为上帝乃受造物的原则，而且我们还可以藉卓越和派
出的方式认识上帝"。④

在中世纪哲学的实体理论中，以上帝为基本对象的神圣实体学说构成了

---

① ［意］托马斯·阿奎那：《神学大全》第 1 集第 1 卷，段德智译，商务印书馆 2013
年版，第 154—155 页。

② ［意］托马斯·阿奎那：《神学大全》第 1 集第 1 卷，段德智译，商务印书馆 2013
年版，有关这些方面的讨论，可以说在阿奎那《神学大全》第 1 集第 1 卷的问题 12 至问题
26 中都有着广泛的涉及。

③ ［意］托马斯·阿奎那：《反异教大全》第 1 卷，段德智译，商务印书馆 2017 年版，
第 181 页。

④ ［意］托马斯·阿奎那：《神学大全》第 1 集第 1 卷，段德智译，商务印书馆 2013
年版，第 197 页。

其中的一项最为重要的内容。虽然也有不少学者在亚里士多德第一实体（单个实体）的意义上讨论了物质实体（material substance），如托马斯·阿奎那和邓斯·司各脱等，并提出了解释这些实体存在、构成和变化的形式质料（hylomorphic）学说（质形论）；然而前者对神圣实体的讨论，不仅把它作为解释世界的第一原则和终极原因，而且也在一个新的层面上推进了希腊哲学实体学说的广度，体现了中世纪哲学有关实体理论的最鲜明的特色。其中阿奎那有关上帝本质和属性的探究，可说是中世纪哲学神圣实体学说的集中体现和最高成就，在哲学和神学思想史的演进中产生了深远的影响。

第二节　存在论思想

在中世纪哲学史中，存在论可说是被讨论最多的问题之一。由于它在中世纪的思想背景中具有广泛的哲学意蕴和神学意蕴，因而受到了哲学家们的热捧，对它展开了多层面的探究。这些探究不仅涉及对所谓第一实体（上帝）的存在论证明，而且也包含着对"存在之为存在"或存在本身含义的重新阐释以及在实体层面对存在与本质关系的论述和说明。本节的内容主要讨论后两个层面的问题，而把上帝的存在论证明在第九章中进行专门的介绍。

一、存在之为存在

"什么是存在"或者说"存在之为存在"的真正含义是什么，在中世纪哲学的讨论中有两个思想条件对它产生了深远的影响，一个是希腊哲学的形而上学传统在不同时期的作用，另一个则是持续整个中世纪时期的神学背景。只是这两个条件的影响和作用是以不同方式展开的。然而在中世纪哲学思想形成的早期阶段，最先引起了神学家和哲学家们的关注与讨论的，是与存在论相关联的另一个问题——上帝的本质与属性。这种关注虽然也与希腊哲学的"神论"有着某种联系，但它更多的是由在这个时期逐步形成起来的一种新的神学传统——即在罗马帝国的思想文化背景中产生并传播开来的基督宗教信仰传统——所导致的。随着这一传统中有关上帝本质和属性讨论的展开与深入，哲学意义上的存在论问题——如何在"存在之为存在"的意义上理解上帝——在希腊哲学的影响下也逐步进入到了这个时期哲学家们的视野之中，"存在"（being）和"上帝"（God）之间从而就被看作是具有内在关联的问题而探究。当代学者把这些探究表述为"思考存在是否能够有助于我们理解上帝？思考上帝是否能够有助于我们理解存在？"①这样两个互为关联的问题。可以说，中世纪时期的有神论框架及其神学传统，为这个时期形而上学存在论的探究，提供了不同于古希腊传统的认知进路和思想资源。例如作为最早专门思考"存在"意义哲学家之一的波爱修，就是在他的一些神学论文中讨论"存在"意义的；而被视之为古典形而上学大师之一的托马斯·阿奎那，他所建构的存在论成就也被认为基本上是在他把"亚里士多德的形而上学"、"扩展到了有神论形而上学"的过程中取得的。

在影响中世纪哲学有关存在与上帝关系讨论的两个思想条件中，希腊哲学对"存在"问题的思考无疑起到了一种意义指向的作用。也就是说，如果有神论框架为上帝问题的讨论提供了一种内在精神动力的话，那么如何在哲学层面上思考存在的意义则更多的是得益于希腊哲学的形而上学传统。当然，这一传统在希腊哲学中的形成，也是不同时期哲学家们共同努力的结果。通常人们认为，最早把"存在"作为一个专门的哲学概念进行探究的是巴门尼德（Parmenides，约前515—前445年）。巴门尼德对"存在"之哲学意义的思考，是在他探究希腊哲学传统核心问题——宇宙本原时展开的。他的探究并没有采纳泰勒斯等人较为流行的传统做法，即以本原概念和生成原理为核心来说明宇宙本原及其生灭变化；而是更偏向于塞诺芬尼（Xenophanes，约前570—470年）关于神的单一、不动和无生灭之类的看法，尝试以此作为理解"存在"意义的基础。②

巴门尼德自己有关存在含义的说明，主要是通过他所提出的两个核心

---

① *The Cambridge Companion to Medieval Philosophy*, edited by A.S. McGrade, Cambridge: Cambridge University Press, 2003, p. 147.

② 汪子嵩、范明生、陈村富、姚介厚：《希腊哲学史》第1卷，人民出版社1997年版，第578页，

概念"存在"与"非存在"展开的。他围绕着这两个对立的概念，提出了不同的命题，并对它们的意义作出了广泛的解释。我国学者对这些意义以及巴门尼德所使用的描述"存在"和"非存在"的语词概念给予了清晰的概括与说明，认为巴门尼德主要从五个方面论述了"存在"的特征或属性，它们包括存在不生不灭、存在是连续不可分的"一"、存在是不动的、存在是完整的、存在可以被思想被表述并拥有真实的名称；"非存在"虽然与之相反，不可思想与表述，但并非是虚无，而是有生灭、可分、非连续和运动着的可感的存在。① 前者是真实的，后者则是虚幻的和不真实的，对它们的认识分别形成了"真理"之路和"意见"之路。② 为了表达"存在"这一概念独特且丰富的含义，巴门尼德在其留存下来的著作残篇中，分别使用了三种不同的希腊文来表达：一个是 estin，即系动词 eimi（相当于英文的 be）的单数第三人称现在时（相当于英文的 it is）；另一个是中性动名词 eon 或 tou eon；第三个是不定式 einai；在后两个希腊文前加上否定性前缀 mei，则形成"非存在"的概念。③ 而巴门尼德之所以能够将系动词 eimi（"是"或"有"）名词化并用它来表达真实不变的宇宙本原，既是语言丰富性内涵长期演进的结果，也是希腊哲学家本原探究不断努力所促成的。他以"存在"概念为核心将真实的世界（存在）和感性的世界（非存在）分开并对它们的意义进行思考与阐释，开创了希腊哲学本体论研究和形而上学存在论研究的一种新的进程。

在巴门尼德之后，其他希腊哲学家对存在的本体论意义展开了多角度的探究。柏拉图在其《巴门尼德篇》(Parmenides) 中，参照巴门尼德有关"存在"意义的界定，从"存在是一"或"存在"与"一"的各种关系上，探讨了他

---

① 汪子嵩、范明生、陈村富、姚介厚：《希腊哲学史》第 1 卷，人民出版社 1997 年版，第 600—601、607—608 页。

② 汪子嵩、范明生、陈村富、姚介厚：《希腊哲学史》第 1 卷，人民出版社 1997 年版，第 644—645、647、657—658 页。

③ 汪子嵩、范明生、陈村富、姚介厚：《希腊哲学史》第 1 卷，人民出版社 1997 年版，第 600—601、594—596 页。

的相论（ideas，也译理念论）所包含的多重本体论内容与意义。① 在《智者篇》（Sophist）中，柏拉图把以往关于"什么是真正的存在"的各种主张概括为两大派，"一派认为只有可感知的形体才是真正的存在，另一派认为只有无形体的、理性的'相'才是真正的存在"；他把他们之间的争论称之为"巨人和诸神之间的斗争"。② 他随后又通过"通种论"的方式，将过去哲学家们讨论的具有普遍意义的诸多各类范畴进行了概括与缩减，认为最普遍的种（genos）或范畴只有三对——存在与非存在、动与静和同与异，并从相对而非绝对的意义上阐述了存在与非存在的关系。③ 而关于什么是他所认为的真正的存在，柏拉图主要是在《斐莱布篇》（Philebus）和《蒂迈欧篇》（Timaeus）中给出的。他把这种存在分为四类，无限、有限、两者的结合以及原因。④ 把原因作为真正的存在，使得柏拉图明确并进而提出了宇宙创造者德谟革神（Demiurge）的主张，并在随后的著述中论证了神的存在及其特征与属性。⑤

在亚里士多德的著作中，"存在"（on，为系动词不定式 einai 的动名词形式，相当于英文的 being）已被作为他最重要的哲学概念来使用，并把他所说的第一哲学称之为是有关"存在之为存在"（to on hei on）的学问。在其最重要的哲学著作《形而上学》（Metaphysics）中，有两个不同的地方提到了他称之为"存在之为存在"的学问，一个是在 Γ 卷（第四卷）中，简明地阐述了这门学科的性质和内容：指出它是一门以"普遍的"方式研究"存在之为存在"的科学，是以"就自身而言依存于它们的东西"为对象；它不同于其他学科——例如数学学科——只是选取"存在"的一部分研究其偶性，

① 汪子嵩、范明生、陈村富、姚介厚：《希腊哲学史》第 2 卷，人民出版社 1993 年版，第 877—878 页。

② 汪子嵩、范明生、陈村富、姚介厚：《希腊哲学史》第 2 卷，人民出版社 1993 年版，第 968—969 页。

③ 汪子嵩、范明生、陈村富、姚介厚：《希腊哲学史》第 2 卷，人民出版社 1993 年版，第 971—978 页。

④ 汪子嵩、范明生、陈村富、姚介厚：《希腊哲学史》第 2 卷，人民出版社 1993 年版，第 996—998 页。

⑤ 汪子嵩、范明生、陈村富、姚介厚：《希腊哲学史》第 2 卷，人民出版社 1993 年版，第 1020—1028、1073—1082 页。

而是涉及了"本原和最高的原因"这类"必然就自身而言为某种本性所有"的东西。① 我国学者汪子嵩等人把亚里士多德在这里所说的"作为存在之为存在"（"作为是的是"）的学科所包括的研究内容概括为三个方面，分别是本体（ousia）——最为核心的部分、"存在"（"是"）的固有特性——诸如一和多以及对立等等和矛盾律与排中律之类的公理。②

在《形而上学》中，亚里士多德讲到"存在之为存在"或第一哲学学科特性的另一个地方是 E 卷（第六卷）。在这里，亚里士多德指出我们有众多的学科都是以存在物（beings）的本原和原因为探究对象的，其中的一些只是以某一个或某一类事物的本原和原因为对象，并不涉及绝对或单纯意义上的存在或存在之为存在；这些学科则把"存在"作为出发点来研究某一对象的"固有属性"。③ 在他看来，如果把所有的思想或知识学科分为实践的（practical）、创制的（productive）和思辨的（theoretical）三类的话，那么隶属于思辨科学或学问的则应该有三种，它们分别是数学、物理学和神学；其中神学——他也称之为第一哲学——所要研究的乃是永恒不动的实体和万物的普遍原因。他把这一学科归结为是"思辨作为存在的存在、是什么以及存在的东西的属性"的学问。④ 他认为这一知识涉及最崇高的主题，因而比其他思辨学科都更重要、更应该受到重视。

二、存在的独立意义

希腊哲学家们关于"存在"问题的看法，诸如对存在之为存在之重要意义的彰显，从存在所具有的不同方式类型上对"什么是存在"的解说，以及

① 参见［古希腊］亚里士多德：《形而上学》1003a，苗力田译，中国人民大学出版社2003年版，第58页。

② 汪子嵩、范明生、陈村富、姚介厚：《希腊哲学史》第3卷下，人民出版社2003年版，第697、700页。

③ 参见［古希腊］亚里士多德：《形而上学》1025b，苗力田译，中国人民大学出版社2003年版，第119页。

④ 参见［古希腊］亚里士多德：《形而上学》1026a，苗力田译，中国人民大学出版社2003年版，第120—121页。

将普遍原因和永恒不动的实体与存在之为存在的关联，等等，随着中世纪哲学家对神圣实体讨论的展开而以不同方式为他们所使用，并在新的思想文化背景中对"存在"自身的含义以及存在与本质的关系，提出了一系列不同于希腊哲学的观点和看法。在最早将它们结合起来思考存在的意义及其与上帝关系的中世纪哲学家中，波爱修具有最为突出的地位。波爱修身处公元 5 世纪末至 6 世纪初西罗马帝国刚刚解体的时代，他本人生活在由北方蛮族东哥特人（Ostrogoths）所建立的王朝中。由于古典文化及其哲学典籍随着西罗马帝国的灭亡而面临着极大的劫难，他因此发愿要将亚里士多德和柏拉图的著作译为拉丁文。[1] 虽然最终保留下来的译本只是亚里士多德逻辑学的少量篇章以及部分篇章的注释，但这些翻译和评注使得波爱修对希腊哲学的概念和方法有了更为深入的理解和把握，从而能够将它们运用在他所面临的诸多问题之中。例如他在为回应当时"三位一体"的神学争论而撰写的被称为《圣书》（Opuscula sacra）五篇神学论文中，对存在问题的讨论就在很大程度上受到了这些希腊哲学家的影响。

波爱修的五篇神学短论分别涉及了不同的问题，其中第三篇短论在中世纪时通常被称为 De hebdomadibus，[2] 讨论和澄清的主要问题是"实体何以因为其为存在者而是善的"。在这篇短论中，波爱修提出了他认为会被人们或有学问的人们普遍认可的七条公理（规则），核心内容是区分了"存在"（esse，拉丁语系动词的不定式形式，相当于英文的 to be）与拥有或分有存在的"是这个"（id quod est，相当于英文的 it which is）这类存在着的事物（存在者），并界定了它们各自的含义。他指出，"是这个"是那种接受了"存在的形式"（essendi forma）从而存在着的"所是"（quod est），它正因为分

---

① 参见［英］约翰·马仁邦主编：《中世纪哲学》，孙毅等译，中国人民大学出版社 2009 年版，第 12—13 页。

② 由于本篇内容主要讨论的是七条法则或公理（hebdomads），国内学者因此把它译为《论七公理》、《论七之群》或《七公理论》等。［英］约翰·马仁邦：《中世纪哲学：历史与哲学导论》，吴天岳译，北京大学出版社 2015 年版，第 43 页；赵敦华、傅乐安主编：《中世纪哲学》上卷，商务印书馆 2013 年版，第 625 页；董尚文：《阿奎那存在论研究》，人民出版社 2008 年版，第 52 页。

有"存在"而成为"所是"的某物，因而在它之中它还拥有不同于自身其"所是"的他物——"存在"，它是由"存在"和自身的"所是"两种不同的东西构成的复合体，并因这种复合而成为一个实存着的单一整体（unum）；而与之不同的是，"存在自身"（ipsum esse）是单纯的，它既不会以任何方式分有任何其他东西，也不会与任何其他东西混合而成为一个复合体，它是那种因被它物分有才能成为实存的东西。① 波爱修在随后的解释中，进一步从绝对的和最初的意义上看待"存在"自身的意义，认为所有事物只有分有或获得这一"存在"才会是实存的，从而才是善的（好的）；并把最初的善（好）自身看作是"存在自身"、"善（好）自身"和"善（好）的存在自身"。②

波爱修有关"存在自身"是"实体的"（substancia）善和"是这个"因分有存在而成为"偶性的"（accidens）善的看法，后来为中世纪哲学家们在更广泛的意义上用在了对上帝创世说的解读之中。而他在其论七个公理中对"存在"的形而上学阐释，不仅将希腊哲学的形而上学存在论思想在一个新的时代背景之中进行了阐发，而且也改变了柏拉图等人尝试从存在者对象（实体）上认识存在是什么的进路，把"存在自身"作为一个独立的意义构成体来思考亚里士多德的何谓"存在之为存在"的含义。应该说，凸显"存在"自身的意义并把它作为一个独立的甚至是更重要的部分，与"其所是"的本质一道来理解一个复合实体的实存意义，逐步成为波爱修之后中世纪哲学家们探究形而上学存在论的一项基本内容。

波爱修在对"存在"概念的分析中，把"存在自身"从具体的存在者中分离出来，尝试赋予其以超越的和本质的意义的做法，首先在中世纪阿拉伯世界的穆斯林作家那里得到了积极的回应。阿布·纳赛尔·法拉比作为中世纪阿拉伯哲学初创时期（公元9世纪末—10世纪初）的主要代表人物之一，对柏拉图和亚里士多德等希腊哲学家的思想作出过广泛的评注和

---

① 赵敦华、傅乐安主编：《中世纪哲学》上卷，商务印书馆2013年版，第626—627页；董尚文：《阿奎那存在论研究》，人民出版社2008年版，第59—61页。

② 赵敦华、傅乐安主编：《中世纪哲学》上卷，商务印书馆2013年版，第628—633页。

解释，并将它们运用在伊斯兰教神学体系的建构和阐释中；他在中世纪阿拉伯哲学形成初期对这两种不同思想体系所进行的整合，对随后的穆斯林哲学家阿维森纳与阿维罗伊等人以及犹太教传统和基督宗教传统都有着不小的影响。[①] 而法拉比在阐释亚里士多德"实体"学说的基础上，也对形而上学存在论进行了探究，特别是将存在和本质作了区分，认为在存在着的事物中，其本质和存在是不同的，事物的本质并不包含在它的存在的含义中。[②]

法拉比对亚里士多德形而上学的解释深刻地影响了阿维森纳，后者在他的自传（The Life of Ibn Sina）中称他在阅读亚里士多德《形而上学》几十遍后仍不明就里，而正是偶然看到了法拉比的评注后才弄懂了其中的奥秘。阿维森纳虽然对亚里士多德的《形而上学》作过评注，但他同时也写出了他自己所理解的、有着独立篇章结构的《形而上学》著述。这一部不同于亚里士多德《形而上学》的新著，是作为他的哲学百科全书 Kitab-al-Shifa（通常译为《医疗之书》，Book of Healing）第四部分内容论述的，前三部分分别为逻辑、物理和数学；他的这部分内容的阿拉伯名称是"论神圣事物"（Of Divine Things），在 12 世纪中叶（1150 年）被译为拉丁文后，以《形而上学》（Metaphysics）为名而在拉丁西方的中世纪哲学中产生了巨大的影响。[③]

在以亚里士多德著作为基础而展开的对形而上学问题的思考，阿维森纳基本认可了法拉比关于"形而上学"学科特性的看法，即它是一门"普遍的科学"，研究万物共同的东西，而研究上帝的神学只是这个学科的一部分；也就是说，在何谓形而上学的基本对象方面，阿维森纳更为看重的是存在之

---

① ［英］约翰·马仁邦：《中世纪哲学：历史与哲学导论》，吴天岳译，北京大学出版社 2015 年版，第 96—97 页。

② Etienne Gilson, *History of Christian Philosophy in the Middle Ages*, New York: Random House,1955,p. 185.

③ Anthony Kenny, *A New History of Western Philosophy Volume II: Medieval Philosophy*, Oxford: Oxford University Press, 2005, pp. 37-38.

为存在，而不是上帝。① 他在这种研究中所提出的三个相互关联的主题——共相、存在与本质的区分以及作为唯一必然存在者的上帝，被大家公认为具有重要的影响和价值。② 在关于共相问题的思考中，阿维森纳逐步认识到，用来表达一类事物（如人、动物、树木等）共同本性（what-ness）的概念（如人性、马性等），完全可以从其本身的意义上思考，而不用涉及它是否存在、包括了哪些个体；这是有关一类事物或对象的本质的思考。当然，具有共同本质而属于某类事物的个体对象，如这匹马、这个人（如苏格拉底）、这块石头，也可以从实存的意义上考察；只是考察一个个体是否存在的方式与考察其本质的方式是不同的。因此，在阿维森纳那里，看待或思考一个种类中的个体对象，可以通过两种不同的方式展开，作为属于某一种类的个体和作为存在着的个体。③ 阿维森纳由此进一步确定了他关于本质与存在相区分的思想。

在阿维森纳看来，人们最初形成的观念是事物（thing）、存在（being）和必然（necessary），它们是不需要依赖于其他观念得以解释而且也是不能解释的，它们是直接进入到心灵中的。④ 虽然一切现实存在着的个体事物（在西方中世纪的文化背景中，这些事物被称为受造物 creatures，即为上帝创造而存在的事物）都具有使其成为其所是的本质，然而它的本质和它的存在是截然不同的；无论我们如何全面地把握或理解一个个体对象的本质与属性，都不会必然地意味着或蕴含着它在现实中是存在的。而唯一的例外是上帝，上帝的本质与上帝的存在是完全同一的，他的存在即是他的本质，理解了他

_____

① Anthony Kenny, *A New History of Western Philosophy Volume II: Medieval Philosophy,* Oxford: Oxford University Press, 2005, p. 189；[英] 约翰·马仁邦：《中世纪哲学：历史与哲学导论》，吴天岳译，北京大学出版社 2015 年版，第 112 页。

② [英] 约翰·马仁邦：《中世纪哲学：历史与哲学导论》，吴天岳译，北京大学出版社 2015 年版，第 112 页。

③ [英] 约翰·马仁邦：《中世纪哲学：历史与哲学导论》，吴天岳译，北京大学出版社 2015 年版，第 113—115 页。

④ Anthony Kenny, *A New History of Western Philosophy Volume II: Medieval Philosophy,* Oxford: Oxford University Press, 2005, p. 190.

的本质也就理解了他的存在。① 阿维森纳关于存在与本质在所有其他存在者中相区分以及在上帝中合一的看法，与他所提出的关于可能存在和必然存在的看法之间，具有某种相互承接或内在契合的关系。

阿维森纳认为，在所有存在着的事物中，我们可以把它们区分为两类不同的存在（者）：一类是就其自身而言必然存在，一类是就其自身而言可能存在。所谓就其自身而言是可能的事物，是指那些其存在是可能的事物，其存在不是必然的，而是由其他原因导致的；而导致其存在的原因是来自外部，而不是源于其自身；如果这一原因给定，则其存在就是必然的。反之，如果其存在是在其自身的本质中获得的，那么它就不是一个可能存在，而是一个必然存在；也就是说，本身即具有存在必然性的事物，其存在没有原因而是内在于它自身之中的，它的存在即是它的本质，存在因与其本质同一而具有必然性。② 在阿维森纳的语境中，由于唯有上帝的本质是与其存在合一的，因而只有上帝才是一个必然存在者；而所有其他的万物作为受造物，是本质与存在相区分的，它们的存在来自上帝，因而是一种可能的存在者。

三、存在与本质的区分

在中世纪研究形而上学存在论的哲学家中，托马斯·阿奎那可说是一位最重要的集大成者。他所提出的存在论学说，不仅被认为是内容最为丰富的，而且也被一些学者视之为是极富创新性的。阿奎那对"存在"问题的关注和探究，在他不同类型的著作中都有着广泛的体现。这些著作不仅包括重要的大全类著作，如《神学大全》和《反异教大全》，而且也包括一系列评注和专著，如《论存在者与本质》、《亚里士多德〈形而上学〉评注》、《波爱修〈七公理论〉评注》及《论自然原则》等。特别是在《论存在者与本质》中，阿奎那对他的形而上学存在论思想作出了最为集中、也最为经典的

---

① Anthony Kenny, *A New History of Western Philosophy Volume II: Medieval Philosophy*, Oxford: Oxford University Press, 2005, pp. 38-39.

② ［英］约翰·马仁邦：《中世纪哲学：历史与哲学导论》，吴天岳译，北京大学出版社2015年版，第115—116页。

阐述。①《论存在者与本质》的中文本译者段德智教授曾引用当代中世纪学者莫勒（Armand Maurer）的话，把它称之为"西方形而上学传统中的一部经典之作"，并对其中的形而上学思想以"面向存在者本身"、"本质的发现"和"作为'纯粹活动'的'纯粹存在'"为着眼点进行了深入的解读，从它对传统逻辑主义思维范式的颠覆及其在现当代的得失等方面分析了它的理论意义和历史意义，②认为它是阿奎那所有著作中"最具形而上学底蕴、最见形而上学系统的哲学精品"，在"西方形而上学史上享有无可替代的地位"。③

　　当然，阿奎那之所以使用大量篇幅探究形而上学存在论问题，既有着哲学的原因，也包含了神学的目的。他在秉承希腊哲学以来形而上学思想传统的基础上，将它与他的神学动机相整合，意图实现如何在形而上学的维度上阐释"上帝存在"的意义。为此，阿奎那在其最为重要的著作《神学大全》的开篇（第一集问题1），首先讨论了他试图建构起来的"神圣学问"的学科意义及其理论地位。他借鉴亚里士多德有关形而上学以及"第一哲学"的看法，把"神圣学问"看作既是一门思辨的理论学科，又是一种必要的知识类型；认为这一学说有着明确的思考形式和探究对象，把上帝作为它认识的起点和终点，思考与探究的是整个宇宙的最高原因，因而是最高的和最富有智慧的学科。④当代阿奎那研究专家克雷茨曼（N. Kretzmann）对这种整合

---

　　①　现当代学者一般都认为阿奎那的《论存在者与本质》是其非常重要的一部形而上学专著。当代美国著名阿奎那研究专家 Eleonore Stump 认为集中概述阿奎那形而上学思想的是其两部早期著作《论自然原则》和《论存在者与本质》，后者尤为全面；《论存在者与本质》的英文译者 Armand Maurer 则称这部著作是阿奎那唯一一部"纯粹的形而上学著作"。有关这两位学者的看法，可分别参见 Stump, *Aquinas*, Routledge, 2003, p.12 和 *Translator's Introduction to On Bing and Essence of Thomas Aquinas*, trans. by Armand Maurer, Pontifical Institute of Mediaeval Studies, 1968.

　　②　段德智：《西方形而上学传统中的一部经典之作——对托马斯〈论存在者与本质〉的一个当代解读》；见［意］托马斯·阿奎那：《论存在者与本质》，段德智译，商务印书馆 2013 年版，"附录一"。

　　③　［意］托马斯·阿奎那：《论存在者与本质》，段德智译，商务印书馆 2013 年版，"译后记"。

　　④　参见［意］托马斯·阿奎那：《神学大全》第 1 集第 1 卷，段德智译，商务印书馆 2013 年版。

进行了解释，指出探究事物的最高原因，"深入地解释涉及原初或最终的事物、事件和事物状态的最基本的真理，这种形而上学的主题是亚里士多德和阿奎那所面对的"。[1] 阿奎那在亚里士多德的基础上，对存在的本原问题作了进一步的探究，认为宇宙万物的存在必有一个终极的或第一的原因，而这种终极原因是在宇宙万物的存在系列之外，并由它导致了万物的产生。它是世界的第一实在原则，所有的其他事物是从它那里分有了存在。阿奎那认为这一普遍根源或第一原因就是上帝。所以，克雷茨曼说阿奎那的论证是亚里士多德形而上学的扩展，是一种朝向有神论的扩展，"亚里士多德的形而上学被扩展到了有神论形而上学"。[2]

　　阿奎那在存在论研究中对本原问题的关注，特别是对"存在"概念及其含义的重新界定，对不同实体的分类及其内在结构的细致分析，使他建构起了不同于亚里士多德的形而上学学说，推进或者说论证了阿维森纳等人所提出的存在与本质相区分的思想。为了说明存在与本质之间真正的不同，必须首先要对"存在"自身的含义作出明确的界定。在这个问题上，阿奎那秉承阿维森纳等人的说法，首先确定了"存在"在认知上的首要地位。他说，"存在"是理智的原初概念，因为在所有被理解的事物中，最先为理智把握到的东西是"存在"。[3] 确定存在为理智原初的自然概念，使之在对不同存在者或实体的认识中具有首先的和基础性的地位，体现了阿奎那在形而上学存在论研究中所特有的理论指向。

　　正是"存在"的这种原初地位建构了阿奎那思考形而上学问题的方向。这种思考接下来的一个问题是存在的基本含义。在传统上，对存在含义的分析往往是与存在者和本质诸概念联系在一起进行的。阿奎那在开始的时候也是按照这种方式来界定存在的含义的。就语词本身来说，ens（存在者）、esse（存在）和 essentia（本质）这些拉丁词的含义来自另一个拉丁词 sum

①　N. Kretzmann, *The Metaphysics of Theism*, Oxford: Clarendon Press, 1997, p. 85.

②　N. Kretzmann, *The Metaphysics of Theism*, Oxford: Clarendon Press, 1997, p. 85.

③　见 Thomas Aquinas, *On Truth, Volume I*, a. I., trans. by Robert W. Mulligan, Henry Regnery Company, 1952.

（动词，意为"我是"）。esse 是 sum 的动词不定式，表明的是存在现实状态，或存在活动本身；ens 是 sum 的分词形式，指的是那种具有存在现实的对象或存在者；essentia 则是指构成存在者"其所是"的东西。①

阿奎那是在把存在者区分为存在和本质两个构成因素的基础上来界定存在的含义的。他说，存在者是那种具有存在的东西，而构成存在者基本因素之一的存在，显明的或体现的是一种现实性，一种纯粹的现实状态——存在现实（the act of being）。为了说明存在的独立意义，阿奎那不仅在《神学大全》中，而且在《论存在者与本质》中都对其含义作了解释和论证。他说，"存在是某种并非本质或实质的东西"，因为"每一种本质或实质却都是能够在对有关它的存在的任何事物缺乏理解的情况下得到理解的。例如，我们能够理解一个人之所是以及一只不死鸟之所是，然而却不知道其究竟是否实际存在"。② 存在并不构成我们对本质理解或定义中的一个基本部分，它与本质无关。戴维斯对阿奎那的这种看法作了进一步的解释，指出"事物的存在不可能从它们所是的定义中推演出来（阿奎那把这种定义称为事物的'性质'或'本质'）"，人们可以知道狗是什么而不用知道狗是否存在，"狗的存在不是狗的本性或本质的一部分"，在这种意义上，"存在是某种不同于性质或本质的东西，以及事物的现实存在不可能简单地在对其性质或本质认识的基础上予以解释。它'有'（has）存在但不'是'（is）存在"③。然而在任何一个现实存在者那里，其存在或存在活动是我们能够明确感受到的；它就在那里，并以明确的方式首先成为我们的感知对象。因此在任何具体的存在者那里，存在和本质是截然不同的，本质构成了存在者的"其所是"，存在则赋予它以现实性。

阿奎那以简明的方式阐述了存在的含义，确定了它所具有的独特的意

---

① *Translator's Introduction to On Bing and Essence of Thomas Aquinas*, trans. by Armand Maurer, Pontifical Institute of Mediaeval Studies, 1968; Etienne Gilson, *History of Christian Philosophy in the Middle Ages*, New York: Random House, 1955, pp. 368-369.

② ［意］托马斯·阿奎那：《论存在者与本质》，段德智译，商务印书馆 2013 年版，第 4 章。

③ Brian Davies, *The Thought of Thomas Aquinas*, Oxford: Clarendon Press, 1992, p. 31.

蕴。正是存在这种确定的意义，使他在存在者中能够把存在与本质在真实的基础上区别开来。① 在他看来，"存在者"（ens）是那种"具有存在"（esse）的事物，是存在活动的承受者。它在最基本的意义上指称的是那种能够通过其自身而存在的实体（substantia），这既是阿奎那所说的，存在者这个词虽然也可在"次要的意义上用来言说偶性"，但它是"绝对地和首先用来言说实体的"。② 而那个承受存在活动、并在这种活动中使一个事物成为实际存在者的东西是事物的本质。在阿奎那看来，本质（essentia）是"一件事物藉以成为该物的东西"，成为"其所是"的东西，它所意指的是"那些为自然事物所共有的东西，各种不同的存在者就是据此归属到各种不同的属相和种相之下的，如人性乃人的本质，如此等等"。③ 因此，在一个具体存在者那里，存在是使其成为实际存在者的现实性或现实活动；但这种现实活动不能与存在者的本质相分离，它是在本质的基础上才使存在者成为现实。因此阿奎那说，存在者只有藉着本质并在本质之中才具有存在。

阿奎那之所以明确界定存在和本质的不同含义，其主要目的之一是要在不同存在者那里寻找其基本构成原则，建构起存在者的不同类型或系列。他要把中世纪传统中关于存在与本质相区分的思想，使之在对具体存在者的分析中得以确证并以肯定的方式阐释出来。也许《论存在者与本质》一文是最能体现阿奎那这种意图的了。实际上，当阿奎那在这篇文章中首先阐释"存在者"的普遍意义的时候，他已是把存在者作为复合体、把存在和本质作为它的两个基本构成因素来看待的。因此，即使阿奎那其中主要是对复合实体、脱离质料的实体等不同存在者中的本质作了大量的分析，但存在作为这些实体的另一个构成原则是始终在场的。也就是说，阿奎那虽然认为存在者是藉着本质并在本质之中才有存在的，但他并不认为存在者的存在从属于本

---

① 一些学者认为，托马斯·阿奎那在中世纪形而上学研究中的最主要贡献之一，是他在存在者中对存在和本质所作的真实的区分，在对具体存在着的事物的分析中阐释了存在与本质在实在意义上的不同。参见 Eleonore Stump, *Aquinas*, Routledge, 2003, p.12.

② ［意］托马斯·阿奎那:《论存在者与本质》，段德智译，商务印书馆 2013 年版，第 1 章。

③ ［意］托马斯·阿奎那:《论存在者与本质》，段德智译，商务印书馆 2013 年版，第 1 章。

质或是本质的一部分。对任何一个现实存在者来说，存在都是它的一个基本因素，一个不同于本质的构成原则。存在是其现实要素，存在者正是在这种存在活动中成为现实存在者的。

认识到存在和本质的不同，使得阿奎那得以把它们作为两个真实的构成原则，来分析不同存在者的性质。存在和本质如何并以什么方式在不同存在者中呈现，成为阿奎那认识这些存在者各自特征的基本手段。阿奎那认为，从言说存在者的第一种方式即绝对的方式来看，存在者（实体）可以分为三种基本类型——复合实体（substantiae compositae）、理智实体（substantia intelligens）和第一存在（primum ens）。在作为复合实体的自然实体中，其本质既蕴含有形式，也蕴含有质料。虽说质料可分为特指质料（materia signata，实体的个体化原则）和泛指质料（materia non signata），而形式是构成这类存在其所是的原因；但其本质则是意指那种"由质料与形式复合而成的东西"。这类实体的存在则是接受来的，是由其他存在者赋予的，构成了这类实体成为一个存在者的现实性。然而这类实体的本质和存在都是受限定的，本质被限制在特指质料中，存在被限制在特定的本质中。但在总体上，存在体现了现实性，本质体现了潜在性。[1] 总之，就其构成原则来说，复合实体之为存在者，既包含了质料与形式的区分，也包含了存在（现实）与本质（潜能）的区分。

阿奎那区分存在者的第二种基本类型，是受造的理智实体。这类实体包括了灵魂（如人的灵魂）和灵智（intelligentia，如天使）两个方面，它们与第一存在（第一因）同属于脱离质料的实体（substantiis separatis）。受造的理智实体中是"完全没有质料"的，它们相对于复合实体来说是单纯的，因而它们的本质不可能是质料和形式的复合，而仅仅是由形式所构成，"单纯实体的本质则单单是形式"。[2] 由于这类实体的本质仅仅是其形式，因而其本质就体现出与复合实体本质的不同：它是不可能被接受进质料中而被个

---

① ［意］托马斯·阿奎那：《论存在者与本质》，段德智译，商务印书馆2013年版，第2章。

② ［意］托马斯·阿奎那：《论存在者与本质》，段德智译，商务印书馆2013年版，第4章。

体化的，它的个体化实际上是由其形式本身赋予的，"在它们之中有多少个体就有多少种相"，同一种相只有一个个体，而不可能像复合实体那样有多个个体。① 然而，受造的理智实体虽然是完全没有质料的，但却复合了存在与本质，"无论在灵魂中还是在灵智中，都不可能存在有质料与形式的复合物，……但是，在它们之中，确实有形式与存在的复合"。②

在阿奎那看来，这类实体之所以呈现出某种复合特征，乃是由于在它们之中，其"存在是一回事，而它的本质或实质、本性、形式则是另一回事。所以，在理智实体中，除形式外还必定有存在；……理智实体是形式兼存在的"。③ 理智实体中不同于其本质的存在即是它的现实性，使其成为现实存在者的存在活动。然而这种存在是从其他存在者，即第一存在或纯粹存在那里接收过来的，是作为"它的现实性接收过来的"；从而，理智实体的实质或形式相对于它所接收的存在来说，表现出了一定的潜在性。因此，理智实体具有这样的存在特征，在它之中虽然不能找到质料和形式的区分，但却具有潜在与现实的不同。也就是说，"尽管这样一类实体只有形式而没有质料，但它们却并不是在任何方面都是单纯的；而且，它们也并非是纯粹的现实，而毋宁说它们混杂有潜在性"。④

这种因与存在的不同而在本质中所具有的潜在性，在第一存在（上帝）那里是不可能被发现的。因为第一存在是这样一种存在，在他那里，他的"本质即是他自身的存在"。这种实体不仅是脱离质料的，而且其本质也不可能是其他什么东西，只能是其存在。他的本质与他的存在是同一的。因此，第一存在的存在是一种纯粹的存在，正是这种纯粹性，而使它成为区别于"所有别的存在的存在"。⑤ 这种存在是一种纯粹的现实活动，因而其本质也体现出纯粹的活动和纯粹的现实性。阿奎那认为，与所有其他的实体不同，

---

① ［意］托马斯·阿奎那：《论存在者与本质》，段德智译，商务印书馆 2013 年版，第 4 章。
② ［意］托马斯·阿奎那：《论存在者与本质》，段德智译，商务印书馆 2013 年版，第 4 章。
③ ［意］托马斯·阿奎那：《论存在者与本质》，段德智译，商务印书馆 2013 年版，第 4 章。
④ ［意］托马斯·阿奎那：《论存在者与本质》，段德智译，商务印书馆 2013 年版，第 4 章。
⑤ ［意］托马斯·阿奎那：《论存在者与本质》，段德智译，商务印书馆 2013 年版，第 5 章。

第一存在既是独一的，又是完满的，因为所有的"完满性都是由于它自己的单纯存在而适合于他"。①

总之，阿奎那通过对"实体之具有本质"的三种方式的分析，阐释了存在和本质在三种不同实体（存在者）中的关系及其性质与表现。除了在上帝那里存在与本质是同一的、从而体现出纯粹的现实性之外，在所有其他受造实体那里，存在和本质都是可以真实地区别开来的。复合实体是质料与形式、存在与本质的不同，理智实体是存在与本质、从而是现实与潜在的不同。

四、存在的优先性

阿奎那在形而上学存在论研究中所取得的巨大成就，既得益于他勤奋、努力和孜孜不倦的探究，也与他所处的较为有利的历史时代有关。在他从事学术活动之前的 12 世纪，包括《形而上学》在内的亚里士多德几乎所有的著作都从阿拉伯世界传入到了拉丁西方，并被译为拉丁文。随着亚里士多德著作一道进入拉丁西方的，还有阿拉伯世纪伊斯兰哲学家们的评注和相关研究成果；它们为拉丁西方形而上学和其他哲学问题的研究，提供了非常重要的思想资源。因此，当托马斯·阿奎那建构其形而上学学说的时候，研究"存在之为存在"作为第一哲学的意义以及在"本质"（essentia）与"存在"（esse）之间所作出的区分，已在当时不同思想文化传统中的哲学家们那里得到了广泛的讨论，并以一种较为明确的形式进行了表达。段德智教授认为，在这些探究和表达中所彰显出来的思想观念，代表了探究存在问题的实存主义或具体主义的一种新型的路线，是在对巴门尼德、柏拉图和亚里士多德等古希腊哲学家把"存在"视为最普遍的逻辑概念以及把存在等同于本质的逻辑主义和本质主义传统的改造中建构起来的。② 阿奎那可说是秉承了这种新型的追询存在问题的路线，对形而上学存在论作了全面深入的思考，认

---

① [意] 托马斯·阿奎那：《论存在者与本质》，段德智译，商务印书馆 2013 年版，第 5 章。

② [意] 托马斯·阿奎那：《论存在者与本质》，段德智译，商务印书馆 2013 年版，第 74—96 页。

为存在和本质不仅是一种概念的区分，而且更是一种真实的区分，这种区分在不同的实体或存在者那里有着真正的体现，并在这样的区分中赋予存在以超越本质的至上意义。

阿奎那在秉承存在与本质相区分的思想路线而展开的探究中，之所以把存在从存在者的这两个基本构成要素中凸显出来并认为它是最基本的和首要的，一方面是从世界最终原因和第一实在原则方面归结它的意义，另一方面是从现实性和完满性上思考它的价值。在阿奎那看来，现存世界不是自足的，在感性经验的范围内它不能充分地解释自身，不能在最终的意义上说明事物为什么运动、为什么会朝着某一目的而活动以及为什么会存在。它需要一个不属于这个世界的原因来解释这个世界的起源和存在。因而，本原意义上的存在论在阿奎那的思想中占据着一个非常特殊的地位，它不仅是说明现实世界何以存在的形而上学原则，也可以说是构成了阿奎那"上帝存在"证明本身的更深刻的论证基础。当代学者布赖恩·戴维斯（Brian Davies）认为，阿奎那虽然提出并区分了证明上帝存在的五种方式，但他把"存在"自身的独立意义作为这些证明不言而喻的前提而给予了设定。戴维斯把阿奎那对"存在"的这种设定称之为"存在论证明"（the Existence Argument）。[①]阿奎那自己对这个问题的解释是，"无论什么时候不同的事物具有某种共同的东西，那必定有这种共同的东西的原因；尤为不同的是，它们自身并不能解释它……因此，存在是被所有事物所共有的，无论它们是多么的不同。所以，必然有一个存在的单一来源，无论在事物中是以什么方式存在，是不可见的和精神的或是可见的和肉体的，都从它那里获得存在"。[②]

把"存在"作为世界万物共有的东西，它并不内在于万物之中，而是来自这个世界之外的某个单一的本原，这种解释方式体现了阿奎那从世界终极原因和首要原则上看待"存在"意义的一种新的路向。柏拉图曾经把"原因"作为"存在"的四种类型之一来看待，亚里士多德也以一种可选择的方式把

---

① Brian Davies, *The Thought of Thomas Aquinas*, Oxford: Clarendon Press, 1992, p. 31.

② ST. Thomas Aquinas, *Summa Theologica*, la., Q.65, a.1, translated. by Fathers of the English Dominican Province, Encyclopedia Britannica, INC., 1952.

永恒不动的实体（神）和万物的普遍原因作为第一哲学的对象，阿奎那则是明确地把世界的终极原因和首要原则归结为"第一存在"或纯存在，并把它置于有神论的框架中去理解。因而，如果说世界万物只有获得了或者说分有了这种"存在"才能存在，才能成为现实性的存在者，才能在这个世界上呈现出来，那么"存在"对于任何一个现实的存在者来说就具有了至关重要的意义。这也是阿奎那之所以把"存在"看作是存在者构成要素中最完善的和最重要的缘由之所在，他因此说道，"存在是所有事物中最完善的，因为与所有的事物相比，正是通过它，这些事物才被创造成为现实。因为除非它是存在的，没有任何事物具有现实性。因此，存在是那种使所有事物——甚至它们的形式——现实化的东西"。①

在阿奎那看来，这种现实状态即是一种活动，一种存在活动，"存在"（esse）就是以动词形态表达的现实活动。阿奎那认为，"存在"的意义源自动词"是"（est），而"是"动词首先表示的是"被感知的现实性的绝对状态，因为'是'的纯粹意义是'在行动'，因而才表现出动词形态"。② 因而，"存在"正是以这种纯粹活动的方式表示存在者的绝对现实状态。"存在活动"是存在者首先呈现出来的状态，也是它最纯粹的状态。它是动态的，而不是静态的。然而，这种存在活动不是存在者正在成为什么的过程或活动，它本身就是纯粹的现实，呈现出最完满的实在性。它不需要一个过程使其最终以完满的状态呈现出来。存在直接展示了这种完满性。

虽然存在是一种现实活动，存在者只有在这种存在活动中才成为现实；但这种存在活动是与存在者的本质不可分离的，本质是存在活动的基础，因为"存在者只有藉着它并且在它之中才具有存在"。③ 然而，在存在活动

---

① ST. Thomas Aquinas, *Summa Theologica*, la, Q. 4, a. 1, translated. by Fathers of the English Dominican Province, Encyclopedia Britannica, INC., 1952.

② Thomas Aquinas, *On Spiritual Creatures*, trans. by M. G. Fitzpatrick and J. J. Wellmuth, Milwaukee, 1949, pp. 52-53；转引自赵敦华：《基督教哲学 1500 年》，人民出版社 2007 年版，第 364 页。

③ ［意］托马斯·阿奎那：《论存在者与本质》，段德智译，商务印书馆 2013 年版，第 1 章。

中，存在者虽是藉着本质而成为现实的；但存在并不是存在者的外在特征或表现，而是其最内在的构成因素，"存在是每一事物最内在的东西，在根本的意义上处在所有事物的最深层"。① 吉尔松认为阿奎那对存在的这种看法是一种内在主义，它与阿维森纳关于存在的外在主义之间，有着根本的不同。②

阿奎那之所以把存在与本质区别开来，其主要目的不仅在于他要在具体存在者中建构起真正不同的基本构成原则，从而在形而上学的意义上对存在者的存在性质作出解释；而且还在于他力图赋予存在以优先于本质的地位，使第一存在（上帝）既成为所有存在者存在的原因，也具有最纯粹的可理解性。在阿奎那看来，"存在"（esse）自身在存在者中有着独立的意义。它体现为一种存在活动，虽然这种活动是藉着本质而进行的，但它却是一个存在者之所以成为一个存在者的现实性。存在是使一个事物成为现实存在者的根本所在。因此，在一个现实存在者那里，存在具有首要的意义。因为若没有这种存在活动，一个事物是不可能成为一个现实存在者的。正是这种存在活动，一个事物成为现实存在者，它的本质也因之从潜在成为现实，获得了一种现实的可认知性。从而，在阿奎那那里，存在具有了一种优先的意义。

当然，这种优先性不仅在于存在的现实性，更在于它的内在性和完满性。就阿奎那的思想倾向来说，他不会把存在活动看作是一个存在者的外在表现；相反，他充分肯定的是，存在和本质一样，都是存在者的"最内在的"和"最深层的"内容。因此，阿奎那把存在与本质一道，视之为每一具体存在者的两个基本构成原则。但是这两个构成原则在存在者那里，并不具有相同的地位。在现实的意义上，存在比本质更为根本，因为任一存在者在其产生时首先出现的是其存在，然后才是其可认知的和可定义的本质。存在体现

① ST. Thomas Aquinas, *Summa Theologica*, Ia, Q. 8, a. 1, translated. by Fathers of the English Dominican Province, Encyclopedia Britannica, INC., 1952.

② Etienne Gilson, *The Christian Philosophy of ST. Thomas Aquinas*, University of Notre Dame Press, 1994, p.39.

的是现实性，而本质体现的是潜在性或可能性，潜在的本质是在存在活动中并依赖于这种活动而转变成为现实性的。

因此，阿奎那把存在视之为存在者的本质及其属性在现实性上得以展示或呈现的基础。也就是说，一个存在者首先存在，然后它的本质和属性才得以以现实的方式呈现并为人们在现实性上所把握。正是在这个意义上，阿奎那把存在的卓越性视之为一个存在者的最基本的卓越性，认为存在者的每一卓越性都是就它的存在而言的，"事物中的每一卓越性和完满性取决于这个事物的存在（is），而事物中的每一缺失则取决于这个事物在某种程度上的不存在(is not)"。① 存在以现实的方式展现了它最卓越和最完满的方面，"存在意味着最高的完满性，其证据是现实（act）始终比潜在更完满。而一个特殊的形式不可能被认为是在现实中的，除非它被假定具有存在。……当它具有存在时它就成为现实上的存在者。因而清楚的是，我们在这里所理解的存在是所有现实的现实性，从而是所有完满的完满性"。②

阿奎那以存在的现实性为基础，确定了它在存在者中比本质更为优先和更为卓越的地位。存在的卓越性和完满性在第一存在（上帝）那里得到了最为明确的肯定。阿奎那认为，第一存在是存在与本质相同一的，它的本质既是它的存在。第一存在体现了纯粹的现实性，从而是最为完满和最为卓越的存在，因为根据存在的真正含义来说，"如果有一个事物，存在的整个可能性都属于它，那么就没有任何属于任一事物的卓越性在它可能会是缺失的"。③ 而唯有第一存在才是纯粹的现实存在，是存在本身，是"依据存在自身的整个可能性而具有存在"，从而是"普遍完善的存在"。④ 而所有具体

---

①　ST. Thomas Aquinas, *Summa Contra Gentiles, Book II*, ch. 28, translated with an Introduction and Notes by James F. Anderson, London: University of Notre Dame Press, 1975.

②　ST. Thomas Aquinas, *On the Power of God*, Q. Ⅶ, a. 2, trans. by the English Dominican Fathers, London: Burns Oates & Washbourne LTD., 1934.

③　ST. Thomas Aquinas, *Summa Contra Gentiles, Book I*, ch. 28, translated with an Introduction and Notes by James F. Anderson, London: University of Notre Dame Press, 1975.

④　ST. Thomas Aquinas, *Summa Contra Gentiles, Book I*, ch. 28, translated with an Introduction and Notes by James F. Anderson, London: University of Notre Dame Press, 1975.

存在者的存在，都来自第一存在，从而也分有了后者的卓越性和完满性。由此可见，在阿奎那的形而上学语境中，存在的优先性地位也有着非常深厚的神学目的与神学指向。也就是说，他在区分存在与本质的同时，赋予"第一存在"以高度的优先性、完满性和最纯粹的现实性，为"上帝存在"这一基本神学命题的意义，提供了极具形而上学意蕴的阐释与说明。

从思想的历史演进来看，在一神论的框架内阐释"存在"的独立意义和本原意义，阿奎那之前的波爱修和阿维森纳等人已做过类似的工作。波爱修是在"存在"和"是这个"（id quod est）之间作出区分来阐释其意义的。他认为，"是这个"是指那种获得"其所是"的形式、并分有"存在"的具体存在者。这是一种在其本身之外可以分有其他某种东西的存在者，而且只有在接受或分有了"存在"（esse）的时候，才能以具体的实在方式存在（est）；而"存在"（esse）是"等着显现"的单纯存在或存在自身（ipsum esse），它既不分有任何东西，也不会接受任何不同于其自身的其他东西而成为一个复合体。① 阿维森纳也提出了"存在自身"与"存在的事物"相区分的看法。他通过一个有关"空中人"的设想，论证"存在"是理智首先认识到的原初的和必然的对象。在他看来，"存在自身"先于一切具体事物而存在，"存在的事物"——包括存在与本质——则是从作为"存在自身"的第一必然存在者那里接受其存在和本质而成为现实存在者的。② 应该说，包括阿奎那在内的这些中世纪哲学家们，之所以把"存在"看作是一个独立的和本原的从而是至关重要的问题，乃是从一个"创世"立场看待世界的存在，万物的"非存在"是可能的，从而是否能够和如何可以"成为存在"就有了本体论的尖锐性。而古希腊哲学家们如果把世界看作是永恒的，它一直就在那里，因而万物的存在和非存在问题就没有那么敏感。当然，设定世界从无到有的一神

---

① Etienne Gilson, *History of Christian Philosophy in the Middle Ages*, New York: Random House, 1955, pp. 104-105；赵敦华：《基督教哲学 1500 年》，人民出版社 2007 年版，第 171—173 页。

② 赵敦华：《基督教哲学 1500 年》，人民出版社 2007 年版，第 283—284 页；Etienne Gilson, History of Christian Philosophy in the Middle Ages, New York: Random House, 1955, p. 210.

论背景，也为中世纪哲学家们思考"存在"的独立意义提供了一个可能的和独特的视角。

把"上帝"作为"存在之为存在"特有的对象，并以此为聚焦点思考"存在"的含义，在阿奎那之后的一些中世纪哲学家们那里仍然保有较为浓厚的兴趣，只是他们关注的问题和内容出现了新的变化。邓斯·司各脱认可形而上学是研究存在之为存在的学问，并在尽可能宽广的意义上把具体的存在者作为这一学问研究的基本对象，诸如有限的和无限的存在者、现实的和可能的存在者；而在解释无限存在者（上帝）和有限存在者（被造物）的存在论关系时，与阿奎那从类比出发，进而把"存在"、"善"和"智慧"等本质属性以更卓越的方式归于上帝不同，司各脱提出了一个单义（univocal）性理论，认为虽然无限存在和有限存在不同，且这种不同有着实在的根基，但它们的存在则是共同的和单义的，有着相同的存在样态（modes），从而可以在一个单一的意义上理解它们的存在。① 司各脱所提出的单义性理论，并不意味着他试图消解上帝与受造物之间的无限鸿沟，而只是希望在无限存在和有限存在之间建立起一个一致性学说，以一种较为单一的方式解释它们之间的存在论关系。在解释具体有形实体的构成方面，司各脱也提出了一个不同于阿奎那等人的"真实的区分"（real distinction）的看法，这即是他所说的"形式的区分"（formal distinction）。在他看来，形式的区分并不是人们在思想上构想出来的不同，它确实在一个对象中有其可以区别开来的性质；但这种区分又不是像苏格拉底和柏拉图那样是真正的不同。他的这一看法是在其共相理论中提出的，用来解释质料和形式等本质与某一存在着的个体之间的关系。例如"人性"之类的本质与苏格拉底、柏拉图等个体的人之间有一种构成的关系，当苏格拉底和柏拉图等拥有、获得或分有"人性"的时候，还有一个使其成为"他自己"而不同其他个体的东西，这即是中世纪哲学家们所谓的"个体化原则"。在阿奎那那里，存在的个体化原则是"特指

---

① Anthony Kenny, *A New History of Western Philosophy Volume II: Medieval Philosophy*, Oxford: Oxford University Press, 2005, p. 201 ；[英] 约翰·马仁邦：《中世纪哲学：历史与哲学导论》，吴天岳译，北京大学出版社 2015 年版，第 293—294 页。

质料";司各脱则认为是"此性"(haeceitas,英文为 haecceity)或"个体性"(singularity)。在他看来,一个具体的存在者是由本质与存在的个体性构成的,而这些构成部分可以用"形式的区分"来解释。①

奥康虽然在神学思想上支持上帝存在以及三位一体等教义,但在哲学研究领域则坚持共相的唯名论立场,认为真实存在的只有个体事物,而所谓共相所指称的普遍事物并不能够以实在的方式存在。奥康的这一主张被称为形而上学简化论纲领或法则,它在历史上更多的是以"奥康的剃刀"(Ockham's razor)而闻名,即"若无必要,毋增实体"('Entia non sunt multiplicanda praeter necessitatem' — 'Entities are not to be multiplied beyond necessity')。一些学者认为,奥康剃刀所要消减的实体,除了普遍实体之外,还包括了司各脱所说的个体化原则;因为这一原则在解释个体事物的构成结构时,除了这一个对象(如苏格拉底)和类本质(如人性)之外,还添加了一个让人费解的、不同于前两者的"个体性"(使普遍人性成为苏格拉底的存在个体性)。② 由于奥康的立场在中世纪哲学晚期的思想转向中具有典型性,代表了一种逐步增长的弱化普遍实体实在性的倾向,因而也使得形而上学关于"存在之为存在"的研究热情开始减退。

思考题

1. 中世纪形而上学研究的思想基础和基本问题。

2. 克莱门特神圣实体学说的转折意义和哲学意义。

3. 奥古斯丁如何阐释"有学问的无知"?它包含了何种思想基础与认知困境?

---

① Anthony Kenny, *A New History of Western Philosophy Volume II: Medieval Philosophy*, Oxford: Oxford University Press, 2005, pp. 203-206;[英] 约翰·马仁邦:《中世纪哲学:历史与哲学导论》,吴天岳译,北京大学出版社 2015 年版,第 293—295 页。

② Anthony Kenny, *A New History of Western Philosophy Volume II: Medieval Philosophy*, Oxford: Oxford University Press, 2005, pp. 207-208;[英] 约翰·马仁邦:《中世纪哲学:历史与哲学导论》,吴天岳译,北京大学出版社 2015 年版,第 308—309 页。

4.阿奎那否定方法的思想动机、理论特征与认知可能性分析。

5."存在之为存在"在希腊哲学中的含义。

6.波爱修对"存在"概念的分析及其在阿拉伯哲学家中的传承与发展。

7.阿奎那存在与本质相区分的思想。

8.如何认识阿奎那"存在先于本质"的基本含义和历史意义？

第八章　认识论

在中世纪的整个思想进程中，哲学家们对有关心灵的认知能力与认知的对象和范围以及信念的确定性与分类等问题都进行了广泛的讨论，产生了较为丰富的认识论思想。只是这些讨论与思考大多并非是在严格的或专门的"认识论"名目下展开的，通常是与理性与信仰、形而上学、人的本质与属性、共相以及语言和逻辑等众多问题相互关联在一起的。这些广泛的联系使得中世纪哲学认识论的思想观点，呈现出了既内容丰富又零散多样的特点。而且中世纪哲学家在关于认识论问题的阐释中，希腊哲学的认识论传统，为应对各种思想类型的挑战和批判而展开的辩护与阐释，以及中世纪本身所具有的社会文化处境等因素，都会在不同程度上制约或规范他们所探究问题的内容范围与思想走向。本章内容主要依据历史的进程，选取不同时期哲学家们关于认识论问题的观点与理论，力争依据主题相关的原则给予集中的表述。

第一节　真理观与光照论

在中世纪的早期，有关什么是"真正的知识"以及如何获得和确定这样的知识，可说是这个时期哲学家们探究的最为重要的认识论问题之一。而这样的问题之所以能够为中世纪早期的哲学家们所关注，其中一个非常重要的原因乃在于他们所生活的时代文化处境以及在这个处境中与希腊哲学所展开的对话——批判与辩护式的对话。在这一对话中，中世纪哲学家们对希腊哲学的认识论思想进行了考察与继承，将后者关于"真理"与"意见"的区分及其相应的认知方式作了新的解释和发挥，形成了一种不同于希腊哲学的"真理"认知之路。

一、证明与知识

从思想进程上看，希腊哲学经过几百年的发展，就人类的认识对象、认识能力和知识的基础、性质、类型以及建构知识的方法与手段等问题作出了深入的探究，形成了较为完备的古典认识论体系。这些探究与理论体系经过罗马帝国时期哲学家们的继承与发展，在可能性上为中世纪哲学家们的认识论思考及其理论体系的建构，提供了极为丰富的思想资源与基础。然而，中世纪哲学家们有着不同于其希腊前辈的思想起点以及自身面临的急需解决的理论问题，因此希腊哲学的认识论成就首先以什么方式并在哪种程度上能够为前者所使用或承继，则是与这些问题密切相关的。而在公元二、三世纪早期教父哲学家那里，最先引起他们对希腊哲学认识论关注的一个基本问题，是后者关于真理与意见的区分以及在此基础上所形成的思想评价标准。

只是这种关注在开始的时候是以被动的方式呈现出来的。也就是说，当早期教父哲学家们尝试以自身的思想体系为基础思考神学和哲学问题的时候，他们则在公共层面上遭遇到了来自于罗马帝国内的哲学家和其他社会人士的质疑和批判。特别是那些秉承了希腊思想观念的哲学家们，谴责教父哲学家们的基督宗教思想体系，是无理性的、荒诞的和不合理的等等，在社会文化层面上产生了广泛的影响。因此，如何应对并消解这种质疑和批判，促使教父哲学家们开始思考自身思想体系的性质与地位及其与希腊哲学的关系，思考何谓真正可靠的真理性知识以及何谓不可靠的乃至荒诞的意见。这种思考为希腊哲学认识论的理论成就进入中世纪哲学之中，提供了非常重要的途径。

那么，古希腊哲学提出了什么样的知识理论而成为罗马帝国时期的哲学家们质疑和批判基督宗教信仰体系的思想原则呢？在基本特征上，这是一种关于什么是真理性知识以及真理性知识是如何形成和怎样建构的观念与看法，并以此来昭示出或区别于错误的或不真实的观点或意见。大约从公元前

6 世纪到公元前 5 世纪中叶，早期希腊哲学家尝试以自然的方式探究宇宙的本原及其演化，希望建构起一个超越或不同于原始神话思维方式的理性阐释传统。他们在探究宇宙本原或始基及其内在的理性结构与本性的过程中，对人类的认识对象、认识能力以及由此形成的知识类型给予了初步的说明与解释，分辨出了可以用来指称不同认识类型的概念——真实的和确定性的真理（aletheia）以及猜测性的和不确定的意见（doxa），并把前者看作是对万物的"本性"（赫拉克利特）或世界唯一不变的本质——"存在"（estin）（巴门尼德）的把握，体现的是一种"最优越的智慧"以及"可靠的逻各斯和思想"。①

到公元前 4 世纪前后，随着哲学研究从宇宙的起源、本质与结构等自然哲学向人与社会文化问题的转向，以及各种不同类型知识的不断积累与逻辑方法的凝练与提升等等，在以苏格拉底、柏拉图和亚里士多德等为代表的哲学家那里，产生出了古希腊时期最为完备的认识论体系。他们对知识的对象、基础、性质以及建构知识的方法与手段等问题进行了深入的探究，提出了一系列具有广泛影响力的思想观点。苏格拉底把知识看作是人类"生活中真正有价值的东西"，把"绝对的善"、"绝对的美"之类的终极客体视之为人类理性可以把握到的客观认识对象以及人类知识最坚实的"基础"；② 柏拉图也把真实的和永恒不变的客体——他称之为"型"（eidos）或"理念"（idea，也译为"相"）——看作是人类认识的真正对象，唯有理性或思想才能够真正把握到它们。③ 亚里士多德则把真理性知识看作是一种被证明为真的知识，它是以真实的前提或初始原理为基础并通过严格的逻辑方法推论出来的知识。④

---

① 汪子嵩、范明生、陈村富、姚介厚：《希腊哲学史》第 1 卷，人民出版社 1997 年版，第 644—647、657—658 页。

② ［德］E. 策莱尔：《古希腊哲学史纲》，翁绍军译，山东人民出版社 2007 年版，第 99—104 页；汪子嵩、范明生、陈村富、姚介厚：《希腊哲学史》第 2 卷，人民出版社 1993 年版，第 400—410 页。

③ ［德］E. 策勒尔：《古希腊哲学史纲》，翁绍军译，山东人民出版社 2007 年版，第 132—139 页。

④ ［古希腊］亚里士多德：《后分析篇》第 1 卷 71b17—35，76a32—76b12；见苗力田主编：《亚里士多德全集》第 1 卷，中国人民大学出版社 1990 年版。

可以说，这些成熟的认识论思想以及其他哲学观点，随着罗马帝国晚期斯多亚学派、逍遥学派、新柏拉图主义、伊壁鸠鲁学派和新毕达哥拉斯主义等希腊化哲学流派哲学家们的传播，而为当时的人们所熟知。早期教父哲学家们也正是在以不同方式与哲学流派的交流和对话中，开启了有别于希腊时期的哲学认识论进程。而这一认识论进程在很大程度上不是从最初始的问题开始的，而是从知识的最高层面，即真理的层面展开的。也就是说，当一些早期教父把基督宗教看作是一种等同于或类似于希腊哲学的思想体系的时候，也把前者的信仰对象界定为希腊哲学意义上的"真理"或"最终真理"。例如，当查士丁声称基督宗教是一种哲学并因此而"成为一个哲学家"的时候，他同时也把耶稣基督看作是"宇宙的逻各斯"（Logos），是圣道（the Word）和神圣真理；[①] 克莱门特在用"唯一真理"的说法统摄包括野蛮人哲学、希腊哲学和基督宗教等思想体系的同时，也把耶稣基督视之为能够将永恒真理完美展现出来的"卓越的诺斯"；[②] 奥利金则借用当时一些罗马哲学家视之为希腊哲学最高成就的"真逻各斯"概念，用来称呼基督宗教的上帝之道，甚至认为后者比前者拥有更高更完善的智慧与真理。[③]

就思想的一致性而言，如果说基督宗教是一种哲学，或者说是一种与希腊哲学同构或性质相似的思想体系，那么后者所追寻的真理性知识就有可能成为前者所希冀的目标。然而实际的情况是，它们之间所具有的同构、相同或相似更多的是出于前者的设想或愿望，并没有得到后者的认可，因而所谓的"宇宙的逻各斯"和"卓越的诺斯"等说法也仅仅是一家之言。但是如果

① Justin, *Dialogue with Trypho*, chapter. Ⅷ; Justin, *The First Apology*, chapter. ⅩLⅥ; *Ante-Nicene Fathers, Volume I*, edited by Alexander Roberts, D.D. and James Donaldson, LL. D., Hendrickson Publishers, Inc., 1994 (Fourth printing 2004).

② Clement, *The Miscellanies (The Stromata)*, BookI, chap. ⅩⅢ; *Ante-Nicene Fathers, Volume II*, edited by Alexander Roberts, D.D. and James Donaldson, LL. D., Hendrickson Publishers, Inc., 1994 (Fourth printing 2004).

③ Origen, *Against Celsus (Contra Celsum)*, Book I, chap. Ⅱ; *Ante-Nicene Fathers, Volume IV*, Chronologically Arranged with Brief Notes and Prefaces by A. Cleveland Coxe, D.D., Hendrickson Publishers, Inc., 1994 (Fourth printing 2004).

一种观念进入到历史之中，并获得了众多的支持者，那么就有可能形成一种思想传统。早期教父对希腊哲学客观真理观的转化，以及将其意义所作出的符合自身思想传统的神圣化的和"道成肉身"（耶稣基督）式的解读，随后就在整个中世纪的认识论体系和形而上学体系中，被当作最高的"神圣真理"而使用。而与这种转化和解读密切相关联的另一个认识论问题，在随后的历史中也产生了广泛的影响和争论，这就是为早期教父所推崇并为中世纪哲学家们普遍认可的把握和获得神圣真理的方式——一种基于启示的信仰方式。这种方式与他们所崇奉的"神圣真理"一道，被认为是高于理性论证的具有更高智慧的认知方式。应该说，内在于这两种认知方式中的理性与信仰的张力关系，在中世纪以及随后的时代中，都有着广泛激烈的探究与争论，只是中世纪时期最先以较为凸显的方式将它们的不一致在整体上展现了出来。

在总的倾向性上，中世纪哲学家们所昭示并宣称的把握所谓神圣真理的启示的方式，是一种有别于或迥异于希腊哲学家所倡导的认识世界终极客体的理性探究或论证的方式。这种不同在一开始的时候即为中世纪哲学家们所意识到，并且以明确和公开的方式将它表达了出来。虽然当他们公开表达这种不同时，强调更多的是把前者作为一种高于或优越于后者的智慧来宣示；然而希腊哲学所逐步完善起来的以理性为基础的探究与论证方式，是中世纪哲学家们无论如何都不可忽视也不能忽视的思想方式。例如，当克莱门特把"追寻上帝并尽可能地去认识他"看作是一种"最高的思索探究"，其中包含着"最大的奥秘"和真正的"智慧知识"的时候，同时又认为它是一种具有真正知识（gnosis）的哲学，体现为一种"理性的探究过程"，即它可以从基本的"被认可的东西"出发，通过论证和探究，最终达到没有争议的"确信"。[①]而在随后的历史中，奥古斯丁、安瑟尔谟和阿奎那等人，都以不同方式表达了类似的看法。可以说，在中世纪认识论问题的探究中，如何看待并平衡理性与启示的认识论地位，一直是哲学家们力争解决的核心问题之一。

---

① Clement, *The Miscellanies (The Stromata), Book II*, chap. X, chap. XI; *Ante-Nicene Fathers, Volume II*, edited by Alexander Roberts, D.D. and James Donaldson, LL. D., Hendrickson Publishers, Inc., 1994 (Fourth printing 2004).

因而，中世纪哲学家对认识论问题的关注与思考，既受到了希腊哲学思想成就的影响，也与他们自身面临的现实问题和理论问题密切相关。克莱门特在从自身立场出发将神圣真理与理性真理作出区分之后，对希腊哲学特别是亚里士多德关于真理性知识是一种证明性知识的观点作了重新的阐述与发挥。在克莱门特看来，人类的认识对象是多种多样的，由此形成的认识活动也是不同的。在这些众多的认识活动中，通常人们会形成或区分出两类不同的认识结果，一种是"科学的和确定的信念"，一种是不确定的"意见"；前者是通过理性的证明而获得的，后者则是在愿望的基础上形成的。[①] 可以说，在关于认识活动结果的可靠的真理和不确定的意见之间的区分方面，克莱门特基本认同了希腊哲学家们的相关看法与观点。

当然，在有关真理性知识的价值上，克莱门特同样是表现出了积极认可的态度。他认同知识的真理性是通过理性的证明获得的，相信证明是获得确定性信念（知识）的保证；因为在他看来，证明就是一种论证的过程，如果人们从"被认可的观点出发"，按照一定的推理程序和规则，就必定会导致对所讨论的观点的"确信"。[②] 也就是说，从可靠公认的观点或原则出发，通过严格的逻辑程序推论出来的结论，就会是必然的和可信的。他把这种证明了的信念称之为知识，而那些尚未或不能够通过逻辑论证证明为真的观点则是可能的或不可靠的意见。在这两种不同的认识结果中，克莱门特更为关注和更感兴趣的是第一种，即证明为真的知识，他称之为"科学的和确定的信念"。他以此为基础所要进一步思考的问题，乃是所有"确定的信念"都是一种被证明为真的信念吗？或者确切地说，被人们认为是真的东西，都必须是通过理性的证明而获得的吗？

---

① Clement, *The Miscellanies (The Stromata)*, *Book VIII*, chap. Ⅲ; *Ante-Nicene Fathers, Volume II*, edited by Alexander Roberts, D.D. and James Donaldson, LL. D., Hendrickson Publishers, Inc., 1994 (Fourth printing 2004).

② Clement, *The Miscellanies (The Stromata)*, *Book VIII*, chap. Ⅲ; *Ante-Nicene Fathers, Volume II*, edited by Alexander Roberts, D.D. and James Donaldson, LL. D., Hendrickson Publishers, Inc., 1994 (Fourth printing 2004).

虽然从严格的意义上讲，如果可靠的知识是被证明为真的知识，那么所有被认可为真的知识都能够被证明为真，应该说是一种最为理想的状态。但在现实性上这样的证明几乎是不可能做到的，因为它涉及无限多的论证。亚里士多德明确地意识到了这个问题，指出作为证明起点和前提的"知识的本原"，是无需证明即被人们作为真实的东西而接纳的。① 克莱门特也认为如果每一种知识都需要证明的话，那么这种证明的过程就会"走向无穷"而无法完成，其结果是证明本身就会被摧毁。② 因此，为了使证明能够以有效的和可行的方式进行，那么就必须假定有一些知识是无需证明的，它们是自明的从而也是真的。在这个问题上，克莱门特依循亚里士多德等哲学家的立场——即"万物的第一原则是不可证明的"，认为存在着某种"首要的和不可证明的"东西，它是自明的，也是"绝对必然的"。③

克莱门特在可靠的知识中把自明的知识与证明的知识区分开来，或者说把自明的知识看作是一种可靠的真理性知识，其中的一个主要目的可能与亚里士多德一样，乃是为了使得理性的证明能够有着一个合理的基础与起点。在他看来，但凡希望通过证明而获得知识的人们，都必定会意识到有两种东西是不可缺少的，一是"采纳真实的前提"，二是从这些前提中"推出合理的结论"。④ 由于获得知识的证明过程都是以确定的前提为基础的，或者说所有的证明都可或只能"上溯到不能证明的信仰"或前提，因此，在所有的证明中"都存在着某种被预先认识到的东西，——那是自明的从而无需证明

---

① [古希腊] 亚里士多德：《后分析篇》第 1 卷 72b5—25；见苗力田主编：《亚里士多德全集》第 1 卷，中国人民大学出版社 1990 年版。

② Clement, *The Miscellanies (The Stromata), Book VIII*, chap. Ⅲ; *Ante-Nicene Fathers, Volume II*, edited by Alexander Roberts, D.D. and James Donaldson, LL. D., Hendrickson Publishers, Inc., 1994（Fourth printing 2004）.

③ Clement, *The Miscellanies (The Stromata), Book VIII*, chap. Ⅲ; *Ante-Nicene Fathers, Volume II*, edited by Alexander Roberts, D.D. and James Donaldson, LL. D., Hendrickson Publishers, Inc., 1994（Fourth printing 2004）.

④ Clement, *The Miscellanies (The Stromata), Book VIII*, chap. Ⅲ; *Ante-Nicene Fathers, Volume II*, edited by Alexander Roberts, D.D. and James Donaldson, LL. D., Hendrickson Publishers, Inc., 1994（Fourth printing 2004）.

而被相信的"；而这些预先认识到的自明的东西不仅是被作为"探究的出发点"，而且必定是"明确结论的准则"。①

在有关自明的知识是论证性知识的前提和基础方面，克莱门特基本认同了希腊哲学家的观点；但在自明的知识是什么以及如何获得方面，克莱门特则提出了不同于希腊哲学家的看法。他说，如果"知识是通过推理过程而建立在证明的基础上"的话，那么人们应该明白，"第一原则"或"宇宙的第一因"则是"不能够被证明的"；而这些不能被证明的"第一原则"或"第一因"，在他看来只能是"通过信仰被认识到的"。② 他的理由是，虽然希腊哲学家们有关宇宙第一因作过诸多的思考并提出了什么是第一因的一些看法，但他认为在这个问题上哲学家们并不是完全清楚的，他们并没有提出真正的宇宙第一因——在他看来是上帝——的看法；也就是说，他所认为的真正的"宇宙第一因"——即上帝，并不是希腊人最先认识到的，因为如果"知识是一种源自证明的思想状态"的话，那么希腊人是不可能通过这种思想状态获得"上帝"观念的；相反，真正的"上帝"观念只能通过信仰而获得，而"信仰是一种恩典，来自于不可论证的行为"，③ 它是上帝通过耶稣启迪给人类的。

可以说，当克莱门特把上帝信念归结为不证自明的"真理"时，其中则包含着一种完全不同于希腊哲学倾向的价值诉求。由于自明的知识是证明的基础和前提，在知识的获取中具有至关重要的地位，因而如果上帝信念是一种自明的知识的话，那么对于克莱门特而言，这种信念就会在不同知识类型

---

① Clement, *The Miscellanies (The Stromata)*, *Book VIII*, chap. Ⅲ; *Ante-Nicene Fathers, Volume II*, edited by Alexander Roberts, D.D. and James Donaldson, LL. D., Hendrickson Publishers, Inc., 1994 (Fourth printing 2004).

② Clement, *The Miscellanies (The Stromata)*, *Book II*, chap. Ⅳ; *Ante-Nicene Fathers, Volume II*, edited by Alexander Roberts, D.D. and James Donaldson, LL. D., Hendrickson Publishers, Inc., 1994 (Fourth printing 2004).

③ Clement, *The Miscellanies (The Stromata)*, *Book II*, chap. Ⅳ; *Ante-Nicene Fathers, Volume II*, edited by Alexander Roberts, D.D. and James Donaldson, LL. D., Hendrickson Publishers, Inc., 1994 (Fourth printing 2004).

的评价中具有至高的地位。这也正是他所宣称的"信仰优越于知识，并是它的标准"①的一个主要的缘由。这种立场也是早期教父哲学家们所宣称的"神圣真理"高于理性真理的基本立场，在中世纪随后的发展中也得到了众多哲学家的认可。然而这种立场和看法并不是完全依照希腊哲学的论证方式所获得的，从而在哲学的严格性上留下了诸多的可疑之处，因而当支撑这种立场和看法的思想体系随着中世纪的结束而开始消散的时候，内在其中的价值倾向以及上帝信念是否具有合理的根据而成为一种自明的信念，则在后世的哲学家们那里遭受到了不断的质疑和诘难。

二、确定性与驳怀疑主义

就基本的认识论思想演进而言，相对于早期教父较为明确单纯的关注焦点，奥古斯丁所面对的问题要更为多样化，也更为深入。奥古斯丁生活于罗马帝国晚期的公元 4 世纪末与 5 世纪初，这个时期不仅是基督宗教在政治上得到了官方的认可并在社会上具有了合法性，而且其教义体系和神学体系也有了系统化的建构；希腊哲学的观念方法经过早期教父的引进与整合之后，在更大程度上成为这个时期哲学家和神学家愿意与之对话乃至可资使用的思想资源。与此同时，神学体系和哲学体系建构中的开放性与思想资源使用的多元化，也使得这个时期涌现出了众多五花八门的思想流派和神学解释理论，其中乃包含了大量并不被教会认可的异端思想。奥古斯丁作为教父时期神学思想和哲学思想的集大成者，在创建自身系统化理论体系的过程中，既对不同希腊哲学流派的观念方法作出了筛选与整合，也对各种异端思想进行了批评性的反驳。这些筛选、整合与反驳为奥古斯丁思考认识论问题提供了更为多样化的契机，从而也促使他建构起了比克莱门特等人更为丰富的认识论思想，诸如认知的确定性论证（驳怀疑主义）、知识等级理论以及光照论等。

奥古斯丁对怀疑主义的反驳以及对知识确定性的论证，可说是在他学术

---

① Clement, *The Miscellanies (The Stromata), Book II*, chap. Ⅳ; *Ante-Nicene Fathers, Volume II*, edited by Alexander Roberts, D.D. and James Donaldson, LL. D., Hendrickson Publishers, Inc., 1994 (Fourth printing 2004).

生涯的早期花费较多时间和篇幅试图解决的一个重要的认识论问题。他在叙述其如何从一个摩尼教（Manichaeism）的热心支持者转向基督徒的过程中，提到了一些持有怀疑主义倾向的柏拉图主义哲学家对他的影响。他对这个过程作了详细的描述，说他在曾一度醉心于摩尼教的青年时期，阅读了不少摩尼教的著作，也与一些所谓博学的摩尼教朋友交往密切。但他随后逐步发现，这些著作包含了诸多的缺陷，与之交往的摩尼教徒们的行为也难以恭维，从而失去了"研究摩尼教著作的兴趣"。[①] 而正是在这个时期，他接触到了一些"学园派"哲学家[②] 的思想，认为要比摩尼教徒的见识高明，并对他们所主张的"我们应该怀疑一切，人类并不具有认识真理的能力"的看法产生了新的兴趣。[③]

当然，这种兴趣并不足以使得奥古斯丁认可这种怀疑主义的主张。他提到了他尚未真正把握到"他们的思想"。然而在这个时期，他同时也接触到了更多的新柏拉图主义哲学家们的其他观点，诸如精神性和内在性的主张，超越永恒的神性观念，关于善恶的看法等等，相对于怀疑主义，他会更倾向于认同这些观念和看法。而在他随后皈信基督宗教之后，在精神特质上更不可能是一个怀疑主义者了。很难想象一个坚定的信仰者能够与怀疑主义兼容，毕竟后者对前者所带来的更多的是其立场的动摇或消解。正如一些当代学者所指出的，"在古代各种哲学学派中，没有哪一个会像怀疑主义那样给基督宗教提出了更严重的挑战"；一个人可以是一个基督徒和柏拉图主义者，

---

①　St. Augustin, *The Confessions, Book V*, Chapter VII, 13; *NICENE AND POST-NICENE FATHERS, VOLUME 1*, edited by Philip Schaff, D.D., LL.D., Hendrickson Publishers, Inc., 1994（Fourth printing 2004），p. 83.

②　主要是指由阿尔塞西拉斯（Arcesilas，公元前 318 年—前 243 年）等人所创建的柏拉图主义"新学园派"或第二学园派哲学家们的观点。St. Augustin, The Confessions, Book V, ChapterX, note 414; 见 *NICENE AND POST-NICENE FATHERS, VOLUME 1*, edited by Philip Schaff, D.D., LL.D., Hendrickson Publishers, Inc., 1994（Fourth printing 2004），p. 86; 汪子嵩、陈村富、包利民、章雪富：《希腊哲学史》第 4 卷下，人民出版社 2010 年版，第 879 页。

③　St. Augustin, *The Confessions, Book V*, ChapterX, 19; *NICENE AND POST-NICENE FATHERS, VOLUME 1*, edited by Philip Schaff, D.D., LL.D., Hendrickson Publishers, Inc., 1994（Fourth printing 2004），p. 86.

也可以是一个基督徒和亚里士多德主义者，或者甚至可以是一个基督徒和斯多亚主义者，但绝不可能同时既是一个基督徒又是一个怀疑主义者。①

因此可以说，奥古斯丁对怀疑主义的兴趣和关注，一方面为他走出摩尼教带来了某种契机，另一方面也为他后来对知识确定性的论证提供了非常重要的学理靶向。从思想进程上看，奥古斯丁在皈信基督宗教之后所面对的第一个哲学问题，被认为即是与此相关联的知识论问题——我们"是否"可以以及"如何"能够认识真理的问题。② 他对"是否"问题的回答是通过对怀疑主义的批驳而展开的，这种批驳在历史上呈现出了奥古斯丁作为知识确定性的坚定支持者和捍卫者的形象。在其第一部哲学论著《反学园派》中，奥古斯丁即以肯定的态度为人类能够以确定的方式获得知识进行了论证与辩护。他认为，在人类所认识的知识中，有一些是确定无疑的真理，诸如矛盾律和排中律之类的逻辑原则；它们是人们不可怀疑的。还有一些感觉知识，虽然可能存在着被欺骗的情况，诸如水中垂直的橡树是弯曲的；但在总体上感觉是可靠的，像眼睛看到的东西是白色的、某个东西摸起来是凉的等等，怀疑论者是不能够彻底反驳的。③ 奥古斯丁在随后所写的《论信念的益处》和《论自由意志》等论著中，扩展了他所认定的确定性知识的范围，诸如通过感觉所感知到的天地及其包含的东西，从他人的见证所推导出的海洋、遥远的陆地、历史中的英雄、我们自己的出生地与祖辈等的存在，以及七加三等于十之类的数学真理。④

奥古斯丁在《忏悔录》中叙述了他的这段思想经历，指出这个时期虽然他有时对一些看法或观念的真伪还彷徨犹豫，但他还是希望能够像七加三等

---

① *The Cambridge Companion to Medieval Philosophy*, edited by A.S. McGrade, Cambridge: Cambridge University Press, 2003, pp.213-214.

② *Battista Mondin, A History of Mediaeval Philosophy*, Vatican: Universita Urbaniana Press, 1991, p. 88.

③ St. Augustin, *Contra Academicos*, 3.10.23, 3.11.26; Anthony Kenny, *A New History of Western Philosophy Volume II: Medieval Philosophy*, Oxford: Oxford University Press, 2005, p. 156.

④ Anthony Kenny, *A New History of Western Philosophy Volume II: Medieval Philosophy*, Oxford: Oxford University Press, 2005, p. 157.

于十那样对于那些他并不明了的事物有着确切的理解，渴求着对那些并未呈现于感觉的有形事物以及那些并不知道如何构想的精神对象同样能够获得清楚的把握。① 基于此，奥古斯丁虽然对一些尚未获得充分证明的教义学说还保持着谨慎的态度，但却逐步地以可信的立场来看待那些众多他未见到的事情和并未经历的历史事件与城市，那些众多来自朋友、医生和其他人们叙述的事物；而且那些宗教事务，诸如《圣经》中记载的人物和事件，都应该以可信的方式来采纳。在他看来，除非我们相信这些事情和事件是真实的，否则"我们在此世的生活便无所作为"。② 应该说，虽然从日常生活态度的立场出发并不能够为认识的确定性提供严格的辩护，但其中所体现出的基本倾向则是与他信仰转变后的思想特质符合一致的。

而奥古斯丁对怀疑主义的反驳和知识确定性的辩护所提出的较为严格的论证，则是在其相对晚期的著作《论三位一体》和《上帝之城》中给予的。在《论三位一体》中，奥古斯丁提出了"我知道我活着"（I know I am alive）这一心灵知觉命题，认为它是所有知识的最内在本质，即使极端的学园派怀疑主义者也不能怀疑。奥古斯丁首先提出的问题是：当我们说我们知道某种东西时，一个人可以获得的真正知识本身，到底在何种类型以及在多大程度上能够使得人们的思想据此形成真理？他的论证是从心灵通过感觉而感知到的东西开始的。他说，在进入到心灵的感觉所感知的众多东西中，确实有许多是与原来的对象不同甚至迥异的，这也正是为什么学院派哲学形成怀疑一切看法的缘由。然而，在他看来，即使有许多从感官进入心灵的东西是虚幻的，即使眼睛看到水中折断的船桨和移动着的灯塔会是错觉，但是"我"始终知道的是"我活着"，那是"我"绝对确定而无需任何担心的事情；因为

---

① St. Augustin, *The Confessions, Book VI*, Chapter IV, 6; *NICENE AND POST-NICENE FATHERS, VOLUME 1*, edited by Philip Schaff, D.D., LL.D., Hendrickson Publishers, Inc., 1994（Fourth printing 2004），p. 92.

② St. Augustin, *The Confessions, Book VI*, Chapter V, 7; *NICENE AND POST-NICENE FATHERS, VOLUME 1*, edited by Philip Schaff, D.D., LL.D., Hendrickson Publishers, Inc., 1994（Fourth printing 2004），p. 93.

即使"我"被欺骗，但在欺骗中仍有一个不被欺骗的和确定的东西，即"我活着"。①

奥古斯丁把"我活着"的自我认知看作是完全不同于来自外部身体感官所感知到的那些易于受到欺骗的东西，认为它是心灵从内心深处所知觉到的，是所有知识的根源；即使学院派哲学也不可能通过睡眠或疯癫来反驳这一确定的事实，因为任何处在睡眠或疯癫状态中的人，都不可否认具有活着的生命主体。因而，"说他知道他活着的人们，既不可能受骗也不可能撒谎。即使有一千个视觉错觉展现给他，如果他说他知道他活着，那么他也不会为它们中的任何一个感到焦虑，因为受骗的他依然活着"。② 奥古斯丁通过"我知道我活着"的论证来反对怀疑主义，为知识的确定性寻找根据。虽然奥古斯丁坚信这是一个确定无疑的知识类型，但如果仅仅把它归于人类确定的知识之中，他始终觉得这种知识类型太少。他希望扩大人类确定性知识的范围，并为此尝试了不同的办法。其中的一个办法就是在"我知道我活着"的基础上向前推进。例如，"我知道我活着"所认识的是一件事情，如果加上"我知道我知道我活着"，就是认识了两件事情；而知道的这两件事情就是知道了第三件事情。假设持续这样做的话，就会认识到第四件、第五件乃至无数多的事情。③ 知识的确定性似乎通过这种方式而获得了无限的可能性。然而或许奥古斯丁感受到了以这种方式增加知识确定性的数量过于单一（不知道他是否感到了无聊），他随后又提出了"我意愿幸福"、"我不愿出错"和"我不愿受骗"等意志的确定性，并以此为基础来增加确定性知识的数量和

① St. Augustin, *On The Trinity, Book XV*, Chapter 12, 21; *NICENE AND POST-NICENE FATHERS, VOLUME 3*, edited by Philip Schaff, D. D., LL.D., Hendrickson Publishers, Inc., 1994(Fourth printing 2004), p.211.

② St. Augustin, *On The Trinity, Book XV*, Chapter 12, 21; *NICENE AND POST-NICENE FATHERS, VOLUME 3*, edited by Philip Schaff, D. D., LL.D., Hendrickson Publishers, Inc., 1994(Fourth printing 2004), p.211.

③ St. Augustin, *On The Trinity, Book XV*, Chapter 12, 21; *NICENE AND POST-NICENE FATHERS, VOLUME 3*, edited by Philip Schaff, D. D., LL.D., Hendrickson Publishers, Inc., 1994(Fourth printing 2004), p.211.

范围。他认为还有其他更多确定性的知识能够被发现，完全可以用来反驳学园派"人类不可能认识任何事物"的观点。①

在奥古斯丁看来，虽然学院派哲学家们提出了众多论证反对真理之能够被发现，但大凡能够阅读和愿意阅读这些论证并可以理解它们的人们，没有一个会为这些论证所打动。他认为有两类确定的知识类型，心灵通过身体感官所感知到的和心灵通过自身所知觉到的，学院派哲学家虽然一直对前者说三道四，但对后者所最真实地感知到的，即"我知道我活着"，却从来未能提出过怀疑。即使是通过感觉所获知的东西，也并非是像学园派哲学家们所认为的那样不堪，毕竟我们依据感觉知道了天地之类事物的存在；甚至通过他人的见证，我们也获得了大量的知识，否则我们就不会知道海洋、其他国家和城市、历史中的人物及其著作、每日的新闻以及我们自己的出生地和父母等的存在。所有这些构成知识类型的东西——心灵的自我感知、身体感官所知觉到的以及从他人见证中所获得的，累积并存储在我们记忆的仓库中，每当我们讲出我们所知道的东西时，都会从中产生出真实的话语，从而也形成了真正的知识。②

而在《上帝之城》中，奥古斯丁进一步从学院派哲学家的"我"可能被欺骗的立场出发，对"我存在"的确定性作了逻辑性的推导。他认为，我们存在，并且知道我们存在，这些确定的事情使我们感到了欢愉。在其中并不存在任何似乎是真的幻觉烦扰我们，因为我们并非是通过身体感官与这些事情发生关联的，就像通过视觉我们看到了颜色、通过听觉我们听到了声音等那样感知到了外在于我们的事物；而这些可感对象是依据于与它们相似的形象为我们所感知到的，相反，由于在这里"并没有任何欺骗性的形象或心像的表象，

① St. Augustin, *On The Trinity, Book XV*, Chapter 12, 21; *NICENE AND POST-NICENE FA-THERS, VOLUME 3*, edited by Philip Schaff, D. D., LL.D., Hendrickson Publishers, Inc., 1994（Fourth printing 2004），p.211.

② St. Augustin, *On The Trinity, Book XV*, Chapter 12, 21, 22; *NICENE AND POST-NICENE FATHERS, VOLUME 3*, St. Augustin, *On The Trinity, Book XV*, Chapter 12, 21; *NICENE AND POST-NICENE FATHERS, VOLUME 3*, edited by Philip Schaff, D. D., LL.D., Hendrickson Publishers, Inc., 1994（Fourth printing 2004），pp. 211-212.

我最为确定的是我存在、我认知并欣喜于此"。① 因而他说，他并不担心这些真理会受到学院派哲学家们的质疑，即"假使我们受到欺骗将会如何"？因为受骗意味着存在，存在是受骗的基础，没有存在就不可能受骗，"如果我受骗，那么我存在。不存在的人们，则不可能受骗；如果我受骗，则同时证明了我存在"。② 也就是说，一个人的受骗一定是建立在他存在的基础上的，他可能在所有其他方面会受到欺骗，但唯有他的存在必然是确定的，不可能是虚假的。否则的话，对他的欺骗就不可能发生。因而奥古斯丁认为，即使在一个受到欺骗的人们那里，他依然会确定的是，他在有关他存在的认知方面不会受骗。依照相同的思路，奥古斯丁进而推出了"我的认知"（I know）和"我的爱"（I love）是确定无疑的，人们在实施这两种行为时都有着明确的自我意识。他说，"正如不存在着不渴望幸福的人们那样，从而也不存在着不渴望存在的人们。如果一个人不存在，他怎么能够会是幸福的呢?"③

可以说，从"我知道我活着"的自我意识和"我被骗则我存在"的反向推论中，奥古斯丁为知识的确定性以及反驳学园派的怀疑主义，提供了一个在那个时代来看是最为可靠的论证逻辑。他的这些看法和反驳对后来中世纪哲学家们的影响被认为是决定性的，直到中世纪结束，怀疑主义消失在了哲学家们的视野之外，不再成为他们关注和讨论的主要话题。④ 而在现代哲学早期、差不多奥古斯丁死后一千二百年之后，当笛卡尔为寻求知识确定性之最为坚实和可靠的"磐石与硬土"的时候，也曾提出了与奥古斯丁思路相

① ST. Augustin, *The City of God, Book XI*, Chapter 26. *NICENE AND POST-NICENE FATHERS, VOLUME 2*, edited by Philip Schaff, D. D., LL.D., Hendrickson Publishers, Inc., 1994(Fourth printing 2004), p. 220.

② ST. Augustin, *The City of God, Book XI*, Chapter 26. *NICENE AND POST-NICENE FATHERS, VOLUME 2*, edited by Philip Schaff, D. D., LL.D., Hendrickson Publishers, Inc., 1994(Fourth printing 2004), p. 220.

③ ST. Augustin, *The City of God, Book XI*, Chapter 26. *NICENE AND POST-NICENE FATHERS, VOLUME 2*, edited by Philip Schaff, D. D., LL.D., Hendrickson Publishers, Inc., 1994(Fourth printing 2004), p. 220.

④ *The Cambridge Companion to Medieval Philosophy*, edited by A.S. McGrade, Cambridge: Cambridge University Press, 2003, p. 214.

似的命题，即在哲学史上著名的"我思故我在"（"cogito, ergo sum"或"I think, therefore I am"）。但与奥古斯丁不同的是，笛卡尔本人则是从怀疑一切出发，最终确定了"我思"之"我在"的不可怀疑性以及以更为明确的方式说明了"我在"之"我"的含义所指，不仅把它作为确定性知识的起点，而且在本体论的意义上把它作为建构范围更为广大的知识大厦的基石并从中提升出了判别知识真假的标准与根据。

三、光照论学说

奥古斯丁在对怀疑主义的反驳中，通过若干方法和途径，对他认为是不可怀疑的知识类型进行了肯定性的确认，诸如"我"的存在、感觉对象的存在以及他人见证的历史事件、人物和其他城市与地域等的存在，数学和逻辑真理，当然，也包括他一直强调的神圣真理或永恒真理。在这个过程以及关于人的心灵和其他与认识论相关问题的探究中，奥古斯丁对人类的不同认识能力作出了广泛的说明与阐释，进而对由此形成的不同等级的知识类型进行了区分，提出了著名的光照论学说。

奥古斯丁关于人类认识能力的考量，主要是依据感觉（sense）能力和心灵（mind）能力两种不同的能力而展开的。他的这种考量与看法无疑受到了希腊哲学特别是柏拉图主义关于"可见的世界"与"可知的世界"及其相应认识能力区分的启发和影响。由于奥古斯丁相信外部世界是真实存在的，因而当人们通过视觉、听觉、嗅觉、味觉和触觉五种感官感知到某种外部对象时，能够可靠地获得相应的感觉知识。他认为这种知识的获得是被感觉的物体和提供感官与感知意向的主体共同作用的结果，例如，当我们把某一对象看作是一块石头或者一团火花等等而形成某种特定的视觉认识时，这一认识活动通常包括了三个方面的内容，其一是早已存在着的、能够被眼睛看到的有形对象本身（corporeal object）；其二是在感知这一对象时才会专门显现出来的视觉或观看行为（vision or the act of seeing）；其三是心灵的意向（the attention of the mind），即把视觉持续聚焦在被观看对象上的心灵能力或意念行为。奥古斯丁认为这三个方面相互间有着明确的区分，并具有各自不同的本性，"这三个方面，即所看到的物体、视觉本身以及将两者结合起来的心灵的意向，不仅由于各自的属性，而且也由于它们本质的不同，而被清楚地区分开来"。①

奥古斯丁把视觉认识分为三个彼此不同的部分，意图以此为例说明以感觉能力为基础的认知活动是一个复杂的过程。虽然他在总的倾向上把感觉视为是一种依赖于有形事物和身体感官的认识能力，与纯精神性的心灵能力在本性上不同；但他并不认为这两种能力是截然不同和互不相关的，如他在考察视觉认知活动时，认为心灵在其中也有着不可或缺的作用，正是心灵的意向将有形对象与视觉的结合，才使得这种感觉知识得以达成。至于视觉是如何形成的，奥古斯丁承认那是有形对象作用于眼睛的结果，即当眼睛看到某一对象时，就会看到某种形式（form），并同时会呈现在眼睛中。这就是视觉。他认为在这一视觉中有两种不同的形式，一个是"所看到的物体的形式"，另一个是"在看的人们的感觉中为它所产生的形式"，虽然这两种形式在视觉的当下活动中是如此密切地关联在一起而难以区分，而且当这一物体消失时这一即时的视觉也会随之消失；但由此形成的视觉相似物或形式，则会在视觉活动结束后仍保留在感觉记忆中。② 奥古斯丁的这种看法是否涉及了感性知觉的表象理论（representational theory of sense-perception），而在当代的学者中引发了一定的争议。③

奥古斯丁相信五种感觉分别有其自身的对象，并能够获得各自相应的感觉知识；五种感觉也可共同作用而产生某种整体的知识。至于五种感觉如何协调作用，奥古斯丁不仅提出了"外在人"（the outer man）和"内在人"（the

---

① St. Augustin, *On The Trinity, Book XI*, Chapter 2, 2; *NICENE AND POST-NICENE FATHERS, VOLUME 3*, edited by Philip Schaff, D. D., LL.D., Hendrickson Publishers, Inc., 1994（Fourth printing 2004），p.145.

② St. Augustin, *On The Trinity, Book XI*, Chapter 2, 3; *NICENE AND POST-NICENE FATHERS, VOLUME 3*, edited by Philip Schaff, D. D., LL.D., Hendrickson Publishers, Inc., 1994（Fourth printing 2004），pp.145-146.

③ Anthony Kenny, *A New History of Western Philosophy Volume 2: Medieval Philosophy*, Oxford: Oxford University Press, 2005, p. 215.

inner man）的看法，而且也假定了一个内感觉（inner sense），以此来统辖他称之为"外感觉"（outer senses）的五种感觉。在奥古斯丁看来，虽然内感觉隶属于心灵且判别和感知外感觉，但它只是辅助理性起作用，真正对内外感觉所感知的东西作出实质性的判别并产生真正知识的只能是理性。① 为了说明理性在认识真理特别是永恒（神圣）真理方面的意义和价值，奥古斯丁专门提出了"外在人"和"内在人"的区分，前者包括五种外部感觉和感性记忆等能力，后者涉及了与心灵有关的高级能力，诸如记忆、想象、理性判断和理智沉思等。② 而奥古斯丁关于"外在人"和"内在人"的区分，并不被认为会等同于灵魂和身体之间的区分而与之相混淆，因为属于"外在人"的，不仅有身体，而且也包括了灵魂的某些方面，如感性记忆等。③

在关于"内在人"的诸心灵能力中，奥古斯丁最为看重的是理性能力。虽然受柏拉图主义思想传统的影响并基于自己的偏好，奥古斯丁在《忏悔录》、《论三位一体》和《论自由决断》等论著中花费大量篇幅描述并考察了记忆能力，但他认为真正能够获得系统知识并凝思永恒之物的则是理性能力，因为唯有我们心灵中的"理性实体"（rational substance），才能够"使得我们依凭而前行到那个可理解的不变真理，并被赋予掌控与处理低级事物的能力"。④ 他把这种心灵中的理性能力，分为"低级理性"（the lower reason）和"高级理性"（the higher reason）两个部分或方面，它们同属于唯一的心灵，前者从后者延伸而来，主要用来处理和支配人类在尘世中的事物和行为；后者则是心灵更卓越的功能，用于"沉思永恒之物"。在奥古斯丁看

---

① ［古罗马］奥古斯丁：《论自由决断》第 2 卷，第 3—5 章；见赵敦华、傅乐安主编：《中世纪哲学》上卷，商务印书馆 2013 年版，第 334—342 页。

② St. Augustin, *On The Trinity, Book XII*, Chapter 1- Chapter 3; *NICENE AND POST-NICENE FATHERS, VOLUME 3*, edited by Philip Schaff, D. D., LL.D., Hendrickson Publishers, Inc., 1994（Fourth printing 2004），pp.155-156.

③ Anthony Kenny, *A New History of Western Philosophy Volume 2: Medieval Philosophy*, Oxford: Oxford University Press, 2005, p. 214.

④ St. Augustin, *On The Trinity, Book XII*, Chapter 3, 3; *NICENE AND POST-NICENE FATHERS, VOLUME 3*, edited by Philip Schaff, D. D., LL.D., Hendrickson Publishers, Inc., 1994（Fourth printing 2004），p.156.

来，前者属于"知识"（knowledge），后者则应该称之为"智慧"（wisdom）。①

由低级理性所建构的关于"有限和可变事物"的知识，是从对外部世界的感觉出发而最终在心灵中形成的。奥古斯丁认为，在这一知识的形成过程中，感觉所感知到的有形事物的"形式"或"种相"（species）起到了关键的作用。他把这种种相从四个方面进行了区分，包括有形事物自身的种相、感觉中可感知的种相、记忆中的种相和心灵中可认知的种相。他把这四种种相看作是依次产生的过程，即当人们通过某一感官，如眼睛，感知到（看到）某一对象时，就会知觉到某种形式或种相，这一形式或种相会同时呈现在感官中，形成相应的感觉；感觉中的形式或种相随后会保留在记忆中，成为记忆中的形式或种相，最后从记忆进入并呈现在可认知的理性心灵中，获得有关这一事物的知识。②奥古斯丁以种相为桥梁，通过依次递进的过程解释了知识的形成。

在对物质世界的认知中，人类的感觉能力和理性能力发挥了重要的作用。奥古斯丁在对这些能力运作机理的阐释中，肯定了由此所获得的感觉知识和（低级）理性知识的可靠性价值。与此同时，他也对这些能力的生活实际意义和伦理道德价值作出了一定的说明，认为感觉不仅具有认知意义，还包含着情感意义，诸如快乐与痛苦等。而低级理性所具有的认知能力以及由此所获得的知识，既可以把人们引向最高的善，也可以作为满足尘世虚幻幸福的手段；若缺乏这样的知识，引导人们过着正直生活的美德本身就不可能获得。③虽然奥古斯丁对感觉能力和低级理性能力的生活意义和理论意义作

---

① St. Augustin, *On The Trinity, Book XII*, Chapter 3, 3, Chapter 14, 22; *Book XIII*, Chapter 1,1; *NICENE AND POST-NICENE FATHERS, VOLUME 3*, edited by Philip Schaff, D. D., LL.D., Hendrickson Publishers, Inc., 1994（Fourth printing 2004），p.156, p. 163, p. 166.

② St. Augustin, *On The Trinity, Book XI*, Chapter 9, 16; *NICENE AND POST-NICENE FATHERS, VOLUME 3*, edited by Philip Schaff, D. D., LL.D., Hendrickson Publishers, Inc., 1994（Fourth printing 2004），p.153.

③ St. Augustin, *On The Trinity, Book XII*, Chapter 12, 17；Chapter 14; *NICENE AND POST-NICENE FATHERS, VOLUME 3*, edited by Philip Schaff, D. D., LL.D., Hendrickson Publishers, Inc., 1994（Fourth printing 2004），pp.161-162, p. 163.

出了积极的肯定，但他似乎更为看重的是属于理性心灵中的能够凝思永恒之物的高级理性能力，对它保持了更大的兴趣与热情。

在奥古斯丁看来，属于内在人之理性心灵中的那种更为高级的能力，能够凝思神圣对象并获得永恒真理。就如同柏拉图把认识能力和认识对象分为感觉能力与理性能力和可见的世界与可知的世界以及通过理性能力才能够认知可知世界并获得理念（或相，ideas）的永恒真理那样，奥古斯丁也在认识能力、认识对象和永恒真理的认知方面作出了相应的区分；但不同于柏拉图主要是通过灵魂的回忆来解释这种真理之获得的途径，奥古斯丁则更多的是把它归于神圣的光照（divine illumination）。例如，在谈到我们如何获得事物的形式（forms）或本质——如几何学知识时，奥古斯丁并不认可那是对先前已知之物的回忆而在当下的心灵中显明出来的，毋宁说，"为了能够看到那些事物，理性心灵的本性按照创造者的意图以这样的方式被建构起来，即依据一种独特的非物理之光，使其以一种自然的秩序匹配于可理解之物；正如身躯上的眼睛在有形之光中得见与其毗邻的事物，这眼睛可接纳这光，并与之相适应"。① 奥古斯丁以眼睛如何通过太阳之类的自然之光看到了周边的有形事物作类比，解释了被造的人类心灵如何透过来自创造者上帝所赋予的独特之光，"看到"并认识世界的形式和本质（可理解之物），从而形成知识。在奥古斯丁看来，这光虽然在人类灵魂中以较为微弱的方式闪现，然而正是从这光中它却可以理解任何它能够理解的东西。② 他的这种看法后来被称为"神圣光照论"（the doctrine of divine illumination），在历史上产生了广泛的影响。

现当代学者依据奥古斯丁关于认识能力的论述，将他的认识等级看法进

---

① St. Augustin, *On The Trinity, Book XII*, Chapter 15, 24; *NICENE AND POST-NICENE FATHERS, VOLUME 3*, edited by Philip Schaff, D. D., LL.D., Hendrickson Publishers, Inc., 1994(Fourth printing 2004), p. 164.

② St. Augustin, *De Genesi ad litteram libri duodecim* 12.31.59; *The Cambridge Companion to Augustine*, edited by Eleonore Stump and Norman Kretzmann, Cambridge: Cambridge University Press, 2001, p. 180.

行了划分，从低到高依次包括有形事物—外感觉—内感觉—理性几个不同部分。① 其中，在理性所获得的"严格意义上的知识"中，低级理性主要是关于物理世界的知识，高级理性所沉思的是永恒和神圣的对象，由此获得的是永恒真理。在这里，奥古斯丁所说的"真理"（truth）主要包含了两方面的含义，一是指理性所获得的"严格的知识"，另一个是指这类知识得以形成的对象或来源。特别是在奥古斯丁更为关注的永恒真理的层面上，他则直接把这种真理等同于最高的对象——上帝，等同于上帝所启迪给人类心灵的神圣之光；他因此认为"真理"要比人类的心灵"更高级更优越"。②

奥古斯丁所倡导的"光照论"，在解释知识的产生上，是一种既不同于柏拉图的回忆说也有别于亚里士多德的抽象理论的学说。这一学说提出后，产生了广泛的影响，直到13世纪，一直是中世纪哲学中占有主导地位的学说。③ 然而这一学说在现当代的学者中也引起了一些争论和质疑，例如神圣的光照是否仅仅是适用于高级理性对永恒真理的认识或是人类所有的理解都可以从中获得帮助？④ 还有学者认为奥古斯丁并没有提出了一个思考缜密的光照理论，他只是在使用一个隐喻，而通过光的比喻并不一定合适，反而可能会额外增加一些理解上的困难。⑤ 虽然学者们就光照论的适用范围和理论特征等方面存在着不同的理解和争议，然而奥古斯丁在承接柏拉图主义相关思想的基础上，论证了感觉知识和理性知识的可靠性特征，并将神圣光照作为获得永恒真理的先决条件，建构起了符合中世纪思想文化背景的、融哲学认识论和信仰神学主题为一体的知识论体系，从而成为广受那个时代哲学家们赞誉的理论学说。

---

① 赵敦华：《基督教哲学1500年》，人民出版社2007年版，第129页。

② 赵敦华：《基督教哲学1500年》，人民出版社2007年版，第129—130页。

③ *The Cambridge Companion to Medieval Philosophy*, edited by A.S. McGrade, Cambridge: Cambridge University Press, 2003, p. 219.

④ *The Cambridge Companion to Augustine*, edited by Eleonore Stump and Norman Kretzmann, Cambridge: Cambridge University Press, 2001, pp. 180-181.

⑤ Anthony Kenny, *A New History of Western Philosophy Volume 2: Medieval Philosophy*, Oxford: Oxford University Press, 2005, pp. 159-160.

第二节 感觉能力与理智知识

奥古斯丁之后，中世纪哲学家们关于认识论问题的讨论，一方面延续了早期哲学家的理论倾向，另一方面又在新的层面和维度上展开。通过感觉和理智或理性来区分人的认识能力，依然是后续哲学家们感兴趣的看法。他们讨论了不同的感觉对象，并从内感觉与外感觉两个方面区分了感觉的层次；而在心灵的认识能力上，更为看重的当然是理智能力，探讨了主动理智和被动理智的不同与各自特征。与此同时，奥古斯丁的光照论也获得了不少的支持者，提出了一些将其进一步展开的较为系统的理论，只是到了 12 世纪之后，随着亚里士多德著作和思想在拉丁西方的传播和复兴以及逻辑学与语言学研究的深入，光照论才逐步走向衰微，有关认识论问题的讨论形成了新的方向与主题，在托马斯·阿奎那、司各脱、奥康以及诸多晚期中世纪哲学家那里发展出了一些新的理论与学说。

一、主动理智与被动理智

教父哲学时期有关认识论问题的讨论，有关希腊哲学，特别是柏拉图主义如何在这个时期的思想文化处境中展开的思想进程，随着西罗马帝国的解体而出现了暂时的停顿。而取得胜利的北方蛮族在摧毁罗马帝国的政治架构和社会文化架构的同时，也在这样的废墟上开启了一个新的社会政治与思想文化建构的历史时代。当然，就这些北方蛮族——凯尔特人和日耳曼人——与罗马人的大规模交往与冲突而言，早在罗马帝国于公元前 1 世纪建立的初期或者更早的时期就已经出现了；只是这些早期的冲突与交往并没有撼动罗马帝国的政治地位和文化地位，北方蛮族或者被拒于罗马帝国的国门之外，或者作为其中的一个族群被纳入到了罗马的社会生活和文化生活之中。而日耳曼人作为一个庞杂的族群，逐步分化为西日耳曼人和东日耳曼人两大群体以及分别隶属于这两大群体的萨克森人、法兰克人和哥特人与汪达尔人等更多更小的族群，它们在长期参与罗马军事、经济和文化生活等活动中，其自身的力量和影响不断增大增强，最终成为导致西罗马帝国政治实体解体的一个重要的因素。在西罗马帝国解体的废墟上所建立的诸多王国，就是由这些蛮族所统治的，其中最重要的是法兰克王国、东哥特王国和西哥特王国这三个所谓主要的"继承者国家"。①

这些由不同族群所建构的蛮族王国，虽然在早期也拥有相对稳定的政治秩序和生活秩序，在宗教信仰上也以不同形式承继或改信了罗马帝国的国教基督宗教，但在思想文化上却远远无法与它们所毁灭的罗马文明相比拟，而在使用或整合希腊哲学方面更是缺乏像奥古斯丁或克莱门特那样具有深厚学理背景的思想家或神学家。也就是说，虽然在这个重大的历史转折时期，基督宗教并没有随着罗马帝国的解体而消散，反而是拥有了新的信仰群体并逐步兴盛起来，然而希腊哲学却随着罗马帝国的解体而失去了将其传承下去的思想学派和哲学家群体。随之而来的是，为早期教父所开创的希腊哲学与基督宗教的联姻，因为前者的缺席而出现了某种断裂。弥补这种断裂的思想文化振兴工作，除了波爱修之外，还有一些生活在蛮族王国的人们与波爱修志同道合，做着与他类似的思想文化工作。然而在整个蛮族社会中能够产生广泛影响并取得更大成就的，是那些具有远见卓识的蛮族国王。其中法兰克国王查理（Charles，768—814 年在位）所推动的文化振兴计划，则为希腊文化的复兴作出了积极的贡献。这位被历史学家们称之为查理曼大帝（Charlemagne）的皇帝，不仅在自己的宫廷中召集了来自当时欧洲各地的众多学者，开办学校讲授希腊的"七艺"知识；并且在 789 年颁布《教育通令》（General Admonition），下令在全国开办学校，同时又通过写信等方式督促不同地方的修道院举办各类教会学校，教授神学和世俗知识。在这个被称为"加洛林文化复兴"（Carolingian Renaissance）运动的推动下，一批精通逻辑和其他希腊知识的学者应运而生，其中在哲学研究上最有代表性的是爱留根纳（Johanes Scotus Erigena，810—877 年）。② 这些学者培养

---

① ［美］布莱恩·蒂尔尼、西德尼·佩因特：《西欧中世纪史》，袁传伟译，北京大学出版社 2011 年版，第 60—70 页。

② ［美］布莱恩·蒂尔尼、西德尼·佩因特：《西欧中世纪史》，袁传伟译，北京大学出版社 2011 年版，第 137—139 页；赵敦华：《基督教哲学 1500 年》，人民出版社 2007 年版，第 192—194 页。

了为数众多的学生，普及了古典希腊知识并推进了哲学和逻辑学的研究。

随着学校教育的发展、学术活动的深入、逻辑学本身的演进以及辩证法作为一种基本方法在智力训练、问题讨论和知识获得等方面发挥越来越重要的作用，到 10 世纪至 11 世纪期间，在拉丁西方逐步兴起了一种被称为"经院主义"（Scholasticism）的思想运动，尝试用一种特有的方法论来思考各类哲学与神学问题。"经院的"（scholastic）本意是指"学校的"或"学者的"意思，"经院主义"可说是这个时期各类教会学校众多教师、神学家和学生们共同推展开来的思想运动，他们通过包括推理逻辑和论辩逻辑在内的诸多辩证方法，讲授、解答、讨论、探究和表述各种理论问题，形成了一场蔚为壮观的思想运动。形而上学、存在论、共相理论、伦理学以及认识论等哲学问题，也在这场运动中以这样的方式方法得到了广泛的探究。12 世纪之后，随着亚里士多德著作和思想在拉丁西方的全面复兴与传播，哲学得以在更大规模的层面上展开，认识论问题的探究也获得了新的理论基础与思想契机，产生了一系列具有丰富认识论学说体系的哲学家。

这个时期哲学家们关于认识能力的探究，与教父时期的哲学家们有着基本相同的倾向，即都是以感觉和理性的区分为基础而展开的；只是这种区分包含了更多亚里士多德的思想元素。而在思想进程上，在亚里士多德看法的基础上对感觉能力和理性能力进行探究，更早是由伊斯兰哲学家进行的。当大部分希腊文化遗产随着西罗马帝国的解体而消散之后，这些遗产则逐步进入到了阿拉伯世界，在叙利亚、伊朗和其他阿拉伯地区得以保存和流传。阿拉伯学者在翻译亚里士多德著作的过程中，对他的思想进行了广泛深入的注释和研究，从而使这一希腊思想最终成为伊斯兰传统的一部分。

在有关认识论的问题上，这些生活在阿拉伯世界的伊斯兰哲学家们依循亚里士多德的传统，对感觉能力和理智能力之间的不同作出了自己的解释与阐发。亚里士多德曾把人的认识能力与阶段区分为五个方面，分别是感觉（aisthesis）、记忆（mneme）、经验（empeiria）、技艺（techne）和知识（episteme）以及智慧（sophia）。他认为感觉不仅使人们熟知各种事物，而且能够区别它们的不同；因而在认识活动中人们较为重视感觉，而对感觉的喜爱乃是人之具有求知本性的证明。① 亚里士多德关于感觉认识意义的阐发，对伊斯兰哲学家产生了广泛的影响。阿维森纳之对认识能力的考察也深受这一思想传统的启发，在阐释心灵理智能力的同时，对感觉的认知能力也作出了较为细致的界定和区分。他在这些界定和区分中，与奥古斯丁一样分别阐释了外感觉和内感觉各自独特的意义；但与后者不同的是，阿维森纳对内感觉的说明要更为复杂也更为系统。依照惯例，他把外感觉同样分为五种，认为它们有其特有的对象，他把这些对象称之为"形式"（forms），它们是五种外感觉在把握感觉对象时所形成的颜色、大小、形状和声音等诸如此类的东西。② 而关于内感觉，他的说明比以往哲学家都更为细致和连贯。在他看来，内感觉也有其特有的或适宜其把握的对象，即"意念"（intentions），它们是由感觉对象的"形式"传递而来但却是五种外感觉本身所不能把握到的；他把内感觉也分为五种，分别是通感（common sense，也称为心像 phantasia）、想象（imagination）、构成（imaginative power）、评估（the estimative power）和记忆（the power for memory）。③

阿维森纳以从外感觉接受的形式为基础，分别阐释了五种内感觉的各自特征与作用，认为通感收集了来自外感觉的形式并形成印象，然后通过想象等能力对之进行构造、比较与区分，进而作出评价和判断，最终将它们保留在记忆中。阿维森纳对五种内感觉功能及其相互关系的说明，被认为是对亚里士多德不确定主张的超越和改进，并进而成为阿维罗伊、大阿尔伯特和托马斯·阿奎那等中世纪哲学家以更复杂的方式建构有关内感觉理论的基础。④ 然而，在依据亚里士多德思想传统而对人类认识能力考察的阿拉伯哲

---

① ［古希腊］亚里士多德：《形而上学》第 1 卷（A 卷）980a，苗力田译，中国人民大学出版社 2003 年版，第 1 页。

② *The Cambridge Companion to Medieval Philosophy*, edited by A.S. McGrade, Cambridge: Cambridge University Press, 2003, p. 215.

③ *The Cambridge Companion to Medieval Philosophy*, edited by A.S. McGrade, Cambridge: Cambridge University Press, 2003, p. 216.

④ *The Cambridge Companion to Medieval Philosophy*, edited by A.S. McGrade, Cambridge: Cambridge University Press, 2003, p. 216.

学家中，对心灵特别是理智能力的关注要占据着更为重要的地位。这种考察和关注的一个主要的理论后果，乃是对两种理智能力——能动理智（或主动理智，agent intellect）和被动理智（或可能理智，possible intellect）——进行了区分与探究，并在 13 世纪拉丁西方的哲学家之间引发了有关"独一理智论"的争论。

这场关于能动理智和被动理智的区分与争论，在相当大的程度上源于对亚里士多德相关论述的依循和解读。亚里士多德在其《论灵魂》（De Anima）中，在讲到灵魂与身体的关系和区别时，曾就灵魂是否可以与身体相分离而发挥其应有的能力，提出了一些包含着不同倾向的看法。在他看来，一方面，灵魂与身体（躯体）是不可分离的，它之中的现实性即是身体的现实性；另一方面他又似乎觉得，它其中的"一些部分也许能够分离存在，……它们根本就不是躯体的现实性"。[①] 进而他从实体的意义上看待心灵的现实性，认为它是"可分离的、不承受作用的和纯净的"，因此是"不朽的和永恒的"。[②] 亚里士多德的这些看法在认可其主张的哲学家之间形成了一种在心灵中区分出能动理智和被动理智的思想传统，把被动理智看作是接纳从感觉而来的思想资料的能力，而把能动理智看作是转化或抽象感性材料进而使之成为可理解种相或观念的能力。[③] 阿拉伯哲学家在依照这一传统解读心灵的理智能力时，对能动理智和被动理智之间的不同和各自的功能作出了更为明确地区分，其中最为典型的代表是阿维罗伊。阿维罗伊的基本主张是，他不仅像以往的哲学家那样把能动理智看作是永恒的和不朽的，而且也把被动理智看作是非物质的和不朽的；与此同时他主要是从现实与潜能上理解能动理智和被动理智的关系，并从不朽的意义上看待每个人所具有的理智是共同的和一，

---

① ［古希腊］亚里士多德：《论灵魂》第 2 卷 413a ；《亚里士多德全集》第 3 卷，苗力田主编，中国人民大学出版社 1990 年版，第 32 页。

② ［古希腊］亚里士多德：《论灵魂》第 3 卷 430a ；《亚里士多德全集》第 3 卷，苗力田主编，中国人民大学出版社 1990 年版，第 78 页。

③ *The Cambridge Companion to Medieval Philosophy*, edited by A.S. McGrade, Cambridge: Cambridge University Press, 2003, p. 218.

而不是不同的和多。① 这即是后来引发了广泛争论的"独一理智论"主张。

亚里士多德主义思想传统对伊斯兰哲学家和随后 13—14 世纪拉丁哲学家的影响，使得这些哲学家们在探讨感觉和心灵等认识能力及其认识对象时，对经验的意义和价值产生了更多的兴趣。虽说在这种亚里士多德认识论传统的建造过程中，奥古斯丁的光照论逐步失去了它昔日的辉煌，但仍有一些学者希望能够重塑其价值。例如，13 世纪中期的波拿文图拉虽然并不完全否认感觉知识和理性知识的价值，然而他依然用光照的隐喻来解释人类所有知识的形成，诸如"外在之光"或"机械技巧之光"之于工艺思想、"低级之光"或"感觉之光"之于"自然形式"、"内在之光"或"哲学之光"之于"理智真理"以及"恩典之光"或"高级之光"之于"拯救真理"，认为前三种光照所形成的自然能力都是以"恩典之光"为根据和动力，由此才能获得确定的和固定不变的知识与真理。② 另一位在这个时期支持光照论的是根特的亨利，认为人们仅仅依据于其理性的自然形式，是根本不可能拥有完全确定和绝对无误的真理知识，这种知识只有在神的自由意志所赐予的光照中才能获得。③ 虽然波拿文图拉和根特的亨利等人试图在认识论中复兴光照论的意义，根特的亨利也希望以此来解决怀疑主义重新兴起所导致的认识论困境，但到 14 世纪时，奥古斯丁所倡导的光照论则进入尾声而不再能够引起学者们特别的兴趣了。④

二、灵魂能力及其认知对象

亚里士多德主义思想传统在伊斯兰哲学家那里所催生的有关认识论问题

---

① Battista Mondin, *A History of Mediaeval Philosophy*, Vatican: Universita Urbaniana Press, 1991, p. 218.

② 赵敦华：《基督教哲学 1500 年》，人民出版社 2007 年版，第 411—413 页。

③ *The Cambridge Companion to Medieval Philosophy*, edited by A.S. McGrade, Cambridge: Cambridge University Press, 2003, p. 220；赵敦华：《基督教哲学 1500 年》，人民出版社 2007 年版，第 447—448 页。

④ *The Cambridge Companion to Medieval Philosophy*, edited by A.S. McGrade, Cambridge: Cambridge University Press, 2003, pp. 220-221.

的讨论，随着 12 世纪亚里士多德著作从阿拉伯文译为拉丁文，进一步引起了拉丁西方哲学家们的广泛兴趣。他们结合自身的思想传统与立场，对这些问题展开了深入的探究，提出了众多的认识论理论。13 世纪托马斯·阿奎那所阐释的认识论思想，他关于认识能力与认识对象及其相关理论问题的探究与思考，可说是与这场亚里士多德思想传统的时空演进历程密不可分。在亚里士多德主义思想传统的影响下，阿奎那对人的认识能力及其认识对象进行了全面的考察。他的这种考察是以他对现实存在着的人类个体的理解为基础而展开的。当然，在中世纪的思想传统中，神学家们考察人的本性主要依据的是灵魂而不是身体，阿奎那也并不否认灵魂的这种首要价值，而且依循神学传统把灵魂作为认识人的本性的第一个考察对象。① 阿奎那在考察灵魂的性质时，首先把它确定为"生命的原则"。他说，"为了探求灵魂的本性，我们首先就必须设定，灵魂被界定为生存事物中的生命的第一原则"。② 灵魂是首先体现在有生命的事物中，而无生命的事物是没有灵魂的。阿奎那认为，由于古代哲学家误解了灵魂的本质及其与生命的关系，从而提出了一些错误的看法；他们把表现生命的两种首要活动——认识和运动的原则视之为是某种物质的东西，因此他们把灵魂断定为是一种形体或某种物质性的东西。在阿奎那看来，物质的东西固然可以成为生命的原则，如心脏是动物生命的原则，但它决不能成为生命的第一原则。否则的话，任何一个物体都会成为有生命的事物或生命的原则。物体只是适宜于成为一个有生命的东西，甚至生命的一个原则，但它不会成为生命的第一原则，因为只有那种非物质的灵魂才能使身体成为现实，具有生命的形式，才会是生命的第一原则。因此，作为生命第一原则的灵魂，并不是一个形体或任何一种物质性的东西。③

如果灵魂不是一种物质，那么它是否是一种实体呢？它能否独立存在？阿奎那依据亚里士多德把有生命的存在分为三种不同的类型——即植物、动

① ［意］托马斯·阿奎那：《神学大全》第 1 集第 6 卷，段德智译，商务印书馆 2013 年版。
② ［意］托马斯·阿奎那：《神学大全》第 1 集第 6 卷，段德智译，商务印书馆 2013 年版。
③ ［意］托马斯·阿奎那：《神学大全》第 1 集第 6 卷，段德智译，商务印书馆 2013 年版。

物和人类分别对应于营养或生长灵魂（nutritive soul）、感觉灵魂（sensitive soul）和理智灵魂（intellective soul）三种不同灵魂形式的看法，对之予以了说明。由于每一感觉活动都伴随着明显的身体变化，如眼睛之于颜色，因而"感觉灵魂并没有属于它自己的自身运作"，它的每一个运作都是复合的；因此，动物灵魂没有自身的活动，"它们不是独立存在的"。① 植物灵魂同样也是如此。但人类灵魂是完全不同的，作为理智灵魂活动的认识，是"独立存在"和"自行运作"的，它不需要任何"一个肉体器官"；因为"我们称之为心灵（mens）或理智（inhtellectus）的理智原则（intellectuale principium）离开了身体也是能够自行运作的"，它仅凭自身就可认识所有的物质事物。因此，阿奎那说，"我们称之为灵魂的理智运作的原则，作为一项原则，既是无形的，又是独立存在的"。② 人类灵魂具有与动物灵魂和植物灵魂不同的本质，它是一种独立存在的实体——理智实体。

再者，就灵魂不具物质性而言，也可以得出灵魂不是质料和形式复合的结论。灵魂只是一种形式，是自身的形式。人的理智灵魂具有认知能力，它所认识的是事物的形式而不是其物质性个体，例如，当它认识一块石头时，"石头的形式……也绝对地存在于这个理智灵魂之中"。③ 也就是说，当认识一个物质对象时，这个对象处在理智灵魂中的是其形式，而不是其有形个体。只有那些质料性的东西才会接纳物质性个体，如处在物质器官中的感觉，因为"质料乃形式得以个体化的原则"。④ 反之，被认识的具体事物的形式，则不是处在任何一种物质器官中的，而是处在非物质性的理智灵魂中的。因而，理智灵魂是一种非物质的、可以独立存在的精神实体。

由于人类灵魂不具有物质性，因而它也不具有物质的暂时性和易朽性。在阿奎那看来，凡是独立存在的单纯实体，都是不可能朽坏的。只有那些非自存的东西，如动物灵魂，当它们的身体解体时，它们也随之消亡。而人类

---

① ［意］托马斯·阿奎那：《神学大全》第 1 集第 6 卷，段德智译，商务印书馆 2013 年版。
② ［意］托马斯·阿奎那：《神学大全》第 1 集第 6 卷，段德智译，商务印书馆 2013 年版。
③ ［意］托马斯·阿奎那：《神学大全》第 1 集第 6 卷，段德智译，商务印书馆 2013 年版。
④ ［意］托马斯·阿奎那：《神学大全》第 1 集第 6 卷，段德智译，商务印书馆 2013 年版。

灵魂是自存的独立实体，它是一种形式，因而它不会随着肉体的朽坏而朽坏。因为形式本身就是一种现实，是质料的现实化原则，质料因其形式而成为存在。当形式与质料分离时质料就会消亡，而"一个形式同它自身分离开来是不可能的，所以，一个独立存在的形式不再存在是不可能的"。① 再者，凡是可朽坏的事物都包含着对立因素，产生和朽坏来自对立并回归于对立；而在理智灵魂中则不可能存在对立因素，因为任何认识或观念，不论它们是否是不同的或是相反的，它们都属于同一种知识和灵魂。理智灵魂就其本身来说，不包含任何在本质意义上与之对立的因素。因此，在这个意义上，人类灵魂是不具有使之朽坏的内在可能性的。而且在阿奎那看来，凡是具有自然欲求的存在都不可能是徒劳的，理智实体则始终自然地欲求存在。② 总之，阿奎那把人的灵魂视之为一种理智实体，而理智实体无论作为单纯的形式还是从其自然欲望上看，都应该是不朽的。

虽然从人的理智灵魂的本质上看，它是一种单纯的形式，具有独立自存和不朽的本性；但如果我们不从灵魂与身体的关系上理解人的现实性和整全性，那么对人及其认识能力的考察就是不完整的。因为作为整全的人而言，必然是身体和灵魂的结合，只有在这种结合中，人才有完整的生命、完整的行为，才能充分实现灵魂的功能。③ 因此在阿奎那看来，灵魂虽是"生命的第一原则"，是人的形式，从而"灵魂是人"可以在某种意义上来理解；但一个个体的人"并不是一个灵魂"，一个具体存在着的人不能够仅仅是一种灵魂。因为每一个具体的人，如苏格拉底，都是由具体的灵魂、血肉和骨骼组成的。这些具体的部分都是人的概念的一部分，这是每一个自然事物的特征，"在自然的事物中，定义所表示的并不止是形式，而是形式和质料。因此，在自然事物中，质料乃种相的一部分"。④ 因此灵魂、肉体和骨头都属于自然存在着的人的种相的一部分，它们共同构成了个体的人的概念所不可缺少的内容。

① ［意］托马斯·阿奎那：《神学大全》第 1 集第 6 卷，段德智译，商务印书馆 2013 年版。
② ［意］托马斯·阿奎那：《神学大全》第 1 集第 6 卷，段德智译，商务印书馆 2013 年版。
③ ［意］托马斯·阿奎那：《神学大全》第 1 集第 6 卷，段德智译，商务印书馆 2013 年版。
④ ［意］托马斯·阿奎那：《神学大全》第 1 集第 6 卷，段德智译，商务印书馆 2013 年版。

　　由于具体存在着的人是身体和灵魂的结合，如何认识身体与灵魂的关系则决定了我们如何看待人的本性以及人的认识能力以何种方式展开。阿奎那认为，灵魂与肉体的关系首先体现的是形式与质料的关系。在他看来，灵魂是作为形式而与肉体相结合的，"作为理性活动原则的理智是人的身体的形式"。① 阿奎那说，依据于亚里士多德的说明，身体生存所依赖的首要的东西是灵魂，因为灵魂是我们生长、感知、运动和理解的第一原则。因此，灵魂就处在我们的生存活动中，它与我们的具体生存活动息息相关。理智灵魂作为人的形式是与其身体紧密相连的，它就处在人的各种活动之中。因此，我们可以说，理解活动就是某个具体的人的活动，是这个人本身在理解，体现了他的整个自身的活动，既不是他身体的某一部分在理解，也不是一种偶性活动，如"当我们说苏格拉底或柏拉图在理解时，这显然不是依据偶性归因于他的，因为这是在归因于作为人的他的，是就其本身说到他的"；而且，正是在理解着的同一个人，意识到了他自身的感觉活动，而"一个人没有身体是不可能感觉的，从而，整个身体就是人的一个部分"。② 那么，结论是必然的，人的理智是与人的身体必然地连结在一起的，"苏格拉底籍以理解的理智就应当是苏格拉底的一个部分，从而，它也就以某种方式同苏格拉底的身体结合在一起了"。③

　　而这种结合是一种没有任何中介的直接结合，也就是说，阿奎那把理智灵魂与身体的关系视之为是一种相互联结的关系，这种联结既不是阿维罗伊所说的，是通过心像与身体的联结；也不是如其他人所说的，是作为某种气质、和谐或形体、感觉等之类的东西与身体的联结。而是作为身体形式的理智灵魂与每一个具体身体的联合——灵魂以整体的方式存在于整个身体以及身体的每一部分之中。在这种联合中，人类灵魂作为实体形式（substantial form），既构成了人类实体存在的原则（the principle of substantial being）——赖此原则个体的人存在并被称为存在物，又使得形式（灵魂）

① ［意］托马斯·阿奎那：《神学大全》第 1 集第 6 卷，段德智译，商务印书馆 2013 年版。
② ［意］托马斯·阿奎那：《神学大全》第 1 集第 6 卷，段德智译，商务印书馆 2013 年版。
③ ［意］托马斯·阿奎那：《神学大全》第 1 集第 6 卷，段德智译，商务印书馆 2013 年版。

和质料（肉体）联结在一个单一的统一体中，个体的人类因此成为这样一种复合体存在，它"在存在方面为一，但却是由质料和形式组合而成"。① 而且这种联合也表明了人的活动的类本质，即是说，人之为人的特有的活动是理解，这是人之所以超越所有其他动物的根本所在。因此，阿奎那把人的活动，包括理解活动、感觉活动以及追求幸福的活动等等，都归结为灵魂和肉体的联合。但是，另一方面，他并不是同等地看待灵魂与身体的，他明显地表现出了灵魂优越于身体的立场。他说，"一个形式越是高贵，它就越是超出有形质料；它越少地结合进质料中，它藉它的能力和运作就越多地超出质料"。② 他从形式的不同等级上进行了说明。植物灵魂优于金属的形式，感觉灵魂优于植物灵魂，而人类灵魂是最高的形式，因此，人的灵魂优于有形质料，因为它具有有形质料决不可能拥有的理智活动。因此，在一定意义上，阿奎那表明了理智灵魂可以与肉体相分离的倾向。

虽然灵魂具有与身体分离并作为独立实体存在的可能，但在实存的层面上，灵魂的各种理解活动和认识活动则更多的是与身体的关联中才得以展开的，而且只有在这种关联中，这些活动才更为完整。阿奎那对人的理解能力和认识能力的考察，即是基于这样的立场而进行的。当然，理解活动和认识活动主要体现的是一种灵魂能力，因此阿奎那对认识能力的考察首先是从灵魂能力的本性及其构成开始的。他依据亚里士多德在《论灵魂》第 2 卷中把灵魂能力分为"营养的、感觉的、欲望的、运动的和理智的"五种类型的看法，进一步将它们归结为三种，即"理智'前奏'的能力"、"理智能力"和"欲望能力"。③ 阿奎那对亚里士多德看法进行了解释性的说明，认为每一种灵魂能力都具有与自身相应的运作对象，能力越强，其运作对象的范围就越广。营养能力或生长能力的对象是与营养灵魂相连的形体，感觉能力的对象是每一个可感觉的形体——包括与这种灵魂相连的形体和其他一切可感形体，理智

① ［意］托马斯·阿奎那：《反异教大全》第 2 卷，段德智、翟志宏、吴广成译，商务印书馆 2017 年版，《论创造》第 68 章 [3]。

② ［意］托马斯·阿奎那：《神学大全》第 1 集第 6 卷，段德智译，商务印书馆 2013 年版。

③ ［意］托马斯·阿奎那：《神学大全》第 1 集第 6 卷，段德智译，商务印书馆 2013 年版。

能力的对象是一切可感形体和普遍性的存在。由于欲望能力和运动能力的运作对象不仅包括了与自身灵魂相关联的形体，而且还包括了外在于它们的某些事物，因此它们具有朝向这些外在事物的倾向或趋势：或者是欲望能力，把这些事物作为目的；或者是运动能力，把这些事物作为运作和运动的终点。① 阿奎那虽然认同亚里士多德的观点，依据灵魂的运作特性和运作对象，把灵魂能力分为五种类型；但在他看来，人的灵魂本质上是一种理智灵魂，因此他倾向于认为营养灵魂和感觉灵魂等是理智灵魂的准备或前奏，而把人的灵魂能力分为三大类，即前理智能力、理智能力和欲望能力。

在前理智能力中，包含了一些与营养能力相关的能力，诸如营养（nutritivum）能力、生长（augmentativum）能力和生殖（generativum）能力。阿奎那把它们归结为植物（vegetativae）灵魂的能力之中。② 这些能力只具有生命或生存的价值，而没有认识的功能。除此之外，在前理智能力中，还有一些感觉能力，则属于动物灵魂的能力。这些能力在人那里，则是一些基本的认识能力；与奥古斯丁和阿维森纳类似，阿奎那将这种能力同样区分为外感觉和内感觉，并对它们各自的功能作出了细致的说明。

阿奎那依据哲学惯例，把外感觉看作是由感官活动所产生的，包括了视觉、听觉、嗅觉、味觉和触觉五种。在他看来，外感觉是由感官和外部对象共同作用下形成的。一方面，外感觉必然涉及了感官本身的活动，涉及了感官本身的变化和运作；另一方面，感觉是一种被动能力，它因外部可感知事物的影响而变化，"由于外在原因的多样化，感觉能力也就随着多样化了"。③ 也就是说，在外部事物不同形式的作用下，感官形成了不同的感觉。总之，阿奎那认为，外感觉的形成涉及了外部事物的作用和感官本身的活动，仅仅依赖于外部对象的作用或感官本身的活动，外感觉是不可能产生的。当然，在感觉活动中，心理活动也起到了一定的作用，"为了感觉运作，就需要一种精神的变化，感觉形式的意念正是藉此在感觉器官中发挥作用

① ［意］托马斯·阿奎那：《神学大全》第 1 集第 6 卷，段德智译，商务印书馆 2013 年版。
② ［意］托马斯·阿奎那：《神学大全》第 1 集第 6 卷，段德智译，商务印书馆 2013 年版。
③ ［意］托马斯·阿奎那：《神学大全》第 1 集第 6 卷，段德智译，商务印书馆 2013 年版。

的"。① 阿奎那认为，当感觉产生时，既有心灵的变化，也有感官和对象的变化。后两者他称之为自然的变化。② 因此，感觉活动不仅仅是一种纯粹的感官活动，而且也涉及了精神的和心理的变化。

这些变化在内感觉中更为明显。相对于外感觉，阿奎那认为内感觉体现了更为完善的感觉能力，它不仅发生在感觉形成的现实过程中，而且也出现在这种感觉发生之后，为它们"所领会的"和当前"不在的事物"所推动；也就是说，内感觉具有连续的知觉能力，"一个动物通过感觉灵魂，必定不仅当它实际地为感觉事物所影响时，能够接受这些事物的种相，而且它也必定能够留住和保存住它们"。③ 阿奎那在阿维森纳把内感觉分为五种的基础上，将它们进行了分类整合，提出了四种内在能力：通感、想象、估计能力和记忆能力。通感是在各种外感觉的综合下所形成的一种整体感觉。动物对不同的感觉对象有不同的感知，如要辨识白色和甜的不同，要有专门感觉或特有感觉（proper sense），但这种不同必须是在同一种认知能力下形成的，因而有对这两类事物的共同感觉，这种对不同种类对象感知基础上所形成的共同感觉就是通感；想象和幻想（或心像）是指可感形式的保留或保存，是对感觉对象的印象，或者说是"通过感觉所接受的那些形式的一个仓库"。估计或判别能力是对对象好坏、利弊的区分，它是在对对象感知的基础上直接形成的。记忆则是对各种感觉的存留，当这些感觉过去之后它们在心灵中的持留或呈现。④ 阿奎那所区分的五种内感觉，大多与阿维森纳的区分相同，只是他把阿维森纳的心像（或幻想）和想象两种能力合并为一，从而形成了四种内感觉的看法。

阿奎那认为，对象的可感知形式对人和其他动物来说并无区别，因为外

---

① ［意］托马斯·阿奎那：《神学大全》第 1 集第 6 卷，段德智译，商务印书馆 2013 年版。

② 然而阿奎那也认为有一些感觉，如视觉仅有心理上的变化。因此他认为这种没有身体变化的视觉，是所有感觉中最具精神性的，从而是最完善的和最普遍的。［意］托马斯·阿奎那：《神学大全》第 1 集第 6 卷，段德智译，商务印书馆 2013 年版。

③ ［意］托马斯·阿奎那：《神学大全》第 1 集第 6 卷，段德智译，商务印书馆 2013 年版。

④ ［意］托马斯·阿奎那：《神学大全》第 1 集第 6 卷，段德智译，商务印书馆 2013 年版。

部可感对象是以相同的方式呈现给人和动物的，因而它们具有同样的外感觉。但就内感觉来说，人则超越了动物，因为动物仅仅是通过自然本能接受这些感觉对象，而人类则会通过观念的联合对这些感觉进行整理、认知和思考。因此，人的内感觉中包含了理智的因素，或者说与普遍理性更为"相像和接近"，从而比任何其他动物都更为完满。① 由于理智活动的参与，而使得感觉有了认识论意义。阿奎那因之把感觉视为知识的来源和基础，他说，"理智的运作在感觉中有它的根源"；当然，认识不会局限于感觉，理智在感觉基础上形成了感觉不可能得到的更多的知识，"在通过感觉所理解的事物中，理智认识许多感觉知觉不到的事物"。② 然而，无论理智认识的范围和能力有多大，它在一定程度上是与感觉能力不可分离的。感觉能力是理智能力的前提或前奏。

阿奎那把理智能力所具有的理解和认识能力，视之为人的灵魂的一种基本能力。他认为人的灵魂必然会产生理解与认识活动，从而形成知识。在如何看待这种能力的认知机理方面，阿奎那同样依据于亚里士多德主义传统，把它分为"被动理智"和"能动理智"两种。在他看来，"被动理智"是指理智认识能力的潜在性，它对事物或存在的认识始终有一个从潜能到现实的过程。由于理智的认识活动指向的是普遍存在，而这种认识是在潜能中还是在现实中，则决定于理智与普遍存在的关系。只有神圣理智是纯存在，因而它对普遍存在的认识关系是纯现实的。而任何受造物都是一种有限的存在，它的理智与整个普遍存在的关系不可能是一种纯现实的关系。它总是处在潜能中，它与可理解事物的关系是一种潜能与现实的关系。因此阿奎那说，对于可理解的事物来说，人类理智总是处在潜能中，他引用亚里士多德的话把它解释为"就像在上面没有书写任何东西的白板那样"；人的认识始终存在着一种从潜能到现实的过程，"最初，我们只能潜在地理解，尔后我们才能够现实地理解"。③ 这即是亚里士多德所说的理智活动"在某种意义上是被动的"。

① ［意］托马斯·阿奎那：《神学大全》第 1 集第 6 卷，段德智译，商务印书馆 2013 年版。
② ［意］托马斯·阿奎那：《神学大全》第 1 集第 6 卷，段德智译，商务印书馆 2013 年版。
③ ［意］托马斯·阿奎那：《神学大全》第 1 集第 6 卷，段德智译，商务印书馆 2013 年版。

虽然我们在认识对象的活动中，理智最初只是潜在地理解，但它最终是能够现实地理解并获得知识的。这种从潜能到现实的过程依赖于或必须是由某种现实的东西所推动，而这种现实的东西在阿奎那看来，是不可能存在于认识对象中的，因为"我们所理解的感性事物的本性或形式并不是现实地可理解的"；因此，"我们必须在理智方面指派某种能力，通过从物质条件中抽象出种相来使事物成为现实的可理解的"，这即是"设定能动理智的必要性"。① 阿奎那通过在灵魂中设定能动理智，从而把认识形成（现实化）的最终推动力归于理智本身。他说，理智并没有现成的或先天的知识，它关于事物的认识首先是处在潜能中的，它有认识的可能性条件，但这种可能要变为现实必须要由某种因素来推动。这种因素不是来自外部认识对象，而是来自理智本身。能动理智促成了被动理智对外部事物的认识，从而形成了我们关于对象的知识。能动理智和被动理智同时存在于人的灵魂中，从理智与外部事物的存在关系来说，它是潜在的和被动的；但从认识的实际完成来说，它又是主动的。理智是被动的，因为它必须从外部事物中获得知识；但它又是能动的，因为正是理智把外部事物转变成为现实的认识对象。能动和被动不是就理智本身而言的，而是就它与对象的关系来说的，"能动的能力同它的对象的关系，就如一种现实存在同一种潜在存在的关系一样；反之，被动的能力同它的对象的关系则同一种潜在的存在同一种现实的存在的关系一样"。② 因此，就被动理智和能动理智与对象的关系而言，理智灵魂所实施的理解活动或认识活动体现为一种过程，一种从潜能到现实的转化过程。在这个过程中，人的理智灵魂获得了关于对象的知识。

如果说人的知识来自理智灵魂与认识对象之间的交互关系，那么这种关系的展开方式是什么呢？或者说，理智在认识对象时展现出了一种什么样的能力呢？人们能否从中获得一种稳定的和确定的知识？阿奎那认为古代哲学家们对理智的本质和知识的性质都作出了一定的探究，形成了一系列的观点

---

① ［意］托马斯·阿奎那：《神学大全》第 1 集第 6 卷，段德智译，商务印书馆 2013 年版。
② ［意］托马斯·阿奎那：《神学大全》第 1 集第 6 卷，段德智译，商务印书馆 2013 年版。

和看法，诸如赫拉克利特认为万物皆变从而不可能有确定的知识、柏拉图关于理念的知识与感性事物无关、恩培多克勒及其他自然哲学家关于灵魂具有物质本性从而其知识也是物质性的等等，在阿奎那看来都没能正确地把握到理智的本质与认识的真相。他说，由于理智是从物质或有形对象中抽象其形式或种相而形成认识的，因而"所接受的东西是依照接受者的样式存在于接受者之中的"，①但是这种在接受者中"存在"的东西不是物质性的，而是非物质性的。知识虽来源于物质对象，但理智接纳的是其形式而不是其质料。

因此，阿奎那主张人的知识形成于理智的认识活动中，它不可能像柏拉图所认为的那样，人具有天生的理念，只是当人的灵魂与肉体结合时被阻碍或遮蔽而被遗忘了。因为人的灵魂在开始时什么也没有，人只是一个潜在的认识者，没有任何对象的种相或形式，他只是具有认识这些种相或形式的潜在能力。通过可感知对象对其作用，使其感觉能力现实化；通过教育或探究发现活动，使其理解能力现实化。因此，阿奎那借用亚里士多德的看法指出，"灵魂藉以理解的理智……没有任何天赋的种相"。②同样，阿奎那也反对可理解种相是来自于与有形事物分离的独立形式或实体的看法。他说，在这方面，柏拉图与阿维森纳具有相同的观点，他们都认为"我们理智的可理解种相是从一些独立的形式流出来的"，只是柏拉图"认为这些种相是自行存在的，而阿维森纳则把它们放到了能动理智之中"。③阿奎那说，从认识形式形成于人的灵魂与肉体相结合上看，柏拉图和阿维森纳的观点都是不能成立的。

那么，认识从何而来？理智如何形成关于感性事物的知识呢？它是否如德谟克里特所说是事物"影像的流射"的作用？还是像柏拉图所主张的是独立形式的影响？阿奎那依据于亚里士多德的"知识的原则是在感觉中"的立场，对理智知识是否来自感性对象的问题进行了解答。他说，亚里士多德在这个问题上采取的是一条中间的路线。一方面，他同意柏拉图的观点，理智

---

① ［意］托马斯·阿奎那：《神学大全》第1集第6卷，段德智译，商务印书馆2013年版。
② ［意］托马斯·阿奎那：《神学大全》第1集第6卷，段德智译，商务印书馆2013年版。
③ ［意］托马斯·阿奎那：《神学大全》第1集第6卷，段德智译，商务印书馆2013年版。

和感觉是不同的，但主张如果没有身体的参与，感觉是不可能有其正当的活动；另一方面，他也认可德谟克利特的看法，感觉方面的活动是由可感事物在感官中产生的印象所引起的，但这种印象不是德谟克利特的物体影像的流射，因为理智有着它独立于身体的活动。① 确实，在亚里士多德看来，知识来自感觉，来自感觉对事物的印象。然而亚里士多德指出，感觉印象对于知识的产生来说并不是充分的，理智知识不仅仅由于感觉印象就可以产生，它还需要另外的动因，这即是灵魂中的能动理智。正是能动理智的参与，"藉一种抽象过程，使从感觉接受过来的心像成为现实可理解的"。②

阿奎那认可了亚里士多德的这种看法。他说，"就心像（phantasma）而论，理智知识是由感觉所引起的。但是，既然心像不能够自行改变可能的理智，而要求藉能动理智变成现实可理解的，那我们就不能够说感性知识是理智知识的完全的和完满的原因，而毋宁说它在一定意义上构成质料因"。③

在阿奎那看来，来自于感觉的心像构成了理智认识的基础。虽说能动理智在使其转化成为现实的知识方面发挥了积极的作用，但是如果不求助于心像，我们的理智不可能在实际上认识任何事物。由于心像来自对个体事物的感知，因此我们的理智知识都是来自个体事物，来自对个体事物的抽象。阿奎那说，与身体结合在一起的人类理智，它的"特定的对象便是一种存在于有形质料之中实质或本性，而且它也是藉可见事物的这种本性进而上升到关于不可见事物的某种知识的。从而，存在于一个个体之中就属于这样一种本性，而且这也是不可能同有形质料分离开来的。例如，存在于这块石头之中便属于石头的本性，而存在于这匹马中便属于马的本性，如此等等。这样，石头或任何物质事物的本性就不可能被完全地和真正地认识到，除非就它作为存在于个体之中被认识到而言，才是如此。然而，我们是藉感觉和想象来理解个体事物的。所以，理智为要现实地理解它的特定的对象，它就必须回

---

① [意] 托马斯·阿奎那：《神学大全》第 1 集第 6 卷，段德智译，商务印书馆 2013 年版。
② [意] 托马斯·阿奎那：《神学大全》第 1 集第 6 卷，段德智译，商务印书馆 2013 年版。
③ [意] 托马斯·阿奎那：《神学大全》第 1 集第 6 卷，段德智译，商务印书馆 2013 年版。

到心像上来，以便考察存在于个体事物中的普遍本性"。① 他认为，如果依照柏拉图的感性事物的本性是独立存在的看法，那么理智就不可能以这种方式进行认识。

因此，阿奎那把感性事物的性质视为人类理智的特有对象，人类是在对个体事物感知并形成心像的基础上，通过能动理智使之成为现实可认知的。所以，感觉是人类知识的一个重要来源，它构成了我们对有形的物理对象认识的基础。当然，阿奎那不会把个体事物本身作为理智认识的对象，因为理智所认识的是存在于个体事物中的共相或性质，而不是使事物个体化的东西，如质料。理智把感性事物作为对象，是因为事物的形式或性质存在于感性事物中，而且人类并不像天使的理智那样可以完全与身体相分离，它的理智是与身体相结合的理智，因而它必须通过对个体事物的感知、通过感觉中的心像，来抽象出事物的性质，从而形成理智知识。②

为了澄清人类理智的本质，阿奎那对理智的认识过程和认识方式作了进一步的分析，形成了一系列的观点和看法。这些观点和看法主要包括如下一些方面。首先，人的理智不仅认识与其类似的、内在于它的事物，而且也通过可理解种相认识了外部事物；其次，人类的认识是一个从潜能到现实、从不完善到完善的过程。在这个过程中，感性知识先于理智知识，对单个的和个体的认识先于对共相的认识；其三，人类理智首先认识到的是对象的本质，然后是它的特征、偶性以及各种关系。因此，通过对事物的特征及不同事物间的复合、分析和推理，人类理智形成了有关事物的各种类型的认识。③ 此外，阿奎那对人类认识过程中所易于出现的错误，也作出了一定的鉴别与区分。就感性认识来说，只要感官本身是正常的，那么它关于其特有对象的感觉是不可能有错误的，如视觉之于颜色，听觉之于声音。但它关于普遍的感觉对象，如大小和形状，以及偶性上的感觉对象，如从颜色上辨别醋和蜂蜜，则易于产生不正确的感性认识。就理智认识来说，由于它固有的

---

① ［意］托马斯·阿奎那：《神学大全》第 1 集第 6 卷，段德智译，商务印书馆 2013 年版。
② ［意］托马斯·阿奎那：《神学大全》第 1 集第 6 卷，段德智译，商务印书馆 2013 年版。
③ ［意］托马斯·阿奎那：《神学大全》第 1 集第 6 卷，段德智译，商务印书馆 2013 年版。

认识对象是有形事物的本质，在这方面它的认识是不会犯错误的。但涉及与事物本质有关的东西以及对它与其他事物的关系进行判断，或进行复合、分解和推理，这时候则会出现虚假的认识。如把一个事物的定义用在另一个事物上，或把相互矛盾的特征组合在一起，来说明某个对象。①

总之，在阿奎那看来，有形事物作为人类的认识对象，构成了人类知识的基础。因此，人的认识的过程、方式及其特征都可以通过与它们的关系来说明。然而人类理智不是把有形的个体事物作为其直接的和首要的认识对象，它是通过从个体事物中抽象出来的种相进行认识的。这种抽象出来的种相即是事物的共相或普遍的内容，因而理智的直接认识对象是普遍的东西，"它是藉可理解的种相直接地理解普遍事物，而藉心像间接地理解其所表象的个别事物"。② 也就是说，人类理智可以借助心像，通过抽象的能力，获得有关有形事物及其本质的可靠的和确定的知识。在这方面，阿奎那与奥古斯丁一样，对有关物质世界的感觉知识和理性知识的可靠性价值，持有着基本相同的立场。但他在对人的能动理智之认识能力的强调中，并没有遵循甚至是大大降低了奥古斯丁光照论的看法与意义；而且在有关人类灵魂的自我认知和神圣实体——阿奎那称之为"非物质实体"（substantias immateriales）——的认知方面，阿奎那则遵循着不同于奥古斯丁的阐释路径和分析方式。

人的理智灵魂能够把物质世界作为可理解的认识对象并进而获得可靠的知识，但它能否实现自我认知，或者说可否把灵魂本身及其包含在它之中的所有一切作为认识对象并获得某种知识呢？阿奎那相信理智灵魂具有这样的能力，只是这种自我认识不像对物质对象的认识那样具有直接性。因为对于人类理智来说，事物的可理解性在于它的现实性，在于它是一种现实存在。有形的物质事物就是这样的可理解对象。然而人类理智灵魂的本质是不能直接呈现给人类理智自身的，它"在可理解的存在物的属相中就只是一种潜在

---

①　[意] 托马斯·阿奎那：《神学大全》第 1 集第 6 卷，段德智译，商务印书馆 2013 年版。
②　[意] 托马斯·阿奎那：《神学大全》第 1 集第 6 卷，段德智译，商务印书馆 2013 年版。

的存在，一如原初物质在感性存在物的属相中只是一种潜在的存在一样"；因此，理智灵魂的本质不具有认知的现实性，它在其自身中虽具有理解能力，但不具有被理解的能力，除非"它成为现实的"。① 然而阿奎那说，理智灵魂的本质自身是不可能被现实化的，只有它的认识能力具有现实性。只有当灵魂中的能动理智在使可理解的事物成为现实的同时，才使得被动理智也具有现实性，从而使得灵魂认识自身有了条件，"理智不是藉它的本质，而是藉它的活动，认识它自身的"。② 也就是说，我们可以通过灵魂的认识活动来反思灵魂自身的存在，从而认识自身，苏格拉底或柏拉图正是以这种方式知觉到他有一个理智灵魂的。因此，对理智灵魂的认识不像对物质对象的认识那么直接，而是借助于认识活动和认识行为，来间接地进行探究。如当我们在考察一个动物的特征、种类和活动时，我们会意识到我们有一个认识主体，是这个主体在从事认识活动。通过这种反思和自我认识，我们形成了关于灵魂自身的知识。

由于对灵魂自身的认识是在对有形事物的认识中形成的，因此这两种认识是发生在认识的同一种现实活动中。通过这种认识活动，一方面我们认识到我们在认识，另一方面我们也认识到了自身的本质。对灵魂自身的认识是一种不同于对有形事物的认识，它具有超越性特征。通过对这种认识方式的考察，阿奎那表明了这样两种意义，首先，人的灵魂本身是可知的；其次，人类认识可以达到一种新的更高的水平——对人类认识能力本身进行考察和探究。

然而在理智灵魂认识超越的非物质实体——诸如天使和上帝方面，阿奎那更多主张的是一种否定的立场。他虽然也会承认，我们可以通过物质世界的秩序，通过由果溯因的方法和类比方法，来形成某种有关上帝的知识。但是由于我们的理智灵魂是与肉体相结合的，我们所能认识的直接对象是有形的事物——通过感觉和心像。我们的认识只能达到有形事物，那是由能动理

---

① ［意］托马斯·阿奎那：《神学大全》第 1 集第 6 卷，段德智译，商务印书馆 2013 年版。
② ［意］托马斯·阿奎那：《神学大全》第 1 集第 6 卷，段德智译，商务印书馆 2013 年版。

智使之成为现实可理解的并在可能理智中被接受的东西。因此，"在生命的现存状态下，我们不可能理解独立的非物质的实体本身，无论是通过可能的理智还是通过能动的理智，都是如此"。[①]

由于非物质实体是一种截然不同于或超越于人的现实存在状态的存在类型，人的理智不可能对它们形成直接的或积极的认识，即使人的理智可以从物质对象中抽象出本质或性质，但这些本质或性质是完全不同于非物质实体的，因此以这种方式我们是"永远不可能达到同非物质实体相似"的东西的。[②] 也就是说，在现实的存在状态下，人类的理智是一种有限的理智，不可能形成无限——无论是数量上的无限（物质对象）或是形式的无限（如上帝）——的知识。这既与有形事物的本质有关，也与人的灵魂与身体相联结的存在方式有关。[③] 然而，虽然在阿奎那看来，非物质实体不是人类认识的首要的或第一的对象，但这并不意味着我们就不能够对它们形成任何一种认识。他说，虽然非物质实体不像物质对象的性质或本质那样是理智认识的第一对像，但它们也是人类的认识对象，这是无可怀疑的。我们不是对这些对象根本无话可说，它们多少具有被认识的可能性。我们可以通过受造物，"借助于排除法，借助于它们同物质事物的关系而获得关于它们的科学知识的"。[④] 这些知识虽然在程度上是不完善的，但阿奎那认为它们在性质上却是非常重要的。正是这种在某种程度上获得的知识，使得阿奎那的自然神学有了可以建立起来的基础和前提。

三、真理与谬误

由于知识必然涉及真假问题，阿奎那在讨论认识论问题时，也提出了他对真理问题的理解和看法。只是他在《神学大全》中讨论真理论问题时，主要是在本书的第 1 集第 1 卷 "论上帝的本质"中展开的，因此他有关真理的

---

① [意] 托马斯·阿奎那：《神学大全》第 1 集第 6 卷，段德智译，商务印书馆 2013 年版。
② [意] 托马斯·阿奎那：《神学大全》第 1 集第 6 卷，段德智译，商务印书馆 2013 年版。
③ [意] 托马斯·阿奎那：《神学大全》第 1 集第 6 卷，段德智译，商务印书馆 2013 年版。
④ [意] 托马斯·阿奎那：《神学大全》第 1 集第 6 卷，段德智译，商务印书馆 2013 年版。

论述，不仅涉及真理与理智、真理的涵义和特征以及真理的标准等认识论问题，而且也包含了真理与存在和上帝的关系以及真理的永恒性和不变性等形而上学问题。在这些讨论中，阿奎那首先依据于亚里士多德"真理不在事物中，而在理智中"（《形而上学》第 6 卷）的观点，阐明了他关于真理和理智的关系以及真理是什么的看法。阿奎那在真理问题上的基本立场是，真理标志着认识（理智）与对象（事物）的符合一致，这种符合一致首先表现在理智中的，然后才出现在事物中。阿奎那通过与"善"的比较，说明了真理与理智的这种首要性关联。他说，善意味着欲望指向的东西，真则意味着理智指向的东西。由于欲望取决于欲望者所欲求的事物，从而欲望，即善，首先是存在于具有可欲求的事物中的；不同的是，由于理智（知识）取决于被认识事物在认识者中，从而理智，即真，首先是在理智中的。阿奎那的意思是说，欲望或善的产生，首先在于可欲求的事物，而理智或真理形式，却决定于认识者的认识（理智）。由于善存在于事物中是就这个事物与欲望相关而言的，从而善的这方面（因与欲望相关而存在于事物中）从可欲望的事物传递到欲望，以便于这种欲望被称为善——如果它的对象是善的话；相反，由于真就它与被认识的对象符合一致来说是处在理智中的，因此真的这方面（因与事物的相符而存在于理智中）必须从理智传递到被认识的事物，以便于被认识的事物也被称为是真的——就它与理智有某种关系而言。①

在阿奎那看来，一个被认识的事物与理智的关系表现在两个方面：或是本质上的或是偶性上的。它与理智的本质关系是指它的本质依赖于理智；它与理智的偶然关系是指通过理智它是可认知的。如一个房屋对于建造它的理智来说是一种本质关系，而对于只是认识它的理智来说是一种偶然的关系。由于我们不是通过在它之中是偶然的东西而是本质的东西来断定事物是否存在的，因而一个事物被认为是绝对真的，是当它与它所依赖的理智相关联时。在这个意义上，人造物品被认为是真的，是因为它与我们的理智相关联。同样，一个房屋是真的，是因为它表现了工匠思想中的形式，一个话语

---

① ［意］托马斯·阿奎那：《神学大全》第 1 集第 1 卷，段德智译，商务印书馆 2013 年版。

是真的是由于它是理智中真理的标记，而一个自然事物是真的则是因为它体现了神圣思想中的种相或形式。因此，"真理首先是存在于理智之中，其次是由于其作为事物的原则相关于理智而存在于事物之中"。①

阿奎那关于真理与理智关系的看法表达的是一种符合论的真理观，一种认识与其对象符合一致的真理观。然而，这种符合一致的首要性在于理智，而不在于对象。如果我们考虑到他的真理论是从神圣知识出发所推展出来的真理论，那么这种理智的首要性就不难理解。因为在阿奎那看来，神的理智与知识是事物存在的原因和原则，先有神圣知识，然后才有事物的存在。因此，如果真理就在于认识和认识对象一致的话，那么这种一致就不是知识与对象的一致，而应该是对象与知识的一致。阿奎那的真理观也贯彻了他的存在论原则。真理不仅表明了认识论的意义，而且体现了存在论的本质。由于神圣理智是事物存在的原则，因而在事物中的，必先在（神圣）理智中。当然，阿奎那在这里主要论述的是神圣的理智和真理，然而关于人类的理智，阿奎那持有的是一种与此多少不同的看法。如他在对奥古斯丁相关问题看法的反驳中说道，"虽然我们理智的真理是由事物引起的，但是，真理的特性却不一定首先存在于那儿"，而且还说到，"事物的存在而不是它的真理，才是存在于理智之中的真理的原因。因而哲学家（指亚里士多德——引者记）说'意见（opinio）和语词（oratio）是由于事物存在而不是由于事物之为真这样一个事实才为真的'"。② 也就是说，在人类的认识活动中，首先是事物的存在，然后才有理智真理的产生，事物的存在导致了我们认识或真理的产生。

但是，就神圣知识而言，真理首先是存在于理智中的。由于理智是对事物的认识，真理就存在于进行这种认识的理智中，因此阿奎那也把真理界定为"理智与事物的一致"；他说，"认识这种一致也就是在认识真理"。③ 然而在某种意义上，这种符合一致不仅具有认识论意义，而且更具有存在论意

---

① ［意］托马斯·阿奎那：《神学大全》第 1 集第 1 卷，段德智译，商务印书馆 2013 年版。
② ［意］托马斯·阿奎那：《神学大全》第 1 集第 1 卷，段德智译，商务印书馆 2013 年版。
③ ［意］托马斯·阿奎那：《神学大全》第 1 集第 1 卷，段德智译，商务印书馆 2013 年版。

义。因为在阿奎那看来，真理和存在是两个可以相互转换的词，它们具有相同的意义。他说，就每一个事物是存在来说，它们都是可认知的。这种存在的可认知性使存在和真理建立起了一种内在的关系，从而使它们有了相同的含义。我们可以说，凡是存在的都是真的，凡是真的都是存在的。存在和真理的同一性，使阿奎那坚持了一种"存在必然可知"的基本立场。当然真理和理智与存在和事物的统一性并不意味着它们是绝对相同的，从观念上看，真理是理智的真理，而存在是事物的存在，真理首先在理智中，而存在首先是在事物中。前者首先表现为认识论意义，后者则具有存在论意义。① 但这种区别在阿奎那看来只具有相对性，从根本的意义上两者是相同的，这乃是真理的本性所决定的。

阿奎那在这个问题上的基本倾向是，真理既在理智中又在事物中。真理在理智中，是由于理智认识了"是其所是"的事物；真理在事物中，是因为事物与理智符合一致。而这两方面都最充分地体现在上帝中，上帝以最高程度表明了理智与存在的一致。因为"上帝的存在不仅同他的理智相一致，而且它也是上帝的活动本身"，他的"理解活动是每一个别的事物以及每一个别的理智的尺度和原因"，所以，"真理"不仅"不仅存在于上帝之中"，而且"上帝就是真理本身，……是至上真理和第一真理"。②

由于上帝是真理，是至高的第一真理，因而这种真理具有唯一性、永恒性和不变性的性质。阿奎那说，从神圣理智是"一"来看，存在于这种理智中的真理只能是唯一的。但这种神圣真理的唯一性并不排斥受造理智（如人类理智）中的真理的多样性。由于真理是首先在（神圣）理智中，其次是在事物中的，因而就受造物人类来说，有多少受造理智就有多少真理；同样，由于所有事物都依据于一个原初的真理而是真的，因而也表现了事物中真理的多样性。但这些众多的真理并不与神圣真理的唯一性相矛盾，因为每一真理都与神圣真理类似，都在根本的意义上分有了神圣真理。众多的受造理智

---

① [意] 托马斯·阿奎那：《神学大全》第 1 集第 1 卷，段德智译，商务印书馆 2013 年版。
② [意] 托马斯·阿奎那：《神学大全》第 1 集第 1 卷，段德智译，商务印书馆 2013 年版。

和事物在与神圣真理的一致性上表现了真理的特征。①

但是由于人类理智作为受造理智来说是有限的和可变的，从而存在于它们之中的真理也是有限的和可变的。而且人类的存在不具有永恒性，因此它所具有的真理也不会是永恒的。这种非永恒性表明了人类理智的非绝对性，从而导致了存在于这种理智中的真理的变化。也就是说，从理智的层面上看，真理在于它与被认识对象的一致。但这种一致不是永远不变的，它的变化或是对象没有变化而理智认识发生了变化，或是对象变化了而相应的认识没有变化。在其中每一方面都涉及了认识从真到假的变化。因而，人的理智的非永恒性使它的真理具有可变性；真理的多样性、非永恒性和可变性，构成了人类理智及其认识的特征。②

在人类认识中，与真理相对应的是谬误。真理和谬误（或虚假）之间的对立是一种真的观念和假的观念的对立，而不是一种肯定和否定的对立。因为否定不断定什么，或断定对象没有什么。反之，谬误则断定了什么，只不过它所断定的东西并不是对象的实际所是，它所断定的与对象不一致，因而是假的。真理意味着对一个事物的适当的和充分的理解，而谬误则是一种不充分的和不适当的理解。③ 由于真假是对立的，而对立的东西是处在与同一个事物的关系中，因此阿奎那说，"我们就必须首先在我们发现真理的地方，也就是说，在理智之中，去寻求虚假"。④ 在阿奎那看来，谬误主要是存在于理智与事物的关联中，而就事物来说，如果不与理智关联，它本身是无所谓真或假的。由于谬误是在事物和理智的关联中产生的，因而谬误既可以从与理智相关联的事物中发现，也可以在与事物相关联的理智中找到。

就事物来说，如果它与理智相关联并出现谬误，那么这种谬误既可以在绝对意义上被理解，也可以在相对意义上被理解。它之在绝对意义上被

---

① ［意］托马斯·阿奎那：《神学大全》第 1 集第 1 卷，段德智译，商务印书馆 2013 年版。
② ［意］托马斯·阿奎那：《神学大全》第 1 集第 1 卷，段德智译，商务印书馆 2013 年版。
③ ［意］托马斯·阿奎那：《神学大全》第 1 集第 1 卷，段德智译，商务印书馆 2013 年版。
④ ［意］托马斯·阿奎那：《神学大全》第 1 集第 1 卷，段德智译，商务印书馆 2013 年版。

理解，是就它本身或本质而言的。如一个人工制品被认为是绝对虚假的，是因为这样的产品缺乏它应该有的形式——它是一个错误的产品。然而所有的自然事物都依赖于神圣的理智，它们不可能缺乏它们应有的本质或形式，因而它们也就不可能在绝对的意义上被认为是虚假的。而它们可以在相对的意义上被称为谬误，是在我们的理智与它们的偶性相关联时发生的。这表现在两个方面。一方面，当一个虚假的语词或思想指明或表现一个事物时，这个被表明的事物会被称为是不真实的。如我们会说，一个直径是一个假的可通约的事物。另一方面，一个事物是虚假的是由于它在本性上易于招致虚假的观念。这是就事物是虚假的观念的原因来说的。由于事物外部的性质会造成对其本质的不真实的判断，从而通过外表会对事物形成错误的看法。如瘿蜂被当作蜜蜂，锡被视为金子。当然，这些在事物中所表现出的谬误，是当它们与认识着的理智相关联时才会出现的，因而是相对的。①

就理智而言，它确实具有认识事物本质或形式的能力，然而在认识随着事物形式出现的东西或与事物有关的偶性方面，它是有可能出错的。这正如视觉在它特有的感觉能力上不可能被欺骗，而只是在与这个感觉对象有关的、随之出现的某些东西或感觉的偶性对象上会出错那样。由于理智直接认识的是事物本质之类的东西，因而"理智就不是在一件事物的本质方面受到欺骗的，就像感觉也不是在它的固有对象方面受到欺骗的一样。但是，理智在组合和区分中，很可能会由于把某些并不是由一件事物所引起的东西或者说与之相反的东西归因于它认为是构成其本质的那件事物，而受到欺骗"。②理智的谬误表现在两个方面。或者是把一个事物特有的定义运用到另一个事物中，从而在认识上出现错误；或者是把相互排斥的部分合成为一个定义，这种定义不仅关于事物是错误的，它本身就是虚假的。如"一个有理性的四足的动物"，或"有些有理性的动物是四足的"，就是这样的定义。从这样的

① [意] 托马斯·阿奎那：《神学大全》第 1 集第 1 卷，段德智译，商务印书馆 2013 年版。
② [意] 托马斯·阿奎那：《神学大全》第 1 集第 1 卷，段德智译，商务印书馆 2013 年版。

定义上来看，理智关于单纯本质的知识不可能是错误的，它或者是真的，或者根本没有认识任何东西。① 由此可见，阿奎那认为理智在认识上会出现谬误，是只有在它试图通过复合的方式认识事物时。这种复合的认识方式只会出现在对事物的偶性或对事物本质进行推论的认识过程中，因而它在对事物本质的直接认识中则是不可能出现错误的。也就是说，阿奎那在认识论上主张的是一种理智有限错误论。

第三节 直觉认知与抽象认知

阿奎那之后，从13世纪后期到14世纪，中世纪哲学家们就人类如何获得外部世界知识的探究，取得了相当大的进展与变化。这些进展与变化甚至使得一些20世纪的学者从中读出了现代知识理论的某些特征。当然在总体上，中世纪这个时期的哲学家们大多依然是沿着既有的，特别是亚里士多德传统的思想框架探究认识论问题，认可感觉与理智的区分；而且对理智的被动能力和主动能力之间的区分以及心像和种相在认识中的意义等问题还保有一定的热情与兴趣，并对之作出了较为细致深入的阐释。然而从13世纪后期开始，哲学中慢慢地发展出了一种简化的倾向或趋势，尝试对阿奎那时期变得日益复杂化了的认知能力与认知结构的讨论，以相对简洁的方式展开。司各脱可以说是体现这种变化的一个首当其冲的人物，奥康则把这种变化以更为典型的形式展现了出来。

一、直觉认知与存在

经由阿拉伯世界逐步演进到拉丁西方的亚里士多德传统，为中世纪哲学家们关于认识论问题的探究提供了重要的灵感和思考方向。而体现这种影响的一个主要方面，乃是这个时期的哲学家们在对认知结构（cognitive framework）探究的基础上所建构的认知理论（cognitive theory）。这种理论更为关

---

① ［意］托马斯·阿奎那：《神学大全》第1集第1卷，段德智译，商务印书馆2013年版。

注的是心灵的认知能力及其与认知对象的关系，以及在这种关系中知识或者真信念是如何被建构起来的。到 13 世纪后期，哲学家们关于这一理论大致上形成了基本一致的看法，司各脱则为其中涉及的内容作出了细致深入的阐述。① 这些内容包括了认知能力及其与认识对象的关系等方面，涉及了对"知识的动力、发生过程以及性质等问题"的分析。②

从奥古斯丁直到托马斯·阿奎那，中世纪哲学家在人类心灵的认知能力方面基本上采取的是相对一致的看法，即大多都认同人类心灵具有感觉和理智两个不同的部分或两种不同的能力——前者涉及身体器官从而具有物质性，把握的对象是可感的物质世界或个体事物；后者则与物质的身体器官无关从而是非物质的或精神性的，认知的是可理解的对象或事物的普遍本质。司各脱在开始其对认知问题的探究与分析时，对这类区分也采取了基本赞同的立场，只是在感觉能力和理智能力是否必然分别对应于可感的个体对象和可理解的本质，则提出了不同的看法。③ 这些不同的看法在其关于直觉认知和抽象认知的区分中有着较为明确的表述。司各脱认可亚里士多德传统的另一个看法是他们在被动理智和能动理智之间所作的区分，以及心像在理智认知活动中所具有的推动作用。

就总体倾向而言，大凡遵从亚里士多德传统或受这一传统影响较大的哲学家们，在考察心灵的认知结构和过程时，通常都会把感觉以及由此形成的心像看作是理智认知的基础或条件。作为与这一传统有着密切关联或者说身处这一传统影响之下的哲学家，司各脱对阿奎那等早前哲学家们关于五种外感觉和内感觉的划分，表现出了足够的关注和兴趣。④ 他在以认同的方式重

---

① *The Cambridge Companion to Duns Scotus*, edited by Thomas Williams, Cambridge: Cambridge University Press, 2003, pp. 285-286.

② 赵敦华：《基督教哲学 1500 年》，人民出版社 2007 年版，第 468 页。

③ *The Cambridge Companion to Duns Scotus*, edited by Thomas Williams, Cambridge: Cambridge University Press, 2003, p.286.

④ 司各脱在其《论灵魂论题集》（Quaestiones super libros De anima）中的不同段落对这些外感觉和内感觉的含义作了表述和说明；*The Cambridge Companion to Duns Scotus*, edited by Thomas Williams, Cambridge: Cambridge University Press, 2003, p.286, note 3.

述这些不同感觉的性质与内容的同时，也把感觉看作是人类心灵接受和处理外部世界信息的最早形式，诸如视觉和听觉等外感觉感知到的是颜色和声音之类相应的专门对象；当这些简单的感知信息进入心灵而为内感觉储存和再想象时，它们就构成了所谓的"心像"（phantasms）。在司各脱看来，这些以自然方式形成的心像是理智赖以思考与抽象的基本来源和基础。① 也就是说，当理智中的一个真实的观念是以自然的方式形成的时候，这一观念只能是为那些能够以自然方式作用于我们理智的事物所引起。司各脱把这种由心像所引起并为理智所抽象而形成真实观念的自然过程归结为两个方面："（a）心像（或在心像中被描述的对象）和（b）能动理智"。② 由此可见，司各脱是把心像视为理智认知的主要内容，它与能动理智一道构成了心灵中真实概念被建构起来的两个基本要素。

司各脱的这种看法，体现出了他对感觉以及由此形成的心像在理智认知中的初始地位的认同立场。在司各脱所面对的思想传统中，有两种关于知识起源或动力因的观点比较流行：一种是以阿奎那为代表的依照亚里士多德传统建构起来的看法，另一种是以根特的亨利为代表的遵循奥古斯丁传统而形成的立场；前者强调外部物理对象以及感觉活动的起始作用，后者则把这种作用更多地归结为神圣光照以及灵魂自身。司各脱更为偏爱的是第一种立场，指出"若不转向心像，理智便无从理解"，③ 认为人类在自然状态下理智心灵的认知活动及其抽象概念的形成，都与心灵在感知外部对象的基础上所导致的心像有着不可或缺的关系。而所谓的神圣光照则对这种自然状态下的理智心灵及其认知活动并无多少推动或改变作用。他对光照论的反对以及对根特的亨利相应观点的批判，被认为是中世纪哲学家中最典型也是最深刻的

<hr>

① *The Cambridge Companion to Duns Scotus*, edited by Thomas Williams, Cambridge: Cambridge University Press, 2003, p.287.

② *The Cambridge Companion to Duns Scotus*, edited by Thomas Williams, Cambridge: Cambridge University Press, 2003, p.287.

③ *The Cambridge Companion to Duns Scotus*, edited by Thomas Williams, Cambridge: Cambridge University Press, 2003, p.287.

批判，是促成中世纪晚期光照论从此一蹶不振的最重要的理论因素。①

如果说感觉和心像构成了知识产生的基础，那么在知识形成的现实过程中，心灵或者说理智在其中又扮演了什么样的角色呢？在中世纪的历史处境中，不同思想传统的哲学家会有着不同的倾向与看法。而就亚里士多德主义传统的哲学家而言，对这个问题的回答主要涉及如何看待能动理智和被动理智各自的作用及其与感知材料之间的关系。阿奎那认为从感觉而来的心像构成了理智知识的基础，而唯有存在于理智中的能动能力，才能把被动理智所接纳的感觉心像的潜在性与可能性，转变成为现实可理解的知识，形成关于事物种相或普遍本质的认识。在这个知识的现实化过程中，能动理智的抽象功能发挥了关键的作用。司各脱在考察知识的形成原因或构成要素时，认可了外部对象和心灵的共同作用，认为灵魂和事物中的任何一个都不是"理智活动的全部原因"，唯有"这两个因素"的共同作用才是"知识的完整原因"。②只是在这种认识论关系中，理智心灵是否直接面对对象本身，司各脱表现出了多少有点复杂的心态，例如在直觉认知中，对对象本身的把握是直接的。但在总体上，特别是在抽象认知中，他更倾向于用在心像基础上所形成的种相来解释理智心灵与认知对象的关系。③

当然，包含在这一关系中的一个重要问题，就是理智是以什么方式起作用和被作用的；或者说，当心灵在感知和理解外部对象时，它是主动的或是被动的。这可说是引发当时众多哲学家们广泛争论的一个问题。司各脱曾对当时的争论进行了分析与归纳，把它们归结为六种不同的观点。其中的一极是以方汀斯的哥德弗雷（Godfrey of Fontaines）的看法为代表，否定心灵的主动性，即认为感觉和理智是以完全被动的方式面对外部对象；另一极以彼

---

① 有关当时流行的知识起源的两种观点以及司各脱的看法和历史作用，参见赵敦华：《基督教哲学 1500 年》，人民出版社 2007 年版，第 469 页；The Cambridge Companion to Duns Scotus, edited by Thomas Williams, Cambridge: Cambridge University Press, 2003, p.287.

② 司各脱：《牛津评注》，2 卷 3 部 7 题 20 条。DS109。赵敦华：《基督教哲学 1500 年》，人民出版社 2007 年版，第 470 页。

③ The Cambridge Companion to Duns Scotus, edited by Thomas Williams, Cambridge: Cambridge University Press, 2003, pp.288-289.

得·约翰·奥利维（Peter John Olivi）为代表，主张感觉和理智具有完全的自主性，发生在认知过程中的所有主动性都来自于灵魂自身。其他的观点则处于这两极之间。司各脱在分析这些观点和看法时，并不认同哥德弗雷和奥利维所分别代表的两种极端的观点，认为奥利维的主张缺乏对外部对象作为原因角色的充分肯定，而哥德佛雷的看法却低估了心灵的本性。他采取的是一种温和的中间立场，认为理智和对象协同作用，共同构成了认知过程的发生和知识的最终形成。① 与这个问题相关联的是理智中的主动能力和被动能力——或者说主动理智和被动理智——是否可以区分以及如何看待它们各自地位的问题。这种区分在司各脱之前的亚里士多德传统哲学家，如阿奎那那里，都有着明确的表述。司各脱虽然也使用和表达了这两种不同的能力，但对它们之间的严格区分并不抱有太多的热情，认为即使这两种能力或理智分别表达了不同的功能，它们的区分或不同也只是形式上的而不是真实意义上的。②

在司各脱的语境中，人类的认知过程以及知识的形成是与感觉和理智的共同作用密切相关的；或者说，外部对象和心灵是人类建构物质世界知识的两个基本要素与全部原因。如果说在总体上，外部对象和心灵从完整性上保证了人类知识的建构，那么由此建构起来的知识是否可以区分为不同的类型？如果可以区分出不同的知识类型，那么这些知识类型是否与特定的认知对象或不同的认知能力相关？司各脱对这些问题有着较为明确的回答，这些回答使他在中世纪哲学认识论的思想进程中，具有了某种不同于阿奎那等人的历史地位。一般来说，在对认知问题回答中最能体现司各脱思想独特特征的，是他的关于存在（ens）是心灵（主要是理智）认知的特有对象的主张，

---

① 司各脱在 Ordinatio 和 Lectura 中对这六种不同的观点以及他对理智和对象的协同作用的方式进行了细致的分析和说明；*The Cambridge Companion to Duns Scotus*, edited by Thomas Williams, Cambridge: Cambridge University Press, 2003, p.291；赵敦华：《基督教哲学 1500 年》，人民出版社 2007 年版，第 470—471 页。

② *The Cambridge Companion to Duns Scotus*, edited by Thomas Williams, Cambridge: Cambridge University Press, 2003, p.286.

以及他把人类认知分为直觉认知（intuitive cognition）和抽象认知（abstractive cognition）的看法。特别是后一种看法，在中世纪后期产生了巨大的影响并引发了广泛的争论，被一些学者认为是司各脱对认知理论的最有启发性的贡献，标志了中世纪知识理论中二分法主张的起点。①

在中世纪的哲学传统中，感觉和理智通常被视之为人类两种不同的认知能力，它们分别具有不同的认知对象。感觉虽然也被区分为五种不同的内感觉和五种不同的外感觉，但除了隶属于内感觉的各种感觉的名称和含义有着少量的变化外，表达这些内外感觉的用语、功能、对象和感知方式在不同哲学家那里是基本一致的。然而，如何认识和表述理智能力及其认知对象，在不同哲学家那里则产生了较多的分歧。奥古斯丁把人类心灵中的理性（理智）能力，分为"低级理性"和"高级理性"两个方面，前者以外部物理世界的本质为认识对象，后者则思考上帝这类神圣的"永恒之物"。阿奎那认为有形事物的本质是人类理智认知的特有对象，人类心灵借助于心像和可理解种相而把握到了物质实体的本质。然而，在中世纪的思想背景中，上帝这类神圣实体作为理智的认知对象是不可回避的；哲学家们考虑的主要是这类实体是如何被认知的。奥古斯丁认为是高级理性借助于神圣光照而获得，阿奎那并不认为此世中的人类能够直接认知这类实体，而只能通过否定方法和类比方法来间接地把握它们。司各脱在考虑这类问题时，并不认同奥古斯丁和阿奎那等人的看法，而是提出了一种新的看法，即把"存在"看作是理智的特有对象。

在司各脱看来，理智首要的和最适宜的对象是存在（ens）。这样的存在应该是那个在最普遍意义上被理解和把握的存在。所谓最普遍的，是指那种

---

① *The Cambridge Companion to Duns Scotus*, edited by Thomas Williams, Cambridge: Cambridge University Press, 2003, p.296; Anthony Kenny, *A New History of Western Philosophy Volume 2: Medieval Philosophy*, Oxford: Oxford University Press, 2005, p. 173. 然而，在随后的表述中，这些学者对司各脱直觉认知和抽象认知区分的理论贡献是否有那么巨大并以为然，指出这些概念在司各脱之前的学者，如根特的亨利那里即已提出，而司各脱并没有表达出更多的新意，似乎并不能给予人们以"革命式的"印象。

理智可以把握或想象到的、对所有事物来说都是共同的东西；他认为存在就具有这样的普遍意义，因为它对于上帝和上帝的属性、对于受造实体的本质以及所有受造实体的特性来说，都是共同的。[①] 也就是说，司各脱是从单义性上考虑上帝和世界万物（受造物）在存在层面上的意义的。他认为理智具有这样的能力，可以把握到不同对象——无论是神圣实体或是物质实体——所具有的那种共同的存在之意义。在他看来，我们只有在单义性上理解和把握"存在"的含义，才能对"上帝存在"、"柏拉图存在"和"罗马存在"等命题中的"存在"有着基本一致的理解，也才能对众多不同对象之存在的意义形成相对明确的认识。司各脱因此把"存在"作为理智的首要对象，把存在之为存在作为人类认识的第一原则。[②]

当然，虽然司各脱希望用单义性的存在概念来把握不同对象在存在意义上的一致性，但毕竟"上帝存在"和"柏拉图存在"有着截然不同的存在样态或存在方式；或者按照司各脱的说法，前者涉及了无限存在，后者则是一种有限存在。即使我们用单义的存在概念表述它们，形成一种思想或逻辑上的一致性；但当我们进一步面对这些具体的、特殊的以及一般的对象时，它们的差异则是明显的和巨大的。如何理解这种差异和不同以及如何看待从中所把握到的存在一致性呢？或者说，当我们面对不同的认知对象时，我们会使用不同的认知能力并形成不同的认知结果吗？而这些不同的能力和结果会以什么方式导致对存在单义性的认知？司各脱对这些问题有着较为明确的回答，他认为理智中存在着两种认知能力和思想活动，是我们应该认识到的，一种是从所有事物中"抽象出的对存在的认知"，一种是对"在其存在中呈现出的事物的认知"。[③] 这两种认知能力或活动都与存在相关，只不过后者把握的是存在着的个体事物或者说个体事物中的存在，前者则是对存在一般

---

① Scotus, Ordinatio, *The Cambridge Companion to Duns Scotus*, edited by Thomas Williams, Cambridge: Cambridge University Press, 2003, p.294.

② 赵敦华：《基督教哲学 1500 年》，人民出版社 2007 年版，第 453—454 页。

③ Scotus, *Lectura, Book 2* Distinction 3; *The Cambridge Companion to Duns Scotus*, edited by Thomas Williams, Cambridge: Cambridge University Press, 2003, p.296.

的抽象认知。

在司各脱归结为人类的两种基本认知能力中，能够对存在着的个体对象形成直接认知的被他称之为"直觉认知"。在亚里士多德主义的认知传统中，但凡涉及对外部物质世界的认知，通常是感觉感知个体，理智把握共相；两种认识能力分别有着各自相对明确的认知对象。司各脱在考察认识活动时，认可了感觉对个体对象认知的基础地位，认为感觉对外部个体对象的感知以及由此形成的心像，对于随后理智心灵的认知活动与抽象概念的形成，都有着密不可分的关系。但是在有关个体对象的把握和认知中，司各脱不仅认可了感觉的作用，而且也赋予了理智以直接的意义。也就是说，他打破了理智只是认知共相或本质的亚里士多德传统，把它从共相扩展到了个体。他说，人类理智中"存在着两种认知，直觉的和抽象的，……每一种即可认知本质，……又可认知个体"。① 通常而言，中世纪哲学家们就人类理智能够把握并抽象出外部物质世界的共相、本质及普遍存在——虽然就人类理智能否以及如何把握超越神圣实体的本质与存在有着广泛的争论——基本上持有的是普遍一致的看法；但对于理智是否可以直接把握个体对象，则是高度存疑的。因此，当司各脱以肯定语气说理智既能认知本质又可认知个体时，可说是颠覆了感觉和理智分别具有各自专门认知对象的传统观点。

他的理由是，存在（的事物）具有可理解性，而单个实体拥有至高的存在性，因而个体事物对于理智而言起码具有原则上的可理解性，从而是可认知的；而且把个体事物作为理智可以直接把握的对象，也可以很好地解释我们的归纳推论以及人类对个体事物的喜好等等之类的最基本的心灵能力。② 虽然司各脱对于个体事物的个体化原则提出了自己独特的解释，即"这个"事物之所以成为"这个"事物乃在于其"个体性"（ecceity），而他并不认为理智可以认识这个决定个体事物最终成为这个事物的"个体性"，但他依然

① Scotus, *Quodl. and Op. Ox.*; *The Cambridge Companion to Duns Scotus*, edited by Thomas Williams, Cambridge: Cambridge University Press, 2003, p.295, note 64.

② *The Cambridge Companion to Duns Scotus*, edited by Thomas Williams, Cambridge: Cambridge University Press, 2003, pp.295-296.

相信理智是可以直接把握到存在着的个体的。这种把握和认知为理智直观提供了可能，也就是说，司各脱"至少是想要提出一种理智认知的形式——直觉认知——它越过心像，直接把握对象"。[①] 司各脱的这种看法被认为是对传统理智认知模式的突破——即理智只能抽象事物的本质，而对具有这种本质的具体对象是否在当下存在，并不能够提供确定性的认知。后一种能力在传统观念上只属于感觉。司各脱的看法改变了传统观念赋予理智的认知局限，相信理智作为一种高级能力应该能够直接把握到感觉这种低级能力所可以把握到的认知对象。[②] 实际上，理智对现实的存在或当下存在着的个体之存在的直觉和把握，在阿维森纳和托马斯·阿奎那那里就有所涉及；司各脱的看法可说是对这种观点的继承和重新阐释。

理智一旦具有了直接把握个体对象的能力，理智的认知活动就获得了作出进一步区分的可能。司各脱以此为基础，把理智区分为直觉认知和抽象认知，认为它们是两种不同类型的行为，并由两种不同的对象所导致：抽象认知为"相似于对象的种相所产生"，直觉认知则为"在其自身中呈现的对象所引起"。[③] 司各脱认为这两种认知都属于人的自然能力，它们是由于或针对不同的对象而形成的认知活动。由于司各脱认为直觉认知是超越心像而直达个体事物本身的，他的这种看法被视为在当时是大胆且具有革命性的。虽然司各脱对这种大胆的看法有时也表现出了些许的犹豫，但他确实主张——特别是在他晚期的著作中——直觉认知不仅是可能的，而且在我们的日常生活中也是基本的和普遍使用的；它不仅表现在外部物理对象的认知中，而且在自我认知中也有所体现。司各脱的这种主张还产生了一些广泛的理论后果，如导致晚期中世纪哲学家对可感种相与可理解种相使用的谨慎乃至怀

[①]　*The Cambridge Companion to Duns Scotus*, edited by Thomas Williams, Cambridge: Cambridge University Press, 2003, p.295.

[②]　*The Cambridge Companion to Duns Scotus*, edited by Thomas Williams, Cambridge: Cambridge University Press, 2003, p.297.

[③]　Scotus, 0p.Ox.4,d.49,q.12, n.6; *The Cambridge Companion to Duns Scotus*, edited by Thomas Williams, Cambridge: Cambridge University Press, 2003, p.298.

疑，以及被奥康在更明确的意义上使用。①

相对于直觉认知所带来的冲击，司各脱关于抽象认知的看法较为平淡和保守。他基本遵循亚里士多德传统，运用心像和理智之间的关系来解释抽象的心灵认知活动：我们通过感觉获得某种或某些心像，这些心像作用于可能理智形成潜在的理解；然后是能动理智发挥主动作用进而产生可理解种相，最终形成关于对象的本质和存在一般的普遍认识。一般而言，不同的认知活动会产生不同的认知结果，形成关于不同对象的知识。司各脱依据理智的两种认知类型把知识分为直觉知识和抽象知识，前者是关于个体对象存在的知识，后者是关于普遍本质、共相和存在一般的知识。除此之外，司各脱也依据知识的性质把人类知识区分为演绎知识和归纳知识。演绎知识具有必然性，它以确定的前提为出发点，依据词项的意义和相应的逻辑关系推导而来；归纳知识也具有相应的确定性，即它如果依照因果关系通过一定的逻辑程序进行推论，并满足经验证据的验证，即可获得可靠的知识。把归纳推论看作是可靠性知识获得的一个主要途径，被认为是司各脱在知识理论发展中的一个重要的理论贡献。②

二、自明知识与证据知识

司各脱在直觉认知和抽象认知之间所作的区分及其关于认知对象和知识性质所展开的讨论，对14世纪及随后的中世纪哲学家们产生了广泛的影响，成为他们关注最为密切、争论最为激烈的认识论主题。奥康作为直接浸染这种思想氛围的14世纪最重要的哲学家之一，将阿奎那作了广泛阐释、司各脱给予某种修正了的亚里士多德主义认识论传统，进行了更为明确且多少有些激进的完善与推进。在这样的探究和推进中，奥康尝试以其唯名论原则为手段，以更为简洁的方式处理认知行为的类型以及认知能力与认知对象之间的关系。

---

① *The Cambridge Companion to Duns Scotus*, edited by Thomas Williams, Cambridge: Cambridge University Press, 2003,pp.298-299.

② 赵敦华:《基督教哲学 1500 年》，人民出版社 2007 年版，第 472—473 页。

　　无论是阿奎那或是司各脱，当他们处理认知能力与认知对象的关系时，对外部对象的感觉通常被看作是认知的基础和出发点。一般而言，他们把人们以不同的感觉器官所感受或感知到的某一对象的不同特征，称之为"可感种相"（sensible species）；可感种相是外部对象的偶性形式，是心灵把握或认知外部对象的最早的形式。可感种相进入心灵后形成所谓的"心像"（phantasms），理智对心像进行抽象进而获得可理解种相，形成对事物共相或本质的认识。当然，如何从感觉到可感种相再到心像，然后从心像到可理解种相再到共相等，在中世纪哲学家那里大多都会被看作是一个非常复杂的过程，不同的哲学家只是在具体的细节上会有着不同的看法。就阿奎那而言，简单来说，首先是某一对象，如杯子，呈现给人们的某一感觉，如视觉，从而使得人们知觉到了这一对象的某种特征；这一被知觉到了的特征即是可感种相，它随之进入认知的心灵中，成为心像，理智然后对心像进行抽象，把它转化为可理解种相，获得对于对象本质——共相的认知。在这个过程中，还涉及被动理智和能动理智的不同作用，即外部对象以心像的形式作用于心灵的被动理智，形成理解的潜在性；然后能动理智对之进行主动的抽象和思考，将其转化为对事物本质理解的现实性。①

　　阿奎那关于认知机制的解释，每一步都包含着复杂的机理，最终使得认知者和认知对象之间的关系变得愈加庞杂和遥远。而对每一步认知机理的解释越是细致，则越易导致歧义，特别是阿奎那关于能动理智作用的说明，不仅引起了他的后继者们的不满，而且也被当代学者认为是难以理解且包含着诸多困难的。② 在这些诸多引起歧义的解释中，其中一个重要的方面是从可感种相或心像向可理解种相或共相的转化或演进，理智的作用问题。阿奎那的看法是，如果没有能动理智的作用，这种转化就是不可能的；能动理智在共相的形成中，既是动力因，又是必不可少的。奥康对这种解释并不赞同，

---

　　① Eleonore Stump, *The Mechanisms of Cognition*; The Cambridge Companion to Ockham, edited by Paul Vincent Spade, Cambridge: Cambridge University Press, 1999, pp.171-172.

　　② Eleonore Stump, *The Mechanisms of Cognition*; *The Cambridge Companion to Ockham*, edited by Paul Vincent Spade, Cambridge: Cambridge University Press, 1999, pp.175-177.

而是认为心像中即包含着共相，隐含在心像中的共相或可理解种相能够对理智产生作用，使其形成现实化的理解和认识；也就是说，理智对共相的认知是较为自然的，这种认知过程往往是从物质对象经由感觉和心像，而抵达理智，无需特别或额外的"能动"理智来发挥动力因的作用。① 奥康关于种相和能动理智关系的解释，虽然也有着自身的问题，但这种解释体现了他的简化论原则，一种无论是在形而上学还是在认识论研究中都试图贯彻的思维经济原则："如无必要，毋增实体"。

在奥康之前有关认知理论的不同观点学说中，他更为偏爱的是司各脱在直觉认知和抽象认知之间所作的区分。奥康认同这种区分，只是对它们各自的性质及其关系作出了自己进一步的解释和说明。关于直觉认知，他曾给出了一个基本的看法或定义，指出"那种简单的、专门针对一个个体事物的并且是最先获得的认知，就是一个直觉认知"。② 他随之对直觉认知所包含的这些性质作了说明，指出这种认知的首要性是清楚的，因为关于一个事物的抽象认知是以对同一个事物的直觉认知为前提的，反之是不可能的；同样清楚的是这种认知就是专门针对某一个体事物而直接形成的认知，它在本性上就是为这一事物而不可能为另一事物所引起。直觉认知的这些性质或特点，使得奥康在我们的理智和物质对象之间建立起了直接的认知关系，他认为当一个事物自身被"直接看到或被知觉到"时，在这一事物和知觉到它的认知行为之间"无需任何的中介"。③ 这种解释被认为是比他的前辈们的观点有着更为简洁明了的特点。

与司各脱关于直觉认知的对象是个体事物的看法相同，奥康也把这种认知看作是与个体事物相关，而且认为它更直接地涉及了对一个个体对象

---

① Eleonore Stump, *The Mechanisms of Cognition*; *The Cambridge Companion to Ockham*, edited by Paul Vincent Spade, Cambridge: Cambridge University Press, 1999, pp.178-179.

② William of Ockham, *Quodlibeta*, Ⅰ, Q.Ⅹⅲ；见 William of Ockham, *PhilosophicalWritings: A Selection*, translated with an introduction, by Philotheus Boehnern, O. F. M., the Bobbs-Merrill Company, INC., 1964, p, 31.

③ *The Cambridge Companion to Ockham*, edited by Paul Vincent Spade, Cambridge: Cambridge University Press, 1999, p.182.

存在与否的把握，"直觉知识是这样一种知识，这种知识能够使得一个人认识到一个事物是否存在，从而如果这个事物确实存在，则理智可以直接断定它存在，并对它的存在有着明确的认知"。① 在奥康看来，直觉认知是对一个对象之存在的直接认知和断定，当一个对象存在时，它能够对这个对象直接形成确定明确的把握和意识，无需借助任何中间的观念进行推理；这种认知并非是感觉知觉，它是理智直觉，比感觉包含着更多的东西，即不仅能够把握和断定对象的偶性，如"苏格拉底是白的"，而且能够断定这个对象本身的存在。在通常的意义上，断定一个对象是否存在的知识属于事实真理（偶然真理），奥康认为那是直觉认知独有的能力，仅靠抽象认知是无法获得的。②

从动力因的角度看，正是一个对象的存在，才能引发我们关于它存在的直觉认知。在奥康看来，这种因一个外部对象存在而导致的对它的直觉认知，不仅是明确的，而且也是可靠的，我们由此会形成一种关于某种外部对象存在的可靠的知识；反之，如果一个对象不存在，那么在本质上就不可能产生关于这个事物存在的直觉认知。也就是说，直觉认知是关于一个事物存在或不存在的认知，而且凭其自身就可形成"正确的判断"。③ 奥康把这种认知视为直觉认知独有的能力，"依据直觉知识，当一个事物存在时我不仅能够断定它存在，而且当一个事物不存在时我也能够断定它不存在，而依据抽象认知我则不能够这样断定"。④ 对存在者存在和不存在者不存在的直觉认知，通常体现的是在自然条件下对自然事物认知的自然能力。而且对个体

① William of Ockham, *Opera Theologica*, 1. 31; Anthony Kenny, *A New History of Western Philosophy Volume 2: Medieval Philosophy*, Oxford: Oxford University Press, 2005, p. 173.

② William of Ockham, *Opera Theologica*, 1. 32; Anthony Kenny, *A New History of Western Philosophy Volume 2: Medieval Philosophy*, Oxford: Oxford University Press, 2005, pp. 173-174.

③ Eleonore Stump, *The Mechanisms of Cognition*, *The Cambridge Companion to Ockham*, edited by Paul Vincent Spade, Cambridge: Cambridge University Press, 1999, p.182,p.186.

④ William of Ockham, *Quodlibeta, V.5*; *The Cambridge Companion to Ockham*, edited by Paul Vincent Spade, Cambridge: Cambridge University Press, p.185.

的清楚认知并不需要以对共相的认知为前提。在中世纪的背景中，还有一个问题是哲学家们都不能回避的，这即是对不可感的对象——如上帝——的存在认知问题。奥康的看法是，人们有关这类所谓"不存在"或"非存在"对象的直觉认知是可能的，这种可能性是凭借着神圣的能力而实现的。① 也就是说，人们可以就非存在的对象产生关于其存在的直觉认知，只是这种认知是非自然的，是人们借助于上帝所赋予的能力才可拥有的，因而并非是矛盾的或荒谬的。直觉认知所具有的对非存在对象的认知能力，在另一个意义上也被奥康用来解释，为什么直觉认知具有不同于或超越于那些只能对可感对象产生感知的感觉能力。②

在被奥康归于理智活动的两种认知能力中，与把握存在或不存在事物的直觉认知不同，抽象认知并不涉及对象的存在与否，而是对事物的抽象，把握的是对象的共相或本质。在他看来，"抽象认知"可以从两种意义上来理解。在一种意义上，这种认知意味着的是从众多个体事物中的抽象所形成的关于"共相"的认知。③ 在第二种意义上，"抽象认知"意味着的是"从存在和不存在以及从偶然属于或可以述谓一个事物的那些所有其他条件中抽象"所形成的认知——它应该是关于个体事物（的本质）及其属性的认知。奥康认为这种认知的对象对于直觉认知来说也是完全相同的，只是直觉认知关于一个事物的认知能够使我们把握到它是否存在，而抽象认知则不能。例如，他说，我们可以通过抽象认知把握到"苏格拉底"及其"他是白的"这些表述所包含的本质和意义，但通过这种认知并不能够使我们在现实的层面上知道"苏格拉底是否存在"以及"他是否是白的"。他认为这是抽象认知

---

① William of Ockham, *Quodlibeta*, Ⅵ, Q. ⅵ; William of Ockham, *Philosophical Writings: A Selection*, translated with an introduction, by Philotheus Boehnern, O. F. M., the Bobbs-Merrill Company, INC., 1964, p. 28.

② 参见赵敦华:《基督教哲学 1500 年》，人民出版社 2007 年版，第 503 页。

③ William of Ockham, *Prologue to the Ordinatio*, Q. ⅰ, N sqq.; William of Ockham, *Philosophical Writings: A Selection*, translated with an introduction, by Philotheus Boehnern, O. F. M., the Bobbs-Merrill Company, INC., 1964, p. 25.

在面临所有其他偶然真理时都会出现的问题。①

在奥康关于理智的认知能力和认知行为的区分中，除了直觉认知和抽象认知之外，他还同时提出了领悟（apprehension）和判断（judgement）两个不同的概念，称它们是理智的两种不同行为，并将它们看作是理解直觉认知和抽象认知的前提或准备。他说，理智的领悟活动相关于所有那些属于理智能力之内的一切对象，无论是复合的事物还是非复合的事物，因为"我们不仅领悟到了非复合的东西，而且也领悟到了命题和证明、不可能性与必然性以及在总体上处于理智能力范围内的任何事物"。而判断行为则是那种据此"理智不仅领悟它的对象，而且给予它以赞同或不赞同"的行为；他认为这种行为"只是与（复合的）命题相关"，因为我们只有相信一个事物是真的时我们才会认同它。当然，在对一个命题的认知中，领悟和判断是可以同时发生的。② 相对于只是关注复合对象（命题）时才会形成的判断行为，领悟则既能够理解复合的对象，也可以把握简单的非复合对象，例如构成命题的词项及其所表述的对象。在这两种思想行为中，奥康主要是把直觉认知和抽象认知看作是领悟行为，认为它们同属于所谓的对"非复合事物认识的两种方式"。③

无论是包含在领悟中的简单认知行为，还是属于判断的复合认知行为，都存在着由这些认知行为所导致的认知结果的可靠性问题。或者说，通过这些认知行为，我们是否能够获得可靠的知识或真实的信念？奥康对此充满信心，他用"明证的知识"（evident knowledge）来表达这类知识的性质，认

---

① William of Ockham, *Prologue to the Ordinatio*, Q. i , N sqq.; William of Ockham, *Philosophical Writings: A Selection*, translated with an introduction, by Philotheus Boehnern, O. F. M., the Bobbs-Merrill Company, INC., 1964, pp. 25-27.

② William of Ockham, *Prologue to the Ordinatio*, Q. i , N sqq.; William of Ockham, *Philosophical Writings: A Selection*, translated with an introduction, by Philotheus Boehnern, O. F. M., the Bobbs-Merrill Company, INC., 1964, p. 21.

③ William of Ockham, *Prologue to the Ordinatio*, Q. i , N sqq.; William of Ockham, *Philosophical Writings: A Selection*, translated with an introduction, by Philotheus Boehnern, O. F. M., the Bobbs-Merrill Company, INC., 1964, p. 25.

为它们是具有某种明确根据的可靠知识。在他看来，有两类命题能够形成具有明确根据的可靠知识，从而可以产生两类不同的"明证知识"。一类是不同词项之间即表达了一种真实关系的命题，如"苏格拉底是人"，我们通过考察这一命题中不同词项的关系即可确定其真假；另一类是表达了某一对象现实状态或属性的命题，如"苏格拉底在奔跑"，我们主要是通过考察命题表述的内容是否与它所表达的事实相符合来确定其真假。前者是以抽象认知为基础建构起来的一种知识类型，类似于后来所谓的"分析命题"那样的"自明知识"；后者则是与直觉认知相关联，类似于"经验命题"所表达的"证据知识"。①

奥康认知理论对后世哲学认识论的影响是广泛和深远的，他尝试通过"明证知识"所揭示出来的"自明知识"和"证据知识"的意义，既承接了亚里士多德相关的认识论思想，又具有明显的现代知识论特征。特别是他关于直觉认知和抽象认知的区分和说明，给人印象深刻，被认为是中世纪中后期诸多认知理论中的一个具有较多新颖思想特征的理论。他认同传统看法有关感觉与理智的区分，但认为在人们的认知活动中似乎并没有那么严格，而是相互交织在一起的；对于感觉只能感知个体、理智只是认知普遍的看法并不以为然，相信它们之间的壁垒并没那么清晰。他尝试简化以往哲学家们在认知能力和认知对象之间所建构的复杂关系，把阿奎那的能动理智和司各脱的存在的个体性看作是一些多余的设定。这些想法和观点在随后现代哲学认识论的发展中都在不同程度上得以明确和承继。当然，奥康所提出的认知理论也有着自身的一些问题和不可缺少的理论基础，虽然他的简化论思想和尝试给人留下了深刻的印象，但这种尝试是否在整体的层面上得以实现和完成，同样也给人们留下了诸多的疑惑。②

---

① ［英］约翰·马仁邦：《中世纪哲学：历史与哲学导论》，吴天岳译，北京大学出版社2015年版，第314页；赵敦华：《基督教哲学1500年》，人民出版社2007年版，第504—506页。

② Anthony Kenny, *A New History of Western Philosophy Volume 2: Medieval Philosophy*, Oxford: Oxford University Press, 2005, pp. 246-247; *The Cambridge Companion to Ockham*, edited by Paul Vincent Spade, Cambridge: Cambridge University Press, pp.193-195.

思考题

1.克莱门特是如何看待"真理"认知之路与确定的知识的?

2.奥古斯丁反驳怀疑主义的论证方式和基本观点。

3.奥古斯丁"光照论"学说的思想基础、认知能力区分与目的。

4.何谓主动理智与被动理智?灵魂能力区分的哲学基础与早期争论。

5.阿奎那关于认识的基础、过程和对象的基本观点。

6.阿奎那如何看待真理与谬误的不同?

7.司各脱关于直觉认识的基本观点。

8.奥康认识论思想的主要内容与基本特征。

第九章　存在论证明

所谓"存在论证明",在中世纪哲学的语境中,主要是指围绕着超越的神圣实体——上帝——而展开的存在性论证。这一论证旨在从理性或哲学的层面上证明或解释上帝何以是存在的,并不涉及这一对象的本质和属性问题。虽然由于在中世纪的思想文化中,相信这一终极超越的神圣者的存在,是生活在那个时代的人们的基本信条;然而"上帝存在"对于人们一般的或者自然条件下的知识状态——按照阿奎那的话来说,并不是自明的,因而需要在自然理性的层面上给予证明或阐释。而希腊哲学的遗产则为这种证明和阐释提供了理论的可能性以及思想上的要求。因而,当中世纪哲学家们尝试在形而上学存在论的维度上阐释上帝的意义时,如何通过哲学的方式论证或解释这一所谓宇宙第一原则的存在,就成为他们希望能够解决的一个基本问题。从奥古斯丁、阿维森纳、阿维罗伊,直到安瑟尔谟、阿奎那和司各脱等,这些中世纪哲学不同时期的主要代表人物,都以不同方式提出了他们关于上帝存在的证明理论,形成了一个主题较为连贯的思想传统。虽说这些证明在随后时代的一些哲学家,如休谟和康德等人看来,并不能够提供一个在哲学上令人满意的结论;但它却导致了一种思考形而上学以及本原问题的一种不同于希腊时期的思路与方式,而且在中世纪之后的不同时期,如17世纪前后的笛卡尔和莱布尼茨,以及20世纪之后的斯温伯恩和普兰丁格等人那里,都产生了广泛的影响与回应。

第一节　早期证明理论

自希腊哲学发萌以来，哲学家们始终把世界的基本原则和最终动因作为其探究的主要主题，并形成了以"存在之为存在"、"不动的实体"和"逻各斯"等概念为核心的形而上学阐释体系。随着罗马帝国后期基督宗教逐步成为一种流行的和占主导地位的社会文化体系，其信仰对象上帝则被用来作为解释和说明这个世界及其人类何以存在的终极动因和第一原则，并主导了中世纪的整个历史时期。然而，与这一信仰体系一道进入中世纪的，还包括希腊哲学的理性阐释传统。因而，中世纪的哲学家们在表述上帝作为世界和人类起源与存在的终极原因和第一原则时，以一种合乎哲学的方式论证和阐释这一动因与原则的存在与本质，似乎还具有某种不同于神学的意义和价值。虽然这并非是那个时期每一个哲学家都必须履行的理论责任，但它所包含的合理性诉求乃蕴含了希腊哲学的思想价值指向——那是秉承了希腊哲学传统的中世纪哲学家们都多少难以回避和忽视的。

一、认识论证明与必然性存在论证

在人们通常的观念里，依据自然理性并通过自然神学的方式对"上帝存在"作出系统论证的第一个中世纪哲学家，是 11 世纪的安瑟尔谟。然而，从思想的历史进程上看，还有一些处在更早时期的神学家和哲学家，同样意识到了这个问题的重要性，并对之作出较为明确的理论论证。例如，生活在 4 世纪末和 5 世纪初的奥古斯丁，在《论自由意志》第二卷中回答"我们如何起源于上帝"的问题时，被认为是曾对上帝的存在作了结构严密的论证。他的论证是从世界上存在着不同类型的事物开始的。他把我们能够发现的存在于这个世界的事物分为三个不同的类型，一种是木石之类的无生命之物，另一种是动物之类的只有感觉而无理性的有生命的存在物；第三种是具有存在、生命和理智的事物，如拥有理性的人类。人类不仅具有与动物类似的外感觉和内感觉，而且还具有超越动物之上的灵魂能力，诸如推理和判断。①

在人类灵魂或心灵中，处于最高地位的是算术知识和价值判断（knowl-edge of numbers and judgements of value）。在奥古斯丁看来，算术真理是不可改变的，它在所有受过教育的人们那里都是共同的，而包含在这一真理中的算术规则并不是人们通过计数经验所获得的。与算术真理一样，道德真理同样是所有人类的共同财富。由于每个人都希望幸福，从而每个人都渴求拥有智慧，因为那是幸福所不可缺少的；而智慧乃是关于至善的知识，因此人们都同意我们应该过着正当的生活，使得坏的服从好的，以及每个人都应该被赋予其应有的职责。奥古斯丁认为，这些能够为人类心灵所获得或者说可以在人类心灵中发现的算术知识和德性知识都是真实的和不可改变的，它们都属于或包含在一个单一不变的真理（a single unchangeable truth）中。而包含这些知识或真理的那个单一不变的真理，在奥古斯丁看来，是区别于或不同于人类心灵的。②或者说，如果我们在人类心灵中发现了一个或一些确定不变的真理，那么这类真理与人类心灵会有着什么样的关系呢？

奥古斯丁将这种关系设想了三种可能并分别给予了分析与解读。他说，我们可以想象真理是低于、等于或高于人类心灵的。如果它是低于我们的心灵，那么我们的心灵就可以对它形成判断，而这种判断是依据心灵的意愿或自身的规则作出，它有可能会改变真理或事实所确定的东西，如我们可能会断定一堵墙并不是白的——如同它应该所是的那样。同样，假定真理等同于我们心灵的情形也是如此。因为如果真理等同于心灵，那么真理将随着心灵的变化而变化，随着心灵理解的多寡而增加或减少；而事实并非如此，真理是不变的和永恒的，它不会因心灵的变化而变化，也不会随着我们认识的多少而增减。我们并不能仅凭心灵自身对德行规则和算术真理作出随意的判断，我们不能说它们应该如此。因此，不变的真理并非是低于或等同于我

---

① Anthony Kenny, *A New History of Western Philosophy Volume II: Medieval Philosophy*, Oxford: Oxford University Press, 2005, p. 278.

② Anthony Kenny, *A New History of Western Philosophy Volume II: Medieval Philosophy*, Oxford: Oxford University Press, 2005, pp. 278-279.

们的心灵，而是优越于、高于我们的心灵，并为我们的判断建立了标准与规则。①

如果说在我们可变的心灵中存在着一种不变的并高于我们心灵的真理，那么这种真理是从何而来的呢？奥古斯丁认为那只能是来自上帝，来自上帝神圣之光的启迪或照耀。在他看来，如果我们在人类心灵中发现了一个永恒不变的真理，它不同并高于我们的心灵或理智，那它就必定是上帝，是神圣的光照启迪而成的。现代的学者们因此把奥古斯丁的这种观点看作是把对上帝的内在信仰转化成为一种关于上帝存在的知识形式，一种关于上帝存在的认识论证明。② 除了依据光照论解释绝对真理的永恒存在所提出的论证之外，有学者认为奥古斯丁也在其他地方作出了关于上帝存在的不同论证，如在《忏悔录》（第七卷）和其他论著中，从可能世界和宇宙秩序出发论证了上帝的存在。③ 然而，这些在《忏悔录》等论著中所提出的关于上帝存在的说明，是否是奥古斯丁有意地按照自然理性的方式所作的证明，并没有为现当代学者们普遍地认同。但无论如何，就奥古斯丁的基本倾向而言，他并不把上帝的存在看作是不确定的从而需要更多关注的问题，而是认为更困难并需要认真对待的是上帝的本质与属性。

虽说在中世纪以基督宗教为基础建构的思想文化处境中，奥古斯丁关于上帝存在的证明被视为是一个较早的且具有某种严格性的论证理论；但这种证明真正从哲学上认识到它的意义并赋予其更多理论形态的，应该说是从经院哲学时期开始的，以安瑟尔谟的本体论证明和阿奎那的五路证明最为典型。而导致经院哲学时期哲学家们认真对待上帝存在论证明的思想渊源，除

①　Anthony Kenny, *A New History of Western Philosophy Volume II: Medieval Philosophy*, Oxford: Oxford University Press, 2005, pp.279-280；赵敦华：《基督教哲学1500年》，人民出版社2007年版，第129—131页。

②　Anthony Kenny, *A New History of Western Philosophy Volume II: Medieval Philosophy*, Oxford: Oxford University Press, 2005, p.280；赵敦华：《基督教哲学1500年》，人民出版社2007年版，第130页。

③　Battista Mondin, *A History of Mediaeval Philosophy*, Vatican: Universita Urbaniana Press, 1991, pp.115-116.

了从中世纪早期开始逐步推展开来的神学理性化传统之外，还包括从阿拉伯世界传入拉丁西方的亚里士多德主义，以及随着亚里士多德主义一同到来的伊斯兰哲学家们的证明理论。

从历史进程上看，当大部分希腊哲学遗产和其他思想遗产随着公元 5 世纪西罗马帝国的解体而遗失、消散的时候，大约从那个时期开始，这些希腊文化遗产逐步进入到了阿拉伯世界，在叙利亚、伊朗和其他阿拉伯地区得以保存和流传，并随后获得了在这个地区占据主导地位的伊斯兰文化的制度性支持。在这场思想文化的演进中，亚里士多德和其他希腊哲学家们的著作先后被译为叙利亚文和阿拉伯文，得到了阿拉伯哲学家们广泛的研究、注解和阐释。其中，生活于 9 世纪的铿迪，应该说是谙熟亚里士多德的思想并对上帝存在作出哲学证明的较早的一位阿拉伯哲学家。

铿迪的论证主要是在他最重要的哲学论著《第一哲学》中提出的。在这部论著中，铿迪借鉴了 6 世纪基督教哲学家、亚历山大学派主要代表人物之一约翰·斐洛珀诺斯的一些论证思路，从世界的有限性上论证世界创造者上帝的存在。也就是说，在他的论证中，铿迪所遵从的是斐洛珀诺斯在批判亚里士多德时所捍卫的世界的有限性论点；不过，他的论证则首先是从假定物质世界的无限性开始的。其基本思路是，如果我们认可世界是无限的，那么无论它是空间上的无限性还是时间上的无限性，都会从中产生出一些荒谬的结论；因此我们只能得出世界是有限的结论，它既在空间上有限，也在时间上有限。如果世界是有限的，那么它必定在时间上有一起点，而导致世界开始存在的动因必定是不同于它自身的某种外在的原因。铿迪把这一原因称之为"真正的太一"（the True One），它是无限的和始终完满的，没有原因且从不变化，是这个世界的第一原因和创造者。[①]

铿迪的哲学生涯虽然深受亚里士多德思想的影响，但他在上帝存在的论证中对亚里士多德宇宙无限性立场的改变与偏离，则与他所遵从的神学传统

① Anthony Kenny, *A New History of Western Philosophy Volume II: Medieval Philosophy*, Oxford: Oxford University Press, 2005, pp. 288-289; ［英］约翰·马仁邦：《中世纪哲学：历史与哲学导论》，吴天岳译，北京大学出版社 2015 年版，第 74—75 页。

有着更直接的关系。差不多二百年后，一些来自同一思想传统中的伊斯兰哲学家，如阿维森纳和阿维罗伊等，也尝试从哲学上对上帝的存在进行了论证；虽然这些论证同样与亚里士多德的哲学观点有着千丝万缕的联系，但在方法手段和论证思路上表现出了与铿迪不同的特征。应该说，在铿迪之后的阿拉伯世界，对亚里士多德等希腊哲学家思想的研究在更广更深的层面上得以推进，并将这些研究以更大的可能性融入了伊斯兰的思想文化之中，进而在 10 世纪至 11 世纪之间，形成了其不同于拉丁西方和拜占庭文化的具有自身相对独立特征的思想传统。在这个时期，东部的伊斯兰世界不仅形成了以阿拉伯语为通用语的哲学和神学写作语言，而且也产生了具有广泛历史影响的思想流派和哲学家。其中在哲学上最为重要的代表人物是法拉比，他翻译和评注了诸多亚里士多德的著作，写下了一系列哲学和政论作品，对后世的伊斯兰哲学家以及拉丁西方的哲学家，都产生了广泛的影响。①

而就阿维森纳以形而上学为基础所建构的存在论证明来说，法拉比的作用则更为显著。阿维森纳不仅生活在法拉比参与其中并发挥重要影响的思想传统之中，而且对形而上学的理解也受到了后者直接的启发。阿维森纳曾经坦陈，他在阅读亚里士多德《形而上学》40 遍后仍不明就里，而在一次偶然机会得到法拉比的《论形而上学的目的》并认真阅读之后，马上对《形而上学》的内容豁然开朗。② 应该说，阿维森纳在这样的阅读中对形而上学的把握以及对存在之为存在的理解，使他提出了不同于铿迪的有关上帝存在的证明理论。

阿维森纳的证明是从事物存在的可能性和必然性的区分开始的。③ 所谓

---

① ［英］约翰·马仁邦：《中世纪哲学：历史与哲学导论》，吴天岳译，北京大学出版社 2015 年版，第 90、96—97 页。

② ［英］约翰·马仁邦：《中世纪哲学：历史与哲学导论》，吴天岳译，北京大学出版社 2015 年版，第 112 页。

③ 本书以下关于阿维森纳上帝存在证明观点的表述，主要参阅 Anthony Kenny, *A New History of Western Philosophy Volume II: Medieval Philosophy*, Oxford: Oxford University Press, 2005, pp. 289-290; *The Cambridge Companion to Medieval Philosophy*, edited by A.S. McGrade, Cambridge: Cambridge University Press, 2003, pp. 150-151; ［英］约翰·马仁邦：《中世纪哲学：历史与哲学导论》，吴天岳译，北京大学出版社 2015 年版，第 115—116 页。

必然性的存在，是就其自身而言的；它自身即是它存在的充足理由，没有其他的原因导致它存在，因而它是就其自身而必然地存在着。可能的存在则相反，这种事物的存在就其自身而言不是必然的，它的存在需要一个其他的原因，因而它就其自身而言是可能的，是一种可能的存在者。因此在阿维森纳看来，如果某个事物存在，那么这个事物的存在或者是必然的或者是可能的。如果这个事物是自身必然存在的事物，那么我们就得到或者说证明了，起码有一个必然存在的事物，它就其自身而言是必然的。如果这个事物是自身可能存在的事物，那么它之所以存在的原因就需要由另外一个事物的存在来解释；而这一另外事物的存在就其自身来说，也或者是必然的或者是可能的。若它是必然的，则获得了这些事物存在的充足理由；若它是可能的，则需要第三个存在着的事物解释它们何以存在，诸如此类，循环往复，形成了一个连续的存在系列。在这一连续的系列中，如果其中的某一个存在者是自身必然的存在，那么这一论证就可暂时停止，因为它满足了阿维森纳证明所希望得到的一个结论，即有这样的一个自身必然的存在者，它是导致其他事物必然存在的充足理由。

然而，这一系列也有可能是无限的。作为一个亚里士多德主义者，阿维森纳并不像铿迪那样否定世界的无限性；相反，他认为无限的世界是可能的。在他看来，上帝是无限的和必然的，他是在永恒中而不是在时间中创造了世界，存在于这个世界中的事物因而也具有了一种必然的意义，它们也因与上帝的某种"共永恒"（coeternal）而在因果关系系列的无限性上是可能的。然而，即使它们在存在上具有某种必然性，这种必然性也不是因其自身而具有的，而是由它物引起的，与就其自身而存在的必然性（necessary in itself）迥然不同；因而由它们所构成的因果关系系列，即使是无限的，也仍需要一个不同于或外在于它们的原因来解释它们何以存在。阿维森纳的看法是，如果有一个由所有的存在都是可能存在所构成的无限系列，我们依然可以把它作为一个完整的整体来看待——他认为这种看法是可能的，而完全或单纯由可能事物所构成的系列是不可能真实存在的，因而就需要一个其自身存在是必然的存在者作为它们能够在现实意义上存在的原因。

阿维森纳无论是从可能存在的有限系列还是无限系列中，都推出了其自身是必然存在的存在者存在的结论。这是他的证明的第一步。他接着在其《形而上学》随后部分（第一部分的第七节和第八节）中，进一步论证了这种"必然存在"是唯一的，它是完美的，是纯粹的善和纯粹的理智，是真理本身和所有美好与壮丽事物的根源。他认为这就是上帝。从阿维森纳所提出的上帝存在的证明来看，他主要是从可能性与必然性的关系出发，首先证明存在着其自身具有必然性的存在者，然后证明这种必然的存在者是唯一的，具有诸多神圣的属性。最后断定这一具有诸多神圣属性的必然存在者就是上帝。当然，这一证明中包含着诸多的前提和基础，其中一个重要的思想基础是他秉承的亚里士多德—伊斯兰形而上学传统，以及他对存在和本质相区分的理解。在他看来，有一种存在者，它的存在和它的本质是完全相同的，也就是说，它并不具有与其存在不同的本质，它的本质就是它的存在，它是一种纯粹的存在。这种存在者就是那种所谓的就其自身而言必然的存在。而其他的存在者，乃是存在与本质不同的，它们的存在是获得的或被给予的，因而就其自身而言是可能的存在。① 这种区分构成了阿维森纳对上帝和世界万物在存在上的理解的不同，也是他展开上帝存在证明的形而上学前提。

阿维森纳的证明提出后在伊斯兰哲学家中产生了广泛的影响，但与此同时，争议和批评也随之而来。其中，伊斯兰思想家安萨里（Ghazali，1058—1111 年）的批评具有代表性。他写了一本《哲学家的矛盾》（Incoherence of the Philosophers）的论著，对阿维森纳的一些观点和概念提出了质疑，诸如必然存在者的唯一性、整个因果关系系列是可能的推论，以及"可能"和"必然"观念的不严格等；而且认为阿维森纳的证明如果是有效的，只有放弃世界是永恒的看法才是可能的。然而，安萨里的质疑和批评也导致了其他伊斯兰哲学家的不满，阿维罗伊在其《哲学家的矛盾之矛盾》（Incoherence of the Incoherence）中对阿维森纳观点进行了修正式的辩护，即试图通过限定"可

---

① Anthony Kenny, *A New History of Western Philosophy Volume II: Medieval Philosophy*, Oxford: Oxford University Press, 2005, p. 290;[英] 约翰·马仁邦:《中世纪哲学: 历史与哲学导论》，吴天岳译，北京大学出版社 2015 年版，第 116 页。

能"概念的含义，以及把整个证明分为两个不同的阶段——从可能存在推出必然存在、然后从必然存在推出自身的必然存在——等方式，来拯救阿维森纳证明的价值。① 只是这种修正极大地改变了阿维森纳尝试从形而上学存在论出发的论证，而是从有限的物理世界的运动出发，推出永恒不变的运动以及作为第一推动者的上帝。而这种从物理世界出发的论证乃是阿维森纳试图回避的。

二、本体论证明

与安萨里批评阿维森纳证明的差不多同一个时期，在拉丁西方也出现了一位非常有名的哲学家安瑟尔谟，提出了在自然神学的思想特征方面被认为是与阿维森纳的论证极为相似的证明。这两种来自不同文化背景中的证明，即阿维森纳一个必然存在者存在的证明和安瑟尔谟的上帝存在的本体论证明，表面看来是极为不同的，"但从一种哲学的观点上看，它们则有着共同的结构：那就是说，他们都是通过跨越我们生活其中的世界与某个其他类型的世界来进行论证。阿维森纳从可能世界的思考开始，论证上帝必然存在于一个实在的世界中；安瑟尔谟从想象世界的考量出发，论证上帝必定存在于一个真实的世界中"。② 这两种证明对 12 世纪之后中世纪以及现当代的宗教哲学家们的思想，都产生了深刻的影响，虽然晚于阿维森纳的安瑟尔谟并不知悉或了解前者的工作。

安瑟尔谟在哲学层面上对上帝存在的证明，主要是在他的《独白》和《宣讲》两本论著中提出的。在安瑟尔谟看来，人类理性不依赖于圣经的启示和基督宗教的传统权威，同样可以认识神圣真理，建构起关于上帝存在的合理论证。因此，安瑟尔谟在其《独白》和《宣讲》中，试图依据人的自然理性的沉思，对上帝的存在从经验和逻辑上系统地予以论证。在《独白》中，安

---

① *The Cambridge Companion to Medieval Philosophy*, edited by A.S. McGrade, Cambridge: Cambridge University Press, 2003, pp. 151-153.

② Anthony Kenny, *A New History of Western Philosophy Volume II: Medieval Philosophy*, Oxford: Oxford University Press, 2005, p. 292.

瑟尔谟试图通过事物中存在着的不同的善，来为最终的善的存在进行论证。他认为，正是最高的至善者的存在，为我们提供了区分万物之所以具有不同的善以及判断善—恶的最终根据和标准。

安瑟尔谟在写作《独白》两年之后，又写了《宣讲》一书，提出了关于上帝存在的另一种证明——"本体论证明"。他的目的是试图提出"一个单一的论证，除了它本身之外，不再需要其他的证明，它自己就足以证明上帝确实存在着"。① 这一证明主要是对我们的观念进行逻辑分析，从概念本身所包含的意义中推导出结论。他把"上帝"概念本身作为论证其存在的出发点或前提。安瑟尔谟首先指出，每一个人的心中都有一个"上帝"的观念，然后他说，这一观念的意义表明的是一个"无与伦比的伟大的东西"，而上帝作为一个比任何想象都更伟大的东西，它不仅在人们的心中存在，也必然在现实中存在。否则的话，就与"不可想象的最伟大的东西"这一概念相矛盾。因而，他由此推出的结论就是"上帝是存在的"。

安瑟尔谟论证的第一步是确定每个人都认可的观念，把它作为论证的出发点。安瑟尔谟在《宣讲》中首先指出，"上帝"存在于每个人的心中，他作为一个"无与伦比的"或"无法设想有比之更大的存在者"，是每个人都可想象的，也是可理解的。他说，即使"愚顽之人"，当他听说这样的存在者时，"他也能理解他所听到的对象，理解他所理解的对象存在于他的理性中"。② 因而，这种为所有人广泛认可的"上帝"观念，就构成了安瑟尔谟本体论证明的出发点。他求助的是观念的普遍性和某种可理解性。

如果人们具有这样的观念，即使它是存在于心中的，那么它的真正含义是什么呢？对安瑟尔谟来说，这种可想象的或可理解的观念仅仅是"上帝"概念的一部分，是他论证的第一步，他认为这个观念在实际上比可以在心中想象的东西包含着更多的内容。他说，作为一种更大的、无法设想的或无与

---

① ［意］安瑟伦：《宣讲》"序"，见《信仰寻求理解——安瑟伦著作选集》，溥林译，中国人民大学出版社 2005 年版，第 197 页。

② ［意］安瑟伦：《宣讲》第 2 章，见《信仰寻求理解——安瑟伦著作选集》，溥林译，中国人民大学出版社 2005 年版，第 205 页。

伦比的东西，是不能仅仅在心中存在的。因为一个无法设想的或无与伦比的观念意味着它是一个最大的、最完美的观念，没有其他观念会比它更大、更完美，或者说，我们不能设想另一个比它更大、更完美的观念。如果我们认为这个观念表达的对象仅仅在思想中存在，那么我们还会想象另一个观念，这个观念指称的对象不仅具有在思想上存在的特征，也具有在实际上存在的特征，那么后一个观念就会比前一个观念更大、更完美，这是与我们确定的"无法设想有比之更大"的意义相矛盾的。也就是说，如果"上帝"意味着是一个无与伦比的观念的话，那么它必然包含着现实存在的含义。因此，他的结论是，"无法设想有比之更大的存在者无疑既存在于理性中，也存在于现实中"，[①] 这样的观念所代表的东西是不能被想象为不存在的。这既是他所说的"无法设想有比之更大的存在者"之概念所应有的含义。

安瑟尔谟在观念上通过把上帝确定为一个"比任何想象都更伟大"的对象，论证了他在现实上的存在。在这个基础上，他进一步指出，就上帝是一个无与伦比的存在者来说，凡是这样设想并确切认识到这个概念含义的人们，是决不可能想象这个概念所指称的对象是不存在的，它是"如此真实，以至于它不能被设想为不存在"。[②] 因为既然人们想象有这样一种存在，如果上帝不是这种存在，人们就会想象在上帝之外还有另一个更伟大的存在，而这是与上帝是一个"无法设想有比之更大的存在者"这一观念相矛盾的。安瑟尔谟认为，上帝正是这种无法设想的无与伦比的对象，它比任何我们在思想中可以想象的东西及其指称的对象都更伟大。在他看来，这样一种无与伦比的对象，它是如此的伟大，甚至我们在思想中想象它不存在都是不可能的。我们可以设想这样一种情况，有两个存在物 A 和 B，我们可以想象 B 不存在，但无论如何想象都不能想象 A 不存在，存在是 A 的必然特征，那么，A 必然比 B 更伟大。这可能就是安瑟尔谟把上帝作为"无法设想有比

---

① ［意］安瑟伦：《宣讲》第 2 章，见《信仰寻求理解——安瑟伦著作选集》，溥林译，中国人民大学出版社 2005 年版，第 206 页。

② ［意］安瑟伦：《宣讲》第 3 章，见《信仰寻求理解——安瑟伦著作选集》，溥林译，中国人民大学出版社 2005 年版，第 207 页。

之更大的存在者"之观念时所能够给予我们的启示或意义。在他看来，"不存在"是与"无法设想有比之更大的存在者"之概念相矛盾的。把上帝确定为"无法设想有比之更大的存在者"，在安瑟尔谟的本体论证明中是最为重要的一步。正是通过对这种"比任何想象更伟大"的概念的分析，安瑟尔谟得出了上帝存在的结论。在安瑟尔谟看来，上帝的这一方面虽超出了人们的想象，但它是上帝真正的本性，因为"上帝"这一概念中应该包含有"比任何想象都更伟大"的含义。

由于上帝比任何可想象的东西都更伟大，因而他就不仅在观念中存在，而且也在现实中存在。否则，如果这种最伟大的东西只在心中存在，那么就等于说它和那些在心中可想象的任何其他东西都是相同的，而这是不可能的和荒谬的。正如一个画家，他构想一幅画和他把这种构想变为现实是不同的，真实存在的画比仅仅停留在观念中的画要更伟大，包含的东西更多。因而，在安瑟尔谟看来，作为比任何想象都更伟大的存在，上帝是确定无疑的，只有上帝的存在才会比其他所有的存在物更为真实，才是"万有中最真实的"，具有"最高的存在性"。这种至高的存在性，使安瑟尔谟感到，除了上帝之外，任何其他"存在着的存在者都能被设想为不存在"。①

既然上帝具有这样至高的"存在性"，那么为什么那些普通的非信徒大众，即安瑟尔谟所说的"愚人"，会在"心里说没有上帝"呢？安瑟尔谟认为，这些人可以理解他所听到的"上帝"一词的意义，它所指的是什么，但却很难想象他是存在的，也就是说，不能设想他是如何存在的、如何依据于这个词的意义"看出"他的实在性来。安瑟尔谟认为这个问题就是，为什么"不能设想他在心里所说的事呢？"在安瑟尔谟看来，人们可以以两种方式设想一个事物，一种是设想表达事物的语词意义，一种是设想概念指称的实际意义。在前一种意义上，我们一般思考的是这个概念包含了什么含义、有什么性质，如"孙悟空"，在这个意义上我们一般会设想他的身份地位、在哪

---

① ［意］安瑟伦：《宣讲》第 3 章，见《信仰寻求理解——安瑟伦著作选集》，溥林译，中国人民大学出版社 2005 年版，第 207—208 页。

里被最先使用的、有什么性格特征等等，也就是这个语词本身给予我们的意义；而在后一种意义上，我们会考虑这个概念指称的对象是否有实在性，我们是否可以把它理解为是一个现实存在物，如果是，它在什么意义上存在。安瑟尔谟认为这两种思考方式可以一致也不一致，事物的语词意义和实在意义可以相同也可以不同的。一个实际存在的事物，在后一种意义上是不能想象其不存在的，但在前一种意义上则是可能的。如他说我们不能在现实中把火当作水，但在语词或思想中可以。这种情况就使得"愚人"在心中认为上帝不存在有了可能，他可以有上帝的概念，但也可以设想在他心中所说的东西不存在。他以此来说明为什么"愚人"可以有上帝的观念，同时又可以设想它不存在，他认为这种想法并不降低上帝的实在性。它只是表明"愚人"对这个概念没有充分理解罢了。安瑟尔谟进而认为，任何了解上帝是什么的人、了解上帝是"无法设想有比之更大的存在者"的人，即使在语词上有不同的意见，但在实际上是不可能采取否定的观点的。而且一旦如果我们对这个概念有了更深入、更全面的理解的话，我们甚至在概念上也不能设想他不存在。①

安瑟尔谟的本体论证明提出之后，引起了广泛的反应。虽然他的证明不乏支持者，但他从概念出发的逻辑证明并不是无懈可击的，也没有得到普遍的认可。如与他同时代的一位法国修道士高尼罗，在这种证明刚刚提出的时候，就对它表达了不同的意见。高尼罗为此专门写了一篇名为《为愚人辩》的反驳文章，指出真实存在的东西和对它的理解是不同的，我们可以在心中设想某一个对象，但并不表明这个被想象的对象必然就在现实中存在。也就是说，存在于心中的东西未必就一定存在于现实中，如人们能够想象一个最美丽、最富裕的海岛，他把它称之为"迷失岛"，他说，我们可以理解这个名称所包含的含义，但是这并不意味着我会赞同它是真实存在的。他也用了安瑟尔谟的论证方式来证明它是真实存在的，它是最优美的，因而一定存

---

① 参见［意］安瑟伦：《宣讲》第4章，见《信仰寻求理解——安瑟伦著作选集》，溥林译，中国人民大学出版社2005年版，第209—210页。

在；否则就有另一个存在的岛屿会比它更美好，这是与"最优美"的概念相矛盾的，因而它必定存在。当然高尼罗并不认同这种证明，他嘲弄说，这种证明如果说服了我，那我就是个傻瓜；如果证明者认为提供了真正的证明，那他就是个傻瓜。① 他的意思是说，"最优美"的概念设想并不代表这样的岛屿必定在某处存在着。除非你先证明了这个岛屿存在，然后再说我们在心中的各种设想。认识一个对象的含义及其性质与这个对象的存在特性，并不是同一的。

针对高尼罗的"为愚人辩"，安瑟尔谟专门写了一篇反驳文章，对之作出了回应。他反驳所使用的方法沿用着他的本体论证中所使用的论证逻辑，他说，就"迷失岛"或任何此类对象来说，如果它是最完美的，那么就可以从中推论出与这个概念相符合的结果，即它是存在的，从而"将那迷失岛给他，让它不再迷失"。② 而对上帝来说，由于他是"无法设想有比之更大的存在者"，如果按照这种观念思考，那么就会发现他是存在的。而且他有至高的存在性，以致我们不能设想他不存在，如果设想他不存在，就是设想不可设想的东西。这是矛盾的。因而"存在"是这类概念的必然含义。③

安瑟尔谟的本体论证明虽然试图从概念本身的含义出发，以完全合乎理性的方式论证上帝的存在，但其中并非是没有神学前提的。这个证明最关键的问题之一是"无法设想有比之更大的存在者"这一概念。如果你承认这个概念，承认上帝是（安瑟尔谟意义上的）无与伦比的，那么你就暗含着认可它是存在的；如果你不承认这个概念，实际上你也就暗含着并不认可上帝是存在的说法。论证为前提所决定，前提包含了论证的结果。然而安瑟尔谟希望以"一种单一的"合乎逻辑的方式所推展的论证，则引起了从中世纪晚期

① ［意］高尼罗：《为愚人辩》，见《信仰寻求理解——安瑟伦著作选集》，溥林译，中国人民大学出版社 2005 年版。

② ［意］安瑟伦：《申辩：驳高尼罗的〈为愚人辩〉》第 3 章，见《信仰寻求理解——安瑟伦著作选集》，溥林译，中国人民大学出版社 2005 年版，第 255 页。

③ ［意］安瑟伦：《申辩：驳高尼罗的〈为愚人辩〉》第 3 章，见《信仰寻求理解——安瑟伦著作选集》，溥林译，中国人民大学出版社 2005 年版，第 255 页。

直到现当代众多哲学家们的兴趣，其中既不乏支持者，同时也包含了诸多批评和质疑的声音。

第二节　五路证明

在质疑安瑟尔谟本体论证有效性的学者中，13 世纪的托马斯·阿奎那可谓是较早的一位代表人物。他虽然与安瑟尔谟一样，都相信通过哲学所崇尚的自然理性，能够为上帝存在提供一种可靠的证明；但他并不赞同安瑟尔谟的论证方式，认为本体论证明只是一种从观念出发的"先天"论证，缺乏能够对自然理性的理解提供可靠支撑的经验实在性。为了能够在较为纯粹和较为全面的意义上为上帝存在提供一种哲学的论证与解释，阿奎那充分利用了从 12 世纪开始大规模传入拉丁西方的亚里士多德的哲学著作和哲学思想，对之展开了深入细致的评注、解读与探究，并借鉴阿维罗伊和阿维森纳等伊斯兰哲学家们的理解和整合，最终以被不断丰富起来的亚里士多德主义思想传统为基础，建构起了一个包括五路证明在内的庞大的自然神学体系。

一、自明公理与论证的必要性

阿奎那以自然理性为基础所建构的上帝存在的五路证明，与安瑟尔谟本体论证明不同的是，不仅在于他认为他的证明是一种优越于先天证明的后天证明，一种由果溯因的后天证明；而且还在于他试图把这种证明作为基础来建构起一个体系更为庞大的理论体系，或者说是把上帝存在的证明作为他的更大的理论体系的首先和基本的构成部分来提出的。阿奎那在他最为重要的著作《神学大全》第 1 集"问题 1"中，把这一理论体系称之为"神圣学问"（"Sacra doctrina"），并对它的性质、范围和学说意义作了阐述与说明。他首先在亚里士多德的意义上把"神圣学说"界定为一种思辨的理论学科，对它作为一个学科的诸多方面进行了阐释和论证。其中他从自然理性的层面上对神圣学说研究对象的存在、本质和属性及其与人类和世界的关系等方面的论述，被称为"自然神学"，而他关于上帝存在的五路证明，则是构成这一学说的首要的部分。

阿奎那认为，任何学科都有其特定的研究对象或研究领域，它构成了这一学科的研究赖以展开的基础。而神圣学说作为一门思辨的理论学科，必定也有其特定的研究对象。阿奎那主要是依据于中世纪的神学传统，把上帝确定为这一学说的研究对象，认为在这一学说中，所有的事物都是在上帝之下被论述的——或者因为它们是上帝自身，或者因为它们把上帝作为根源或目的。① 但是，把上帝作为"神圣学说"的研究对象，有一个非常重要的问题需要明确，那就是如何"知道"或"确定"这一超自然的对象是存在的？当然，信仰传统把"上帝存在"看作是他自身的启示从而被人们所相信的。阿奎那无疑是认可这种信仰传统的，他把"上帝存在"作为不证自明的公理。然而如果"上帝存在"这一命题是一个被启示的神学公理，那么它是否能够以及如何在理性的层面予以阐释和说明吗？如果整个问题的答案是否定的，那么阿奎那试图在亚里士多德意义上建构神圣学说的尝试就是没有意义的。阿奎那当然不会以否定的态度看待这个问题，他的回答是积极的和肯定的。

阿奎那对"上帝存在"的理性化论证与说明，是从把它设定为一个公理，一个不证自明的命题开始的。他从亚里士多德的理性传统出发，主张任何一个自明的命题都是一个为所有人认可的命题，人们不会在心智上赞同与这个命题相反的命题，毕竟认同自明命题的反命题违反了公认的逻辑原则。但是"上帝存在"作为一个自明的命题，却引起了一些人的怀疑，产生了"上帝不存在"这种与自明命题相反的看法。那么，如果"上帝不存在"是一种违反逻辑常识的看法的话，为什么会出现这种违反逻辑的错误呢？阿奎那从人们的一般知识状态与"上帝存在"命题之间之所以出现反差的认识论原因方面作了解释。他说，逻辑上自明的命题有两类，一类是"本身是自明的"同时"对于我们来说也是自明的"的命题，另一类是其"本身是自明的"但"对我们来说不是自明的"命题。第一类命题是像"人是一个动物"这样的命题，

---

① [意]托马斯·阿奎那：《神学大全》第 1 集第 1 卷，段德智译，商务印书馆 2013 年版，第 15 页。

其宾词的本质包含在主词的本质中，宾词和主词的意义是前后一致的，因而绝对是真的。这类命题的宾词的本质和主词的本质只要为所有的人所认识，那么它"对所有人来说都是自明的"和真实的。第二类命题是那些宾词和主词的意义一致、但却不能为所有的人所理解的命题。如"上帝存在"这一命题，其本身是自明的，因为"宾词和主词是相同的"，因为"上帝是其自身的存在"，等等，但对大多人来说，他们并不认识这个命题中宾词和主词的意义，因而这一命题对他们来说不是自明的。① 他们可以设想与之相矛盾的命题，说在他的心中，"没有上帝"。② 当然，阿奎那所说的"上帝存在"因其"主词和宾词相同"而是自明，也只是他所隶属的信仰传统的看法；对于并不具有或遵从这种信仰传统的人们来说，"上帝存在"毕竟只是一个有待确证的命题。

正是基于这种认识上的不明确，阿奎那感到了对"上帝存在"进行论证的必要性。在他看来，虽然"上帝存在"是一个逻辑清晰、含义明确的自明命题，其本身是不需要论证的；但由于人们的思想状态和认识能力的有限，对这一命题的认识是不清楚的和非自明的，会产生相反的看法，我们必须对它作进一步的阐述和论证，以便于人们在理性上认识到这一命题所包含的意义。然而，也有人认为，"上帝存在"这一命题不论在任何意义上都是自明的，设想"上帝不存在"是不可能的；因而试图在理性上证明"上帝存在"，就是不必要的和多余的。对于这种把有关"上帝存在的证明"视为不是不可能，而是不必要的看法，阿奎那不仅在《神学大全》中，而且在《反异教大全》中，都给予了专门的驳斥。他说，人们之所以提出这种看法，或者是由

---

① 阿奎那认为这是一种超越人们当下认识水平的命题——它们不是人们"一眼"就能够明了其意义的命题。根据克雷茨曼的解释，阿奎那在这里是设定了一种较高的或"超理性"的认识水平，在这种水平上，这类命题的含义是清晰的。而这种认识水平是哲学家在理性上不能达到的，也就是说，我们不能在思想上设想上帝所是的样子，从而"上帝存在"对我们来说不是认识上自明的。N. Kretzmann, *The Metaphysics of Theism*, Oxford: Clarendon Press, 1997, pp. 57-58.

② [意]托马斯·阿奎那：《神学大全》第 1 集第 1 卷，段德智译，商务印书馆 2013 年版，第 29 页。

于"未能在绝对自明的事物和对我们来说是自明的事物"之间作出区分，从而认为我们在思想上可以完全明了"上帝存在"的意义；或者是认为"上帝"是一个无与伦比的最大的概念，想象他不存在或比他更大的概念是不可能的；或者是把"上帝"视为我们所有理性知识的原则，而作为知识原则的东西必定是自明的；或者是认为"上帝存在"是人们自然而然认识到的，是长期以来所形成的一种心灵习性，因而是自明的；等等。在阿奎那看来，这些看法都是不能成立的，其最根本的原因是由于我们不能直接"看到"上帝的本质，不能完全地理解上帝的本质即是他的存在，只能从有限的结果出发认识无限的原因，而从这种有限事物中获得的认识则是不充分的和不完整的。因此，从理性出发进一步明了了"上帝存在"的意义，就是必要的。

可以说，阿奎那之所以要对什么是自明的命题作出不厌其烦的说明，其目的是旨在为"上帝存在"的证明提供一些相对必要的理由。他并不认同"上帝的知识是先天植入到所有人之中"的观点、上帝的概念包含了存在的含义的看法和"真理的存在是自明的"立场，指出我们并不知道上帝的本质，其存在并不能为我们绝对地认识到。我们必须对之进行论证，通过为我们更为熟悉更为明确的事物，通过我们感觉所接受的东西，来推论上帝的存在。当然，对阿奎那来说，"上帝存在"需要论证，并不意味着上帝的存在依赖于这种论证，而只是意味着我们从感觉经验出发，通过理性推论来证明，使"上帝存在"的含义清晰明确。因此，他并不认为"上帝存在"作为一种信仰，是不需要也不能够为理性所证明的；而是相信，上帝存在以及关于上帝的其他类似真理，具有在理性上被认识的可能性。这种认识虽然并不构成信仰的内容，但它却是导致信仰被理解的条件，因为"信仰预设了自然知识，一如恩典预设了自然"。[①] 阿奎那在对"上帝存在"是完全自明的从而不需要证明，以及它只是一种信仰因而不能够被证明这两种看法进行反驳的基础上，发展出了一种不同的认识路线，这种认识路线在一些当代学者看来，是一种从保

---

① [意]托马斯·阿奎那：《神学大全》第 1 集第 1 卷，段德智译，商务印书馆 2013 年版，第 32 页。

罗的《罗马书》出发、进而与亚里士多德思想一致的认识路线——从理性上为"上帝存在"提供可能的论证与阐释。①

在确定了"上帝存在"有待被论证的必要性之后，它如何被论证，或者说，它在理性的基础上以什么方式被论证的问题就凸显了出来。阿奎那认为，他所提供的"证明性论证"主要是从感性事物出发的。在通常的意义上，依据理性证明上帝存在的方式有两种，一种"是原因出发，即所谓'先天'证明。这是从绝对先在的事物出发予以证明的。另一种是由结果出发，即所谓'后天'证明。这是由仅仅相对于我们在先的事物出发予以证明的"。②前者是从先在的实在出发、从因到果的先天演绎论证，安瑟尔谟在本体论证明中使用的就是这种方法。后者是从感性经验出发、由果溯因的后天演绎论证，这是为阿奎那认同并在五种证明中使用的方法。在他看来，在理性的维度上说明上帝的存在，最好的途径是后天演绎论证，因为人类理性最先感受到的是经验事实，所以当结果比它的原因更好地被我们所认识时，那么从这一结果出发，我们可以推论出它的原因的知识。因为由于每个结果都依赖于它的原因，如果结果存在，那么原因必定是先于它而存在的。③

因而，因果之间的必然相关性，就成为阿奎那从理性上论证上帝存在的基本原则与前提。可以说，由果溯因的演绎推理，是阿奎那最为重视的一个认识论方法。阿奎那相信，这种方法不仅是后天的（从感性事物出发），而且是必然的（演绎论证），通过这种方法，我们既可以形成"上帝是存在的"这一可靠的结论，还可以明了"上帝"一词的基本意义。因为在阿奎那看来，就对"上帝"或与"上帝"有关的名称含义的理解来说，我们不是从其本质中，而是从"远离上帝的结果"中或是从"上帝与他的结果的某种关系"中获得的。因此阿奎那相信，虽然上帝超越了所有的感性事物，但我们正是从

---

① N. Kretzmann, *The Metaphysics of Theism*, Oxford: Clarendon Press, 1997, p. 59.

② ［意］托马斯·阿奎那：《神学大全》第 1 集第 1 卷，段德智译，商务印书馆 2013 年版，第 32 页。

③ ［意］托马斯·阿奎那：《神学大全》第 1 集第 1 卷，段德智译，商务印书馆 2013 年版，第 32 页。

这些事物中获得其"存在的证据"的,"我们知识的感觉起源也就适合于那些超越感觉的事物了"。① 所以,就人类的认识能力来说,从我们所熟悉的结果中证明其原因——上帝的存在,是最为适宜的。

当然,要想获得对上帝的全面认识,从结果出发并不是一个理想的途径。因为假设上帝存在,他也是一种无限的存在,而其产生的结果却是有限的,"在有限和无限之间没有任何相应相称的关系",也就是说,结果和原因是不相称的,那么,如何能从有限的结果中获得对无限原因的认识呢?阿奎那也承认,从与原因不成比例的结果中,不可能得到这个原因的任何完善的知识,不可能"完满地认识到上帝是如何存在于他的本质之中的";但因此而彻底否定从这样的结果中认识其原因存在的可能性,则是武断的和没有道理的,因为从每一结果中,可以清楚地表明原因的存在,因而"我们也就能够从上帝的结果中证明出上帝的存在"。② 也就是说,由果溯因的方法,虽然是一种有限的方法——依据这种方法,我们并不能获得对最终原因的本质及其属性的认识,但完全可以证明这种原因本身的存在。阿奎那正是从原因和结果之间的"存在"必然性关联出发,提出了对上帝存在的详细论证。

二、五种证明方式与存在的优先性

阿奎那对"上帝存在"的论证,主要集中在他的《神学大全》和《反异教大全》两部论著中。在这两部著作中,阿奎那分别提出了内容上大致相同的若干种证明。《神学大全》(第 1 集问题 2)从五个方面进行论证,因而也被后世学者称为"五路证明",它们分别从事物的运动(motion)、动力因的性质(the nature of the efficient cause)、可能性与必然性(possibility and necessity)、事物的等级(the gradation)和世界的管理(the governance of the world)出发进行论证。这些论证也被称为不动的推动者的证明、动力因

---

① [意] 托马斯·阿奎那:《反异教大全》第 1 卷,段德智译,商务印书馆 2017 年版,第 97 页。

② [意] 托马斯·阿奎那:《神学大全》第 1 集第 1 卷,段德智译,商务印书馆 2013 年版,第 33 页。

证明、可能性与必然性关系的证明、事物不同完善性等级的证明和目的论证明。《反异教大全》（第一卷第 13 章）提出了四种证明，主要从运动观（the point of view of movement）、动力因（efficient causes）、真实性等级（one is truer than the other）和事物的管理（the government of things）诸方面展开。

阿奎那这些论证的思路是在经验的基础上追溯世界和宇宙的根源与原因。它们从我们熟知的基本经验出发，通过对某一个或某一些基本特征进行考察，从而证明某种最终实在的存在。阿奎那《神学大全》中的第一个证明"不动的推动者的证明"，是从事物的运动或变化出发提出的。他说，"在世界上有些事物处于运动之中，这对于我们的感觉来说是确实的和明显的"①。事物的运动是一种经验事实，运动是事物的现实特征。我们在经验中可以感受到，许多事物都是以某种方式在运动着。同样我们也可以感受到，任何运动着的事物都是被推动的。事物是运动的，运动是被推动的，而由此构成的运动系列不能无穷倒退，必有一个不动的推动者，或第一推动者，推动了所有事物的运动或变化。这个证明从事物的运动这一现实特征出发，寻求这种变化的最终根源。

《神学大全》提出的第二个证明是事物的动力因证明。② 这个证明的方法类似于第一种证明，从事物的因果关系序列中探究世界的最终原因。阿奎那的证明如下：在经验世界中，事物都是有原因的，因而存在着一个因果系列。任何事物都是作为另一个事物（原因）的结果而存在的。因在前，果在后。任一事物作为结果不可能是自身的原因，否则的话，这个事物（作为原因）就会先于自身（作为结果）而存在，而这是矛盾的，因而是不可能的。所以事物在这个意义上都不是自因的。而这个因果系列也不可能无穷倒退，因为无穷倒退就意味着没有第一原因，从而就没有结果，也就不会有现存的世界，由于取消原因就是取消结果。因而，如果动力因中没有第一动力因，

---

① ［意］托马斯·阿奎那：《神学大全》第 1 集第 1 卷，段德智译，商务印书馆 2013 年版，第 34 页。

② ［意］托马斯·阿奎那：《神学大全》第 1 集第 1 卷，段德智译，商务印书馆 2013 年版，第 34—35 页。

也就不会有最终的动力因或中间的动力因。因此，假定某种第一动力因的存在是必须的。这个第一动力因，即是世界万物存在的最终原因。

第三个证明依据的是可能性与必然性的关系。[①] 这个证明是从自然界中存在着的生灭变化特征开始论证的。在他看来，事物的生灭变化意味着这些事物是一种可能性的存在，存在的可能性是事物的现实特征。但不是所有事物都是一种可能的存在，必定存在着某种东西，它的存在是必然的。正是这种必然存在的事物，才确保了现存一切事物的存在。在必然存在的事物中，有些事物的必然性是由其他事物引起的。这些其必然性是由其他事物引起的必然事物，构成了一个连续的存在链条。但这个必然性系列也不能上溯至无穷，我们必须假定某种存在具有其自身的必然性，其必然性不是由其他的必然事物所引起的。这个不依赖于其他事物的最终必然性存在，是所有其他事物必然存在的最终原因。这种终极实在是自因的，它是所有事物存在的最终原因。阿奎那通过这种证明，通过对必然存在和偶然存在的区分，来寻找世界的真正原因。阿维森纳在探讨"存在"问题时曾经给予这个问题以充分的关注。阿奎那运用这一思想对上帝的存在进行论证，试图解释世界偶然（可能）存在的必然性原因。

阿奎那提出的第四个证明，是从事物中发现的不同等级出发来进行论证的。[②] 他说，事物中之所以会有着不同程度的完善性，乃是因为存在着某个最大最高的事物，所有其他的事物与之相比就会呈现出不同程度的完善性。因此，从事物中所存在的不同的真实性等级、完善性等级和高贵性等级以及众多其它的等级中，我们可以推断必有一个"最真实、最完善、最高贵的事物"，它是"绝对的存在"和"最高的存在者"。这一最真最善的绝对存在由于其他具有这些特征的事物对其完善性的分有，而成为"所有的存在和每一其他完善的事物的原因"。阿奎那运用一系列具有完善品性和价值形式的特

---

① ［意］托马斯·阿奎那：《神学大全》第 1 集第 1 卷，段德智译，商务印书馆 2013 年版，第 35—36 页。

② ［意］托马斯·阿奎那：《神学大全》第 1 集第 1 卷，段德智译，商务印书馆 2013 年版，第 36—37 页。

征——真、善、美以及它们在现实事物中所呈现出的不同等级和程度，推论出一个最真最善的事物的存在。阿奎那在这里坚持了绝对标准必源于绝对存在的思想，现实事物中之所以具有不同的完善程度，不仅在于它们相对于最完善的存在而呈现出等级差异，而且还在于它们都来自或分有了这一最完善的存在。因而，事物中存在着善的不同程度或等级差异，就表明了一个绝对完善性的存在，它超越于所有善的事物之上并具有终极根源的意义。在历史上，有一些早于阿奎那的神学家们也认识到了不同完善程度的这种论证价值。例如，安瑟尔谟在其《独白》中就对上帝的存在作了这方面的论证。安瑟尔谟和阿奎那的这种思想有着更深的背景，可以在亚里士多德的形式因和柏拉图的理念论中找到根源。

阿奎那在《神学大全》中提出的第五个证明是从上帝对事物的管理出发进行论证的。① 这也被称为目的论证明。阿奎那指出，世界具有条理秩序，这种条理秩序来自事物"获得最好结果"的有目的的活动。整个宇宙具有朝向目的运动的特征，即使缺乏理性的自然事物，都"具有朝向目的的活动"；所有事物所具有的有目的的活动构成了一个和谐一致的整体，使得世界呈现出有序化的特征。这种有目的的活动，不是偶然的，而是有意识有计划地去进行的，因为无论任何缺乏理性的事物都不可能有朝向目的的活动，除非它们被具有知识和理智的存在所引导，所以，"某个理智的存在者是存在的，而且正是由于它的存在，所有的自然事物才得以安排达到它们的目的"。② 所有个体事物的这种有目的的活动及其所表现出的宇宙整体秩序，表明了一个理智的设计者的存在，他是所有事物能够达到它们特有目的的计划者和引导者。目的论证明断定宇宙是在一个更高的作用者指导下为着一个确定的目标而活动，这种思想可以在亚里士多德等希腊哲学家关于因果关系的"目的因"中找到根源。它的基本原则是认为世界是有序的，在一个最高的理智实

① ［意］托马斯·阿奎那：《神学大全》第1集第1卷，段德智译，商务印书馆2013年版，第37页。

② ［意］托马斯·阿奎那：《神学大全》第1集第1卷，段德智译，商务印书馆2013年版，第37页。

体的设计下体现出一种朝向目的的活动。因而这种论证思想对世界的整体评价持有的是一种较为肯定的立场，反对世界是无意义的或无秩序的看法。

除了《神学大全》中的上述五种证明之外，阿奎那在其较早的另一部重要著作《反异教大全》中所提出的"上帝存在"的四种论证，也是从经验事实出发、按照一定的逻辑程序展开的。这四种论证分别相应于《神学大全》中的第一、第二、第四和第五种证明，与它们有着大致相似的论证结构和论证结论。[①] 这些证明中一个值得关注的问题是，阿奎那在《反异教大全》中对第一个证明，即从运动出发的关于不动的推动者的论证，给予了更多的精力和篇幅。他把这一证明进一步区分为两种不同的方式，从两个不同的层面进行论述。第一个论证方式是从"事物是运动的"这一经验事实出发，最后推出必有一个不动的推动者的结论。第二个论证方式从"每一推动者都是被推动的"假设开始，最后得出"必然存在着一个独立的和完全不动的第一推动者"的结论。这两种论证方式中都包含着较为复杂的层面与结构以及诸多的问题分析，如他对包含在第一个论证方式中的两个假设性命题，"凡运动的事物都是被其他事物推动的"和"推动者与被推动者所构成的运动序列不可能被推论到无限"，按照亚里士多德的思路进行了细致的分析与阐释；对第二个论证中涉及的"推动者"和"运动"等核心概念以及围绕这些概念所形成的若干命题，也作了深入的解读与论述。他的结论很大程度上依赖于他对这些概念与命题的分析。这些论证和分析表明了他对运用逻辑手段阐释神学问题的信任和信心，确实，在《反异教大全》中，他明确地指出了亚里士多德和阿维罗伊等哲学家对包含在这些论证中的思路和方式的影响与启发。

阿奎那依据亚里士多德学科划分原则，把"神圣学说"界定为思辨的理论学科，对作为这一学科基础和核心的"上帝存在"问题，从命题的意义上分析了它的逻辑性质和认识论内涵，阐明以理性方式认识这一命题的可能性与必要性。在他看来，从感性经验出发的认识，是"最为适宜的"理性认识

---

① 本部分有关这四种证明的内容与相关问题的表述，参见 ［意］托马斯·阿奎那：《反异教大全》第 1 卷，段德智译，商务印书馆 2017 年版，第 13 章。

方式，因为它既符合宇宙的因果关系原则，也符合人类认识的自然本性。这即是他在感性经验的基础上，从事物的运动、因果关系、可能性与必然性、不同的完善性等级和目的因等自然特征方面，为"上帝存在"所进行的多角度论证。虽然在这些论证中，阿奎那也使用了非论证性的神学立场和神学前提，特别是在他的论证的最后一步——通过世界的自然特征推论出超自然的第一推动者、第一动力因或最真、最善、最高和最有智慧的必然存在者时，他以非论证的方式直接把它指称为"上帝"，这种"有神论跳跃"表明他的论证中还蕴含着一个指向性明确的神学原则，一个无需论证的"信仰公理"；然而他在这些论证中作出更多努力的，是以亚里士多德原则对"上帝存在"命题所作的逻辑阐释，以及对比安瑟尔谟"先天"方式更符合自然和人类本性的"后天"方式的推崇和使用。可以说，阿奎那为之努力的这些阐释和运用，更为明确地彰显了他试图将"神圣学说"建立在哲学理性基础上的认识论意图。

阿奎那对"上帝存在"的证明，就其论证的理论目的来说，是要试图揭示或论证在感性事物的背后或之外，有着一个终极实在或最终原因。无论是事物的运动系列、因果关系系列和必然性系列，还是不同的完善性等级与目的导向活动，都表明有一个第一推动者、终极原因或最高智慧的必然存在。这种存在作为世界的第一实在原则，说明了事物为什么运动、何以具有不同的完善程度和目的导向活动，尤为关键的是，说明了事物为什么存在。在阿奎那看来，从感性出发对经验世界的考察，若不与世界的最终原因相关联，这个世界则是不可能被理解的。而这个解释世界变化或存在的最终原因或终极实在，必然具有不同于感性事物的特征——它超越了它们并成为它们得以运动或存在的第一实在原则。因而，阿奎那从事物运动或变化的特征中推出不动的第一推动者，从事物必有原因的因果关系系列中得到一个最初的动力因（自因的实在），从可能性与必然性的关系中发现了一个不依赖他物的必然性存在，从不同的完善等级中获得了一个最真最善的存在，从事物的朝向目的的活动中得出了一个最有智慧的目的制定者。阿奎那在此所作的论证，不仅要为"神圣学说"的基本对象提供一种认识论的解释，同时也在为整个世界的存在建构起一种本体论的基础。也就是说，阿奎那对"上帝存在"所提出的多种证明，不仅说明了上帝是否存在，而且在对这种终极实在的肯定中，也阐释了世界能否存在和如何存在的问题。

阿奎那对世界形成基础的存在论探究，在《神学大全》五种证明中最为明显地体现出来的是他的第三个证明。这一证明在为世界的终极原因——上帝的存在提供了充分的和最值得关注的哲学解释的同时，也揭示了世界的根源问题，说明了世界存在的必然性基础——世界万物从何处获得存在。因而这一证明被现当代学者认为在阿奎那的上帝存在论证明中，是最有说服力的，它在五种证明中具有中心的地位。艾丹·尼科尔斯（Aidan Nichols）认为，阿奎那的第一种、第二种、第四种和第五种证明分别运用了亚里士多德的四种因果关系类型——质料因、动力因、形式因和目的因来说明上帝的存在。而第三种证明则是这四种证明的基础，它揭示了这四重因果关系的根源，"因为第三种方式的论述源于这一事实，即可观察的事物和它们的存在之间的关系是偶然的，而不是必然的。事物并没有它们自己的存在。相反，事物接受它们的存在……以及存在的原因是处在比质料因、动力因、形式因和目的因更深的层次上"。① 处在这种更深层次上的原因，是作为自因的必然存在的上帝，它赋予了可能的世界以现实存在。因此，第三种方式不是揭示了上帝作为事物或世界的这一方面或那一方面的原因，而是在整体上断言他"作为事物的存在、世界的存在的基础和根源"。②

阿奎那对世界最终原因和第一实在原则的探究，对存在问题的关注，使他的思想理论呈现出了浓郁的本体论的和形而上学的特征。在阿奎那看来，现存世界不是自足的，在感性经验的范围内它不能充分地解释自身，不能在最终的意义上说明事物为什么运动、为什么会朝着某一目的而活动以及为什么会存在。它需要一个不属于这个世界的原因来解释这个世界的起源和存

---

① Aidan Nichols, *Discovering Aquinas: An Introduction to His Life, Work and Influence*, Michigan: Williams B. Erdmans Publishing Company, 2003, p. 46.

② Aidan Nichols, *Discovering Aquinas*, Michigan: Williams B. Erdmans Publishing Company, 2003, pp. 46-47.

在。因而，本原意义上的存在论在阿奎那的思想中占据着一个非常特殊的地位，它可以说是构成了阿奎那"上帝存在"证明的更深刻的论证基础。布赖恩·戴维斯（Brian Davies）说，阿奎那虽然区分了证明上帝存在的五种方式，但他把"存在"问题作为这些证明不言而喻的前提而不予以专门的说明。戴维斯把阿奎那对"存在"的这种设定称之为"存在论证明"（the Existence Argument）。① 阿奎那自己对这个问题的解释是，"在不同的事物中只要找到了一件对所有这些事物是共同的事物，那就必定是这些不同的事物由于某个相同的原因而获得这一事物的，……存在被认为对于所有的事物都是共同的，不管这些事物在其他方面是如何的不同。所以，必定有一种存在的原则，所有的事物，不论它们以什么样的方式存在，都是由此而具有它们的存在的，无论是不可见的和精神的事物还是可见的和有形的事物，都是如此"。②

戴维斯认为，阿奎那这段话意味着，某种存在独立于一切其他事物之外、并说明了这些事物何以存在。他说，在阿奎那看来，"事物的存在不可能从它们所是的定义中推演出来（阿奎那把这种定义称为事物的'性质'或'本质'）"，人们可以知道狗是什么而不用知道狗是否存在，"狗的存在不是狗的本性或本质的一部分"，在这种意义上，"存在是某种不同于性质或本质的东西，以及事物的现实存在不可能简单地在对其性质或本质的认识的基础上予以解释。它'有'（has）存在但不'是'（is）存在。"③ 因此，我们必须探究"事物是如何到来的"、"它们如何在那里"以及"什么使它们开始存在并保持它们的存在"等诸如此类的问题。对这些问题的探究，使得本原意义上的存在论成为内在于阿奎那五种证明中的一个基本主题。当然，阿奎那在形而上学意义上对存在之为存在的探究，对存在与本质所作的区分以及对它们之间关系的梳理，也为他的五路证明提供了形而上学的基础。例如，他关于第一存在（上帝）是存在和本质同一的存在，即其"本质即是他自身的存在"的论断，构

---

① Brian Davies, *The Thought of Thomas Aquinas*, Oxford: Clarendon Press, 1992, p. 31.

② [意]托马斯·阿奎那：《神学大全》第 1 集第 5 卷，段德智译，商务印书馆 2013 年版，第 219 页。

③ Brian Davies, *The Thought of Thomas Aquinas*, Oxford: Clarendon Press, 1992, p. 31.

成了他的五路证明中被认为是最重要的第三种证明的基础。而这也是阿维森纳在提出他的证明中，所特别强调的那个所谓"自身必然存在"的要义所在。

第三节 晚期存在论证明与后世哲学批判

阿奎那在其学术生涯中，通过对希腊哲学和伊斯兰哲学等思想传统的研究和阐释，将它们与其自身的拉丁西方传统进行了广泛的整合，建构起了一个思想庞大、内容完备的自然神学体系。其中，他所提出的关于上帝存在的证明理论，具有更重要的地位和更广泛的影响。在他之后的中世纪哲学家们，虽然也有人对阿奎那意义上的自然神学以及上帝存在的理性证明诸方面表现出了一定的兴趣，如司各脱在对可能性概念分析的基础上所提出的形而上学论证，但无论是其思想内容的范围还是论证的广度方面，都远不及阿奎那。而在中世纪的后期，特别是司各脱之后，哲学家们对上帝存在的哲学论证不再趋之若鹜。无论是出于个人的理论兴趣，还是中世纪晚期整体思想转向使然，总之在晚期哲学家们的著作中，鲜见有影响力的上帝存在之证明理论的提出。当然，这并不意味着上帝存在的哲学论证从此之后就成为了绝唱，实际上在随后不同时期的不同哲学家那里，这类证明依然有着它广泛的吸引力，例如现代早期笛卡尔和莱布尼茨对本体论证明的补充与完善，18世纪的设计论证明的提出，以及20世纪后一些宗教哲学家以模态逻辑手段所提出的证明，等等。虽然不同时期的哲学家们建构了不同方式的上帝存在证明理论，但与此同时，伴随着这些证明理论的，还出现了大量对它们的合理性和有效性的哲学批判。本教材主要选取18世纪时期两位著名哲学家休谟和康德的批判，作一简要的叙述，以期学生能够对中世纪及随后时期的证明理论有着全面深入的理解。

一、形而上学论证

在阿奎那之后中世纪晚期的哲学家们那里，之所以对包括上帝存在证明在内的自然神学出现了兴趣减弱的现象，除了他们个人学术旨趣有所变化之外，也与发生在 13 世纪后期的"77 禁令"事件有着莫大的关系。由罗马教会于 1277 年所发布的禁令，主要是针对在当时巴黎大学和牛津大学等学校所流行的拉丁阿维罗伊主义（Latin Averroism）思想运动所发布的谴责令。由于奉行这一运动的人们，坚守阿拉伯哲学家阿维罗伊的立场，主张忠实于亚里士多德的思想，对其著作作出纯粹哲学的理解和阐释；从而引起了以波拿文图拉等人为代表的一批保守神学家的不满，担心这些过分宣扬的哲学观点会对正统神学产生威胁和冲击，从而最终促使罗马教会发布禁令，列举当时流行的以亚里士多德思想为核心的众多哲学观点，予以谴责。这场禁令在当时欧洲所引发的思想变迁确实是明显的，它在很大程度上改变了哲学研究的进程，特别是挫伤了在此之前经院哲学家们逐步积累起来的对哲学的信心，对哲学理性可以解决众多神学命题的信心。当然，这些改变和挫伤并不意味着哲学，尤其是以亚里士多德思想为基础建构的哲学传统，在中世纪后期的一蹶不振或消失。中世纪的哲学传统还会以不同方式持续着，以亚里士多德哲学为基础所建构的存在论证明仍然会有着它的历史回音。

　　直接身处这个时期的司各脱，其哲学深受这个被称为"新旧思想"杂糅时代的影响，呈现出了明显的时代特征。他的学说由于对经院哲学风格淋漓尽致的发挥而使得他本人被称为"精细博士"，虽然他在哲学理性能否完整认识神学命题上，并没有表现出如同鼎盛时期经院哲学家们那样的信心，然而他在自然神学和上帝存在的证明方面，仍然表达出了自己的理解和看法。例如在自然神学方面，一些当代学者认为司各脱形成了自己独特的看法，诸如我们能够从实际如此这般的东西那里论证性地推论到上帝的必然存在和本质，存在着一个单义的先验存在观念，上帝存在后天证明的可靠性大于先天证明，不同神圣属性之间更多的是一种形式的区分，等等。①

　　而就如何在自然理性的层面上论证上帝的存在，司各脱既有自己的想法，也有自己的理论。在他看来，这种证明如果要想取得积极的意义，就

---

　　① *The Cambridge Companion to Duns Scotus*, edited by Thomas Williams, Cambridge: Cambridge University Press, 2003, p.193.

不能是安瑟尔谟的"先天论证"（priori），而应该是阿奎那的"后天论证"（posteriori），即从结果出发达到对原因的证明。只是他选取作为后天论证出发点的，不是阿奎那意义上的"可感的经验事实"，而是"某一具有创造性的存在"（Some being is producible）的形而上学命题："司各脱论证的出发点既不是一个概念也不是一种感觉的经验事实，而是关于某一存在的形而上学真理；即它的可创造性（producibility）"。① 他从这种具有绝对必然性的形而上学始点出发，论证了一个无限的、绝对原初的动力因的存在。

司各脱的证明通常被认为是包括了两个主要的部分。第一部分主要是通过对因果关系概念的分析，得出了某一绝对第一原因的存在。他认为，如果某物 A 存在，那必定是由另外的他物 B 产生了它。因为无物能够产生自身。如果 B 是自存的而不是由他物产生的，那么 B 就是第一原因。如果 B 依然是由他物产生的，那么就会存在着一个产生 B 的原因 C。以此类推，不断追溯，进而会推演出一个因果关系系列。那么，这样的因果关系系列会是无限的吗？司各脱认为，有两种不同的因果关系系列可以被区分出来，一种是"以本质为序的"（'essentially ordered'）的系列，一种是"以偶然为序的"（'accidentally ordered'）系列。在他看来，以偶然事物为序所构成的系列中，A 产生 B，B 产生 C，它们构成了一种因果关系系列，但 A 并不是 C 的直接原因；这种序列在自然世界中大量存在，如物种延续所构成的系列。而在由本质自身构成的系列中，A 虽然是 B 的原因而 B 是 C 的原因，但同时 A 也是 C 的直接原因，因为 A 实质性地推动 B 去产生 C。如园丁（A）移动铁锹（B）搬运了土壤（C）。司各脱对这两种系列的分析，类似于阿奎那五路证明中对第三种证明即必然性和可能性系列的区分，认为"以偶然为序的"的系列是一种水平展开的因果关系系列，对它的无限回溯是可能的；而"以本质为序的"的系列则是一种垂直等级的因果关系系列，它是不可能走向无限的。②

----

① Armand A. *Maurer, Medieval Philosophy*, Random House, INC., 1962, p. 223.

② Anthony Kenny, *A New History of Western Philosophy Volume II: Medieval Philosophy*, Oxford: Oxford University Press, 2005, pp. 304-305；［英］约翰·马仁邦：《中世纪哲学：历史与哲学导论》，吴天岳译，北京大学出版社 2015 年版，第 296 页。

一个以本质为序所构成的因果关系系列，由于是不可能无限倒退的，因而必然存在着一个第一因，由它导致了整个系列的存在。在这里，司各脱之所以把他的论证建立在形而上学的因果关系之可能性的分析基础上，是因为他认为，如果这样的论证从物理世界的现实特征出发，那么就不可能超越这个有限的世界而达到一个绝对的第一因。当然，在司各脱的整个论证中，证明有一个第一因的存在的可能性，是其论证的第一步。接下来他要证明这样的第一因是实在的和无限完满的。司各脱的思路是，如果第一因的存在是可能的，那它的存在就是必然的；既然我们在"以本质为序的"系列中证明了第一因存在是可能的，那它的存在就是必然的。因为既没有任何其他东西能够导致它存在，也没有任何其他东西可以导致它不存在。这类似于阿维森纳所说的"依其自身存在的必然性"。同样的，如果这样的对象存在，它就必然是无限的，因为没有任何其他东西能够限定它的能力。而且还有一个重要的方面，他认为"无限存在"之所以是可能的，是因为它是一个融贯的观念，而长期以来人们并没有发现这一观念是不融贯的。司各脱把无限性看作是绝对第一因的最根本的本质，所有其他的神圣属性，诸如唯一性和单纯性等，都以它为根本和基础。① 总体而言，司各脱通过对"以本质为序的"因果关系系列的分析，推出了一个绝对的第一因的存在。它是无限的，具有自身存在的必然性。

二、经验论原则与设计论证明批判

中世纪之后，西方哲学发生了巨大的变化。虽然也不时有哲学家提出了有关上帝存在的证明理论，但这类证明不再像中世纪时期那样只具有一种单一的声音；对存在论证明的批判和质疑也以不同方式引起了诸多后世哲学家们的兴趣。其中休谟和康德的理论具有典型意义，休谟的批判以经验论原则为手段，康德的批判则是以对人类认识能力的全面考察为基础而展开，他们将中世纪时

---

① Anthony Kenny, *A New History of Western Philosophy Volume II: Medieval Philosophy*, Oxford: Oxford University Press, 2005, pp. 305-307; *The Cambridge Companion to Duns Scotus*, Cambridge: Cambridge University Press, 2003, edited by Thomas Williams, p.198.

期的存在论证明放置在了一个严格的证据主义层面上予以分析和考察。

大卫·休谟（David Hume，1711—1776 年）对自然神学以及上帝存在证明的批判，主要集中在他的《人类理智研究》和《自然宗教对话录》两本著作中。休谟的批判首先是针对当时流行的设计论证明等证明理论展开的，随后对中世纪证明理论所倚重的因果关系原则的合理性，从现实和理论的层面上进行了质疑和反驳。18 世纪关于上帝存在的哲学—神学论证主要集中在从奇迹出发的论证和从设计出发的论证。当时的神学家们认为，奇迹的发生以及自然的秩序、美丽和目的性等等，都表明了有一个智慧的和仁慈的造物主的存在。休谟认为，从自然规律以及自然界所呈现的特征来看，这些证明是不足以达到其预期的结果的。他说，所谓奇迹就是对自然法则的背离，发生了在自然状态下不可能发生的事情。例如，一个健康的人的突然死亡，不能是奇迹，充其量是一种意外；而一个死亡了的人的复活，绝对是一个奇迹。休谟认为这种奇迹在自然状态下是根本不可能发生的，人的恒常的经验是不可能验证一个奇迹的，因为奇迹本身就是违背人的日常经验的，从人的经验中不可能导出奇迹的必然性来。因此奇迹是违反自然法则的，它不能够在理性上给予神圣真理以合理的证明。①

同样，休谟认为设计论证明也不能给予我们一个关于上帝存在的合理的解释。设计论者认为，世界是由无数较小的机器构成的一架巨大的机器，各部分相互精确地配合在一起，其运行具有严格的准确性。它们和人类所发明、设计的产物非常相似，都具有手段与目的相一致的特征，因此，"既然结果彼此相似，根据一切类比的规律，我们就可推出原因也是彼此相似的；而且可以推出造物主与人心多少是相似的"，从而，"根据这种后天的论证，也只有根据这个论证，我们立即可以证明神的存在，以及他和人的心灵和理智的相似性"。② 设计论者认为这种由人类的制造物来推论出自然的创造者上帝的存在，虽然并不一定是完全准确的，但却是有一定根据的，这个根据

---

① ［英］休谟：《人类理解研究》，关文运译，商务印书馆 1972 年版，第 101—103 页。

② ［英］休谟：《自然宗教对话录》，陈修斋、曹棉之译，商务印书馆 1962 年版，第 18—19 页。

就是在相似性原则基础上形成的类比方法，因此不能说这种推论只是一种没有根据或根据很少的假设与猜测。

在休谟看来，设计论证明是从世界的秩序推论出上帝的存在或上帝具有这样那样的性质，因而它是一种从原因到结果的类比推论。这样的推论应当而且必须以经验为基础。否则的话，如果脱离开经验基础，人们是无法根据自己的观念来确定宇宙一定是什么样子的，从而也不能指出宇宙的真正原因是什么。为此，休谟提出了一条基本原则，"唯有经验能为他指出任何现象的真正原因"。① 休谟把这样的认识论原则用在对设计论证明的分析中，认为他考虑的主要问题不是他们把宗教的论证建立在经验的基础上这件事本身（以经验为基础是合理的），而是在经验的基础上进行的这种推论所得出的结论是否是确定的或无可辩驳的。在休谟看来，当我们在经验的观察中看到石头会下落、火会燃烧等等，然后再遇到同类的现象就会形成相同的结论，这是一种有力的证据或推论；或者说当我观察到我自己身体内的血液循环，然后说张三体内也有相同的循环，这也是合理的推论；但是当我把这种结果推论到其他类似的甚至不同的事物中，这种推论的相似性基础就会有所偏离，从而会使推论的可靠性被削弱，甚至会出现不确定的和错误的类比。例如当我们从房屋的建造者存在从而推论出宇宙的建造者存在，这种推论就超出了应有的范围，因为房屋和宇宙虽有相同的方面，但它们还有着更多的不同的方面，"两者之间的差异如此显著，所以你在这里所推出的充其量也不过是关于一个相似原因的一种猜想、一种揣测、一种假设"而已。② 这种推论的可靠性应该不会很大。

在休谟看来，如果我们要认识事物间的秩序、结构、协调的性质并推论它们的原因，我们必须从经验出发，经验才使我们知道正是"设计"这样的东西使它们成为现实的。我们不能先验地想象物质如同思想那样，具有设计

---

① ［英］休谟：《自然宗教对话录》，陈修斋、曹棉之译，商务印书馆1962年版，第21—22页。

② ［英］休谟：《自然宗教对话录》，陈修斋、曹棉之译，商务印书馆1962年版，第20页。

秩序、安排结构、实现目的的能力。我们是在经验中发现，有房屋必有房屋的设计者和建造者，因为砖块、石头、泥灰和木料是不会自己建成一座房子的。"经验证明，秩序的原始法则存在于思想中而不是在物质之中"，我们只能在具有思想的对象中寻找事物构成的原因；同时，经验也告诉我们，类似的结果可以推论出类似的原因的存在，因此，如果宇宙中存在着目的与手段的相关性，这种相关性与人类制造的机器相似，那么它们的原因也必定是相似的，即都存在着一个设计者和制造者。休谟在这里的意思是，如果要寻找宇宙背后的设计者的话，那么从经验出发是一个较为合理的途径。设计论者在这问题上是对的，他找到了一个有根据的出发点。

但是出发点的正确并不意味着一切正确。休谟认为，设计论者在这个基础上走得太远了，结果得出了神人相似的主张，以及其他诸如此类的看法，这就使他在经验基础上的推论变得不合理起来。休谟在经验论原则基础之上，形成了两个认识论的次级原则——相似性原则和相称性原则。相似性原则是指，以经验为基础的因果推论，必须建立在它们之间充分相似的基础上，"一切关于事实的推论都以经验为根据，一切根据实验的推论都以因的相似证明果亦相似，果的相似证明因亦相似的假定为根据"。① 这种经验上的论证，其可靠性程度决定于结果与原因的相似程度，"我们所看到的结果愈相似，我们所推出的原因也愈相似，论证也就愈加有力"。② 相称性原则则认为，任何从结果出发所获得的原因，必是与它的结果相应相称的，原因不能过分或过多地超过结果所能允许的范围。否则，这种推论就是不相称的。

用这样的原则衡量上帝存在的理性论证方式，我们会得到一些什么样的结论呢？在他看来，这种论证从世界的秩序推论出上帝的存在或上帝具有这样那样的性质的方式，是一种从原因到结果的类比推论。这样的推论应当而且必须以经验为基础。休谟认为，当他们在经验的基础上推论出上帝的存在

---

① ［英］休谟：《自然宗教对话录》，陈修斋、曹棉之译，商务印书馆1962年版，第23页。

② ［英］休谟：《自然宗教对话录》，陈修斋、曹棉之译，商务印书馆1962年版，第42页。

或属性时，这种推论就包含了极大的不相关性。因为上帝是与人类的事实绝对不同的，它们是性质绝然不同的两类事物，而且人类也不可能经历上帝创世这样的事件，人类缺乏这样的经验，它们之间有着更多的不相似，如果把人们在自然界中获得的经验推论到上帝这样的对象上，其结果必然是不确定的。① 休谟的基本观点是，以经验为基础的推论以近似为原则，而设计论的推论违反了这个原则，其结论就必定是成问题的。

同样，这类论证也违反了经验的相称性原则。任何从结果出发所获得的原因，必是与它的结果相应相称的，原因不能过分或过多地超过结果所能允许的范围。而设计论证明是把我们在有限的经验中发现的部分原因作为根据推论出宇宙的整体原因，把在人类或其他动物身上发现的"思想、设计或智力"这种仅仅是宇宙动因和原则之一的东西，当作了整个宇宙的动因和原则；或者按照休谟的说法，它是把我们称之为"思想"的大脑这种小小的震动，当作了整个宇宙的范型，把自然中的一部分的作用当作断定自然整体起源的基础。② 他认为，这种推论是不合理的，在结果和原因之间出现了极不相称的推论，它远远超出了推论的前提所能允许的范围和界限。他说，我们在自然体系中发现的很小一部分的规则，是不能作为合理的根据去断定整个宇宙体系的起源问题的，况且他是用我们有限的经验来"构成我们关于一个如此无限的原因的观念，那更是不合理的了"。③ 这种证明把自然界的原因归于一种无限的和绝对的存在，把人类或其他事物的特征和性质类比于上帝，如智慧、能力、仁慈、完善等，认为它们是以更卓越的方式在上帝中存在，则超出了经验所能达到的程度，因而是不合理性的。④

---

① ［英］参见休谟:《自然宗教对话录》，陈修斋、曹棉之译，商务印书馆 1962 年版，第 26 页。

② 参见［英］休谟:《自然宗教对话录》，陈修斋、曹棉之译，商务印书馆 1962 年版，第 24 页。

③ ［英］休谟:《自然宗教对话录》，陈修斋、曹棉之译，商务印书馆 1962 年版，第 42 页。

④ 参见［英］休谟:《自然宗教对话录》，陈修斋、曹棉之译，商务印书馆 1962 年版，第 17—18 页。

　　休谟在这里坚持了完全的经验主义立场。由于经验是有限的，所以从它出发的任何推论也只能是有限的。因此，休谟认为自然神学违背了经验的有限性原则和现实性特征。经验是有限的，因而任何关于自然世界原因的绝对性和无限性的推论都超出了经验所能允许的合理范围；而且，经验是现实的，它既看到了善也感受到了恶，因而仅仅把它的原因归结为某种至善的存在，则是与人的现实生存感受有着相当大的差异。休谟从严格意义上的经验主义立场出发对有神论证明的驳斥，主要涉及的是当时流行的设计论证明。但休谟的哲学批判在更深的和更普遍的意义上则是与包括阿奎那在内的所有自然神学家们的基本原则相关的。确实，阿奎那的自然神学是从经验或物质世界出发的，但他必须从这种出发点中获得一个普遍原因或终极实在的推论。否则，自然神学就是没有意义的。因此，原因与结果之间具有一种必然性的联系，以及由此推论出的某种实在或实体的存在，是阿奎那自然神学的基础或基本原则，是阿奎那思想中最核心的东西。

　　但是，休谟对必然的因果关系和实体的存在也提出了质疑。休谟认为，因果关系只是两个事件多次重复出现从而在心理上所形成的一种"习惯"，它不具有事实上的必然性，充其量只有某种或然性。因为我们既观察不到两个事件之间的必然联系，也没有对产生结果的原因的"力量"有任何的经验感受，所谓的因果关系只是因感觉习惯而形成的一种心理期待，人们"借长久的习惯获得了一种思路，因此，在原因出现时，他们立刻就期待它的恒常伴随"① 即结果也将出现，如太阳在黎明升起，闪电必有雷声。由于"一件事情虽然跟着另一件事情而来，可是我们永远看不到它们中间有任何纽带"，② 因而从经验出发要想获得某种必然的结论，如原因的必然存在，在休谟看来是没有认识论基础的。经验构成了休谟判定一切理论问题的基础。另外，就实体问题来说，休谟提出的是一种怀疑的或者说否定的看法。他认为，我们心中的一切知觉可分为两类，一类是"较不强烈、较不活跃的知觉，

①　［英］休谟：《人类理解研究》，关文运译，商务印书馆1972年版，第64页。
②　［英］休谟：《人类理解研究》，关文运译，商务印书馆1972年版，第68页。

普通叫作思想或观念（Thoughts or Ideas）"，另一类是较活跃的知觉，"它们为印象（Impression）"。[1] 虽然我们思想中的一切材料都来自这些知觉，来自"外部的或内部的感觉"，但当我们检验我们自身的经验时，我们只是发现了这一个或那一个观念与印象，会知觉到黑的或白的，会感受到热或冷、痛苦与欢乐，感受到强烈的、活跃的或微弱的、不活跃的观念与印象，但我们从来不会发现某种实在或自我，不会形成关于"观念本性和实在方面"的确定的对象。[2] 实体或实在是我们不能在感觉经验的基础上形成的。因此休谟既否定物质实体也否定精神实体的存在。可以说，休谟的这些看法构成了对自然神学最具威胁性的冲击。如果说休谟关于因果关系和实体的观点成立的话，那么阿奎那理性神学的整个基础就会坍塌。无论休谟的理论有多少问题，他的这些批判和质疑无疑对以阿奎那为代表的中世纪哲学家们有关上帝存在的理性化证明，带来的都是一种在理论上无法回避的冲击与挑战。

三、自然神学批判

休谟在经验基础上对自然神学和存在论证明所带来的挑战，在很大程度上为康德（Immanuel Kant，1724—1804 年）所完成。虽说康德自认为休谟的怀疑主义打破了他的"独断论梦想"，促使他对形而上学问题、对人的认识能力进行深入的思考，以回应休谟的结论对认识所可能造成的灾难性后果；但是他的这种思考，他对现象界和本体界之间的区分，则直指传统自然神学的形而上学和宇宙论根基，在某种意义上切断了它的以经验世界为出发点的认识论基础。康德在其《纯粹理性批判》一书中，在对人的认识能力批判性考察的基础上，对形而上学的可能性以及上帝存在的诸多证明进行了批判性清理。他的基本立场是，我们可以形成关于现象世界的必然性认识，但如果以这种知识为基础，来形成关于超验世界——诸如灵魂、物质实体和上帝之类的"自在之物"的任何具有积极的认识论价值的东西，则是不可能的。

---

[1] 参见 [英] 休谟：《人类理解研究》，关文运译，商务印书馆 1972 年版，第 20 页。
[2] 参见 [英] 休谟：《人类理解研究》，关文运译，商务印书馆 1972 年版，第 23 页。

康德在对人类认识能力全面考察的基础上，对历史上出现的上帝存在的证明进行了分析和批判。他把从思辨理性上对上帝存在的证明分为三种，自然神学证明（从人类的经验和事物的性状与秩序出发的证明）、宇宙论证明和本体论证明。这三种证明虽然分别使用了"经验的途径"和"先验的途径"，但康德认为它们都"不会有什么建树"。① 康德的分析批判是从先验的途径——即本体论证明开始的。由于本体论证明是以"上帝"这一概念为基础或前提而展开的，康德也就首先对这个概念进行了分析。在他看来，人们一般都会认为"上帝"是一个关于绝对必然的存在者的概念，认为这个概念指称的是一个绝对必然的存在者。这在概念的意义上大家都是会认同的。但在这个概念是怎么形成的问题上，却产生了争论。康德的看法是，这个概念是"一个纯粹理性概念"，"一个单纯的理念"，② 是人们为了解决认识问题而在思想中构建起来的，即用它来统一人类认识的某一些对象，使我们的认识具有某种完整性。也就是说，它是在人们的思想中、为了某种认识或理论的需要而被建构起来的，它并不是人们在实际的经验中感受到有这个对象、从而根据这样的对象而形成相应的概念。然而，理论的或理性的需要并不是这个概念具有客观实在性的标志或标准。

康德认为，长期以来，人们都在谈论"绝对必然的存在者"的这一概念，却忘掉了这一概念是如何被思考的、从而是如何被形成的。实际情况是，当人们在字面上或在概念的定义上赋予某一概念以绝对必然性后，往往会为这种概念上的绝对必然性所迷惑，认为我们已经对这个概念的所有方面都清楚了，它的绝对必然性就意味着它在现实中存在的合法性，它已传达了我们所需要的东西，从而就不需要作进一步的探询。如几何学命题"三角形有三个角"，人们认为它是绝对必然的，从而觉得"有三个角的三角形"在思想（康德所说的知性）之外的存在合法性也是没有问题的，把它的存在视为理所当

----

① 参见 [德] 康德:《纯粹理性批判》，邓晓芒译，杨祖陶校，人民出版社 2004 年版，第 471 页。

② [德] 康德:《纯粹理性批判》，邓晓芒译，杨祖陶校，人民出版社 2004 年版，第 472 页。

然的。① 康德认为这是思想混乱的表现，它是在把概念的必然性与事实的必然性作为意义相同的错误理解的情况下所导致的。本体论证明就犯了这样的混同错误。为了澄清这种误解，康德对这两种必然性的不同含义作了进一步的分析。

一般来说，我们关于事物的知识都是以命题的形式（主谓语形式，S 是 P）表达出来的，而命题具有判断的性质，它是对对象是什么和不是什么的断定。从主谓词的关系来看，命题可以分为两大类，一类是分析命题，一类是综合命题。分析命题是断定主词具有某种性质或特征（谓词）的命题，这种性质或特征是必然属于或包含在这个主词的概念之中的东西，因此提到或肯定这个主词，就必定会承认这个性质或特征，它们之间是一种绝对必然性的关系。综合命题也是断定主词具有某种性质或特征的命题，但这种性质或特征并不是必然属于主词概念一部分的东西，它可能有这种性质或特征，也可能没有，有没有是靠实际的考察或经验来检验的，而不是通过对主词概念本身的分析就能确定的。综合命题也可以是必然的，但它的必然性与分析命题是不同的，分析命题仅仅通过检验概念本身就可以确定它的必然性，而综合命题是否是必然真的则依赖于经验观察，因此前者也称为先天命题，后者称为后天命题或经验命题。

分析命题和综合命题有着不同的必然性性质。一个分析判断，如"一个三角形有三个角"，我们可以否定整个判断（同时否定主词和谓词）而不会产生矛盾（没有三角形，这在逻辑上是可能的、是不矛盾的）；但如果我们肯定主词"三角形"而否定宾词"三个角"，说"一个三角形没有三个角"，那么则出现了逻辑矛盾。而就一个综合判断来说，如"三角形是红色的"，则主词和宾词之间没有这种必然性关系，我们完全可以说"一个三角形不是红色的"，这样说没有任何违反逻辑矛盾的地方，它的正确与否是由事实来决定的。因此康德说，一个概念的逻辑（判断）绝对必然性与它的

---

① 参见 ［德］康德：《纯粹理性批判》，邓晓芒译，杨祖陶校，人民出版社 2004 年版，第 472—473 页。

事实绝对必然性不是同一的，我们可以否定三角形存在，可以认为不存在这样的实际对象；但是如果我们承认有三角形，认可这一概念，那么你就必须承认它有三个角，不能否定这种逻辑上的绝对必然性。这既是康德所说的，在这样的命题中，如果我们"取消谓词而保留主词时，就产生出一个矛盾，……但如果我连同谓词一起把主词也取消掉，那就不会产生任何矛盾；因为不再有什么东西能够与之相矛盾的了"。① 他认为像"上帝是全能的"这样的命题就属于这种必然判断，如果我们假设有上帝，那么我们就必定会认为他是全能的、无限的、是世界的创造者等等，因为全能等等性质都是必然包含在对"上帝"这个概念的设定之中的。我们不能说有上帝而他不是全能的、无限的等，这是有矛盾的，除非我们说"不存在上帝"或"上帝不存在"，"那就既没有全能、也没有它的任何一个别的谓词被给予；因为它们已连同主词一起全都被取消了，而这就表明在这个观念中并没有丝毫的矛盾"。②

康德认为，在上帝存在的证明中，要避免这种多少使人感到难堪的结论的唯一办法，就是一直或始终断定这个主词存在，论证它是在任何情况下都不能排除的主词。也就是认为它的存在不仅具有逻辑的必然性，也具有事实的必然性。但这无疑是具有困难的，而且本体论论证本身就是要证明它在事实上的存在，如果我们一直设定它的存在，那岂不等于说我们把有待证明的结论当作证明的前提，那么证明还有什么意义呢？那么，本体论证明如何避免这种尴尬的局面呢？它从一个绝对的概念出发，把它作为"事实证据"提出来进行论证。也就是说，这种证明认为有一个最真实的存在者概念，它拥有全部实在性，否定这个概念及其实在性，就犯了逻辑矛盾的错误。康德把这个论证的推理过程作了这样的叙述，"在一切实在性下面也包括了存有，那么在一个可能之物的概念中就包含了存有。如果该物

① ［德］康德：《纯粹理性批判》，邓晓芒译，杨祖陶校，人民出版社2004年版，第473页。

② ［德］康德：《纯粹理性批判》，邓晓芒译，杨祖陶校，人民出版社2004年版，第474页。

被取消，那么该物的内部可能性也就被取消，而这是矛盾的"。① 因此这个事物（上帝）是存在的。

康德说，我们应该如何看待这种证明呢？是把这种证明看作是在分析命题基础上展开的证明呢还是把它看作是在综合命题基础上展开的证明？如果把它看作是在分析命题基础上展开的，那么这种证明不会给我们增加什么，我们不会在这个证明中获得更多的东西。因为这种命题或者把概念设定为事物本身，或者把存在设定为这个概念的内在属性，证明也就是通过谓词重复概念的意义，这是一种言之无物的同语反复。如果说它是在综合命题基础上进行的，我们就可以形成"上帝不存在"的判断，或者说"我们有一个上帝的概念，但它并不存在"，因为根据综合判断的性质，"存在"并不是"上帝"这一概念的必然属性，它是一个可以在经验上检验的实在特征，我们可能证明它存在，也可能证明它不存在。他的存在与否是与上帝这一概念不矛盾的。② 但是按照本体论证明的基本看法，"上帝"是一个具有最高实在性的概念，否定他的存在就是矛盾的或者说是不可能的。因此，按照本体论证明的思路，我们只能把这种证明看作是在分析命题基础上展开的，"上帝存在"也只能是一个分析命题。

澄清了这样的问题，把"上帝存在"划定在分析命题的范围中，康德就真正开始了他对本体论证明的批判。他说，首先，本体论证明所说的"上帝存在"中的"存在"一词，并不是一个真正意义上的谓词。康德指出，一个真正的谓词是一个能够增加我们对一个概念理解的东西，它是我们在用这个谓词之前、我们对这个概念的认识还不知道的东西，通过这个谓词，我们对这个概念有了进一步的或更多的认识。这样的谓词才是一个真正意义上的谓词。但是"上帝存在"中的"存在"，就不是这个意义上的谓词。因为它是规定的含义，我们在设定"上帝"这一概念时，就同时规定了"他是存

---

① ［德］康德：《纯粹理性批判》，邓晓芒译，杨祖陶校，人民出版社 2004 年版，第 474—475 页。

② 参见［德］康德：《纯粹理性批判》，邓晓芒译，杨祖陶校，人民出版社 2004 年版，第 475 页。

在"的含义。因此我们说"上帝"时，自然意味着它是存在的。只要设定上帝，就必然设定他的存在和全能；你可以否定有上帝，但你不可能否定有一个"上帝"而却没有"存在"，就像你不能说有一个三角形而没有三个角那样。按照康德的说法，当我们设定"上帝"这一概念，说"上帝是全能的"，在这个时候，我们实际上已经规定了上帝是存在的。因为这个命题中的"是"（is），是一个连接词，把主词和谓词联结在一起。同时它也是"有"的意思，当我们承认主词（上帝）及其所具有的谓词性质（如全能），说"上帝是全能的"，我们无非说，"有一个上帝"或"存在一个上帝"，"他是全能的"。这种说法只是把我们规定的概念及其属性用一个命题表达出来，它并没有给我们增加新的谓词（属性含义）。康德虽然认同"存在"是必然包含在"上帝"这一概念中的，但他说"存在"不是一个真正的谓词，也就是说，"存在"并不为主词附加任何新的属性，"'上帝存在'，或者'有一个上帝'，……对于上帝的概念并没有设定什么新的谓词，而只是把主词本身连同它的一切谓词、也就是把对象设定在与我的概念的关系中"。① 因为在这种表达形式中，设定的对象的内容必定是和表达它的概念的内容是一致的或相同的，不论我们用什么或多少谓词来表达主词的意义，只要它是处在思想或概念中，都不可能使它在实际上存在。因此康德说，如果这样看待存在，把这种存在当作实在，这种"实在"不可能比概念（可能的东西）包含更多的东西，这样的所谓实在的一百个塔勒（德国钱币）不会多于想象中的一百个塔勒，因为后者是概念，而前者则是对这个概念的设定，它们在对概念（对象）的理解中应该是一致的。当然，康德认为，实实在在的一百个塔勒肯定与想象的一百个塔勒的实际效果不同。但是，实际存在的对象不是通过概念分析（分析命题）获得的，而是通过综合的方式（经验等）得到的。因此他说本体论证明中的"存在"不是真正的或现实意义上的"存在"。② 即使你证明了"上帝存在"，

---

① ［德］康德：《纯粹理性批判》，邓晓芒译，杨祖陶校，人民出版社 2004 年版，第476 页。

② 参见［德］康德：《纯粹理性批判》，邓晓芒译，杨祖陶校，人民出版社 2004 年版，第 476 页。

而"存在"概念仍不会为"上帝"本身增加什么实在的东西，概念的东西和实在的东西是两个不同的系列，即使你为前者增加了无数多的东西仍然不会改变后者的实际状况，"一个人想要从单纯理念中丰富自己的见解，这正如一个商人为了改善他的境况而想给他的库存的现金添上几个零以增加他的财产一样不可能"。① 康德的意思是说，"上帝存在"是不可能在经验上验证的，即使你在本体论上证明"存在"必然属于"上帝"这一概念，但它仍与经验事实无关，并不意味着"上帝"在实际上存在。也就是说，这种证明不具有存在论的意义，并没有解决是否实际存在（实在）的问题。充其量使我们对"存在"概念有了较深入的理解。

其次，康德认为，在判别什么是概念的东西和什么是实在的东西上，我们有着不同的标准，这些标准是能够使我们把思想和实在区分开来的。但本体论证明混淆了这两种标准或忘掉了实在的标准，从而把概念上存在的东西当作了现实存在的东西。康德说，不论我们如何在概念上设想对象，想象它是如何的完美、如何没有现实之物可能具有的缺陷，但它仍然与实在之物不同，仍然缺乏我们感受实在之物的那种经验性的东西。也就是说，我们具有设想什么是观念性的东西的方式，也有判定什么是实在性的东西的标准。观念是与我们的想象有关，而实在则是与我们的经验相关。前者在实在上只是一种可能性，后者则是一种现实性。康德说，"如果我们想单靠纯粹范畴来思考实存，那就毫不奇怪，我们无法提出任何标志来把实存和单纯的可能性区别开来"。② 在现实中，我们判定感觉对象，是通过"经验法则"和某种感官知觉来进行的；而关于思想对象，我们只是通过先验的方式来认识，缺乏实际的认定手段，我们要想确定它是否存在，就必须"走到概念之外"。因此康德说，关于在经验之外的存在（如上帝、世界的本质之类的东西），在经验上断定，即使不是完全不可能的，起码是一种其真实性"我们没有任

① ［德］康德：《纯粹理性批判》，邓晓芒译，杨祖陶校，人民出版社 2004 年版，第478 页。

② ［德］康德：《纯粹理性批判》，邓晓芒译，杨祖陶校，人民出版社 2004 年版，第477 页。

何办法能为之辩护的假设"。① 康德在这里区分分析命题和综合命题，就是要揭示本体论证明在逻辑基础上可能出现的问题。他认为这种论证的基本错误在于把逻辑的必然性混淆为存在的必然性，进而受到逻辑绝对必然性的迷惑，把逻辑上必然的东西当作了事实上必然存在的东西。

康德在批判"既没有给自然的健全知性，也没有给严格系统的检验"带来满足的本体论证明之后，接着对宇宙论证明进行了分析。他把宇宙论证明归结为从经验出发推论出有一个必然存在者存在的证明："如果有某物实存，那么也必定有一个绝对必然的存在者实存。现在至少我自己实存着，所以一个绝对必然的存在者实存"。② 这种证明声称，由于世界上有某种东西存在，因而必有一种绝对必然的存在者存在。这是一种从有限结果推论出无限原因的论证，希望能够保留"绝对必然性与最高实存性的连结"。康德认为，这种证明试图立足于经验，把"感官世界的特殊性状"作为"证明的根据"；但是当它从经验出发"跨出唯一的一步，即达到一个一般必然存在者的存有"之后，这个"必然存在者具有怎样的属性"，经验性的证据并不能提供并"告诉我们"。这时，理性就撇开经验证据而到"纯然概念后面去探究"，发现"一个最实在的存在者"概念能够满足"绝对必然存在者"概念的需要。在康德看来，在宇宙论证明中把"最实在的存在者"概念看作是符合"绝对必然存在者"概念，并从前者推出后者，这完全是一个"本体论论证所主张的命题"，因此实际上，宇宙论证明"采用了本体论的论证并以此为基础"，而经验论证除了"把我们引向绝对必然性的概念"之外，则"完全是多余的"。③

在康德看来，宇宙论证明虽然是从经验出发的，但它所得到的结论——"绝对必然存在者同时又是最实在的存在者"，则是不具有任何经验基础的。

---

① ［德］康德：《纯粹理性批判》，邓晓芒译，杨祖陶校，人民出版社 2004 年版，第 478 页。

② ［德］康德：《纯粹理性批判》，邓晓芒译，杨祖陶校，人民出版社 2004 年版，第 480 页。康德在这里所批判的宇宙论证明，类似于阿奎那五种证明中的第三种"来自可能性与必然性关系"的证明。

③ ［德］康德：《纯粹理性批判》，邓晓芒译，杨祖陶校，人民出版社 2004 年版，第 481—482 页。

因为这类存在者的特征和性质是不可能在经验中获得的，理性为了认识这类存在者的属性，只能放弃经验，从纯粹的概念出发去设想。经验仅仅是一种桥梁，最终对这种存在者的认识要依赖于本体论的方式。因此康德认为，"思辨理性为了证明最高存在者的存有而采取的第二条道路"，即经验的道路，不仅"与第一条道路"——本体论的先验道路——"同样是欺骗性的"，而且本身还"犯了一种 ignoratio elenchi（文不对题）的错误"。① 也就是说，宇宙论证明本来要给我们提供一种新的经验证明之路，但最终却回到了本体论的先验老路上。这样，宇宙论证明本应包含着在经验世界之中才有意义的原则和结论，如偶然之物和无限系列的推论原理与最初原因等，却被指向并扩展到了超感官的和超经验的世界。②

宇宙论证明在从经验世界走向超经验的原因的推论过程中，之所以依赖于对必然性概念和最高实在性概念的设定，在康德看来，乃是满足"理性借以完成一切综合的统一"的需要。或者说，这种关于"最高存在者的理想无非是理性的一个调节性的原则"，其目的是要建立起一个"必然的统一性的规则"，以便于说明"世界上的一切联结都……是从某种最充分的必然原因中产生出来的"，进而以"某种系统的和按照普遍法则"的方式解释这些联结。然而在对这一原则的运用中，包含在其中的理念却被理性设想成为一个"现实的对象"和"必然的"存在者，从而在证明中这个"调节性的原则就被转变成为了一条构成性的原则"，使得经验性论证走上了先验的道路。③

康德所批判的自然神学的证明，是一种从经验出发，通过对世界的某一形状，如"多样性、秩序、合目的性和美的舞台"等的考察，来为一个"最高存在者的存有"提供根据的证明。它首先要在这个世界上寻找到一些"清

① 参见［德］康德：《纯粹理性批判》，邓晓芒译，杨祖陶校，人民出版社2004年版，第483页。
② 参见［德］康德：《纯粹理性批判》，邓晓芒译，杨祖陶校，人民出版社2004年版，第483—484页。
③ 参见［德］康德：《纯粹理性批判》，邓晓芒译，杨祖陶校，人民出版社2004年版，第490页。

晰的迹象"，表明它们是"按照一定意图以伟大智慧"所"实现出来的某种安排"，而这种"合目的性的安排完全是外来的"；进而说明安排这种秩序的"崇高的和智慧的原因存在着"，它或它们是世界各部分统一的最终原因。①康德认为这种从经验道路向"绝对总体性"的迈进，单单依靠经验本身是不可能的，思辨理性在其中作出了一系列思想上的跨越。它从世界的偶然性现象出发，通过先验的概念进入到一个"绝对必然者的存有"，又从"这个最初原因的绝对必然性概念"进入到"绝对必然者的存有"，即"无所不包的实在性的概念"。而自然神学证明的这种跨越，即用到了宇宙论证明，又用到了本体论证明，因此它实际上是"思辨理性"本身对"自己意图"的实现。②因此康德认为，自然神学证明实际上是"建立在宇宙论的证明的基础上，而宇宙论的证明却建立在本体论证明的基础上"。③自然神学的证明由于过多地依赖"先验的概念"，而在证明的经验可靠性方面并没有比前两种证明提供更多的东西。

康德认为"从思辨理性证明上帝存在"的三种方式虽然也坚持了经验的途径（如宇宙论证明和自然神学证明），试图在经验的基础上寻求上帝存在的证据，但最终都会走向并依赖于先验的途径（本体论证明）。因此，在这三种证明中，本体论证明具有基础性地位。但是根据康德的分析，思辨理性对本体论证明的运用并没有提供任何可靠的结论，也就是说，"理性在神学上的单纯思辨运用的一切尝试都是完全无结果的，并且按其内部性状来说毫无意义的"。④康德对此的结论是，"这个最高存在者对于理性的单纯思辨的运用来说仍然是一个单纯的、但毕竟是完美无缺的理想，是一个终止整个人

---

① 参见［德］康德：《纯粹理性批判》，邓晓芒译，杨祖陶校，人民出版社2004年版，第493—494页。

② 参见［德］康德：《纯粹理性批判》，邓晓芒译，杨祖陶校，人民出版社2004年版，第496页。

③ ［德］康德：《纯粹理性批判》，邓晓芒译，杨祖陶校，人民出版社2004年版，第497页。

④ ［德］康德：《纯粹理性批判》，邓晓芒译，杨祖陶校，人民出版社2004年版，第501页。

类知识并使之圆满完成的概念，它的客观实在性虽然不能以这种思辨的方式来证明，但也不能以这种方式被反驳"。① 康德的意思是说，"上帝"作为一个单纯思辨的理想和先验的概念，其存在是不能从经验中得到说明的，它与人们的知识无关——既不能为纯粹理性所证明，也不能为纯粹理性所否证。应该说，这种看法对现代自然神学的发展产生了十分重大的冲击，即使它没有彻底阻止思辨理性的认识论冲动，但却改变了传统形而上学和认识论的思考方式。

思考题

1. 何谓存在论证明？它在中世纪哲学中具有何种地位与意义？

2. 奥古斯丁、铿迪和阿威维纳提出了什么样的存在论证明？它们的各自特征与区别。

3. 什么是本体论证明？安瑟尔谟本体论证明的出发点、结构与特征。

4. 阿奎那五路证明包括哪些内容？分析其基本结构与思想特征。

5. 如何认识司各脱形而上学证明的思想起点及其对两种因果关系系列的区分？

6. 休谟和康德批判的思维原则、主要观点及其理论意义和逻辑意义。

---

① ［德］康德：《纯粹理性批判》，邓晓芒译，杨祖陶校，人民出版社 2004 年版，第 505 页。

第十章　逻辑与语言哲学

在中世纪，有关逻辑和语言哲学的问题是众多哲学家特别感兴趣的话题，形成了极为丰富的思想内容和文献资料。虽然在这些文献内容中呈现出的问题研究和理论观点，并没有形成现代意义上的符号化或形式化的表达形式和阐释方式；然而中世纪哲学家对逻辑和语言问题的研究，一方面秉承了希腊哲学特别是亚里士多德逻辑学的思想成就，另一方面则结合自身的理论需要和他们所置身其中的思想文化传统，从更深更广的层面上思考和阐释了众多中古时期的逻辑与语言问题，推进了逻辑学和语言哲学的发展，其中的一些理论观点和表达方式对后世哲学家也产生颇多的启发和影响。

中世纪哲学家对逻辑和语言问题的思考，虽也有出于纯学理兴趣的，但更多的是把它们作为工具，用以阐释他们更为关注的神学和哲学问题。这样的研究特征和目的指向，一方面使得逻辑学和语言的研究相互之间难分彼此，或者说，中世纪哲学家们并没有特别地将它们区分开来分别研究，而是更乐意将它们紧密地关联在一起，作为一个共同的问题来思考——起码在中世纪早中期的哲学家那里是如此，例如，作为中世纪拉丁西方早期逻辑学传播者和引领者的波爱修，以及 12 世纪著名的逻辑学家阿伯拉尔，不仅表达了"整个逻辑艺术与语言相关"的看法，而且也是以这种方式对它们进行研究的。① 另一方面，逻辑和语言研究也承载了诸多哲学家们的本体论期待，他们希望在逻辑和语言的研究中能够使得整个哲学获得清晰明确的理解和表

---

① Anthony Kenny, *A New History of Western Philosophy Volume II: Medieval Philosophy*, Oxford: Oxford University Press, 2005, p. 119, p. 123.

达。虽然在中世纪晚期出现了反向的思想运动，即在逻辑和语言研究中，涌现出了一批逻辑学家，尝试并努力消除这些研究中所涵摄的本体论承诺；但就总体的倾向而言，中世纪的逻辑和语言研究往往是与形而上学和心灵哲学等问题缠绕在一起的，在其背后隐藏着解决这些问题的更多的思想动机。本章第一节从总体上梳理逻辑和语言哲学研究的历史演进，第二节分别以意义、命题与推理为核心，探究中世纪哲学家关于这些理论的观点和思想。

第一节　历史演进与基本问题

在通常的西方哲学史中，公元 6 世纪波爱修对亚里士多德逻辑学著作的翻译和评注，被公认为对拉丁西方中世纪逻辑和语言哲学的研究，具有非常重要的开启意义。虽然确实，从这个时期开始，拉丁西方逻辑和语言哲学的教学、阐释和研究获得了稳定的进展；然而在更早的时期和更大的思想背景上，随着基督宗教的产生，哲学家们也拥有了认识逻辑和语言等哲学问题的不同于希腊时期的其他思考空间和思维视角。其中一个非常重要的问题，就是宗教语言应该如何理解和表达的问题。其结果是，一方面，随着波爱修对亚里士多德逻辑学论著的翻译和评注，逻辑学研究一直成为中世纪哲学家特别钟爱的探究主题，形成了不同类型的逻辑学论著和逻辑学理论；另一方面，与宗教神学以及逻辑相关联的语言问题，也随着这些研究的深入而不断进入了哲学家们的视野之中，激发了中世纪哲学家对语言表达的构成以及语言的性质作了广泛的探究与思考。

一、奥利金与奥古斯丁：寓意与符号

在教父哲学时期，最先引起哲学家和神学家关注语言性质的重要问题之一，是《圣经》文本及其所用语词的解读与理解。基督宗教产生以后，随着其正典文本的形成与确立，同时也在如何解读这些《圣经》文本方面出现了不同观点和主张，并在公元 2 世纪前后引起了人们的争议。其中安条克主教提奥菲勒主张对《圣经》文本及其语词的理解应该恪守原意，"严格按照字

面意义进行解释"；他的这种看法被认为是安条克学派字面解经理论的典型
代表。① 与之不同的是，稍晚于提奥菲勒的克莱门特和奥利金，在 2 世纪末
和 3 世纪上半叶，提出了一种被称为隐喻（metaphors）或寓意（allegories）
解经的理论。在他们看来，《圣经》文本除了通过字面本身表达的含义（literal
sense）之外，还包括了其他更深的或者说隐藏着的含义。克莱门特把它们
看作是"宇宙更深的真理"，因此他认为《圣经》经文文本包括了字义和灵
义的双重意义，即一方面它以真实的方式表达了历史的和字面的意义，另一
方面也通过象征或隐喻表达了宗教和哲学的真理。② 而奥利金则对经文文本
的寓意解释作出了更多的说明，认为其含义除了字面的意义外，还包括了道
德的（moral）或心理的（psychical）意义和理智的（intellectual）或灵性的
（spiritual）意义。③ 克莱门特和奥利金都来自亚历山大城，他们的理论因之
也被称为亚历山大学派。

　　无论是提奥菲勒还是克莱门特和奥利金，就他们释经理论的基本倾向和
特征而言，它们所表达的更多的是圣经解释学的内容，当然这些理论在对
《圣经》文本的具体解释中，也会触及语词和语义的问题，特别是当它们对
经文段落和词汇的字义作出解释时更是如此。例如，有学者列出了奥利金自
称在《圣经》语言中所发现的一些词语的神秘意义，诸如"'马'通常意为
'声音'，……'酵'意为'教训'；'银子'和'号角'意为'道'；'云'意
为'圣洁者'；……'水井'意为'《圣经》的教诲'；'麻布'意为'贞洁'；……
'未掺和的酒'意为'不幸'；'瓶子'意为'身体'；……"。④ 应该说，这种
语义的解释已经游离出了人类自然语言日常含义的范围，包含着明显的神学
韵味和宗教特征，虽然其中也不乏地方民俗乃至想象的成分。然而无论这个

---

① 参见赵敦华：《基督教哲学 1500 年》，人民出版社 2007 年版，第 67 页。

② 参见［美］胡斯都·L. 冈察雷斯：《基督教思想史》第 1 卷，陆泽民、孙汉书、司徒
桐、莫如喜、陆俊杰译，译林出版社 2008 年版，第 186—191 页。

③ 参见［美］胡斯都·L. 冈察雷斯：《基督教思想史》第 1 卷，陆泽民、孙汉书、司徒
桐、莫如喜、陆俊杰译，译林出版社 2008 年版，第 201—202 页。

④ 参见［美］胡斯都·L. 冈察雷斯：《基督教思想史》第 1 卷，陆泽民、孙汉书、司徒
桐、莫如喜、陆俊杰译，译林出版社 2008 年版，第 205 页。

时期语义阐释的目的和范围是什么，在《圣经》等文本的语词研究中所体现或有意揭示出来的宗教因素，则是早期教父哲学家们研究语言问题的一个重要动机。就这一动机所促使语言问题研究中对神秘性和超越性意义的关注而言，可以说早在公元1世纪亚历山大城的犹太哲学家斐洛那里就已经开始了。斐洛通过寓意解经法，展现出了宗教文本及其语言与其他文本在理解和阐释方面的差异和不同。而在这些解经方法和语义阐释方式中所体现出的一种新的语言研究方法与特征，被认为是从希腊哲学的自然语言研究，向教父哲学时期宗教语言研究转化的重要契机或阶段。① 这种研究语言的方式在随后的中世纪时期，也一直是哲学家们密切关注的内容。

　　沿着这种宗教转向方式进行语言研究并取得重大理论成就的另一位教父哲学家，是生活在公元4世纪末到5世纪初的奥古斯丁。奥古斯丁不仅在宗教语言研究方面有着颇多的建树，而且对人类自然语言的性质也产生了浓厚的兴趣，提出了众多富有创建性的观点和看法。这些观点和看法在奥古斯丁的不同著作，诸如《忏悔录》、《论教师》、《论辩证法》、《论基督教学说》和《论三位一体》等中，都以不同的形式得到了表达和阐释，为现当代学者提供了解读奥古斯丁语言哲学思想的文本依据。维特根斯坦在其《哲学研究》的开篇，引述了奥古斯丁《忏悔录》中的一段话语：

　　　　当他们（我的长辈）称呼某物时，他们同时转向该物。我注意到这些并且渐渐明白：他们是用发出的那个声音来意指该物的。他们用身体的动作表示自己的用意。可以说身体的动作是一切种族的自然语言。人们用面部表情、眼神、身体其他部位的动作和语气表达寻求、拥有、拒绝或逃避等心理状态。因此，当我反复听到字词在各种不同语句中不同位置的用法后，便逐渐学会了懂得它们所指的东西。后来我的口舌习惯于这些声音符号时，我便用它们来表达我自己的意愿。（奥古斯丁：《忏悔录》第一章第八节）

　　奥古斯丁在这段话中，描述了他如何从其长辈那里了解到了他们称呼某

_____

① 参见董尚文：《阿奎那语言哲学研究》，人民出版社2015年版，第73页。

物时，某个语词与其所指称事物的对应关系，以及从中怎样学会使用语言的过程。维特根斯坦认为，"这段话给我们描绘出了一幅人类语言本质的特别图画，即：语言中的单词为事物命名——句子是这种名称的结合。在这幅语言的图画中，我们发现了以下想法的根源：每个字词都有一个意义。这个意义同这个字词是相联系的。它是字词所代表的东西"。①

　　一些学者把维特根斯坦在这里所描述的奥古斯丁关于语言本质的观点，即一个语词的意义在于它为事物命名并指称这一事物的看法，称之为"奥古斯丁图画"（the "Augustinian picture"）；虽然他们并不认为这一图画所揭示的观点是奥古斯丁首创并独自持有的，因为这类观点在奥古斯丁之前就已存在，在他之后仍将继续存在；而且他们还认为，维特根斯坦在这里所评述的奥古斯丁《忏悔录》中所表达的语言观，多少误解了奥古斯丁所最感兴趣的内容，即他首先所要关注的东西不是他学到了什么（什么是指称对象的名称），而是他如何学习的（如何被教导并表达思想）。② 当然，这并不意味着奥古斯丁不看重语词的命名与指称问题，相反，他把语言看作是一个复杂的现象，语言的意义除了单纯的命名之外，还包括了在教导和学习过程中为了多重目的——诸如信息交流、祈祷和唱歌等③——而如何使用的问题。奥古斯丁正是在对语言的这种多样性和复杂性的思考与考察中，提出了他关于语言的目的、用途及其本质的看法，形成了被后世学者称之为符号论的思想。

　　奥古斯丁在对语词意义的分析中，主要是把它看作是一种符号，以此来揭示语言的功能和作用。在他看来，语词就是一种符号（signs），是一种表示（signify）且必须表示某种东西的符号；如果不具有表示作用，一个符

　　①　[英] 维特根斯坦：《哲学研究》，汤潮、范光棣译，生活·读书·新知三联书店 1992年版，第 7 页。

　　②　*The Cambridge Companion to Augustine*, edited by Eleonore Stump and Norman Kretzmann, Cambridge: Cambridge University Press, 2001, pp. 186-187.

　　③　奥古斯丁在其《论教师》中对这些语言的多样化使用进行了回顾与表达。Anthony Kenny, *A New History of Western Philosophy Volume II: Medieval Philosophy*, Oxford: Oxford University Press, 2005, p. 116.

号（语词）就不能是一种符号。① 因此，奥古斯丁认为，由于人类学习和使用语言的目的在于传递信息，而实现这一目的的基本手段就是（语言）符号的这种表示作用："所有的教育都是有关事物或符号的，而事物的被学得则是通过符号。……因而存在着……众多符号，诸如语词（words），其唯一的作用在于表示。由于无人会使用语词，除非是为了表示某物的目的"。② 奥古斯丁把语词视为一种符号，通过对符号意义的解读来阐释语言的功能与作用，他的这种语言哲学因而也被称为符号论，一种在符号论框架下考察语言现象的理论。③

如果说语词是一种符号，而符号的意义主要在于它的表示和指示功能，那么我们应该如何在符号的这种视域下认识或考察语言的目的和作用呢？奥古斯丁在不同的论著中对这个问题从不同方面作出了论述。在《论基督教学说》中，奥古斯丁对符号作了专门的阐述，把它分为两种类型：自然的（natural）符号和给予或约定的（given）符号。在他看来，自然符号"是那些并不具有意愿或任何表示意图、但却从它们那里产生了被认知到的与它们自身不同的某种东西"，例如烟之于火，兽迹之于途经的动物，表情之于愤怒或悲伤等人们的心理状态，尽管烟、兽迹和表情本身并没有任何的意愿或主观意图要去表示火、动物以及心情。而约定的符号则与之不同，它们是那些"有生命的事物在他们之间所给予的、为了在他们力所能及的范围内展现其心灵的冲动，或者任何他们所感知和理解的东西"，正是这种表达和传递的意愿或需要，促使人们相互之间使用具有表示功能的符号。④ 奥古斯丁关于自然的符号和约定符号的区分，主要是基于符号的使用者或展现者是否具

① Augustine, *De magistro*, 2.3; *The Cambridge Companion to Augustine*, edited by Eleonore Stump and Norman Kretzmann, Cambridge: Cambridge University Press, 2001, p. 191.

② Augustine, *De doctrina christiana*, 1.2.2; *The Cambridge Companion to Augustine*, edited by Eleonore Stump and Norman Kretzmann, Cambridge: Cambridge University Press, 2001, p. 191.

③ 董尚文：《阿奎那语言哲学研究》，人民出版社 2015 年版，第 94 页。

④ Augustine, *De doctrina christiana*, 2.1.2-2.2.3; *The Cambridge Companion to Augustine*, edited by Eleonore Stump and Norman Kretzmann, Cambridge: Cambridge University Press, 2001, p. 191.

有某种主观的愿望或意图。如果没有这种愿望或意图，即使是表示了特定心理状态的愤怒表情，也会是自然的符号；同样的，如果是被有意或为了某种目的而专门使用的符号，例如某种烟雾被有意地用来预示或表示火的发生，那么它们就会成为约定的符号。

在这两类符号中，奥古斯丁尤为关注约定的符号，因为它与人的使用特别是语言现象相关。虽然（约定的）符号不一定是语词且必然与人类相关，但语词必定是（约定）符号，而且在人们的愿望表达和信息传递中具有核心意义，"就表示人们思维中所构想的、要去传达的任一东西的领域而言，语词具有绝对的支配地位"。① 由于人类使用作为符号的语词表达或表示他所感知和理解的事物，因而当他用清楚明确的方式表达——例如，能够由文字构成的语句——语词符号时，那么这种符号既可以为"一个讲话者表达"，也能够为"一个旁听者理解"。② 应该说，正是基于语言在讲话者和旁听者之间的这种有效的沟通，促使奥古斯丁赋予语言符号在人类信息传递中的重要地位。为了明确语言符号复杂的意义，奥古斯丁在不同文本中都作了更多的讨论。除了上文提到的奥古斯丁在《忏悔录》中认为语词与其所指之物之间具有密切关联，他还在其他著作如《论教师》中，通过引用维吉尔（Vergil）的一句诗歌并对之进行分析讨论，说明了语词符号具有不同于其所表示的事物的独立意义以及字母和手势等符号不同于语词符号的差异。③ 在这些关于语词语义讨论中，一些学者认为其中蕴含了奥古斯丁在专有名称和普通名词之间所作的区分，以及对一个语词能够分别在抽象意义和个别意义上使用的明确意识。④

---

① Augustine, *De doctrina christiana*, 2.3.4; *The Cambridge Companion to Augustine*, edited by Eleonore Stump and Norman Kretzmann, Cambridge: Cambridge University Press, 2001, p. 192.

② Augustine, *De dialectica*, 5.7; *The Cambridge Companion to Augustine*, edited by Eleonore Stump and Norman Kretzmann, Cambridge: Cambridge University Press, 2001, p. 193.

③ Anthony Kenny, *A New History of Western Philosophy Volume II: Medieval Philosophy*, Oxford: Oxford University Press, 2005, pp. 116-117.

④ *The Cambridge Companion to Augustine*, edited by Eleonore Stump and Norman Kretzmann, Cambridge: Cambridge University Press, 2001, pp. 194-195.

　　就整体的思想进程而言，奥古斯丁对人类语言现象的考察，深受其秉持的宗教信仰及其神学传统所影响。在阐释上帝创世、道成肉身和三位一体等基督宗教教义神学的过程中，奥古斯丁一方面以"上帝之道"（Verbum Dei）为核心，对《圣经》中的基本观念"logos"（拉丁语译为 verbum）一词从"话语"或"言语"的层面作出了更广泛的解释，其中涉及的宗教语言学被认为是深化了其符号论的话语理论；而在如何言说上帝方面，奥古斯丁借用了亚里士多德关于实体与偶性区分的思想，提出了"在实体上的言说"和"在关系上的言说"的两种方式，同时也把述说上帝的谓词分为实体性的和关系性的。① 另一方面在阐释"圣言"与心智的关系中，奥古斯丁依据斯多亚学派关于内在逻各斯和外在逻各斯的区分，对他一直感兴趣的"内在语"（verbum intimum）问题作了进一步的说明，分析了思想，即心智语言的意义以及与其外在表达形式，诸如口语、字母和身体符号等的关联。② 应该说，奥古斯丁在宗教语境下对语言问题的探究，包含了一些语言哲学的重要问题，他从中所提出的一系列观点和看法，丰富并推进了教父哲学时期语言哲学研究的理论深度和广度。

二、中世纪前中期的逻辑语言哲学

　　克莱门特、奥利金和奥古斯丁等人在神学背景下对语言语义问题的阐释与思考，可以说是将希腊哲学时期语言哲学的探究在新的思想文化层面中的展开与推进；特别是奥古斯丁的符号论及其宗教语言观，对随后中世纪语言哲学的发展产生了广泛的影响。然而他们对语言问题的探究，并没有刻意地将其与逻辑学理论关联在一起展开。虽然奥古斯丁曾读过亚里士多德一些逻辑学著作，但他对此似乎并没有太大的兴趣，因而在历史上也没有留下逻辑学方面的研究成果和相应的理论贡献。③ 而真正将希腊时期逻辑学思想引入

---

　　① 参见董尚文：《阿奎那语言哲学研究》，人民出版社 2015 年版，第 99—101 页。

　　② 参见董尚文：《阿奎那语言哲学研究》，人民出版社 2015 年版，第 104—107 页。

　　③ Anthony Kenny, *A New History of Western Philosophy Volume II: Medieval Philosophy*, Oxford: Oxford University Press, 2005, p. 118.

中世纪，并将语言和逻辑密切关联在一起的最早的哲学家，是公元 6 世纪的波爱修。他有关亚里士多德逻辑著作的翻译和评注，不仅延续了自波菲利以来亚里士多德逻辑作为新柏拉图主义课程体系中的一项主要内容的惯例，并且依循波菲利的做法在评注中忠实于亚里士多德本人的思想，而不是像当时其他人那样根据柏拉图的观点给予解释，从而为后来的拉丁西方提供了"一个纯粹得多的亚里士多德传统"。①

在关于《〈范畴篇〉导论》中，波菲利对谓项（predicate）问题表现出了极大的兴趣，将与主项对应的谓项分为五个不同的类型，分别是种（species）、属（genus）、种差（differentia）、固有属性（property）和偶性（accident）；虽然亚里士多德在其《论题篇》（Topics）中也提到了这五个术语，但波菲利给予的是一些不同的解释，形成了一种新的有关谓项的看法，而有别于亚里士多德的范畴理论。依照这种谓项理论（the theory of predicables），可以在范畴内建构相应的分级体系，例如可以在属、种之下分级，也可以在实体（substance）范畴下分类，等等，而以图表形式表示的分级体系，则被称为"波菲利树"（Porphyry's Tree）。②

波爱修通过对亚里士多德《范畴篇》和《解释篇》以及波菲利《〈范畴篇〉导论》的翻译和评注，将其中的逻辑学和语言哲学理论传承到了拉丁西方的思想文化之中。除此之外，他本人也写过关于三段论和论题的著作，对逻辑学的发展作出了比较重要的贡献。他对直言三段论（categorical syllogisms）的论述较为简单明晰，而对假言三段论（hypothetical syllogisms）的论述则较为复杂。在《论假言三段论》（De syllogismis hypotheticis）中，波爱修在将古代晚期发展起来的亚里士多德词项逻辑和斯多亚学派命题逻辑的糅合特征继承并呈现了出来的同时，对假言三段论的构成、推论关系和各种可能形式等作出了论述和区分，其中涉及了对"蕴含"意义的思考。波爱修除了对

---

① 参见［英］约翰·马仁邦：《中世纪哲学：历史与哲学导论》，吴天岳译，北京大学出版社 2015 年版，第 38—39 页。

② Anthony Kenny, *A New History of Western Philosophy Volume II: Medieval Philosophy*, Oxford: Oxford University Press, 2005, pp. 119-121.

三段论有所关注之外，也意识到了论题在其中的重要性，写过相关的论著《论题之种差》（De Topicis Differentiis），讨论了论题的不同类型以及普遍或最大命题在推论中的意义和作用。①

波爱修有关亚里士多德逻辑的翻译与注释，使得哲学家们和神学家们在那个希腊思想资源极为匮乏的时代获得了不可多得的论证方式与表达形式。同时，波爱修关于逻辑既是哲学一部分又是认知工具的看法，对拉丁西方中世纪哲学的发展也产生了重要的影响。波爱修的逻辑学译著和注释出版后，其中一部分成为拉丁西方中世纪早期被普遍使用的逻辑学教材。随后，不同时期的一些学者们也写下了众多的逻辑学教材和著作，推动了逻辑学的发展。在 10 世纪前后，逻辑学研究出现了不同于以往的情形，逻辑学家们对自波爱修以来亚里士多德为数不多的逻辑学译作——史称"旧逻辑"（logica vetus）——开始以更为整体全面的方式予以把握和探究。在这些逻辑学家中，有两位的成就尤为卓著，一位是学识渊博且做过教宗的欧利亚的吉伯特，另一位是更专注于逻辑学理论本身的弗勒里的阿博。吉伯特长期从事逻辑学的教学和讲解，对逻辑学有着较为深入的理解；在他留存下来的唯一一部逻辑学著作《论理性与使用理性》一书中，吉伯特试图澄清一些主要概念以及当时人们使用逻辑学的偏差和错误，并对与谓项理论相关的述谓的类型进行了考察。② 阿博则对推理理论有着更多的偏好，写过专门的论著阐释直言三段论和假言三段论的问题。③

以这种教学和研究为基础，拉丁西方中世纪的哲学家和神学家们把逻辑学用在了对诸多问题的探究中。这种探究最引人瞩目、同时也是引发不同哲学家和神学家之间激烈争论的，是以论辩逻辑为基础的"辩证方法"。这种方法所体现的辩证的风格与论辩的张力，为问题的讨论和探究提供了极富活

---

① Anthony Kenny, *A New History of Western Philosophy Volume II: Medieval Philosophy*, Oxford: Oxford University Press, 2005, pp. 121-122；[英] 约翰·马仁邦：《中世纪哲学：历史与哲学导论》，吴天岳译，北京大学出版社 2015 年版，第 40—41 页。

② 参见 [英] 约翰·马仁邦：《中世纪哲学：历史与哲学导论》，吴天岳译，北京大学出版社 2015 年版，第 121 页。

③ 参见 [英] 约翰·马仁邦：《中世纪哲学：历史与哲学导论》，吴天岳译，北京大学出版社 2015 年版，第 121—122 页。

力的手段。因此到了 11 世纪之后，伴随着逻辑学成为学校教育的主要课程，辩证方法逐步建构起了经院哲学的基本特征。当时的学校教育出现了一种新的教学风格，即教师和学生往往依据问题进行讨论并展开辩论，提出解决问题的途径和答案。在这种问答和论辩中，教师和学生通过问题提出、词义辨析以及逻辑推理的运用等，强化了相关内容的讨论，从中产生出了一种新的思维风格和思想方式。①

安瑟尔谟可说是体现这种风格的一个代表。除了本体论证明等思想理论广有影响之外，他对逻辑和语言问题也有专门的思考与探究。这种思考主要集中在他所写的逻辑学著作 De Grammatico 中，这是一部被认为是安瑟尔谟唯一一部只讨论逻辑学和语义学而不包括任何神学内容的专门著作。在这部著作中，安瑟尔谟主要通过对亚里士多德《范畴篇》中（1a12—25）涉及的同根或"名词派生"现象，讨论了同根词 grammaticus 是指实体还是性质的问题。他并不完全认同亚里士多德的看法，即用来表达同根现象的语词源自意谓偶性而非实体的名词，因此同根词是用一个偶性词来谈论实体；而是更倾向于认为，同根现象不是意谓语词，而是事物。他在对这种现象作出了一系列分析之后，通过使用意谓（signification）和命名（appellation）对之作出了区分，前者涉及性质，后者指称实体。或者说，当 grammaticus 涉及一个具体对象，如一个人时，它是实体；当它用在语法知识，即涉及谈论对象的方式时，则是性质。②

12 世纪之前，在学校教育和学者们的推动下，拉丁西方以所谓亚里士多德"旧逻辑"为基础的研究，一直是以一种持续稳定的方式发展着。12 世纪的到来则使得这种研究获得了更为快速的增长，在 1150 年之前的差不多半个世纪中，涌现出了更多对"旧逻辑"非常感兴趣的逻辑学家，从他们中产生出了超过 100 种的更为细致的有关"旧逻辑"的评注；尤其是在巴黎及其周边，更是开办并聚集了众多学校和从事讲学与研究的教师与学者，

---

① 赵敦华：《基督教哲学 1500 年》，人民出版社 2007 年版，第 208—209 页。

② 参见 [英] 约翰·马仁邦：《中世纪哲学：历史与哲学导论》，吴天岳译，北京大学出版社 2015 年版，第 126、128—130 页。

到 12 世纪后半叶，出现了由这些导师及其追随者凝聚而成的一系列逻辑学派别，主要有唯名派（Nominales）、普瓦捷派（Porretani）或吉尔伯特派（Gilebertini）、小桥派（Parvipontani）或亚当派（Adamitae）、阿尔贝里克派（Albricani）或山岳派（Montani）和梅隆派（Melidunenses）或罗伯特派（Robertini）。这些派别的逻辑学思想基本与"旧逻辑"的解释相关，同时各自具有明显并相互区别的论题。① 在这些逻辑学家中，阿伯拉尔可谓是其中成就最为卓著的佼佼者。那个在历史上被称为"唯名派"的逻辑学派，即是由阿伯拉尔及其门徒所建构的。

阿伯拉尔作为一名教师，不仅讲授逻辑学等课程，而且也写出了不少关于逻辑和语言的专著与评注，其中主要的有《辩证法》、两篇逻辑学评注和《论思考行为》（De intellectibus）等。两篇评注篇幅不同，是分别针对"旧逻辑"中的不同论著所写，篇幅较长的被称为《逻辑的要素》〈Logica Ingredientibus〉，较短的被称为《由此说起的逻辑》〈Logica Nostrorum petitoni sociorum〉，是学界根据其拉丁文著作开篇的几个单词来命名的。② 阿伯拉尔逻辑学研究的一个特点是将其与语词语法相关联，认为逻辑是一门有关语言的学科，像语法那样处理语词——有意义的语词而不仅仅是声音。为此，他对语言的语法成分进行了分析，如同亚里士多德那样从名词和动词的区分开始。但不同于后者把重点主要放在了包含时态的动词方面，阿伯拉尔同时也强调了名词所暗含的时态特征。此外，阿伯拉尔依据亚里士多德句子的标准形式"S 是 P"，对名词和动词各自在其中的意义进行了分析，考察了主词或系动词缺失所导致的句子的不完整及其意义理解的可能性，并把名词—动词形式看作是标准的句子形式。③

---

① 参见 ［英］约翰·马仁邦:《中世纪哲学: 历史与哲学导论》，吴天岳译，北京大学出版社 2015 年版，第 139、174—175 页。

② 参见 ［英］约翰·马仁邦:《中世纪哲学: 历史与哲学导论》，吴天岳译，北京大学出版社 2015 年版，第 142—143 页。

③ Anthony Kenny, *A New History of Western Philosophy Volume II: Medieval Philosophy*, Oxford: Oxford University Press, 2005, pp. 123-124.

　　在考察主谓词关系时，阿伯拉尔不仅把动词"to be"看作是连结主谓词的句子成分，而且同时注意到了它具有表示存在的独立意义。也就是说，在一些句子中，系动词"est"（拉丁词，即英文的"is"）是附属于谓词并与谓词一道构成了一个独立的句子成分，如"Chimera est opinabilis"（"吐火女怪是可以想象的"），其中的"est"只是与"可以想象的"相关联，不表示任何其他的存在意义。而在另一些句子中，如"Socrates est"（"苏格拉底存在"）中，"est"则具有不同于主谓词的独立意义，表示存在。阿伯拉尔随后在其他地方，又对表示存在的陈述句从两个方面作了阐释。一方面是将"Socrates est"扩展为"Socrates est ens"（"苏格拉底是一个存在者"），另一方面是将这种存在句如"A father exists"（"父亲存在"）改写为"Something is a father"（"某物是一个父亲"）。在后一种情况中，"存在"一词为一个量词加一个动词取代而不再出现。①

　　阿伯拉尔在句子中对语词不同地位和意义的分析，在总体上是与他关于逻辑学的基本立场相关联的。在早期，他认为"旧逻辑"中的著述是"关系到语词"的（in voce），因此较为热衷于语词论分析；到晚年以后，他同时认为这些著述也"关系到事物"（in re），从而开始进一步对语词与事物和存在的关系作出阐释。他认为，一个语词有两种意味功能，它既可意谓事物，也可表达思想。而只有那些表达个体对象的语词，如"那匹马"、"这棵树"等，才能指称个体事物的存在；而表达普遍事物的语词，虽有客观基础，但更多的是对普遍概念的表达。阿伯拉尔的这种看法，体现出了他不同于当时在唯名论和实在论之间广泛争论的关于共相是否真实存在的立场。②

　　阿伯拉尔除了在语词语法方面有所建树之外，他在逻辑学上更是成就卓著，不仅被誉为"旧逻辑"研究的"高峰"，而且也被视之为传统逻辑学的

---

　　①　Anthony Kenny, *A New History of Western Philosophy Volume II: Medieval Philosophy*, Oxford: Oxford University Press, 2005, p. 124.

　　②　参见［英］约翰·马仁邦：《中世纪哲学：历史与哲学导论》，吴天岳译，北京大学出版社 2015 年版，第 144 页；Anthony Kenny, *A New History of Western Philosophy Volume II: Medieval Philosophy*, Oxford: Oxford University Press, 2005, p. 125.

"革新者"。阿伯拉尔在对语言和逻辑等问题的研究中，时常警醒于语词和表达式使用的含混与矛盾，在一些论著如《辩证法》中，往往会引用一些诸如"如果 p，那么 q"之类的条件句，分析其理解和结论所可能具有的多样性及其真值的不确定性，进而指出其中包含的诸多问题与自相矛盾。在这样的分析和考察中，阿伯拉尔意识到了条件句前后件之间的蕴含关系以及一个论证的形式有效性与其结论真值之间的关系，并从中发展出了一种被当代学者称之为具有革新意义的新的"形式逻辑体系"——命题逻辑体系。① 虽然在希腊罗马时期，除了亚里士多德的谓词逻辑之外，命题逻辑也曾被斯多亚学派所提出，但波爱修并未将其引介到中世纪的拉丁西方。阿伯拉尔对命题逻辑的阐述，可谓是一种重新的提出或发现。他在思考论题推论时对命题逻辑的发展，不仅阐明了论题或最大命题在哪些方面能够构成推论的基础，而且也给出了判定条件句真值的标准。如果我们以"如果 p，那么 q"为条件进行推理，那么（1）不可能 p 为真而 q 为假；（2）p 的意义中包含 q。这是其推论为真的两种情形，其他违反这些标准的推论则是不成立的，或是不能够严格为真的。②

由于阿伯拉尔把逻辑看作是对正确和不正确的论证与推理予以判定和鉴别的学科，因而他对作为推论基础的论题的必然性以及条件句前后件关系的必然性有着严格的要求。只有满足了这两种要求的推理，才是必然为真的推理。当然阿伯拉尔也意识到，这种真是逻辑上的，它与其中所涉及的内容是否在事实上为真无关。这种理解也使得阿伯拉尔成为中世纪拉丁作家中，对命题语义学作出深入考察的第一位逻辑学家。此外，他对模态逻辑也有所思考，考察了对主项属性断定的两种可能性方式。③ 阿伯拉尔在逻辑和语言哲

---

① 参见 [英] 约翰·马仁邦：《中世纪哲学：历史与哲学导论》，吴天岳译，北京大学出版社 2015 年版，第 144—145 页。

② 参见 [英] 约翰·马仁邦：《中世纪哲学：历史与哲学导论》，吴天岳译，北京大学出版社 2015 年版，第 145—146 页。

③ Anthony Kenny, *A New History of Western Philosophy Volume II: Medieval Philosophy*, Oxford: Oxford University Press, 2005, pp. 126-127；[英] 约翰·马仁邦：《中世纪哲学：历史与哲学导论》，吴天岳译，北京大学出版社 2015 年版，第 146 页。

学研究中所取得的成就，既是其自身兴趣和努力的结果，同时也与他所生活时代的思想处境相关。当时的巴黎，聚集了一批富有思想活力的学者，相互影响和作用，推动了以"旧逻辑"为基础的逻辑学等学科的发展。而共相问题涉及的语词和实在的关系，也是推动阿伯拉尔思考语义和逻辑推论可靠性的主要动力之一。

三、"新逻辑"的传播与晚期的逻辑学转向

大约从 12 世纪中后期开始，随着亚里士多德几乎所有著作在拉丁西方的翻译，包括在其《工具论》（Organon）中的所有逻辑学著作，诸如《范畴篇》和《解释篇》以及《前分析篇》、《后分析篇》、《论题篇》、《辩谬篇》等，也被翻译为拉丁文在西方传播。[①] 这些被称为"新逻辑"的逻辑学著作，大大扩展了此前在拉丁西方流行的所谓"旧逻辑"的局限，为逻辑学的研究带来了新的气象和局面。当然，在这个新旧逻辑交替的时期，以旧逻辑为基础的研究方式和思想成果还会以不同方式持续着，例如，在阿伯拉尔思想中包含着的关于"旧逻辑"是"关系到事物"还是"关系到语词"的纠结，在 12 世纪后期有了更明显的分歧与争论；而在早期孕育而成的唯名派、普瓦捷派等逻辑学派别，也正是在这个时期达至滥觞。然而，"新逻辑"带来的改变和影响正在以快速的方式展现出来，它不仅在学校教育中作为对"旧逻辑"的补充而成为逻辑学课程的主要内容，而且也吸引了越来越多学者研读与评注的兴趣。由此产生了一些新的思想焦点和理论观点，例如亚里士多德的《辩谬篇》成为阅读的热点，有关论辩题（sophisms[②]）的讨论吸引了众多人参加，其中争议最多的话题之一是"说谎者悖论"（liar paradox）。这些悖论在当时往往以"不可解"问题（insolubilia）而闻名。

---

① 其中一些是波爱修译本的重新发现，一些是为当时其他学者从阿拉伯世界引进并翻译的。

② 中世纪学者使用的 sophismata（拉丁语）不是指古希腊亚里士多德批评的智者及其诡辩论，而是指一些难以解答的、真假难辨的、正反皆可能的论辩题，其中，不可解问题、说谎者悖论是其中的典型案例。

此外，这个时期还出现了所谓"现代派逻辑"（logica modernorum）的萌芽，讨论了诸如推论、词项特性、论辩题和助范畴词（syncategorematic terms，也译附范畴词）等问题。① 而在这些变化中，还有一个是逻辑学地位的改变，即在"旧逻辑"阶段哲学家们在逻辑学研究中希望解决形而上学和心灵哲学的期待，或者说哲学家们试图赋予逻辑学的本体论承诺，随着亚里士多德其他哲学著作的翻译和传播而有所终止，"有关亚里士多德的科学、形而上学和心灵哲学的知识，在其新柏拉图背景中终结了在逻辑学和语义学上建立整个哲学的尝试"，② 逻辑学开始逐步回归其自身所关注的问题，变得更加的逻辑学化了。

这些变化在 13 世纪时尤为明显。首先是独立大学的建构为逻辑和语法等学科的学习、讲授与研究提供了独立的场所和较为稳定的学者群体。欧洲最早获得独立地位的大学起源于 12 世纪末和 13 世纪初，主要有博洛尼亚大学、巴黎大学和牛津大学等，它们大多是从过去的主教座堂学校演变或发展而来，旨在为那些开设定期课程以及取得学位资格的教师和学生提供一个较为稳定独立的机构。逻辑和语法是这些学校开设的基本课程，而在 13 世纪中叶出现的两部后来影响长久的逻辑学著作，就是由这些大学的教授撰写的，一部是牛津大学的威廉·舍伍德所写的《逻辑学导论》（Introductiones in Logican），另一部是巴黎大学教授西班牙的彼得所著《手册》（Tractatus），后更名为《逻辑学概要》（Summulae Logicales）。③ 其次是通过不同渠道并在不同译者的参与下，进一步完善了亚里士多德著作体系在拉丁西方的影

---

① Anthony Kenny, *A New History of Western Philosophy Volume II: Medieval Philosophy*, Oxford: Oxford University Press, 2005, p. 127；[英] 约翰·马仁邦：《中世纪哲学：历史与哲学导论》，吴天岳译，北京大学出版社 2015 年版，第 176 页。

② [英] 约翰·马仁邦：《中世纪哲学：历史与哲学导论》，吴天岳译，北京大学出版社 2015 年版，第 181 页。

③ [美] 布莱恩·蒂尔尼、西德尼·佩因特：《西欧中世纪史》，袁传伟译，北京大学出版社 2011 年版，第 392—393 页；[英] 约翰·马仁邦：《中世纪哲学：历史与哲学导论》，吴天岳译，北京大学出版社 2015 年版，第 216 页；*Anthony Kenny, A New History of Western Philosophy Volume II: Medieval Philosophy*, Oxford: Oxford University Press, 2005, pp. 127-129。

响。这些翻译既有从阿拉伯语的转译，也有从希腊文的直接翻译。[①] 除了这些社会条件和思想文化的演进之外，在语言和逻辑的学说理论方面的变化，也体现出了更为深入和更为多样化的特点。

中世纪哲学家关于语言问题的研究，虽然表面看起来并没有像在亚里士多德新旧逻辑学著作推动下的逻辑研究那样风生水起，但由于他们大多是把语言和逻辑的问题关联在一起思考的，而且语言本身在中世纪的思想背景中也有着其独特的意义；因而可以说，到 13 世纪时，有关词项、语句、语义和语法等语言问题都获得过或多或少的讨论，并形成了相应的观点与看法。例如语词或词项通常被区分为书写、口语以及心灵的对应物（心灵语言），它们各自的含义、属性、表达形式及其相互关系等，在较为充分的层面上被给予了阐释和讨论。在对语词或词项性质的讨论中，尤为注重意义和意谓，对什么是"有意义的"语词以及句子作了广泛深入的讨论。这些讨论还包含了一个不同于波爱修所引领的亚里士多德传统，主要是依据于公元 6 世纪初普里西安（Priscian）《语法基础》（Institutiones grammaticae）等著作中所提出的意义理论而展开的。普里西安在这部著作中提出了一种不同于亚里士多德传统的语义学方法，认为语词是根据它们的意义本身而不是它们在语句中的功能来界定的。这些看法对中世纪拉丁西方的语言研究产生了持久的影响，后来的学者们根据语词自身有意义或在句子中有意义而将其分为范畴词（categorematic terms）和附范畴词两类。前者如名词，为句子提供基本意义；后者如连词、副词和介词等功能词，保证了句子结构和表述形式的完整。语词的意义可以根据不同的方式区分，不同意义语词的使用以及在不同特定语境中的使用，会使得句子有着不同的含义。中世纪哲学家们将它的语义特征通常用"指代"（suppositio）来表述，并建构了一系列较为严格的术语来分类，诸如作为基本的和一般意义上使用的"本质指代"（natural supposition），以及在不同语境和不同意义上使用的指代分类，诸如单纯

---

① 参见 [英] 约翰·马仁邦：《中世纪哲学：历史与哲学导论》，吴天岳译，北京大学出版社 2015 年版，第 220—221 页。

指代（simple supposition）和人称指代（personal supposition）、"形式指代"（formal supposition）与"物质指代"（material supposition）等。这些关于语词属性和指代分类的表述，在西班牙的彼得的《逻辑学概要》中都有着较为详细的表述与区分。①

通过对指代的细致考察与分类，可说是中世纪哲学家认识语词语义属性的一个重要方式。由于语词还包含着其他一些属性，例如"命名"（appellation）等，与语词和句子的适用范围都有关系。这些语义属性在中世纪早期也受到了不同程度的关注与考察。到13世纪时，关于语词的命名属性是关涉到现存对象还是可用于所有时间——过去、现在和未来中的事物，而形成了两种不同的思想学派。② 在这些有关语词意义和语义属性的研究中，亚里士多德和普里西安的著作，可以说都是以不同方式在发挥作用。不过在这个时期，有关语法学的研究，普里西安的影响会更大一些。他的语法学著作不仅成为12世纪大学学习和讲授语法学的基本教材，出现了更为细致化和技术化的研读；而且在13世纪以后为应对亚里士多德"学科"化的要求，发展出了一种更加学理化了的语法学理论——"思辨的"（speculative）或"样态主义的"（modistic）语法学。提出这种理论的语法学家们，通过对存在样态（modi essendi）、思想样态或理智构想样态（modi intelligendi）和意谓样态（modi significandi）的区分，阐释了一种稳定的语法结构。③

在这个时期，随着亚里士多德"新逻辑"研读和评注的深入，包含在其中的逻辑学思想和理论得到了充分的发展。逻辑学家们不仅讨论了词项（主项与谓项）和命题（肯定与否定等）的性质与特征，而且还以此为基础考察了推理的有效形式。在对推理理论的阐释中，他们主要以亚里士多德的三

---

① Anthony Kenny, *A New History of Western Philosophy Volume II: Medieval Philosophy*, Oxford: Oxford University Press, 2005, pp. 129-131；The Cambridge Companion to Medieval Philosophy, edited by A.S. McGrade, p.74.

② Anthony Kenny, *A New History of Western Philosophy Volume II: Medieval Philosophy*, Oxford: Oxford University Press, 2005, pp. 131-132。

③ ［英］约翰·马仁邦：《中世纪哲学：历史与哲学导论》，吴天岳译，北京大学出版社2015年版，第228—229页。

段论为核心，对三段论推理的规则和格式进行了研究。为了便于理解和记忆，学者们发明了一些专门的方法，例如通过不同的打油诗，以简单易懂的方式标记这些规则与格式。通常在这些打油诗中，某一个字母代表相应的命题（肯定或否定、全称或特称），某一个单词代表某一种格式（mood）；其中包含了哪些是有效的推论格式（如四个）和哪些是可以转换的推论格式（变式）。① 当然，对词项逻辑和命题逻辑的研究，并不意味着这个时期的逻辑学家已经明确意识到了逻辑和语言在学科上的不同；实际上，这个时期的逻辑研究往往是通过日常语言表达的，对语词和语义属性的理解也会成为逻辑研究的一部分。只是在不同的哲学家那里，有关语词和命题的考察，有些会偏重内容而关注语言，有些会偏重形式而关注逻辑，有些则会把它们结合在一起。

在 13 世纪，托马斯·阿奎那可谓是偏重于语词和命题内容的哲学家。他对语词与简单思想和复杂思想以及命题与简单事物和复合事物的关系进行了考察，对命题在不同语词的结合中如何构成判断的真假作了分析，并对语言的性质以及语言和思想的关系提出了观点和看法。他认为语词和句子的构成源于产生心灵概念的思想活动，进而对语言行为和相应的思想行为之间的复杂过程作了说明，提出了区分它们的不同分类。在关于普遍存在以及超越的神圣存在的认知方面，阿奎那通过类比理论来阐释语言的不同性质，提出了"属性类比"（analogy of attribution）和"相称类比"（analogy of proportionality）的不同，并就语词的单义性（univocity）和多义性（equivocation）在这种类比中的不同使用进行了区别。②

阿奎那的类比理论主张的是一种介于单义和多义之间的观点，即当我们用从自然物（阿奎那称之为受造物）那里获得的名称和观念来谈论或述说上帝时，既不是在一种"纯粹单义"的意义上也不是在"一种纯粹多义的"意

---

① Anthony Kenny, *A New History of Western Philosophy Volume II: Medieval Philosophy*, Oxford: Oxford University Press, 2005, p. 135。

② Anthony Kenny, *A New History of Western Philosophy Volume II: Medieval Philosophy*, Oxford: Oxford University Press, pp. 136-139。

义上使用的；在这种类比中使用的观念，不可能像存在于单义的事物中那样
"全然一样"，同样也不会像存在于多义的事物中那样"全然不同"，"而是一
个在多重意义上使用的语词"。① 阿奎那在类比理论中所倡导的既非纯粹的
单义又非纯粹的多义的看法，并没有得到司各脱完全的认同，他相信有些语
词可以是完全单义的，如存在着一个单义的"存在"观念，它能够在相同的
意义上既适用于自然物也适用于神圣对象。②

中世纪进入 14 世纪之后，语言和逻辑的研究又进入了一个新的阶段，
产生了奥康的威廉和布里丹等富有创见性思想的代表人物，促成了现代派逻
辑的真正建立。奥康可谓是在逻辑和语言哲学的诸多方面有着广泛建树的哲
学家，在词项逻辑、命题逻辑、推理理论以及语词语义的性质等方面都提出
了独到的见解和观点。他在基本的思想倾向上，通过对词项逻辑和认识能力
的分析与考察，建构起了与传统主流经院哲学分庭抗礼的唯名论思想。奥康
认为，真实存在的只有个体，在此基础上我们可以形成具有实际指称意义的
单独概念；共相则是在心灵和自然对象共同作用下形成的普遍概念，它不具
有实际的指称功能，只具有逻辑的指代作用，在命题中才有意义。奥康虽然
并不认可共相概念在指称其对象方面具有实在性，但他依然相信语言在理
解、构想和表述世界方面的意义和价值。他把语言分为口头的、书面的和心
灵的三种类型，对它们的各自属性和特征进行了分析。他尤为重视心灵语言
（mental language）的意义，阐释了它的认知特性、语法特征及其在思想与
表达中的地位。③

就如何准确地理解一个语词与其所要表述的事物的关系，或者说如何看
待词项在句子中的指称功能，奥康提出或者说发展了不同于以往哲学家们看

① ［意］托马斯·阿奎那：《神学大全》第 1 集第 1 卷，段德智译，商务印书馆 2013 年版，
第 210—211 页。

② Anthony Kenny, *A New History of Western Philosophy Volume II: Medieval Philosophy*,
Oxford: Oxford University Press, pp. 140-141。

③ 参见 ［英］约翰·马仁邦：《中世纪哲学：历史与哲学导论》，吴天岳译，北京大学出
版社 2015 年版，第 309—311 页；Anthony Kenny, *A New History of Western Philosophy Volume II:
Medieval Philosophy*, Oxford: Oxford University Press, pp. 144-146。

法的指代理论。他对西班牙的彼得关于指代类型的划分，诸如人称指代和单纯指代等，进行了新的界定，强调了它的个体指向性意义，并对心灵语言和口头语言所包含的指代功能予以了肯认。奥康对语词指代功能的重新界定，蕴含的目的是其共相唯名论主张。此外，奥康根据一个词项是否是原初地意谓某物，而把它区分为"绝对词项"和"暗含词项"（connotative terms）。前者指一个词项不是原初地而是次生地意谓某物，后者是指一个词项既是原初地又是次生地意谓某物。奥康这样区分的目的是为一个词项的本质指称或偶性指称的不同提供根据。①

奥康的词项逻辑被认为是蕴含了一种消除语词本体论承诺的意图，这也是他的唯名论思想建构的逻辑基础。通过词项的指代功能，奥康对一个命题的真值也进行了考察，并在此基础上提出了他的推理理论。他所提出的理论的重点在推论前提与结论的关系，以及推论的规则。他在阐述这些观点时，对推理类型作了划分，主要有"单纯推论"（simple consequences）和"当下有效推论"（consequences as of now）、"内在根据推论"（consequentiae per medium intrinsecum）和"外在根据推论"（consequentiae per medium extrinsecum）以及"实质推论"（material consequences）和"形式推论"（formal consequences）。②

14 世纪的逻辑学家除了奥康之外，还包括布里丹、伯利（Walter Burley，1274/5—1344 年）、布拉德沃丁（Thomas Bradwardine，？—1349年）、威廉·海特斯伯利（William Heytesbury）、拉尔夫·斯特罗德（Ralph Strode）和萨克森的阿尔伯特（Albert of Saxony）等人。在他们的共同努力和推进下，现代派逻辑最终得以建构。这一逻辑派别被认为有六个分支或六种不同的思想理论，包括词项属性理论、内涵理论、关于诡辩的理论、推

---

① 参见［英］约翰·马仁邦：《中世纪哲学：历史与哲学导论》，吴天岳译，北京大学出版社 2015 年版，第 311—313 页；Anthony Kenny, *A New History of Western Philosophy Volume II: Medieval Philosophy*, Oxford: Oxford University Press, pp. 146-147。

② Anthony Kenny, *A New History of Western Philosophy Volume II: Medieval Philosophy*, Oxford: Oxford University Press, pp. 148-150。

论理论、不可解命题理论和关于辩论规则（obligationes）的逻辑游戏规则理论。[①] 这些著名的逻辑学家和复杂多样的理论流派，繁荣了中世纪晚期的逻辑学研究。在当时主要逻辑学著作中，除了奥康的《逻辑学大全》（Summa Logicae）之外，布里丹的《辩证法纲要》（Summulaede Dialecticae）也产生了广泛的影响。在这部著作中，布里丹不仅为唯名论立场作了辩护和论证，而且讨论了指代、推理、诡辩与不可解问题等逻辑学理论。[②]

中世纪晚期，逻辑学研究以不同的形式在不同的学者那里展开。在某种意义上，我们可以把逻辑学研究的繁荣称之为逻辑学转向。而它的理论成果不仅仅是逻辑的。它所引发的既是一场逻辑学运动，也是一场哲学运动。实际上，在整个中世纪，逻辑与哲学形而上学始终是交织在一起的，它只是在14世纪才得到了更为明确的表现。但是这种哲学变革和哲学运动却因种种原因而未能充分地建构起来。奥康所倡导的以逻辑学转向为基础的唯名论思潮，虽然在14世纪形成了与传统的托马斯主义和司各脱主义分庭抗礼的"现代路线"；然而这种思潮在当时却受到了一些学术机构和政府当局的压制。直到15世纪中期以后，它才在众多的学术机构中流行起来。然而这种流行却因为一些宗教的原因而重新与神学有了关联，从而推动同时也限定了唯名论思想的发展。与神学的关联也许是唯名论思潮中可能具有的逻辑哲学论未能得以充分发展的原因之一。只是到了20世纪，逻辑哲学论及其所具有的完整的理论意义，才在罗素、维特根斯坦和逻辑经验主义等人和学派中真正得到了充分的阐释。

第二节　意义、命题与推理

中世纪的逻辑与语言哲学研究主要分布在三个相互关联的领域：一是围

---

① 参见［英］约翰·马仁邦：《中世纪哲学：历史与哲学导论》，吴天岳译，北京大学出版社2015年版，第330—333页。

② 参见［英］约翰·马仁邦：《中世纪哲学：历史与哲学导论》，吴天岳译，北京大学出版社2015年版，第334—336页。

绕口语词项的指代特性为核心展开的意义理论，其中词项的"指代理论"跟
现代语言哲学的"指称论"在内容和应用方面有许多相似之处；二是关于命
题的形式和真值的命题理论。中世纪中后期的词项主义者也往往会把对命题
理论的探讨与跟指代理论密切相关的附范畴词研究关联在一起；三是包括蕴
含理论在内的推论理论。

一、意义理论：意谓和指代

中世纪语言哲学的基础是以口语为载体的意谓（signification）理论。该
理论的起源可追溯到《解释篇》，亚里士多德在该论著的开头部分阐述了书
写、口语、概念和事物之间的映照关系，并且研究了口语的特点和性质。但
是，亚里士多德没有对"口语是概念的直接符号"的原因或者运行机制作进
一步解释，此举为中世纪的学者留下广阔的想象空间。奥古斯丁的"符号论"
被学术界视为中世纪意谓理论的另一个来源。如第一节所述，奥古斯丁认为
自然的符号和约定的符号都有表示或意谓（signification）功能，而约定的符
号的表示功能是用于传递人类心中所思所想，其功能、应用范围同亚里士多
德主义的意谓理论相似。亚里士多德及其追随者认为是语言意谓或者表示事
物，而不是事物意谓或者表示语言。

亚里士多德在《解释篇》（16a3—9）描绘关于语言、文字、概念和客观
事物之间关系的图景："口语是内心经验的符号，文字是口语的符号。正如
所有民族没有共同的文字，所有的民族也没有相同的口语。但是这些能够直
接（把事物）符号化的心灵经验对整个人类来说都是相同的，而且由这种内
心经验所表现的类似的对象也是相同的。"①

波爱修对这段话作评注的时候，沿袭波菲利的观点而把"内心经验"翻
译为"理智"（intellectus），② 即人的理性认知能力或者一种理解的状态。中
世纪的学者一般认为理智反映客观世界的产物或者把握客观世界的活动就是

---

① *The Basic Works of Aristotle*, Richard McKeon (ed.), New York: Random House, 1941, p.40.

② L. M. De Rijk, *Logica Modernorum, Vol. II*, Assen: Van Gorcum & Comp. N.V. (1967), p.178

概念，前者为共相实在论对概念的认识，后者是唯名论对概念的理解。于是借助亚里士多德和波爱修的阐述，中世纪哲学家普遍认可三种语言和事物之间关系的法则为：（1）文字是口语的符号，口语是概念的符号，概念是事物的符号／概念和事物相类似。他们据此可以进一步推导得出；（2）口语是概念的直接符号，也是事物的间接符号。也有少数学者，如罗吉尔·培根认为口语能够直接反映事物，因此是事物的直接符号。

由于口语是约定俗成的，文字又是口语的符号；事物是自然的或者天然的，理智又跟事物相类似，因此波爱修认为：“（3）口语和文字是约定俗成的，理智（或概念）和事物是自然的。”① 换言之，综合（2）和（3）可知：（4）口语是关于概念和事物的约定俗成的符号，概念是关于事物的自然的符号。

就口语而言，一个口语语音并不一定是概念或者事物的符号，有一些语音（如模仿狗吠声）是没有意义的。而为了让语音变成有意义的词语，人们需要在语音和理智之间建立起联系，也即通过理智把意义赋予（impositio）语音而让它成为词语。人的理智感知客观事物形成关于事物的概念，一旦把语音和这个概念建立起联系而成为有意义的词语，则该词语能够意谓事物。因此，我们可以把意谓理解为：（5）口语对概念或者事物的称谓。

至于如何构建起语音和事物的联系，波爱修认为必须有一个人首先为一个事物命名，后续有其他人采用该名称进行交流而达到约定俗成的效果。根据波爱修的观点，人类对语音赋予意义的行为有初级赋予和次级赋予之别。前者为对客观事物的命名，后者则是已经被命名的词语在口语当中的形态或者所起的功能。初级赋予指人首次把一个词语应用于他所感知的事物，如同《创世纪》描述亚当为动物命名的那样说“这个物体要被称为黄金、这个是石头、这是水”②。至于词语的次级赋予则是把名称置于命题之中成为词项，依据拉丁语语法把词项划分成不同类别，那些可以变格的是名词，那些具有时态变化的是动词。

---

① L. M. De Rijk, *Logica Modernorum, Vol. II*, Assen: Van Gorcum & Comp. N.V. (1967), p.179.

② Boethius, *Commentarii in librum Aristotelis Peri Hermeneias pars posterior secundam editionem et indices continens*, C. Meiser (ed.), Leipzig, Germany: Teubner (1880), p.46.

继波爱修之后，安瑟尔谟的意谓理论也对中世纪的语言哲学产生过影响。他在《论语法学家》（De Grammatico）从派生词的角度研究了意谓理论，提出了由名词派生的形容词具备"直接意谓"（significare per se）和"间接意谓"（significare per aluid）。亚里士多德在《范畴篇》说过："当事物是由某些其他的名称而来，但词尾有所不同，那么这种名称就是派生的。如'语法家'从'语法'一词而来，'勇士'从'勇敢'一词而来。①"安瑟尔谟据此进一步指出由名词"语法"派生的"精通语法的"（Grammaticus）既可以作为形容词"精通语法的"意谓"语法"，也可以意谓一个掌握了"精通语法的"这种性质的人，即"语法学家"。② 前一种意谓是"直接意谓"，指一个由名词派生的词项直接意谓该名词；后一种意谓是"间接意谓"或"称谓"（appellatio），指一个由名词派生的词项在具体的命题中表征某物。

阿伯拉尔对意谓理论作了许多深刻的阐述和提出了一些创新的观点。他利用意谓理论和意义赋予理论来总结出关于同名同一、同名同义和同名异义的三条法则：（1）当一个词项在多个情形下每次都被用于意谓同一个个体，我们称它被同一地应用，而不是同义地应用；（2）当一个词项在多个情形下被用于意谓不同的事物，但是每次都具有它的一级赋予意义，那么我们称它被同义地应用；当一个词项在多个情形下被用于意谓不同的事物，而且具有不同的赋予意义，那么我们称它被异义地应用。③

阿伯拉尔在意谓理论研究方面最突出的创新是提出了"联合意谓"理论。由于在命题之中不同的词项（sermones）组合可以让词项具备不同的语力（Vis），阿伯拉尔于是主张在不同命题中的共同词项的含义不能相互传递，必须结合命题中的其他词项来讨论各自的具体含义。换言之，命题中的主项

---

① 参见 [古希腊] 亚里士多德：《范畴篇》，秦典华译，载苗力田主编：《亚里士多德全集》第 1 卷，中国人民大学出版社 1990 年版，第 3 页。

② Anselm of Canterbury, *De Grammatico, in Complete Philosophical and Theological Treatises of Anselm of Canterbury*, Jasper Hopkins and Herbert Richardson (trans.), Minneapolis: The Arthur J. Banning Press (2000), pp.157-159.

③ L. M. De Rijk, *Logica Modernorum, Vol. II*, Assen: Van Gorcum & Comp. N.V. (1967), p.492.

必须通过跟谓项、系词一道产生联合意谓来表征自身的具体含义。他以"一个人是一个动物"和"人是一个名词"为例，指出第一个命题的主项"人"和谓项"动物"联合意谓，"人"表示所有个别的人；第二个命题的两个此项"人"和"名词"联合意谓，"人"表示"人"这个概念。① 如果用词项主义逻辑学的语言来说，前一个命题的"人"有形式指代；后一个命题的"人"有质料指代。"联合意谓"理论具备了词项主义逻辑学的指代理论的特点。另外，阿伯拉尔强调这些逻辑学命题中的词项都是口语的符号，同时依据《解释篇》（16a3—4）可知"口语是内心经验的符号"，因此无论是表征共相的共同词项或者表征个别的单一词项都不可能是实在的事物。

阿奎那借助意谓理论阐述了自己的类比理论。他在《神学大全》第十三题指出以往的神学、哲学理论或者认为人类语言不可直接表述而只能在否定谓语的方法来表述上帝，如"上帝是不可述说的"、"上帝是非恶"、"上帝是无限的"；或者通过结合表示原因的谓语来表述上帝，把关于上帝的直陈句如"上帝是善"表述为"上帝创造了善的事物"或者"上帝是万物之善的原因"。阿奎那不同意上述两种说法，主张凡是我们能够理解的，就可以为之命名。人能够理解受造物，且通过受造物理解上帝。但是受造物不能够完全地表征上帝，所以人的理智只能不完全地理解上帝。前文我们已经看到中世纪的意谓理论主张在口语和理智的概念之间建立直接联系，并且口语以跟事物相似的概念为中介意谓事物，于是人类语言能够不完全地意谓上帝。例如，当人说"上帝是善"的时候是意谓那些存在于受造物中的善已以更卓越、更高的方式先存在于上帝之中。因此，我们每当使用一个词语意谓上帝的本体和性质，都跟我们意谓受造物的实体和性质的时候不一样。一个词语在表述上帝和表述受造物两种情况下所意谓的对象既不是同名异义的，也不是异名同义的，而是两者的中道——类比的。他认为人类使用的语言也能够通过类比来描述上帝，当不同的事物有一个共同名称，这个名称既不意谓相同的概念，也不意谓完全不同的概念，而是依据逻辑上在先和在后之区别进行意谓的时

---

① L. M. De Rijk, *Logica Modernorum, Vol. II*, Assen: Van Gorcum & Comp. N.V. (1967), p.166.

候，它们被称为类比的。①

　　值得注意的是中世纪的语法学家对意谓理论也有独特的论述。普里西安（Priscian，活跃于公元5—6世纪）这名为中世纪的拉丁语语法学研究奠定基础的语法学家判断："名词的特性是意谓实体和性质。"② 他从语言学的角度看实体和性质，认为实体都是个别事物，性质则是依附于实体的普遍特征。我们可以在中世纪中期的语法学家彼得·海里亚斯（Peter Helias，约1100—约1166年）和一批由无名氏所写的语法学短篇著作发现此观点得以在语法学研究领域传承。虽然在亚里士多德的主要著作重新被引入拉丁语世界之后，13世纪的大部分哲学家对"实体"采取了形而上学的解释而认为名词意谓的对象首先是共相，但是语法学家否定共相的语言学观点为13世纪末和14世纪的唯名论者所采用。

　　在阿奎那活跃的同一个时期，欧洲各大学艺学系的学者之间开始研究和传播词项的特性学说。由于中世纪中期以来欧洲各地逐渐建立起大学，包括语法学、修辞学和逻辑学③ 在内的"自由七艺"成为了大学低年级学生的必修课，此举为上述三门学科的交叉融合提供了便利渠道。从现有的资料来看，11世纪以来哲学家和语法学家已经大量地相互借鉴对方的理论和方法，这种交流最重要的成果是在学术界推广应用了研究命题真值和命题中词语的具体意义的方法——"情境分析法"。该方法也是当代语言哲学研究语用语义学常用的方法，指在特定的时间、特定的地点和特定的情境，由特定的人说出特定的、有待分析的话。它绝不是由中世纪学者所独创的方法，事实上在古希腊—罗马时期也有学者（如下文将提及斐洛的例子）采用该方法研究语言哲学问题。在使用情

---

　　① [意]托马斯·阿奎那:《神学大全》第1集第1卷，段德智译，商务印书馆2013年版，第210—211页。

　　② Priscian, *Institutionum Grammaticarum Libri II*, Martin Hertz (ed.), in *Grammatici Latini, Volumes 2 and 3*, Heinrich Keil (ed.), Hildesheim-New York: Georg Olms (1981), p.55.

　　③ 舍伍德的威廉（William of Sherwood，约公元1200/1205—1266/1272年）指出语法学、修辞学和逻辑学分别教导学生"如何正确地使用语言"、"如何优雅地表达语言"、"如何真实地表达语言或作出有效的推理"。William of Sherwood, *Intrdoction to Logic, Norman Kretzmann* (trans. & intro.), Minneapolis: University of Minnesota Press (1980), p. 30.

境分析法研究语言的情况下，哲学家不再局限于揭示和阐述一个词语的一般意义——词项的"意谓"属性，转而考虑一个词项在命题中的具体意义和派生意义——词项的"指代"特性。尤其是在中世纪晚期的哲学家处理语义悖论问题的时候，意谓理论不能满足解决以"自我指称"为代表的一类问题的需求，只有深度应用情境分析法的指代理论才能更有效地解决悖论问题。

"指代"的拉丁文"supponere／suppositum／suppositio"在中世纪的不同时期有不同的含义。根据中世纪前期的语法学家普里西安的看法，"suppositum"的语法意义是作为名词充当动词的主语，因此它等价于施动者（persona agens），意指作为实体的个别事物。但是后来的语法学家大多偏向于应用它的动词形态"supponere"，指"为动词添加主项的行为"，即为动词赋予含义或者提供支撑。正如布里丹所言，语法学家使用"supponere"的时候，它只具有为动词添加主项而补全句子的语法意义，而没有判断命题真伪之别。因此在形式上"一头吐火女怪在跑"和"一个人在读书"都是合适的命题。[1]12世纪的两位哲学家安瑟尔谟在《论语法学家》[2]和阿伯拉尔在《逻辑学的要素》[3]也采用了"supponere"的这种为动词赋予主语的理解。直在12世纪后期，开始有哲学家和语法学家把"suppositio"看作词项的特性，用这个概念表示位于（一个或者多个）命题中的（一个或者多个）词语所能够具备的不同功能和作用，即词项在命题中的具体含义。指代理论对词语的不同功能和作用的区分首先表现在经院学者对词语划分上。根据词语是否具备发挥意谓功能的独立性，它们被划分为"依据自身而具备意义的词项"（termini significativi）和"依附其他词项而具有意义的词语"（termini consignificativi）。词项主义者称前者为范畴词（termini categorematici），后者则为

---

① John Buridan, *Summulae de Dialectica, Gyula Klima* (trans.), New Haven: Yale University Press (2001), pp.222-223.

② Anselm of Canterbury, *De Grammatico in Complete Philosophical and Theological Treatises of Anselm of Canterbury*, Jasper Hopkins and Herbert Richardson (trans.), Minneapolis: The Arthur J. Banning Press (2000), p.158.

③ *Peter Abaelards Philosophische Schriften*, Bernhard Geyer (ed.), Münster: Verlag der Aschendorffschen Verlagsbuchhandlung (1933), p. 149.

附范畴词（termini syncategorematici）。严格来说，只有范畴词可以被称为命题中的词项，而附范畴词只不过是命题中依附于词项的符号。换言之，附范畴词不能在命题中充当主项和谓项。但是拉丁语的词汇中有一个特例——兼为动词和系词的"是"：当"是"在命题中单独充当谓项的时候，它是范畴词并且意谓主项的存在；当"是"在命题中充当连系主项和谓项的系词的时候，它就是附范畴词，根据实在论和唯名论的观点分别意谓主项、谓项所反映的对象之间关系的"蕴含论"和"同一论"。这点我们将在下文详细论述。

从对指代理论的坚持这个角度上看，中世纪中后期的词项主义是一种思想和研究方法的传承，我们看到虽然那些主要的词项主义者如西班牙的彼得、舍伍德的威廉、奥康、布里丹乃至萨克森的阿尔伯特在指代的类型和对象问题上存在分歧，但是对指代的功能和应用方面基本保持一致。

我们首先看看西班牙的彼得、奥康和布里丹是如何理解"指代"概念的。

（1）西班牙的彼得说："指代是用一个主体词项来表征某物。"[①]

（2）奥康称："我们还要讨论一下指代这个只在命题中有效的词项特性。……它被称为指代是在表征其他事物的角度上说的，如一个在命题中词项指代某物。"[②]

（3）布里丹说："这里所理解的指代是一个命题中的词项表征某物或某些事物。"[③]

在彼得看来，指代和意谓之间是不同的，因为意谓起源于把意谓某物的功能赋予一个语音，而指代则是用已经具备意谓特性的词项来表征某物。因此当我们说"一个人在跑"，这个人可以指代苏格拉底或者柏拉图或者任何一个人。可见意谓是语音的一种特性，而指代则是语音中已经具备意谓特性

---

① Peter of Spain, *Summaries of Logic*, Brain P. Copenhaver, Calvin Normore and Terrence Parsons（trans.），UK: Oxford University（2014），p.241.

② William of Ockham, *Ockham's Theory of Terms: Part I of the Summa Logicae*, Michael J. Loux（trans. & Intro.），Indiana: University of Notre Dame Press（1974），p.64.

③ John Buridan, *Summulae de Dialectica*, Gyula Klima（trans.），New Haven: Yale University Press（2001），p.866.

的词项特性。① 由于词项是结合理智而赋予了意义的语音，因此语音在逻辑上先于词项，意谓在逻辑上先于指代。一个词项必定是一个语音、一个具备指代特性的词项也必定具备意谓特性；反之则不然。彼得似乎认为一个单独的词项可以具备某些类型的指代特性，因为他在描述共同指代、具体指代和本质指代的时候都以单个词项为例讨论指代。② 彼得明确表示偶性指代及其下属的指代类型只有在命题之中有效。③ 至于词项的指代特性类型，彼得在四个层面区分了八种指代，其关系如下所示：

层一	共同指代			具体指代
层二	本质指代	偶性指代		—
层三	—	单纯指代	人称指代	—
层四	—	—	限定指代	发散指代	—

彼得对词项的具体指代模式的命名依据是词项的类型及与之结合的具体的附范畴词：第一层，共同指代即一个共同词项具有的指代特性，具体指代就是一个单称词项所具有的指代特性；第二层，本质指代指一个共同词项表征所有那些本质上能够共同应用它的事物，偶性指代则是一个共同词项表征所有那些需要某些额外东西的事物；第三层，单纯指代指一个共同词项表征它所意谓的共相，人称指代是一个共同词项表征属于它的个别事物；第四层，限定指代指一个共同词项被不限定地应用或者与一个特称符号量词结合所产生的指代，发散指代则是一个共同词项与一个全称量词符号相结合所产生的指代。本表格最重要的指代分类在第三层，词项的单纯指代所表征的对

---

① Peter of Spain, *Summaries of Logic*, Brain P. Copenhaver, Calvin Normore and Terrence Parsons (trans.), UK: Oxford University (2014), p.241.

② Peter of Spain, *Summaries of Logic*, Brain P. Copenhaver, Calvin Normore and Terrence Parsons (trans.), UK: Oxford University (2014), p.243.

③ Peter of Spain, *Summaries of Logic*, Brain P. Copenhaver, Calvin Normore and Terrence Parsons (trans.), UK: Oxford University (2014), pp.243-249.

象是共相，它和意谓的区别具有形而上学意义。人称指代则是一个词项在具体的情境、具体的命题中的应用。

彼得的词项主义后继者对指代的对象和类型的认识持有比较大的异议。以两位具有代表性的唯名论者奥康和布里丹为例，根据上述（2）、（3）关于指代的定义，他们明确指出一个词项只能在命题之中具备指代特性。唯名论者不仅反对柏拉图式的理念，也否认一切共相真实存在的可能性，认为用来表征个别事物的概念只不过是理智的活动。

奥康认为词项的指代特性有单纯指代、质料指代和人称指代三种基本类型。奥康及其中世纪晚期的后继者都区分了习惯语言和自然语言，前者为口语语音或口语符号，后者则为概念或心灵符号。他们从唯名论的角度认为当一个作为习惯语言的词项指代它自身作为一个语音的时候，它是质料指代；当一个作为自然语言的词项指代一个概念的时候，它是单纯指代。布里丹则认为单纯指代也是在描述词项自身，也应当划入质料指代的范畴，因此只有质料指代和人称指代两种基本类型。

词项主义者认为一些词语指代的功能能够被扩展或者限制。例如，"死亡"、"曾是"能够把指代特性延展而赋予过去的事物。基于系词"是"意谓主项、谓项关系的"同一论"，"亚里士多德是一个死人"这个命题应当被理解为"亚里士多德是一个曾经存在的人"，也即：亚里士多德为"人"所意谓，而且亚里士多德是一个曾经存在的人。因此上述命题中的"人"意谓一个曾经存在的人——即亚里士多德。①

指代理论是实践性强的理论。例如，我们能够借助指代理论轻易否定"说你是一头驴是要被你否定的，因此你是一头驴存在"这类诡辩的命题。诡辩者基于系词"是"意谓的同一论，认为"你是一头驴"和"一句要被你否定的话"所指称的对象是同一的。如果一个人否定了这句话，那么这个人就是一头驴；如果他不否定，那就肯定了自己是一头现存的驴。布里丹实在

---

① John Buridan, *Summulae de Dialectica*, Gyula Klima (trans.), New Haven: Yale University Press (2001), p.853.

地否定"你是一头驴"这个命题，然后进入诡辩者的命题"说你是一头驴是要被你否定的"。布里丹指出"你是一头驴"是命题的主语，它具有质料指代，即指代一个假命题；而且命题的谓语"一个要被你否认的命题"所指代的也是假命题。因此该命题可以分析为"一个假命题是一个要被你否认的命题"。如果只察看主语"你是一头驴"的意谓对象，那么它什么也不是。因为人不可能是驴，所以根本没有"你是一头驴"所对应的概念，因此说"你是一头驴存在"是没有意义的。①

二、命题理论：命题的成真条件和形式

亚里士多德在《形而上学》第四卷如此定义话语的真和假："说什么东西是为不是或者说不是为是的为假，而说什么东西是为是或者说不是为不是的为真。因此一个人说某物是什么，或者它不是什么，就是要说什么东西为真或者为假。"②

依据亚里士多德对真、假命题的定义，中世纪中后期许多哲学家都把真命题和意谓概念连结起来。布里丹的命题观是其中的典型，他依据意谓理论而认为命题成真的原因是："事物是总体上如它（命题）所意谓的那样。"③ 布里丹认为一个命题意谓的对象既可以是真实存在的事物，也可以是曾经或者可能或者将要存在的事物，还可以是纯粹的思维概念。因此他特别指出那种认为真命题必须是"事物是总体上如同它所意谓的存在"的观点是错误的，依据这个观点，一旦某物曾经存在而后死亡，这个命题就不再具有意谓的对象。我们以"苏格拉底的马曾经跑得很快"为例，该命题意谓的"苏格拉底的马"已经不再现实存在了，按照真命题意谓事物真实存在的观点这个命题

① John Buridan, *Summulae de Dialectica*, Gyula Klima (trans.), New Haven: Yale University Press (2001), p.869.

② Aristotle, *Metaphysics, in The Basic Works of Aristotle*, Richard McKeon (ed.), New York: Random House (1941), p749.

③ John Buridan, *Treatise on Consequences*, Stephen Read (tr. & intr.), New York: Fordham University Press (2015), p64.

是错误的。但是该命题确实是一个真命题，因为命题可以意谓曾经存在的事物而不必是现存的事物。他也强调意谓思维对象的命题不一定为真，因为有一些概念不可能存在与之相对应的事物。例如，当一个人说"吐火女怪在爬"或者"一头能站起来的驴在跑"一类命题的时候，他们严格说来既非真也非假，而是缺乏真值。① 以"吐火女怪（chimera）在爬"为例，"吐火女怪"有对应的思维概念，不过它不是简单概念，而是一个由多个意谓动物的简单概念组成的复合概念。我们可以把吐火女怪分析为"一个吐火女怪是一个上身为人、下身为马的东西"。根据《范畴篇》的种属观，动物是种，人、驴子、马这些都是动物的属，且这些属不是互通的，因此由它们结合组成的复合概念是不可能的概念。我们不是甚至由于吐火女怪不存在而否定该命题，而是因为吐火女怪是一个不可能存在的东西，"吐火女怪"无法指代任何事物。"一头能站起来的驴在跑"也是同样的道理，尽管我们能领悟每个词项意谓的概念，但是基于属和种差的关系，"能站起来的"不是驴的种差，因此该命题的主语"能站起来的驴"不能指代任何事物。这些复合概念的例子告诉我们一个命题的真假并不取决于组成它的词项的内涵，而是由词项所指代或者指称的事物决定的。由于一些特定的命题存在"自我指称"问题，布里丹认为命题的主项和谓项指代的对象同一并不能保证一个命题是真命题。我们将在下文讨论系词"是"的时候重点阐述指代理论下的命题真值条件和布里丹如何规避自我指称问题。

附范畴词限定了词项和命题的意义。每一种类型的命题都有特定的附范畴词作为符号来表示其特征，而范畴词则是命题的具体内容。用词项主义的术语来说，附范畴词是命题的形式，范畴词是命题的质料。由此可见，范畴词和附范畴词都是构成有意义的命题所不可以或缺的部分。至于研究命题的形式的工作则可以简化为研究附范畴词的功能。范畴命题的符号"是"和假言命题的符号"如果"、"和"、"或"等为首要的附范畴词，其中"是"的语

---

① John Buridan, *Summulae de Dialectica*, Gyula Klima (trans.), New Haven: Yale University Press (2001), p.849.

力最强，假言命题的符号次之。而表征肯定、否定、数量、时间等模态的符号是次要的附范畴词，它们在命题中的作用是调整首要的附范畴词的语力。

拉丁语句子中的"是"（est, esse）既是系词，也是动词。它被语言哲学家和逻辑学家看作是最基本、与形而上学结合最密切的命题符号或者附范畴词。亚里士多德在《解释篇》（21b9—10）对动词的语义学分析对整个中世纪的语言哲学产生了深刻影响，他说："'人散步'与'人正在散步'这两个命题是同一回事情。"① 换言之，命题中的每一个由主项和动词组成的主谓结构都可以被分析为主项、系词和现在进行时态的动词的范畴命题。

阿伯拉尔从动词语力的角度对此作了解释，认为"是"和其他动词是有区别的——前者为主体动词②，后者为称谓动词。他称主体动词"从这个事物的本质"（ex ipsa rei essentia）层面③ 述谓主项，它只能连系意谓了事物本质（in essentia）的词项和普遍的名称（voces universales），如"白色"、"苏格拉底"；而"白色性"一类意谓了偶性概念的词项不能成为范畴命题的谓项。至于那些称谓动词只在偶性的层面述谓主项，相比之下主体动词在命题中的语力较强。阿伯拉尔也分析了由主项和动词"是"（est）组成的命题，认为"是"作为命题的谓项意谓主项指称的个别事物的存在，例如"苏格拉底是"应当被分析为"苏格拉底是存在者／苏格拉底存在"。④ 然而论及这类命题的真值问题，基于"是"的意谓的存在论特性，阿伯拉尔强调"主项"和"是"的命题不能无条件等价于"'主项是'是真命题"。只有主项确实现实存在的时候我们才能把两者画上等号，否则"主项是"就是假命题。例如，当我们

---

① Aristotle, *On Interpretation, in The Basic Works of Aristotle*, Richard McKeon（ed.）, New York: Random House（1941）, p54.

② 阿伯拉尔著述的前期主张"是"意谓主项和谓项关系的"蕴含论"而在写作《逻辑学的要素》把"是"看作主体动词。尽管他在后期的著作《辩证法》中转而坚持"同一论"，但是仍然采用了"主体动词"这个说法。

③ *Peter Abaelards Philosophische Schriften*, Bernhard Geyer（ed.）, Münster: Verlag der Aschendorffschen Verlagsbuchhandlung（1933）, p.360.

④ *Peter Abaelards Philosophische Schriften*, Bernhard Geyer（ed.）, Münster: Verlag der Aschendorffschen Verlagsbuchhandlung（1933）, p.362.

此刻说"苏格拉底是"，它就不是一个真命题。

在阿伯拉尔之前的拉丁世界哲学家在直言命题中系词"是"的意义问题上都坚持"蕴含论"，阿伯拉尔本人在前期的著作《逻辑的要素》也主张该理论。蕴含论指系词"是"意味着在直言命题中有一个由谓项意谓的普遍性质蕴含于主项意谓的事物之中，也即把谓项的内涵看作主项的外延，因此系词"是"被看作是一个普遍性质蕴含于个别事物中的符号。然而，他在之后写作《辩证法》的时候转而支持同一论，主张直言命题中的系词"是"表示主项和谓项均指称同一个事物，也即要求主项和谓项的外延是一致的，因此系词"是"被视为一个表示主项和谓项指称的对象同一的符号。① 阿伯拉尔的同一论最为显著地展现了唯名论否定共相的原则，该学说为中世纪后期的唯名论者所继承和发展。

中世纪中后期的实在论者继续坚持蕴含论的观点。阿奎那也在他的诸多著作中多次表达了"蕴含论"，例如《神学大全》讨论命题的主语和谓语关系的时候说："至于其他属相——如数量和性质——在它们严格和恰当的意义上看是意谓某些蕴含于一个主体中的东西。"② 西班牙的彼得认为当一个直言范畴命题由主项、谓项和系词"是"结合而成的时候，"是"单纯地作为系词表示谓项属于主项或者谓项蕴含于主项之中。③ 换言之，谓项所表征的心灵概念（形式）蕴含于主项指代的实体之中。这种关于"是"的看法表示主项、谓项关系的"蕴含论"，它在形而上学的层面反映了共相实在论。

中世纪哲学中跟"蕴含论"不同的另一种主流方案是"同一论"，主张系词"是"意谓命题的主项和谓项各自指代的对象相一致。奥康站在"同一论"的立场上批评"蕴含论"混淆了不同层面的语言，所谓"蕴含于"、"寓

---

① Ernest A. Moody, *Truth and consequence*, Amsterdam: North-Holland Publishing Company, p. 38；Petrus Abaelardus, Dialectica, L. M. De Rijk（ed.）, Assen: Van Gorcum & Comp. N.V.（1956）, XXXVII-XLIII.

② Thoma Aquinas, *Summa Theologiae*, la., Q.28, a.1, translated. by Fathers of the English Dominican Province, Encyclopedia Britannica, INC., 1952 .

③ Peter of Spain, *Summaries of Logic*, Brain P. Copenhaver, Calvin Normore and Terrence Parsons（trans.）, UK: Oxford University（2014）, p.241, p.255.

于"、"属于"等都是在思维层面表示关系的表达式。因此使用了这些表达式的命题应当放置于心灵的层面考量，即把词项的概念而非词项最终指代的个别事物为命题的主项和谓项。例如蕴含论者把"人是一个动物"理解为"动物性蕴含于人之中"的做法是不恰当的，如果使用"蕴含"，那么蕴含论者必须把"人"也理解为人性，而不能是个别的人。奥康基于"同一论"的立场指出，例如"苏格拉底是一个人"这个命题应当表示苏格拉底是一个真实的人，一个真实的动物，而非苏格拉底是"人性"或者"动物性"。

布里丹也认同命题的系词"是"意谓主项和谓项所指代的对象同一，任何真命题的主项和谓项所指代的对象必定是一致的。但是，主项和谓项所指代的对象同一的命题不一定为真。换言之，主项和谓项所指代的对象同一是一个直言命题为真的必要条件，却不是充要条件。最显著的例子是布里丹在《论辩题》（sophisms）提到的"自我指称"问题，例如一个人说"我说的话是假的"，或者我们听到苏格拉底只说了"苏格拉底说的是假的"这句话，或者其他更为复杂的"说谎者悖论"。就苏格拉底说的"苏格拉底说的是假的"这句单独的话而言，"苏格拉底"和"某人说的是假的"都指代苏格拉底这个人。由于苏格拉底没有说任何其他话，如果苏格拉底说的话是真的，这个命题就是假的；如果这个命题是真的，苏格拉底说的话就是假的。布里丹认为布里丹说的这句话是真的，但是这个命题是假的。[①] 这些悖论都指出主项和谓项的指代对象同一并不意味着这个命题就是真命题，一些主项和谓项指代同样的对象的命题必须添加特定的情境条件才能成为真命题。

比较系词"是"意谓的"蕴含论"和"同一论"可知，实在论的词项主义者认为命题的谓项所表征的对象是存在于主项之中的形式，而主项则是作为实体的共相、（单一的或者杂多的）个别事物。而唯名论的词项主义者主张命题的主项和谓项均指代个别事物，且两者指代的对象是同一的。

从中世纪学者的视角看，否定的范畴命题就是把副词"不"添加到系词

---

①   John Buridan, *Summulae de Dialectica*, Gyula Klima（trans.）, New Haven: Yale University Press 2001, pp.854-855, p.857.

"是"之前。在范畴命题中，"不"这个否定意义的符号的功能是破坏肯定的系词"是"的语力，也即表明谓项意谓的对象不属于主项，或者主项和谓项不是同一的。同理，把"不"应用于复合命题并让它跟"和"、"或"、"如果"等符号结合，它的功能就是破坏这些连接词的语力。① 布里丹把否定符号"不"的意义跟"真和假"的对立联系起来，他说："就一个否定范畴命题而言，它的主项和谓项的意义不一样，那么它就为真命题。……因此，一个否定命题为假的情况是它的主项和谓项的意义同一。"②

复合命题的连接符号的语力弱于系词"是"。奥康把以合取词"和"为逻辑运算符的命题的意义表述为："联言命题的真值条件要求由它连接的两个部分都为真。"③ 他把析取词"或"在命题中的意义表述为："选言命题的真值要求它的一部分或者令一部分为真。"④ "或"在中世纪早期曾被认为它所连接的两个部分有且只有其一为真，所在命题为真。但是在中世纪晚期讨论命题的"或"意味着后者连接的两个部分至少其一为真，命题即具有真值。布里丹指出，用"或"表示组成选言命题两个部分都为真的情况是正确却又不严谨的选言命题表达。

"如果"是中世纪语言哲学中最具争议的附范畴词。在许多学者如波爱修、阿伯拉尔、西班牙的彼得、奥康看来，一个条件命题等价于一个推论；中世纪晚期一些学者如布里丹、萨克森的阿尔伯特也至少把条件命题看作推论的其中一种形态。根据西班牙的彼得描述，一个真的条件命题就是一个必然的命题，一个假的条件命题就是一个不可能的条件命题。如果一个条件命

① William of Ockham, *Ockham's Theory of Propositions: Part II of the Summa Logicae*, Alfred J. Freddoso & Henry Schuurman（trans. & Intro.），Indiana: St. Augustine's Press（1988），pp. 119-120.

② John Buridan, *Summulae de Dialectica*, Gyula Klima（trans.），New Haven: Yale University Press 2001, pp.854-855, pp.856-857.

③ William of Ockham, *Ockham's Theory of Propositions: Part II of the Summa Logicae*, Alfred J. Freddoso & Henry Schuurman（trans. & Intro.），Indiana: St. Augustine's Press（1988），p.187.

④ William of Ockham, *Ockham's Theory of Propositions: Part II of the Summa Logicae*, Alfred J. Freddoso & Henry Schuurman（trans. & Intro.），Indiana: St. Augustine's Press（1988），p.188.

题为真，那么就不可能出现它的前件为真而后件为假。奥康认为一个条件命题为真的条件是当且仅当它的前件蕴含它的后件。① 我们将在下一部分关于语义蕴含和推论的部分深入讨论条件命题。

除了上述五个基本的附范畴词，西班牙的彼得认为一系列表征实体数量的附范畴词，包括：每个（omnis），所有（totum），双方（uterque），无一（nullus），没有（nihil），两个都不（neutrum），除了（praeter），只有（solus），不多于（tantum）。这些量化的前置符号的描述为"具体地表示紧随其后的词项之指代模式的附范畴词"。② 到了 14 世纪，经院学者认为上述一系列量化的附范畴词可以概括为"某个或者某些"（aliquis）和"每个"两个基本的表征实体数量的附范畴词。

根据奥康的做法，我们可以首先把上述所有量化的附范畴词划分为普遍的符号和个别的符号，然后又可各自进一步分为主体的量化符号和偶性的量化符号。例如，"某种"（aliquale）、"任何地点"（ubicumque）、"任何"（qualislibet）一类都是偶性的量化符号。而主体的量化符号就是划分普遍命题和特殊命题的依据。奥康把普遍的符号"每个"（omnis）和个别的符号"某个 / 某些"（aliquis）分别定义为：

"一个全称符号就是通过跟一个一般词项结合来以合取的方式指代该词项下的每个个体。"

"一个特称符号就是通过跟一个一般词项结合来以析取的方式指代该词项下的每个个体。"③

所有词项主义者都认同量化的附范畴词不能被应用于结合具有质料指代或者单纯指代的词项，意谓的词语和具有包括人称指代在内的其他指代类型

---

① William of Ockham, *Ockham's Theory of Propositions: Part II of the Summa Logicae*, Alfred J. Freddoso & Henry Schuurman（trans. & Intro.），Indiana: St. Augustine's Press（1988），p.186.

② Peter of Spain, *Summaries of Logic*, Brain P. Copenhaver, Calvin Normore and Terrence Parsons（trans.），UK: Oxford University（2014），pp.285-425.

③ William of *Ockham, Ockham's Theory of Propositions: Part II of the Summa Logicae*, Alfred J. Freddoso & Henry Schuurman（trans. & Intro.），Indiana: St. Augustine's Press（1988），p.96.

都能够结合量化的前置符号。以"每个"和"某个 / 某些"这两个附范畴词为例，我们可以说"某个人"或者"每个人"，尽管这类表达式不是命题，但是它们本身是有意义的——"人"概念下的个体或者个体的集合。我们再次强调，一个表达式有意义并不等价于它具有真值。

布里丹认为一个真命题是"事物总体上如同它（命题）所意谓的那样"。由于每个命题中的动词都可以被分析为"系词＋动词现在时态"，因此动词的时态也就是系词的时态。如果命题的系词"是"为现在时态，那么命题为真的条件是"事物总体上如同它所意谓的那样存在"；如果命题的系词是过去时态，那么命题为真的充要条件是"事物总体上过去如同它所意谓的那样曾经存在"；如果命题的系词是将来时态，命题的真值依赖于"事物总体上将要如同它所意谓的那样即将存在"。当我们在系词前添加模态词——"可能"、"必然"，那么命题真值的成立条件也必须在时态前添加模态词。①

依据不同时态的系词"是"以及它跟模态词"可能"、"必然"的结合，词项主义者提出命题的主项的指代能够在不同程度上延展其范围，即主项的指代延展特性，并据此细化对命题真值的理解。当一个人在此刻说例如"有人将要成为死人"，那么我们应该把这句话分析为"就某 X，X 是人或者 X 将要成为人，而且 X 将要成为死人"。因此，在命题中的系词为"将是"的时候，主项的指代特性允许被延展为指代现存或者将要存在的事物。同理，系词为"曾是"的时候，主项的指代特性允许被延展为指代现存或者曾经存在的事物，例如"每个石膏像曾是石头。"也有让系词与模态词相结合的情况，"可能是"和"必然是"均让主项的指代特性被延展为现存或者可能存在的事物，例如"一棵树可能是黑的"、"一个人必然是一个理性的动物"。至于系词"是"本身的现在时态，则允许主项的指代特性延展为指代现存、曾经存在、将要存在、可能存在的事物，例如"一个人是一个动物"。主项的指代延展特性为主项的存在时间和可能性提供了选项，但是命

---

① John Buridan, *Treatise on Consequences*, Stephen Read (trans. & intro.), New York: Fordham University Press (2015), pp.63-64.

题的真值仍然取决于具体的语境。另外，也有思考、意谓、认识一类具有意向性的动词能够扩展词项指代对象的时间范围，由现在时态扩展为过去和将来时态。①

三、推论理论

波爱修讨论条件命题和假言三段论的论著《论假言三段论》和《论题的种差》是中世纪学者研究论题的主要资料来源。波爱修把条件命题和假言三段论看作是推论的不完全和完全形式，一个有效的条件命题就是一个缺少前提的假言三段论。推论以"如果"（si/cum）为命题运算符，一个推论必须由一个恰当的论题来保证它的真值，波爱修称论题为最大化命题，而恰当的论题则是最大化命题和论题的种差之和。论题的种差就是条件命题的前件和后件两者的谓项依据种、属、种差、特性、偶性和定义而判断的关系。

阿伯拉尔认为推论是前提和结论之间存在的必然联系：由于词项的语力，结论必然跟随前提的谓语出现或者包含在前提的谓语之中。因此，阿伯拉尔认为"如果它是有形的物体（corpus），那么它是有颜色的物体（coloratum）"是一个错误的推论。在他看来，尽管有形的物体和有颜色的物体的外延是一致的，但是有形的物体和有颜色的物体之间不存在必然的联系。② 而"如果苏格拉底是人，那么苏格拉底式动物"则是正确的推论，因为前提的谓项"人"在其自身已经蕴含了结论的谓项"动物"，这种必然的蕴含关系由论题的种差"依据属"和至上命题"属所述谓的对象，其种也述谓"构成的论题所保证。③ 阿伯拉尔在《辩证法》指出推论有三种形态：一是本质的

---

① John Buridan, *Summulae de Dialectica*, Gyula Klima（trans.），New Haven: Yale University Press 2001, p.853.

② Petrus Abaelardus, *Dialectica*, L. M. De Rijk（ed.），Assen: Van Gorcum & Comp. N.V., 1956, pp.334-335.

③ Petrus Abaelardus, *Dialectica*, L. M. De Rijk（ed.），Assen: Van Gorcum & Comp. N.V., 1956, p.264.

蕴含命题推论，二是偶性的蕴含命题推论，三是选言的蕴含命题的推论。它们分别有九种、两种和一种表达公式。①

奥康综合了波爱修和阿伯拉尔的推论观，主张："推论是一个条件命题，当且仅当它的前件蕴含它的后件时为真。"② 他区分了两种类型的推论：其一为"绝对的推论"，其二为"当下的推论"。前者要求由命题 p 不可能得出命题非 q；后者则仅为说话人讲话的当下有效的推论——在当下由命题 p 不可能得出命题非 q。在不同的情境下说出的由同样的词语按照同样的次序组成的命题不一定是同一个命题，以斐洛的例子"如果现在是白天，现在是黑夜"，③ 斐洛认为它在白天说是错误的，在晚上说是正确的。在斐洛看来，在白天和晚上说出来的上述命题是同一个句子；如果在两个时间说出的是两个句子，那么就不能说一个命题由真命题变为假命题或者由假命题变为真命题。如果我们在上述条件命题中添加精确的时间和户外能见度，也即把情境固化下来，那么它就能确定是真命题或者假命题。在这种情况下，我们根本不需要考虑说话人讲出个命题的时间。这种把条件命题的情境固化的做法所得出的"绝对的推论"或者"简单有效的推论"；而斐洛提出的条件命题则需要根据说话的时间而定，所以是"当下的推论"或者"当下有效的推论"。另外，绝对的质料推论也有另外一种情形，在没有限定命题的内外情境的情况下均为真。这种情形依赖于命题中的具体词项所形成的意义。但是，无论是绝对的推论或者当下的推论，它们的真值都必须满足由命题 p 不可能得出命题非 q。

布里丹在推论问题上取得了更为重要的成果。布里丹把推论定义为："一个推论是一个由前件和后件组成的复合命题，也即前件是前件和后件是

---

① Petrus Abaelardus, *Dialectica*, L. M. De Rijk（ed.），Assen: Van Gorcum & Comp. N.V.，1956, pp.472-489.

② William of Ockham, *Ockham's Theory of Propositions: Part II of the Summa Logicae*, Alfred J. Freddoso & Henry Schuurman（trans. & Intro.），Indiana: St. Augustine's Press（1988），p.186.

③ Sextus Empiricus, *Against the Logicians*, Richard Bett（trans. & ed.），New York: Cambridge University Press（2005），p.112.

后件；命题的（前件的或者后件的）表述（分别）以'如果'或者'因此'这样的表达开头。"[1] 他按照亚里士多德主义"形式—质料"的区别而指出由形式的推论和质料的推论两种不同的推论模式。形式的推论指任何词项应用于相似形式的命题，这个推论都有效。也即推论的有效性不受词项的影响，只取决于推论的形式，即附范畴词。例如，"是 A 的事物是 B，所以是 B 的事物是 A"，只要它的前件成立，那么后件必定成立，因此这个推论必定是有效的。质料的推论则是一种并不是每个形式上相似的命题都能够成为一个有效的推论，也即同样形式的命题并不适用于所有词项。例如，我们可以说"一个人在跑，所以一个动物在跑"这个推论有效，但是"一匹马在行走，所以一棵树在行走"这个推论则不能成立。[2] 质料的推论的主要表现形态有推断、归纳、举例等，它们都不能被称为三段论。[3] 他尤其强调一个质料的推论可以归纳为一个形式的推论，其途径是为质料的推论的前件添加一个或者一些必要的命题以形成一个形式的推论。显然，该做法跟波爱修以来主张为推论添加论题或者最大化命题的做法是一脉相承的。例如，如果说出一个质料的推论"一个人在跑，所以一个动物在跑，"我们为该它的前件添加"每个人都是一个动物"这个必然的命题，或者说，论题和限制条件，那么上述质料的推论就可以变成一个形式的推论，也即一个假言三段论。用命题语言说："A 在跑，每个 A 都是一个 B，所以 B 在跑。"这个添加的必要的命题把质料的推论的所有词项限定在论题的范畴之内，所以假言三段论是形式的推论。布里丹把质料的推论进一步区分为"简单的推论"和"当下的推论"，显然这就是继承了奥康对推论的理解，本书不再赘述。

布里丹列举了形式推论的六种类型，其中有四种跟命题逻辑或者语义蕴

---

[1]　John Buridan, *Treatise on Consequences*, Stephen Read（trans. & intro.）, New York: Fordham University Press（2015）, p.67.

[2]　John Buridan, *Treatise on Consequences*, Stephen Read（trans. & intro.）, New York: Fordham University Press（2015）, p.68.

[3]　John Buridan, *Treatise on Consequences*, Stephen Read（trans. & intro.）, New York: Fordham University Press（2015）, p.113.

含密切相关。跟命题逻辑无关的两类形式的推论，其一为由两个拥有同样的词项、附范畴词的范畴命题作为前、后件组成的推论，包括对等的、换位的、从属的、反换的命题。典型例子是"A 和 B，那么 B 和 A"。其二为单纯分析附范畴词的推论，这种推论只涉及分析附范畴词的意义。例如，"如果它是某些东西，那么它不是不存在的东西"。

至于四类跟命题逻辑相关的推论，第一类为那些由命题之间的合取或者析取关系决定的推论，在其中合取命题蕴含了它的两个子命题，析取命题由它的两个子命题所蕴含。

第二类是在条件命题之外添加一个跟它的前件或者后件相关的命题而形成一个假言三段论。布里丹列举了此类形式的推论的三种方式，第一种是为作为前件的条件命题添加一个命题来推导后件；第二种是让跟后件的相矛盾的命题与条件命题相结合来推导作为后件的跟前件相矛盾的命题；使两个条件命题结合为前件，其中一个条件命题的前件是另一个条件命题的后件，且依据"任何跟随后件的都跟随前件"这个原则来推导另一个条件命题成为推论的后件。

第三类是那些基于前件的形式的不可能性或者后件的形式的必然性而有效的推论。如果一个推论的前件是由一对相互矛盾的命题组成的联言命题，那么这个推论就是形式上不可能的；如果一个推论的后件是由一对相互矛盾的命题组成选言命题，那么这个推论就是在形式上必然的。

第四类是通过否定一个选言命题的一个子命题而肯定它的另一个子命题所形成的三段论式的推论。

至于质料的推论成立的条件可以有两类情形。一是基于一个在前件的词项和另一个在后件的词项之间的指代或者意义的联系，典型的情形是波爱修式的推断或者阿伯拉尔式的蕴含命题。例如"如果一个人在跑，一个动物在跑，"这个推断或者蕴含命题或者质料的命题的成立由一个命题或者论题"每个人都是一个动物"所保证。

二是基于推论有一个错误的和不可能的前件而成为一个不可能的推论，或者真实的或者必然的后件而成为一个必然的推论。这类情形可以被理解为单纯质料的推论，一个不可能的前件无须考虑后件的内容即可判断这是一个不可能推论；一个必然的前件无须考虑前件的内容便可判断这是一个必然的推论。例如"如果一个人是一条狗，那么一块石头是一棵树"，"如果一个人是一条狗，那么每个人都是一个动物"，这两种情形都是单纯地有效的。这种类型的不可能的或者必然的质料推论也适合当下有效的情形，其规则为：如果一个前件是假命题，那么它可以推导出任何后件；如果一个后件是真命题，那么它可以由任何前件推导出来。[①] 例如，一个人在晚上说的"如果现在是白天，那么现在是黑夜"就是当下有效的推论。

我们在前文提到中世纪的语言哲学常常涉及一些语义悖论问题，而"说谎者悖论"可能是中世纪语言哲学涉及的众多悖论中最具思辨性、最复杂、与推论理论关系最密切的悖论。"说谎者悖论"的关键在于"自我指称"问题。

"说谎者悖论"的一个简单的案例如下：

（1）"桌子上放着一张纸，纸上只写了一句话：'纸上写的这句话是假的。'"

那么纸上写的这句话是真命题还是假命题呢？根据布里丹的理解，如果我们用字母"A"来代替"纸上写的这句话是假的"，那么"纸上写的这句话是假的"就可以被表述为"A 是假的"，且称后者为"B"。于是这个命题的主语 A 具有质料指代，因为它是在指代自身，也即说自己是假命题。由此可见，"纸上写的这句话"和"纸上写的这句话所指代的话"并不是同一句话，而是两个命题。但是，无论是命题 A，还是命题 B，它们的主语都具有质料指代，且都指向自身是假命题。因此，尽管一个命题中的主项和谓项都指代同一个对象，这个命题仍然可能是假命题；同样的词语或者由完全一样的词项组成的命题的意义不能够相互传递，每个命题及其中的词项都要通过指代理论独立分析其具体意义。

"说谎者悖论"还有一个复杂的形态：

---

① John Buridan, *Treatise on Consequences*, Stephen Read (trans. & intro.), New York: Fordham University Press (2015), pp.67-68.

（2）"柏拉图说：'苏格拉底说的话是假的。'

苏格拉底说：'柏拉图说的话是假的。'

约翰说：'柏拉图说的话是假的。'

除此之外，他们没有说其他的话。但是柏拉图说话的内容是'上帝不存在'。"

要判断这三个人说话的真假，我们不需要理会柏拉图到底说了什么，反而要依据情境分析法去看待那三句话之间的关系。由于柏拉图的命题否定了苏格拉底的命题，苏格拉底的命题否定了柏拉图的命题，姑且说柏拉图的命题是 A，苏格拉底的命题则是"A 是假的"，我们以 B 代替它；由于柏拉图否定了苏格拉底的命题，因此柏拉图的命题变为"B 是假的"，即为命题 C，那么命题 C=（A 是假的）是假的。可见它们实际上陷入了"自我指称"的陷阱。根据（1）的例子我们可知柏拉图和苏格拉底的命题都是假命题。但是约翰的话就跟两者不同，他的命题只指向柏拉图的命题，却没有其他命题反而否定约翰的话。约翰的命题"柏拉图说的话是假的"的主语具有质料指代，即柏拉图的命题是假命题。由于柏拉图的命题确实是假命题，那么约翰的命题就是真命题。

我们主要考察了中世纪语言哲学中的词语的意义理论、命题理论和包括语义蕴含理论在内的推论理论。这些学说之间是相互连系的，而且其理论源头都能追溯到亚里士多德哲学。但是这不意味着在中世纪活跃于拉丁语世界的哲学家在语言哲学研究没有理论创新。事实上，研究词项在命题中特性的指代理论是任教于大学的经院学者独创的理论。通过指代理论，他们得以在命题理论和推论理论研究中进行了大量创新，在中世纪中后期形成了比较系统的、且与现代语言哲学相承接的词项主义语言哲学理论。

思考题

1.逻辑学研究在中世纪早期兴起的思想背景与主要问题。

2.辩证法探究的历史演进、理论意义以及围绕辩证法运用的争论。

3.中世纪晚期逻辑学讨论的核心问题及其时代意义。

4. 中世纪语言哲学通常把语言划分为哪些类别？不同类别的语言之间有什么关系？

5. 为什么"意谓"理论是中世纪语言哲学的基石？

6. 词项的指代特性理论最主要解决什么样的语言哲学问题？

7. 请用词项的指代理论说明为什么"自我指称为假"的命题是假命题。

8. 阿伯拉尔系词"是"的蕴含论与同一论之间的主要矛盾是什么？

9. 奥康如何在词项的指代特性层面上否定共相的真实存在？

第十一章　人学思想

中世纪人学思想的形成与发展受到基督宗教在西方世界传播的深刻影响，在教父哲学阶段，人学的主要任务是对希腊哲学，尤其是柏拉图以及新柏拉图主义灵魂学说的吸收和改造，使之适应于犹太教—基督宗教《圣经》的人观，从而形成基督宗教的人学认识；在经院哲学阶段，人学的主要任务是利用经由阿拉伯世界传入的亚里士多德的灵魂学说进一步发展并完善基督宗教人学。也正是出于这一原因，中世纪人学的言说方式离不开作为创造者、绝对存在、真理本身的上帝，总是在人与上帝关系的框架里，以灵魂与身体的关系为核心探讨人的本质与存在，人的现世生命与不朽，人的知识、情感、意志，人与他者（神、人、世界）的关系等问题。教父哲学和经院哲学的神哲学家们都对这些问题进行过论述，从而构成了中世纪人学的主要内容。

第一节　希腊教父哲学中的人学思想

所谓教父，是指公元 2—5 世纪的一批护教学者，他们在基督宗教超越犹太人而进行更为广泛传播的过程中致力于创建基督宗教的神哲学理论体系，他们运用当时流行的新柏拉图主义确立、解释《圣经》，使得基督宗教信仰教义化、统一化、仪式化和组织化，形成了被称为教父学的理论成果。教父是一个人数众多的群体，最基本的分类方法就是依据他们所在地区以及所使用语言的不同分为希腊（东方）教父和拉丁（西方）教父。在希腊教父所生活的时代，传播基督宗教的使命感使得他们认识到，"基督的福音不仅是《旧约》预言的实现，而且也给理性提供了作为某种哲学更深刻的解答。

因此，基督教是真正的哲学，而且古代希腊人就真理而言能够领会的东西，是基督徒们的合法遗产"。于是他们的人学任务就是在批判继承古代哲学人论以及反击同时代哲学对基督宗教攻击的基础上，以《圣经》对人的认识为依据，构建并传播基督宗教的人观。

一、2 世纪至 3 世纪希腊教父们的人学观念

在哲学与信仰关系问题上，亚历山大的克莱门特承认哲学的合法性，他认为，在基督宗教产生之前的救恩史上，哲学之于希腊人的作用就如同律法对于犹太人的作用一样，是将异教徒导向基督的教育者，因此"由于神的启示哲学家们也能触及真理"①，而古代哲学则在基督宗教里得到自然的延续；即使在基督宗教已经存在的时代，哲学也是那些必然皈依基督的人们的开路先锋，是基督徒们捍卫自身信仰的工具。正是基于对于哲学与信仰关系的这种认识，亚历山大的克莱门特将论证基督教关于人的两项教义，即"人被造为天主的肖像，人具有无限的、绝对的、长久的和不朽的价值"作为自己任务，他"寻求给这两项基督宗教教义一个理性的和哲学的结构，将人的本性描述为天主的肖像，并且证明他的本性理所当然地具有不朽性"②，于是他提出了"灵知之士"的概念，用来定义那些以哲学服务于信仰从而达到人的完满境界的人。

在克莱门特看来，人被赋予了理性就是要用来认识上帝，以及用来行善，因为上帝是"我们存在的原因，另一方面又是我们幸福的来源"③；上帝不懈地劝勉我们追求美德，而对上帝的信仰就能够让我们区别哲学家们学说中的真理与错误。克莱门特认为，人的学习和理解意味着把一种预感转化为概念和知识，信仰就是一种完全自愿的预感，"没有信仰，灵魂就永远不能

---

① ［古罗马］克莱门特：《劝勉希腊人》第七章；参见赵敦华、傅乐安主编：《中世纪哲学》上卷，商务印书馆 2013 年版，第 97 页。

② Battista Mondin, *A History of Mediaeval Philosophy*, Bangalore: Theological Publications in India, St. Peter's Pontifical Seminary, 1991, pp.50-51.

③ ［古罗马］克莱门特：《劝勉希腊人》第七章；见赵敦华、傅乐安主编：《中世纪哲学》上卷，商务印书馆 2013 年版，第 83 页。

前进到超验的领域。信仰在这里也就成为一切基督教思辨的出发点"自然的生命必须拥有呼吸，更深刻的洞见则需要有信仰；从信仰出发达到的完满就是"灵知"，所以灵知高于信仰，是信仰的完善，并非所有的信徒都是灵知之士，但是能被称为"灵知之士"的人一定是基督徒；"灵知之士"是人所能够达到的最高完善阶段。

首先，灵知之士是以善本身为本性的，因此他自由地爱上帝，对上帝的爱不含有任何功利的成分，仅仅是为了爱上帝而爱上帝，所以他行善也不是因为害怕受到惩罚或是为了得到报偿，而是出于纯粹的善；其次，灵知之士追求更深刻的洞察，把关于上帝的知识作为自己对上帝的爱的完成，对上帝充满爱的认识是他的终极目标和完全的满足，因为对于灵知之士来说，再也没有比建立在爱之上的对上帝的认识更有价值的了；最后，借着对上帝充满爱的认识，灵知之士摆脱了冲动与激情，没有任何欲望，处于"无激情"之中："我们必须设想我们的灵知之士和完善者摆脱了任何灵魂的激动。因为认识导致自制，自制导致一种态度或者一种状态，这样一种特性又导致了无激情，不仅仅是在激情方面的节制。因为无激情是彻底根除欲望的结果"。

亚历山大的克莱门特是通过批评希腊哲学以及希腊文化来劝勉希腊人的，他将基督宗教视作是对哲学的提升和成全，指出"人的问题无非就是为了接受它而去认识什么是真；为了去完成它而去认识什么是正确的"，进而"列举了基督带给人类的好处，并且邀请希腊人转向他（基督）并以之为真理的唯一导师"①。不仅如此，他还把对上帝的认识作为对上帝的爱的完成，进而又在作为人的完满状态的"灵知之士"那里撒出了人的欲望和激情，这些观点都颇有柏拉图主义以及斯多亚主义的色彩。

"由克莱门特所拟就的基督宗教哲学的蓝图很快就被他的杰出弟子奥利金所继承，后者沿着与他师傅相同的柏拉图路线将这一蓝图完美实现"②。奥

---

① Etienne Gilson, *History of Christian Philosophy in the Middle Ages*, New York: Radom House, 1954, pp. 29-30.

② Battista Mondin, *A History of Mediaeval Philosophy*, Bangalore: Theological Publications in India, St. Peter's Pontifical Seminary, 1991, p.58.

利金是在"有理性的受造者"的等级序列中来认识人的。有理性的受造者在被创造的时候并没有什么不同，它们都是纯粹的，没有质料，在力量和活动上，在对上帝的认识上都完全一致；但是后来在爱上帝上产生差别，它们通过自己的自由决定以及或善或恶的行动而将自己引入不同的等级。我们成为人，另一些精神成为天使，还有一些精神成为魔鬼，人处于天使和魔鬼，也就是天界精神和低级力量之间，这一序列的产生并不归因于上帝的任意，而是各种精神自身的自由。

在奥利金看来，所谓灵魂是"一种有想象力、有欲望的实体"，"就是可感觉、能活动的实体"，"当然指绝大多数生命存在物"，"一切活物的血就是他的生命（灵魂，anima）"①，这些说法在《圣经》里都能够得到印证，而我们人无疑也是具有灵魂的，因为《圣经》也说：上帝用地上的尘土造成了人，将生气吹在他的鼻孔里，他就成了有灵的活人。

从"有理性的受造者"概念出发，奥利金很自然地认为人的灵魂是先于人的身体而存在的。在他看来人的灵魂并没有犯那么严重的罪以至于要成为魔鬼，也没有那么努力以至于成为天使，于是上帝就创造了可见的世界，把人的灵魂置于人的身体之中，因此，"人是接受了身体的精神，以惩罚他们以其自由意志进行了错误的选择"②。因此，作为精神原则的灵魂与身体的关系必定不是自然的关系，尽管居于身体之中的灵魂如同在监禁之中，但是这并不能推翻灵魂的精神性，灵魂依然是非物质的，不死的，是更加接近于上帝的，这种接近就在于灵魂是上帝的理智肖像，它能够认识属于上帝的某些东西；而身体的意义在于，上帝把犯罪的精神即灵魂束缚在作为物质的身体之中，"并不是简单地为了惩罚，而是为了改善它们"。奥利金认为，精神性的灵魂被束缚在物质的身体里面，精神的敏锐就会因为形体物质的本性而变得迟钝。而如果在身体之外，它们就能够避开任何一种痛苦。因此在身体里

---

① ［古罗马］奥利金：《论首要原理》第八章；参见赵敦华、傅乐安主编：《中世纪哲学》上卷，商务印书馆 2013 年版，第 69 页。

② Etienne Gilson, *History of Christian Philosophy in the Middle Ages*, New York: Radom House, 1954, p. 42.

的持久的抗争，"它们也学习到，只有藉着上帝的恩宠才能够得到拯救"。

　　为了维护基督宗教对上帝全知全能全善的信仰，奥利金肯认作为理性受造者的人具有自由意志。在他看来，"自由选择是属于人的一项基础性的礼物"①；他认为，世界上的一切事物，都是从上帝那里获得自己的存在的，从本质上都有一个从不存在到存在的可变性，接受了上帝赋予的善而存在，也会因为失去上帝赋予的善而消亡，这种受造者本质上的可变性体现在有理性的受造者身上，就是他所具有的自由选择的能力。

　　上帝作为公正的、善的创造者，他是在他自身的美善中创造了所有有理性的受造者，所以有理性的受造者就其受造而言是因为"同样的原因而存在"，它们之间实际存在的不同来源于各自的自由抉择。奥利金认为，这一点从思辨和经验都能得到证实。受造者存在着不同的等级，这种等级表现在受造者的运动之中，从消极运动到积极运动，进而到自由运动，受造者的等级依次上升。一些存在者只接受外力的推动而消极地运动，这就是所有的没有灵魂的物体；而另一些受造者的运动是由内部原则或者想象力所引导的，这就是植物或者动物；而有理性的受造者是"凭借自身运动，即在自我决定中运动"。所以奥利金认为，如果有人宣称人从自己的决定出发什么也不能做，那么他就否定了人是有理性的受造者，把人等同于动物了。日常的经验也告诉我们，有的人抵御不了诱惑，会做违背自己良好意愿的事情，而另一些人则能够通过自我的修炼蔑视低级的趣味；而通过教育，一些原本放荡、粗暴的人可以变成节制、温和、自制的人，在坏的团体里，人们也可以变得很坏；所有这一切都说明人是有意志的自由的。

　　自由意志被赋予作为理性受造者的人是让他们有能力通过自己的意志活动去主动地占有赋予他们的善，"只有一个人格才有任务去占有被赐予的善，即为自己获得那种善并由此而自由地皈依上帝。但是，如果一个人格在这一任务上失败，不按照正确理性的准绳驾驭自己的行动，那么，他由于自己的

---

① Battista Mondin, *A History of Mediaeval Philosophy*, Bangalore: Theological Publications in India, St. Peter's Pontifical Seminary, 1991, p.67.

疏忽并从而由于自己的罪逐渐地丧失自己的完善。由于这种自愿的堕落，他失去了自己的善，变成了恶的"。可见，在奥利金看来，人的自由意志是以理性为基础的，人也只有被赋予自由意志才需要且能够为自己的行动负责。上帝赋予人理性和自由意志是要人在自由中行善；因此在善恶的选择上，人要为自己的选择负责，服从上帝的意志而行善的人就能够得救，而选择违背上帝意志的人则要受到惩罚。

二、尼萨的格列高利的人学理论

尼萨的格列高利与大巴兹尔以及纳西盎的格列高利并称三大卡帕多细亚教父，尼萨的格列高利被公认是他们三位中最具神学创见的，当代的哲学史家认为"人，即上帝的作品，无可争议地处在圣尼萨的格列高利的思想世界的中心"，而体现其人学认识的作品《论人的造成》是对其兄长大巴兹尔《六天创世》的补述。

尼萨的格列高利认为整个世界被分为可感的世界和精神的世界，二者原本是绝对对立的，是以否定对方来界定自身的，但是上帝却使这二者在人里面结合起来，从而使得"所有的一切都能分享他的美善，不让任何东西远离更高的本性"，人充当了精神世界与可感世界的桥梁；在可见世界中，以无生命的物体为基础，产生了依次上升的三个等级的有生命事物：植物、动物和人，植物具有营养能力，动物除了具有营养能力以外，还具有感觉能力，而人则同时具有营养、感觉和理性的能力；因为人具有了一切生命能力，所以人"把所有较低的存在等级包含在自己的本性中，并由此把它们与精神的东西结合起来"。

在尼萨的格列高利的时代，灵魂和身体的关系问题被广泛探讨。格列高利认为，首先，人的灵魂是一个理性的灵魂包含三种能力，而不是人具有三个灵魂，生长、感觉和理性能力统一在非物质的、理性的灵魂之中，理性灵魂又通过感觉能力而与物质的本性混合起来，也就是说，身体从灵魂获得生命和感觉能力，感觉能力没有物质本性是不可能的，而理解能力没有感觉能力也不能活动，在人这里灵魂和身体始终是相互依赖的，尽管灵魂始终是高于身体的，因为感官不过是灵魂与物质世界发生关系的工具，它们的活动要服从理性灵魂的目的。其次，灵魂既不能在身体之前产生，也不能在身体之后产生，而只能与身体一起产生：之所以不能在身体之前产生，是因为那样的话存在者之间的固定界限被抹杀了，最终只剩下一个种类的受造者了；之所以不能在身体之后产生，是因为如此一来灵魂就成了为身体而造的，身体成了目的而灵魂成了手段，这无疑贬低了灵魂的价值；因此，灵魂只能是与身体一起被造的，由身体和灵魂共同构成的整个的人在同一时刻存在，不仅原初的人是如此，每一个通过生育获得生命的人都是如此。再次，人在孕育之初就是一个完整的人，此后人在成长过程中不再接受任何本质性的东西，而是从内在的力量完善自己，这个内在的力量就是灵魂，营养和生长的能力、感觉的能力直至理性的能力依次逐步实现出来，从而也就实现了灵魂与身体的相互协调和完满结合。最后，灵魂并不是存在于身体的某一部位，而是就身体是有生命的血肉而言存在于整个的身体之中。灵魂与身体的这种结合在人一经产生的时候就出现，直至人的死亡也不会消失，"没有任何东西阻碍灵魂停留在肉体的基本组成部分中，无论它们是统一混合的，还是分崩离析的"。

尼萨的格列高利认为人是一切受造物中最为尊贵的，在他看来，上帝在创造了天地之后，在第六天最后创造人恰恰说明了人的尊贵，"人是在天开地辟之最后出现的，这并非因为他无用而排在最后，而是因为他天生就是君王"。这是因为，统治者不可能先于他所辖制的下属出场，王国奠定了，君王才会出现，一个好的主人会在宴会准备停当以后再把客人带到家里，上帝在之前的五天里创造了天地以及装饰其间的万物，实际上是为随后而来的、作为君王的人预备了王宫和王宫里的一切。其目的正是要人"通过享受这些美物而认识施予的主，因看见万物的美丽和伟大而溯源造主无以言喻的大能"①。不仅是创造的秩序，《圣经》对人受造过程的描述也透露出人的尊

---

① ［古罗马］尼萨的格里高利：《论人的造成》；参见赵敦华、傅乐安主编：《中世纪哲学》上卷，商务印书馆2013年版，第189页。

贵。尼萨的格列高利分析了《圣经 创世纪》开头对创造过程的描述，他指出，上帝创造天地以及天地所承载的万物的时候，都只简单地说了一句话，他的话一出口，事情就成了，而在造人的时候，上帝"先用言语描述他要造的人应当属于什么种类，应当带有什么原型的样式，为了什么目的造人，造了之后他的作用何在，能够管治什么"①，尼萨的格列高利认为，能够让上帝在创造的时候这么思前想后，慎重考虑充分说明了人的高贵；此外，人被造成既具有灵魂的优势，又具有身体的形状，也证明了人的尊贵，因为这样的人性是为了"合乎君王之用"的。

在解释人的尊贵的过程中，尼萨的格列高利提出了他的"肖像"说。人被赋予了统治其他万物的使命，因此就被造成一个"按着万物之王的样式造出来的一个活像"，"分有了原型的地位和名称"，作为君王之像，他不是用紫袍、王节和王冠装饰的，而是用"美德"、"永生的幸福"、"公义的冠冕"来装饰的，因此，"这活像显然酷似其原型之美，完全具有君王的尊贵"。在尼萨的格列高利看来，所谓人性，无非就是"按那统治万有的神性形象造的"，这里的形象不是形状或者模样，而是指"纯洁、安详、幸福、脱离一切罪恶，以及其他诸如此类足以使人酷似神的属性"；神性之美在人身上被完全地保存下来，这主要表现在"太初有道"的"道"就是心，也就是努斯，人于是在自己身上看到"话语和领悟力"，"神能看见一切，听见一些，洞悉一切，你也能借视力、听力了解事实，又有领悟力探求、明白事理"；"神就是爱"，所以"创造人性的主也使我们具有这样的特征"失去了爱，"按神的样式所造的像就会走样"②。可见，人是上帝的肖像就是因为人从上帝那里获得了理性的能力和爱的能力。不仅如此，作为上帝的肖像，造物主也将自己的自由赋予人，人于是拥有了自由意志，可以自己决定是趋向善还是趋向恶，而当人自由地决定背叛他的创造者，缺乏了对上

① [古罗马] 尼萨的格里高利：《论人的造成》；参见赵敦华、傅乐安主编：《中世纪哲学》上卷，商务印书馆 2013 年版，第 190 页。

② [古罗马] 尼萨的格里高利：《论人的造成》；参见赵敦华、傅乐安主编：《中世纪哲学》上卷，商务印书馆 2013 年版，第 191—193 页。

帝的服从，罪就产生了；在罪中的人必要经历死亡，而由于要死，人才被造成了一种有性别的存在者，人的婚姻和性的繁衍是由其有死性决定的；在这里尼萨的格列高利将人的性别解释为罪的后果，把圣经中描述的上帝造男造女解释成上帝预见到了人的堕落，于是预先造了一男一女。堕落在罪中的人，只有凭借上帝的恩赐，加上自身的努力才能完成净化，回到由之所出的上帝。

作为重点论述人的问题的教父，尼萨的格列高利的人学认识深刻影响着后世的人学发展，"首先是希腊传统，但其次还有拉丁传统"。他对于人是灵魂与身体结合而成的统一体的强调，以及对人是上帝肖像的阐释推进了对希腊人学中二元论倾向的克服以及基督宗教人观的确立；他"拒绝灵魂的先在，因为他清楚地看到允许这一点就必然导致柏拉图式的轮回观念；与此相反，他强烈地坚持每一个人的灵魂与他自己身体的结合是不可毁灭的，以至于即使在死亡与复活之间，一个死去的身体也没有彻底地与其灵魂分开。莱布尼兹随后也采取了同样的立场"①。但是关于人死后活的灵魂依然存在于已死的身体之中的观点不仅很难与现实经验相吻合，同时也存在一定的逻辑漏洞；他对性别问题的解释，特别是认为上帝预先造了男女来适应人的犯罪，无疑会带来神正论方面的系列问题。

第二节 拉丁教父及早期经院哲学的人学思想

在拉丁世界里，由于蛮族的入侵，从教父学发展到经院哲学经历了相当长的历史过程，但是思想脉络仍是连贯和清晰的。公元 5 世纪，"藉着奥古斯丁，我们达到了教父哲学的巅峰"，公元 11 世纪，"藉着圣安瑟伦，基督教哲学获得了新的空间……他可以被称为经院哲学之父"。这两位思想家的人学思想也对后世产生了十分重要的影响。

---

① Etienne Gilson, *History of Christian Philosophy in the Middle Ages*, New York: Radom House, 1954, p. 58.

一、奥古斯丁的人学思想

奥古斯丁是基督宗教最为重要的思想家，也是基督宗教教父中承袭柏拉图主义最为著名的代表，于是人们惯常将奥古斯丁主义称呼为"教父的柏拉图主义"。在 13 世纪吸收亚里士多德主义思想形成的托马斯主义产生之前，奥古斯丁主义一直是基督宗教思想的主流。在人学问题上，奥古斯丁按照基督宗教信仰原则的要求，对柏拉图主义二元论人观进行了改造，他肯认了灵魂的精神性以及灵魂与身体共同构成完整的人，同时他也强调了灵魂对身体的统御。

奥古斯丁基本上持守柏拉图主义的观点，认为灵魂是非物质的、本性善的、活跃的、无广延和不可分的。在奥古斯丁看来，我们人都具有关于我们自己灵魂的直接的自明性，我们的灵魂总是把自己直接地理解为在认识、在回忆、在意欲的精神，因此灵魂能够感知完全非物质的事物，它就不被任何一个物质体的特性所规定，它既不可能是物体的，也不可能有任何的广延。

在奥古斯丁看来，精神性的灵魂是直接与真理结合在一起的，真理就是上帝。灵魂作为真理的载体，是承载永恒真理的一面镜子，这就保证了灵魂的不死。归根到底，是上帝，也就是真理的永恒性保证了灵魂的不死。针对错误的思维，也就是相反真理的思维是否就毁灭灵魂的疑问，奥古斯丁指出，恰恰只有活着的灵魂才能犯错，错误并不能剥夺灵魂。然而在伦理学意义上，奥古斯丁也认同灵魂有死的说法："灵魂既不会死，也会死；说它不会死，乃是因为灵魂的意识永远不会朽坏；而说它会死，是在它失去上帝的时候，就像灵魂赋予自己的肉体生命一样，上帝就是灵魂自身的生命"。

关于灵魂的起源，奥古斯丁囿于在创造论和传生论之间难以抉择，一直没有给出合理的说明。奥古斯丁肯定不能接受灵魂出自上帝的实体，因为这样一来就混淆了创造者与受造者之间的本质差别；他也不能接受灵魂源自父母的灵魂，因为这样一来人的个体性就难以维系，人的改过迁善也得不到很好的解释；如果承认人的灵魂与身体一同被上帝所造，那么在奥古斯丁的体系里原罪的问题就得不到很好的解释；而且，如果灵魂为上帝所造，那么又是什么时候，由谁将其与身体结合在一起的呢？由于在自己的理论框架里难以回答这样的问题，因此奥古斯丁承认，灵魂究竟是源自创造之初的那一个还是一个一个地产生出来的，他难以给出说明。

在如何看待人的灵魂和身体关系的问题上，奥古斯丁总结了当时存在的三种看法，一种看法认为，灵魂和身体是相互平行的两个独立部分，分别代表光明和黑暗两种势力，它们相互斗争，谁占上风，人就表现出相应的善恶本性，这是摩尼教的观点；第二种看法认为，人实质上就是灵魂，身体缺乏自身的独立存在，只是灵魂暂时的居所。这是柏拉图主义的观点；第三种观点认为，人是包含着灵魂的身体，灵魂离不开身体，这是一些强调身体复活教义的基督徒的观点。读过奥古斯丁《忏悔录》的人都知道，奥古斯丁早期深受摩尼教的影响，但是皈依基督宗教后一直力图从摩尼教的二元论中摆脱出来；他自然不能同意身体灵魂平行相对的观点，对于第三种观点他也不完全同意。奥古斯丁关于灵魂与身体关系的观点实际上是以上第二和第三种观点的综合。

奥古斯丁首先是肯认灵魂与身体的差异的，认为人所拥有的是"一个不是肉体的灵魂和一个不是灵魂的肉体"[①]。在此基础上，他和柏拉图一样，强调了灵魂对身体的统辖作用。用他的话来说，人是"使用会朽的、尘世的身体之灵魂"。然而作为基督宗教的思想家，奥古斯丁认识到，在人学问题上柏拉图主义把灵魂作为人的全部本质，贬抑身体的做法与基督宗教身体复活和末日审判的教义相冲突，因此是不可接受的，于是奥古斯丁承认，人必须是由灵魂和身体两者构成的，任何一方面都不能成其为全整的人，"人是由灵魂与肉体构成的理性实体"[②]。奥古斯丁之所以要对灵魂与身体的关系作出这样的解释，就是因为他看到如果不承认身体的实体性，基督宗教"身体复活"的教义就无法得到贯彻。他在反驳波菲利等柏拉图主义者

---

① [古罗马] 奥古斯丁：《论三位一体》第 15 卷，第 2 章，11；周伟驰译，上海世纪出版集团 2005 年版，第 410 页。

② [古罗马] 奥古斯丁：《论三位一体》第 15 卷，第 2 章，11；周伟驰译，上海世纪出版集团 2005 年版，第 410 页。

时指出，把身体看作灵魂暂时使用的工具，就必然导致"灵魂转世"的观点，而这是荒谬的。但是具体到灵魂和身体的结合问题时，奥古斯丁又认为它们二者是不相混合的联合，他在论述人自身上人性实体与神性实体不同的时候，运用了一个类比："正如我身体的实体与我心灵的实体之间的不同——虽说它们是同在一个人里面——大于别人的心灵与我心灵之间的不同"①。也就是说，他认为尽管一个人的灵魂和一个人的身体在一个人之中，但是这个灵魂与这个身体的差异还大于这个灵魂与别的灵魂的差异。灵魂和身体的个体性也就是它们的实体性，两个实体结合为人，但都没有失去各自的独立性。这样才能解释死人的灵魂和身体何以能够在审判的时候重新结合。在对《若望福音》进行诠释的时候，他曾经说："灵魂拥有身体，并不是构成两个位格（persons），而是一个人（man）"，这表明，即使在承认人的全整性时，他也还是强调灵魂的主导性，强调灵魂和身体各自的独立性。奥古斯丁还用"内在的人"与"外在的人"的说法来表达身体与灵魂不相混合的联合。所谓"外在的人"就是人的外形，表象，也就是被灵魂统辖的人体；所谓"内在的人"就是"理性灵魂的深幽之处"，指的是人不与身体相混合的灵魂。奥古斯丁强调，灵魂自身"不与他人相关"的本质与永恒的理性——上帝相通，是上帝之光的受体，也是道德活动的主体，同时，"在一个好人在道德领域里可以做的每一件事情上，他都以巨大的勇气坚持了恩典的必要性和绝对的首要性"②。

应该说，作为基督宗教思想家，奥古斯丁通过批判灵魂转世说、主张从积极的方面肯定身体的意义，"强调在灵魂与肉体的关系中来解释灵魂"③，这些都表明了他要与柏拉图主义划清界限的态度；然而"柏拉图式的

---

① ［古罗马］奥古斯丁：《论三位一体》第 1 卷，第 3 章，11；周伟驰译，上海世纪出版集团 2005 年版，第 47 页。

② Battista Mondin, *A History of Mediaeval Philosophy*, Bangalore: Theological Publications in India, St. Peter's Pontifical Seminary, 1991, p.114.

③ 段德智：《主体生成论——对"主体死亡论"之超越》，人民出版社 2009 年版，第 102 页。

人的观念深刻地影响了圣奥古斯丁的智识"①，对于作为两种不同的实体的灵魂与身体之间的结合究竟是怎样一种结合这个问题，奥古斯丁并没有给出很合理的解释；由于他进行了"内在的人"与"外在的人"的区分，并且以"内在的人"的本质，也就是灵魂的本质来说明人的本质，表明他依然没有摆脱柏拉图主义人论的影响，尽管他"不赞成灵魂预存的看法，但也以相类似的方式来证明灵魂的不朽性"，对于灵魂被造的时间以及灵魂的原始状态语焉不详，也表明他在"玩弄某种形态的柏拉图式的灵魂预存的理论"。正因为如此，我们在奥古斯丁的著作里感受到的并不是灵魂和身体相统一的人，而更多感受到的是人的灵魂和身体的对抗和分裂，他的人学理论并没有在基督宗教文化背景下彻底解决人的全整性和个体性的问题，因此，尽管奥古斯丁的人学理论在基督宗教世界里占有极为重要的地位，但是当亚里士多德思想重新传回到欧洲的时候，这种人论遭遇到的冲击也是极为重大的。而他的观点"灵魂高于身体，因此不能被身体影响，尽管灵魂能够感受到身体由于外在刺激而产生的变化"、"随后被一些中世纪哲学家和现代思想家支持，包括：方济各学派（波纳文图拉、司各脱）、人文主义者、笛卡尔、玛琅勃朗士、斯宾诺莎和莱布尼兹，尽管这些哲学家们为这同一个原则提供了多样化的形式"②。

二、安瑟尔谟的身体不朽论和意志学说

被称作"经院哲学之父"的坎特伯雷的安瑟尔谟是托马斯·阿奎那之前最重要的经院哲学家，他提出了"信仰寻求理性"的命题，推动了辨证神学的发展。在人的问题上，他认为，单单人的身体，或者人的灵魂，甚或是人的理性，都不能构成完整的人，人具有三个方面的本性：身体的，精神的，以及理性的。他说过："当一个人被叫作躯体、理性和人的时候，这三者并

---

① Etienne Gilson, *History of Christian Philosophy in the Middle Ages*, New York: Radom House, 1954, p. 74.

② Battista Mondin, *A History of Mediaeval Philosophy*, Bangalore: Theological Publications in India, St. Peter's Pontifical Seminary, 1991, p.112.

不是以同一种方式、从同一个角度来说的。从一个方面说是一个躯体，而从另一个方面说他又是理性；这两者中的任何一个都不能构成完整的人"①。安瑟尔谟论证基督宗教信仰的复活教义，强调复活是身体和灵魂共同构成的人的复活，因此他认为，凡是没有犯罪的人，向善的人，其身体都是不朽的，他说："人的本质被创造出来，是为了完整的人，即肉体和灵魂，有朝一日能够享有神圣的不朽"②。这说明，在基督宗教复活信仰的推动下，安瑟尔谟已经开始通过强调身体的不朽性来肯定人的全整性。

尽管安瑟尔谟被认为是一个属于奥古斯丁主义传统的思想家，但是在意志问题上，他的看法却与奥古斯丁有很大的不同。他似乎已经意识到在奥古斯丁的思想里存在着人的自由意志与上帝恩典之间的悖论，因此，他在探讨人的选择的自由问题的时候，一开始就提出了问题的核心，指出"人的自由选择似乎与上帝的恩典、命定和天意相对立"。他认为，如果要化解自由意志与恩典之间的矛盾，就一定要搞清楚"自由的选择是什么，以及我们是否总有自由的选择。有些人常常说，选择的自由是犯罪或不犯罪的能力，如果果然如此，如果我们总有这种能力，为什么我们有时需要恩典？如果我们不总是具有这种能力，犯罪不会出自我们的自由选择，为什么我们还要承担罪责？"。他运用辩证法，通过对意志概念更加精深细致的分析来回应这些问题。③

安瑟尔谟认为，意志具有三个方面的含义，首先，意志表示灵魂的一种能力，就好比视觉是眼睛的能力一样，意志的这种能力就是使灵魂自由，并用来进行选择的，在这个意义上，任何人都具有意志，不管人们是否使用这种能力；但是意志还具有另外两个意义，那就是意志"指示出了一种'感情'（affection），也就是这一能力的秉性（disposition），或者是在某种方式下运作的灵魂的工具（instrument）"，以及意志还表示"由这种工具或者这种能

① Jasper Hopkins, *A Compannion to the Study of St. Anselm*, 转引自严春友：《人：西方思想家的阐释》，中国社会科学出版社 2005 年版，第 107 页。

② Jasper Hopkins, *A Compannion to the Study of St. Anselm*, 转引自严春友：《人：西方思想家的阐释》，中国社会科学出版社 2005 年版，第 106 页。

③ 赵敦华：《基督教哲学 1500 年》，人民出版社 2007 年版，第 235 页。

力所完成的工作"①，也就是意志还可以表示选择能力的倾向性，以及意志表示选择能力的实际运作。安瑟尔谟之所以要对意志进行如此精细的分析，其目的就是要在意志能力本身和意志的倾向之间进行区分，说明意志的能力本身是天赋的，是不会因为人的原罪而丧失的，人们在原罪之后所丧失的只是意志倾向中向善的那个倾向。在安瑟尔谟看来，意志是以追求正当为目的的，而意志又是靠自由选择的能力来实现这一目的的，因此，意志的自由选择作为一种能力就是追求正当的能力，也就是行善的能力，在本性上来讲，意志自由不可能犯罪。在这一点上，安瑟尔谟的观点与奥古斯丁明显不同。他认为，所谓自由意志选择了恶，不是自由意志本身被滥用，因为这并非出于意志的本性，而是由于意志在倾向上倒向了恶的一方。安瑟尔谟认为，由于受到外界条件的影响，自由意志可以倾向于善，也可以倾向于恶，但是这只是倾向的问题，"选择善或恶只是意志的一种倾向，而不是意志的本性"②。在安瑟尔谟看来，意志的倾向有两种，一种倾向于有用的东西，一种倾向于正义的东西。意志倾向于正当的东西也可能是由于这个东西有用，也可能是因为这个东西本身的正当性。他认为，为了正当本身而倾向于正当，是意志最可贵的倾向，但是却并不是意志必然的倾向，而倾向于有用的东西则是一种中性的倾向，如果有用的东西同时是正当的，那这个倾向就是善的倾向，如果这个有用的东西不是正当的，那这个倾向就是恶的倾向。由于在意志能力本身和意志倾向之间进行了这样的区别，安瑟尔谟就为自己将上帝的恩典与人的自由意志放在两个不同的层次上将它们协调起来开辟了空间。安瑟尔谟认为，自由意志是上帝赋予人的本性之中的能力，是不可能因为人的犯罪而丧失的，正因为自由意志是上帝赋予人的本性，因此，人有责任运用这种在本性上向善的自由，而人之犯罪，就是人没有运用自由意志，在原罪之后人所丧失的只是意志选择善的倾向，丧失了自由意志的运用。因此，安瑟尔谟认为，"自由意志出自上帝的恩典，意志的选择倾向和行为决定了

---

①　Etienne Gilson, *History of Christian Philosophy in the Middle Ages*, New York: Radom House, 1954, p. 137.

②　赵敦华：《基督教哲学 1500 年》，人民出版社 2007 年版，第 236 页。

人自身的命运，人既需要上帝的恩典，也要对自己的选择承担责任。恩典说和奖善惩恶的'意志选择说'是协调一致的"①。

坎特伯雷的安瑟尔谟的人学思想已经开始注意到通过强调身体的重要性和积极意义来肯定人的全整性，他还肯定人即使在原罪之后也还保有自由意志，所丧失的只是自由意志向善的倾向，从而将人的自由选择与上帝的恩典区别在两个层面上，化解了恩典说与自由意志之间的悖论。然而他"在灵魂与身体之间形质组合之理论缺乏"，仅仅从救赎论的角度来解释人的灵魂与身体的统一性关系，而没有在人的本质的层面来理解这种关系；而且他也没有把这种统一性关系贯彻到自己的意志论之中，没有对意志的"一般倾向"和其"向善"的本性给出合理的解释。

第三节　托马斯·阿奎那的人学思想

由于"在 12 和 13 世纪中因西方对亚里士多德大部分作品的重新发现"，使得"由奥古斯丁创立并建立在柏拉图的基础上的否认世界的基督教哲学，开始让位于处理存在的一种根本不同的方式"②，从而使得中世纪哲学，特别是经院哲学在 13 世纪迎来了自己的高峰，托马斯·阿奎那的哲学正是这一高峰的理论成果。就人学思想而言，当时围绕人的灵魂问题所发生的争论"使得基督宗教与亚里士多德之间的张力显现出来了"③，托马斯·阿奎那的人学思想正是在回应拉丁阿维罗伊主义和波拿文图拉人论的基础上产生并发展起来的。

一、拉丁阿维罗伊主义的独一理智论

"评注家"阿维罗伊是 12 世纪阿拉伯哲学家，是西部亚里士多德主义的

① 赵敦华：《基督教哲学 1500 年》，人民出版社 2007 年版，第 236—237 页。

② [美]理查德·塔那斯：《西方思想史》，吴象婴等译，上海社会科学出版社 2007 年版，第 200 页。

③ Anton Charles Pegis, *St. Thomas and The Problem of the Soul in the Thirteen Century*, Toronto: ST. Michael's College, 1934, p.121.

代表人物，他"享有巨大的威望，特别是作为亚里士多德的评注家"①。在阿维罗伊的学术视野里，亚里士多德就是顶峰，他认为亚里士多德的学说是"最高真理"，亚里士多德的理智是"人类理智的极限"②。这种思想在亚里士多德主义广泛传播的 13 世纪影响到了巴黎大学文学院的一大批学者，他们也追随阿维罗伊，主张完全照搬亚里士多德的思想，即使这样会造成与基督宗教的启示真理相矛盾的局面也在所不惜。这部分人被称为"拉丁阿维罗伊主义者"，他们无限忠于亚里士多德主义的立场使得他们又被称为"极端亚里士多德主义者"。

在人学问题上，"拉丁阿维罗伊主义"完全继承阿维罗伊的观点，发展出了所谓的"独一理智论"。"拉丁阿维罗伊主义"的代表人物、巴黎大学文学院的布拉邦的西格尔在其《〈论灵魂〉卷三问题集》中充分表达了拉丁阿维罗伊主义在人学问题上的基本观点。

在理智原则与营养和感觉原则的区分问题上，西格尔坚持理智是单个的、独立（于质料）的实体。它不能够成为身体的实体形式，而只能够通过它的能力的运作来成全身体，因此结合在一起的并不是理智实体和身体，而是理智的运作与身体的运作，也就是心像相结合。而且，正因为理智是独立的实体，因此它是永恒的，唯一的，也就是说对于全人类而言，理智只有一个，"西格尔追随阿维罗伊，坚持可能理智和能动理智构成一个分离的实体，他依其自身而存在，外在于个体的人，它就是所谓的人这个种相的理智灵魂"③。

唯一的理智与复多的个体的人的身体之间究竟是何种关系？正是对这一问题的回答，西格尔最为清晰地表达出了其阿维罗伊主义立场：他认为，理智成全身体并不是通过它的实体，而是通过它的运作能力。它与身体的结合也就只是通过运作而联合，而不是实体性的结合。对于每个个体的人

---

① Battista Mondin, *A History of Mediaeval Philosophy*, Bangalore: Theological Publications in India, St. Peter's Pontifical Seminary, 1991, p.118.

② 参见赵敦华：《基督教哲学 1500 年》，人民出版社 2007 年版，第 287 页。

③ Etienne Gilson, *History of Christian Philosophy in the Middle Ages*, New York: Radom House, 1954, p. 396.

的理智活动因其在不同的个体里而各有不同这个基本的事实，西格尔解释道，这仅仅是因为每一个个体提供给独一理智的心像是各不相同的。在他看来，人们对事物具有自身各自不同的理解并不能否认整个人类只有一个能动理智和一个可能（也就是接受）理智。当我们感觉是我们自己在思考的时候，实际上是可能理智借助于我们大脑形成的心像在我们当中思考。全人类所共有的唯一的理智灵魂也不存在一个所谓与身体分离的状态，因为，它总是和许多的个体结合，在其中实践它的理智活动。理智的运作成为我们的，在某种程度上是因为理智本性上需要我们的心像以便实践它的活动。

站在拉丁阿维罗伊主义者的立场看，坚持独一理智论的理由也很充分：理性灵魂是普遍统一的形式，它被个人的身体分化为个体的灵魂，或者说，身体是灵魂个体化的条件，那身体死亡后，个人的灵魂也就随之消亡，剩下的只是灵魂的普遍形式，也就是唯一的一个人类理智。而且，按照拉丁阿维罗伊主义者的看法，独一理智论非但不是不合逻辑和荒谬的，而且它还是唯一符合亚里士多德思想的理论，因为在人的问题上，既然亚里士多德已经证明了理智是一种不依赖于器官的活动，并且在本性上是非物质的，那么，理智活动的原则，也就是理智灵魂就是一个非物质的实体。而根据亚里士多德的观点，一个非物质的实体就是永恒的，不会生成变化的，不坏灭的，并且在其种相中是独一无二的。所以，理智灵魂也就是一个永恒的实体，并且所有人类只有一个。

然而，独一理智论最严重的问题就是无法与"是我们每个个别的人在思考"这样一个基本的经验事实相协调，尽管这个理论给出了"我们因心像的不同而产生不同的思考"这样的答案，但是既然心像"一旦在理智中变成观念，它们就不再是心像了"①，那么这样的解释就显得特别牵强，而且对于人作为位格的个体性必然造成伤害。

———————

① 费尔南德·凡·斯坦伯根（Fernand Van Steenberghen）："独一理智论"（Monopsychism），白虹译，《天主教研究论辑》第 12 辑，当代中国出版社 2016 年，第 54—81 页。

二、波纳文图拉的灵魂质型论

波纳文图拉是圣方济各会的神学家，他曾经与阿奎那一道担任过巴黎大学的神学教师。如果说，阿奎那是站在亚里士多德主义的旗帜下反对极端亚里士多德主义，那么，波纳文图拉则是通过继承和发展柏拉图——奥古斯丁主义人论，不仅批判了拉丁阿维罗伊主义——"对波纳文图拉而言，托马斯所反对的错误同样也是他所一贯反对的"①——而且也将批判的锋芒指向当时代表着新思潮的亚里士多德主义本身。他甚至还把对亚里士多德主义的反对上升到在整个神学领域对哲学的反对。当然，尽管他反对亚里士多德主义，但是这却并不妨碍他利用亚里士多德的质型论来认识人的灵魂。

在波纳文图拉看来，如果我们简单地追随亚里士多德对人的统一性的证明（他认为阿奎那就是这样做的代表），那就必然会危及灵魂的实体性和不朽性。因为一旦把人这个实体简单地定义为形式和质料的结合，尤其是将灵魂仅仅看作是形式，那么就再也无法承认灵魂和身体两种因素中任何一种是真正的实体，这样一来的话，那就只有灵魂和身体结合，人这个实体才存在，一旦这个结合不存在了，人就消亡掉了，而且身体和灵魂也就都停止存在了。这显然是基督宗教信仰的灵魂不朽教义所不能接受的。

波纳文图拉认为，形式和质料的结合是上帝之外的一切受造物的基本原则，质料是事物的潜能，形式是事物成为其所是的现实能力。我们人作为受造物，也是由形式，也就是灵魂，和质料，也就是身体所组成，在这一点上，波纳文图拉与阿奎那以及亚里士多德并无差异，但是他并没有停留于此，而是继续用形式和质料来对灵魂和身体进行进一步的分析。

波纳文图拉认为，"灵魂和身体本身都是复合存在物，身体有其质料，灵魂也有它自己的质料和形式"②。人的灵魂是由精神性的形式和精神性的质

---

① Etienne Gilson, *History of Christian Philosophy in the Middle Ages*, New York: Radom House, 1954, p. 404.

② Battista Mondin, *A History of Mediaeval Philosophy*, Bangalore: Theological Publications in India, St. Peter's Pontifical Seminary, 1991, p.364.

料构成的一个精神性的实体,所谓精神性质料,不同于物质性质料,它没有广延,也不可朽坏;而人的身体则是由物质性的质料和物质性的形式构成的物质实体。灵魂作为精神实体,它自身就是完整的,独立于身体的,而身体作为物质性实体,是低级实体,它欲求被更高级的形式,也就是灵魂所充满。因此,灵魂与身体的结合,是在更高一级的意义上形式与质料的结合。

对于作为由形式和质料构成的独立的实体——灵魂为什么还要同另一个独立的实体——身体相结合的问题,波纳文图拉给出了这样的解释:作为精神性实体的灵魂在本性上就是要与身体结合,充满身体。作为身体,尽管也是由形式和质料结合而成的实体,但是它却有被灵魂充满和结合的欲求。灵魂和身体这两者的结合是为了彼此的完善,而不是相互伤害。灵魂下降到身体之中,不仅不会损坏灵魂的完满性,而且丰富了自身,因为它在身体之中经历了在身体之外所经历不到的生命活动;同时,它也成全和完善了身体,灵魂和身体作为现实性和潜在性统一于人的生命活动之中。这种肯定灵魂向下也能在身体中得到成全的观点"背离了柏拉图主义而接近了亚里士多德主义"①。

波纳文图拉之所以坚持灵魂质料学说,是因为在他看来唯其如此才能够对灵魂的个体性问题进行解说并且对灵魂不朽进行形上学上的论证,才能够在上帝和受造物之间进行彻底的区分,并且满足基督宗教关于灵魂不朽,末日审判等教义的要求。然而,波纳文图拉的这种"综合了亚里士多德主义和奥古斯丁主义的"观点②是充满矛盾的。第一,既然灵魂是一个完全的实体,它就不可能以实体性的方式进入到另一个实体之中,也就是说,一个实体加上另一个实体不可能构成另一个实体,而只能是一个组合体,这样人就如柏拉图主义所理解的,成了一个偶然的统一体,这势必危及人的全整性;第二,波纳文图拉一方面承认灵魂是身体的形式,是现实性,一方面又把具有潜在性的质料放置在灵魂之中,这就造成了灵魂既作为现实性,同时又作为

---

① 赵敦华:《基督教哲学 1500 年》,人民出版社 2007 年版,第 419 页。

② Battista Mondin, *A History of Mediaeval Philosophy*, Bangalore: Theological Publications in India, St. Peter's Pontifical Seminary, 1991, p.365.

潜在性的矛盾；第三，灵魂作为形式一旦具有质料，就等于说可理解的形式本身具有了妨碍可理解性的质料，这本身就是矛盾的。最后，一方面，波纳文图拉认为灵魂向下成全身体使得自身也得到完善，另一方面，他又不得不承认灵魂的完善在于向上追求上帝，这就造成了他对灵魂的形而上学解释与神学解释之间的矛盾。

三、托马斯·阿奎那的人学思想

托马斯·阿奎那作为神学家，他对人的关注始终是有神学背景和目标的，但是这并不妨碍他对人的认识又始终是哲学的，"他的观点，认为是最终的因果关系塑造了人的本性，为我们提供了一个原理和样本，说明神学之于他和哲学之于我们是接续在一起的"①。阿奎那亲身参与了 13 世纪关于灵魂问题的争论，并在回应拉丁阿维罗伊主义以及波纳文图拉人学观念的过程中发展出了以肯定人的全整性、个体性和现实性为特征的人学思想。

阿奎那人学思想对于人的全整性的认识超越了他之前所有的思想家。在人的实体性构成方面，他始终明确地坚持"两个分离的实体加在一起不可能构成统一的第三个实体，充其量只是偶性的结合"②，认为人是灵魂和身体构成的复合实体，人的本质既包含灵魂，也包含身体。灵魂和身体的结合是一种本质的结合，灵魂与身体是作为形式和质料结合在一起的，尽管人的灵魂具有一种不在身体器官之中的理智能力，但是灵魂依然是身体的实体性形式，它完全地存在于全部的身体之中，并且使得身体成其为身体；尽管在身体死亡之后，灵魂因为其不依赖于身体的理智能力还能够继续存在，但是在人产生之前是没有先在的灵魂的，灵魂只能产生于身体之中。在人的认识和意欲方面，阿奎那强调感觉与理智、欲望与理性的配合。这种配合体现在纵向和横向两个层面：在纵向上，人的认识活动中高级阶段的理智需要感觉为

① Robert Pasnau, *Thomas Aquinas on Human Nature:A Philosophical Studyof Summa theologiae1a* 75–89, Cambridge University Press, Cambridge: 2002, p.22.

② *The Oxford Handbook of Medieval Philosophy*, John Marenbon（ed.）, New York: Oxford Press, 2012, p.508.

其提供材料，脱离了身体的灵魂就不能够再认识世间的事物；人的欲望活动中高级阶段的意志也离不开感觉欲望，只有感觉欲望服从了理性，意志才有选择的自由，也就是说，"人是由于他的理智能力，才在一些活动上是自由的"①。而在这两个方面的高级阶段，阿奎那又肯定了一种横向的统一：即理智与意志的统一，意志能够推动理智，理智也能够认识意志。于是，整个人的精神活动就呈现为一个整体：人的认识是一个过程，这个过程不单单是理智在起作用，一个方面，理智的活动不能离开感觉的支撑，另一个方面，理智的活动也要接受意志的推动，同样的，人的意志也不仅仅诉诸欲望，它需要理性认识到善并提供给它作为欲望的目的。阿奎那的人学思想将人的全整性贯彻到底，它所呈现出来的始终是一个全整的人，这个人在受造时就被给定了一个基本的条件，那就是既有灵魂，又有身体。而在这个人的生成活动，也就是其作为一个复合实体实现自身存在的时候，他始终是以一个灵魂身体统一体的面貌出现的，他的一切生成活动也都既包含着灵魂的因素，也包含着身体的因素。

不仅如此，作为一个基督宗教的思想家，阿奎那对人的全整性的强调还超越了亚里士多德自然哲学的范畴。他特别论证了当身体脱离了灵魂之后灵魂的认识问题，尽管他肯定在身体与灵魂脱离之后，灵魂可以具有相似于天使但不同于其在今生的认识方式，但是这个灵魂依然是这个人的灵魂，他在此时活动依然与其在今生的活动有关。在分析"人是上帝的肖像"时，阿奎那总结道，"天使虽然绝对说来比人更接近上帝的肖像，但是，人相对而言却更加类似于上帝"②。在这里阿奎那承认人在相对意义上比天使更加类似于上帝，而他肯认这一点所依据的两个理由——人由人所生，以及人的灵魂存在于整个身体之中——都关乎人的全整性。也就是说，在阿奎那看来，尽管人之为上帝的肖像，最终是由人的灵魂是理智的灵魂，人是理智的受造物决定

---

① Donald M. Borchert（editor in chief），*Encyclopedia of Philosophy, 2nd Edition, Volume 9*, Thomson Gale, 2006, p.429.

② [意]托马斯·阿奎那：《神学大全》第 1 集第 6 卷，段德智译，商务印书馆 2013 年版，第 367 页。

的，但是包含人的身体以及与身体相关的活动和运作的全整的人则能够使得上帝的肖像在人身上更加完满。正是由于有了对人的全整性的这样一种完整的认识，使得阿奎那的人学思想在这个问题上，不仅超越了柏拉图——奥古斯丁主义的人论，也在理论深度和广度上超越了亚里士多德主义的人论。

阿奎那在对《箴言录》的注解中曾经说："人的概念允许正在被说及的事物是独特的、独立存在的，包含所有在这一事物之中的东西"①，这表达了阿奎那人学思想对人的个体性的认识。阿奎那认为，灵魂与身体的关系就是形式与质料的关系，灵魂作为身体的实体性形式，它使得身体实现成为人的身体，而身体作为质料也是人的本质的一部分，不仅如此，身体还是灵魂个体化的原则，灵魂与身体结合而成为这个个体的人的灵魂。在这里，阿奎那的人学思想不仅向我们呈现了一个全整的人，而且还呈现给我们一个个体的人。这是因为，一旦有量的维度的身体进入到人的本质里，人就一定是一个个别的、具体的人，由于在各方面都是具体的，所以是独一无二的，不可重复的，因而就是个体的。不仅如此，在阿奎那看来，灵魂之所以能够成为一个个别人的形式，而不是亚里士多德"同一的，不可分的"意义上的形式，就是因为它能够接受作为质料的、有维度设定的身体的个体化。这也就是阿奎那在形上学中所肯定的质料是形式个体化的原则。既然人是这样一个以灵魂为实体性形式，以身体为质料的复合实体，那么人的本质就应该既包括灵魂，也包括身体，而且这个灵魂是被身体个体化了的灵魂，这个身体也就是这个个别人的身体，这个人就是具有一个独特本质的不同于任何其他人或物的个别的人。

除了在人的实体结构上强调人的个体性，在人的存在构成层面上，阿奎那也将对人的个体性的强调贯彻到底。因为，身体既已进入到个体的人的本质之中，那么在完成人的存在活动的时候，身体与灵魂的合作也就使得这种活动表现为个体的人特有的活动。阿奎那对人的存在活动的个体性的强调集中表现在他对阿维罗伊主义独一理智论的批判上。阿奎那认为，独一理智论

---

① ［意］托马斯·阿奎那：《箴言录注释》，第5卷第1节第3条；转引自［意］巴蒂斯塔·莫迪恩：《哲学人类学》，李树琴、段素革译，黑龙江人民出版社2005年版，第201页。

的荒谬之处就在于它肯定所有人共有一个理智,从而摧毁了人的个体性。阿奎那坚持,人的理智是人的实体性形式——灵魂的一种能力,灵魂在身体之中接受了身体的个体化,因此,理智的活动就一定是这个人的活动,只有彻底承认理智的个别性,才能保证人的认识活动是我们每个人自身的活动。他认为,只要承认理智是人的灵魂的能力而不是人本身,那就必须得承认理智的个体性。人的理智认识的差别也不可能来自心像的不同,因为"如果所有的人存有一个理智,存在于这个或那个人身上的心像的多样性就不可能像评论家在《〈论灵魂〉注》第 3 卷中所教导的那样,在这个人或那个人身上引起各种各样的理智的运作"①。可见,阿奎那对唯一理智论的批判表明了他肯定人的理智的个体性,在认识论问题上将人的个体性贯彻到底。

在意志论方面也同样如此,阿奎那认为,人的意志无非就是人的理性欲望,是以人的感觉欲望为基础的,而理性在要求感觉欲望服从、为欲望识别可欲望之善作为目的的这样一个过程中,其本身的活动也因为感觉心像的个体性和理智本身的个体性而是个体的,欲望也因为服从于理性而具有选择这种善或者那种善的自由,因此,与理智活动一样,人的意志活动也是个体性的。

阿奎那不仅是在人的现世状态下论证了人的个体性问题,他还肯定人在灵魂与身体分离状态下的认识也与人在今生的认识习性和活动有关,由此将对人的个体性的论证推进到了基督宗教的人的灵肉分离状态里。不仅如此,正是基于对人的个体性的深刻认识,阿奎那十分明确地肯定了上帝的肖像在每个人身上都能够被发现。他将存在于人身上的上帝肖像划分为三种方式,其中首要的一种"乃是因为人具有理解和爱上帝的一种自然倾向",这种倾向是存在于人的心灵本性之中的,因而这是所有人所共有的。在这个意义上,阿奎那认为"(上帝的)肖像在所有的人身上找到"②。可见,宗教改革

---

① [意]托马斯·阿奎那:《神学大全》第 1 集第 6 卷,段德智译,商务印书馆 2013 年版,第 40 页。

② [意]托马斯·阿奎那:《神学大全》第 1 集第 6 卷,段德智译,商务印书馆 2013 年版,第 369 页。

后基督宗教新教所极力强调的个体救赎的信仰原则，以及现代社会所主张的个体尊严和人人平等的社会准则，在阿奎那强调人的个体性的人学思想里都能找到其渊源。

"强调人的现实性和个体性是阿奎那思想中一项具有永恒价值的内容"①。阿奎那通过肯定身体的作用强调了人的全整性和个体性，这样一个全整的人和个体的人也就一定是一个现实的人，生活于在世界之中的人。人是灵魂和身体结合而成的复合实体，灵魂是人的实体性形式，它确定了人之为人的本质规定性，然而这个灵魂只有和身体结合才能够被个体化，因此，阿奎那说，灵魂存在于身体之中是适合于灵魂的；而人作为理性的动物，其理性的运作也离不开身体，人由于其理智灵魂的级别较低，因此它不但要与身体结合，而且还必须借助于身体和有形实体来实现其理性认识能力。灵魂与身体结合在一起构成的人才是一个全整的人，灵魂存在于身体之中才合乎人的本性；人的理智活动必须借助于来自身体的心像，而且只有物质事物的本性才是人的理智认识的合适对象，那么，这样的一个人必定是存在于世界之中的。在论证首生的人是否认识所有的事物的时候，尽管他肯定首生的人优越于我们，他具有获得关于所有事物的知识的能力，然而，他所肯定的只是首生人具有这样一种能力，而这种能力的实现，即使是在无罪的状态，也还是要在世界之中来完成；这种能力在无罪的首生人那里实现出来，所获得的知识"同我们的也没有什么两样"②。他还指出："在无罪状态下，儿童并不是生下来就具有完满的知识的"③；"理性的运用在一定程度上依赖于感觉能力的运用。所以，当感官受到限制，内在的感觉能力受到牵制的时候，人便不能完满地运用理性，……感觉能力就是身体器官的能力。从而，只要这些

---

① 段德智：《主体生成论——对"主体死亡论"之超越》，人民出版社 2009 年版，第105 页。

② [意]托马斯·阿奎那：《神学大全》第 1 集第 6 卷，段德智译，商务印书馆 2013 年版，第 397 页。

③ [意]托马斯·阿奎那：《神学大全》第 1 集第 6 卷，段德智译，商务印书馆 2013 年版，第 453 页。

器官受到了障碍，这些能力的活动也就势必受到障碍，而理性的运用也会跟着而同样如此。因此，儿童……也就既不能够完满地运用这些能力，也不能够完满地运用理性"①。从阿奎那对这些问题的论证中，我们可以看出，阿奎那非常强调人的现实性，他认为，灵魂必须要与身体结合才能构成一个全整的人，因此人就存在于此世之中，非但如此，为了要实现人之为人的理性活动，人也必须是在世界之中的。

当然，阿奎那强调人的现实性，并不表示作为基督宗教思想家的阿奎那否认或者不重视人的超性价值和意义，但他更加强调超越与现实人生之间的关联。他在论证人是上帝的肖像的时候，强调人的理智既相似于上帝，又不等同于上帝，就决定了人要朝向上帝来认识自身作为上帝肖像的尊贵，而人的本性又决定了他只能在世界之中来实现这样的认识：以认识那作为上帝受造物的物质世界为起点来逐步上升到对自身作为上帝肖像的认识，直至对自身创造者的认识，进而达到对上帝的爱，也就是说，人是在自身理性能力的实现过程中来朝向上帝的。阿奎那还指出，人在等待复活的灵魂与身体相分离的状态里，今生的知识习性和知识活动都还保留在与身体分离的灵魂里，也就是说，即使在灵魂与身体脱离之后的状态里，人的灵魂的存在也是与人在今生的生活有关的。由此可以看出，阿奎那通过论证人的永生命运与人的今生存在活动的相关性来强调人的现实性，从而不但打破了柏拉图主义人论的灵魂转世的神话，同时也超越了亚里士多德自然哲学的范畴。

可见，阿奎那通过在实体论中强调灵魂与身体的本质性结合，在认识论中突显感觉与理智在人的认识活动中的合作，以及在意志论中肯定欲望在人的自由抉择中对理性的服从，并且从理智与意志的相互作用来认识人的精神活动，从而从人的实体结构和人的存在活动构成两个方面肯定了人的统一性，这就将强调人的统一性这个基本特色贯穿于他的整个的人学思想之中。正是这样一种特色使得阿奎那人学思想回应了他所处时代哲学发展的需求，

---

① [意]托马斯·阿奎那：《神学大全》第 1 集第 6 卷，段德智译，商务印书馆 2013 年版，第 455 页。

在实现"阿奎那人学思想对西方传统人学的多方面的超越"①的过程中站上了中世纪人学发展的最高峰。

思考题：

1.尼萨的格列高利是如何认识人的身体与灵魂的关系的？

2.安瑟尔谟是如何认识自由意志的？

3.托马斯·阿奎那是如何回应拉丁阿维罗伊主义者提出的"独一理智论"的？

4.如何认识阿奎那人学思想的基本特征？

---

① ［意］托马斯·阿奎那：《论人》，段德智译，商务印书馆2020年版，"导读"第XXIX页。

第十二章　共相理论

在中世纪的背景中，共相（universals）通常是与一个事物或对象的本质及其属性密切相关的问题。一般而言，如何认识和把握一个具有独立特征的事物？构成它的基本本质和属性是什么？人们可以使用什么样的语词或概念来指称并描述它？从古希腊一直到中世纪，哲学家们对诸如此类的问题进行了广泛的思考和研究。虽然一些希腊哲学家最终用"实体"（substance）概念来描述一个独立存在的事物，然而伴随着这一概念使用的一系列哲学问题并没有完全解决，诸如决定一个实体"其所是"（what it is）的本质是什么？当哲学家们用"属"（genus）和"种"（species）来表述那些具有类似或相同特征之实体的共同本质时，属和种与被归属于其中的个别实体之间具有什么样的实在性关系？或者说，前者与后者是否具有同样的实在性以及哪个会更实在一些呢？诸如此类的研究与争论随着希腊哲学一同进入了中世纪的语境中，演变成为关于"共相"是否是实在的更为广泛的争论。这种争论贯穿在整个中世纪时期，促使中世纪哲学家们从形而上学、认识论和语言与逻辑等方面对共相的性质及其实在性意义进行了深入的研究，形成了关于共相的众多不同的理论与学说。

第一节　早期争论

共相问题在中世纪拉丁西方哲学家中的讨论，在一个较为明显的时间节点上被公认为是由6世纪的波爱修开启的。而波爱修之所以在后世的共相讨论中具有引领的地位，主要是他明确地意识到了这个问题的重要性，并在引述公元 3 世纪哲学家波菲利关于共相的三个著名问题时阐释了它的意义。波菲利在评述亚里士多德范畴理论时，提出了关于属种性质的三个问题，这些问题在两个世纪之后为波爱修再次提出，并以"共相"的名称重新表达了属种性质的意义和价值。可以说，这些问题以及波爱修在拉丁文化语境中的重构，对中世纪哲学家们的共相探究产生了深远的影响，一直到 14 世纪，被认为是为这种探究"划定了所有可能答案的范围，决定性地引领了整个中世纪的讨论并厘定了它的轮廓"。[①]

一、问题的引入

就思想的相互关联而言，中世纪时期哲学家们关于共相问题的讨论，无疑源自希腊哲学对存在着的事物及其本质之间关系的思考。只是希腊哲学思考事物存在与本质关系的方式在中世纪哲学中获得了新的意义，并被后者赋予了更深更广的思想价值。那么。希腊哲学是在什么层面上以及以什么方式看待事物的存在与本质及其相互关系的呢？通常而言，有两个基本的观点或看法具有典型意义，并对中世纪哲学产生了广泛的影响。一个是柏拉图所提出的，另一个则为亚里士多德所倡导。柏拉图认为，"真实存在的东西"包含着两类不同的对象，一类是"可知的"或"可理解的"世界，他称之为"统治着理智的秩序和区域"的世界；一类是"可见的"世界，即"统治着眼球的世界"。[②] 在柏拉图看来，"可知的"或"可理解的"世界主要是由"型"和"相"或者所谓"理念"（ideas）所构成的，它们是最为真实的存在；而"可见的世界"则是由我们通常称为感性的事物所构成，是存在于我们周围的可感的和可变的事物。他把前者视为世界的原型，后者则是前者的摹本，因而可以在生成的意义上说前者构成了后者的本质。

与柏拉图不同的是，亚里士多德主要是用实体概念来表述或指称那些"真实存在的"对象。他认为，关于真实存在的对象，我们可以用两类实体

---

① *The Oxford Handbook of Medieval Philosophy*, edited by John Marenbon, Oxford: Oxford University Press, 2012, p. 387.

② 参见《柏拉图全集》第 2 卷，王晓朝译，人民出版社 2003 年版。

概念来表述，一类是"第一实体"，诸如"这个人"或"这匹马"，表述的是个体对象；另一类是"第二实体"，表述的是"属"和"种"所指称的同类个体具有的共同本质或属性。例如"人是一种理性动物"，其中"动物"和"人"就是"柏拉图"或"苏格拉底"这些个体对象所具有的属种本质和特征。虽然亚里士多德在这里对第一实体和第二实体主要是从语言表达的意义上所作的范畴分类，但这些语词不只是具有形式的意义，它们还包含着对"名称相应"事物的指称，特别是第一实体和第二实体，更是具有实存的和本体论的意义。[1] 而就哲学的学科属性而言，亚里士多德认为它应该是以存在者为研究对象，探究作为存在着的事物的原因或本原的学问。其中最为重要的是第一哲学（神学），以最为普遍和永恒不动的实体为研究对象，是关于"作为存在的存在、是什么以及存在的东西的属性"的知识或学问。[2]

无论是在柏拉图还是在亚里士多德关于真实存在对象的表述中，都包含了后来被称为"共相"的实在性问题。柏拉图认为，"可理解的世界"或"理念"世界作为具体可感事物的原型和来源，是永恒的和不变的，因而也是最实在的；而由可感事物构成的感性经验世界则是"理念"的摹本，是在分有"理念"的过程中形成的，即使感性事物具有实在性，它的实在性也是来自"理念"，并在实在性上是次于"理念"的。与之不同的是，亚里士多德把实在性归于实体，他认为"实在"这种性质完全属于那些被称为"实体"的东西，只有实体才具有实在性。虽然他首先把那些称之为"这一个"的殊相或具体对象说成是实体，它们是第一实体，是独立的存在，具有完全的实在性；但他在承认独立存在的个体是第一实体的同时，也宣称作为事物普遍形式的本质，即用属和种之类的形式所表达的东西，同样具有某种实在性。它们是次于第一实体的第二实体。

柏拉图关于"理念"以及亚里士多德关于属种第二实体的实在性表述，包含着一个非常重要的形而上学问题。通常来说，我们通过感觉感知到的个

---

① 参见苗力田主编：《亚里士多德全集》第 1 卷，中国人民大学出版社 1990 年版。

② ［古希腊］亚里士多德：《形而上学》第 6 卷（E 卷）1025b—1026a，苗力田译，中国人民大学出版社 2003 年版。

体对象的实在性是毋庸置疑的，只要我们还多少相信感觉的可靠性。然而，存在于个体事物之中或者说超越于个体事物之上的本质或形式，是否是一个独立的实体并具有独立的实在性，乃是内在于柏拉图和亚里士多德实在性表述中的一个不可避免的问题。波菲利认识到了这个问题的重要性，他在为亚里士多德《范畴篇》所写的《导论》（Isagoge）中，将这个问题以集中明确的形式作了表达："属和种是持存的，还是仅仅依赖于我们纯粹的思想；如果它们是持存的东西，那么它们是物质的，还是非物质的；它们是自身独立的，还是出现于并且依赖于可感事物"。① 波菲利虽然认识到这些问题的重要，但他觉得它们又过于深奥和复杂，因而并不尝试提供自己的解答。

当波爱修在其《波菲利〈导论〉注释》（Commentaria de Isagoge）中引用波菲利的这些表述时，对于后者只是表述问题而不尝试解答问题的态度并不以为然。他认为这些问题确实高级和奥妙，但如果我们以适当合理的方式处理和研究这些问题，就不会保持沉默且能够形成正确的认识。他提供解决这些问题的主要方式是从分析心灵的理解能力开始的，这些能力包括理性依据"事物本性中确定的东西"所作的描述，以及心灵凭借自身的"想象"所建构的东西；当我们运用这些能力理解属和种的时候，我们既能够理解到那些存在着的、"使我们得到真正认识的真物"，也可以"为自己形成一些并不存在的事物"。② 在波爱修看来，人们可以凭借这些能力以两种方式产生或形成观念的。一种是想象的或组合的方式，把一些自然界中并不连结的对象组合在一起，如将人和马组合成为"一个半人半马的怪物"。它是把本质上不可能的东西组合在了一起，以这种方式组合起来的观念仅仅存在于人的心中，人们是不可能在外界对象中发现它们的，因而它是虚假的观念。另一种形成观念的方式是区分和抽象的方式，如我们可以形成"直线"或"圆"这样的图形观念，这是我们在对具体事物抽象的基础上形成的。虽然在实在世

---

① ［古罗马］波菲利：《〈范畴篇〉导论》；见赵敦华、傅乐安主编：《中世纪哲学》上卷，商务印书馆 2013 年版，第 594—595 页。

② 参见［古罗马］波爱修：《波菲利〈导论〉注释》第一篇 10；见赵敦华、傅乐安主编：《中世纪哲学》上卷，商务印书馆 2013 年版，第 618—619 页。

界并没有这样的、几何学意义上的"直线"和"圆",但它们是与实在世界有关联的,它们是"存在于有形的和可感知的东西中的",我们在具体事物的基础上、借助于人类的抽象能力而形成的。① 他说,"属"和"种"这样的共相就属于这类观念,它们是对存在于诸多个体中的"相似性"进行"收集"与"抽象"而形成的,它们具有客观基础,"属和种是在个体之中,但它们都被思考为共相(universalia)",而这些被整合起来"被思考为共相"的相似性,"当它是在个别事物中时,它是可感觉的,当它是在共相中时,它是可以认知的;同样地,当它被感知时,它是留在个体中,当它被理解时,它就成为共相"。②

波爱修认为,这些被思考为共相(属种)的东西,既具有普遍性,也具有单一性。例如,当我们用"人"或"有理性的动物"之类的共相概念来理解或称呼"柏拉图"和"苏格拉底"等等单个的人时,这些所谓共相的东西就是存在于单个的人中的,它是有形的和实在的并以单一的形式被感知到的;反之,当我们把"人"或"有理性的动物"从"柏拉图"或"苏格拉底"那里抽离出来进行一般性的理解或思考时,这些共相就是无形的,但同时又是普遍的。波爱修在对共相概念作出这些考察和分析之后,接着列举了柏拉图和亚里士多德的看法,认为柏拉图不仅把种、属等观念"理解为共相",而且也把它们看作是可以离开有形事物而"存在着和持存着"的;而亚里士多德"则认为它们虽然被当作无形的和普遍的东西来理解,但是它们却持存于可感知的事物之中"。③ 虽然波爱修在表述柏拉图和亚里士多德的看法之后,对他们各自看法的优劣并不置喙,也并不想在他们各自的观点之间作出选择,但就他对共相形成的途径和方式的分析来看,亚里士多德的立场应该

① 参见 [古罗马] 波爱修:《波菲利〈导论〉注释》第 1 篇 11;见赵敦华、傅乐安主编:《中世纪哲学》上卷,商务印书馆 2013 年版,第 622—623 页。

② [古罗马] 波爱修:《波菲利〈导论〉注释》第 1 篇 11;见赵敦华、傅乐安主编:《中世纪哲学》上卷,商务印书馆 2013 年版,第 624 页。

③ [古罗马] 波爱修:《波菲利〈导论〉注释》第 1 篇 11;见赵敦华、傅乐安主编:《中世纪哲学》上卷,商务印书馆 2013 年版,第 624—625 页。

说占据着比较大的分量。然而这并不意味着他是毫无保留地赞同亚里士多德的看法的。在他所写的一些被归为《神学短论》的文章中，他对所谓完全脱离有形事物的"存在自身"，作了充分的肯定，认为它是一种"最初的存在"、"绝对的存在"和"单纯的实体"，具有完全的独立性和实在性。① 应该说，波爱修把共相性质问题作为一个"最崇高"和最深奥的哲学问题提了出来，并尝试从不同方面对它作出回答；而他在不同文本中所分别表现出的柏拉图倾向和亚里士多德倾向，则为后来中世纪哲学家在共相实在论和唯名论之间的争论，埋下了伏笔。

二、早期实在论

在总体倾向上，共相实在论（realism）的基本观点是认为，共相（亚里士多德传统称之为"属"、"种"之类的东西）不仅是外在于人的心灵而存在，而且有着独立的实在性。持有这种观点的人们通常认为，共相并不依存于感性事物，甚至是先于感性事物而存在的；一些实在论者认为先有事物的本质和理念或形式，然后才有具体的个体存在者，具体事物是后于共相而存在的。与实在论不同或相反的是，唯名论（nominalism）认为"共相"只是一个名称，既不能独立存在，又没有实在的意义。它们只是人们为了认识的方便，所构想出来的一些名称或概念。唯名论者主张只有个别的事物才是唯一真实的，共相或普遍概念不具有任何的实在性，它们只是认识的工具，是人们为了实用的目的而用来称呼一些彼此相像的对象的名称或符号，它们是依赖于具体事物而形成的。无论是在实在论中还是在唯名论中，都存在着众多不同的观点，从较为温和的形式到较为极端的形式都有。现代学者根据它们各自的理论特征，认为唯名论者由于提出了简约明确的本体论观点，因而并不会再去专门地思考形而上学问题，反而是把更多的注意力放在了处理认识论上的难题方面；相反，实在论者更为偏重的是要去解决形而上学的问题，

① 参见［古罗马］波爱修：《神学短论》第三篇；见赵敦华、傅乐安主编：《中世纪哲学》上卷，商务印书馆 2013 年版，第 628—632 页。

因为他们为知识提供了一个坚实的基础，因此在认识论上似乎并没有特别大的困难需要处理。① 也就是说，这种看法是把实在论与形而上学的更多探究关联在一起，同时认为唯名论会在认识论上取得更多的进展。

在波爱修之后，以明确形式提出共相实在论观点并对唯名论立场提出批评的一位比较早的中世纪哲学家，是 11 世纪中后期的安瑟尔谟。大致从这个时期开始，有关共相性质的争论就在不同哲学家那里以广泛的形式展开，并一直持续到了中世纪晚期。这种争论所持续的时间之长，致使当时就有人说，连世界在这个过程都会变得衰老，它甚至比恺撒征服世界所花费的时间还要长久。过分长久的时间说明了这个问题在中世纪哲学中的重要性以及解决它的困难。这个时期共相问题之所以引起众多哲学家和神学家的兴趣并在他们之间引起长期激烈的争论，不仅与波爱修所引述的波菲利问题相关，而且也与当时的逻辑学进展以及那个时期的神学背景密不可分。

自波爱修关于亚里士多德的《范畴篇》、《解释篇》以及波菲利的相关评注等拉丁译本与注释在西方出现之后，逻辑学的研究就在哲学家和神学家那里以稳步的形式展开，逐渐成为学校教育、智力训练、知识获得和真理探究的主要手段与工具。直到 11 世纪，逻辑研究一直是那个时期哲学探究的三个主要领域之一，② 产生了一批既在学校教学又在论著出版方面具有较高学术声誉的逻辑学家。在 10—11 世纪期间，一些具有极高逻辑造诣的学者，诸如吉伯特、贝伦加尔、达米安、兰弗朗克、奥托罗和柴纳的吉拉德（Gerard of Czanad，？—1046 年）等，对逻辑学特别是辩证法在智力训练、问题讨论和知识获得等方面的重要意义，进行了深入的探讨并给予了充分的肯定。然而，当他们运用辩证法之类的逻辑学方法来考察一些核心的神学问题

---

① Paul Vincent Spade, *"Introduction"to Five Texts on the Mediaeval Problem of Universals: Porphyry, Boethius, Abelard, Duns Scotus, Ockham*, translated and edited by Paul Vincent Spade, Indianapolis: Hackett Publishing Company, Inc., 1994, p. ⅷ .

② 其他两个主要哲学领域为古代哲学文本的导读和研讨、基督教教义的分析与讨论。参见 ［英］约翰·马仁邦主编：《中世纪哲学》，孙等译，中国人民大学出版社 2008 年版，第 118 页。

上时，则会就这类方法的合适与否和合理与否等方面产生深刻的分歧和激烈的争论。例如，在考察自然事物的可能性及其与上帝全能之间的关系方面，能否使用辩证方法及其相应的逻辑规则，就在以吉伯特和贝伦加尔等人为一方与以达米安等人为另一方之间，产生了巨大的分歧和争论。同样地，在如何理解圣体实在性的问题上，也在贝伦加尔和兰弗朗克（也译朗弗朗）之间爆发了冲突。与此同时，就亚里士多德的《范畴篇》、《解释篇》以及波菲利和波爱修的评注与导论等是"关系到事物"（in re）还是"关系到语词"（in voce），也在这个时期的逻辑学家之间产生了分歧。①

而在这些逻辑学家的诸多观点中，在共相方面引起安瑟尔谟关注的，是其中的一些人将概念或词义的逻辑分析，用在了对共相性质的解释中。这些人中的一个典型代表是出生于法国的逻辑学家和神学教师罗色林，他所持有的是一种较为极端的共相唯名论观点。罗色林本人并没有专门的著作留存下来，后人只是在他的批评者，如安瑟尔谟和达米安等人那里，才对他的一些看法有所了解。就他的批评者所转述的观点而言，他对共相的看法还是较为明确也较为简单。他的基本观点是，共相不仅是一种语词（word），而且还是人们在说出这个语词时所发出的声音（voice）或气息，毫无实在性。在他看来，在自然的世界中，真正具有实在意义的只是单个的事物，是人们在用个别概念表达事物时所指称的那个具体对象；像"人"或"动物"等种属之类的共相，并没有实在的意义，没有与之对应的独立实在，它们只是表达了一群具有相同或相似性质的单个事物，其本身就是一些声音或符号，不具有独立的抽象意义，只有当它们指向单个的个体时才有意义。罗色林的看法因而被称为唯名论或唯词论（vocalism）。②

罗色林的观点提出之后，引起了众多哲学家与神学家的关注和批评，认

---

① 参见［英］约翰·马仁邦：《中世纪哲学：历史与哲学导论》，吴天岳译，北京大学出版社 2015 年版，第 124—125、140 页。

② 参见赵敦华：《基督教哲学 1500 年》，人民出版社 2007 年版，第 252 页；［英］约翰·马仁邦：《中世纪哲学：历史与哲学导论》，吴天岳译，北京大学出版社 2015 年版，第 140—141 页。

为他的看法不仅在哲学上是不合理的，而且在神学上也是危险的。安瑟尔谟的反驳就是从这两个方面展开的。就哲学认识论和逻辑学的层面来看，安瑟尔谟认为，一方面，罗色林的错误在于缺乏抽象思维的能力，仅仅把认识和思维局限在感觉印象之中，认为那就是认识的一切，感觉包含了认识的所有内容，从而不能把个体事物和存在于个体事物中的本质区分开来，如不能把黄、绿、蓝等颜色与具有这些色彩的事物分开，从而不能认识抽象概念或普遍概念的意义；另一方面，安瑟尔谟认为世界并不是完全由单个的事物构成的，世界还有一些构成原则，就像理念那样，它们是普遍的原理和共相，与个体事物一样具有实在性。他以尼罗河为例，来说明共相的实在性。他说，尼罗河是由源头、河流和湖泊三部分组成的，这三部分是实在的，它们共同构成的尼罗河也是实在的。① 也就是说，安瑟尔谟在共相性质上持守的是一种实在论立场，认为共相不仅是独立于人的心灵而存在，而且它们也是先于感性事物而存在，具有更高的实在性。在这里，我们还可以看到安瑟尔谟本体论证明所暗含的思想基础。而就安瑟尔谟对罗色林的批评来说，虽然他的批评在理论和逻辑上也有其不完善的地方，然而他们两人的争论被认为是唯名论和实在论的较早的直接交锋，而且安瑟尔谟的看法似乎还占据了比较有利的地位。

三、阿伯拉尔的共相理论

在安瑟尔谟之后，在共相问题上作出细致阐述并留下较为丰富历史文献的另一位哲学家，是生活在 11 世纪后期到 12 世纪中期的阿伯拉尔。阿伯拉尔可谓是那个时期声名显赫的哲学家，尤其擅长哲学和神学问题的辩证分析。但他是一个颇有争议的人物，由于其性格咄咄逼人，为人极为好辩，对于他的对手尤为严厉，从而使他成为一个不受欢迎的人。虽然他颇多才气、富有论辩技巧，且时常对其他神学家和教师的嘲讽攻击而为他赢得了大批的听众；但他的名声以及把辩证方法在神学中的运用，使得原本对辩证法和理

---

① 参见赵敦华：《基督教哲学 1500 年》，人民出版社 2007 年版，第 253 页。

智技巧就有所怀疑的那些神学家更是增加了敌意。甚至有人认为他的名声更多地来自他与爱洛伊丝（Heloise）颇多苦难的恋情。然而阿伯拉尔确实是一个富有才气的哲学家，他所撰写的一系列逻辑学和神学著作，使其在中世纪哲学史中占据了非常重要的一席之地。

阿伯拉尔对传统哲学以及逻辑学等问题的研究，使其在不同论著中表达了自己对共相问题的看法。其中论述共相问题最重要的篇章，是他的《波菲利集注》（Glosses on Porphyry），而这部集注是他对当时流行的诸多逻辑学著作所做的长篇评注 Logica Ingredientibus（当代学者将这部著作称为《逻辑学 LI》）中的一个重要组成部分。应该说，阿伯拉尔对共相问题的探究，波菲利的三个问题无疑起到了思想指向的作用；而当时一些逻辑学家对共相性质的看法，则促使阿伯拉尔更为认真地关注共相问题。成为他思考和表述自身观点的现实契机。在当时，有一位来自法国的逻辑学家，名叫香蒲的威廉的神学院教师，就共相的性质提出了一种较为典型或者说较为极端的实在论观点。这种观点引起了阿伯拉尔的不满并对之展开了批判。而香蒲的威廉用来表述其观点的语言前后也有变化，这种变化被认为是由阿伯拉尔的批判所导致的。

虽然香蒲的威廉用以表达其观点的著作，与罗色林的情形类似，并没有留存下来；但其对手对他观点的批判，展现出了他比较清楚的立场。根据阿伯拉尔等人的表述，威廉的实在论认为既"存在个别的和普遍的实体，也存在个别的和普遍的形式"。[①] 他最先表达其实在论观点的，是一种被称为"质料本质实在论"（material essence realism）的看法。威廉通过这种看法，指出同一种类（属或种）中的所有个体，其本质是完全相同的；或者说，属或种的质料本质是完全相同地赋予了（forms）属于它的每一个个体中，而个体间的差异不是本质的不同，而是偶性的相异。威廉认为，我们可以根据种差（differences）或"较低的形式"（the forms of inferiors）对所有实体以及

---

① ［英］约翰·马仁邦：《中世纪哲学：历史与哲学导论》，吴天岳译，北京大学出版社2015年版，第147页。

同一类实体作出进一步的区分，例如，可以把实体区分为物质的和精神的，把物质的实体再区分为动物、植物等，再把动物区分为人、驴、牛等。而同属于人的个体，如苏格拉底和柏拉图等，则可通过偶性区分。① 这种观点大致说来是没有问题的，但关键的是威廉把本质实体化，认为本质或共相是独立存在的实体，是先于个体事物而存在的，然后才赋予个体事物。阿伯拉尔据此指出，如果同一"动物"中的不同个体是由其共同的本质赋予形式的，那么同属这一种类中的人"苏格拉底"和驴"布朗尼"（Browny）就被赋予了相同的形式，那岂不意味着苏格拉底（以理性建构的动物）就等于布朗尼（以非理性建构的动物）？从而，"理性动物就是非理性动物"，理性和非理性就会真实地存在于同一个体中。②

阿伯拉尔的反驳为威廉带来了一定的理论困难，他因此对他的理论作了修改，提出了一种所谓的"无差别"的理论，即认为同种类的个体之间，不是本质上完全相同的，而是无差异的；也就是说，共相是以"无差别的方式"存在于同一种类的不同个体之中的。例如，苏格拉底和柏拉图不是完全相同，只是无差异，即他们作为"人"来说是"无差异"的，他们被赋予了共同的本质，都是有理性的，也都是会死的；但他们在具体的存在状态上则不是完全相同的，而是相似。如果这个理论代表了威廉后期观点的话，那么这多少是对他早期极端实在论的修正。也就是说，他在阿伯拉尔的批判下，作了防御性的退缩。然而，威廉这一新的"无差别理论"仍然没有得到阿伯拉尔的认可，他对"无差别"的含义作了细致的逻辑分析和批判。在总体上，"无差别"主要是指个体间的关系，但同时也涉及了个体与共相（本质）的关系。阿伯拉尔认为，"无差别"的含义可能有两个方面，一是在个体中本

---

① 参见 ［英］约翰·马仁邦：《中世纪哲学：历史与哲学导论》，吴天岳译，北京大学出版社 2015 年版，第 147 页；赵敦华：《基督教哲学 1500 年》，人民出版社 2007 年版，第 255—257 页。

② Peter Abelard, *Glosses on Porphyry*, pp.29-31; *Five Texts on the Mediaeval Problem of Universals: Porphyry, Boethius, Abelard, Duns Scotus, Ockham*, translated and edited by Paul Vincent Spade, Indianapolis: Hackett Publishing Company, Inc., 1994, pp. 30-31.

质虽然不同但无法辨别；虽然这也是一种无差别，但它不是本体论上的而是认识论上的无差别。这种无差别使得共相就失去了认识论意义。威廉实际上也是不会认同这种含义的。二是指"相似因素的集合"，即不同个体中的相似因素构成属，不同属中的相似因素构成种，包含在属和种之内的个体对象因其本质相似而表现出"无差别"。①

阿伯拉尔主要是在第二种含义的基础上批判威廉的无差别理论，并在这些批判中提出了自己关于共相的看法。通常而言，通过"相似因素的集合"所形成的观念，与这些具有"相似因素"的个体或部分之间，可以形成两种不同的关系，一种是整体与部分的关系，另一种是普遍与个体的关系。在逻辑学上，通过前者所形成的观念称之为集合概念，后者称之为非集合概念；非集合概念所表达的对象的整个性质是完全可以使用在个体之中的，而集合概念所表达的整体性质则不能完全用于说明部分的特性。阿伯拉尔认为，共相所表达的或能够使用的关系只能是后者而不是前者，因为共相所表达的本质是完整地体现在个体对象中的，它作为普遍的东西与个体有着相同的性质。虽然威廉在使用"无差别的相似"时也可能表达了这样的含义，但阿伯拉尔并不认可威廉的实在论立场，即把表达了共同本质的"共相"也看作是独立的实体，个体中的本质是源于这种共相本质的。相反，阿伯拉尔则把共相"归诸于词"，把它看作是一种概念，一种可以表述众多事物之共同性质的词语，它本身不具有实体和独立的意义。②

阿伯拉尔在语义分析的基础上批判威廉的实在论观点，认为共相是一种观念，一个表述或指称众多事物共同属性的名称。但他同时又认为，这种名称又不像罗色林所说的那样，仅仅是一种声音，而是有着更多的逻辑意义，有着比声音更多的含义。那么。这个比声音有着更多含义的逻辑内容是什么呢？或者说，当我们说"苏格拉底是人"（Socrates est homo）时，普遍词"人"（homo）是在什么意义上能够保证这个句子为真？阿伯拉尔主要是通过一个

① 参见赵敦华：《基督教哲学 1500 年》，人民出版社 2007 年版，第 255 页。
② 参见赵敦华：《基督教哲学 1500 年》，人民出版社 2007 年版，第 255—256 页。

语词的表述或意指功能来说明它的可能性。例如，当我们用普遍词"人"来说明单个人的属性时，它是能够在其意向的基础上述谓它们的。在他看来，由于我们是以某种命名的方式，使得某一名称能够指称给定种类中的每一对象；而这一名称之所以能够作为共同的名称（共相）称谓或指称其中所有的对象，如"人"之于"苏格拉底"，乃是因为用这种共同名称称呼的所有对象都具有"相似性"，都具有共同的特征。他把这种共同的"相似性"称之为存在"状态"（status），那是个体对象在存在的基础上所表现或呈现出来的那些状态与性质。因此，当人们用某一名称表述或"命名"这种共同的"相似性"时，这一名称就是一种普遍的共相（概念），而凡是具有这种相似性的个体对象都可以用这一共相来表述或指称。①

应该说，阿伯拉尔在这里对共相性质的解释，体现出了他的非实在论倾向。他认为，同类个体对象之间存在状态的相似性，是我们形成共相的"共同原因"。我们通常会在众多相似个体事物的基础上形成一种共同的但又是模糊的意象，我们会用一个语词来称呼这种共同的意象，如"人"；一旦随后我们听到"人"这一名称，我们会在心中产生某种意象，这个意象会与个别的人关联起来，使它可以通用于所有的人而又不专属某一个人。这种模糊的意象随后又经过心灵的抽象作用，使之从个体事物中抽离出来，形成可以指称这些对象的概念。因此在阿伯拉尔看来，我们从相似意象中形成的共相概念，虽然具有感性基础，但它不是独立的实体和本质。② 一般而言，阿伯拉尔把共相归结为语词和概念的看法，被视之为唯名论立场，倾向于概念论；而他同时又具有某种本体论立场，或者说并没有从本体论上将个体存在与共同存在状态明确区分开来，而使他似乎又具有了一定的实在论倾向。因此有学者认为他在共相性质上具有的是一种双重立场，或者说是两种进路，即在亚里士多德意义上是一个唯名论者，而在波爱修意义又是一个实在论

---

① 参见［英］约翰·马仁邦：《中世纪哲学：历史与哲学导论》，吴天岳译，北京大学出版社 2015 年版，第 148—150 页；赵敦华：《基督教哲学 1500 年》，人民出版社 2007 年版，第256—257 页。

② 参见赵敦华：《基督教哲学 1500 年》，人民出版社 2007 年版，第 257—258 页。

者。① 但在基本倾向上，当代一些学者把阿伯拉尔的观点称为概念论，应该说是更为贴切的。

到 12 世纪中叶为止，除了罗色林、安瑟尔谟、香蒲的威廉和阿伯拉尔等人之外，还有其他众多的哲学家和神学家对共相问题产生了浓厚的兴趣，提出了一系列关于共相性质的观点与看法。索尔兹伯利的约翰在其《逻辑学讲解》（Metalogicon，另译为《为逻辑辩》。约写于 1159 年或 1165 年②）中，将这些观点和争论分为六种不同的学派，它们包括共相是"词的声音"和共相是"词的概念"的唯名论观点，共相是"事物"并等同于"柏拉图主义的理念"和共相是内在于事物的"天然形式"的实在论观点，以及共相是"事物的集合"和共相是"事物的样式"的中间立场。索尔兹伯利的约翰虽然对它们各自的观点一一作了介绍，但对这些争论中涉及的细致琐碎的词义辨析并不认同，特别是对共相讨论中所花费的过长的时间与过多的金钱公开表达了不满，认为真正解决问题的方法不是对"共相的性质"，即"共相是否存在、如何存在"的问题继续无休止的争论，而应该是从认识论入手，探究人类的认识能力，探究人们是"如何认识共相"的。③

这个时期中世纪哲学关于共相性质的讨论，虽然比较琐碎，涉及了许多枝枝节节的东西，但内在于这些讨论中的，却是一些非常重要的哲学问题和神学问题。从表面的思想进程上看，共相性质的讨论不仅涉及了逻辑学的问题，而且也与形而上学和认识论问题密切相关。希腊哲学的传播和演进为这些问题的关联提供了非常重要的思想契机。然而，中世纪时期关于共相性质的讨论，还包含着某种较为浓厚的神学意蕴和神学动机。这在实在论中尤为明显。如果承认共相是独立实体，那么就能够在本体论上为神圣实体和其他

---

① 参见 [英] 约翰·马仁邦：《中世纪哲学：历史与哲学导论》，吴天岳译，北京大学出版社 2015 年版，第 148—149 页；赵敦华：《基督教哲学 1500 年》，人民出版社 2007 年版，第 258 页；Paul Vincent Spade, *"Introduction" to Five Texts on the Mediaeval Problem of Universals translated*, edited by Paul Vincent Spade, Indianapolis: Hackett Publishing Company, Inc., 1994, p. xi.

② 参见 [英] 约翰·马仁邦：《中世纪哲学：历史与哲学导论》，吴天岳译，北京大学出版社 2015 年版，第 157、171 页。

③ 参见赵敦华：《基督教哲学 1500 年》，人民出版社 2007 年版，第 259—261 页。

精神实体的存在提供实在的和形而上学的基础。这也是实在论在早期共相争论中占据突出地位的主要因素之一。但是随着哲学认识论和逻辑学研究的深入，当哲学家们更多地从语义学和词项逻辑的层面考察共相性质的时候，唯名论的立场就能够得到更多的支持者。

第二节　晚期转向

大约从 12 世纪中叶开始，亚里士多德的众多著作被陆续译为拉丁文，为亚里士多德思想在拉丁西方的复兴和传播提供了极为有利的条件，而作为当时新兴大学和学术中心的巴黎、牛津和科隆等地，则成为亚里士多德思想研究和传播的重镇。当时众多的哲学家和神学家都直接参与到了对亚里士多德著作的评注、研究和阐释之中，从而为 13 世纪及之后哲学家们对共相的探究提供了一种新的视角和思想维度。这种新的哲学视角和思想维度，一方面能够使得哲学家们在思考共相性质时，倾向于将亚里士多德内在实在论（immanent realism）的某种形式与基督教神圣观念的扩展作出关联与整合，诸如大阿尔伯特、阿奎那以及司各脱等人所实施的。另一方面，随着中世纪哲学的发展以及大学教育和学科建制的完善，哲学本身在 13 世纪以后逐步成为一门专门化的和高度技术化了的学术学科，对共相等哲学问题的研究更多的是以大学为舞台而展开，波菲利和波爱修的观点并非像早期那样直接引领了讨论，而是作为更深的思想背景在起作用。① 这种变化为诸如司各脱和奥康等哲学家们探究共相问题，提供了不同于 11—12 世纪时期的方法与问题导向。

一、共相与实体要素

亚里士多德著作在拉丁西方广泛译述与研究为共相阐释所带来的新的

---

① *The Oxford Handbook of Medieval Philosophy*, edited by John Marenbon, Oxford: Oxford University Press, 2012, p. 395; Paul Vincent Spade, *"Introduction" to Five Texts on the Mediaeval Problem of Universals translated*, edited by Paul Vincent Spade, Indianapolis: Hackett Publishing Company, Inc., 1994, p. xi.

可能，在大阿尔伯特和托马斯·阿奎那等人那里有着最为明显的体现。他们都尝试以一种新的视角和方式，来阐释共相的形而上学意义和认识论意义。更为典型的是阿奎那，他并不想把共相作为一个独立的理论问题来阐释，而是更多地把它放置在存在论、实体观和抽象理论等问题中，去理解其多样化的意义和性质。通常而言，中世纪关于共相问题的讨论，源自波爱修对波菲利三个问题的重述和再阐释，其核心思想主要涉及了属种之类的共相是否是一种独立存在的实体。在 11 世纪和 12 世纪期间，哲学家和神学家们主要运用逻辑学的方法对其性质进行了思考，形成了实在论和唯名论以及其他介于两者之间的观点与争论。而亚里士多德思想的传播，则为中世纪哲学家关于共相性质的思考提供了更大更多的空间与可能；特别是随着形而上学存在论和认识论等哲学理论成为更多哲学家关注的兴趣热点，共相性质逐步成为内在其中或隶属于它们中的问题而从不同层面予以阐释。

而就阿奎那而言，他对共相的阐释，主要是在其探究形而上学以及认识论等理论中展开的。这种探究不仅为阿奎那思考共相问题，赋予了更大的思想空间；而且也使得他对共相性质的说明，变得更为复杂和多样。就对形而上学的探究来看，阿奎那在继承以往形而上学传统的基础上，结合当时的思想文化背景以及自身的理论关切，提出并建构了以"存在论"为核心的形而上学思想体系。在这一思想体系中，阿奎那对"存在"的含义进行了深入的阐发，将亚里士多德主义传统中的实体学说作了新的整合与推进，论证了存在者的不同类型、存在与本质的真实区分以及存在优先的观点。波爱修等人的传统观点认为，共相是指那些称之为属种（或属相和种相）的、被归结为一类事物"其所是"之本质的东西。阿奎那在考察存在者的本质时，同样把这些构成一类事物"共有的东西"称之为"属相"或"种相"，它们是一类事物共有的本质以及不同类事物得以区分的根本。①

---

① 参见［意］托马斯·阿奎那：《论存在者与本质》第 1 章，段德智译，商务印书馆 2013 年版。

虽然阿奎那承认构成一个或一类事物"其所是"的本质是其现实存在的基础，但他并不认为仅仅通过考察事物"其所是"的本质，就可以知道它是否是真实存在的。他认为构成一个事物真实存在的，不仅在于它的本质，更在于它的存在。也就是说，"存在"（esse）是构成一个现实事物的不同于本质的要素或部分，正是因为它，一个事物才成为现实存在的。在以往的形而上学传统中，那些能够通过其自身而存在的事物通常被称为"实体"，阿奎那主要是用"存在者"（ens，即英文的 beings）来表述它。在他看来，一个真实的存在者是由两种截然不同的要素构成的，一种是本质（essence），另一种是存在（being）。本质构成了存在者的"其所是"，存在则构成了它的现实性和纯粹的现实状态——存在现实（the act of being）；两者在一个现实的存在者那里是缺一不可的。阿奎那认为，但凡真实存在着的自然事物，都是这样的存在者。① 他把它们称为"复合实体"。如果从传统关于共相性质的观点来看，阿奎那似乎并不认同实在论的立场，因为任何构成复合实体"其所是"的本质，只有在与"存在现实"结合才能作为一个同构因素存在于一个现实的存在者中。任何复合实体的种相或属相，作为共相是不可能在一个现实的存在者之外独立存在的。

然而阿奎那同时还认为，除了复合实体之外，还存在着另外两类实体，他把它们分别称之为第一实体和理智实体。理智实体主要包括了人的灵魂和天使等，它们是一些没有质料的纯形式，在与"存在现实"结合后成为独立存在的实体。最重要的第一实体，或第一存在（上帝），它是一种纯存在，其存在即是它的本质，它们是同一的，因而是绝对的独立实体。其他的复合实体和理智实体，只有从它那里才能获得存在的现实性。② 虽然从阿奎那关于三种实体的划分来看，他并没有直接谈到传统意义上的共相是否独立存在的问题；他只是把作为属种的共相，看作是构成某一现实存在者的基本因素

---

① 参见［意］托马斯·阿奎那：《论存在者与本质》，段德智译，商务印书馆 2013 年版，第 4 章。

② 参见［意］托马斯·阿奎那：《论存在者与本质》，段德智译，商务印书馆 2013 年版，第 4、5 章。

之一。它能否成为现实的存在，无论是在复合实体还是在理智实体那里，都取决于它能否以及如何与另一种因素——"存在现实"相关联。然而，在11—12 世纪支配共相实在论学说的，还包含着一种浓郁的神学立场。这种实在论观点之所以认为，共相是独立于人的心灵、先于感性事物且具有更高实在性的存在，不仅是秉承了柏拉图主义的传统，而且还含蕴了强烈的神学期待。如果说有这样的事物存在，那么在中世纪的背景中，这种事物所主要指向的则是神圣实体。因而可以说，阿奎那虽然引入了一个新的因素（存在现实）来说明共相（"其所是"的本质）的实在性问题，使得共相性质的讨论更为复杂；但他同时认可理智实体的独立存在，特别是第一实体的绝对实在性，则无疑是以更为彻底的方式，推进或者说实现了包含在传统共相性质讨论中的实在论期待。

由于阿奎那是把"共相"作为内在于实体中的一个构成要素来看待的，那么共相具有什么样的性质，就取决于它在三种不同实体中的存在状态。如果按照本章第一节波爱修对共相问题的说明，即共相作为表述事物"其所是"的本质或形式，是否是独立于人类心灵以及有形（感性）事物而存在；那么阿奎那所说的第一实体，它作为世界万物的第一原则和普遍形式，必然是独立并先于人类心灵和有形事物而绝对存在着的。理智实体虽然是从第一实体那里获得了存在，但它们同样是独立并先于人类心灵和有形事物而存在的。复合实体的本质（共相）是存在于这一实体中的，它能够独立于人类心灵、但不能够独立于这些有形事物而存在。人类可以通过抽象的方式，藉着"可理解的种相"来理解和认识有形事物的普遍本质。[①] 也就是说，关于复合实体的本质（共相），阿奎那持有了与亚里士多德基本相同的立场，即"它们虽然被当作无形的和普遍的东西来理解，但是它们却持存于可感知的事物之中"。人类理智通过抽象能力所获得的有关复合事物本质的认识，它们作为观念和普遍知识，仅仅是存在于人类心灵中的。

---

① 　参见［意］托马斯·阿奎那：《神学大全》第 1 集第 6 卷，段德智译，商务印书馆2013 年版。

二、三类共相

在阿奎那之后，通过实体理论阐释共相性质的另一位重要的中世纪哲学家，是司各脱。对"实体"的看法或"实体理论"是从古希腊哲学以来（包括基督教神学）有关形而上学问题讨论中的一个核心理论。众多的哲学家和神学家都对它提出了自己的看法（如果某一位哲学家和神学家不对实体说一点什么的话，那么其理论就似乎缺乏某种形而上学的高度似的。不过话说回来，实体确实就是形而上学的中心问题），形成了一系列非常丰富的、同时也是最令人头疼的理论学说。由于它和理念、共相、本质、终极实在、上帝、天使、有形实体和无形实体等等诸如此类的问题纠缠在一起，使得表面看来最简单的问题(感性事物) 变得异乎寻常的复杂和抽象。但好一点的是，司各脱是在有限存在（即感性事物）的基础上讲实体问题的，因而相对（仅仅是相对）容易理解一些。

一般来说，人们首先是把那些可感觉的有形事物（现实存在）看作是实体。这种实体往往被分为质料和形式两个方面。简单来说，质料就是构成有形事物基础或基体的东西，是实体的物质承担者或物质部分（可用感觉感知的部分）；形式则是构成事物性质和本质的东西，是实体得以被认识和相互区分的抽象部分或本质规定性。如"人"这一实体，身体是它的质料，灵魂是它的形式，身体是可以感知的，是人及其灵魂的物质基础，是灵魂得以进行的物质承担者和基体；灵魂（或理性灵魂）则是人的本质，是与任何其他实体，如石头、树木以及马、牛等实体相互区分的特有规定性，是人具有现实活动的根本原因。但它又是内在于身体之中的，是不能用感觉器官直接感知的，因而是人这一实体的抽象部分。就这个方面来理解实体，理解实体的质料和形式，问题不是很大。但是哲学往往要探究本原的问题，要问为什么，要把完整的实体分开，分别考察质料和形式的单独本质，考察质料和形式在没有构成一个现实的实体的时候，即在构成一个完整的实体之前它们的性质或本质如何，它们是如何构成一个实体的，它们在构成一个实体的过程中如何起作用、它们谁是决定的因素，问题和困难以及争论就在这样的发问中产生。

但是传统上对质料和形式的性质有一个相对一致的看法，认为单就质料本身来说，它是消极的和被动的，往往是潜在的或处于潜能的状态，要么像种子那样，其可辨别的特征是随后展现或发展出来的，要么本身就是混沌一片，毫无可辨别的性质。纯粹的质料不包含任何的形式因素，它自身没有任何的现实规定性。从现实性来说，质料近乎于无。而形式则是主动的和活跃的，它不仅决定了实体的本质，而且赋予实体以现实性，或者说是它激活了质料，使得实体处于现实的存在状态之中。如，正是灵魂使得人成为一个活生生的人。但是后来的一些哲学家和神学家，对质料的这种性质并不认同，提出了一些改进了的观点，认为质料并不是完全消极的和被动的，它自身中也包含了某种积极的形式因素，如奥古斯丁、阿奎那等。司各脱也不接受纯粹被动的质料的看法，他提出了"主观潜在"（或潜能）和"客观潜在"（或潜能）的观点，试图赋予质料以某种主动性和现实性。① 他的基本观点是，质料自身也有一定的现实性，这种现实性不同于形式的现实性，它体现为一种物质活动，在这种质料的物质活动中，形式才使事物由潜能转化成为现实。也就是说，物质活动是形式的现实化活动的基础。当然，司各脱并不是说质料本身的物质活动就可以使事物现实化，决定的因素当然是形式，但没有质料的物质活动，形式不可能或者说很难使事物变成为一个现实的实体。物质活动在事物的现实化中是起着一定的基础作用的。② 就是在这个意义上（有限的意义），司各脱认为质料本身也有一定的现实化因素，是积极的。这在基督教中当然有其内在的意义，如对肉体的重视。

司各脱就是在重新评估质料的基础上建构他的实体学说的。传统的实体学说认为实体是在质料和形式的基础上形成的，但由于他们认为质料不具有现实性，质料是在形式的作用下、并与形式一道构成了现实的具体对象——实体。因此质料和形式虽然是构成实体的两个部分，但它们主要具有的是逻

---

① 参见赵敦华：《基督教哲学 1500 年》，人民出版社 2007 年版，第 462—463 页。
② 参见赵敦华：《基督教哲学 1500 年》，人民出版社 2007 年版，第 463 页。

辑意义，是人们解释实体性质的两个认识原则，更多的是一种思想上的区分，而不具有现实的实在意义，即使具有，那也只是形式，而不是质料。由于司各脱相信质料也具有现实性，它是可以与形式相分离而具有独立的实在性的，因而司各脱虽然也认为实体是由质料和形式构成的，但构成实体的质料和形式已不仅仅是一种认识原则，不只是具有解释的意义，它们还是构成实体的两个实在的因素，它们作为独立的实在因素构成了实体的基本结构。当然，司各脱不是说质料和形式可以分别构成不同的实体，如果是那样的话，那将是出现类似于亚里士多德那样的两类实体学说。他不是这样的，他只是把质料和形式作为不同的实在因素，来解释同一个实体中的不同构成部分。① 他是关于实体的结构或构造的说明（质料是实体的基体，形式是实体的本质），而不是关于不同实体的说明。这可以说是司各脱对于实体理论的一种新的看法，是他不同于阿奎那等人的地方。

司各脱在讨论实体的构成因素时，也对共相是否是实在的问题给予了说明。由于司各脱是把形式看作是事物的性质，而性质则是相同事物或相似事物所共同具有的，这种为同类事物所共同具有性质就是共相。因此，当司各脱把事物的性质（共相）归结为形式、而形式又是实体的两种实在构成因素之一时，他实际上是在主张一种实在论的观点。② 当然，他不是在宣扬一种简单的实在论学说，他对共相的意义进行了多方面的说明，提出了共相有三种类型的学说。

第一种是"物理共相"，是指众多相似事物的共性或共同特征。它是存在于个体事物中的物理性质或客观属性，与人们是否认识这种性质无关。如火的相互生成及上升特征、水的载舟及往低处流的特性。司各脱用"物理共相"主要说明的是共相的客观实在性。第二种共相"形而上共相"，是人的理性因个体对象的作用而把握到的共相。它更多的是一种心理活动，是心理在指向物理共相时的意向活动，体现的是物理对象和人的心理之间互动的过

---

① 参见赵敦华：《基督教哲学 1500 年》，人民出版社 2007 年版，第 463 页。

② 参见赵敦华：《基督教哲学 1500 年》，人民出版社 2007 年版，第 464 页。

程。"形而上共相"就存在于这个过程之中。第三种共相是"逻辑共相",是用名称和概念表现出来的共相。它是体现为心理活动的"形而上共相"固定为语词和概念时形成起来的。体现了共相的认识功能和逻辑指称功能。① 司各脱的三个共相也类似于阿奎那的观点——共相在个别事物之前、之中、之后。只不过他们的表述方式和思维原则不同。阿奎那的三种共相是相对于个体事物而言,包含有神学的意义;而司各脱则体现的是一种思维过程,更多的是认识论意义。当然,司各脱提出这三种共相,目的也是为了解决早期共相讨论中的困难,如实在论的共相所缺乏的逻辑指称功能,唯名论的共相所缺乏的实在意义等。

我们可以运用司各脱所提出的关于"事物的形式区分"的理论,来进一步认识他关于"共相"性质的看法。在他看来,形式的区分并不是人们在思想上构想出来的不同,它确实在一个对象中有其可以区别开来的性质。由于一个具体的存在者是由本质与存在的个体性构成的,司各脱把这种构成个体事物的"此性"或"个体性"(haecceitas)称之为事物的个体化原则,这一原则是事物的终极原则,当一个事物的质料和形式等本质属性与这一"个体性"共同构成一个真实的存在者时,我们可以把这些构成部分用"形式的区分"来解释。例如"人性"之类的本质与苏格拉底、柏拉图等个体的人之间有一种构成的关系,当苏格拉底和柏拉图等拥有、获得或分有"人性"的时候,还有一个使其成为"他自己"而不同其他个体的东西,这即是中世纪哲学家们所谓的"个体化原则"。形式的区分主要表明了与两个不同的事物,如苏格拉底和柏拉图那样具有实在的或真实的区分的不同。②

形式的区分只是说明一个事物的构成部分之间形式上的不同,它们的本质则为一。司各脱所特别强调的就是这一区分。他认为,形式的区分是一种

---

① 参见赵敦华:《基督教哲学 1500 年》,人民出版社 2007 年版,第 464—465 页。

② Anthony Kenny, *A New History of Western Philosophy Volume II: Medieval Philosophy*, New York: Clarendon Press, 2005, pp. 203-206;[英] 约翰·马仁邦:《中世纪哲学:历史与哲学导论》,吴天岳译,北京大学出版社 2015 年版,第 293—295 页;赵敦华:《基督教哲学 1500 年》,人民出版社 2007 年版,第 466—467 页。

比实在的区分较弱、而比虚构的区分较为客观的区分。他的目的是为知识的客观性提供保障，他说，形式的区分保证了知识的客观性，同时又不损害对象的统一性。把这种"形式的区分"用在共相的讨论中，我们可以认识到，"形而上共相"和"逻辑共相"虽然不具有实在性，但它们具有认识论意义，但这种认识又不是人们心灵的虚构，而是有着客观基础的。因此我们可以看到，司各脱所提出的三种共相，其主要意义不在于本体论，而在于认识论，即为知识的客观性寻找基础。

三、唯名论思潮

司各脱之后，在中世纪哲学的后期发展中，占主导地位的思想是奥康的唯名论思潮。这一思潮被称为"现代路线"，是一股在 14 世纪中后期以后逐步形成起来的、注重批判的、经验的和个体的意义的思想路线，形成了与 13 世纪大阿尔伯特、阿奎那等人注重思辨的、形而上学的实在论传统（所谓的老传统、老路线）相抗衡的理论趋势。因而，它代表了经院哲学的新的发展方面，或者说它的兴起促使了注重理性主义思辨的传统经院哲学的衰落。这一现代路线以奥康的思想为基本形式，因而被称为奥康主义。

奥康最著名的思想特征是他的唯名论倾向。他认为共相不是实体，不具有实在性，它只是人心的抽象，是一个记号、概念和名称而已；具有实在性的只是个体事物。他力图用个别、具体反对普遍、共相，用经验认识论取代形而上学。我们知道，在波爱修之后，特别是在 12 世纪和 13 世纪时期，支配共相讨论的动机，以及作为共相讨论思想基础的，是神学形而上学。也就是说，共相讨论有着较为深厚的神学意义。这不论是在唯名论，还是在实在论，都暗含了这种神学动机。当然这种动机在实在论中表现得最为明显，它相信共相是独立实体，从而不仅在本体论上为"上帝"、"三位一体"等概念提供了实在的和形而上学的基础，而且在认识论上也为人类理性认识这类超越性的神圣实体提供了可能性。因而在中世纪，大多数人认为实在论与神学最为接近。他们有时会把唯名论看作是一种异端。但是唯名论不是没有神学的意蕴，它所坚持的共相的非实在意义，无非是对信仰不可知的德尔图良式立场的一种中世纪表达。只不过是这种表达和想法不够明显、也不占主导地位而已，而且其中也蕴含了一定的危险性。因而在 12 世纪和 13 世纪，大多哲学家选择的是实在论路线。奥康所公开倡导的唯名论思想，无疑是对这一传统的叛离。

为了表达他的唯名论思想对共相实在论的反对，奥康提出了一个非常著名的经济思维原则："若无必要，毋增实体"。这在哲学史上以"奥康的剃刀"而闻名。他认为像本质、实体、关系、原则、规范、权利等等人类思想的产物，都应该减少到最低限度，若无必要，最好不要使用。他说，在具体的世界中，已经存在了那么多的个体事物，我们就不要在它们之上再加上抽象的东西了，这无疑只会增加我们思维的负担。因此，在他看来，长期以来的所有关于共相问题的讨论，都是多余的，应该彻底废止。① 按照这种思想，形而上学实在论就失去了意义，剩下的只是对个体事物的经验认识论。这种简明的经济思维原则，不仅对共相的实在论讨论产生了冲击，而且对烦琐的经院哲学方法也进行了批判，其震撼力和影响力无疑是巨大的，可以说它在一定程度上颠覆了中世纪哲学的神学形而上学根基。

奥康是沿着中世纪哲学中的唯名论传统来建造他的词项逻辑和认识论学说的。早期唯名论关于"共相是一种语词"、关于语词具有"指称"和"指代"作用的区分以及 12 世纪后期以来现代派逻辑的逐步崛起等等，构成了奥康唯名论的基础。可以说，中世纪哲学后期在奥康思想中所表现出来的逻辑学转向，并不是一种突然兴起的东西，而是早期中世纪哲学中不占主导地位的细流或支流在 14 世纪以后演变而成的一股洪流。奥康可说是引导这股洪流向前发展的主要推动者。

一般来说，词项逻辑是一门研究语词或词项的意义、分类及其相互关系的逻辑学分支学科。奥康利用这种学说，对共相的概念意义作了阐发，从而对实在论思想作了逻辑学的批判。奥康的理论是从最基本的问题——词项的

---

① Anthony Kenny, *A New History of Western Philosophy Volume II: Medieval Philosophy*, New York: Clarendon Press, 2005, pp. 207-208；［英］约翰·马仁邦:《中世纪哲学: 历史与哲学导论》，吴天岳译，北京大学出版社 2015 年版，第 309 页。

分类及其含义开始的。在奥康看来，词项是一种符号，是构成命题的基本单位（命题以陈述句的方式表达，如"空气是动物不可缺少的生存条件"）。其中"空气"和"动物不可缺少的生存条件"就是这一命题的基本构成部分，也就是这里所说的词项和语言符号。词项或符号就其本身来说（不涉及它在命题中的性质和功能），可分为书写符号、口语符号和心灵符号。书写符号（指它的文字表达形式）和口语符号（指语音表达形式）是人们约定的符号，与我们在此讨论的问题关系不大，可以忽略。主要的是心灵符号，或者说概念符号，是一种具有思想内容的，或者说我们是用它来表达思想内容的符号。这里所说的思想内容主要是指这种符号所指称的对象，是人们在自然条件下（外部对象和人的心灵的相互作用下）产生出来的，因而它是一种自然符号。它是在心灵中形成的、与外部事物相关联的观念和印象。这就是心灵符号的基本意义。①

奥康认为心灵符号是在人类思想和自然对象共同作用下形成的，心灵起到了非常重要的桥梁作用，因而他否定概念符号是在外部事物的直接作用下产生的，其目的当然是为了避免把概念等同于外部对象的实在论观点。他说，外部对象首先在心灵中产生某种意念（imponere），然后人们对心灵中的意念进行抽象和加工，从而形成概念。因此，是心灵，心灵中的意念，而不是外部事物，才是概念符号的直接原因或自然原因。为了进一步说明这种观点，他为此把意念区分为"第一意念"（intentio prima）和"第二意念"（intentio secunda）。第一意念是一种心理活动，是一种有针对性的意识活动，是心灵在指向外部对象时、外部对象在心灵中所造成的印象。它主要是一种意向性活动，是心灵在观看、倾听某个对象时所具有的那种意向活动，当然这种活动并不纯粹是一种意识活动，它是指向对象的，并且在指向对象中会形成对这个对象的某种初级的或模糊的印象。第二意念则是针对这种初级印象的意识活动，是在对这种初级印象抽象的基础上形成概念的思维活动。第

---

① 参见赵敦华：《基督教哲学 1500 年》，人民出版社 2007 年版，第 493—494 页；[英]约翰·马仁邦：《中世纪哲学：历史与哲学导论》，吴天岳译，北京大学出版社 2015 年版，第310 页。

一意念是以外部事物为对象的心理活动，结果是形成对事物的印象；第二意念是以第一意念为对象的认识活动，通过概念来表达印象。[①] 实际上这两种心理活动在人们当下的日常经验中是很难区分开来的，它们是交织在一起的，如看到一只猫在我们面前跑过，某种动物的印象和猫的概念是同时会出现在我们的脑海中的。但我们仍旧能够在逻辑上把它们区分开来。奥康的区分当然是有他的唯名论目的的。

奥康在把第二意念归结为概念符号之后，又对这种符号的指称（significatio）功能和指代（supposito）功能作了进一步的区分。他说，概念作为符号是有指向能力的，它或者指向（代表了）某个对象，或者在命题中代表了某种意义。概念的指称功能是指概念作为符号可以指称或代表它所指向的东西，可以代表它所指称的对象表达意义，如"苏格拉底"这一概念，我们可以用它指称苏格拉底这样一个现实的人，可以用这个符号表达与苏格拉底有关的一切事物，如"苏格拉底是人"、"苏格拉底是哲学家"、"苏格拉底在跑"等等。奥康说，真正具有这种指称功能的概念都是关于个体对象的概念。而概念的指代功能是指概念在命题中所具有的代表或指向功能。它是说这种概念只有在命题中才有意义，它构成了一个命题中不同词项的相互的和完整的意义，在命题之外，这个概念是没有意义的。正如一个象棋的棋子在整盘棋中的意义那样。如"人性是善的"，这句话我们可以理解它的意义，"人性"和"善"的指代意义就在这个命题中。在这个命题之外，"人性"是不具有它真实的指称对象的。[②]

"指称"和"指代"各自不同的意义通常可以理解，起指称作用的单独概念也没有问题，问题是出在起指代作用的普遍概念上。这些概念的意义是否仅仅局限在命题中呢？为了把这个问题搞清楚，奥康把起指代作用的概念分为三种，"人称指代"、"简单指代"和"物质指代"。"人称指代"是指那些在命题中用来指称对象的词项，这种被指代的对象不局限于人（不是我们

[①] 参见赵敦华：《基督教哲学 1500 年》，人民出版社 2007 年版，第 494—495 页；[英] 约翰·马仁邦：《中世纪哲学：历史与哲学导论》，吴天岳译，北京大学出版社 2015 年版，第 311 页。

[②] 参见赵敦华：《基督教哲学 1500 年》，人民出版社 2007 年版，第 495—496 页。

所说的人称代词），它可以是人也可以是物，可以是思想中的概念，也可以是心外的事物，可以是共相也可以是殊相。因而它包括了非常广的内容，凡是在命题中有所指的词项或概念，都属于"人称指代"。作为人称指代的概念可以是自然形成的符号（称为自然符号），如表达单独对象的殊相和表达思想内容的共相；也可以是人们约定的符号（称为人工符号），如逻辑符号和数学符号。但是人称指代如果表达心外事物，只能是指称单独事物的殊相；共相虽然也是自然符号，但它指代的只能是思想中的东西，而不能是所谓的外部实在。① 与人称指代相比，"简单指代"和"物质指代"只是一种约定的符号，它们的意义在于人们对它的规定，或者在命题中解释一个词项，或者说明一个词是什么意思。不是指简单的对象或物质的事物，没有指称功能。②

奥康区分概念的指称功能和指代功能，主要目的在于说明共相的性质。他说，我们用来表达殊相的概念，即可以指称存在于我们之外的单独事物，也可作为命题的词项（或部分）起指代作用，使一个命题有意义。如"苏格拉底是一个古希腊哲学家"，"苏格拉底"即可以作为殊相指称一个实际存在的人类个体，同时也可以作为词项使这句话具有完整的意义。而作为共相的概念，则仅仅具有指代的功能，其意义主要体现在命题中，如果它表达殊相的意义，则只是对个体事物的指代，用符号来表达某个具体的对象。它本身没有与之相对应的实在事物。如"人是有理性的"，"人"作为指称没有意义，但它可以指代苏格拉底、柏拉图这样的个体。因此，这句话作为命题是有意义的。把共相的意义局限在命题中，或者只是对个体对象的指代，而不能直接指称一个与共相对应的实在。奥康的词项逻辑所蕴含的消除共相语词本体论承诺的内容，被看作是中世纪晚期逻辑学研究的一项新的进展。③ 奥康是

---

① 参见赵敦华：《基督教哲学 1500 年》，人民出版社 2007 年版，第 496 页；[英]约翰·马仁邦：《中世纪哲学：历史与哲学导论》，吴天岳译，北京大学出版社 2015 年版，第 311 页。

② 参见赵敦华：《基督教哲学 1500 年》，人民出版社 2007 年版，第 495—496 页。

③ 参见赵敦华：《基督教哲学 1500 年》，人民出版社 2007 年版，第 496—499 页；Anthony Kenny, *A New History of Western Philosophy Volume II: Medieval Philosophy*, New York: Clarendon Press, 2005, pp. 144-146。

从词项逻辑出发解释共相的性质问题，而传统观点则从实在或实体的形而上学角度出发，因此结论会有着相当大的不同。奥康是从逻辑学上消除共相的实在论指向，把实在论的形而上学问题转化成逻辑学的词项问题，把问题缩小，避免了对本质问题的无休止争论。

奥康共相理论的基本内容是从纯粹的逻辑学立场出发对概念和词项进行细致的分析，并在这种分析的基础上阐释其唯名论思想的。如果我们对20世纪西方分析哲学或语言哲学有所了解的话，就会对奥康的学说产生一种似曾相识的感觉。这种理论被一些学者称之为是一种注重小问题的理论，在对词项、语义的分类和界定以及语词指称功能等问题的分析中，确定认知对象的性质和内容，形成知识的标准和确定性。奥康的理论之所以能够走进词项逻辑之中，是有其思想背景的。这就是逻辑学的充分发展、共相讨论的概念化或语词化以及中世纪哲学的分裂所导致的神学与哲学的分离等诸多因素。这也是中世纪哲学在走向鼎盛之后的一种必然演变。它体现出了与传统中世纪哲学庞大统一体系和神学形而上学思辨不同的理论旨趣。

思考题

1. 什么是波菲利关于种属的三个问题？波爱修如何将它们称之为"共相"并对其性质进行解释和说明的？

2. 评析安瑟尔谟的实在论观点及其对早期唯名论的批判。

3. 阿伯拉尔共相理论的思想基础、主要内容和基本倾向。

4. 如何认识司各脱共相理论的哲学基础及其关于三类共相的区分？

5. 奥康唯名论思想的构成原则、主要内容与历史意义。

第十三章　伦理学

　　表面上看，拉丁西方中世纪的伦理学在整个中世纪哲学图景当中处在一个"边缘化"的位置①，这与伦理学在古希腊尤其是古希腊末期的情况是不可同日而语的，与它们在当代哲学中的突出地位也是不可比肩的。这种印象可能来自两种一般的假定，一是假定中世纪"哲学"的主要任务就是对基督宗教的信念进行神学性辩护而非对于人的行为的道德性质进行哲学反思，另一则是假定在一个由宗教（更确定地说是基督宗教）占据统治地位的社会里，人们更倾向于听从宗教的教导来指导其行为，以"神的命令"（divine command）作为一个行为是对还是错，是该被允许还是该被禁止的标准。如果这两个假定成立，伦理学在中世纪的式微似乎就是不难理解的，既然伦理学（或道德哲学）是关于人的行为的知识，其核心任务之一就是对我们行为的对错或者"我们该如何去行动"进行哲学反思。但是，这样的印象是对于中世纪伦理学的一种过于简单且不公正的描述。因为，尽管伦理学在中世纪思想当中并不占据中心位置，中世纪思想家们的伦理思想在整个伦理学思想史中也不占据一个可观的、重要的位置，但这并非意味着中世纪并没有丰富且极具创新性的伦理学。

　　事实上，中世纪不仅有伦理学，而且，它的内容与我们今天所说的伦理学并没有大的差别。就它涉及的领域和主题来说，它包括我们今天所说的规范伦理学、元伦理学甚至应用伦理学（比如经济伦理和动物伦理）的大部分

---

　　①　Thomas Williams, *"Introduction", in The Cambridge Companion to Medieval Ethics*, Thomas Williams（ed.）, Cambridge University Press, 2019, p.1.

议题。同今天的伦理学一样，它所处理的问题主要包括：什么是善？什么是行为的对和错？我们应该过怎样的生活，其理由是什么？我们怎样才能过上我们认为是好的生活？某些行动所具有的道德上的对错性质是内在而客观的吗？我们如何能够拥有关于道德的已证成的信念（justified belief）或知识？在这些问题上，中世纪思想家们倾注了许多理论兴趣并进行了富有成果的探讨，这些讨论也深刻塑造了整个西方的伦理学的历史，其中部分理论和观点甚至在当代也仍然不断滋养着诸如阿拉斯代尔·麦金太尔（Alasdair C. MacIntyre）、安斯康姆（G. E. M. Anscombe）这样的重要伦理学家。①

第一节　思想资源与核心问题

正如许多思想史家可能会主张的一样，任何理论都是在特定的社会的或文化的语境中发展出来的，我们不能脱离相应的语境来理解某个理论。当论及中世纪的伦理和政治思想的时候，情况尤其如此。就此而言，与整体上的中世纪哲学和神学一样，中世纪的伦理和政治思想主要是基于这两个源泉发展起来的：理性和启示，更确切地说，也即中世纪思想家们所继承的哲学传统和宗教传统。事实上，跟"理性"和"启示"在字面意义上所蕴含的对立不同，在中世纪哲学当中，这二者并不是分立甚至冲突的，而是互渗互动的。正如奥古斯丁的"相信你可以理解的东西"（believe that you may understand/Crede ut intelligas）或安瑟尔谟的"信仰寻求理解"（faith seeking understanding/fides quaerens intellectum）这样的口号所暗示的那样，对于中世纪的思想家们来说，一方面，《圣经》的信条应该基于对理性来说明晰的东西而得到解释，另一方面，他们对哲学的运用和发展也不能违背《圣经》的基本教导。这两条原则几乎称得上是中世纪思想家们讨论伦理问题时自觉

---

①　除了这两位，也许还应算上伯纳德·威廉姆斯（Bernard Williams）和迈克尔·斯洛特（Michael Slote）等人。在某种意义上，推动了在 20 世纪下半叶发生的德性伦理学（virtue ethics）复兴热潮的几位重要伦理学家都在某种程度上受到中世纪伦理学（尤其是托马斯主义伦理学）思想和观念的影响。

设置的两条"护栏"。无论如何，要理解中世纪思想家们在伦理方面的致思，都要预先意识到这两个源泉对他们的共同影响。而且，要理解中世纪的伦理学与古希腊以及现代的伦理学的一些重要差异，或者理解一些重要的中世纪思想家在某个伦理议题上的关键分歧，都有必要考虑到这二者对中世纪思想家们的共同影响。

一、哲学与宗教源泉

就哲学传统而论，大略说来，在 13 世纪之前的中世纪思想家们在伦理学方面所受的影响主要来自柏拉图主义（Platonism），这之后，则主要受惠于亚里士多德主义。尽管柏拉图的《理想国》(the Republic) 和《法律篇》(the Laws) 等著作直到文艺复兴才有了完整的拉丁译本，但是，通过古罗马及罗马帝国时期的西塞罗、塞涅卡(Lucius Annaeus Seneca，约前 4 年—65 年)、马克罗比乌斯（Ambrosius Theodosius Macrobius，盛年在公元 400 年左右）以及许多其他著作家的著作，特别是通过奥古斯丁那本将柏拉图主义哲学和基督宗教智慧冶于一炉的巨著《上帝之城》，中世纪思想家们很早就对于柏拉图主义的伦理（以及政治思想）有了较足备的知识并深受其影响。当然，在柏拉图主义之外，通过这些古罗马著作家的转述而对中世纪伦理（以及政治思想）产生了深刻影响的古希腊哲学资源还包括斯多亚主义（Stoicism）、新柏拉图主义（Neo-Platonism）乃至伊壁鸠鲁主义（Epicureanism）的学说。而到了 13 世纪，亚里士多德主义则成为中世纪伦理学（以及政治哲学）所借鉴的主要的思想源泉。虽然自 9 世纪开始，伊斯兰和犹太的学者们就可以接触到亚里士多德的伦理学著作，对之做了大量的评注工作并零星地传播到西欧思想界，但一直要等到 12 世纪乃至 13 世纪，也即，等到亚里士多德著作重新回到西欧并由罗伯特·格罗斯特、默尔贝克的威廉（William of Moerbeke，1215—1286 年）等杰出翻译家翻译为拉丁文，《尼各马可伦理学》才开始出现完善的拉丁译本并对经院大师们的思想工作产生深刻影响。中晚期中世纪西欧思想界出现的伦理学方面的争论，许多都涉及经院学者们新接受的亚里士多德主义思想路线和旧有的占支配地位的（新）柏拉图主义思想路线（柏拉图—奥古斯丁传统）之间的交锋。①

　　就中世纪思想家们在进行伦理致思时所接受的宗教传统来说，情况要更为复杂一些。因为，包括伊斯兰和犹太学者在内的中世纪思想家们所仰仗的哲学传统无非是来自于古希腊，但他们所受的宗教方面的影响则因为他们所依附的信仰不同而殊为不同。

　　处于基督宗教传统下的西欧思想家接受了《圣经》（尤其保罗神学）对于人性的看法，都极为强调人的堕落状态以及在救赎问题上人对于神恩（divine grace）的依赖。比如，就"幸福"这一中世纪伦理学的核心议题而言，几乎所有的处在基督宗教信仰传统下的西欧思想家，无论其在哲学方面受到的影响是来自亚里士多德主义多一些还是来自更早的柏拉图—奥古斯丁主义多一些，都倾向于认为除非借助于上帝的恩典，人是不可能基于其自然能力所达到的道德和理智方面的成就（包括哲学智慧）就获得最终的幸福或拯救的。在这一宗教传统之中，或许只有布拉邦的西格尔和达西亚的（丹麦的）波埃修等拉丁阿维罗伊主义（Latin Averroism）的代表人物算是例外，他们更倾向于像亚里士多德一样，试图从纯粹的哲学原则推导出人的幸福之途。身处犹太教传统和伊斯兰教传统之中的中世纪思想家自然也会认同人自身能力的有限性并认为人的得救或幸福要最终依靠神恩，比如，犹太哲学家哈莱维（Judah Halevi，1075–1141 年）和伊斯兰哲学家安萨里就是典型的例子。但是，他们当中的许多人也会与那些基督宗教的思想家持有非常不同的看法，比如，伊斯兰教传统下的阿尔法拉比、阿维森纳和阿维罗伊等阿拉伯哲学家，或者犹太教传统下的伊萨克·伊斯拉里、迈蒙尼德和热松尼德斯（Gersonides/Levi ben Gerson，1288—1344 年）等犹太思想家，就可能倾向于将人藉着其自然（理性本性）可以获得的善与藉着启示而获得的善等量齐观，而作为伦理学之最高目标的幸福或至福（the highest beatitude）也经常被他们描绘成灵魂之不

① 关于亚里士多德伦理学著作在中世纪的翻译和接受，可参见 Georg Wieland, "the Reception and Interpretation of Aristotle's Ethics", in *The Cambridge History of Later Medieval Philosophy*, Norman Kretzmann, Anthony Kenny, Jan Pinborg & Eleonore Stump (eds.), Cambridge: Cambridge University Press, 1982, pp.657-672.

朽的那部分也即理智（the intellect/intellectus）的活动，因而被认为是同样可以由人在尘世之中靠着对哲学智慧的追求来达成的。① 之所以有这一显著的区别，原因可能在于，这些阿拉伯和犹太思想家们对哲学的接受是在一个预先存在的、由强势的宗教律法来支配社会生活的文化语境当中进行的，他们考虑更多的可能是如何引入并强调哲学自身的卓越性、独立于信仰的权威性以及运用哲学来解释其宗教律法的必要性，而宗教在他们眼中也往往因此沦为哲学的一种"通俗的"、"外在的"形式或表达，② 故而，他们更乐于肯定哲学在阐释包括幸福在内的伦理问题时的权威性和重要性。然而，对于西欧的基督宗教思想家们来说，他们一开始面对的就是自古希腊以降的强势的哲学传统，这一传统一度将他们的宗教视为野蛮人的、非理性的信念，因而，他们所要强调的，如果不是基督宗教作为"真正的智慧和哲学"的性质（正如奥古斯丁所称的那样）那也是其对世俗哲学的优越性，故此，在讨论人的幸福以及其他伦理问题时，他们更倾向于强调信仰和启示的决定性作用。此外，我们也必须看到，来自伊斯兰和犹太这两种宗教传统的思想家在伦理学方面

---

① 在这一点上，因为译介并评注古希腊哲学著作而萌发的伊斯兰"法尔萨法"（Falsafa）运动中的阿拉伯哲学家们最为典型。比如，被中世纪穆斯林誉为"第二个大师"（the Second Master，意即仅次于亚里士多德的大师）的阿尔法拉比就认为，虽然哲学和宗教都提供"关于第一原则和存在者之原因的知识"，且都解释了"人之被造所为的那一终极目的，也即幸福"，但只有哲学才是能令人获得最终幸福的真正的智慧，相应地，也只有真正的哲学家才能凭着其拥有的理论知识（theoretical sciences）获得完全的幸福。Al-Farabi, "the Attainment of Happiness", in *Alfarabi's Philosophy of Plato and Aristotle*, Muhsin Mahdi (trans.), New York: The Free Press of Glencoe, 1962, Ch.55, pp.44-45. 而对于阿维罗伊这位典型的亚里士多德主义者来说，人之为人的幸福就在于同"分离的"（separate）那个理智也即"能动理智"（agent intellect）的"接触"，或者说，就在于"认识分离实体"（knowing separate substance，也即上帝）。Averroes, *Ibn Rushd's Metaphysics: A Translation with Introduction of Ibn Rushd's Commentary on Aristotle's Metaphysics*, Book Lam, Charles Genequand (trans.), Leiden: Brill, 1986, p.157.

② 比如，阿尔法拉比就明确说过，哲学乃是人凭着理智的"确定的推证"（certaindemonstrations）而获得的真理性知识，而宗教不过是"对于哲学的模仿"，也即，经由"想象"并"被说服"才"同意"哲学所确定的那些真理。故而，在这个意义上，宗教只是"通俗的、被普遍接受的、外在的哲学"（popular, generally accepted, and external philosophy）。Al-Farabi, "the Attainment of Happiness", in *Alfarabi's Philosophy of Plato and Aristotle*, Muhsin Mahdi (trans.), New York: The Free Press of Glencoe, 1962, Ch.55, pp.44-45.

的致思，也会偶尔受到这两种宗教传统之中的某些神秘主义派别，比如伊斯兰教的苏菲主义（Sufism）或犹太教的"卡巴拉"（Cabala）思想的影响。①

应该说，中世纪伦理思想的发展，乃至中世纪思想家们在一些相关议题上的激烈争论，都或多或少地受到这两种思想源泉（尤其是哲学）的影响。我们甚至可以根据这二者对于中世纪思想家们施加的综合影响而将中世纪伦理思想史大致划分为三个时期：（1）13世纪之前，大多数中世纪思想家都将偏向于保罗神学立场并吸纳了柏拉图主义和新柏拉图主义哲学的奥古斯丁伦理学当作典范；（2）从13世纪早期到巴黎大主教唐皮耶（Stephen Tempier）于1277年发动的"大谴责"（Condemnation of 1277）为止，亚里士多德主义则接管了原有的柏拉图—奥古斯丁主义的思想地盘，指引着中世纪大师们进行伦理方面的思辨；（3）从13世纪末及其后，则是一个极端多样化的时期，因为两个哲学传统（尤其是亚里士多德主义传统）进一步被理解和阐释，也因为这二者之间的一些重要分歧，在经院学者们中间出现了对一系列伦理理论难题的争论。

需要说明的是，尽管三个宗教传统下的中世纪思想家都对中世纪伦理学有着丰富而多样的贡献，但是，考虑到本章的篇幅限制，也考虑到不同宗教传统下的思想家们所造成的历史影响的大小，本章将侧重于介绍中世纪西欧的一些主要的基督宗教思想家的伦理思想。

二、核心议题和基本预设

在文艺复兴之前，人们大都假定，所有的人凭其天性（自然）就是趋向

---

① 关于中世纪阿拉伯哲学家和犹太哲学家的主要伦理思想，可分别参阅 Jon McGinnis, "Islamic Ethics" & T. M. Rudavsky, "Ethics in Medieval Jewish Philosophy", in *The Cambridge Companion to Medieval Ethics*, Thomas Williams（ed.）, Cambridge University Press, 2019, pp.77-100 & 101-126. 关于中世纪阿拉伯哲学家对宗教和哲学关系的理解和阿拉伯哲学中的神秘主义等主题，可参阅 *The Cambridge Companion to Arabic Philosophy*, Peter Adamson & Richard C. Taylor（eds.）, Cambridge: Cambridge University Press, 2005. 关于中世纪犹太哲学家对哲学和宗教关系的界定、犹太哲学中的神秘主义等主题，可参阅 *The Cambridge Companion to Jewish Philosophy*, Daniel H. Frank & Oliver Leaman（eds.）, New York: Cambridge University Press, 2003.

某个终极目的而生活的，尽管对于这个终极目的到底是什么，不同的思想家可能有不同的说法，但这仍然无改所有前现代的伦理学思想都具有的目的论（teleology）色彩①。如果人的行为以及整体上的生命都是以善为目的的话，这便导致，尽管中世纪伦理学涉及许多议题，但与古希腊的伦理学一样，其所关注的核心问题却仍旧是这样的问题：什么才是至善（the highest good/summum bonum），一个人如何才能获得至善？更通俗地说也即，一个人如何才能最好地去行动或生活，以便获得人之为人的终极目的和福祉——幸福（eudaimonia/happiness）或过上"美好生活"（good life）？

尽管"幸福"是中世纪伦理学最为核心的问题，而且中世纪的思想家们也会倾向于将幸福作为伦理主体的终极目标及其伦理行动的辩护理由，以至于在当代的伦理学家看来，它完全可以被打上"幸福主义"（eudaimonism）的标签并因此而与现代伦理学有着根本的区分②，但是，这并不意味着中世纪的"伦理学"与现代的"伦理学"是不同的学科，或者说，中世纪伦理学在旨趣上与更侧重于质询并证成"应当"（oughtness）问题的现代伦理学有着本质的区别。在中世纪，伦理学同样具有其自古希腊便有的这样一种本质意涵：它不仅关心人的生命的终极目的及其实现方式，也对人应该为之负有责任的人性行为（human act）③所具有的对错或善恶之性质进行理性反思。

---

① Vernon J. Bourke, *History of Ethics, Vol.1*, Garden City, NY: Image Books, 1970, p.10.

② 比如，迈克尔·斯洛特就认为，"如果古代世界所有的那些积极伦理学的学说都是幸福主义的话，那么这一点完全可能标志着古代伦理学与现代伦理学的一个非常重要的区分。"参见 Michael Slote, *Essays on the History of Ethics*, New York: Oxford University Press, 2010, p.39.

③ "人性行为"（human act/actus humanus）是中世纪思想家区分出来的一个重要的伦理领域的概念，与之相对的是"人的行为"（act of a human/actus hominis）。这一区分最为著名的提出者是托马斯·阿奎那（St. Thomas Aquinas, 1224/5-1274）。在阿奎那看来，不是所有的出自人的行动都具有伦理意义，只有出自人的实践理性和意志，有着明确目的导向的行为才是"人之为人"的行为也即人性行为；而有些行为虽然出自人，但却为人以及非理性的动物所共有，比如为了满足生存之需而摄取食物，在大部分情况下，这些发自人的感性意欲（sensitive appetite）的行为都算不上人性行为。阿奎那认为，只有人性行为才事关伦理和道德。参见 St. Thomas Aquinas, *Summa Theologica*, I-II, q.1, a.1-2, translated. by Fathers of the English Dominican Province, Encyclopedia Britannica, INC., 1952.

事实上，尽管这一反思并非总是中世纪伦理学家们聚焦的核心，但也仍然可以算作他们的伦理思想的重要内容之一。

如果我们考虑到中世纪伦理学所受的来自宗教的影响，那么，我们可以说，中世纪伦理学与古希腊伦理学（以及现代伦理学）最大的区别，可能在于它乃是由对于人性（humanity）的一种特别的看法出发的。更确切地说，中世纪哲学家们在进行伦理致思的时候，都是基于这样两条被广泛持有并坚信的预设：（1）人的意志是自由的，人也因此对其自身的行为负有责任并值得受到赞扬或责备；（2）人（的灵魂）是不朽的（immortal），人也因此而有不朽的幸福或受苦。很显然，这样两条预设的信念在古希腊人那里几乎无迹可寻，而是直接来自基督宗教关于人的自由以及永生的理想。① 这两条预设的信念，对于中世纪伦理学家们评估人性行为的道德性质以及人的幸福之途径有着至关重要的影响，也令他们自己在伦理学或道德哲学方面的创建突破了他们所承袭的那一古代传统。

第二节　作为哲学的伦理学及其第一性的原则

从古希腊一直到罗马帝国时代，伦理学在众多知识门类（科学）当中一直享有突出而尊贵的地位，在罗马帝国时代，它甚至被视为哲学的三个核心科目之一（另外两个是逻辑学和物理学）。受晚期希腊哲学家们的影响，大多数古罗马的学者都倾向于认为，哲学在整体上的目标，也即阐释清楚什么是最高善（至善）以及如何去追寻它。换言之，哲学的根本任务就是伦理学或道德哲学的根本任务，而哲学家的主要职责则在于确定德性（virtue/virtus）在人追求至善的过程中所起的作用并且探究诸神对于人类生命的意义。进入到基督宗教的时代之后，伦理学或道德哲学的这一角色仍然没有改变，既然在那些基督宗教思想家看来，基督宗教所透露的核心信息无非是关

---

① 中世纪思想家关于"自由"和"不朽"的讨论，可参见 Robert Pasnau, "Human Nature", in *The Cambridge Companion to Medieval Philosophy*, A.S. McGrade (ed.), Cambridge: Cambridge University Press, 2003, pp.224-227.

于人如何实现至善或获得拯救，而这与古代伦理学或道德哲学所致力的根本任务无异。只不过，因为上帝是人类生活的目的和主宰这一不可动摇的基督宗教信念的引入，与古代的伦理学或道德哲学相比，它无疑带有了更多的神学色彩。质言之，基督宗教思想家们对于伦理问题的致思，不仅或多或少会出于阐释或辩护基督宗教伦理信条的目的，而且，他们就伦理问题进行推理时所使用的基本原则以及基本结论，也都与基督宗教的基本信念大体是一致的或融贯的。这造成的结果是，我们所说的中世纪伦理学或道德哲学，在很大程度上是中世纪道德神学的一部分，而绝大多数中世纪伦理学家或道德哲学家也首先是道德神学家，以至于今天的我们在探讨中世纪伦理学或道德哲学时，很难从他们的思想著述中剥离出一种独立的哲学伦理学或道德哲学。就 12 世纪之前的那些基督宗教思想家而论，这一点表现得尤为明显。

一、神学化及其争议

12 世纪之前的基督宗教思想家对伦理学或道德哲学所采取的神学化处理方法，很大程度上是受到了奥古斯丁的影响。在其伦理学之中，奥古斯丁继承了保罗神学对于古希腊伦理学当中的那种理智主义（intellectualism）和精英主义（elitism）[①] 的批评，试图以基督宗教伦理来对古希腊传统的伦理学进行根本转换。奥古斯丁认为，伦理学的核心议题，就是人如何才能

---

① 古希腊哲学家（比如亚里士多德或斯多亚派）倾向于认为，在人追求其伦理生活的最高目标也即幸福的过程中，起到决定性作用的乃是为人所专有的理性或者理智，因为，不仅人的最高的幸福就在于"理智沉思"这一最高的生活形式，而且，即便就人的次一级的幸福，也即有德性的生活而论，也系于实践理性的正确推理。就此而言，他们的幸福论乃是理智主义的。同时，他们也认为，只有极少数哲学家才有能力过上理智思辨生活，而普通人虽可以达成有德性的生活并实现次级的幸福，但也需要反复练习德性行为（virtuous act）才有可能，这表明，幸福将只是一件少部分人才能企及的事情。就此而言，他们的幸福论又是精英主义的。这显然与基督宗教所宣示的面向一切人开放的拯救是不符的，也跟保罗神学所主张的"因信称义"以及人赖以得救的"信、望、爱"原则不符。故此，在圣保罗看来，古希腊人的哲学智慧并不是真正的智慧，而是"愚拙"和"虚空的妄言"，因为他们"并不认识神"，认识不到只有"在耶稣基督里"才能得到"本乎神"的"智慧、公义、圣洁、救赎"。（参见《哥林多前书》1：18—30；《歌罗西书》2：8）

过上幸福生活，而能够给人提供幸福指南的，只有基督宗教这一"真正的哲学"而非异教徒的"世俗哲学"，既然《圣经》已经为基督徒提供了一种永久有效的基本道德框架和道德律法，也已经为人指出了实现生命之圆满的途径。在他看来，以往的异教徒哲学家们（也即古希腊以降的古代哲学家）虽然找准了"如何实现人的至善"这一核心问题，然而，他们却给出了错误的答案。比如，在他的《上帝之城》第八卷，奥古斯丁对于他所谓的"柏拉图主义者"（也即新柏拉图主义者）提出了赞扬，因为他们认识到灵魂是不朽的，也认识到上帝（神）就是至善，而人的幸福就在于来世对于这一至善的享受（enjoyment）。然而，在他看来，他们也犯了一个根本的错误，即认为人能够"凭人自身"就变成善的且获得幸福。① 对于奥古斯丁来说，只有上帝这一至善才是一切能称之为善的东西的源泉，从而也是真正的幸福的源泉，而古希腊人所看重的德性以及由之通达的幸福，也只能是来自上帝恩典的礼物而非人们依靠自己的自然能力所能达到的。奥古斯丁伦理学的这种强烈的基督宗教立场，令其自身不可避免地成为神学的一部分。

奥古斯丁对于伦理学的神学化处理所带来的影响一直延续到了 12 世纪。比如，阿伯拉尔的著作《会谈集》（Conversations / Collationes）就构筑了一场在一个哲学家、一个犹太人和一个基督徒之间的对话，在这场对话中，阿伯拉尔笔下的基督徒提出，作为一门"探求什么是至善以及如何实现它"的学科，伦理学是所有学问的"目标和圆满"（the goal and summation of all disciplines），只不过，哲学家和基督徒会给予它不同的名称：基督徒会将这一学科称为"神圣"（divinity / diuinitatem），因为它的目的在于达到上帝，而哲学家则将之降格称为"道德"（morals / moralem），认为人们是借助于"好的行为"或"德性"才通达上帝的。② 最终，阿伯拉尔笔下的哲学家不仅赞

---

① St. Augustine, *The City of God*, VIII-XVI, Gerald G. Walsh & Grace Monahan（trans.）, Washington D.C.: The Catholic University of America Press, 1952, VIII, 8-9, pp.35-37.

② Peter Abelard, *Collationes*, 67, John Marenbon & Giovanni Orlandi（eds. & trans.）, Oxford: Oxford University Press, 2001, p.83.

同此点，而且还同意说，既然上帝就是这一"至善"且人的灵魂是不朽的，哲学家所应追求的也应该是"来世的幸福"（happiness in the afterlife）。①

尽管阿伯拉尔对伦理学的看法并没有偏离奥古斯丁的基本立场，但其本人的伦理学探索却并非全然是神学化的。他是最早对于个体行为的道德属性以及相关道德概念作了严肃哲学探讨的中世纪思想家之一，甚至可以被视为中世纪"哲学伦理学"的真正开端。在他之前的思想家，尽管也讨论善与恶、罪与罚、德性与恶习等问题，但他们要么是"道德说教者"，出于灵性牧养的目的敦促其受众去实施某些类别的行为而非对这些行为的道德本性进行质询，要么是"基于《圣经》权威的神学家"或"只对与这个世界的源泉和终极成全有关的善感兴趣的形而上学家"，也并不关心人的行为所具有的道德属性。② 在其《会谈集》中，阿伯拉尔对于"善"这个词的不同用法进行了细致的解析，认为只有在其运用于人性行动时，才具有道德的意义。进而，阿伯拉尔教导说，一个行为之所以在道德上是善的或恶的，主要在于其行动者的意图（intention/intentio）的好坏，而不是在于该行为本身具有善恶之分。③ 按照这一观点，诸如杀人或通奸之类的行为之所以是坏的，只是因为相应的行动者在执行这一行为时的意图是坏的，如果该行动者在执行该行为时持有好的意图，那么该行为甚至可以被认为是善的，既然每个发生了的行为或事态都会因为出于上帝神意（divine providence）的安排而在其本身而言是好的。比如，"吊死一个罪犯"如果是出于"对正义的热望"，那么将是善的，但如果是出于"过往的仇恨"，则将是恶的。④

---

① Peter Abelard, *Collationes*, 80-87, John Marenbon & Giovanni Orlandi (eds. & trans.), Oxford: Oxford University Press, 2001, p.101-111.

② John Marenbon, *Early Medieval Philosophy* (480-1150), London & New York: Routledge, 1988, p.157.

③ Peter Abelard, Collationes, 106, John Marenbon & Giovanni Orlandi (eds. & trans.), Oxford: Oxford University Press, 2001, pp.131-133.; Peter Abelard, *Peter Abelard's Ethics*, D. E. Luscombe (ed. & trans.), New York: Oxford University Press, 1971, pp.45-47.

④ Peter Abelard, *Peter Abelard's Ethics*, D. E. Luscombe (ed. & trans.), New York: Oxford University Press, 1971, pp.5-37, 41-47.

他的这一看法无疑是极具争议的，然而，也正是由此引发的争议，促使中世纪思想家们开始对个体行为所具有的道德属性问题抱有关切。在反对阿伯拉尔这一观点的同时代人当中，最有名的当属彼得·伦巴德（Peter Lombard，1100—1160 年）。在其《箴言四书》（Sentences／Sententiae）中，伦巴德对该问题进行了专门的辨析。伦巴德不否认，行动者的意图（意志）与一个行为的道德价值的确是相关的，比如，布施或者婚内的性生活，如果它们在实施时其行动者的意图是正确的话（比如，为了行善或繁衍），那么就是善的，反之，如果行动者抱有的意图是错误的（比如为了虚荣或肉体享乐），那么它们也能够变成坏的行为。然而，他（以及大多数的同时代思想家）也坚持认为，有些行为，比如偷盗、通奸、强奸或渎神，不管行动者的意图为何，都是"单纯坏的"（simply evil）。① 对这一问题的讨论最终迫使中世纪思想家们对于一个行为的目标（object）或近端目的（proximate end）与远端目的（remote end）进行了区分，比如偷盗行为的目标（或近端目的）就是"取走属于另一个人的东西"，而其远端目的则可能是多样的，比如"施舍给穷人"或"通奸"。同样的行为可能有相同的目标但却有着不同的远端目的，一个人施舍穷人是想帮助他的邻人，然而这或许是出于仁爱或许是为了能在别人面前自夸以满足虚荣。因为其远端目的不同，相同的行为也可能因此拥有不同的对错之性质。② 伦巴德的《箴言四书》在后来成为中世纪大学里的标准神学教材，再加之在这一时期，教会法（canon law）的发展也越来越要求神学家和神职人员们将普遍的道德法则运用于特殊的案例，并更多地考虑这些案例中的个体行为的具体处境来对该个体行动者的道德对错进

---

① Peter Lombard, *The Sentences*, Book II, dist. XXXVIII, ch.4-XL, ch.14, Giulio Silano (trans.), Toronto: Pontifical Institute of Mediaeval Studies, 2008, p.193-202.

② 比如，在论及人性行为的道德属性时，阿奎那就作了类似区分，不过，他似乎认为，一般而言，一个人性行动的道德种别（moral species）应该按照其"目标"来划定，然而，在该行动另有与其目标不同的远端目的或"附加的道德条件"（added moral conditions）的时候，则其道德种别则应根据其远端目的来确认。St. Thomas Aquinas, *Summa Theologica*, I-II, q.1, a.3; q.18, a.7, translated. by Fathers of the English Dominican Province, Encyclopedia Britannica, INC., 1952.

行裁定，在这些促因的综合作用下，由阿伯拉尔最先挑起的这一对个体行为的道德属性的反思由此成为中世纪伦理学家们聚焦的工作重点之一。[①] 也正是由此，中世纪伦理学建立起了其深刻的哲学性质并为现代的道德哲学埋下了线索。

二、伦理的哲学化及其推理基础

在 13 世纪，随着亚里士多德著作以及穆斯林学者对亚里士多德的评注作品在西欧思想界的传播，亚里士多德成为被引用最多的哲学权威，这令中世纪伦理学有了更多的、更丰富的哲学性的讨论。同时，这也引发了另外一个事关伦理学（或道德哲学）自身的科学地位的重要问题：尽管中世纪思想家们并不怀疑亚里士多德对科学的划分，认为伦理学关乎我们的实践理性并且以实践为目的，然而，它是否足以被视为严格意义上的科学呢？因为，按照亚里士多德在其《后分析篇》开篇的说法，一个人要想获得足以称为知识或科学（science/epistēmē）的东西，其所拥有的，要么是对于一些自明的（self-evident/per se nota）的命题的知识，要么是从那些自明命题通过三段论推导出来的结论。[②] 那么，伦理学的知识能够满足这一标准吗？要回答这一问题，其关键就在于回答这样一个问题：对于伦理生活中的实践推理而言，存在一些能够作为其坚实基础的自明的推理原则吗？

对于这个问题，中后期中世纪的一些重要思想家，比如大阿尔伯特、托马斯·阿奎那、约翰·邓斯·司各脱、奥康的威廉都持有一种肯定的态度。

---

① 关于中世纪思想家对于行动与意图之关系的讨论，可参见 Jean Porter, "Action and Intention", in *The Cambridge History of Medieval Philosophy, Volume I*, Robert Pasnau & Christiana Van Dyke（eds.）, Cambridge: Cambridge University Press, 2010, pp.506-516. 关于中后期中世纪思想家在人性行为之道德属性的确认问题上的讨论和分歧，可以参阅 Thomas M. Osborne, *Human Action in Thomas Aquinas, John Duns Scotus & William of Ockham*, Washington D.C.: The Catholic University of America Press, 2014.

② Aristotle, *Posterior Analytics*, I, 1-4, 71a1-74a1; in *The Complete Works of Aristotle (the Revised Oxford Translation)*, Jonathan Barnes（ed.）, Princeton, New Jersey: Princeton University Press, 1984.

在他们看来，我们之实践理性的推理的确有一些自明的、第一性的原则（the first principles）可以依赖，就算是普通人，只要有正常的理解力，也能够基于对这些基本实践原则的确信来进行实践推理。这样一种信念，令自古希腊晚期发端的自然法（natural law / lex naturalis）观念成为中后期中世纪思想家们伦理学当中的重要内容。比如，在阿奎那看来，人性行为的道德属性，就系于其目标与"人性行为的原则"也即理性的关系，如果其目标是由理性安排的，则该行动就是善的，否则就是恶的。① 进而，他相信，与思辨理性的推理要依赖于那些"推证的第一原则"（the first principles of demonstration）一样，人的实践推理也应该有一些基本的原则，此即自然法。自然法作为理性造物在上帝的指引下对于其"专有的行为和目的"的"自然倾向"，由此成为判定人性行为道德对错或善恶的基础。而在自然法所给予的行为规则当中，最为基本的一条，在阿奎那看来，就是"趋善避恶"（Good is to be done and pursued, and evil is to be avoided），既然"所有的事物都寻求善"。他甚至认为，这条原则也是整个自然法的基础，自然法的所有那些规条都"基于"或者"引申自"这条"第一原则"（the first principle）。而这条原则之所以是自明的、第一性的，足以成为我们进行道德推理的起点，就是因为它是不需要任何证明或者其他信念的支撑就能由正常人的理智所直接理解的。② 与此类似，诸如"应追求生命并避免生命的损毁（生命是善的）"、"应该逃避无知并追求知识（知识对我们来说是善的）"、"应该追求友谊（社会关系对于我们来说是善的）"等观念也是我们在进行道德推理时可以依赖的自明原则。在阿奎那看来，这些自明的原则对于有理性的存在者（rational being）来说有着普遍的效力，只要一个人有足够的理智能力，就能理解它们并确信它们的真理性。他甚至认为，即便是上帝也不能豁免于这类基本实践规则，比如，上帝就不能违背"不可杀害一个无辜的人"这条规则，既然对这条规则

---

①　St. Thomas Aquinas, *Summa Theologica*, I-II, q. 18, a.5 & 8, translated. by Fathers of the English Dominican Province, Encyclopedia Britannica, INC., 1952.

②　St. Thomas Aquinas, *Summa Theologica*, I-II, q.91, a.2; q.94, a.2, translated. by Fathers of the English Dominican Province, Encyclopedia Britannica, INC., 1952.

的违背将是非理性的。那如何解释《圣经》所说的上帝曾下令亚伯拉罕以其子以撒作燔祭呢？阿奎那可能为此辩护说，上帝凭其权能当然是能够下令这样一种杀戮的，但是，这并非意味着上帝能够免除那条诫命，因为，在这一极为特殊的例子中，以撒因为从人类始祖亚当继承而来的原罪，他也并非是完全无辜的，上帝下令对其的杀戮因此也便没有违反前述的诫命。这也就是说，上帝能够改变的只是一个行为的性质而非规定了人性行为之道德属性的那些规则①。

司各脱对于这类第一性的实践原则作了更为明晰的界定，在他看来，这些第一性的规则要么是观念上必然的（conceptually necessary），或者说按照其术语来说必然为真的，要么是可以从这些观念上必然的规则必然推导出来的道德命题。而只有满足前一条件的才是"最严格意义上的自然法"。以"（摩西）十诫"（Decalogue）为例，在他看来，只有"十诫"的头三条（但第三条关于守安息日的规定并不完全如是）属于前一种规则，而"十诫"的后七条，尽管也因为与前三条是一致的因而是看起来自明的，然而却并非是必然的，因为它们并非是凭着其词项的意义而为真的，而是完全出于上帝的自由意志并因此才为真的。因而，在司各脱看来，严格意义上的自然法只是"十诫"的头三条诫命，后面七条诫命，只能在一个较宽松的意义上被视为自然法的规则，不能成为"绝对必然的实践原则"（unqualifiedly necessary practical principles）。由此，不同于阿奎那，司各脱认为，上帝可以凭其意志更改后面七条诫命，既然上帝的意志是完全自由的。②对于自明的道德原则，奥康采取了一种更为宽泛的观点。在他看来，自明的那些道德原则不仅包括那些凭其术语的意义就绝对为真的原则，而且也包括从我们的经验得出的明显为真的那些原则，比如，"一个愤怒的人可以由公正的言辞来抚慰"。但是，与阿奎那不同，尽管奥康并不否认人可以根据这些原则来进行实践推

---

① Steven J. Jensen, *Good and Evil Actions: A Journey through Saint Thomas Aquinas*, Washington, D.C.: Catholic University of America Press, 2010, pp.187-193.

② John Duns Scotus, "Ordinatio", III, d. 37, in *John Duns Scotus: Selected Writings on Ethics*, Thomas Williams (ed. & trans.), Oxford: Oxford University Press, 2017, pp.248-254.

理，但他却并不认为这些原则构成了我们行动的基础并决定了我们行动的道德属性，因为人似乎并不像阿奎那所认为的那样总会从所谓"第一性的原则"出发，按照"理性的指示"或道德推理来趋向善的行动。在这个问题上，他持有一种比司各脱更为激进的"意志主义"（voluntarism）观点。在他看来，就人性行为本身来说，它是没有内在的道德价值的，故而自身并不构成人去实施它的理由，它能否被实施，只取决于人的意志；然而，即便就推动人去行动的意志本身来说，也是在价值上中立的或者说拥有"无动于衷的自由"（liberty of indifference）的，它并不会自动趋向特定的目标（比如善），即便那个行动者的理性知道某个对象是善的。故此，人的自由意志常常是违背理性行事的，甚至会"从恶的方面来意愿恶"（will evil under the aspect of evil）。那么，这意味着人性行为将没有道德标准吗？于此，奥康认为，人性行为的道德价值仍然取决于意志，不过不是取决于行动者意志本身的好坏，而是取决于行动者的意志是否"与上帝的意志一致"，既然人的道德义务都是由上帝的意志来规定的。然而，上帝的意志是绝对自由的，他甚至可以命令人"在某段时间不爱他（上帝）"，只要这"不牵涉到任何的矛盾"。这意味着，无论他为人类的行动者设立了何种道德规则或义务，他自身都是可以免除或更改那一规则或义务的，而亚伯拉罕的例子正好说明此点。[①] 无疑，在司各脱和奥康（尤其是后者）对于基本道德原则的解说中，蕴藏着一种不难察觉的神令论（Divine Command Theory）倾向，尽管他们并没有就"除非是被上帝所禁止的，任何行为都不是坏的"这种激进的神令论命题作过辩护。[②]

---

① William of Ockham, *Philosophical Writings*, Philotheus Boehner (ed. & trans.), Indianapolis & New York: The Bobbs-Merrill Company,1964, pp.160-163. 另请参见 Marilyn McCord Adams, "Ockham on Will, Nature, and Morality", in *The Cambridge Companion to Ockham*, Paul Vincent Spade (ed.), Cambridge: Cambridge University Press,1999, pp.245-272.

② 关于司各脱和奥康是否主张某种"神令论"，学界是存有争议的。参见 Thomas Williams, "The Franciscans", in *The Oxford Handbook of the History of Ethics*, Roger Crisp (ed.), Oxford: Oxford University Press, 2013, pp.177-182.

第三节　至善、幸福及其实现

如我们所说，同古希腊的伦理学家们一样，对于中世纪的那些思想家来说，伦理学的核心任务就是去质询什么才是至善以及怎样才能获得至善。但是，考虑到他们普遍接受的宗教传统，我们不难推测，他们对于这一至善以及实现它的途径的理解，与古希腊人有着很大的不同。在中世纪的思想家们尚未熟悉亚里士多德在其《尼各马可伦理学》中的教导之时，他们在这一核心问题上的回答主要是受了奥古斯丁的影响，而他们的分歧，也主要在于如何理解奥古斯丁的教导。在 13 世纪之后，因为亚里士多德伦理学的影响，中世纪思想家们则在奥古斯丁的教导之外，为这个问题提供了更为丰富的答案。

一、奥古斯丁的幸福理论

奥古斯丁毫不怀疑古代伦理学家对于伦理学核心任务的规定，他承认，伦理学就是对至善的一种质询，这个至善也即"我们只为其自身而绝不会为了某种进一步的目的寻求的"那个东西，也正是令人幸福的东西。① 然而，出于他的基督宗教信仰，他对这一至善的描述却与古希腊哲学家们的描述明显不同。在他看来，这个至善不是"德性"，也不是"快乐"或者人的其他什么心理状态，而是基督宗教的上帝，故而，人的幸福，毋宁在于对于这个上帝的"享受"（enjoyment），而这只有在与上帝和圣徒相伴的来世（afterlife）才是可能的。这意味着，人要获得幸福，或者达致至善，除了要寄希望于来世，而且也只能是依赖于上帝的恩典。这也同时意味着，古希腊哲学家所确信的那种认为人可以在现世凭着自身的能力而获得至善或幸福的自然道路被奥古斯丁彻底抛弃了。不仅如此，在奥古斯丁看来，斯多亚学派等古希腊哲学家以为靠自身便可获得幸福，这不仅夸大了人的自然能力和自足性（self-

---

① St. Augustine, *The City of God*, VIII-XVI, Gerald G. Walsh & Grace Monahan (trans.), Washington D.C.: The Catholic University of America Press, 1952, VIII, 8, p.35.

sufficiency），而且也恰恰正是人之原罪的体现，因为这一看法不外是人的过度自爱的体现或"自矜"（pride）。[1] 而人要摆脱这种堕落的自我中心主义并转向上帝这一至善，只有依赖上帝的圣爱，若非如此，则人甚至都无可能如其所应当的那样来爱他自己。[2]

奥古斯丁这种以神为中心的幸福论将保罗神学对于古代伦理学中的精英主义和理智主义的攻击又向前推进了一步。经过他的诠释，幸福不再是极少数人（哲学家）通过理性沉思或德性的学习和操练而能达到的特权，在他看来，正如基督的拯救是向所有人敞开的一样，无论一个人成长的环境和教育如何糟糕，也无论一个人本来的智力是多么普通，他都有希望进行道德提升并改变自己的生命。而这一希望的关键，就是上帝的恩典。有了上帝的恩典，哪怕是最坏的罪人也可能转向德性并最终获取来世的幸福，相反，若缺乏这一恩典，即便是世俗意义上最良善的人也断无希望获得真正的德性并获取终极的幸福。正因此，生命的伦理追求，在奥古斯丁看来，就是人不断抵制其因为原罪而被玷污了的人性的过程，一个"终生的康复过程"（a life-long process of convalescence），而这一过程的开端，就是人对于自身有限性和有罪性的承认并凭着信仰而将自己交付给那个伟大的超自然力量。[3] 因而，在奥古斯丁看来，就人这一方来讲，实现幸福的要害，不在于获取促成幸福的具体条件，而在于他在追求他的善时持有的那一心理动机或意志（will/voluntas）。奥古斯丁把人的动机分为两类，它们分别与两种善相对应：一种是具有内在的（或"正当的"）善的东西（bonum honestum），另外一种则纯粹只是"有用的"善（bonum utile）。前者自身就有其价值，而后者只有当

[1]　St. Augustine, *The City of God*, VIII-XVI, Gerald G. Walsh & Grace Monahan（trans.），Washington D.C.: The Catholic University of America Press, 1952, VIII, 8-10, pp.35-40; XVII-XXII, Gerald G. Walsh & Grace Monahan（trans.），Washington D.C.: The Catholic University of America Press, 1954, XIX, 4, pp.200-202.

[2]　St. Augustine, *The City of God*, VIII-XVI, Gerald G. Walsh & Grace Monahan（trans.），Washington D.C.: The Catholic University of America Press, 1952, X, 3, p.120-122.

[3]　Bonnie Kent, "The Moral Life", in *The Cambridge Companion to Medieval Philosophy*, A.S. McGrade（ed.），Cambridge: Cambridge University Press, 2003, p.234.

其作为达到别的什么事情的手段时才有价值。在他看来，前面一种善是"可享受的"，后面一种是"可用的"。而人的倒错行为和悲苦，皆因受原罪的影响，其意志常常只能在这二者之间进行倒错的选择，也即，错把本该享受的东西当成能用的东西来欲取，或者把本该去使用的东西当成要享受的善来意愿。在他看来，只有建立正确的爱的秩序，也即，只有去爱那最该被享受的至善也即上帝，并基于对上帝的爱而去爱那些有用的、被造的善时，人才可能获取真正的德性并实现幸福。① 奥古斯丁的这种主张，看起来似乎就是柏拉图在其《会饮篇》（Symposium）中借狄奥提玛（Diotima）所述的由对现象世界事物的爱上升到对理念世界中的永恒理念的爱这一"爱的阶梯"（the ladder of love）的基督宗教版本。当他以"爱"（仁爱，love / charity / caritas）取代古希腊哲学家所强调的理智和德性，以之作为伦理学的核心概念，并将伦理行为的最终要素规定为"正确的意志"（right will），强调人在不同的欲求对象之间的"自由决定"（free decision / liberum arbitrium）对其自身的道德责任以及最终的幸福之实现所产生的决定性影响的时候，他就转换了西方自古希腊以来的自然主义的和理智主义的伦理学，令之由一种以人为中心的伦理学转变为了一种以神为中心的伦理学，并为后期中世纪伦理学中的"理智主义"和"意志主义"之争埋下了伏笔。

在 13 世纪之前，奥古斯丁对于"至善"和人之"幸福"的这一理解并未受到太多的挑战，几乎所有的基督宗教的思想家们都接受并继承了其立场。但在对于奥古斯丁教导的理解中，还是会有一些新的发展。

6 世纪的波爱修在其《哲学的慰藉》（Consolation of Philosophy）中，曾借笔下的哲学夫人（Lady Philosophy）之口称，幸福是"所有善当中最为首要的那种善"，是"一个人一旦拥有，便不再可能有什么进一步的欲求的那种善"，既然财富、荣耀、快乐、权力等所有其他的为人所欲求的善最终导

---

① St. Augustine, *The City of God*, VIII-XVI, Gerald G. Walsh & Grace Monahan（trans.）, Washington D.C.: The Catholic University of America Press, 1952, XII, 8, XIV 7&28, XV, 22, p.258-259, 358, 410-411, 468-470.

向的仍然是它，或者说，"都被包含在它之中"①。无疑，在他看来，幸福也就是"至善"，然而他同时也认为，既然上帝也是至善，且不可能存在两种不同的至善，故此，上帝自身就是幸福。②但"上帝是幸福"这一说法听起来多少有些奇怪，这似乎暗示，人只有成为上帝才能实现自身的幸福。波爱修对此采取了一种柏拉图式的解释：既然上帝是绝对单纯的，而且是所有善的事物的源泉，那么，至善就是上帝"自身的实体（或本质）"。而幸福既然是至善，则它也就是上帝的本质。故此，如同说"上帝是善"要比说"上帝是善的"要更为正确，说"上帝是幸福"就比说"上帝是幸福的"更为正确。这并非意味着人要成为上帝才能获得幸福，而是意味着"用眼睛和心去看这比任何太阳还要明亮的光芒"，或"通过对他的神性的分有而获得神性"，并因此而分有幸福并成为"幸福的"。③显然，这不可能是人在尘世之中可以实现的，它只能是在来世靠着上帝的恩典实现。

　　11世纪的坎特伯雷的安瑟尔谟也可算是遵循了奥古斯丁的教导，但他对于奥古斯丁的幸福理论，尤其是自由意志之于幸福的关系作了进一步的发展。同奥古斯丁一样，安瑟尔谟也认为，上帝是至善的而且就是善本身。但是，他反对将上帝与幸福直接等同起来，而是将幸福视为人的意志的一种自然倾向。安瑟尔谟承认，"最易适用于"我们行动的一条"公理"，就是"无论我们欲求什么，我们都是因为认为它是善的才欲求的"④，并且人天生就趋向于善，特别是至善。但他对于人所追求的善也作了一种奥古斯丁式的区分："有利之事"（what is advantageous/commodum）和"正义或正当之事"（what is right/rectitudo），前者只是有用的善，而后者则是有内在价值

---

①　Boethius, *The Consolation of Philosophy*, David R. Slavitt（trans.）, Cambridge, Massachusetts: Harvard University Press, 2008, III, 2, p.61.

②　Boethius, *The Consolation of Philosophy*, David R. Slavitt（trans.）, Cambridge, Massachusetts: Harvard University Press, 2008, III, 10, pp.86-90.

③　Boethius, *The Consolation of Philosophy*, David R. Slavitt（trans.）, Cambridge, Massachusetts: Harvard University Press, 2008, III, 10, pp.89-92.

④　St. Anselm, "Monologion", I, *in Anselm: Basic Writings*, Thomas Williams（ed. & trans.）, Indianapolis, IN: Hackett Publishing Company, 2007, p.11.

的善。在他看来，人所追求的"幸福"就归属于"有利之事"，并认为它是为人和动物所共同欲求的自然倾向，既然幸福涉及"在合宜的有利之事方面的充足或没有任何的缺乏"。① 如此一来，如果按照奥古斯丁和波爱修的"幸福主义"说的那样，无论人意愿什么东西都是为了幸福的缘故，那么，即便是为了"永恒的幸福"这一伟大的奖赏，也会令上帝看起来不过是一个达到人的自身目的的工具或手段而已，且人对这一幸福的意愿也无异于变得"像上帝一样"。更重要的是，在他看来，如果人的意志只是追求幸福或有利之事的话，那么，人就会被他自身对于幸福的欲望所奴役，由此，他不仅不可能有真正自由的意志之选择，而且内心也将充满了不幸。② 此外，人若只以幸福作为自己行动的目的，还不免令自己的行为陷入幸福主义者经常会面临的这一困境：如果人的任何行动都只是对幸福的欲求的话，那么，在他行动时，他是不是可以不顾那一行动在道德上正确与否？安瑟尔谟认为，尽管人对于"有利之事"或幸福的追求本身并不具有道德意义上的善恶性质，但如果一个人的行动只以幸福作为唯一目的并将其置于道德秩序之先的话，他将不免陷入非道德的或非正义的状态。在他看来，这正是世界之中的"罪"（sins）和"恶"（evils）的来源。③ 那么，人如何才能真正而正确地追求幸福呢？在安瑟尔谟看来，除非人在追求幸福的同时也追求正义或正当之事，或者说抱有"对幸福的正义的意志"（a just will for happiness），否则"自然的选择之自由就是毫无用处的（useless）"，也即，不可能真正自由地去追求幸福。进一步说来，追求幸福的意志也必须有赖于追求正义的意志的调和与

---

① St. Anselm,"On the Fall of the Devil", XII; "On the Harmony of the Foreknowledge, the Predestination, and the Grace of God with Free Choice", I, 6-7; III, 11-12, in *Anselm: Basic Writings*, Thomas Williams（ed. & trans.）, Indianapolis, IN: Hackett Publishing Company, 2007, pp.191, 368-372, 388-390.

② St. Anselm, "On the Harmony of the Foreknowledge, the Predestination, and the Grace of God with Free Choice", III, 13, in *Anselm: Basic Writings*, Thomas Williams（ed. & trans.）, Indianapolis, IN: Hackett Publishing Company, 2007, P.393.

③ St. Anselm, "On the Fall of the Devil", IV, in *Anselm: Basic Writings*, Thomas Williams（ed. & trans.）, Indianapolis, IN: Hackett Publishing Company, 2007, pp.177-178.

节制，才可能不至陷入非道德的状态。① 那么，人有同时意愿并追求两种善的能力吗？他以亚当在伊甸园的生活和天使为例说，上帝创造人之时，必定将人创造为同时拥有两种意志倾向（inclinations/affectiones）的造物，令他不仅意愿幸福或有利之事，也意愿正义（或具有内在价值的东西）。只不过，安瑟尔谟也认为，随着人的堕落，人也因原罪而丧失了对于正义的倾向，独独保留了与动物所共享的对于幸福的倾向。这意味着，人要恢复对于正义的倾向并正确地追求幸福，就只能依赖上帝的恩典之救治。②

二、自然主义幸福论的回归

在 13 世纪中叶，随着亚里士多德《尼各马可伦理学》全本的翻译和传播，中世纪思想家们关于幸福的看法产生了新的变化，尽管这种变化在大体上并没有偏离奥古斯丁路线对于来世幸福和上帝恩典的强调，但它无疑也因为亚里士多德的影响而部分恢复了古希腊的自然主义幸福论。事实上，这一趋势在 13 世纪早期就已经显现。在 13 世纪上半叶，《尼各马可伦理学》还尚未由格罗斯特和默尔贝克全部翻译并加以修订之前，其第 2—3 卷和第 1 卷的拉丁译本（分别被称为 Ethica vetus 和 Ethica nova，即"老《伦理学》"和"新《伦理学》"）已经流传于世，多明我修会（Dominican Order）的罗伯特·吉尔沃比（Robert Kilwardby，约 1215–1279 年）等人也对之进行了评注。③ 这些评注者将幸福界定为"至善"，但他们将这一"至善"既解释为上帝，也解释为对于上帝的知识。这样一来，同波爱修所面临的问题一样，经由"至

---

① St. Anselm, "On the Fall of the Devil",XV; "On the Harmony of the Foreknowledge, the Predestination, and the Grace of God with Free Choice", III, 13, in *Anselm: Basic Writings*, Thomas Williams（ed. & trans.）, Indianapolis, IN: Hackett Publishing Company, 2007, p.195, 393.

② St. Anselm, "On the Harmony of the Foreknowledge, the Predestination, and the Grace of God with Free Choice", III, 4, 13, 14, in *Anselm: Basic Writings*, Thomas Williams（ed. & trans.）, Indianapolis, IN: Hackett Publishing Company, 2007, p.378, 392, 394.

③ 13 世纪早期的经院学者对亚里士多德《尼各马可伦理学》的评注情况，可参见 István P. Bejczy（ed.）, *Virtue Ethics in the Middle Ages: Commentaries on Aristotle's Nicomachean Ethics*, 1200-1500, Leiden/Boston: Brill, 2008.

善"这一概念的传递,幸福被等同为了上帝,而且,幸福到底是上帝自身还是关于上帝的知识(knowledge of God/cognitio dei),评注者们也并没有给出清晰的答案。之所以造成这一状况,乃是因为:一方面,对于中世纪思想家们来说,在至善与上帝之间有一种明显的关联,而这一看法自奥古斯丁以来就是神学家们所遵奉的圭臬;另一方面,亚里士多德对于幸福的解释则将幸福处理成了人的一种活动或者运作(operation/operatio)①,受此影响,这些大师们也将幸福与认知这一为人所拥有的最高形式的活动联系了起来。为了解决这种模糊性,一些大师界定了两种幸福,一种是完满的或者说"非被造的",也即上帝,一种是不完满的或者说"被造的",也即作为人之运作的幸福。这样一种区分,几乎成为后继的中世纪思想家在讨论幸福时的惯例。

大阿尔伯特是最早对全本《尼各马可伦理学》撰写了评注的人,也是最先将亚里士多德伦理学整合进他的道德神学的人。在评注《尼各马可伦理学》时,大阿尔伯特认为,既然人的最高且专有的能力也即理智有双重的运作,一是用于指导外在行为的实践推理,一是为了获得理解的理智沉思,因而,人之为人的幸福或至善也便有两种,它们分别是理性的这样两种运作的目的,此即"城邦中的幸福"(civic happiness/felicitas civilis)和"沉思的幸福"(contemplativehappiness/felicitas contemplativa)。他还特别处理了这两种幸福之间的关系,他认为,在这样两种至善或幸福中,也存在着一种秩序,此即,前者是导向后者的,因为,正是借助于在社会生活(政治生活)中的道德德性,人的心灵就可以摆脱欲望和激情的纷扰并实现平和,以便能够更好、更自由地去思考那些"不变的真理"②。

托马斯·阿奎那继承并发展了其老师的思想。阿奎那不仅与大阿尔伯特

---

① 在其《尼各马可伦理学》当中,亚里士多德将"幸福"界定为"灵魂之与德性一致的活动"(activity of soul in accord with virtue),并且认为幸福到底应归为心灵的一种"状态"还是归为"活动",都"没有什么分别"。Aristotle, *Nicomachean Ethics*, I, 10, 1099b26; I, 8, 1098b30-34 in *The Complete Works of Aristotle (the Revised Oxford Translation)*, Jonathan Barnes (ed.), Princeton, New Jersey: Princeton University Press, 1984.

② Anthony J. Celano, *Aristotle's Ethics and Medieval Philosophy: Moral Goodness and Practical Wisdom*, Cambridge: Cambridge University Press, 2016, pp.132-135.

一样，对全本《尼各马可伦理学》进行了评注，而且还撰写了一些具有伦理学性质的论辩集（disputed questions/quaestiones disputatae），且其最为重要的著作《神学大全》篇幅最长的一部分（也即第二集），就是关于伦理学或道德哲学（道德神学）的。在某种意义上，阿奎那在其多种著作中建立的这一伦理学就是围绕着什么是人的幸福以及人如何才能获得幸福展开的。

作为一位综合的大师，在论及幸福的时候，他整合了亚里士多德主义和奥古斯丁主义关于幸福的观念。托马斯认为，每一人性行为瞄准的都是某种善，而这一善必定是以幸福这一最高的善为最终目的（the final end）的，它或者是达到幸福的手段，或者自身就构成了幸福，因而，无论人在欲求什么，都是为了幸福的缘故在欲求。① 在这一点上，他与亚里士多德一致，也并不违背奥古斯丁以降的"幸福主义"传统。作为一位精于综合的大师，他对于幸福的界定最大程度地综合了前人的看法。幸福，在阿奎那看来，要么可以被理解成我们的一个对象，要么可以被理解为我们对于那一对象的获取或者拥有。由此，他认为，在第一种意义上，上帝自身就是幸福；在第二种意义上，幸福就是我们自身对于上帝的享受②，更明确地说，即是以理智来理解"第一因的确切本质"（the very essence of the First Cause）③。只不过，作为亚里士多德主义的坚定辩护者，阿奎那也将亚里士多德在其伦理学当中所探讨的、为奥古斯丁所弃绝的那种自然主义的幸福树立为人的尘世生活的目标之一。为此，阿奎那又对幸福作了第二种划分：一种是尘世的不完美的幸福，他称之为 felicitas；一种是来世的、完美的、超自然的幸福，他称之为 beatitudo。在他看来，前者通过我们自身的自然资源（理智德性和道德德性的操练）来获取，而后者，只能通过上帝的恩典或惠助获得，既然它

---

① St. Thomas Aquinas, *Summa Theologica*, I-II, q.2, a.7, translated by Fathers of the English Dominican Province, Encyclopedia Britannica, INC., 1952.

② St. Thomas Aquinas, *Summa Theologica*, I-II, q.3, a.1, translated by Fathers of the English Dominican Province, Encyclopedia Britannica, INC., 1952.

③ St. Thomas Aquinas, *Summa Theologica*, I-II, q.3, a. 8, translated by Fathers of the English Dominican Province, Encyclopedia Britannica, INC., 1952. 阿奎那也常用"对上帝的明见"（the vision of God）或"与上帝相联合"（union with God）这样的短语来表达这一意思。

是以超自然的上帝作为对象并因此超出了人的自然能力。① 很显然，这一看法与奥古斯丁的立场是有差异的，因为，他的这一看法将德性和理智也视为人的幸福（尽管只是不完美的幸福）的条件，无疑部分恢复了为奥古斯丁所极力摈弃的古希腊哲学家们的自然主义传统。然而，这样一种差异也不能被夸大，就幸福作为人的终极目的而言，阿奎那并没有偏离奥古斯丁的基本立场。因为，阿奎那所谓的"不完美的幸福"，与只可能由上帝来赋予的"完美的幸福"的差异，不仅仅是程度上的，而且也是类别上的，既然一种是自然的，一种是超自然的。故此，阿奎那依然确信，超出了人之自然能力的那一完美的幸福，能够完全令人满足的那独一的终极目的，只存在于来世，且只能通过上帝的恩典和惠助获得。

阿奎那的这种折中主义的幸福观面临着两个主要的困难。其一，当阿奎那认为一个人的行为动机都可以归结为对自身的幸福的寻求的时候，他似乎将人的自爱（self-directed love）视为人的伦理行为的原初动机，从而令其幸福观带有一种自我中心主义（egoism）的色彩，在这一点上，他的确回应了亚里士多德在其《尼各马可伦理学》中的暗示。② 然而，他又始终没有抛弃基督宗教和奥古斯丁的教导，认为在一切伦理诫命中，最重要的一条乃是"爱上帝胜于爱一切"（to love God above all，也即"爱上帝"这一基督诫命），并且，他也坚信一个人应该把他人的善以及为所有人所共享的共善（the common good / bonum commune）置于自身的善之前（也即"爱邻人"这一基督诫命）。③ 只不过，不同于奥古斯丁的是，阿奎那相信，爱上帝胜

① St. Thomas Aquinas, *Summa Theologica*, I-II, q. 5, a. 1-7; q.62, a.1, translated. by Fathers of the English Dominican Province, Encyclopedia Britannica, INC., 1952.

② 在其《尼各马可伦理学》中，亚里士多德在谈及为什么友谊对于人也是必需的时候，认为朋友就是"另一个自我"，而我们为朋友祝好（wish good），实则是因为我们自己总会为自己祝好。亚里士多德在此暗示，人对于善的追求，都是从自我的善或者说自爱出发的。参见 Aristotle, *Nicomachean Ethics*, 1166a1-37; in *The Complete Works of Aristotle (the Revised Oxford Translation)*, Jonathan Barnes (ed.), Princeton, New Jersey: Princeton University Press, 1984.

③ St. Thomas Aquinas, *Summa Theologica*, II-II, q.25, a.1; q. 27, a. 1-8, translated. by Fathers of the English Dominican Province, Encyclopedia Britannica, INC., 1952.

于一切或爱他人的善和共善胜于自身的善，这都是人凭着其自然理性就能够知道，也是每一造物都因为被造而具有的一种自然倾向（在除人之外其他造物而言，则是爱为其物种所共享的共善）。无论如何，在推动人去追求幸福的自爱之心理动机与爱上帝和邻人这条最为重要的伦理诫命之间，明显存在着一种张力。其二，一方面，阿奎那承袭了亚里士多德，把理性视为人的本性并因此强调理智活动与幸福之间的关系，不仅承认尘世的不完满的幸福根本在于理性沉思，而且倾向于认为，即便就完满的来世幸福来说，也在于对上帝的认知或理解。^① 然而，另一方面，他又始终持有基督宗教和奥古斯丁伦理学对于人性的看法，认为人性因为原罪已经受损，故而，人不能仅凭自身就可以去实现幸福，而是必须要靠着上帝的救治之恩典，尤其是靠上帝所赋予人的"爱"这一神学德性（theological virtue / virtutes theologicae），将上帝当作超自然的至福的源泉来追求（爱）。^② 这不免令人疑惑：就幸福而言，它究竟在于对上帝的爱还是对上帝的沉思（知识）呢？对于第一个可能的难题，阿奎那可以辩护说，作为人的"理性欲好"（rational appetite），人的意志所必然偏爱的只有"普遍的"且"完美的"善，而这就是幸福或作为善本身的上帝（"神圣的善"），相对来说，那些个别的或者说从特定视角来考虑的善，虽然对行动者自身是有利的，但它们作为"感官的善"（sensible goods），不仅自身是不完全的，而且也未必与幸福有关，因而它们并非是意志必然偏爱的对象。因而，人的意志（爱）必定依恋上帝（adheres to God）而非别的什么不完满的善。^③ 如此说来，则一个伦理行动者虽然会自然地去追求对他自身来说是善的东西，然而，这并不意味着他对于任何善的追求都必定是因为那个对象仅仅对于他来说是好的，也即，必定是出于自爱而非对

---

① St. Thomas Aquinas, *Summa Theologica*, I-II, q. 3, 4-8, translated. by Fathers of the English Dominican Province, Encyclopedia Britannica, INC., 1952..

② 在阿奎那看来，除非借助于上帝所赐予的"爱"，否则人的意志不可能朝向其终极目的来运动。St. Thomas Aquinas, *Summa Theologica*, I-II, q. 62, a.3, translated. by Fathers of the English Dominican Province, Encyclopedia Britannica, INC., 1952..

③ St. Thomas Aquinas, *Summa Theologica*, I, q. 82, a. 2; I-II, q.10, a.2, translated. by Fathers of the English Dominican Province, Encyclopedia Britannica, INC., 1952..

于上帝（以及邻人）的爱。这样一来，他似乎避免了自爱动机与那条基督诫命之间的表面冲突，也调和了亚里士多德主义和奥古斯丁主义在这一问题上的紧张。对于第二个难题，托马斯坚持，人的意志乃是一种理性欲好，为理智所规定，①且"目的的实现并不在于意动（the act of will）"②，如此说来，人在来世所拥有的完美的幸福虽然在于"对上帝的爱和认知"（the love and knowing of God）③，或者说对于上帝的认知总伴随着对上帝的爱，但这种完美的幸福说到底毋宁仍然在于认知上帝。

三、晚期争论

在许多13世纪晚期的思想家眼中，阿奎那试图将基于人的理性本性的亚里士多德幸福伦理学同以爱为基础的基督宗教伦理学（奥古斯丁伦理学）结合起来的这种努力并不算完全成功。在当时的巴黎大学的人文学部（the art faculty），有许多人文大师就倾向于认为，根据亚里士多德的说法，一个人必定总是爱自己更甚于爱他人，而且，既然理智就是人最高的而且是神圣的才能，因而，对于道德德性（理智在实践秩序中的运用）以及理智德性（理智在思辨秩序中的运用）的培养，就是人在此世所能获得的最为真正的幸福。这一派观点的主要代表，就是布拉邦的西格尔和达西亚的波埃修。前者取消了哲学性的幸福与神学性的幸福之间的区分，认为人的幸福就在于此世对于上帝的沉思，而后者尽管并不否认信仰所许诺的来世的幸福，但其始终强调的却是人在此世通过哲学沉思来达成的幸福，并且认为哲学所沉思的那个"第一因"和基督宗教的上帝是同一的。这样的看法无疑是对亚里士多德所持有的那种精英主义和理智主义幸福论的回归，因此，在1277年的大

---

① St. Thomas Aquinas, *Summa Theologica*, I-II, q.1, a.2, translated. by Fathers of the English Dominican Province, Encyclopedia Britannica, INC., 1952..

② St. Thomas Aquinas, *Summa Theologica*, I-II, q. 3, a. 4, translated. by Fathers of the English Dominican Province, Encyclopedia Britannica, INC., 1952.. 所谓"意动"或"意志的作为"，也即意志推动人去行动的运作。

③ St. Thomas Aquinas, *Summa Theologica*, I-II, q.1, a.8, translated. by Fathers of the English Dominican Province, Encyclopedia Britannica, INC., 1952..

谴责当中，这两人成为主要的攻击对象便不难理解了[①]，尽管在一些当代学者看来，他们可算作"最早的现代哲学家"[②]。而另外一些神学家则更偏向奥古斯丁的立场，并且对阿奎那幸福论中的亚里士多德主义的元素也一并提出了反对。比如，维特堡的詹姆斯（James of Viterbo，约 1255—1307/8 年）就认为亚里士多德的伦理学的出发点在于自爱，这与基督宗教（以及奥古斯丁主义）所强调的爱上帝胜于一切的核心教导是截然对立的，在他看来，要克服人自身的这种自爱的缺陷，令人的意志转向上帝和共善，就必须借助来自于上帝的特殊惠助。而根特的亨利则批评亚里士多德对于幸福和沉思的说法是十分含混的，他以及一些方济各修会（Franciscan Order）的神学家，也对包括阿奎那在内的亚里士多德主义者对幸福的界定提出了异议，认为幸福主要在于爱上帝而非认识上帝。这种争论（即一般所谓的意志主义和理智主义之争）甚至一直延续到了中世纪末期的耶稣会士弗兰西斯科·苏亚雷斯（Francisco Suarez，1548—1617 年）和多明我修会的神学家那里。[③]

在反对阿奎那幸福理论的方济各修会神学家中，约翰·邓斯·司各脱是最有影响力的一位。司各脱也承认，人所追求的至善或幸福无疑就是上帝。然而，在他的幸福理论中，他特别地对于自奥古斯丁以降的幸福主义提出了质疑和修正，也对以阿奎那为代表的理智主义幸福论提出了鲜明的反对意见。

自奥古斯丁发端，并由波爱修、阿奎那等思想家进一步加固了的幸福主义认为，人天生就是以幸福作为其追求的终极目标的，然而，正如早前的安瑟尔谟所担忧的那样，如此来追求幸福的意志能说是自由的且担负起道德

---

① 在 1277 年的大谴责中，至少有两条与幸福有关的命题被归到了他们头上并遭到了严厉谴责，一条是"幸福是此世的，而非另一生命中的"，另一条则是"幸福不可能直接由上帝来造成（caused）"。

② James McEvoy, "Ultimate Goods: Happiness, Friendship and Bliss", in *The Cambridge Companion to Medieval Philosophy*, A.S. McGrade (eds.), Cambridge: Cambridge University Press, 2003, pp.267-270.

③ Thomas M. Osborne, "Medieval Ethics", in *The International Encyclopedia of Ethics*, Hugh LaFollette (ed.), Malden, MA: Wiley-Blackwell, 2017, pp. 3187–3198.

责任吗，既然道德责任必定要预设人的意志的自由？司各脱也对此抱有极大的关切。他采取了安瑟尔谟的划分，将人的意志的偏爱或者说倾向分成了两种，一种是"对有利之事的偏爱"（affection for the advantageous/affctio commodi），一种是"对正义的偏爱"（affection for justice/affetio iustitiae），也即不考虑后果的利好而对道德律的遵循。在他看来，人对于幸福的意欲就属于前者，也即对有利之事的偏爱。① 然而，他也认为，人的一切自然意欲（natural appetite）都必定是由自然所规定的对其自身的专有之成全（proper perfection）的一种必然的倾向。这就意味着，单单就人对幸福的自然意欲而言，它不过是由人的自然所规定的一种必然的偏爱或倾向，就此而言，它不可能引发自由的人性行为，因而也便与道德生活无关。因而，司各脱说，除非借助于人对于正义的偏爱这一"首要的调节者"来调节和规范人对于有利之事（幸福）的偏爱，也即，除非一个人能在两种偏爱之间进行抉择和平衡，否则，我们不仅不可能真正自由地意愿幸福，而且也会因对幸福的无节制的追求陷入非道德的境地。② 但与安瑟尔谟不同的是，他不仅认为人对于幸福的偏爱或倾向并没有因为原罪而与人疏离，而且认为人对于正义的偏爱也是如此——它也是人的自然倾向，而且正因其在人之中的存在，人才有可能成为一个能进行自由抉择的道德主体。无论如何，司各脱对于人的两种倾向或偏爱的划分，暗示了幸福同道德生活之间的分野，并为幸福主义当中所蕴藏的难题提供了一种可能的解决思路。

对于阿奎那幸福论所带有的强烈的理智主义色彩，司各脱也表示了不满。阿奎那坚持理智在人寻求幸福过程中的重要性。因为，在他看来，既然理智活动（认知）是人最为专门且完满的运作，而上帝又是最为完满的可理解的对象（the most intelligible object），故此，人的最高幸福必定在于对上帝的认知。而且，在他看来，这一结论还同时可以得到基督宗教神学和古希

---

① John Duns Scotus, "Ordinatio", II, d.6, in *John Duns Scotus: Selected Writings on Ethics*, Thomas Williams（ed. & trans.），Oxford: Oxford University Press, 2017, p.112, 114-115.

② John Duns Scotus, "Ordinatio", II, d.6, in *John Duns Scotus: Selected Writings on Ethics*, Thomas Williams（ed. & trans.），Oxford: Oxford University Press, 2017, p.118.

腊的自然目的论的支撑。此即，既然人因为按照上帝的形象所造而与上帝这一原因是相似的，而上帝自身的至福只在于对其自身的完满沉思，故而，人的至福也必定在于对上帝的理智沉思；此外，按照亚里士多德的看法，任何一种自然皆无可能落空，既然人的自然欲望就在于理性的求知，那么，这一求知就必有一终点，否则它将永远无法满足，而这一终点，只能是作为终极至福的上帝，故而，人的至福必定在于对于神圣本质的理解。① 但是，在司各脱看来，幸福与其说是理智的运作，不如说是一种意志的行为（an act of will）。因为，在他看来，人的意志而非理智才是人最为专有而高级的能力，因为，推动一个人去行动的，并非是理智，而是意志，也即人的灵魂之中那个令其去偏爱（某物）的部分（the affective part of the soul）。② 既然上帝是最高的善，而且最好的东西必定是最被人爱的东西，那么人的意志的最高潜能，就是对上帝的爱，或者说爱上帝胜于一切。而意志的这一潜能必得满足，故而，只有当意志从对正义的偏爱出发，借助于上帝所赋予的"爱"这一神学德性，自由地将上帝作为爱的正确且最高的对象来意愿时，人的这一最为专有而高级的能力才能得到真正的满足或成全。故此，人的幸福首要在于爱上帝而非阿奎那所说的认知上帝。③ 当然，这并非意味着司各脱完全否认理智在人追求幸福过程中的作用，正如阿奎那同样也不会否认爱在人的幸福中的作用一样。司各脱反对的，乃是阿奎那将意志看成一种被动的能力（passive power）的做法。在阿奎那看来，只有当理智经由理解把某个善呈现给意志之后，意志才可能去意愿一个目标。④ 然而，尽管司各脱承认，理智对于某种善的理解的确对于意志的行动来说是必要的且在时间次序上在

① Jeff Steel, "Happiness", in *The Cambridge Companion to Medieval Ethics*, Thomas Williams (ed.), Cambridge University Press, 2019, pp143-146.

② John Duns Scotus, "Ordinatio", I, d.1, in *John Duns Scotus: Selected Writings on Ethics*, Thomas Williams (ed. & trans.), Oxford: Oxford University Press, 2017, p.53.

③ John Duns Scotus, "Ordinatio", III, d.27, in *John Duns Scotus: Selected Writings on Ethics*, Thomas Williams (ed. & trans.), Oxford: Oxford University Press, 2017, pp.172-174.

④ St. Thomas Aquinas, *Summa Theologica*, I-II, q. 9, a. 1, translated. by Fathers of the English Dominican Province, Encyclopedia Britannica, INC., 1952..

先，即便就意志最高的爱的对象（上帝这一至善）来说，也是理智为之提供的，然而，在他看来，作为人性行动的直接推动者（动力因），意志却拥有相对于理智来说的形而上学的优先性，既然意志"规定其自身（的选择）"且"让理性持续不断地思考其目的"。① 如果阿奎那是正确的话，首先，这将意味着，意志的满足将不是直接的，而是只能在理智满足后才间接地获得一种次要的满足。然而，意志与其行动目标之间的关系本来是更为直接的、无中介的，其满足也必定是直接的，因而，与其说意志因为理智的中介才得到满足，还不如说是相反，也即，理智的行动要通过意志的中介（意志之爱的行动）才能被导向那个终极目的并获得满足。② 其次，这也将意味着，如果意志是完全被动的话，则意志自身就谈不上能被赞扬或被责备了。然而，意志在上帝之中的满足或者说对上帝的享受似乎是一种受人们赞扬的状态，而且也是一个发端于自由行动的结果。因而，司各脱坚称，意志作为人的最高能力，其最高的满足必不是被动的，也不是因为理智在对上帝的明见（the vision of God）之中获得了满足因而才满足的，它必是自由且主动地将上帝当作终极目的来爱，而这一行动最终会将其同最可爱的那个对象也即上帝联合起来，从而实现终极的满足。③

在拒斥幸福主义和理智主义方面，同属于方济各修会的奥康的威廉要比司各脱更为极端。他认为，人的意志是完全自主的，因而也是完全自由的，就其本身而言，意志并不以任何特定对象作为必然的目标，无论面对何种善，哪怕是面对上帝，它也能将之当作一种"不利"的东西加以拒绝。尽管奥康承认，当正确的理性告诉意志一件应该去做的事，意志也会"必然地"

① John Duns Scotus, "Ordinatio", I, d.1, in *John Duns Scotus: Selected Writings on Ethics*, Thomas Williams (ed. & trans.), Oxford: Oxford University Press, 2017, p.56-61. John Duns Scotus, *Duns Scotus on The Will and Morality*, Allan B. Wolter (trans.), Washington D.C.: The Catholic University of America Press, 1997, p.142.

② John Duns Scotus, *Duns Scotus on The Will and Morality*, Allan B. Wolter (trans.), Washington D.C.: The Catholic University of America Press, 1997, pp.150-151.

③ John Duns Scotus, *Duns Scotus on The Will and Morality*, Allan B. Wolter (trans.), Washington D.C.: The Catholic University of America Press, 1997, pp.157-162.

这么去做，但这并不意味着它的自由受到了限制，因为这只意味着它选择去这么做，而它不去那么做的可能性仍然是开放的。这意味着，一个人因其意志的完全自由，甚至能拒绝完满的幸福。奥康所反对的，还有为阿奎那所拥护的另外一条原则，此即，"无论我们意愿什么，我们都是从善的方面来意愿的（under the aspect of the good / sub ratione boni）"。在阿奎那看来，幸福之所以必然为我们所欲求，就是因为它是我们所欲求的善的范围内的"最终的善"。但在奥康看来，这条道德公理面临着两难处境：要么是真确的然而却微不足道的，要么是意义重大然而却是错误的。如果我们说的"善"指的是任何为人们所意欲的东西的话，那么这条公理的确是对的，但它却没有说出任何实质性的东西，因为这无异于说"我们意愿的乃是我们所意愿的"。另一方面，如果一个人说的"善"指的是某种有用的、令人愉悦的或者内在有价值的东西的话，那么这条公理就是错的，因为，在奥康看来，基于意志的完全自由，一个人显然可以去意愿一个我们相信其既非有用，亦非可愉悦的，亦非内在有价值的行为，甚至还可以是一个恶的行为，比如"崇拜邪神"。① 对于幸福，奥康认为，它事实上总是伴随着伦理行为（对上帝诫命的遵从），也是伦理行为的奖赏，但它也并非必然如此，因为，上帝因其意志的绝对自由和权能，本可以创造出一个幸福与道德在其中毫无关系的世界，上帝也完全可以命令一个人去恨他而不是去爱他，尽管上帝在事实上并没有这样来命令。

第四节　德性在伦理生活中的地位及其疑难

尽管中世纪的思想家们对于幸福的看法与古希腊人已经有很大不同，但这并非意味着他们彻底放弃了古希腊的自然主义伦理学所强调的"德性"概念。事实上，在整个中世纪伦理学之中，被讨论的最多的概念，非"德性"

---

① Thomas M. Osborne, "William of Ockham on the Freedom of the Will and Happiness", in *American Catholic Philosophical Quarterly*, Vol.86, no.3, 2012, pp.435-456.

莫属。因为他们对于这一概念所作的详尽乃至琐碎的讨论，古希腊的（尤其是亚里士多德的）德性伦理学得到了很大的发展并在托马斯·阿奎那那里达到其巅峰。

一、"德性"概念的演进

中世纪思想家们关于德性的知识有两个源泉，一个是在古希腊涌现并在古罗马时期被西塞罗等思想家细化了的德性理论，另一个则是《圣经》尤其保罗神学对于德性的看法。事实上，即便在亚里士多德的伦理学著作还未被基督宗教思想家们知晓之前，基督宗教的思想家对"德性"概念就非常熟稔。至少在 3 世纪之前，"德性"就已经在基督教作家们的神学思辨、护教和牧养工作中扮演着"一种核心的角色"①。这些基督宗教思想家们不仅熟悉斯多亚派和西塞罗等古代思想家关于德性的说法，将"审慎（Prudence/prudentia）"、"正义（Justice/iustitia）"、"节制（Temperance/temperantia）"和"坚忍（或勇敢，Fortitude/fortitudo）"视为人的最为重要的几种伦理德性，也即所谓的"枢德"（cardinal virtues/virtutes cardinales），而且也吸收了保罗对于"信（Faith/fides）"、"望（Hope/spes）"、"爱"这样三种主要神学德性的看法，并引入了《圣经》所说的人应该具有的一些好的品性，比如谦卑（humility）、顺服（meekness）等等，视它们为人身上所担负的那些致死的罪和恶习（vices/vitium）的一种有效的补救，比如，谦卑就被视为是对于人之最大恶习自矜的补救。

中世纪思想家们对于德性的关注，主要地关切到这一问题：如果德性应该是人所追求的善的话，那么，它对于伦理生活的意义何在？更确切地说，它到底和作为人之终极目的的幸福有什么关系？

在早期基督宗教思想家中，基于这一视角对德性进行的最具代表性和影响力的探讨，来自奥古斯丁。奥古斯丁虽然也熟悉古希腊伦理学传递下来

---

① Jean Porter, "Virtue Ethics in the Medieval Period", in *The Cambridge Companion to Virtue Ethics*, Daniel C. Russell (ed.), New York: Cambridge University Press, 2013, p.70.

的那些道德德性，而且也承认，那些德性的确可以增加一个个体（异教徒）的善乃至其所在的社群的善，然而，在他看来，被他称为"城邦中的德性"（civic virtues，也即社会的或政治的德性）的那些世俗德性不过是次等的、有缺陷的而非真正的德性。其原因在于，异教徒们还尚未认识到基督宗教的上帝，对于这唯一的善的源泉还不具备知识和爱，故而，那些德性不仅是来自于人这一造物自身的，甚至还因此而在实质上是一些"恶习"①，根本上是人之最大的罪也即"自矜"的表达。真正的德性，或者说，能够将人导向其完满幸福的德性，乃是不能由人自身的天资或者功业所能获得的，只能完全依赖于上帝恩典的神学德性，尤其是"爱"。② 正是借助于"（圣）爱"，人才能以正确的秩序去求取不同层次的善并在来世获得至福。

一直到中世纪早期，德性都是一个被神学家持续讨论的话题，但是，这种讨论基本是以实践为导向，强调德性对于人的恶习的矫正功能，主要是为修士、僧侣和平信徒提供生活实践中的具体指导和灵性的牧养。在 11 世纪，西欧开始经历一系列深刻的社会和经济变化，蛮族入侵基本结束，封建制度正式建立，同时，在文化教育方面也出现了复苏，宗教和理智领域也出现了一些革新。这些社会和文化语境的变化对于传统道德观念的革新提出了要求，而这一革新的核心，就是改革基督宗教的德性传统。这导致，当经院哲学于 12 世纪兴起的时候，神学家们当中已然形成了一股反思德性的热情。

在早期经院哲学之中，我们可以发现两种不同的对德性的处理思路，其代表分别是阿伯拉尔和伦巴德。阿伯拉尔是第一个对奥古斯丁的德性观念提出挑战的哲学家。因为受到西塞罗的著作以及波爱修对于亚里士多德《范畴篇》注解的影响，阿伯拉尔复兴了古希腊关于德性的讨论方式，将之视为"习性"（dispositions/habit/habitus）。对此，阿伯拉尔采取了一种几乎完全是亚

---

① 　St. Augustine, *The City of God*, XVII-XXII, Gerald G. Walsh & Grace Monahan（trans.）, Washington D.C.: The Catholic University of America Press, 1954, XIX, 25, pp.244-245.

② 　St. Augustine, *The City of God*, XVII-XXII, Gerald G. Walsh & Grace Monahan（trans.）, Washington D.C.: The Catholic University of America Press, 1954, XIX, 4, pp.194-202.

里士多德式的解释，认为这种"习性"也即一些由人在操练其自然能力的实践之中所逐步发展出来的品质，它就像人的"第二自然"（"second nature"），令人总是倾向于按照道德的方式去行事。① 然而，伦巴德在其《箴言四书》中试图对德性进行界定和辨析的时候，却承袭了奥古斯丁式的严格的神学解释。他将德性界定为我们"心灵的一种好的品质"（a good quality of the mind），并且认为这种品质不是经由人的行为所习得的，而是完全由上帝赋予人的。他进一步认为，人只有通过以自由意志来操练由上帝赋予的德性，并在上帝恩典的协助下，才能有真正的德行（virtuous acts）。② 在 12 世纪以后，因为亚里士多德伦理学著作得到了广泛传播、评注和研习，经院学者们更多地接受了阿伯拉尔对德性的界定，尽管他们也并没有放弃圣保罗—奥古斯丁传统对于神学德性的强调。

二、阿奎纳的德行理论

及至 13 世纪中期，神学家们，尤其是较早的那些《尼各马可伦理学》新旧节译本的评注者，对于德性有许多名目不同的划分。他们大体上将德性划分为了两类，一类相当于亚里士多德等古代哲学家所讨论的那些自然德性，称为"习得的德性"（acquired virtues / virtus acquiritur）③，另一类则是由上帝的恩典所赋予的神学德性，称为"灌注的德性"（infused virtues / virtus infusa）。对于自然习得的德性，他们沿袭了传统的做法，赋予"审慎"、"正义"、"节制"和"坚忍（勇敢）"这几种所谓的"枢德"以特别的地位。此外，他们也接受了亚里士多德的做法，将尘世生活的这些习得的德性划分为"理智德性"（intellectual virtues / virtus intellectualis）与"道德

---

① Peter Abelard, *Peter Abelard's Ethics*, D. E. Luscombe（ed. & trans.），New York: Oxford University Press, 1971, p.129.

② Peter Lombard, *The Sentences, Book II*, Giulio Silano（trans.），Toronto: Pontifical Institute of Mediaeval Studies, 2008, dist. XXVII, ch.1, p.132.

③ 与此相当的还有"城邦的德性"（civic virtues）或"政治的德性"（political virtues）的称呼。

德性"（moral virtues / virtutes morales）两类，比如，在四种枢德当中，协助人来就某个行动做权衡的"审慎"便是理智德性，而另外三种则是道德德性。至于人因为上帝的恩典而"被灌注"的神学德性，最为重要的则是"信"、"望"、"爱"三种，它们被视为是将人导向上帝以及来世幸福的完满的德性。这样一种德性划分表明，大多数经院学者都试图在德性问题上将神学的和哲学的视角整合起来。于此，奥歇里的威廉是一个典型的例子。威廉也将德性分为了两类，一类是由上帝恩典所赋予的神学德性，一类是人可以凭自己能力获得的"政治德性"，具体地说也即四种"枢德"。在威廉看来，政治德性是从自然法的基本原则中派生出来的，为人的社会生活所必需。然而，他也沿袭了奥古斯丁的立场，认为这些尘世的德性虽然是能为人所知的且能凭人自身发展出来的，但是，它们却不能通向拯救，真正能令人获得拯救的，只能是由恩典而来的神学德性。在二者的关系上，威廉认为，政治德性可以被视为神学德性的一种预备，为神学德性能够以人的外在行动来表达提供了一种中介。①

真正在德性问题上将亚里士多德主义的哲学传统与奥古斯丁主义的神学传统结合起来并发展了德性理论的，当属综合的大师托马斯·阿奎那。阿奎那跟随了亚里士多德（以及阿伯拉尔和大阿尔伯特）的看法，认为德性是人的一种稳固的而且是良善的"倾向"或"习性"，能令人总是倾向于某种特定的行为（专有的运作或运动）②。在他看来，这些倾向对于人这种理性造物的行动来说是必要的，因为它们是"行动的内在原则"和"能力的成全"，能令人以一种"迅捷的、坚定的且愉悦的"方式趋向于善并行动，正如人除非习得了某种语言才能真正具备说话的能力一样；相反，若缺之，则人的"感性意欲"（sensitive appetites / appetitus sensitivo，也即"激情"）和"理性意欲"（也即"意志"）都将无法导向其目标，作为理性造物的人也无从开展

① Jean Porter, "Virtue Ethics", in *The Cambridge Companion to Christian Ethics*, Robin Gill (eds.), Cambridge: Cambridge University Press, 2001, pp.102.

② St. Thomas Aquinas, *Summa Theologica*, I-II, q.49, a.1 & q.55, a.1, translated. by Fathers of the English Dominican Province, Encyclopedia Britannica, INC., 1952..

其行动，即便有行动，也只能以一种受限的或粗糙的方式进行。①

但在对德性的界定上，阿奎那仍然肯定了伦巴德对德性所作的奥古斯丁式的定义，认为其是众多德性定义当中最好的一个，此即：德性"是心灵的一种好的品质，是我们借此而能合义地生活（liver righteously）的，为任何人也无法以坏的方式来运用的，是上帝不取决于我们而在我们之中做工造成的"②。并且，他又补充说，"如果忽略最后一个句子，那么剩下的定义将适用于所有的德性，无论是习得的还是灌注的"③。借助于这一特别说明，阿奎那将"灌注的德性"与"习得的德性"区分开，认为前者来自上帝的恩典，以上帝作为其直接或间接的目标，而后者则是人可以凭着自身的自然能力获得，导向为人的理性所能确认的人性之善的实现。④ 而且，他也跟随了亚里士多德，认为德性可以分为理智德性和道德德性，前者属于理性，而后者属于推动人去行动的欲好（appetite/appetitus）⑤。他甚至还认为，灵魂每一种独特的官能都有一种与之对应的具体的德性，这刚好就是四种枢德："审慎"或实践智慧（practical wisdom/phronesis）是实践理智的一种德性，能令一

---

① 参阅 St. Thomas Aquinas, *Disputed Questions on the Virtues*, E. M. Atkins & Thomas Williams (eds.), E.M. Atkins (trans.), Cambridge: Cambridge University Press, 2005, On the Virtue in General, a.1, pp.5-10. 关于阿奎那对于德性之于人性行为的重要性的详细解释，可参阅 Jean Porter, "Why Are the Habits Necessary？An Inquiry into Aquinas's Moral Psychology", in *Oxford Studies in Medieval Philosophy*, Vol.1, Robert Pasnau (ed.), Oxford: Oxford University Press, 2013, pp.113-135.

② St. Thomas Aquinas, *Summa Theologica*, I-II, q.55, a.4, translated. by Fathers of the English Dominican Province, Encyclopedia Britannica, INC., 1952..

③ St. Thomas Aquinas, *Summa Theologica*, I-II, q.55, a.4, translated. by Fathers of the English Dominican Province, Encyclopedia Britannica, INC., 1952..

④ St. Thomas Aquinas, *Summa Theologica*, I-II, q.63, a.3, translated. by Fathers of the English Dominican Province, Encyclopedia Britannica, INC., 1952.. 在阿奎那看来，超自然的德性（灌注的神学德性）与自然德性（习得的德性）的区别在于：（1）它们直接将人导向上帝或者说直接以至善为目标；（2）它们只能由上帝灌注而非人习得的；（3）它们是由神直接启示给人的。St. Thomas Aquinas, *Summa Theologica*, I-II, q.62, a.1, translated. by Fathers of the English Dominican Province, Encyclopedia Britannica, INC., 1952..

⑤ St. Thomas Aquinas, *Summa Theologica*, I-II, q.58, a.2-3, translated. by Fathers of the English Dominican Province, Encyclopedia Britannica, INC., 1952..

个行动者选择与他的整体的善的观念相一致的行动;"正义"令意志导向共同的善;"坚忍"塑造的是暴躁之激情(irascible passions/passiones irascibilis),令人能够抵制那些妨碍其去实现真正善的事情;而"节制"则塑造的是躁动之激情(concupiscible passions/passiones concupiscibilis)①,能令行动者欲求与整体上的善真正一致的事情。② 同样,作为灌注的德性的神学德性也与灵魂特定的官能联系在一起:"信"是理智的一种德性,"望"和"爱"则是意志的德性。③ 而对于为何人需要灌注的神学德性,阿奎那的回答是,人是由德性来成全的,因为正是德性的行动将人导向幸福,然而,因为人的自然能力的有限性,人自然习得的德性是不能最终将人导致其超自然的、完满的幸福的,故而,人的行动要导向终极的幸福,甚至于说,人要凭着自然德性导向其自然的目的,都需要来自上帝恩典和启示的神学德性的协助。④

然而,阿奎那在灌注的神学德性之外,还另外提出了一类同样由上帝所灌注的理智的和道德的德性,它们与习得的那些德性一一对应,只不过,作为灌注的德性,它们与灌注的神学德性一样,所趋向的不是人的自然的善而是上帝与至福。这也就是说,与人凭自身所习得的审慎、正义、坚忍、节制等自然德性相对应,还有由上帝之恩典所赋予的作为超自然德性的"审慎"、"正义"、"坚忍"、"节制"等等。这些由上帝赋予的理智的和道德的德性,根据阿奎那的看法,是更为纯粹的、"绝对的德性"(virtues without qualification),相比之下,自然习得的德性不过是在相对的、类比的意义上讲的德

---

① 所谓暴躁之激情,指的是面对难以获得的善或难以躲避的恶时的激情,包括大胆(daring)、畏惧、希望、绝望、愤怒;而躁动之激情,则指面对能够给人带来快乐或痛苦的单纯意义上的好事或坏事时的激情,包括愉悦、悲伤、爱、恨、欲求和反感。参见 St. Thomas Aquinas, Summa Theologica, I-II, q.23, a.1, translated. by Fathers of the English Dominican Province, Encyclopedia Britannica, INC., 1952.

② St. Thomas Aquinas, *Summa Theologica*, I-II, q.59, a.2; q.60, a.3-5, translated. by Fathers of the English Dominican Province, Encyclopedia Britannica, INC., 1952.

③ St. Thomas Aquinas, *Summa Theologica*, II-II, q.4, a.2; q.18, a.1 & q.24, a.1, translated. by Fathers of the English Dominican Province, Encyclopedia Britannica, INC., 1952.

④ St. Thomas Aquinas, *Summa Theologica*, I-II, q.62, a.1, translated. by Fathers of the English Dominican Province, Encyclopedia Britannica, INC., 1952.

性，或者说"内在地不完满的"、"不完全的"德性。显然，尽管享有同样的名称，但这二者之间有着种类上的不同而非仅仅是在程度上有所不同。① 因为，在他看来，这些被灌注的德性效仿的乃是神圣法（the divine law）而非人的理性的规则，它们要有所增长，只能是依靠上帝而非人自身的行动，它们要为人所知，也必得依靠神圣的启示或光照。尽管阿奎那声称这种被灌注的德性可以令与其相应的自然德性的行为变得更值得奖赏且能令那些自然德性最终导向上帝这一超自然目的，但这二者之间的关系看起来仍然颇令人费解②，是故，除了与阿奎那站在同一阵营的一些多明我修士外，大多数后期中世纪的思想家都拒斥了阿奎那所预设的这种与自然的理智和道德德性相对应的灌注的德性。其反对者中，不仅包括司各脱、奥康这样的方济各派的大师，也包括根特的亨利、方丹的戈德弗雷等人文大师，甚至还包括多明我修会内部的波尔坎的杜兰特（Durand of Pourcain，1275—1334 年）。在他们看来，阿奎那所预设的这种所谓由上帝灌注的理智的和道德的德性完全是画蛇添足，因为，原有的自然习得的德性和被灌注的神学德性之间的划分，不仅更为质朴而优越，而且也已经足以说明人的行为的产生及其功绩(merits)。③

总的来说，在对德性的界定和划分上，阿奎那对来自亚里士多德和奥古斯丁的两种思想资源作了相对于同时代人来说的最为充分的综合。当他肯定自然习得的德性也是真正的德性（尽管是次级的、相对的），相信即便是一

---

① St. Thomas Aquinas, *Summa Theologica*, I-II, q. 63, a.3–4 & q. 65, a.2–3, translated. by Fathers of the English Dominican Province, Encyclopedia Britannica, INC., 1952.

② 对于这二者的关系，阿奎那的解释并不十分清楚，反而还留下了很多疑难。比如，按照阿奎那的解释，我们似乎完全可以设想，一个人可能还并不具备必须经过长期操练才能习得的节制，然而却可能因上帝的恩典而在瞬间就获得有灌注的"节制"，或者我们可以设想，一个人因严重的过犯而丧失了爱之德性并进而丧失了被灌注的"节制"（因为所有的灌注的德性都统一于爱，若丧失"爱"这一灌注的神学德性，则会丧失所有的灌注德性），然而他却可能继续拥有习得的节制。正是因为这些可能的疑难，阿奎那对于这种灌注德性的预设遭到了大多数后期中世纪思想家的摈弃。

③ 关于经院学者们对于阿奎那"灌注的理智和道德德性"的反对，可参见 Thomas M. Osborne, "Virtue", in *The Cambridge Companion to Medieval Ethics*, Thomas Williams（ed.），Cambridge University Press, 2019, pp154-156.

个异教徒也能不依靠基督宗教的上帝之恩典而发展出这种真正的德性时，他更像一位亚里士多德主义者；然而，当他也承袭了前人关于灌注的德性的说法，甚至还在诸神学德性之外另外提出一些与习得的德性相对应的灌注德性，并认为它们都来自上帝恩典，且只能够靠着神圣的启示才能够为人所知晓时，他又更像一位奥古斯丁主义者。同样，他对于德性和幸福之关系的解释，也体现了这种综合。阿奎那之所以要花费大量笔墨讨论德性，就在于他相信，德性对于人的道德生活以及幸福来说是非常关键的，它不仅是促成幸福的手段，甚至在某种意义上本身即构成幸福。就这点来说，他是一位亚里士多德主义者。然而，尽管它肯定自然德性对于幸福的积极意义，但也始终强调，这种德性所能导致的只能是人在现世的生命中能够获取的不完满的幸福，而要获得作为人之终极目的的来世的完满幸福，只能依赖于灌注的神学德性，尤其是"爱"，而上帝之恩典所灌注的那些理智的和道德的德性，则可以令人适应"上帝之国"的生活。就这点来看，他似乎与他同时代的大多数思想家（也许只有前述的几位拉丁阿维罗伊主义者除外）一样，也没有偏离奥古斯丁幸福论的基调，也即，将上帝的恩典视为人获得永恒幸福的不可或缺的基础。但他对上帝恩典之于人的幸福的这种决定性作用的解释，却又并非与奥古斯丁一样。因为，奥古斯丁幸福论之所以强调恩典，乃是因为在他看来，人因为堕落而根本无法将自己的意志正确地导向上帝这一至善，故此才需要上帝的恩典尤其是爱的恩典来将人的意志扭转向上帝，于此而言，世俗的德性更像是对于幸福的一种妨害。然而，在阿奎那看来，自然习得的德性与上帝之恩典灌注的德性根本不存在冲突，因为，不仅前者所效仿的理性规则与后者所效仿的神圣法是一致的，而且，前者的目的也跟后者的目的是一致的，它本就是导向人的终极幸福的。就幸福问题来说，人的堕落所具有的严重性，并不在于其意志对于上帝这一至善的偏离，而是在于人在获取幸福时手段和能力的缺乏。故此，凭着自然习得的德性，人所能获得的只能是不完满的幸福（对于第一因的哲学沉思），只有凭着灌注的德性（尤其是爱这一神学德性）和上帝的超自然的惠助，人才能达到完满的幸福（对于上帝的明见，也即，对第一因的直接的理解）。如果奥古斯丁对于德性和幸福之关系的看法可以说成是恩典排除乃至摧毁自然的话，那么，阿奎那对此的看法则体现了"恩典成全自然"（Grace perfects nature/Gratia perficit naturam）①。鉴于此，阿奎那对于德性和幸福的讨论最终既不是奥古斯丁主义的，也不是亚里士多德主义的，而是带有他自身的强烈印记的"托马斯主义"的，是在基督宗教语境下对于亚里士多德的德性伦理学作出的一种影响深远的重大发展。

三、中世纪中晚期"德性"之争

德性问题对于中后期中世纪的思想家们来说是如此重要，以至于他们之间的很多争论都是由这一问题引发的。争论最多的议题之一，就是德性的统一性问题（the unity of virtues）。事实上，这个问题最早来源于斯多亚学者给早期基督教父们所带来的困扰。按照斯多亚派的看法，每一种德性都统一于"智慧"这个单一的、不可分的德性，是其一部分。基于这样一种观点，一个人只要真正具备了某一种德性（智慧），则他便具备了所有的德性；反之，一个人若缺乏这种德性，则他实际上就不拥有任何德性。由此，我们似乎还可以得出两个颇为奇怪的推论：（1）所有的道德罪愆或者过犯都是同等的；（2）一个个体能够从不具备任何德性的情况下瞬间提升到拥有所有德性的地步。因为斯多亚派的这种影响，也即，将所有的德性都视为人的智慧的不同方面，奥古斯丁则将所有的德性都视为上帝所赋予的"仁爱"（charity/caritas）的某些方面。但奥古斯丁本人似乎并不愿意承认斯多亚派的这种影响，相反，他对于斯多亚派的伦理学进行了激烈的抨击并试图撇清自己的理论同斯多亚派理论之间的关联。在奥古斯丁看来，基督徒的根本德性并不像斯多亚派说的德性那样是只有少数人才能企及的智慧，而是一种爱；而且，人的德性也不像斯多亚派说的那样是要么全有要么全无的，而是有种类和程度之分，人因为原罪和自身的恶习，不可能在尘世获得所有的德性，但是，

---

① St. Thomas Aquinas, *Summa Theologica*, I, q.1, a.8, translated. by Fathers of the English Dominican Province, Encyclopedia Britannica, INC., 1952.

有爱德的基督徒却可以随着时间不断进步，令自己的德性得到增长。经由伦巴德所撰写的，后来在中世纪大学里成为标准神学教材的《箴言四书》的引用，奥古斯丁的这种说法遂成为中世纪大学里的经典教条。当 13 世纪的经院学者们只能读到亚里士多德《尼各马可伦理学》头三卷的时候，他们会想当然地假定，在亚里士多德看来，诸种道德德性是可以分离的。比如，一个人可能实施了正义的行为而不必践行勇敢的行为，并且因此而获得正义之德性但却没有勇敢之德性。一直等到接触到新翻译的全本的《尼各马可伦理学》，他们才知晓亚里士多德在这本著作的第六卷第 13 章提出的关于诸种德性之间关系的完整看法，此即，在所有的道德德性之间有一种相互的关联，而且，所有的道德德性又与"审慎"（或"实践智慧"）这一理智德性相关联。①关于德性统一性的问题由此又被提了出来。

对于这个问题，有些思想家采取了亚里士多德的立场，认为德性之间的确是相关联的。比如，在阿奎那看来，所有的道德德性都统一于"审慎"这一德性，因为每一种德性被实施并正确地导向其目的，都需要审慎这一德性来为其在手段、时机等方面作选择，然而，一个行动者要具备完全的审慎之德性，又必得具备完全的道德德性。就灌注的德性来说也是如此，它们也都以同样的方式统一于"爱"这一神学德性。②另外一些思想家则拒斥了这种看法。他们的反对主要基于两种意见。其一，自根特的亨利开始，许多中世纪思想家就认为，在"普遍的审慎"（general prudence）外，还存在着一

———————

① 亚里士多德认为，所有的德性都要与"正确的理性原则"相一致，而就道德方面的事务而言，这一"正确的理性原则"就是"审慎"或"实践智慧"，因而，所有的道德德性都统一于审慎或实践智慧，或者说，都是它的某种形态。正是凭着审慎或实践智慧，人对于自身所具有的某种道德德性的实施才能在对象、目的、手段、时机等行动要素而言是正确的。在他看来，实践智慧与道德德性之间是须臾不离的，没有缺乏实践智慧的道德德性，也没有不伴随道德德性的实践智慧。而且，他似乎还倾向于认为，一旦一个人具有了实践智慧，他也就具有了"所有的德性"。Aristotle, *Nicomachean Ethics*, VI, 13, 1144b1-1145a6, in The Complete Works of Aristotle (the Revised Oxford Translation), Jonathan Barnes (ed.), Princeton, New Jersey: Princeton University Press, 1984.

② St. Thomas Aquinas, *Summa Theologica*, I-II, q. 65, a.1-2, translated. by Fathers of the English Dominican Province, Encyclopedia Britannica, INC., 1952.

些"特殊的"审慎（particular prudences），它们是独立的而且分属于每一种道德德性。比如，节制就有其自身的审慎，而这一审慎不同于勇敢所具有的审慎。因此，一个人有可能拥有"节制的审慎"却不拥有"勇敢的审慎"。①其二，也有包括司各脱和奥康在内的许多思想家认为，无论是在诸种道德德性之间，还是在与它们相关的那些审慎之间，都不存在必然的关联，一个人可能在某种德性方面是完善的，然而却完全缺乏另外一种，这就好比，一个人可能拥有完善的听力，然而却完全没有视力。而且，他们也认为，即便道德德性离不开审慎，但一个人也能够在没有任何道德德性的情况下还拥有审慎，既然审慎本身是一种理智德性。②这两点，也即审慎有不同的类型或部分，并且审慎能够不随道德德性而存在，很显然不同于阿奎那所主张的道德德性通过独一的审慎而关联在一起的观点。

在其他的许多与德性有关的问题上，后期的中世纪思想家们也存有激烈的争论。比如，按照亚里士多德主义的解释，一方面，人要具有了某种德性倾向，才会为了正确的理由而选择相应的道德上善的行为，但另一方面，作为一种"习性"或"倾向"，人的德性似乎又只能在反复实施相应的道德上善的行为的过程当中形成。那么，这种说法能够摆脱循环论证的嫌疑吗？人如何可能在没有德性倾向的情况下，为了获得某种德性倾向而实施相应的善的行为呢？此外，如果德性倾向并不为一个人的行为在道德上的善性提供解释的话，那么，它们又能解释什么呢，哲学家们为何要预设它呢？如果像阿奎那所说的那样，我们必须设定这些倾向以便于解释一个人如何可能"迅捷地、坚定地、愉悦地"去选择道德上善的行动的话，那么，这些心理要素与这个道德行动的道德价值有关吗？此外，"迅捷"、"坚定"、"愉悦"，这些东西到底是一个道德行动的特征呢，还是行动者的特征呢？这些问题在后期中

① Marialucrezia Leone, "Moral Philosophy in Henry of Ghent", in *A Companion to Henry of Ghent*, Gordon A. Wilson (ed.), Leiden/Boston: Brill, 2011, pp.295-300.

② 于此，可参阅司各脱对于道德德性间关系的讨论。John Duns Scotus, "Ordinatio", III, d.36, in *John Duns Scotus: Selected Writings on Ethics*, Thomas Williams (ed. & trans.), Oxford: Oxford University Press, 2017, p.222-242.

世纪学者们中间激发了大量的探索和争论，甚至发展成为一种针对托马斯主义伦理学的全方位的攻击。

这些争论大致可以归属到德性与道德行动的关系这一问题下。这场争论中的大多数参与者都同意，一个行动在道德上是善的，当且仅当这个行动者的选择与"正确理性（right reason/recta ratio）的裁决"是一致的。所谓"正确理性的裁决"，指的是行动者自己对于在这种特殊的情境下该如何行事，包括对其行动之合宜的目的所做的一种正确决断。但是，对于德性之于道德行动的关系，他们却产生了很大的分歧。以赫拉德·奥多尼斯（Gerald Odonis，约1285/90—1349年）为代表的一些学者认为，按照亚里士多德本人的立场，只有有德性倾向的人才能够作出道德上善的选择，因为只有这样的人才可能拥有正确的动机。然而，另外一些学者，比如司各脱则坚持说，没有德性倾向的人也能够拥有正确的动机并且作出道德上善的抉择，因为，如果没有德性的普通人缺乏这种能力，那么，他们如何能够获得那些道德德性呢，既然按照亚里士多德主义者的说法，德性是经由总是选择善的行动而形成的一种"习性"或"倾向"？当然，这并不是说普通人也能够像有德性的人那样能够在所有那些复杂的情境里都能够正确判断并作出选择；这也不意味着说他们会跟一个有德性的人一样能够轻易地就出于正确的理由而非出自某种自利动机来作出正确的行为。他们所主张的毋宁是一个更为谦逊的命题：就普通人而论，他们也有可能在某些情境中作出道德上是善的抉择，尽管他们很少这么做。①

在中世纪思想家们为与德性有关的理论问题争论不休的同时，他们也没有忽视德性在实践层面的意义，也即，德性对于恶习的矫正和救治。这也令中世纪发展出了一套完整的关于人的品德缺陷的说辞。恶习是与德性相对的，指的是干犯某些恶行的稳固的倾向，而这些倾向所展现出来的相应的恶行，则被称作"罪"（sin）。这些恶习或罪当中，最为主要的、性质最恶劣

---

① Bonnie Kent, "Aristotle's Ethics, Situationist Psychology and a Fourteenth-Century Debate", in *History of Philosophy Quarterly, Vol. 25*, No. 2（Apr., 2008）, pp. 95-114.

的有七种，也即所谓的"七宗致死的罪"（Seven Deadly Sins），分别是自矜、嫉妒（envy）、愤怒（anger）、怠惰（sloth）、贪婪（greed）、暴食（gluttony）和淫秽（lust），前三种一般被认为是灵上的罪，后三种一般被认为是肉体的罪，而怠惰（懒惰）则居间。"致死的罪"的说法最为经常地出现在中世纪的通俗文学、讲道词和洗罪人（confessors）的指南中，为了实践和教育的目的，这一列表也总是在修正。学院里的大师们一度试图将之合理化、系统化，但因为关于这些罪的说法过于芜杂，他们最终还是放弃了这种努力。但这种说法在社会层面以及文学作品当中仍然经久不衰，如果我们阅读但丁（Dante Alighieri，1265—1321 年）那部伟大的《神曲》的话，在其"炼狱"（Purgatory）部分，我们就能看见这种说法带来的显著影响。①

思考题

1. 如何看待中世纪时期伦理学与政治哲学产生的思想渊源、探究的主要问题与预设？

2. 奥古斯丁是如何基于基督宗教的信仰来对古希腊伦理学进行转换的？

3. 阿奎那如何界定并解释用于实践推理的"第一性的"原则的？

4. 奥古斯丁和阿奎那如何看待"至善"的含义与价值？

5. 试分析司各脱与阿奎那在"幸福"问题上的争论。

6. 试分析中世纪思想家们围绕"德性"产生的争论。

---

① Bonnie Kent, "The Moral Life", in *The Cambridge Companion to Medieval Philosophy*, A.S. McGrade（ed.），Cambridge: Cambridge University Press, 2003, pp.243-245.

第十四章 政治哲学

　　同中世纪的伦理学一样，中世纪政治哲学的存在往往也受到今人的质疑。在很多人看来，我们今天称之为"政治"的东西在中世纪不过是宗教的一个分支，既然神学在那时支配着人们的世俗生活，而教会如果不是事实上的统治者的话，也至少是理论上对世俗社会拥有统治权的"政府"。[①]但这样一种看法也不过是对于中世纪的政治以及政治思想的一种过于简单的描绘。事实上，中世纪思想家们对于人在与他人所共同构建的公共空间里的行为以及相关议题有着特别的兴趣和独特的解析。这部分是因为他们继承了古希腊和古罗马对于政治事务的言说，相信政治生活是人的一种天然的生活形式，也是人实现其"成全"或"至善"的外部条件，部分也是因为，鉴于宗教和教会在中世纪的强大影响以及它们与世俗社会不断变动的交互关系，这些中世纪的大师们也必须以理性去厘清世俗权力和教会权力的关系[②]。正是

---

　　① 参见 Annabel S. Brett, "Political Philosophy", in The Cambridge Companion to Medieval Philosophy, A.S. McGrade (ed.), Cambridge: Cambridge University Press, 2003, p.276.

　　② 事实上，就伊斯兰和犹太传统下的中世纪思想家而言，这一描述或许是不准确的。因为，在犹太教和伊斯兰社会，宗教权威和政治权威往往紧密结合在一起，宗教律法与民法（the civil law）也没有区分，而是同时支配着人们的精神生活和政治生活，故而，教权与王权之间的关系并不是他们要处理的紧要问题。从最早对于人的政治共同体进行讨论的 10 世纪的阿拉伯哲学家阿尔法拉比开始，这两个宗教传统下的政治哲学所承担的核心任务，与其说是界定教权与王权的关系，莫若说是以哲学（尤其是柏拉图主义的政治哲学）来解释并运用宗教律法。在他们看来，政治共同体的目标，主要在于维系人们的生存并以其法律（也即宗教律法）来帮助人转向上帝，实现"灵魂的净化"并最终实现人的幸福，而理想的政治统治者的形象，常常就是伊斯兰先知或犹太立法者与柏拉图《理想国》中的"哲学王"（philosopher-kings）的合一。于此，可以参见 Al-Farabi, "the Attainment of Happiness", in Alfarabi's Philosophy of Plato and Aristotle,

在对人的政治生活的阐释以及对于教权与王权关系的界定之中，中世纪思想家们发展出了深刻而丰富的政治哲学，这一政治哲学不仅基于其历史处境对于政治共同体的产生、构成、目标以及其政治权威的合法性来源提供了系统性的说明，而且还发展出了"普遍同意"、"自治"、"自然权利"等在现代政治哲学中常见而核心的概念。可以说，若没有中世纪思想家们对于人类政治生活的这一探讨，我们或许很难看到马基雅维利（Nicollò Machiavelli，1469—1527 年）、霍布斯（Thomas Hobbes，1588—1679 年）、卢梭（Jean-Jacques Rousseau，1712—1778 年）等后世哲学家发展出来的现代政治思想，也不会明白古典政治哲学何以会在列奥·斯特劳斯（Leo Strauss）、查尔斯·泰勒（Charles Taylor）等当代政治哲学家那里被视为一剂抵抗"现代性之隐忧"（the malaise of modernity）的良药并加以复兴。①

与前一章一样，本章对于中世纪政治哲学的讨论，也将主要限于基督宗教传统下的拉丁西方中世纪思想家们的政治理论与学说。②

第一节　思想资源、现实政治语境与核心问题

与中世纪的伦理学一样，中世纪政治哲学或者说政治思想，也是在其特

Muhsin Mahdi（trans.），New York: The Free Press of Glencoe, 1962, Ch.55-58, pp.44-47，或参见 Avicenna, The Metaphysics of the Healing, M. E. Marmura（trans.），Provo, Utah: Brigham University Press, 2005, X, 1-4, pp.358-374.

① "现代性之隐忧"是查尔斯·泰勒的说法，指的是由极端的个人主义、消费文化等现代化特征为现代社会带来的精神危机和贫乏（比如意义感脆弱、庄严感消退、生活空虚）。而列奥·斯特劳斯也持有类似的对现代性的批判。为消除这些"隐忧"，他们在自己的政治哲学中都不约而同地使用了包括中世纪政治思想在内的古典政治哲学的资源。

② 关于中世纪阿拉伯哲学家主要的政治哲学思想，可参见 Charles E. Butterworth, "Ethical and Political Philosophy", in *The Cambridge Companion to Arabic Philosophy*, Peter Adamson & Richard C. Taylor（eds.），Cambridge: Cambridge University Press, 2005, pp.266-286. 关于中世纪犹太哲学家主要的政治哲学思想，可参见 Menachem Lorberbaum, "Medieval Jewish Political Thought", in *The Cambridge Companion to Medieval Jewish Philosophy*, Daniel H. Frank & Oliver Leaman（eds.），New York: Cambridge University Press, 2003, pp.176-200.

定的文化和社会语境中发展起来的。① 从其所处的文化语境来说，主要就是中世纪思想家们所接受的基督宗教信念与古代哲学传统之间的碰撞和融合。在宗教传统方面而言，对中世纪思想家们的政治思想影响最为深刻的理念来自《圣经》中的这样两条教导：一条是耶稣基督关于圣、俗两个国度的划分，也即"凯撒的归凯撒，上帝的归上帝"（《新约·马太福音》22∶21），另一条则来自保罗对于世俗王权之来源的说明，此即"没有权柄不是出于神的，凡掌权的都是神所命的"（《新约·罗马书》13∶1）。前一条令基督徒们相信，基督徒有一种双重的生命和成员身份，不仅属于地上王国，也属于天国，而且教会是与世俗国家不同且超越于世俗国家的一种组织；而后一条则进一步加强了教会之于世俗国家的优越性，并自然而然地导向了这样一种信念：人间的统治者也不过是上帝的执事。然而，从古罗马著作家那里，中世纪思想家们不仅知晓了柏拉图关于理想城邦的构想，斯多亚派的自然法思想，以及西塞罗对于个人在共同体中的角色和义务的阐释，而且，随着亚里士多德《政治学》（Politics）的完整拉丁译本在 13 世纪的面世 ②，他们还通晓了亚里士多德对于多种政治结构以及政治社会和人性行为之间关系的描述。这些古典政治理念同样也是他们在阐发自身的政治思想所借助的资源和参照对象。很明显，在这些传统政治哲学理念所描绘的人的政治生活图景当中，并没有基督宗教上帝的身影。故而，与我们在中世纪伦理学当中可以观察到的一样，在中世纪思想家们讨论政治事务的时候，他们也不得不面对这样的问题：在自己对于政治之事的探讨中，应该如何利用或容纳这二者的权威？于此，有的思想家可能更倾向于哲学的立场，认为哲学本身已经能够给予政治事务以充分的理解，有的则可能更倾向于主张神圣的启示或者神圣律法当中

---

① 关于中世纪政治哲学的发展所处的具体的社会、文化和政治环境，可以参见 Janet Coleman, *A History of Political Thought: From the Middle Ages to the Renaissance*, London: Black-well Publishers Ltd., 2000. pp.5-77.

② 关于亚里士多德《政治学》在中世纪的翻译和接受，可参见 Jean Dunbabin, "The Reception and Interpretation of Aristotle's Politics", in *The Cambridge History of Later Medieval Philosophy*, Norman Kretzmann, Anthony Kenny, Jan Pinborg & Eleonore Stump (eds.), Cambridge: Cambridge University Press, 1982, pp.723-737.

就已经囊括了最高的政治教导，已足以令人理解所有的政治事务，还有的则站在一种折中立场，努力以多种方式将这两方面的资源结合起来。①

中世纪思想家们对这两种政治思想资源的处理最为集中地体现在了他们对于教权和王权之关系的讨论中。他们对这一问题的关注不仅仅是出于上述的两种相异的思想资源本身所具有的权威性向他们的理智提出的要求，也是因为他们身处的现实政治语境。基督徒们相信，他们同时属于宗教的和世俗的两种政治实体，但无论是教会还是世俗国家，都会要求他们对其保持忠贞，这便会导致不可避免的现实冲突。事实上，教会权力和世俗权力的冲突，正是漫长的中世纪政治历史当中的一个恒久不变的主题。这一现实迫使基督宗教的思想家们必须在他们的理论工作中去探讨二者的调和问题，毕竟，基于早期基督徒遭罗马帝国迫害的历史经验，他们非常清楚，二者的妥协与和平共处要比一方战胜另一方更好。对于现实政治当中的这一议题，中世纪思想家们也采取了不同的立场，有的可能主张教会之于世俗权力的绝对优越性，有的可能倾向于认为教会也应臣服于世俗王权，还有的则可能会小心翼翼地在这二者之间寻求某种平衡，在赞成教权对王权的优越性的同时也主张限制教会权力对世俗政治的影响。无疑，他们在这一现实政治议题上所采取的立场，与他们在处理两种政治思想权威时的不同进路是相对应的。

正因此，在中世纪形形色色的政治理论当中，几乎总会牵涉到基督宗教政治理念和古代哲学政治理念之间的调和问题，也总会涉及对教会权力和国家权力之现实关系的探讨，以至于中世纪政治哲学可以在整体上被视为"生活在由一种特定的宗教所界定的社群中的人们去理解某些异教哲学家的政治教导与构成了他们之宗教社群的那些神启的政治教导之间的差异，并尽可能去调和这二者的努力"②。

---

① 关于中世纪处理这两种思想资源的不同进路或立场，可以参见 Ralph Lerner & Muhsin Mahdi, "Introduction", in *Medieval Political Philosophy: A Source Book*, Ralph Lerner & Muhsin Mahdi (eds.), New York: The Free Press of Glencoe, 1963, pp.8-12.

② Ralph Lerner & Muhsin Mahdi, "Introduction", in *Medieval Political Philosophy: A Source Book*, Ralph Lerner & Muhsin Mahdi (eds.), New York: The Free Press of Glencoe, 1963, p.1.

然而，如果从古典政治哲学的视角来看，大多数中世纪思想家的政治思想的核心议题，仍然是"公共之事"（public things/a res publica），或者说，仍然聚焦于一个政治共同体如何达成其"共善"（the common good/bonum commune）。正如在柏拉图、亚里士多德或者西塞罗那里一样，对于中世纪的思想家们来说，人并不是一个孤独的原子式个体，而是天生的"社会的动物"（social animal），既然每个人都需要与他人开展合作来满足存在之需，并实现自己的善和人性的成全。这也便使得，人也天生就是"政治的动物"（political animal），而政治共同体（political community）则是每一个人在其存在之始就被给定的生存条件，既然个人对其自身的善的追求必然要在同他人的交往之中得以实现。故而，在他们看来，政治哲学的核心任务，就是去揭示由人与人的交往所构成的"公共之事"与个人的善之间的必然关联，或者说，在于揭示"共善"与"个善"之间的关联。同在古代哲学家们那里一样，在中世纪思想家的理解之中，这一"共善"，最主要地在于正义，既然在他们看来，正义就是人与人之间开展合作并构成一个政治共同体的基础。故此，他们的政治哲学对"共善"的探求又可以视为对这一问题的探求：一个政治共同体如何才是正当且正义的？

此外，如果我们考虑到他们对于人之伦理生活的终极目标的界定，我们还可以立即意识到，他们对于政治事务的探讨，对于共同体之"共善"或"正义"的寻求，同样可以归属于对"一个个人（person）如何获得终极幸福"这一问题的探求。因为，若一个人在其个人行动之中对善的追求总是要被导向其终极目标，也即至善或幸福的话，那么，他在政治共同体之中的生活不仅同样是导向这一终极目标的，而且本身就是因为对这一终极目标的追求而导致的现实。这意味着，政治共同体的终极职能和目的，就在于如何以正义的政治安排来为其每一成员的幸福之实现提供外部的条件和途径。这一观念不仅对于古代的政治话语来说至关重要，对于中世纪思想家们来说，也是他们在讨论政治之事时所采取的一个基本预设。也正是在这一意义上，同古希腊政治哲学的情况类似，中世纪的政治哲学与伦理学也是连续的、统一的。只不过，古希腊的哲学家（比如亚里士多德）或许会把伦理学看作是"政治科学"（political science）的一部分并认为后者是前者的顶点，而中世纪思想家们则倾向于把政治哲学视为伦理学的一种延伸和补充。

第二节　两种"城邦"

古代政治哲学的讨论，在某种意义上，"无非是围绕'城邦'（city-state/polis）这个概念进行的理性推理"。① 如我们所知，亚里士多德在其《政治学》的开篇就明示，每一个城邦都是某种共同体，而每一个共同体都是以某种善为目标来建立的，然而，作为超越了家庭、村庄等形式的共同体的政治共同体，城邦必定是以"最高的善"为目的而建立的。② 在他看来，政治共同体对于人的实现来说是至关重要的，更确切地说，只有在政治共同体之中，人才可能实现其应该由道德德性和理性来主宰的生活，也才能真正实现其最高的善也即幸福。质言之，正是在城邦这样的政治共同体之中，人的本性才得以"成全"。到了罗马时代，尽管古希腊的城邦制度已不复存在，但在罗马帝国广袤的疆域内，与古希腊城邦类似的市政组织和市民文化仍然遗留了下来。在古罗马，"城市"（civitas）与"公共事物"（res publica）或"联邦（commonwealth）"的观念紧密联系在一起，它不仅仅指城市，而且也意味着与野蛮相对的文明，以及与动物的野性相对的人的卓越性或德性。③ 故此，对于西塞罗这样的古罗马哲学家来说，城邦的意义与亚里士多德所说的别无二致，都代表了人性的诸多可能性在一种以理性为指导的生活中的实现。

自柏拉图以降的古代哲学家们都相信，人天生属于一个城邦（国家），然而，这并不意味着城邦天然地就由一些个体或较小的共同体随意聚合起来的。

---

① Annabel S. Brett, "Political Philosophy", in *The Cambridge Companion to Medieval Philosophy*, A.S. McGrade（ed.）, Cambridge: Cambridge University Press, 2003, p.277.

② Aristotle, Politics, I, 1, 1052a1-16; in *The Complete Works of Aristotle（the Revised Oxford Translation）*, Jonathan Barnes（ed.）, Princeton, New Jersey: Princeton University Press, 1984.

③ Annabel S. Brett, "Political Philosophy", in *The Cambridge Companion to Medieval Philosophy*, A.S. McGrade（ed.）, Cambridge: Cambridge University Press, 2003, p.277.

因为，基于他们对于人性的现实体察，他们深知，不同的个体和群体所拥有的利益和偏好并不总是与他人和谐一致的。故而，他们认为，若没有正义之德性，则任何共同体都不可能形成并维持。因为，正义的德性，就在于给与他人其所应得的，故此，只有正义才能令人能够在考虑自身利益的同时也顾及他人的利益，也只有如此，人们才可能联合起来并在相互间创造出一种"公共之事"。相反，如果一个城邦的成员欠缺正义之灵魂，那么，这个城邦将不可避免地陷入非正义的状态，逐步滑向独裁、暴政、充满纷争乃至最终分崩离析。因此，正义被他们视为政治社会的基础，而统治者或者法律的正义，在他们看来，因此就在于尊重并培育这种事关公共事务的善或者说"共善"。

然而，当基督宗教的第一位伟大思想家奥古斯丁在其巨著《上帝之城》中碰触这一问题时，却基于其基督宗教视角对于整个古代的政治话语提出了一种激进的批评。奥古斯丁的这一批评有一个重要的历史背景，即罗马城因为哥特人在 410 年的进攻而导致的陷落。这一重大历史事件无疑大大动摇了罗马帝国这个曾被认为担负着拯救人类之历史使命的世俗帝国在人们心中的地位。而基督教会也被许多异教徒认为要为罗马帝国的这一重大失败负责，因为在他们眼中，这一伟大帝国的失败正肇始于它抛弃原有的民族庇护神而转投基督宗教的怀抱。奥古斯丁的这部作品的宗旨之一，就是为了回应这一事件并为基督教会提出辩护。而他在其中提出的关于"两个城邦（国度）"的看法，也自此成为后继的数个世纪里的基督宗教政治哲学（或政治神学）的典范。

奥古斯丁在很多方面都继承了古代对于"城邦"的理解。在核心理解上，奥古斯丁与古典的政治理论有相同的旨趣，他不仅援引了西塞罗的话来界定"城邦"，也即"经由对于权利（rights／ius，正当之事）的相互承认以及为了共善而进行的相互合作而实现的许多人的联合"，而且也同意，一个真正的（正义的）城邦的目的，就是令人在其之中通过与其他自由而正义的人的交往来实现生命的成全与完满。① 然而，什么才是一个真正的城邦呢？一个人

---

① St. Augustine, *The City of God*, Books XVII-XXII, Gerald G. Walsh & Daniel J. Honan (trans.),Washington D.C.: The Catholic University of America Press, 1954, XIX, 21, pp. 232-235.

又如何才能成为其公民呢？正是在这两个问题上，奥古斯丁与他的古代前辈们产生了根本的分歧。

基于其基督宗教立场，奥古斯丁认为，因为人的堕落和原罪，人的灵魂已经从根本上朽坏了，因而，任何人类的城邦都无法避免滑向独裁统治这样一种非正义的状态，并且也都是暂时的且不稳固的。于此，罗马的陷落就是一个鲜活的例子。那么，一个城邦如何才是正义的并且因此是稳固而恒久的呢？为此，奥古斯丁对“正义”进行了界定。他的界定既借鉴了柏拉图在其《理想国》之中对于正义的看法，同时也借助了罗马法中的“统治”（dominion）这一术语。所谓正义，在他看来，就是一种正当的统治（rightful dominion），或者说是“高位者”（the superior）对于“卑位者”（the inferior）的辖制，正如“灵魂之于身体，人的理性之于有罪的倾向”[①]。然而，谁才是那个能够正当地统治一切事物的“高位者”呢？对于奥古斯丁来说，这毫无疑问就是上帝。故而，作为上帝之造物（或卑下者），人的正义必定要以对于上帝是其“正当的主人”（rightful master）这一点的承认为起点。奥古斯丁相信，人在被造之初，不仅被赋予了理性或理解力，得以活在对上帝的知识之中，而且也被造成是正义的状态。[②]然而，因为人的堕落（这种堕落最大的表现也即人的自矜或者说自爱），人背离了其主人也即上帝，“按照人”而非“按照上帝”来行使其意志（“坏的意志”），从而也便丧失了其自然本有的善的状态，堕入到非正义之中。[③]这一非正义状态的表现，就是按照尘世的标准而活，追求尘世的目的并寻求满足自己的欲望。而其结果就是，既然人已经背离了上帝，自以为有绝对的自治且可以去“实施不当的统治”或“控制”（wrongful dominance / domination），则每个个体必定会想方设法去剥

[①] St. Augustine, *The City of God*, Books XVII-XXII, Gerald G. Walsh & Daniel J. Honan (trans.), Washington D.C.: The Catholic University of America Press, 1954, XIX, 21, pp. 234.

[②] St. Augustine, *The City of God*, Books XVII-XXII, Gerald G. Walsh & Daniel J. Honan (trans.), Washington D.C.: The Catholic University of America Press, 1954, XXI, 1, pp.416-417.

[③] St. Augustine, *The City of God*, VIII-XVI, Gerald G. Walsh & Grace Monahan (trans.), Washington D.C.: The Catholic University of America Press, 1952, XVI, 11, pp.375-376.

削并控制他人，人与人之间也因此而处在持续的敌对状态。这样一来，一个政治共同体就不是奠基于正义，而是成了由一些"为了追求共同的利好而自动联合在一起"的人的联合①，它将不可避免地充斥着非正义、无休止的冲突或腐败，乃至分崩离析。他认为，那些在历史中分崩瓦解的世俗政权或国度就是如此才走向自己的灭亡的。因为，那些异教徒尽管也因为被造而被赋予了认识上帝这一最高统治者的能力，然而他们要么没机会（因为基督教会那时还没有建立）知道这一点要么不愿去确认这一点。

由此，奥古斯丁划分了两种城邦：一个是"上帝之城"（the city of God/civitate dei），它由领受了基督信仰的人也即现世的基督徒和来世的那些得救者以及天使组成，是"以基督为奠基者和统治者的共同体"，而且也是稳固而永久的共同体；另一个是"地上之城"（the earthly city/civitas terrena），它是由地上的未领受基督信仰的人组成的城邦，是魔鬼（恶天使）及其追随者的王国，其存在脆弱而短暂。如此一来，政治共同体的基础，就由古典政治学所强调的"正义"转换成了奥古斯丁式的"爱"。因为，按照奥古斯丁所说，在本质上，前面一种城邦乃是由"爱上帝乃至于蔑视自己"的人组成，后一种城邦则由"爱自己乃至于蔑视上帝"的人组成，前者寻求"在上帝之中寻求其最高的荣耀"，而后者则只寻求"人的荣耀"以及荣耀城邦自身。②换言之，一个开端于"对上帝的爱"，一个则开端于"自爱"。在他看来，这两种城邦的差距好比"天与地、永恒生命与短暂的愉悦、实在的荣耀与空洞的赞美、天使的陪伴与可朽者的陪伴，可令日月增辉的上帝的光芒同日月的光芒"的差距③。前者是为了永恒的生命而构成，后者则只为了权力、财富、享乐、愉悦、赞美和荣耀；前者不仅有人的智慧，而且还有在上帝创造的整

① St. Augustine, *The City of God*, Books XVII-XXII, Gerald G. Walsh & Daniel J. Honan (trans.), Washington D.C.: The Catholic University of America Press, 1954, XIX, 24, pp.243.

② St. Augustine, *The City of God*, VIII-XVI, Gerald G. Walsh & Grace Monahan (trans.), Washington D.C.: The Catholic University of America Press, 1952, XIV, 28, pp.410-411.

③ St. Augustine, *The City of God*, Books I-VII, Demetrius B. Zema & Gerald G. Walsh (trans.), Washington D.C.: The Catholic University of America Press, 1950, V,17, pp. 279-280.

个过程中都会启示给人的知识，而后者最多也只能有人的智慧；前者的统治者和臣民相互间以爱相待，而后者的统治者则出于"对控制的淫欲"（lust for domination/libido dominandi）来实施统治，尽管他们都受恶习支配，却又都欲求成为世界的主人。① 无疑，在奥古斯丁看来，只有前者才是正义的、真正的城邦，也只有在这一城邦中，人才能成为完全的人。而要获得"上帝之城"的成员身份，就必须依赖于上帝的恩典并领受基督徒的身份。当然，在现世而言，这两个城邦并不绝然分立，而是混合、交织在一起的，因为尘世教会中的那些已经领受了基督信仰的人就是"上帝之城"的一部分，只不过，它们会在末日审判到来之时随着人类历史的终结，才彻底分开。② 但这二者也不直接分别等同于教会和世俗国家，因为，奥古斯丁也承认，即使在教会中，也存在志向不坚、"滥用上帝"的腐化堕落者。③

但是，值得注意的是，尽管奥古斯丁认为世俗的人类社会不可能成为一个真正正义的城邦，但他也没有对其所谓的"地上之城"持有一种完全否定的态度。在他看来，尽管地上之城的公民很难在是否要为了"在与可朽生活相关的事情上达成妥协"而建立并遵守秩序这个问题上取得和谐一致，但它仍然会以"和平"作为自己的目标。而上帝之城与地上之城相重叠的那部分公民，也即尘世中的基督徒，在他们于俗世的"朝圣之旅"（也即通向上帝的旅途）中，也能够利用地上之城所提供的这种和平。只不过，他们会将这种尘世的和平与永恒的和平联系起来看待，既然对他们而言，只有上帝之城才是那些基督徒"凭着对上帝的享受以及他们在上帝之中的相互享受"而建立起来的"被完好地安排且完全和谐的伙伴关系"④，因此也只有上帝之城的

---

① St. Augustine, *The City of God*, VIII-XVI, Gerald G. Walsh & Grace Monahan（trans.），Washington D.C.: The Catholic University of America Press, 1952, XIV, 28, pp.410-411.

② St. Augustine, *The City of God*, Books XVII-XXII, Gerald G. Walsh & Daniel J. Honan（trans.），Washington D.C.: The Catholic University of America Press, 1954, XVIII, 54, p.182; XX, 2, pp.252-253.

③ St. Augustine, *The City of God*, Books I-VII, Demetrius B. Zema & Gerald G. Walsh（trans.），Washington D.C.: The Catholic University of America Press, 1950, I, 35, pp. 72.

④ St. Augustine, *The City of God*, Books XVII-XXII, Gerald G. Walsh & Daniel J. Honan（trans.），Washington D.C.: The Catholic University of America Press, 1954, XIX, 17, pp.226-228.

和平才是永恒的和平。就此而言，奥古斯丁并不完全排斥世俗政治社会的价值，他所强调的，毋宁是这个世俗政治社会的终极价值不在于人或人所构成的共同体自身，而是在于尘世之外的某种超自然的善。在这一点上，他的政治哲学与他的幸福主义伦理学是完全一致的。

无疑，在基督宗教语境下，奥古斯丁关于两个城邦的理论对于古希腊以来的古典政治理想作了一种影响深远的改造。对于奥古斯丁来说，由古代哲学家所构想的理想城邦仅仅只是由"不遵上帝的命令"的公民基于"共同利好"而建立的，因而，它们不仅是不充分的，而且也是注定要失败的，正如历史上的雅典、罗马共和国等城邦或国家一样。① 在这点而言，他与马基雅维利、霍布斯等后世哲学家对古代政治理想的批评是一致的，也即认为那些理想并不可行。但他也绝不是一位马基雅维利或霍布斯意义上的现代政治哲学家。因为，他的"两个城邦"的理论并没有切断古代政治哲学在政治与伦理以及人的善之间建立的联系。他基于其基督宗教信仰为人的行为所树立的标准甚至比古代哲学家所强调的德性标准还要严格。在他看来，古典政治哲学的失败，不是因为它对于人期望太高，而是因为它持有的期望不对，既然它对于人性行为所应导向的那个真正的目的一无所知，对于所有真理应有的那个衡量标准也一无所知。因为未曾听说基督信仰，对于具有原罪的人性也没有概念，古代的政治哲学因而也就没有办法去补救人类生活当中充斥着的失序和冲突。而真正的补救，在奥古斯丁眼中，无疑就是跟随上帝，因为只有上帝而非那些异教徒的神，才揭示了人存在的真正目标并且颁布给人"最高贵的诫命"以去"促成好的道德并摈弃邪恶"。② 故此，尽管对于人性条件持有一种悲观立场，但他也展示出了某种乐观。他相信，世俗世界真正的提升仍是有可能的，只要城邦中的人能遵循正确的"爱的秩序"并将自己扭转向上帝。对于"什么才是最佳的政治安排"这一政治哲学的核心关切，他的答案是显而易见的：上帝

---

① St. Augustine, *The City of God*, Books XVII-XXII, Gerald G. Walsh & Daniel J. Honan（trans.）, Washington D.C.: The Catholic University of America Press, 1954, XIX, 24, pp.244.

② St. Augustine, *The City of God*, Books I-VII, Demetrius B. Zema & Gerald G. Walsh（trans.）, Washington D.C.: The Catholic University of America Press, 1950, II, 25, pp.119-121.

之城，它不仅是人类的终极命运，而且事实上就存在。就此而言，奥古斯丁或许不仅会认为他的答案要比哲学家们所提供的那种纯粹思辨性的解决方案要更好，既然在他看来，只有在上帝之城中才能找到真正的正义，只有它才瞄准了真正的共善（也即拯救和永恒的生命），也只有它，才是建立在一种"正当的统治"之上的。而且，他或许也会认为这个"上帝之城"是个更可行的而且已经部分实现的城邦，因为这一城邦的条件，与其说是由古代哲学家们所构想的某种政治制度，毋宁说是由真正信仰者所组成的一个普遍的共同体，那些信仰者虽然诞生于地上之城，来自万邦，然而，只要他们将他们的心灵转向至善并凭着上帝的恩典，他们就能进入并构成这一上帝之城。①

奥古斯丁的这一政治思想对于其中世纪的继承者们影响深远。中世纪的思想家们大多承袭了他的看法，将"一个真正的城邦"看作是此世的政治生活所追求的"典范"（dominant paradigm）②。然而，他们在继承并继续塑造这一典范的同时，也发展并最终突破了这一典范。这一突破的契机，同样来自西欧在政治、社会和文化层面的一系列深刻变革，尤其是在 11—13 世纪发生的，包括封建领主制、骑士制度、商业的兴盛、新城市的出现、富裕的"布尔乔亚"阶层的兴起等在内的深刻变革。③ 正是这些变革将这一重大问题抛给了孜孜于寻求那一正义城邦的中世纪思想家们：在一个由基督宗教统治的时代，世俗政治生活的价值到底何在？

第三节 人的社会、法律与共善

在奥古斯丁之后，关于国家和教会权威的争论一直在持续，特别是随着

---

① St. Augustine, *The City of God*, VIII-XVI, Gerald G. Walsh & Grace Monahan (trans.), Washington D.C.: The Catholic University of America Press, 1952, XV, 1, pp.413-415.

② Annabel S. Brett, "Political Philosophy", in *The Cambridge Companion to Medieval Philosophy*, A.S. McGrade (ed.), Cambridge: Cambridge University Press, 2003, pp.277.

③ 关于这些社会和文化的变革，可参阅 [美] 布莱恩·蒂尔尼、西德尼·佩因特：《西欧中世纪史》，袁传伟译，北京大学出版社 2011 年版，第 155—331 页。

封建王权的日益增长和巩固，这种争论愈发地激烈并在 13 世纪时变成现实政治和学院当中的常态，以至于我们可以说"教皇与皇帝们之间长期、激烈的斗争，以及教皇与其他统治者之间的剧烈冲突是 13 世纪的标志"[①]。与此同时，亚里士多德的道德哲学和政治思想著作也在 13 世纪被翻译为拉丁文并在大学里广为传播。这都促使中世纪政治思想在这一时期出现了重大突破。这一突破主要在于，中世纪思想家们开始在一定程度上偏离奥古斯丁政治思想的神学立场，从人的本性和善出发来阐释并评估人类政治。于此，最具代表性的人物当属托马斯·阿奎那，正是归功于他，古代（尤其是亚里士多德的）政治思想遗产同基督宗教框架深度结合了起来，并成为后来的中世纪思想家们在进行政治致思时所依循的基本原则。

事实上，除了 1266 年应塞浦路斯国王之请而撰写的《论王权》（On Kingship/De regno）这本小册子以及对亚里士多德《政治学》的评注，阿奎那在政治方面的专门著述并不多。但这并不妨碍我们从他诸多的神学著作，尤其是《神学大全》这一杰作中剥离出丰富且具有典范意义的政治学说。与奥古斯丁对于世俗和神圣两个世界的看法不同，在阿奎那看来，这两个生活领域及其相关议题之间并没有绝然的紧张与冲突。一方面，作为神学家，他始终以侍奉于上帝和教会作为其研究宗旨，而且心中始终怀有建立一个统一的基督徒社会的中世纪理想；另一方面，他也是一位哲学家，有着惊人的哲学天才，且通晓古代哲学尤其是亚里士多德哲学的概念、方法和框架并对之怀有真挚的敬意。这种双重身份令他的政治思想与他在其他领域的致思一样，同样展现出了他对于基督宗教信仰和亚里士多德哲学的令人赞叹的综合。这一综合的核心，就在于他对于这一观念的确立：自然是合理性的，且有着一个有目的的秩序。在他眼中，这一观念是亚里士多德哲学和基督宗教共同的核心主题，就亚里士多德哲学这方面而言，它以"自然目的论"的名义贯穿在这位伟大的古代哲学家的整个思想中，就基督宗教这一方面而言，

[①] ［美］布莱恩·蒂尔尼、西德尼·佩因特：《西欧中世纪史》，袁传伟译，北京大学出版社 2011 年版，第 345 页。

它鲜明地体现在了基督徒对于"神意"（God's providence）的信仰。① 无疑，这一观念可谓是阿奎那在讨论人类社会生活时所依循的基本信念。当然，在他的政治致思中，他也将许多其他的思想资源，比如新柏拉图主义关于宇宙之等级结构的观念、罗马法以及斯多亚派关于自然法的思想，都整合在了一起。

阿奎那的全部政治思想，都奠基于他对于人性以及人类社会之目的的深刻洞见。在他看来，亚里士多德无疑是对的，人是有理性的动物，然而，人的理性既然来自上帝的创造（也即"按上帝的形象所造"），故而，人也因其理性而具有独特的卓越性（excellence）。这一卓越性也即，在尘世事物当中，只有人才是有理性且有自由意志的造物并因此而是"个人"（person/personae，位格）。故此，人必有不可被剥夺的尊严，而这一尊严特别地在于人"凭自身而存在"（exist by itself/per se existate），用现代哲学的术语说也即，在于人的自主（autonomy）。② 在他看来，成为"个人"（person），也即成为具有理性本性的自存的个体，这乃是人相较于其他造物来说的特权，也是人所追求的"成全"（perfection）。③ 然而，正如他的幸福论所主张的，个人的成全，其终点并不在于任何有限的此世生命的善，而是在于对神圣上帝这一最高的"可理解的对象"（the most intelligible object）的理解或直观，因为，这才是人的理性本性的完全展现，也是人所具有的"上帝的形象"的完全展现。也只有在此时，人才真正分有"神的位格"（Divine Person/Persona divina）并因此享有最高程度的尊严。是故，即便所有的造物，作为上

---

① 在阿奎那看来，神意也即"事物在趋向于一个目的时所依从的秩序"。St. Thomas Aquinas, *Summa Theologica*, I, q.22, a.2, translated. by Fathers of the English Dominican Province, Encyclopedia Britannica, INC., 1952.

② 在《论王权》中，阿奎那也曾说，"每个人都是他自己的王，位于上帝这一至高的王之下，因为他能在自己的行动中，藉着从上帝而来的理性之光来指引他自己"。St. Thomas Aquinas, *On Kinship: To the King of Cyprus*, Gerald B. Phelan (trans.), Toronto: Pontifical Institute of Mediaeval Studies, 1949, Book I, Ch.1, pp.3-4.

③ St. Thomas Aquinas, *Summa Theologica*, I, q.29, a.3 & III, q.2, a.2, translated. by Fathers of the English Dominican Province, Encyclopedia Britannica, INC., 1952.

帝创造的结果（effect），都与上帝这一原因（cause）相似，也都因此而渴望获得自身的成全或完成，也即实现"与神圣的完满和善相似"（the likeness of divine perfection and goodness）①，但只有人才能够凭着自身的理性和自由意志，通过对"神意"的臣服，以更高的、更卓越的、更主动的方式去在自身的行动中来实现这一成全。在阿奎那看来，在理解上帝与爱上帝之中实现自身的成全，这不仅是人的一种自然倾向，也是人类生活的终极目的。

无疑，阿奎那眼中的这一人类生活的最终目标是超越了一个世俗国家的目标的，既然它指向了与上帝的"联合"（union with God）。就此点而言，他的政治思想并没有偏离奥古斯丁树立的"上帝之城"这一典范。然而，他也并没有否认世俗社会生活的价值。恰恰相反，他认同亚里士多德的看法，认为正因为人是理性的动物，人也必定是社会的动物，因为，只有生活于社会之中，人才可能满足他们自身的生存需要并发展出为他们的最终成全所必需的所有那些东西。② 社会对于人的成全来说之所以如此重要，就在于人若想以一种理性的方式来生活并实现其理性本性，就必须在与那些同样能够进行实践推理的存在者交往之中进行。阿奎那对于人性以及人类生活的这一设定带来了两个结论：其一，人必须同他人结成伙伴关系，而这意味着个人对自身的善的追求必然要与他人对善的追求是协调的，否则这种伙伴关系就将解体，因而，必须有一种公共的力量来指引这个社会达成为其成员所分享的共善。而这一公共力量及其指令，再加上它所创造出的公共秩序，就构成了我们说的"政治"。故而，对于生活在这一共同体之中并为这一公共力量所规范的人来说，不仅凭本性就是"社会的动物"，而且也是"政治的动物"。其二，每个个体，也必须因此协调其个人的善与共善，在努力增进其自身福祉的同时，也应对于努力增进社会所有成员的福祉抱有承诺，正如"爱上帝

---

① St. Thomas Aquinas, *Summa Theologica*, I, q.44, a.4;q.93, a.2, translated. by Fathers of the English Dominican Province, Encyclopedia Britannica, INC., 1952.

② St. Thomas Aquinas, *On Kinship: To the King of Cyprus*, Gerald B. Phelan（trans.）, Toronto: Pontifical Institute of Mediaeval Studies, 1949, Book I, Ch.1, pp.3-5. 另请参见 St. Thomas Aquinas, Summa Theologica, III, q.65, a.1.

和邻人"这一基督宗教义务所暗示的那样。①

在其《神学大全》当中，阿奎那将政治生活有关的核心要务整合进了一个理论框架，这一框架也是他在政治思想方面最为伟大的成果之一，此即他对于"法律"的综合性阐释。在阿奎那看来，一个共同体只有以理性来实施统治，才能指引其成员为共善而努力并为每个人的成全提供保障。而这一理性的体现，就是法律，因为法律，按照他的界定，也即"由那个照料着共同体的人所颁布的，为了共善而制定的一种理性之训令（an ordinance of reason for the common good）"②。阿奎那将法律分为了四种：(1) 永恒法(the Eternal Law)，这是上帝这一所有事物的"君主"或"主人"之理性的表达，它具体体现为整个宇宙赋予了目的并规定了宇宙之本性的那些法则。(2) 自然法（the Natural Law），它是永恒法中特别地相关于人这一理性造物的那部分，或者说，是人的自然本性对于"永恒法"的一种分有。它之所以被称为"自然法"，乃是因为它是为人的自然理性所能知晓的那部分永恒法。它规定了人的本性，体现为驱使着他们之实践的一些自然倾向，比如"趋善避恶"、"繁衍"、实现"为其物种专属的自然目的或善"等。在作为理性造物的人而言，自然法特别表达为人对于一种有德性的且合理性的生活的渴望。(3) 人法（the Human Law），它由人类的权威为了指导其所属的政治共同体的公民的行动并增进共善而制定的那些法律条文构成。在阿奎那看来，人法之所以必要，乃在于人的心灵当中虽然已有了由上帝所植入的自然法并被赋有一种去按照它来行事的倾向，然而，人的判断力却常常容易犯错，因而，就需要以人法的形式来令自然法以一种权威的方式表达出来，以确保人能够认出自然法并防止恶行，比如一个国家的民法（the civil laws）即是为此。(4) 神圣法（the Divine Law），它是人通过神圣启示而获知的那部分永恒法，由那些自上帝启示给人的道德原则构成，比如"十诫"或者《圣经》为基督徒订

---

① St. Thomas Aquinas, *Summa Theologica*, II-II, q.58, a.9, translated. by Fathers of the English Dominican Province, Encyclopedia Britannica, INC., 1952.

② St. Thomas Aquinas, *Summa Theologica*, I-II, q.90, a.1 & 4, translated. by Fathers of the English Dominican Province, Encyclopedia Britannica, INC., 1952.

立的其他道德规则。这一法律也常被称为"基督的救赎法"（the redemptive law of Christ），被认为是至高无上的。①

在阿奎那看来，对于每一个政治社会来说，自然法都是不可违反的，既然自然法与永恒法一致，是对于上帝之理性的一种表达，而且就是为有理性的造物所设立的。这意味着，在一个政治共同体之内，无论是臣民还是统治者，作为理性的造物，都必须遵循自然法而行事。此外，这也意味着，作为自然法的一种带有强制力的表达，任何的人法也必定要同自然法保持一致。② 当然，这并非意味着人法是完全基于自然法的原则推导出来的，因为这将进一步暗示，所有人类社会的所有法律将是一样的。事实上，阿奎那也承认，在不同的时代和地方，出于政治共同体所处的不同的风俗、文化、地理等具体环境，其人法也会有些许的不同。③ 阿奎那真正想强调的是，人法的权威性和正当性，必定是来自于自然法而非任何人类政治权威，而且也必须来自它是由政治主权者为了政治共同体的共善而颁布的这一事实。它不能违背自然法，也不能与所有共同体成员的共善背道而驰，否则它就是非正义的、不正当的，从而也便不享有对其公民的权威地位。自然法和共善，因此便成为阿奎那所塑造的理想政治共同体的准绳。这条准绳对于政治统治者来说也完全适用。阿奎那认为，在一个政治共同体之内，包括统治者在内的所有成员所享有的权利和义务，都应由此来界定并规定。他承认，如同整个宇宙都存在着一种等级秩序一样④，人类社会也必定存在着等级秩序，不同的阶层各有其目的和功能，低级的需臣服于并侍奉于高级的，高级的实施统治

---

① St. Thomas Aquinas, *Summa Theologica*, I-II, q.91, a.1, 2, 3, 4&5, translated. by Fathers of the English Dominican Province, Encyclopedia Britannica, INC., 1952.

② St. Thomas Aquinas, *Summa Theologica*, I-II, q.95, a.2, translated. by Fathers of the English Dominican Province, Encyclopedia Britannica, INC., 1952.

③ St. Thomas Aquinas, *Summa Theologica*, I-II, q.95, a.4, translated. by Fathers of the English Dominican Province, Encyclopedia Britannica, INC., 1952.

④ 在阿奎那看来，因为上帝的创造，所有的造物之间明显存在着一种在完美性方面的不平等并因此构成一种等级链条，其顶端是作为理性造物的人，向下则依次是非理性的动物、无感觉的植物、矿物（混合物）和最简单的元素。参见 St. Thomas Aquinas, *Summa Theologica*, I, q. 47, a. 2, translated. by Fathers of the English Dominican Province, Encyclopedia Britannica, INC., 1952.

并为低级的提供指引，这才是一种"正义的秩序"（the order of justice）。然而，他也强调，这个共同体的统治者之于其臣民的权威绝非是绝对的，只有当这一权威建立的方式是合法的且能够促进这个社会的整体的善的时候，它所实施的统治才是正当的，否则，这一统治者就沦为"僭主"（tyrant），其臣民也因此完全有权对其统治发起抵抗，只要这种抵抗对于共善的危害要比它所要推翻的暴政对共善的危害要小。①

按照阿奎那的刻画，我们可以构想出一个与奥古斯丁式的"上帝之城"颇为不同的政治共同体。这一政治社会完全可以被理解为自然的产物，而且，人在其中的世俗生活、政治实践和制度安排也并非直接取决于神意或者以神为中心，而是带有了自然主义的色彩，具有了属于其自身的独立的价值。因为，在这一共同体之中所展现的人的世俗生活与社会结构的正当性，直接地奠基于自然法和共善，或者说人的理性，而非是信仰或宗教的权威。当然，正如他在论述人的幸福时所持有的立场一样，作为基督徒，阿奎那对于人的世俗政治生活的阐释，也仍然在一定程度上保留有奥古斯丁主义的色彩。尽管对于阿奎那来说，人的政治生活对于其善的实现来说非常关键，但是却并不最终构成那种善，既然在他看来，人的最终的善就在于上帝，而且即使就人能在政治社会中实现的那些善的终极源泉而言，也是出于上帝的创造。因而，与奥古斯丁类似，在他眼中，世俗生活以及政治共同体的价值，最终仍在于"通过德性生活来获得对上帝的享受"②，也即，它们说到底仍是服务于那个终极目的的手段。他对于人类社会所需要的"神圣法"的设定，也是出于这一看法，也即，神圣法的作用，乃是通过对自然法的一种"补足"而把人导向其终极的善。这样一种兼容立场，也反映在了他对世俗国家和教会关系的看法之中。一方面，他认为教权和王权各有其职权范围和目的，一个致力于"属灵的事务"（spiritual matters），帮助人实现其终极幸福，另

---

① St. Thomas Aquinas, *Summa Theologica*, II-II, q.104, a.6, translated. by Fathers of the English Dominican Province, Encyclopedia Britannica, INC., 1952.

② St. Thomas Aquinas, *On Kinship: To the King of Cyprus*, Gerald B. Phelan（trans.）, Toronto: Pontifical Institute of Mediaeval Studies, 1949, Book II, Ch.4, 107, p.60.

外一个则致力于指引其臣民在"尘世事务"（temporal matters）中达成共善。但另一方面，他也说，世俗君主的职责和"最大的奖赏"，也莫若说是帮助其臣民去达致永福并藉此获得自身的幸福，[①] 故此，通常情况下，世俗王权还是应该听命于作为"属灵的总督"（the spiritual governor）的教权，正如"身体臣服于灵魂一样"[②]。

第四节　政治主权者合法性的来源：普遍的同意

阿奎那对于理性在政治生活中所具有的权威性的强调，撬动了由圣保罗、奥古斯丁所奠定的传统神权政治观在政治思想领域内的统治地位。也许正是归功于这种影响，在其逝世的年代，在西欧的政治领域，已经出现了神权政治的衰落景象，教皇原来所享有的委任和废黜国王的权力在日益被削弱，民族主义情绪也逐渐替代了教会权威成为政府背后的支配性力量。在政治思想领域，则出现了以巴黎的约翰（John of Paris，约 1255—1306 年）为代表的一些思想家，开始发出拥护民族国家世俗君主的强音。在这个意义上，阿奎那的政治学说对于建立在世俗基础上的现代民族国家的演化功不可没。但是，阿奎那在其著作中并没有阐释清楚，甚或不怎么关心这一已经为其时代所要求去澄清的问题：一个政治主权对于某个特定人群的特定权威是如何而来的？或者说，在一个政治主权的建立中，人民到底扮演怎样的角色？

巴黎的约翰无疑是最早对这个问题进行了探索的中世纪思想家之一。在其先锋性的，然而也是充满争议的《论皇权和教皇权》（On Royal and Papal Power/De potestate regia et papali）中，他不仅仅试图阐明政治共同体的本性，而且还如其书名所示的那样，探讨政治共同体与教会这一"属

---

① St. Thomas Aquinas, *On Kinship: To the King of Cyprus*, Gerald B. Phelan（trans.）, Toronto: Pontifical Institute of Mediaeval Studies, 1949, Book II, Ch.7-9, pp.30-42.

② St. Thomas Aquinas, *Summa Theologica*, II-II, q.60, a.6, translated. by Fathers of the English Dominican Province, Encyclopedia Britannica, INC., 1952.

灵共同体"之间的关系，尤其是它们各自所拥有的权力之间的关系。如果说在阿奎那的时代，王权与教权的关系尚不是一个非从理论上解决不可的问题，但在约翰写作这本著作的时候（约 1306 年），二者之间的现实冲突已经发展到令理论家们无法掩面回避的地步。在 13 世纪末期，围绕着世俗统治者能否不经教皇同意而在其领地向神职人员征税的问题，教皇博尼法斯八世（Boniface VIII）和法国国王腓力四世（Philip IV of France）之间的关系已经变得不可调和。约翰的这本著作，主要就是为了捍卫后者。①

约翰与阿奎那同属多明我修会，而且还很可能曾是阿奎那的学生，他赞同阿奎那的观点，认为"城邦"（或国家）的目标就在于实现其公民的共善，而统治者的目的也在于促进这一共善②，而且，他也承认，既然人被自然法所指引着去追求的不仅仅是自然的善或"在现世过上有德性的生活"，更是超自然的善或"永恒的生命"，那么，人便需要神职人员（教会）在这方面的引导③。但是，他却比他的那位导师走得更远。

在他的这本著作中，约翰主张，不仅由信众构成的"属灵共同体"与"政治共同体"在本性和目的上有分别，而且教权和王权各自拥有的政治权威也有着不同的来源，它们的运用因而应该限定在各自的权力范围内。在他看来，前者是由一切信众所构成的"统一的基督教人群"（one Christian people）也即教会，其主要的职能是在"属灵事务"方面引导、规范其信徒，

---

① 约翰写这一作品，也是为了回应当时巴黎大学内部的学士们关于教权和王权的争论。关于其详细的写作背景，可参见 Andrew A.K. Theng, "Why Did John of Paris Write De potestate regia et papali？A Reconsideration", in *John of Paris: Beyond Royal and Papal Power*, Chris Jones (ed.), Turnhout, Belgium: Brepols Publishers, 2015, pp.151-187.

② John of Paris, "On Royal and Papal Power", Ernest L. Fortin (trans.), in *Medieval Political Philosophy: A Source Book*, Ralph Lerner & Muhsin Mahdi (eds.), New York: The Free Press of Glencoe, 1963, pp.406-407.

③ John of Paris, "On Royal and Papal Power", Ernest L. Fortin (trans.), in *Medieval Political Philosophy: A Source Book*, Ralph Lerner & Muhsin Mahdi (eds.), New York: The Free Press of Glencoe, 1963, pp.408-409.

令他们趋向至福，其独一的首脑是作为圣彼得继承人的教皇；[1] 而后者的功能则在于"颁布"（并非制定）法律或者说"指出"人民在自然法和神圣法之下应该去履行的义务，也即，在"尘世的事务"方面指引其人民，以确保其所有成员的共善，而且，其统治者在不同的地域而言也是不同的，绝不像前者那样只有一个独一的普世统治者（也即教皇）。[2] 更重要的是，在他看来，两种共同体的首脑或统治者所拥有的权威的合法性来源也是不同的。就前者而言，其权威的合法性的来源出自"天主自己的口"也即《圣经》的启示；就后者而言，约翰暗示，它的权威的合法性则来自其所统治的人民的让渡。约翰说，人并不是因为"神授"（divine right/jus divinum）而自动地臣服于一位君主，而是"经由一种自上帝而来的自然本能"，为了很好地在一起生活而"选择统治者"（choose rulers）。在论及财产的时候，他也说，统治者是由人民"委任"（appoint）来维护共同体的正义并因此受公禄供奉的。[3] 换言之，世俗君主所享有的权威其合法性的来源，并不在于教会的批准，而是在于人民的同意和选择。尽管约翰并不否认，世俗统治者的权威归根到底仍然是由上帝这一至上的权力所赋予的，而且教权在尊严上也要比王权更高贵，但是，这并不导致教权在每一方面都高于王权。除非在由上帝明确规定的情况当中，否则，"教士只在属灵的事务方面更优越，相反，（世俗）统治者则在尘世的事务方面更优越"[4]。为此，他作了一个类比论证：一位教师要

---

① John of Paris, "On Royal and Papal Power", Ernest L. Fortin (trans.), in *Medieval Political Philosophy: A Source Book*, Ralph Lerner & Muhsin Mahdi (eds.), New York: The Free Press of Glencoe, 1963, pp.408-409.

② John of Paris, "On Royal and Papal Power", Ernest L. Fortin (trans.), in *Medieval Political Philosophy: A Source Book*, Ralph Lerner & Muhsin Mahdi (eds.), New York: The Free Press of Glencoe, 1963, pp.410-412.

③ John of Paris, "On Royal and Papal Power", Ernest L. Fortin (trans.), in *Medieval Political Philosophy: A Source Book*, Ralph Lerner & Muhsin Mahdi (eds.), New York: The Free Press of Glencoe, 1963, p.411, 415-416.

④ John of Paris, "On Royal and Papal Power", Ernest L. Fortin (trans.), in *Medieval Political Philosophy: A Source Book*, Ralph Lerner & Muhsin Mahdi (eds.), New York: The Free Press of Glencoe, 1963, p.414.

比一个医生更为高贵，因为前者在真理和知识方面进行指导，而后者关心的只是身体的健康，然而，这个医生应该在备药时听从那位老师的话吗？在他看来，从上帝在其尘世生命中（也即道成肉身的耶稣基督）也并不拥有任何的对于世俗事务的管辖权这一事实来看，教会并不具备在世俗事务方面的权威，这乃是非常明显的。①

不仅如此，在论及教会的财产权的时候，他甚至还暗示，教皇等教会首脑不仅对于平民信徒的"外在的善"（external goods，也即财产）没有处理权，即便是就某些教会内的事务而言，他们的权威也并非是绝对的，而是必得出自信众为了共同体的善而作出的让渡。比如，就教会的财产而论，既然它是为教会这一"属灵共同体"所共有的，乃是"为信仰所要求的公共必需品"，则教会的统治阶层也并不对之拥有随意处置的权力，而是只保有"大管家"（general stewardship）的职责，对之行使管理权，且只能为了"公共的属灵的善"（common spiritual good）才能按合适的比例支取。如果教会首脑在这些事务上滥用了其权威，则他就应该被废黜或者被剥夺权威。②

尽管约翰曾自言，在王权和教权的关系上，他持有一种居中立场，并不站在任何一边，然而，考虑到他写作此书时所处的历史背景，他对于这样两种权力来源和适用范围的区分，无疑是为世俗王权张目的。在那一时代来说，这无疑是具有重要历史意义的。然而，在他对于王权和教权的论述中，更具意义的乃是他尽管没有明确阐释，然而却明显暗示了的这一理念：任何共同体的权威，无论这个共同体是政治的还是属灵的，都只能是在这个共同体之内，而且还必须是为了共同体的公共的善，才能正当合法地行使，既然这个权威自身就是为了共同体的善才由人民让渡给共同体的领导者的。

---

① John of Paris, "On Royal and Papal Power", Ernest L. Fortin (trans.), in *Medieval Political Philosophy: A Source Book*, Ralph Lerner & Muhsin Mahdi (eds.), New York: The Free Press of Glencoe, 1963, p.414.

② John of Paris, "On Royal and Papal Power", Ernest L. Fortin (trans.), in *Medieval Political Philosophy: A Source Book*, Ralph Lerner & Muhsin Mahdi (eds.), New York: The Free Press of Glencoe, 1963, p.415-416.

　　与巴黎的约翰同时期的司各脱也持有类似的立场，尽管他从属于与多明我修会多有龃龉的方济各修会。司各脱对于政治事务的关切，主要地集中于跟方济各修会所倡导的"有功贫乏"（meritorious poverty）相关的财产问题。如我们所知，方济各修会主张其成员节制欲望，过一种尽可能在物质上贫乏的生活，以此来效仿基督。在一个修士入会之初，他就要立誓放弃一切世俗财产，并且时时克制自身对于财产以及他人的支配愿望。他们相信，在自己出让了这两种支配权之后，他们就是在模仿基督的尘世生活。然而，在倡导放弃私人财产的同时，如何确保这种实践不至于摧毁世俗政治的价值呢？司各脱对于私有财产（private property）起源的阐释就是为了回应这个在当时的方济各修会内部争论不休的问题。[①] 也正是在这一阐释中，他发展出一种比巴黎的约翰的说法更为明晰的对于政治主权之权威性来源的历史性解释。

　　司各脱说，在起初，也即在人处于纯洁状态的时候，没有什么东西是专属于私人的，"经由自然法或神圣法"，"所有的事物对于所有的人来说都是共有的"，而且，纯洁的原初人类不仅不需要，也不会以暴力来抢夺、侵占他人所需之物。然而，在人类堕落之后，人的邪恶令这种财产的共同体不可能再继续维持，因此，自然法关于"所有事物为所有人共有"的那条诫命就废止了。由此，人们就自动获得了一种为其自身而侵占并分割公共财物的"许可"（permission），在司各脱看来，这样一种情形是与人堕落后的人性条件"更为匹配的"。为了令这一新的秩序合法化，人也便需要有一种新的而且专门为人所设的人法或成文法（positive law）。但是，人的法律要是正义的，就必须依赖于立法者的"审慎与权威"。之所以需要审慎，是因为立法者对于共同体的制度建构必须"与正确的理性一致"；之所以需要权威，乃是因为法律的本意在于"约束"（binding/ligando），而审慎的人若没有对他人的权力的话，就不足以约束共同体或别的个体。那么，立法者的这一权威从何而来呢？于此，司各脱借助父权（paternal authority）来与这种政治权

---

①　关于这一争论，可以参见 Janet Coleman, "Medieval Political Theory c. 1000-1500", in *The Oxford Handbook of the History of Political Philosophy*, George Klosko (ed.), New York: Oxford University Press, 2011, pp.197-200.

威做类比。在他看来，尽管这二者实质上都是对于他者的支配，但是，父权所支配的乃是其子女，故而，其建立乃是基于自然法，然而，政治权威则针对的是没有亲缘关系的陌生人，因而，无论它是掌握在一人之手还是掌握在共同体的手中，它都必须"经由普遍的同意（common consent）和那一共同体自身的选择"，也即，必须要通过一群人对于某个或某些特定的个体的权利让渡才能获得。①

关于司各脱对于人类政治的这一历史性的解释，有两点是需要说明的。首先，作为公认的奥古斯丁主义者，司各脱对于政治的历史性阐释仍然要归属到"人的救赎"这一主题下。也即，在他那里，正如在奥古斯丁那里一样，政治更多地关涉到对一种充满了正义与和平的新的人类秩序（human order）的创造。在根本上而言，他与阿奎那以及巴黎的约翰对政治的理解是不同的，他对于人类政治建立所作的阐释，其宗旨并非是要解释政治共同体为何应该以及如何实现其公民的善，而是为了经由解释财产和权利来回应现实中的相关争论。其次，司各脱并不否认理性在政治层面的作用，因为照他看来，规范了人类政治生活的人法也是人的理性的产物，然而，他也主张，在根本上建立了一个政治主权者的合法权威的，却并非是理性，也不是来自于这个主权者自身的其他什么品质，而是来自人民的赋予。借助于这样一种说明，司各脱事实上为普遍意义上的政治权威提供了一种清楚的阐释。而且，他也表明，政治权力的源泉不仅在于人的本性，也同样在于人类的历史。②

第五节　城邦的自治、选举和自然权利

巴黎的约翰和司各脱从各自的角度提出的对于政治主权者之权威的来源的解释，无疑为现代的各种关于政治共同体与其统治者之间关系的契约理论

---

① John Duns Scotus, "Ordinatio", IV, d.15, in *John Duns Scotus: Selected Writings on Ethics*, Thomas Williams（ed. & trans.）, Oxford: Oxford University Press, 2017, pp.272-275.

② Annabel S. Brett, "Political Philosophy", in *The Cambridge Companion to Medieval Philosophy*, A.S. McGrade（ed.）, Cambridge: Cambridge University Press, 2003, p.286.

开辟了道路。但就此而言，真正具有革命性影响的中世纪思想家，当属帕多瓦的马西留。在其堪称划时代的《和平护卫者》（The Defender of Peace/Defensor pacis）一书中，他提出了一种对于人之自然、政治以及宗教三者之间关系的全新理解并对现代的民族国家理论产生了深远的影响。

马西留的这部作品的一个重要历史背景，就是民族国家在14世纪的西欧的兴起。尽管马西留与阿奎那在年代上隔得并不远（他生年不详，但大致在阿奎那逝世前后），但他所面临的政治现实却远比他的那位思想前辈所面临的要更为动荡。在14世纪初，教会和世俗王权之间的权力斗争被推进到了一个新的阶段，两股势力都想获得对于财富以及那些具有战略重要性的城镇的控制，而马西留的家乡、意大利北部的帕多瓦，则成为教皇和神圣罗马帝国争夺权力的主要战场之一。这场争斗最终造成了教权和王权之间的派系战争，其标志性事件之一，就是当时的神圣罗马帝国皇帝路易四世（Louis IV of Bavaria）被时任教皇约翰二十二世（John XXII，1244—1334年）谴责为异端并革除了教籍。因不满于罗马教廷的专制，马西留自动投效于由方济各修会和保皇派所组成的联盟，并写了他的那本名著来为世俗王权进行辩护。

马西留曾在巴黎大学做过教师，这令他深受包括拉丁阿维罗伊主义和托马斯主义（尽管他的这本名著几乎没有引用阿奎那的话）在内的多种亚里士多德主义哲学的影响。在他的著作中，他将亚里士多德称为"神圣的哲学家（the divine philosopher）"和"异教徒中的圣人（the pagan sage）"[①]，故此，不难理解，他的政治哲学的推论，深受亚里士多德主义的影响，这也令他获得了"政治阿维罗伊主义"（Political Averroism）的标签。在这一论著中，他思考的核心，就是如何为城邦自治（civic autonomy）提供系统性的说明。在开篇他便指明，"和平"对于一个城邦来说是至关重要的，因为，只有伴随着和平和宁静，一个城邦才能实现"最伟大的人类之善"，也即"（人）在

---

① Leo Strauss, "Marsilius of Padua", in Marsilius of Padua, *The Defender of the Peace*, Leo Strauss (ed. & trans.), New York: Cambridge University Press, 2005, p. ii.

此世生命中的自足（self-sufficiency）"①。然而，要搞清楚一个城邦如何才能实现和平，首先就要搞清楚城邦的性质以及它应该怎样来运作。于此，他根据亚里士多德哲学所提供的原则，对之进行了一种自然主义的论证。他认为，就像"哲学家中最好的那位"（也即亚里士多德）所说的一样，城邦都是由小的共同体（家庭）发展而来的"完美的共同体"（perfect community），而这一发展的原动力，就是人的自然需求。他论证说，在论及政治之事的时候，所有人都自然地持有并相信一条"基础的原则"，此即：所有没有残缺或受到妨害的人都自然地渴望一种充足的生活（a sufficient life），同时也尽可能逃避那些对他们构成伤害的事情。② 故此，所有人都自然地寻求与他人交通并结成共同体，以便获得支持他们生存的充分条件并进一步达成"好的生活"，这一"好的生活"，也便是培养生命之卓越性的生活，更确切地说，也即是"能有闲暇来进行他们凭着实践的和理智的灵魂来实施的活动"③。而这种生活，对于离群索居者来说是不可得的，只有在城邦之中，它才可以得到实现并达到鼎盛④。故此，政治共同体对于人而言完全是自然的结果。

那么，人自然结成的这个城邦该如何维系并发挥其功能呢？在马西留看来，这个城邦要想维系并发挥其功能，就需要一个和平的环境，否则，争斗和分裂就总是会威胁到这个政治共同体的生活，并最终导致这个共同体的瓦解。为此，它就必须要有"一个正义标准以及这一标准的护卫者或执行者"（a standard of justice and a guardian or executor of it）⑤，换言之，必须要有法律和统治阶层。法律，在他看来，就是为了这一目的而被人创造出来的。在

---

① Marsilius of Padua, *The Defender of the Peace*, Leo Strauss (ed. & trans.), New York: Cambridge University Press, 2005, p.3.

② Marsilius of Padua, *The Defender of the Peace*, Leo Strauss (ed. & trans.), New York: Cambridge University Press, 2005, p.18.

③ Marsilius of Padua, *The Defender of the Peace*, Leo Strauss (ed. & trans.), New York: Cambridge University Press, 2005, p.18.

④ Marsilius of Padua, *The Defender of the Peace*, Leo Strauss (ed. & trans.), New York: Cambridge University Press, 2005, p.19-20.

⑤ Marsilius of Padua, *The Defender of the Peace*, Leo Strauss (ed. & trans.), New York: Cambridge University Press, 2005, p.20.

这一点上，他拒斥了阿奎那基于自然法的解释，尽管他对于亚里士多德哲学的理解在很大程度上来自于他的这位前辈。但他若拒斥阿奎那的解释，将法律的起源归结于人为其自身的利好而创造出来的，那么，一个自然的问题就是：为人自身所创造的这一法律的权威性的来源是什么？于此，马西留回答说，法律也即"对于城邦之中正义且有利之事及其相反情况的知识、学说或普遍判断"，在其最为专门的意义上，它指的就是"一种通过此世生活中的奖惩手段来强制要求人去服从的命令"①。为此，它必需是"直接来自人类心灵的决定"，这一"人类心灵"（human minds），并非是贤能的长者或者少数的有审慎之德性的个体，而是"城邦的全体公民或其主导的部分"。更确切地说，法律的产生，必须"经由一种（人民的）选举或在一种普遍的公民集会的演说中得以表达的意志"来产生，除此以外，任何人都没有资格为公共生活立法。② 对此，他解释说，只有当法律真正成为"从许多眼睛而来的眼睛"时，也即，"由许多人的理解铸造而成的理解"时，它才能是普适的，也才能避免对于城邦之事的错误判断和自身的腐败，并令城邦真正实现公共的正义和福祉。③ 同样，作为法律的执行者和守护者，城邦的统治阶层也必须经由公民选举产生，而且他们的统治还必须受法律的"规范和限制"，只有这样，他们才不至于犯错，才能良好地履行其职能，保证城邦的长治久安（enduring）并由此获得自身统治的安全和持久。④

当然，马西留对于城邦的这种解释，也并没有完全排斥基督宗教的话语。同他的那几位前辈一样，他并没有设想有什么政治共同体必定是在一开始就以一种"自然状态"存在的，相反，在他看来（正如在司各脱看来一

---

① Marsilius of Padua, *The Defender of the Peace*, Leo Strauss (ed. & trans.), New York: Cambridge University Press, 2005, p.53.

② Marsilius of Padua, *The Defender of the Peace*, Leo Strauss (ed. & trans.), New York: Cambridge University Press, 2005, p.66.

③ Marsilius of Padua, *The Defender of the Peace*, Leo Strauss (ed. & trans.), New York: Cambridge University Press, 2005, p.60.

④ Marsilius of Padua, *The Defender of the Peace*, Leo Strauss (ed. & trans.), New York: Cambridge University Press, 2005, pp.43-44, 61-63.

样），人对于政治共同体和法律的需要，也是人堕落的结果，因为，人若不曾堕落，就不会面临缺乏的状态因而也便不需要寻求满足。从这个意义上来说，人的历史，也是一个丧失了其原初的善并（在上帝的帮助下）努力"弥补人类之堕落"的过程。① 而且，他也并不反对教会在人通向其至福方面的作用，甚至也不否认由"神圣的意志"所直接确立的那些政治权威（比如《圣经》中的摩西等政治权威）。② 他所强调的乃是，即便人已经堕落，也可以凭其自身的自然能力在城邦生活中实现自己的自足。他的这一主张虽然被当时的教廷视为异端，但也并不与其基督信仰相矛盾，既然人所拥有的自由意志、理性等在人类政治生活建立过程当中至关重要的自然能力在他看来也是上帝恩典所赐。经由这种阐释，他将基督宗教的信仰（包括奥古斯丁对于罪、历史以及人类秩序的看法）与亚里士多德主义关于自然和善的看法融合了起来。

借助于上述阐释，马西留清楚地界定了一个政治共同体该如何来构成以及其主权者的权威从何而来。在他的时代背景下来看，这一理论是直接针对当时的王权和教权之争的。很显然，尽管他在其论著中会非常小心地避免自己的理论过于激进以至于违背基督宗教的基本教导，但他却毫不避讳自己试图削弱教皇权力的愿望。在他看来，教会作为属灵事务的主管者，其首脑诚然会在地位上比世俗的立法者和统治者更为尊贵和优越，但这一优越性也仅限于属灵的事务。他甚至说，按照耶稣基督的例子来说，所有的"主教们"不仅对于世俗的政治共同体没有任何的司法权和管辖权，反而还应"不加区分地"（without distinction）跟非神职人员一样臣服于因为人类立法者（也即民众）的赋予而享有司法权威的世俗统治者的管辖和裁决。故此，教会首脑们若对这一权威发出声索，那将是一种纯粹的僭越，只会造成纷争、混乱和对和平的破坏。不唯如此，他甚至还认为，按照《圣经》所言、耶稣的范例

---

① Marsilius of Padua, *The Defender of the Peace*, Leo Strauss（ed. & trans.）, New York: Cambridge University Press, 2005, pp.31-32.

② Marsilius of Padua, *The Defender of the Peace*, Leo Strauss（ed. & trans.）, New York: Cambridge University Press, 2005, pp.42-43.

以及使徒们的教导来说，不管是罗马教廷还是任何的主教或神父，也不应该单纯因为某个个别权威（也即教皇）的赋予就有权对低级神职人员或平信徒进行强制性的统治、裁决或管辖，因而，任何的这种主张都应该被拒斥，尤其是在"信徒的共同体"之中被拒斥。①

无疑，马西留对于人的政治的解释，完全可以被视为现代政治理论的先声，无论是马基雅维利式的国家理论还是现代的民主理论，都受益于马西留的这一思想贡献。为现代政治理论奠定了另一块基石的，乃是与马西留同时代的奥康的威廉。尽管奥康曾在一部名为《对话》（Dialogues／Dialogus）的政治作品中努力撇清自己在政治立场上与马西留的一致性，但事实上，他的很多方面都与马西留相似，这不仅表现在政治思想（尤其是对于教权和王权的看法）上，而且也表现在现实遭遇方面——他也曾与马西留一样，因开罪于教皇约翰二十二世而被谴责为异端并被革除教籍，最终被迫逃亡到慕尼黑的神圣罗马帝国王庭以寻求庇护。奥康在政治思想方面最为突出的贡献，就是他对于"自然权利"（natural rights／Ius naturale）的阐释。

作为方济各修会的领袖之一，奥康也与司各脱一样卷入了关于"有功贫乏"的争论，他的"自然权利"思想，就是在回应相关争端时提出的。在14世纪20年代，方济各修会与时任教皇约翰二十二世关于基督及其使徒是否是"完全贫乏"（也即完全没有对其所使用的物品的所有权）发生了激烈的争执。这一争执的结果，就是多数方济各修士的立场被谴责为异端，包括奥康在内的几位修会领袖甚至被革除教籍，被迫流亡。此间，奥康撰写了一系列作品，对教皇的谴责进行了逐条反击。教皇在其谴责中曾质疑说：方济各修士们到底对于他们所使用的那些食物、衣服和住所有无所有权（ownership）呢？如果有，那他们弃绝一切所有之物的誓愿就是假的，如果没有，那他们对于那些东西的使用就是不正当的且错误的。在回应这一质疑的时候，奥康将"权利"（right／ius）区分为两种：一种是"法庭的权利"（right

---

① Marsilius of Padua, *The Defender of the Peace*, Leo Strauss（ed. & trans.）, New York: Cambridge University Press, 2005, pp.159-175.

of forum or of law court / ius fori），一种是"天庭的权利"（right of heaven / ius poli）。在奥康看来，前者乃是"由人或者明确出于神的契约或训令所建立的"，一旦为人所建立，则任何人都不应该任意地去侵犯它；而后者则既不是由人来创制的，也不是由上帝明白无误地以成文法的形式（比如摩西律法）所订立的，而是一种单纯的"自然的公道"（natural equity），它要么与"纯粹自然的正确理性"相一致，要么与"由上帝启示给人的那些事情当中取得的正确理性"相一致，而且它还要比任何的"人的发明"更早存在。奥康说，这后面一种权利便是"自然权利"。①

在奥康讨论"有功贫乏"的论著中，这种"自然权利"主要与私有财产相关。按照奥康的解释，在人堕落之后，上帝赋予人的"正确理性"已经表明，能满足人的生存的那些尘世物品对人来说就是"亟需品"（extreme necessity），因而，人有必要且有权去处置那些尘世的物品。故而，私有财产权就是一种自然权利，它符合上帝的意志并且因此不可侵犯，就任何人而言，除非他因为犯罪要受惩罚或者出于别的什么正当理由，他的这一权利都不可被任何尘世的强权（earthly power）所剥夺。在他看来，凭着这一自然权利，人能够按照自己的意愿去拥有、使用甚至弃绝财产，只要"自然法、人法、神圣法或他自己的行为"并不禁止或妨害他那么做。② 而在处理

---

① William of Ockham, "The Work of Ninety Days", Ch.65, in *William of Ockham: 'A Letter to the Friars Minor' and Other Writings*, A. S. McGrade & John Kilcullen（eds. & trans.），Cambridge: Cambridge University Press, 1995, pp.48-51.

② William of Ockham, "The Work of Ninety Days", Ch.65, in *William of Ockham: 'A Letter to the Friars Minor' and Other Writings*, A. S. McGrade & John Kilcullen（eds. & trans.），Cambridge: Cambridge University Press, 1995, pp.54-56. 值得一提的是，关于财产权的这种观点并非奥康的首创，起码在巴黎的约翰那里，就已经出现了关于私有财产权的类似论述，尽管他并没有像奥康那样对这一权利的绝对正当性作出解释。在论到教会首脑有无权利处置平信徒的财产时，约翰说，那些财产都是每一个人通过手艺、劳动或特有的工业获得的，每个这样的个人对它们都有"一种权利，一种权力，或者一种真正的支配"。而且，作为那些财产的"主人"，只要他自己认为合适且不伤害他人，他就可以自由处置自己的财产。因而，无论是统治者还是教皇，都无权支配或者处置一个个人的私产。John of Paris, "On Royal and Papal Power", Ernest L. Fortin（trans.），in *Medieval Political Philosophy: A Source Book*, Ralph Lerner & Muhsin Mahdi（eds.），New York: The Free Press of Glencoe, 1963, p.415.

王权和教权关系的论著中，奥康又暗示说，除了财产权外，人还有一种自然权利，此即，人有权为自身创建管辖权（或司法权，jurisdiction），或者说，有权按照自己的意愿去选择自身的统治者。在他看来，同财产权一样，这也是任何尘世的强权（奥康在此特指教皇）也无法将之剥夺的。质言之，这种对尘世统治者的选择和任命是人的基本自由，人的选择和同意也就是世俗统治者合法性的来源。①

借助于对于自然权利的这一阐释，奥康事实上也为人类政治提供了一种自然主义的而且是历史性的解释。此即，当人在"纯洁状态"的时候，并不存在政治关系，而在人堕落之后，人则被自然地赋有自我保存（self-sustenance）的基本权利，而为了自我保存，人就必须建立起财产权和司法权来确保为他们的生存所需的各种善，从而也便建立起了以共善为目的的政治共同体和政治生活。在奥康看来，既然这两种权利都是人的自然权利，故此，人的政治共同体的建立及其结构都将是自然正当的，根本无需诉诸更高的权威或者秩序，尽管他并不否认，在其最终的根源来看，这两种自然权利仍然是来自于上帝的赋予。很显然，根据这一理解，人类政治就是人在其堕落之后的历史中作出的一种基于自然的"创制"。这一"自然"，既不是阿奎那所强调的"自然法"，也不是马西留所说的那种生物性的"自然需求"，而是自然权利。

奥康对于自然权利的阐释也为其对王权和教权关系的界定提供了依据。在论到自然权利时，奥康强调，它对于所有人来说都是共通的，是上帝同时赋予"信仰者"和"不信者"的。这一论断暗示着，这两种自然权利以及建立在其基础之上的世俗政权也都是完全独立于包括基督宗教在内的任何宗教的。这也意味着，尽管由基督所按立的教皇的权威对于"属灵的事务"拥有管辖权，但它却无需，也不应该插手世俗政治，侵入到政治主权者所拥有的"尘世的管辖权"（temporal jurisdiction，或"尘世的治权"）的领地。为说明

---

① William of Ockham, "A Dialogue", P. III, T. II, B.3, C.6, in *William of Ockham: 'A Letter to the Friars Minor' and Other Writings*, A. S. McGrade & John Kilcullen (eds. & trans.), Cambridge: Cambridge University Press, 1995, pp.290-291. Frederick Copleston, *A History of Philosophy, Vol.3, Late Medieval and Renaissance Philosophy*, New York: Doubleday, 1993, p.118.

此点，奥康还不止一次地以耶稣基督为例说，哪怕基督是全世界的"属灵的主"，也未曾干涉尘世的事务，他对于罗马帝国治权的承认已经表明，基于自然权利的合法城邦（尤其是帝国）既然早在基督宗教之前就已经建立且运行良好，那么，世俗王权就完全不在教权的管辖范围之内。[①] 在这一点上，奥康与马西留并没什么不同，尽管他们对于世俗王权之权威的合法来源持有不同解释。然而，奥康也没有像马西留那样激进地反对教皇权（papacy）本身的合法性并主张连教会也必须服从世俗统治者的管辖，他仍然承认，教皇的权威来自上帝，而且教皇也不是世俗君主的附庸，尽管他如果变成异端或者犯下严重过错以至于"对共善造成威胁"，那么他也应该被废黜。[②] 他所主张的，毋宁是对教权和王权进行清楚的界定并就它们的施行范围进行明确划界。在他看来，除非是在一些极为特殊的情况下（比如教皇变成异端或者世俗统治者实施暴政），在通常情况下而言，这两种管辖权不应该相互干涉。

无疑，在论到中世纪政治思想的时候，我们所能列举的名字，不只是阿奎那、巴黎的约翰、司各脱、马西留或者奥康，而他们所涉及的政治哲学的议题，也不仅仅是关于政治共同体的目标、政治安排、法律或者世俗王权同教权之间的关系[③]。中世纪政治思想的丰富性，要远超本节所呈现的内容。我们的讨论，主要集中在两个议题，一是中世纪思想家对于"政治"这一重要人类实践所具有的本性、目的及其实现方式的理解，一是世俗治权（王权）与教会权力（神权）的关系。实际上，正如我们所见，在中世纪思想家那里，这两个议题是内在关联的。因为，他们对于人的政治所作的具有普遍意义的

---

① William of Ockham, "Eight Questions on the Power of the Pope", in *William of Ockham: 'A Letter to the Friars Minor' and Other Writings*, A. S. McGrade & John Kilcullen (eds. & trans.), Cambridge: Cambridge University Press, 1995, pp.303-308.

② William of Ockham, "Eight Questions on the Power of the Pope", in *William of Ockham: 'A Letter to the Friars Minor' and Other Writings*, A. S. McGrade & John Kilcullen (eds. & trans.), Cambridge: Cambridge University Press, 1995, pp.308-309, 327-329.

③ 要获得对于中世纪政治思想的主题及其相关论述的全面了解，可参阅 J. H. Burns (ed.), *The Cambridge History of Medieval Political Thought*, c.350-c.1450, Cambridge: Cambridge University Press, 1988.

探求，不仅是出于理智的兴趣，也是为了回应现实政治中存在的教权和王权的冲突——这对他们来说几乎是无可回避的。而他们对于教权与王权的关系的看法，也往往是基于他们对于人类政治之所应是的理想。此外，我们也必须记住，中世纪的政治思想，同我们前面所讨论的中世纪的伦理思想也是统一的。它们都可以归属到这一主题之下：人该如何实现其自身的善并过上好的生活（或者说作为其终极至善的幸福）？如果说中世纪伦理学的核心任务在于回答一个个人该如何行动才能去获得其至善的话，那么，中世纪政治思想的核心任务则在于回答人的这种追求其自身的善乃至至善的活动如何才能得到最佳的外部保证，更确切地说，在于探求如何建立一种能为尘世中的人提供充足的生活的政治结构，并在同时回应基督徒对于俗世生活和属灵生活的需求。正是这样的理论追求，让中世纪的政治思想（以及伦理思想）具有了无可辩驳的"人学"色彩。而且，同样确定无疑的是，当他们从这样的视角来致力于解决政治难题的时候，中世纪的思想家们也发展出了许多新的观念，比如自然权利、人的自治和自足、城邦（国家）的自治，乃至现代契约论的雏形，这些观念或理论创新通过在历史之中的演化，已经深刻塑造了我们对于共同的人类生活的理解。

思考题

1. 中世纪政治哲学的主要关切是什么？在何种意义上，它与中世纪伦理学是统一的、连续的？

2. 试述奥古斯丁政治理论建构的历史背景、理论基础和主要内容。

3. 如何认识阿奎那政治哲学的原则、理论框架与历史贡献？

4. 巴黎的约翰和司各脱对于政治统治者之权威的合法性来源分别是如何论证的？

5. 试述马西留政治哲学的核心问题、主要内容和历史意义。

6. 试述奥康关于"自然权利"的思想。

参考文献

一、原著和资料辑

Peter Abelard, *Collationes*, John Marenbon & Giovanni Orlandi（eds. & trans.）, Oxford: Oxford University Press, 2001.

Peter Abelard, *Peter Abelard's Ethics*, D. E. Luscombe（ed. & trans.）, New York: Oxford University Press, 1971.

Peter Abaelards, *Philosophische Schriften*, Bernhard Geyer（ed.）, Münster: Verlag der Aschendorffschen Verlagsbuchhandlung , 1933.

Petrus Abaelardus, *Dialectica*, L. M. De Rijk（ed.）, Assen: Van Gorcum & Comp. N.V., 1956.

Al-Kindī's Metaphysics: A Translation of YA'Qub Ibn Ishaq Al-Kindī's Treatise "On First Philosophy", Alfred L. Ivry（tr. & intr.）, New York: State University of New York Press, 1974.

Al-Farabi, Alfarabi's Philosophy of Plato and Aristotle, Muhsin Mahdi（trans.）, New York: The Free Press of Glencoe, 1962.

Anslem of Canterbury, *The Major Works*, edited with an Introduction by Brian Davies and G.R.Evans, New York: Oxford University Press, 1988.

Complete Philosophical and Theological Treatises of Anselm of Canterbury, Jasper Hopkins and Herbert Richardson（trans.）, Minneapolis: The Arthur J. Banning Press , 2000.

Anselm: Basic Writings, Thomas Williams（ed. & trans.）, Indianapolis, IN: Hackett Publishing Company, 2007.

St. Thomas Aquinas, *Commentary on the Metaphysics of Aristotle*, translanted by John P. Rowan, Chicago: Henry Regnery Company, 1961.

St. Thomas Aquinas, *Commentary on Aristotle's Physics*, translated by Richard J.

Blackwell, Richard J. Spath, and W. Edmund Thirlkel, Indiana: Dumb Ox Books, 1995.

St. Thomas Aquinas, *On Bing and Essence*, trans. by Armand Maurer, Pontifical Institute of Mediaeval Studies, 1968.

St. Thomas Aquinas, *Summa Theologica*, translated. by Fathers of the English Dominican Province, Encyclopedia Britannica, INC., 1952；

St. Thomas Aquinas, *On Truth*, trans. by Robert W. Mulligan, Henry Regnery Company, 1952.

St. Thomas Aquinas, *On the Power of God*, trans. by the English Dominican Fathers, London: Burns Oates & Washbourne LTD., 1934.

St. Thomas Aquinas, *On Kinship: To the King of Cyprus*, Gerald B. Phelan（trans.）, Toronto: Pontifical Institute of Mediaeval Studies, 1949.

St. Thomas Aquinas, *Disputed Questions on the Virtues*, E. M. Atkins & Thomas Williams（eds.）, E.M. Atkins（trans.）, Cambridge: Cambridge University Press, 2005.

Classic Arabic Philosophy: An Anthology of Source, Jon McGinnis, David C. Reisman（tr. & intr.）, Hackett Publishing Company, Inc. Indianapolis Cambridge, 2007.

Aristotle, *The Complete Works of Aristotle (the Revised Oxford Translation)*, Jonathan Barnes（ed.）, Princeton, New Jersey: Princeton University Press, 1984.

The Basic Works of Aristotle, Richard McKeon（ed.）, New York: Random House , 1941.

Athenagoras: Legatio and De Resurrectione, William R. Schoedel（ed. & trans.）,Clarendon Press, Oxford: Oxford University Press, 1972.

St. Augustine, *The City of God, Books I-VII*, Demetrius B. Zema &Gerald G. Walsh（trans.）, Washington D.C.: The Catholic University of America Press, 1950.

St. Augustine, *The City of God*, VIII-XVI, Gerald G. Walsh & Grace Monahan（trans.）, Washington D.C.: The Catholic University of America Press, 1952.

St. Augustine, *The City of God*, XVII-XXII, Gerald G. Walsh & Grace Monahan（trans.）, Washington D.C.: The Catholic University of America Press, 1954.

Averroes, *Ibn Rushd's Metaphysics: A Translation with Introduction of Ibn Rushd's Commentary on Aristotle's Metaphysics*, Book Lam, Charles Genequand（trans.）, Leiden: Brill, 1986.

Avicenna, *The Metaphysics of the Healing*, M. E. Marmura（trans.）, Provo, Utah: Brigham University Press, 2005.

Boethius, *The Consolation of Philosophy*, David R. Slavitt（trans.）, Cambridge, Massachusetts: Harvard University Press, 2008.

Boethius, *Commentarii in librum Aristotelis Peri Hermeneias pars posterior secun-*

dam editionem et indices continens, C. Meiser (ed.), Leipzig, Germany: Teubner ,1880.

John Buridan, *Summulae de Dialectica*, Gyula Klima (trans.), New Haven: Yale University Press 2001.

John Buridan, *Treatise on Consequences*, Stephen Read (tr. & intr.), New York: Fordham University Press, 2015.

Sextus Empiricus, *Against the Logicians*, Richard Bett (trans. & ed.), New York: Cambridge University Press, 2005.

Robert Grosseteste, *On Light (De Luce) Volume 1*, translation from the Latin with an introduction by Clare C. Riedl, M.A., Milwaukee: Marquette University Press, 1942.

Grammatici Latini, Volumes 2 and 3, Heinrich Keil (ed.). Hildesheim-New York: Georg Olms , 1981.

Peter Lombard, *The Sentences*, Giulio Silano (trans.), Toronto: Pontifical Institute of Mediaeval Studies, 2008.

Moses Mainmonides, *The Guide for The Perplexed*, trans. by M. Friedlander, Second edition, New York: Dover Publications, Inc., 1956.

Marsilius of Padua, *The Defender of the Peace*, Leo Strauss (ed. & trans.), New York: Cambridge University Press, 2005.

Maximus the Confessor, *On the Cosmic Mystery of Jesus Christ*, translated by Paul M. Blowers and Robert Louis Wilken, New York: St. Vladimir`s Seminary Press, 2003.

Maximus of Chrisopolis, *Maximus the Confessor*, Andrew Louth (ed. & trans.), New York: Routledge, 1996.

Medieval Political Philosophy: A Source Book, Ralph Lerner & Muhsin Mahdi (eds.), New York: The Free Press of Glencoe, 1963.

Ante-Nicene Fathers, Volume I, edited by Alexander Roberts, D.D. and James Donaldson, LL. D., Hendrickson Publishers, Inc., 1994 (Fourth printing 2004).

Ante-Nicene Fathers, Volume II, edited by Alexander Roberts, D.D. and James Donaldson, LL. D., Hendrickson Publishers, Inc., 1994 (Fourth printing 2004).

Ante-Nicene Fathers, Volume IV, Fathers of the Third Century, edited by Alexander Roberts, D.D. and James Donaldson, LL. D., Hendrickson Publishers, Inc., 1994 (Fourth printing 2004).

Nicene and Post-Nicene Fathers, Volume I, edited by Philip Schaff, D. D., LL.D., Hendrickson Publishers, Inc., 1994 (Fourth printing 2004).

Nicene and Post-Nicene Fathers, Volume II, edited by Philip Schaff, D. D., LL.D., Hendrickson Publishers, Inc., 1994 (Fourth printing 2004).

Nicene and Post-Nicene Fathers, Volume III, edited by Philip Schaff, D. D., LL.D.,

Hendrickson Publishers, Inc., 1994 (Fourth printing 2004).

Nicene and Post-Nicene Fathers, Volume VI, edited by Philip Schaff, D. D., LL.D., Hendrickson Publishers, Inc., 1994 (Fourth printing 2004).

Nicene and Post-Nicene Fathers, Volume VIII, edited by Philip Schaff, D. D., LL.D., Hendrickson Publishers, Inc., 1994 (Fourth printing 2004).

A Select Library of the Nicene and Post-Nicene Fathers of the Christian Church, Volume V, edited by Philip Schaff, D. D., LL. D., New York: Christian Literature Publishing Co., 1886.

Nicholas of Cusa, Nikolaus von Kues Philosophisch-theologische Werke Band 1-4, edited and translated byErnst Hoffmann, Paul Wilpert and Karl Bormann,Hamburg:Felix Meiner Verlag GmbH Press, 2002.

William of Ockham, Philosophical Writings: A Selection, translated with an introduction by Philotheus Boehnern, O. F. M., the Bobbs-Merrill Company, INC., 1964.

William of Ockham, *Ockham's Theory of Terms: Part I of the Summa Logicae*, Michael J. Loux (trans. & Intro.), Indiana: University of Notre Dame Press , 1974.

William of Ockham, *Ockham's Theory of Terms, Part Iof the Summa Logicae*, translated and Introduced by Michael J. Loux, Notre Dame: University of Notre Dame Press, 1975.

William of Ockham, *Ockham's Theory of Propositions: Part II of the Summa Logicae*, Alfred J. Freddoso & Henry Schuurman (trans. & Intro.), Indiana: St. Augustine's Press , 1988.

William of Ockham, *William of Ockham: 'A Letter to the Friars Minor' and Other Writings*, A. S. McGrade & John Kilcullen (eds. & trans.), Cambridge: Cambridge University Press, 1995.

Five Texts on the Mediaeval Problem of Universals: Porphyry, Boethius, Abelard, Duns Scotus, Ockham, translated and edited by Paul Vincent Spade, Indianapolis: Hackett Publishing Company, Inc., 1994.

John Duns Scotus: Selected Writings on Ethics, Thomas Williams (ed. & trans.), Oxford: Oxford University Press, 2017.

John Duns Scotus, Duns Scotus on The Will and Morality, Allan B. Wolter (trans.), Washington D.C.: The Catholic University of America Press, 1997.

William of Sherwood, Intrdoction to Logic, Norman Kretzmann (trans. & intro.), Minneapolis: University of Minnesota Press, 1980.

Peter of Spain, Summaries of Logic, Brain P. Copenhaver, Calvin Normore and Terrence Parsons (trans.), UK: Oxford University Press, 2014.

Tatian: Oratio ad Graecos and Fragments, Molly Whittaker（ed. & trans.）, Oxford: Clarendon Press, 1982.

［意］托马斯·阿奎那：《论存在者与本质》，段德智译，商务印书馆 2013 年版。

［意］托马斯·阿奎那：《神学大全》，段德智译，商务印书馆 2013 年版。

［意］托马斯·阿奎那：《反异教大全》，段德智译，商务印书馆 2017 年版。

［意］托马斯·阿奎那：《论独一理智》，段德智译，商务印书馆 2017 年版。

［意］托马斯·阿奎那：《论人》，段德智译，商务印书馆 2020 年版。

《信仰寻求理解——安瑟伦著作选集》，溥林译，中国人民大学出版社 2005 年版。

苗力田主编：《亚里士多德全集》第 1 卷，中国人民大学出版社 1990 年版。

苗力田主编：《亚里士多德全集》第 3 卷，中国人民大学出版社 1990 年版。

［古希腊］亚里士多德：《形而上学》，苗力田译，中国人民大学出版社 2003 年版。

［古罗马］奥古斯丁：《上帝之城》，王晓朝译，人民出版社 2006 年版。

《柏拉图全集》第 1 卷，王晓朝译，人民出版社 2002 年版。

《柏拉图全集》第 2 卷，王晓朝译，人民出版社 2003 年版。

［德］黑格尔：《哲学史讲演录》，贺麟、王太庆译，商务印书馆 1983 年版。

［德］康德：《纯粹理性批判》，邓晓芒译，杨祖陶校，人民出版社 2004 年版。

［西班牙］迈蒙尼德：《迷途指津》，傅有德等译，山东大学出版社 1998 年版。

［德］库萨的尼古拉：《论有学识的无知》，尹大贻、朱新民译，商务印书馆 2017 年版。

［古罗马］塔堤安等著：《致希腊人书》，滕琪、魏红亮译，中国社会科学出版社 2009 年版。

［英］维特根斯坦：《哲学研究》，汤潮、范光棣译，生活·读书·新知三联书店 1992 年版。

［英］休谟：《人类理解研究》，关文运译，商务印书馆 1972 年版。

［英］休谟：《自然宗教对话录》，陈修斋、曹棉之译，商务印书馆 1962 年版。

赵敦华、傅乐安主编：《中世纪哲学》上卷，商务印书馆 2013 年版。

北京大学哲学系外国哲学史教研室编译：《西方哲学原著选读》上卷，商务印书馆 1982 年版。

二、研究著作

Peter Adamson, Al-Kindī（Great Medieval Thinkers）, New York: Oxford University Press, 2006.

Interpreting Averroes: Critical Essays, edited by Peter Adamson and Matteo Di Giovanni, New York: Cambridge University Press, 2019.

The Cambridge Companion to Arabic Philosophy, Peter Adamson & Richard C. Taylor (eds.), Cambridge: Cambridge University Press, 2005.

The Oxford Handbook of Maximus the Confessor, edited by Pauline Allen and Bronwen Neil, Oxford: Oxford University Press, 2015.

The Cambridge History of Later Greek and Early Medieval Philosophy, A.H. Armstrong (ed.),Cambridge: Cambridge University Press, 2008.

The Cambridge Companion to Aristotle, edited by Jonathan Barnes, Cambridge: Cambridge University Press, 1995.

Leslie W. Barnard, *Athenagoras: A Study in Second Century Christian Apologetic*, Paris: Beauchesne, 1972.

Demetrios Bathrellos, *Person, Nature and Will in the Christology of Saint Maximus the Confessor*, Oxford University Press Inc., New York, 2004.

István P. Bejczy (ed.), *Virtue Ethics in the Middle Ages: Commentaries on Aristotle's Nicomachean Ethics, 1200-1500*, Leiden/Boston: Brill, 2008.

Donald M. Borchert (editor in chief), *Encyclopedia of Philosophy, 2nd Edition, Volume 9*, Thomson Gale, 2006.

Jeffrey E. Brower, Kevin Guilfoy, *The Cambridge Companion to Abelard*, New York: Cambridge University Press, 2006.

The Cambridge History of Medieval Political Thought c.350-c.1450, J. H. Burns (ed.), Cambridge: Cambridge University Press, 1988

Ernst Cassirer, *Individuum und Kosmos in der Philosophie der Renaissance*, Darmstadt:Wissenschaftliche Buchgesellschaft Press, 1962.

Anthony J. Celano, *Aristotle's Ethics and Medieval Philosophy: Moral Goodness and Practical Wisdom*, Cambridge: Cambridge University Press, 2016.

Janet Coleman, *A History of Political Thought: From the Middle Ages to the Renaissance*, London: Blackwell Publishers Ltd., 2000.

Coleman,S.& Elsnner, J., *Pilgrimage: Past and Present, Sacred Travel and Sacred Space in the World Religious*, London: British Museum, 1995.

Ernst Cassier, Paul Kristeller, *John Randall: The Renaissance Philosophy of Man*, Selections in Translation, The University of Chicago Press, 1948.

Anthony J. Celano, *Aristotle's Ethics and Medieval Philosophy: Moral Goodness and Practical Wisdom*, Cambridge: Cambridge University Press, 2016.

Boyd Taylor Coolman, *Knowing God by Experience: The Spiritual Senses and the*

Knowledge of God in the Theology of William of Auxerre, Washington: The Catholic University of America Press, 2004.

Frederick C. Copleston, *A History of Philosophy, Volume II, Medieval Philosophy*, New York: Image Books, 1985.

Frederick Copleston, *A History of Philosophy, Vol.3, Late Medieval and Renaissance Philosophy*, New York: Doubleday, 1993.

The Oxford Handbook of the History of Ethics, Roger Crisp (ed.), Oxford: Oxford University Press, 2013.

Brian Davies, *The Thought of Thomas Aquinas*, New York: Clarendon Press, 1992.

The Oxford Handbook of Aquinas, edited by Brian Davies and Eleonore Stump, New York: Oxford University Press, 2014.

Majid Fakhry, *Al-Farabi, Founder of Islamic Neoplatonism: His Life, Works and Influence*, Oxford: One world, 2002.

The Cambridge Companion to Medieval Jewish Philosophy, Daniel H. Frank & Oliver Leaman (eds.), New York: Cambridge University Press, 2003.

Everett Ferguson, *Backgrounds of Early Christianity*, William B. Eerdmans Publishing Company, Third Edition, 2003.

Bernhard Geyer (ed.), *Peter Aabaelards Philosophische Schriften*, Münster: Verlag der Aschendorffschen Verlagsbuchhandlung , 1933.

The Cambridge Companion to Christian Ethics, Robin Gill (eds.), Cambridge: Cambridge University Press, 2001.

Etienne Gilson, *The Christian Philosophy of ST. Thomas Aquinas*, University of Notre Dame Press, 1994.

Etienne Gilson, *History of Christian Philosophy in the Middle Ages*, New York: Random House, 1955.

Steven J. Jensen, *Good and Evil Actions: A Journey through Saint Thomas Aquinas*, Washington, D.C.: Catholic University of America Press, 2010.

Anthony Kenny, *A New History of Western Philosophy Volume II: Medieval Philosophy*, New York: Clarendon Press, 2005.

The Oxford Handbook of the History of Political Philosophy, George Klosko (ed.), New York: Oxford University Press, 2011, pp.181-206.

N. Kretzmann, *The Metaphysics of Theism, Aquinas's Natural Theology in Summa contra gentile I*, Oxford: Clarendon Press, 1997.

The Cambridge History of Later Medieval Philosophy, Norman Kretzmann, Anthony Kenny, Jan Pinborg & Eleonore Stump (eds.), Cambridge: Cambridge University Press,

1982.

Emily J. Hunt, *Christianity in the Second Century: the case of Tatian*, Landon and New York: Routledge, 2003.

Isaac Israeli: A Neoplatonic Philosopher of the Early Tenth Century, translated with comments by Alexander Altmann, Samuel M. Stern, Chicago and London: University of Chicago Press, 2009.

John I. Jenkins, *Knowledge and Faith in Thomas Aquinas*, Cambridge University Press, 1997.

The Cambridge Companion to Aquinas, N. Kretzmann and E. Stump (ed.), Cambridge University Press, 1993.

The International Encyclopedia of Ethics, Hugh LaFollette (ed.), Malden, MA: Wiley-Blackwell, 2017.

The Cambridge Companion to Early Greek Philosophy, edited by A. A. Long, Cambridge: Cambridge University Press, 1999.

D. E. Luscombe, *The School of Peter Abelard: The Influence of Abelard's Thought in the Early Scholastic Period*, New York: Cambridge University Press, 2008.

John Marenbon, *The Cambridge companion to Boethius*, Cambridge: Cambridge University Press, 2009.

John Marenbon, *Early Medieval Philosophy (480-1150)*, London & New York: Routledge, 1988.

The Oxford Handbook of Medieval Philosophy, John Marenbon (ed.),Oxford: Oxford University Press, 2012.

Armand A. Maurer, *Medieval Philosophy, Random House*, INC., 1962.

James McEvoy, *Robert Grosseteste (Great Medieval Thinkers)*, New York: Oxford University Press, 2000.

The Cambridge Companion to Medieval Philosophy, edited by A.S. McGrade, Cambridge University Press, 2003.

Battista Mondin, *A History of Mediaeval Philosophy*, Rome: Urbaniana University Press, 1991.

Aidan Nichols, *Discovering Aquinas. An Introduction to His Life, Work and Influence*, Michigan: Williams B. Erdmans Publishing Company, 2003.

Ernest A. Moody, *Truth and consequence in Medieval Logic*, Amsterdam: North-Holland Publishing Company, p. 38.

Thomas M. Osborne, *Human Action in Thomas Aquinas, John Duns Scotus & William of Ockham*, Washington D.C.: The Catholic University of America Press, 2014.

Thomas M. Osborne, "William of Ockham on the Freedom of the Will and Happiness", in *American Catholic Philosophical Quarterly*, Vol.86, no.3, 2012.

Robert R. Palmer, *Joel Colton and Lioyd Kramer: A History of the Modern World*, Vol.1, Peking University, 2009.

Robert Pasnau, *Thomas Aquinas on Human Nature: A Philosophical Study of Summa Theologiae 1a 75–89*, Cambridge University Press, Cambridge: 2002.

The Cambridge History of Medieval Philosophy, Volume I, Robert Pasnau & Christiana Van Dyke (eds.), Cambridge: Cambridge University Press, 2010.

Oxford Studies in Medieval Philosophy, Vol.1, Robert Pasnau (ed.), Oxford: Oxford University Press, 2013.

Anton Charles Pegis, *St. Thomas and The Problem of the Soul in the Thirteen Century*, Toronto, Canada: ST. Michael's College, 1934.

William L. Peterson, *Tatian's Diatessaron: Its Creation, Dissemination, Significance, and History in Scholarship*, Leiden: Brill, 1994.

Sarah Pessin, *Ibn Gabirol's Theology of Desire: Matter and Method in Jewish Medieval Neoplatonism*, New York: Cambridge University Press, 2013.

Amanda Pnwer, *Roger Bacon and the Defence of Christendom*, New York: Cambridge University Press, 2013.

L. M. De Rijk, *Logica Modernorum, Vol. II, Part One: The Origin of Early Development of The Theory of Supposition*, Assen: Van Gorcum & Comp. N.V. , 1967.

The Cambridge Companion to Virtue Ethics, Daniel C. Russell (ed.), New York: Cambridge University Press, 2013.

Eliezer Schweid, *The Classic Jewish Philosophers: From Saadia Through the Renaissance (Volume 3)*, translated by Leonard Levin, Leiden-Boston: Brill Academic Publishers, 2008.

W. J. Sheils, *The Church and Wealth*, Oxford : Blackwell, 1978.

The Cambridge Companion to Ockham, edited by Paul Vincent Spade, Cambridge: Cambridge University Press, 1999.

Michael Slote, *Essays on the History of Ethics*, New York: Oxford University Press, 2010.

The Cambridge Companion to Augustine, edited by Eleonore Stump and Norman Kretzmann, Cambridge: Cambridge University Press, 2001.

Stump, *Aquinas*, Routledge, 2003.

Andrew A.K. Theng, "Why Did John of Paris Write De potestate regia et papali ? A Reconsideration", in *John of Paris: Beyond Royal and Papal Power*, Chris Jones (ed.,)

Turnhout, Belgium: Brepols Publishers, 2015, pp.151-187.

Anthony C. Thiselton, *A Concise Encyclopedia of the Philosophy of Religion*, Grand Rapids: Baker Academic, 2002.

H.W. Swatos, L.T. Tomasi, *From Medieval Pilgrimage to Religious Tourism*, Westport. Conn, Praeger, 2002.

The Cambridge Companion to Medieval Ethics, Thomas Williams（ed.）, Cambridge University Press, 2019.

The Cambridge Companion to Duns Scotus, edited by Thomas Williams, Cambridge: Cambridge University Press, 2003.

A Companion to Henry of Ghent, Gordon A. Wilson（ed.）, Leiden/Boston: Brill, 2011.

[英] 莱斯莉·阿德金斯、罗伊·阿德金斯:《古代希腊社会》,张强译,商务印书馆 2016 年版。

[古罗马] 阿庇安:《罗马史》上卷,谢德风译,商务印书馆 1995 年版。

[美] 奥尔森:《基督教神学思想史》,吴瑞诚、徐成德译,北京大学出版社 2003 年版。

[英] 西蒙·贝克:《帝国兴亡》,李俊、杨帆等译,新世纪出版社 2012 年版。

[美] 朱迪斯·本内特、沃伦·霍利斯特:《欧洲中世纪史》,杨宁等译,上海社会科学院出版社 2007 年版。

[德] 毕尔麦尔等编著:《中世纪教会史》,雷立柏译,宗教文化出版社 2010 年版。

[美] 苏珊·鲍尔:《中世纪世界史》,李盼、杨莎译,北京大学出版社 2013 年版。

[英] M.M. 波斯坦主编:《剑桥欧洲经济史》第 1 卷,郎立华、黄云涛等译,经济科学出版社 2002 年版。

[德]卡尔·布罗克尔:《伊斯兰教各民族与国家史》,孙硕人、诸长福、贾鼎治、吴厚恭译,商务印书馆 1985 年版。

[瑞士] 雅各布·布克哈特:《意大利文艺复兴时期的文化》,何新译,商务印书馆 2009 年版。

[德] E. 策勒尔:《古希腊哲学史纲》,翁绍军译,山东人民出版社 2007 年版。

陈钦庄等:《基督教简史》,人民出版社 2008 年版。

陈文海:《法国史》,人民出版社,2014 年版。

陈志强:《拜占庭文明》,北京师范大学出版社 2018 年版。

陈中耀:《阿拉伯哲学》,商务印书馆 2019 年版。

丁建宏:《德国通史》,上海社会科学院出版社 2012 年版。

邓晓芒、赵林：《西方哲学史》，高等教育出版社 2005 年版。

丁士仁：《阿拉伯哲学名著译介》，中国社会科学出版社 2014 年版。

董尚文：《阿奎那存在论研究》，人民出版社 2008 年版。

董尚文：《阿奎那语言哲学研究》，人民出版社 2015 年版。

段德智：《中世纪哲学研究》，人民出版社 2014 年版。

段德智：《主体生成论——对"主体死亡论"之超越》，人民出版社 2009 年版。

[法] 古斯塔夫·多雷：《十字军东征》，吉林出版集团 2016 年版。

[美] 马吉德·法赫里：《伊斯兰哲学史》，陈中耀译，上海外语教育出版社 1992 年版。

傅有德：《犹太哲学史》，中国人民大学出版社 2008 年版。

[美] 胡斯都·L.冈察雷斯：《基督教思想史》第 1、2 卷，陆泽民、孙汉书、司徒桐、莫如喜、陆俊杰译，译林出版社 2008 年版。

[英] 迈克尔·格兰特：《罗马史》，王乃新译，上海人民出版社 2008 年。

[美] 查尔斯·霍默·哈斯金斯：《十二世纪文艺复兴》，张澜、刘疆译，上海三联书店 2008 年版。

黄裕生主编：《西方哲学史：中世纪哲学史》第 3 卷，凤凰出版社、江苏人民出版社 2004 年版。

何炳松：《欧洲全史——从 5 世纪到 20 世纪》，台海出版社 2019 年版。

哈全安：《哈里发国家史》，天津人民出版社 2016 年版。

[英] 爱德华·吉本：《罗马帝国衰亡史》下册，黄宜思、黄雨石译，商务印书馆 2009 年版。

[法] 吉尔松：《中世纪哲学精神》，沈清松译，上海人民出版社 2008 年版。

[英] 雷蒙德·卡尔：《西班牙史》，潘诚译，东方出版社 2009 年版。

李振中、王家瑛主编：《阿拉伯哲学史》，北京语言学院出版社 1995 年版。

[法] 莱昂·罗斑：《希腊思想和科学的起源》，陈修斋译，段德智修订，广西师范大学出版社 2003 年版。

[英] 塞西尔·罗斯：《简明犹太民族史》，黄福武、王丽丽译，山东大学出版社 2004 年版。

[瑞士] 汉斯·昆：《世界宗教寻踪》，杨熙生、李雪涛等译，生活·读书·新知三联书店 2007 年版。

李筠：《论西方中世纪王权观——现代国家权力观念的中世纪起源》，社会科学文献出版社 2013 年版。

李国山、王建军编著：《欧美哲学通史·古代哲学卷》，南开大学出版社 2012 年版。

李华：《库萨哲学及其历史意义研究》，北京大学出版社 2020 年版。

李秋零：《上帝·宇宙·人》，中国人民大学出版社 1992 年版。

刘儒庭：《永恒之城——罗马》，长春出版社 1997 年版。

西里尔·曼戈：《牛津拜占庭史》，陈志强、武鹏译，北京师范大学出版社 2015 年版。

[英]约翰·马仁邦：《中世纪哲学：历史与哲学导论》，吴天岳译，北京大学出版社 2015 年版。

[英]约翰·马仁邦主编：《中世纪哲学》，孙毅等译，中国人民大学出版社 2009 年版。

[英]麦格拉思：《基督教概论》，马树林、孙毅译，北京大学出版社 2003 年版。

[美]菲利普·范·内斯·迈尔斯：《中世纪史》，王小忠译，天地出版社 2019 年版。

[美]J.格雷山姆·梅琴：《新约文献与历史导论》，杨华明译，上海人民出版社 2008 年版。

[德]特奥多尔·蒙森：《罗马史》第 1 卷，李稼年译，商务印书馆 2017 年版。

[意]巴蒂斯塔·莫迪恩：《哲学人类学》，李树琴、段素革译，黑龙江人民出版社 2005 年版。

[美]罗伯特·帕斯诺：《中世纪晚期的认识理论》，于宏波译，吴天岳校，北京大学出版社 2018 年版。

钱秉旦、许洁明：《英国通史》，上海社会科学院出版社 2019 年版。

[美]斯塔夫里阿诺斯：《全球通史》上卷，吴象婴、梁赤民、董书慧、王昶译，北京大学出版社 2012 年版。

[美]罗德尼·斯塔克：《基督教的兴起：一个社会学家对历史的再思》，黄剑波等译，上海古籍出版社 2005 年版。

[意]路易吉·萨尔瓦托雷利：《意大利简史：从史前到当代》，沈珩等译，商务印书馆 2013 年版。

[美]S.E.斯通普夫、J.菲泽：《西方哲学史：从苏格拉底到萨特及其后》，匡宏、邓晓芒等译，世界图书出版公司 2009 年版。

佘碧平：《中世纪文艺复兴时期哲学》，人民出版社 2011 年版。

[苏]索柯洛夫：《文艺复兴时期哲学概论》，汤侠生译，北京大学出版社 1983 年版。

唐逸：《理性与信仰：西方中世纪哲学思想》，广西师范大学出版社 2005 年版。

[美]理查德·塔那斯：《西方思想史》，吴象婴等译，上海社会科学出版社 2007 年版。

汪子嵩、范明生、陈村富、姚介厚：《希腊哲学史》第 1 卷，人民出版社 1997 年版。

汪子嵩、范明生、陈村富、姚介厚:《希腊哲学史》第 2 卷,人民出版社 1993 年版。

汪子嵩、范明生、陈村富、姚介厚:《希腊哲学史》第 3 卷,人民出版社 2003 年版。

汪子嵩、陈村富、包利民、章雪富:《希腊哲学史》第 4 卷下,人民出版社 2010 年版。

王美秀、段琦、文庸、乐峰等:《基督教史》,江苏人民出版社 2006 年版。

王亚平:《西欧中世纪社会中的基督教教会》,中央编译出版社 2011 年版。

[英] 赫·乔·韦尔斯:《世界史纲——生物和人类的简明史》,曼叶平等译,燕山出版社 2004 年版。

[英] 格雷格·沃尔夫主编:《剑桥插图罗马史》,郭小凌、晏绍祥等译,山东画报出版社 2008 年版。

[美] 菲利普·希提:《阿拉伯简史》,马坚译,商务印书馆 2013 年版。

[美] 米尔恰·伊利亚德:《宗教思想史》第 1 卷《从石器时代到厄琉西斯秘仪》,吴晓群译,上海社会科学院出版社 2011 年版。

[古罗马] 尤西比乌斯:《君士坦丁传》,林中泽译,商务印书馆 2015 年版。

叶秀山:《西方哲学史:学术版》,江苏人民出版社 2004 年版。

严春友:《人:西方思想家的阐释》,中国社会科学出版社 2005 年版。

[美] 约翰·英格里斯:《阿奎那》,刘中民译,中华书局 2002 年版。

赵敦华:《基督教哲学 1500 年》,人民出版社 2007 年版。

赵同生:《迈蒙尼德宗教哲学思想研究》,上海三联书店 2016 年版。

张倩红、艾仁贵:《犹太史研究入门》,北京大学出版社 2017 年版。

张世华:《意大利文艺复兴研究》,上海外语教育出版社 2003 年版。

张秉民主编,《简明伊斯兰哲学史》,宁夏人民出版社 2007 年版。

翟志宏:《托马斯难题:信念、知识与合理性》,中国社会科学出版社 2014 年版。

周伟驰:《奥古斯丁的基督教思想》,中国社会科学出版社 2005 年版。

朱龙华:《意大利文艺复兴的起源与模式》,人民出版社 2004 年版。

后　记

　　中世纪哲学是一个值得探究的学术领域，包含着诸多需要不断挖掘的思想宝藏。然而对它的研究与关注则颇多掣肘。记得本人 20 世纪 80 年前后在哲学系学习西方哲学史时，奥古斯丁、托马斯·阿奎那以及伊本·西拿（阿维森纳）、伊本·鲁西德（阿维洛伊）等人名字曾映入眼帘，留下了经久不衰的记忆，但中世纪所讨论的学术问题并没有形成很深的印象，有的只是一些似乎缺乏理论深度的话题。2005 年前后进入武汉大学哲学系工作后，段德智先生让我承担的阿奎那《反异教大全》部分内容的翻译任务，才使得我对中世纪哲学家的思想有了近距离接触的机会；随后每年开设的中世纪哲学史课程，都会对这一时期的哲学思想有着新的认识，感受到了源源不断的韵味与意义。这也为本人下决心撰写这部繁难的书稿，提供了强大的动力。

　　本书稿在提交人民出版社后，得到了崔继新编辑的大力支持与鼓励，他对本书的体例、开本格式与部分内容的写作等，提出了宝贵的意见与建议；本书稿在写作和出版过程中，也得到了国家社会科学基金"西方中世纪情感学说研究"项目的支持与帮助；段德智教授的学术思想与中世纪哲学家著作的翻译和研究为本书稿的完成提供了坚实的基础；编写组其他成员的努力和辛劳，为本书稿内容增色良多；武汉大学教材中心和武汉大学哲学学院及本专业同仁为本书稿的撰写与出版给予了积极支持与大力帮助。在此，对于他（她）们的关怀与帮助致以诚挚的感谢和敬意！

2022 年 11 月 16 日于武汉珞珈山

责任编辑：崔继新
封面设计：汪　莹
版式设计：彭小艳

图书在版编目（CIP）数据

中世纪哲学史 / 翟志宏　著 . —北京：人民出版社，2023.10
ISBN 978－7－01－025134－9

I.①中⋯　II.①翟⋯　III.①中世纪哲学－哲学史－西方国家　IV.①B503

中国版本图书馆 CIP 数据核字（2022）第 185150 号

中世纪哲学史
ZHONGSHIJI ZHEXUE SHI

翟志宏　著

人民出版社 出版发行
（100706　北京市东城区隆福寺街 99 号）

中煤（北京）印务有限公司印刷　新华书店经销

2023 年 10 月第 1 版　2023 年 10 月北京第 1 次印刷
开本：710 毫米 ×1000 毫米 1/16　印张：42
字数：620 千字

ISBN 978－7－01－025134－9　定价：138.00 元

邮购地址 100706　北京市东城区隆福寺街 99 号
人民东方图书销售中心　电话（010）65250042　65289539